MISSION D'EXPLORATION DU HAUT-NIGER

VOYAGE
AU
SOUDAN FRANÇAIS

(HAUT-NIGER ET PAYS DE SÉGOU)

1879-1881

LES MEMBRES DE LA MISSION DU HAUT-NIGER

MISSION D'EXPLORATION DU HAUT-NIGER

VOYAGE
AU
SOUDAN FRANÇAIS
(HAUT-NIGER ET PAYS DE SÉGOU)
1879-1881

PAR

LE COMMANDANT GALLIENI

CONTENANT 140 GRAVURES DESSINÉES SUR BOIS
PAR RIOU
2 Cartes et 15 Plans

PARIS
LIBRAIRIE HACHETTE ET Cie
79, BOULEVARD SAINT-GERMAIN, 79

1885

Droits de propriété et de traduction réservés

AU GÉNÉRAL BRIÈRE DE L'ISLE

ANCIEN GOUVERNEUR DU SÉNÉGAL ET DÉPENDANCES (1876-1881).

Mon Général,

Vous ne pouvez refuser l'hommage de ce livre, qui fait revivre cette mission du Haut-Niger, que vous avez créée et organisée.

Appelé au gouvernement du Sénégal et dépendances en 1876, vos constantes études sur le pays vous ont vite convaincu que cette colonie était loin de remplir pour la France le rôle que lui assignaient sa position géographique et la direction de la vallée de son grand fleuve, sur lequel nous restions stationnaires depuis trop longtemps. Vous inspirant de la politique de votre éminent prédécesseur, M. le Général Faidherbe, vous avez pris pour devise le go ahead des Américains; et, grâce à vous, un pas immense a été fait vers le Soudan. De Saint-Louis à Bammako sur le Niger, de Saint-Louis aux Scarcies le long de la côte de l'Atlantique, l'influence française s'est étendue ou affermie. Ces riches et vastes contrées sont ouvertes à notre commerce, qui en profite largement.

Pendant les cinq années de votre gouvernement, le commerce général du Sénégal avec la France — importations et exportations réunies — a presque doublé. Il était en 1876 de 21 403 630 francs; en 1880, il s'est élevé à 39 034 649 francs, correspondant à un mouvement de navigation avec la France — entrées et sorties réunies — de 156 385 tonneaux de jauge. Or la colonie qui fournit, après le Sénégal, le mouvement de navigation le plus élevé avec la France, la Martinique, ne présentait que 66 040 tonneaux en 1880[1].

Mais, avant de porter vos efforts vers les régions nigériennes, vous avez dû songer à améliorer votre base d'opérations; aussi ne devons-nous pas oublier les grands travaux qui s'exécutaient partout sur la terre sénégambienne, sous votre haute direction, comme prélude de notre marche en avant: Rufisque et Dakar agrandis et embellis; Saint-Louis assaini par la construction des quais et l'établissement de plantations et de nombreux jardins; le barrage de Lampsar relevé pour permettre d'entreprendre la

---

[1]. Voir le rapport de M. le Ministre de la marine et des colonies adressé à la Chambre des députés en juin 1885.

conduite qui devait approvisionner d'eau douce en abondance le chef-lieu de la colonie, où fonctionnaires et soldats étaient rationnés depuis plusieurs siècles ; tous nos postes militaires réparés ou reconstruits à nouveau. On voit en même temps, par cette simple énumération, combien était grande votre sollicitude pour les populations des villes et pour la santé des Européens envoyés par le gouvernement de la métropole sous ces climats meurtriers.

Et dans un autre ordre d'idées : la liberté du commerce assurée à nos nationaux sur tout le parcours du fleuve, malgré les prétentions traditionnelles des chefs maures ; le Cayor, confiant dans votre politique de paix, accordant une complète sécurité à nos sections d'étude du Chemin de fer de Dakar à Saint-Louis ; la puissante confédération musulmane du Fouta affaiblie par la mise volontaire de plusieurs de ses provinces sous notre protectorat ; enfin, la hideuse plaie africaine, l'esclavage, combattue par vous sans relâche et refoulée au loin, partout où le permettaient ceux des traités antérieurs que vous avez pu modifier sans entrer en guerre avec des peuplades indépendantes.

Tels sont, mon Général, les faits saillants de votre gouvernement. Telle est l'œuvre que vous avez pu accomplir sans vous laisser arrêter par la terrible épidémie de fièvre jaune de 1878, ni par toutes les mesures que vous avez dû prendre pour atténuer les ravages du fléau, dont le retour prochain était à prévoir.

Mais, par-dessus tout, dominera ce fait mémorable dans l'histoire de notre civilisation : c'est sous votre gouvernement que la route du Niger nous a été définitivement ouverte ; et, le jour où nos canonnières jetteront l'ancre devant Kabara, le port de Tombouctou, votre nom, à côté de celui du général Faidherbe, trouvera sa place méritée parmi les initiateurs les plus actifs de la lumière et de la liberté dans l'Afrique centrale.

Les résultats que vous avez obtenus par tant d'énergiques efforts seront durables et féconds si vos successeurs persévèrent dans la voie indiquée. Pour nous, l'éternel honneur de notre carrière militaire sera d'avoir été choisis par vous pour l'accomplissement d'une mission dont vous connaissiez les difficultés ; et nous serions amplement récompensés si vous étiez convaincu que nous n'avons reculé devant aucun obstacle pour répondre à votre confiance.

COMMANDANT GALLIENI.

La Gabelle (Saint-Raphaël), le 17 août 1882.

LE COLONEL BRIÈRE DE L'ISLE
(aujourd'hui général)
Gouverneur du Sénégal de 1876 à 1881

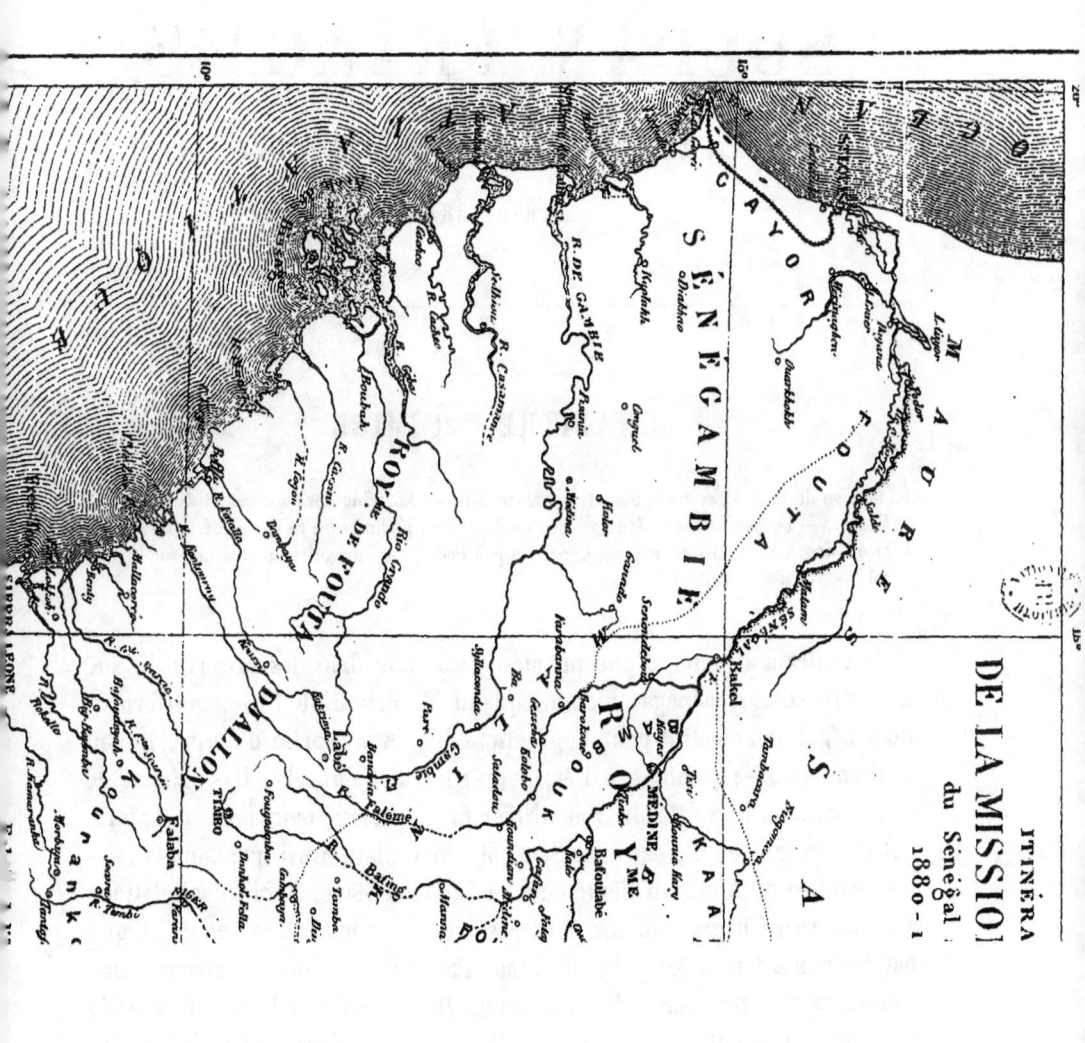

VOYAGE

AU

SOUDAN FRANÇAIS

(HAUT-NIGER ET PAYS DE SÉGOU)

(1879-1881)

CHAPITRE PREMIER

La mission du Haut-Niger : son but et sa préparation. — Anarchie des contrées situées au delà de Médine. — Le gouverneur Brière de l'Isle. — Expédition préliminaire de Bafoulabé. — Voyage de la mission à bord du *Dakar* et du *Cygne* jusqu'à Podor. — Navigation en chalands sur le Sénégal. — Arrivée à Bakel.

Je rentrais à peine d'une mission accomplie dans les rivières du sud de notre colonie sénégambienne, quand M. Brière de l'Isle, gouverneur du Sénégal, m'entretint pour la première fois de la reprise d'un projet dont la première idée remonte à l'éminent général Faidherbe. Il s'agissait de pénétrer dans la vallée du Haut-Niger par le massif montagneux compris entre ce grand cours d'eau et le Sénégal. On voulait, ainsi que dans la mission confiée en 1862 au lieutenant de vaisseau Mage, établir des relations avec les races nègres de ces contrées, qui ne nous étaient connues que par les récits fort incomplets de Mungo Park (1796-1805), et ouvrir à nos établissements frontières de la colonie, Médine et Bakel, des débouchés vers des marchés abandonnés jusque-là au trafic embryonnaire de populations à demi sauvages.

Tout le pays qu'on devait traverser depuis Médine, base d'opérations de l'entreprise, jusqu'aux rives du Niger, se trouve sous la souveraineté nominale du roi nègre de Ségou, Ahmadou. Mais le pouvoir de ce chef, fils du fameux El-Hadj Oumar, fondateur de l'empire des Toucouleurs, ne s'étend guère en réalité que le long de la rive droite du Niger. En dehors de cette bande de quelques centaines de kilomètres, son autorité ne se traduit que par de périodiques incursions, pratiquées chez des hordes insoumises, pour le prélèvement d'un impôt disputé les armes à la main.

Dans ces conditions, instruit comme on l'était d'ailleurs par l'insuccès des tentatives antérieures, le parti le plus sage était d'organiser une mission d'exploration ayant un caractère absolument pacifique; d'exploiter, en d'autres termes, les ferments de discorde existant entre la race des conquérants toucouleurs et leurs tributaires mal soumis; et, en flattant la vanité d'Ahmadou, de gagner les bonnes grâces de ce souverain chancelant par l'envoi d'une ambassade solennelle.

C'est ce que comprit M. le gouverneur Brière de l'Isle, qui prit aussitôt à cœur l'importante mission que lui confiait l'amiral Jauréguiberry, ministre de la marine. Celui-ci le chargea de s'entendre à ce sujet avec M. Legros, inspecteur général des travaux maritimes, qui, au sein de la commission du Transsaharien, avait été le champion énergique de la pénétration au Soudan par le Sénégal.

Médine, situé à une lieue en aval de la grande cataracte du Félou et à la limite de la navigation du Sénégal, avait été pendant longtemps le poste le plus avancé ou, pour mieux dire, le plus reculé de la France dans l'intérieur du pays. Le général Faidherbe y avait bâti un fortin en 1855, pour servir à la fois de point de défense et d'observation. A l'abri de nos canons, plusieurs milliers d'Africains, échappés aux massacres d'El-Hadj Oumar et de ses Toucouleurs, ne tardèrent pas à construire un gros village, défendu par une citadelle en pierres et en terre. C'est contre ce fort, commandé par Paul Holle et cette citadelle africaine, défendue par Sambala, roi du Khasso, notre allié, que vint se heurter en 1857 le prophète musulman, à la tête de toute son armée. On connaît la résistance héroïque que fit Paul Holle pendant plus de trois mois, et le combat mémorable que livra le gouverneur Faidherbe pour dégager la petite garnison, prête à s'enterrer sous les débris du fort.

Médine, dont l'importance n'avait cessé de croître depuis cette époque, devait donc servir de point de départ aux explorations que l'on projetait. Il fallait tout d'abord trouver au delà de ce poste un nouveau point, d'où rayonnerait notre influence au loin vers le Niger, où nous pourrions concentrer nos moyens d'action et même de résistance, et qui serait, en un mot, une nouvelle étape dans la conquête pacifique de la région. Depuis longtemps déjà, le choix s'était arrêté en principe sur Bafoulabé, au confluent du Bafing et du Bakhoy; mais il fallait reconnaître le pays, qui était en pleine dislocation depuis la mort d'El-Hadj Oumar en 1863. Son fils Ahmadou avait bien réussi à se maintenir à Ségou, mais son neveu Tidiani s'était installé dans la Macina, secouant l'autorité de son cousin. La guerre civile était en permanence et la guerre religieuse compliquait encore la situation, car les Toucouleurs employaient envers les peuplades idolâtres le système de terreur qui avait si bien réussi à El-Hadj. Aux horreurs qu'entraînait avec lui ce fanatisme surexcité, se joignaient les haines de race et les animosités locales. On peut donc dire que les contrées qui s'étendaient entre Médine et le Niger présentaient au point de vue politique l'image du chaos. C'est dans cette mêlée confuse de religions et de nationalités qu'il fallait s'engager, sans plus connaître nos amis que nos ennemis. Ainsi, le plus puissant de ces souverains indi-

Le commandant Gallieni, de l'infanterie de marine.

gènes, Ahmadou, nous accablait de ses protestations d'amitié et cependant ne cessait de fomenter des troubles et des révoltes parmi les populations de la vallée du Sénégal soumises à notre protectorat. Il avait même réussi par ses intrigues à isoler notre poste de Médine et à soulever contre nous les populations du Logo et du Natiaga, qui nous séparaient de Bafoulabé et des régions de l'est. On avait dû en 1878 envoyer contre Sabouciré, la principale ville du pays, une colonne expéditionnaire pour ramener ces indigènes dans le devoir. D'un autre côté, les Malinkés et Bambaras, restés presque tous fétichistes et ennemis d'Ahmadou, et qui, par suite, étaient nos alliés naturels, se défiaient de nos relations avec le sultan de Ségou et se tenaient sur une réserve qui, d'un jour à l'autre, pouvait se convertir en hostilité.

Le gouverneur me prescrivit donc tout d'abord d'exécuter une reconnaissance préliminaire entre Médine et Bafoulabé. Je devais, sur mon chemin, pacifier les tribus du Logo et du Natiaga, tâcher de conclure avec leurs chefs des traités avantageux, et étudier le futur emplacement de notre poste de Bafoulabé ainsi que le tracé d'une route qui le relierait à Médine. Malgré les inondations qui avaient été exceptionnelles cette année, j'arrivai le 12 octobre 1879 au confluent du Bakhoy et du Bafing, et je fus assez heureux pour pouvoir entrer en relations avec les principaux chefs malinkés de la région, réunis non loin de Bafoulabé pour une expédition militaire, dirigée contre un vassal d'Ahmadou. Ils accueillirent mes propositions avec empressement. Plusieurs d'entre eux me confièrent même quelques-uns de leurs parents ou de leurs fidèles, que je devais présenter au gouverneur à mon retour. Bref, cette première mission réussit au delà de toute espérance et je signai avec ces chefs, dont les États s'étendent entre Bafoulabé et le Bakhoy, une série de traités qui consolidaient notre domination et préparaient notre puissance future.

Le capitaine Piétri, de l'artillerie de marine.

En vertu de ces traités, une garnison de tirailleurs sénégalais et une centaine d'ouvriers, venus de Saint-Louis, s'installèrent à Bafoulabé dès le mois de décembre 1879 et commencèrent immédiatement les travaux de construction d'un fort, tandis qu'un ingénieur, utilisant l'excellent levé topographique exécuté par le lieutenant Vallière, qui m'avait accompagné pendant ma mission, s'occupait de la construction de la route et du télégraphe.

Ces premiers et importants résultats obtenus, le gouverneur me chargea d'organiser, dans l'esprit conciliateur qui avait déjà présidé à ma dernière mission, l'expédition qui devait nous ouvrir une voie vers le grand fleuve du Soudan, dans des régions restées jusqu'alors inexplorées et étrangères à notre influence. Je gardai, pour m'accompagner pendant mon voyage, les fils des chefs de Kita et de Bammako, que j'avais ramenés de Bafoulabé. Tous les autres envoyés qui m'avaient également suivi furent comblés de caresses et de cadeaux, et repartirent de Saint-Louis enchantés de l'accueil qu'ils y avaient reçu.

Je choisis pour compagnons de voyage des officiers d'un caractère éprouvé et dont j'avais pu en même temps apprécier la valeur au point de vue des connaissances scientifiques indispensables pour remplir le programme qui m'avait été fixé. C'étaient MM. Piétri, Vallière et Tautain. M. Piétri, lieutenant d'artillerie de marine, sorti depuis peu de l'École polytechnique, rentrait à peine d'une mission topographique exécutée vers le bas Sénégal, entre Merinaghen et Guédé, pour les études préliminaires de la voie ferrée projetée de l'Atlantique au Niger. M. Piétri, outre la conduite du lourd convoi que nous transportions, devait être chargé des instruments de précision et des observations astronomiques. M. Vallière, lieutenant d'infanterie de marine, officier d'un grand fond et

Le capitaine Vallière, de l'infanterie de marine.

doué d'une aptitude tout à fait spéciale pour les levés topographiques et l'étude du terrain, m'avait déjà accompagné dans ma première expédition de Bafoulabé. Le docteur Tautain, jeune médecin de la marine, commandait intérimairement le poste de Dagana, quand je lui proposai de se joindre à la mission ; ses connaissances en ethnographie et histoire naturelle, etc., me rendaient son concours précieux. Enfin, M. le docteur Bayol, médecin de première classe de la marine, avait été désigné par le gouverneur pour accompagner l'expédition en qualité de médecin-major ; une fois parvenu à Bammako, il devait y résider comme représentant du gouvernement français.

Le décorum, on ne l'ignore pas, joue un grand rôle parmi les nègres du Soudan. Ces indigènes, en vrais enfants, aiment les fêtes tapageuses, les beaux costumes bariolés et resplendissants de dorures. Notre simplicité habituelle serait hors de propos avec eux. Les parades, les brillants vêtements les enchantent, et rien ne leur plaît autant que les cérémonies militaires avec musique, chevaux et bruit d'armes. J'emmenais donc avec moi une escorte composée de trente spahis et tirailleurs sénégalais ; les premiers, cavaliers indigènes, armés, équipés et habillés comme nos spahis algériens ; les autres, appartenant à ce corps de tirailleurs sénégalais, fameux par les services rendus à la colonie pendant toutes les expéditions militaires entreprises par nos gouverneurs dans les vingt années précédentes. Ces trente soldats d'élite, armés de chassepots, devaient me servir d'escorte à mon entrée à Bammako ou à Ségou ; leurs beaux costumes orientaux devaient assurément exciter l'admiration des populations pauvres et naïves au milieu desquelles nous allions pénétrer. Ces hommes fournissaient d'ailleurs d'excellents auxiliaires, déjà habitués au travail et pliés à la discipline, dans un pays où, les routes n'existant pas, il était nécessaire de mettre souvent la pioche ou le pic à la main pour frayer la voie à la mission et au lourd convoi qui la suivait. Au surplus, sachant très bien à quoi peuvent

Le docteur Tautain.

être exposés les voyageurs qui entreprennent de pénétrer dans le continent africain, j'avais caché trois ou quatre mille cartouches au fond de nos cantines. Les événements ont prouvé combien cette précaution était excellente, et nul doute que sans elle la mission du Haut-Niger n'eût subi le sort de la malheureuse expédition du colonel Flatters.

Les nombreux cours d'eau que nous devions rencontrer, ainsi que l'espérance où j'étais de pouvoir lancer une embarcation sur le Niger, me faisaient une nécessité d'adjoindre à mes soldats indigènes un personnel de *laptots* ou matelots noirs, habitués à naviguer sur le Sénégal et les rivières de ces régions. Une escouade de laptots, sous le commandement du patron Samba Ouri, vétéran de la navigation sénégalienne, fut donc attachée à l'expédition. Je les armai de fusils doubles, pour me procurer un renfort en cas d'attaque.

Tous les hommes qui devaient nous accompagner à divers titres, soldats, laptots ou conducteurs d'animaux, étaient naturellement indigènes. Connaissant par expérience l'insalubrité du climat des contrées que nous allions aborder, j'avais formellement refusé de m'adjoindre d'autres Eu-

Spahis sénégalais.

ropéens que ceux déjà cités, quoique beaucoup de nos jeunes compatriotes, officiers ou autres, se fussent proposés pour prendre part aux fatigues de l'expédition. Mon opinion a toujours été que, sous ces climats meurtriers, il ne faut faire entrer dans les expéditions du genre de la mienne que le nombre strictement nécessaire d'Européens pour assurer la direction de l'entreprise; agir autrement serait compromettre le succès et sacrifier inutilement un grand nombre d'hommes.

Aidé de mes compagnons de voyage, j'employai le mois de janvier 1880 à réunir les approvisionnements de toute espèce et le grand stock de présents destinés à satisfaire les convoitises enfantines propres à la race nègre. Ce n'était qu'à Bakel, au moment où nous prendrions la voie de terre, que je pouvais mettre la dernière main à l'organisation de notre convoi. Mais c'est à Saint-Louis que j'achetai tout ce qui était nécessaire à l'expédition. Je disposai ainsi des crédits qui m'étaient ouverts pour l'acquisition des articles presque innombrables de nos équipements : couvertures de couleur, calicot blanc, guinée bleue, écharpes indiennes, mouchoirs et foulards de couleurs éclatantes, sabres dorés, chéchias, fusils ornés d'argent, verroteries, couteaux, miroirs en zinc, boîtes à musique, petite machine électrique, etc.

Tous ces objets furent renfermés dans des prélarts et dans des caisses soigneusement numérotées, car je pensais que, dans une expédition entreprise à une aussi grande distance de nos établissements et en dehors, par conséquent, de toute base d'approvisionnements, il était indispensable de prendre des précautions minutieuses, qui pouvaient seules assurer le succès de nos opérations.

Le 30 janvier 1880, le pavillon hissé au mât de l'hôtel du gouvernement donna le signal du départ. MM. Bayol, Piétri et Vallière s'embarquèrent sur l'aviso à vapeur le *Dakar*, aux flancs duquel s'accrochèrent les chalands et zampans chargés de l'immense matériel que nous devions transporter par eau jusqu'à Bakel. Le docteur Tautain et moi, retenus encore à Saint-Louis par quelques préparatifs du dernier moment, nous partîmes peu après sur le *Cygne*, à bord duquel s'étaient également embarqués le gouverneur et son état-major. M. Brière de l'Isle, qui avait veillé avec tant de soin à l'organisation d'une mission qui était son œuvre, avait voulu, en nous accompagnant jusqu'à Podor, nous donner une nouvelle marque de sa sollicitude et de l'importance qu'il attachait à la réussite de notre entreprise.

Ce ne fut pas sans une vive émotion que nous nous séparâmes de nos camarades réunis sur le quai pour nous serrer une dernière fois la main avant notre départ. L'imprévu joue un si grand rôle sur cette terre d'Afrique que, malgré nous, nous ne pouvions nous empêcher de songer aux mille dangers qui nous attendaient dans notre voyage à travers un pays inconnu et resté jusqu'alors inexploré par les Européens. Toutefois, le mouvement qui régnait à bord, les manœuvres de l'appareillage, les cris des nègres passagers, vinrent bientôt changer la direction de nos idées, et, avec l'insouciance de gens habitués depuis longtemps aux émotions mul-

tiples d'une vie aventureuse, nous nous mîmes à considérer les rives du fleuve qui, dans cette partie de son cours, baigne, à droite le pays des Maures Trarzas, à gauche le pays des nègres Ouolofs.

En ce moment, les berges nous apparaissaient distinctement avec leurs parois d'argile, sur lesquelles se voyaient encore les traces laissées par les différents niveaux des eaux. Tout autre est l'aspect du pays à la saison de l'hivernage : le Sénégal s'étend alors en vastes nappes sur les immenses plaines, couvertes d'une maigre végétation, qui le bordent dans sa partie basse; son lit disparaît et l'on a vu souvent des chalands de commerce et même nos avisos, trompés par ces grandes surfaces d'eau, s'égarer dans la plaine et accrocher leurs ancres aux branches des jujubiers.

Le Oualo nous est aujourd'hui entièrement soumis, et ses habitants, auxquels le gouvernement de la colonie a laissé leurs chefs particuliers, nous payent en signe de sujétion un impôt de peu d'importance. En face, sur l'autre rive, les Trarzas forment l'une des tribus les plus turbulentes des déserts habités par les Maures. Au moment des basses eaux, on voit leurs caravanes arriver en longues files vers notre escale de Dagana, où ils échangent leurs gommes contre les produits manufacturés de notre industrie et spécialement contre la guinée, sorte d'étoffe bleue à bon marché, dont ils exportent d'énormes quantités. A l'hivernage, ils quittent les bords du fleuve et, à la grande satisfaction des noirs riverains, victimes souvent de la rapacité de ces incorrigibles pillards, ils rentrent dans leurs déserts, reprenant leur vie nomade et aventureuse, où la guerre et le vol tiennent assurément la plus large place.

Vers le soir, nous mouillons devant Richard-Toll. Les quelques heures que nous y restons nous permettent d'admirer cette élégante construction, ressemblant plutôt à l'une de nos charmantes villas d'Europe qu'à un poste militaire, placé là pour tenir en respect les populations environnantes. Il est vrai que Richard-Toll a été primitivement créé pour servir de maison de campagne aux différents gouverneurs, qui, profitant des avantages naturels du terrain, bien arrosé par le fleuve et le marigot de la Taouey, y ont fait d'importantes plantations de fromagers et de cail-cédrats. Aujourd'hui, cette résidence possède un véritable parc, orné de grands et beaux arbres dont les allées, fraîches et ombreuses, présentent un spectacle d'autant plus agréable à l'œil, que l'on est peu habitué à le contempler au Sénégal.

Trois heures de route nous amenèrent ensuite à Dagana, la première grande escale que nous devions rencontrer sur le fleuve. Le poste est bien situé sur les bords mêmes du Sénégal; d'épais fromagers le cachent presque entièrement à notre vue. Nous ne pouvions guère distinguer qu'un petit coin de la véranda, où apparaissait de temps en temps le noir museau d'un de ces mignons petits singes, au pelage gris verdâtre, qui peuplent les forêts du Fouta et font la joie de nos soldats en garnison dans les postes. La rue qui borde le fleuve offrait une grande animation : les traitants, placés sur le pas des maisons blanches et carrées, discutaient vivement avec des Maures, auxquels leurs noirs cheveux incultes et ébouriffés donnaient un aspect des plus sauvages. Au milieu de la voie, les chameaux accroupis étendaient leurs longs cous, regardant d'un œil effaré tout le mouvement qui se faisait autour d'eux. Le *Dakar* ne fit que stopper devant Dagana, juste le temps de se débarrasser de quelques-uns de ses passagers nègres et de remettre le courrier au commandant du poste. Au bout de quelques minutes, les sons aigus de son sifflet vinrent nous arracher au spectacle intéressant que présentait l'escale, et cet excellent marcheur reprit sa course vers Podor. Le *Cygne* suivait de près.

A peine avons-nous perdu de vue Dagana qu'un coup de feu se fait entendre à bord du *Dakar*. On stoppe de nouveau : c'est le lieutenant Vallière qui vient de tuer un caïman dont la mort est saluée par les cris de joie de tout l'équipage, car la chair de cet animal constitue un grand régal pour les laptots de nos avisos. Nous-mêmes, nous ne dédaignâmes pas de goûter à ce mets d'un nouveau genre. On reprend la route en continuant de tirer sur les caïmans paresseusement endormis sur les sables des rives, ou sur les singes qui se jouaient dans les branches des arbres.

Beaucoup de ces villages devant lesquels nous passions nous rappelaient des souvenirs quelquefois pénibles, toujours glorieux, de la période de conquête où, avec de petits moyens, le général Faidherbe sut faire de si grandes choses. Chacun de nous avait un nom à citer, un trait à raconter. A Gaé, la fièvre et l'insolation avaient abattu presque la moitié d'une colonne en une matinée. Le marigot de Fanaye, si disputé, rappelait à notre camarade Piétri la mort prématurée d'un de ses parents, jeune enseigne de vaisseau qui donnait les plus belles espérances et qui était tombé là, victime du climat.

Nous sommes alors à la limite des pays ouolofs et toucouleurs. Les rives du Sénégal sont moins incultes, et d'épais bouquets de jujubiers ou de *siddems*, au feuillage blanchâtre, nous cachent la plaine. Quelques débris de cases en paille, où s'abritaient encore il y a quelques mois les enfants chargés d'éloigner des récoltes les oiseaux pillards, témoignent de l'existence de cultures étendues, abandonnées en cette saison, mais

Guerriers du Oualo.

bientôt reprises dès les premières pluies. La contrée cependant est encore peu habitée et l'on se prend à regretter l'absence de quelques-unes de ces vastes plantations que l'on rencontre si souvent dans les rivières du sud de notre colonie. Çà et là nous apercevons quelques misérables villages de pêcheurs, placés sur de légères éminences en dehors des atteintes de l'inondation. Le chef s'empresse, à notre passage, de hisser le pavillon tricolore, tandis que les enfants interrompent leurs jeux pour nous regarder d'un œil étonné et suivre avec curiosité les mouvements de notre bateau. Que ces sauvages indigènes ont fait peu de progrès depuis notre arrivée dans ces contrées sénégambiennes! Sans doute ils admirent les différentes productions de notre civilisation, mais pourquoi n'ont-ils pas l'énergie nécessaire pour sortir de leur profonde barbarie?

Vers trois heures du soir, nous passons devant l'entrée du marigot du Doué, large bras qui rejoint le Sénégal à Saldé, en formant l'Ile à Morphil, terre riche et bien cultivée. Peu après, nous commençons à apercevoir Podor. La couleur blanche du poste contraste avec le rouge brique des constructions de l'escale; mais ce n'est qu'après avoir parcouru la large boucle que le fleuve décrit en cet endroit, que nous mouillons devant le fort dans la soirée du 31 janvier.

Podor a été réoccupé de vive force en 1854, malgré l'hostilité des Toucouleurs du Toro. C'est un beau bâtiment carré, situé à deux cents mètres environ des bords du fleuve, qui gagne chaque année, au moment des hautes eaux, sur le terrain avoisinant. En aval se trouve l'escale, formée de deux rues parallèles dont l'une, ombragée de grands arbres, borde le Sénégal. Derrière, on voit les toits pointus des villages indigènes de Podor et de Tioffy. Nous nous empressons de descendre à terre et d'aller serrer la main au capitaine Fischer, commandant du poste, et au docteur Dupouy; tous deux nous offrent gracieusement l'hospitalité.

Le lendemain et les jours suivants, nous nous occupons activement d'arrimer dans les meilleures conditions possibles le volumineux matériel entassé dans nos chalands. Nous réunissons nos approvisionnements, nous répartissons nos laptots sur les chalands et zampans où nous-mêmes devions prendre place en quittant le *Dakar*.

Le 3 février, le gouverneur Brière de l'Isle nous fait ses adieux et nous donne ses dernières instructions. « Allez, nous dit cet excellent chef, soyez énergiques et résolus. Oubliez complètement les épreuves qui vous attendent, pour ne songer qu'à l'intérêt supérieur de la patrie. Vous partez pour accomplir une grande œuvre dont vous serez les premiers initiateurs, et je ferai tous mes efforts pour que vous soyez suivis de près dans la voie que vous allez ouvrir à la civilisation et à l'influence française. Mes vœux et ceux de toute la colonie vous accompagnent. Dieu favorisera vos efforts patriotiques. » Le gouverneur pouvait certes compter sur nous, car il avait su nous animer de cette énergie, de cette élévation de sentiments et de cet amour pour la patrie qu'il possédait lui-même à un si haut degré et qui le soutenaient si puissamment dans la tâche difficile qui lui avait été confiée depuis qu'il avait pris la direction supérieure de la colonie.

Le 4, au matin, nous remontons sur le *Dakar*, qui devait nous conduire jusqu'au banc de Mafou; à partir de ce point, en saison sèche, c'est-à-dire de novembre en juin, le Sénégal n'est plus navigable pour nos avisos à vapeur à calaison trop forte. Nous y parvenons le soir et, après avoir passé une dernière nuit à bord et avoir fait nos adieux à l'excellent M. Simonet, commandant de ce bâtiment, nous nous installons définitivement dans nos embarcations pour commencer la rude navigation qui devait nous amener jusqu'à Bakel. Parmi les inconvénients de la vie sénégalaise, il n'en est pas de plus désagréable que cette difficulté de communications, pendant une bonne partie de l'année, entre le chef-lieu de la colonie et les établissements situés au delà de Podor. Les avisos à vapeur ne pouvant alors remonter que jusqu'au banc de Mafou, on est réduit, pour atteindre les escales du haut fleuve, à employer les chalands du commerce, imparfaitement aménagés et qui mettent souvent un mois entier pour gagner Médine. Parfois les laptots chargés de conduire ces chalands descendent à terre, sur l'une ou l'autre rive du fleuve, et cheminent en haut des berges escarpées en tirant une longue cordelle attachée au sommet du mât. Mais l'épaisse végétation qui embarrasse les bords s'oppose quelquefois à un semblable moyen; il faut alors se servir de rames et de longues perches à l'aide desquelles les laptots, tels que les bateliers de nos canaux en France, poussent le chaland sur les eaux du fleuve. On comprend combien la marche doit être lente et monotone dans de telles conditions, surtout lorsqu'on songe aux nombreux bancs et rapides qui obstruent le Sénégal dans son cours moyen et supérieur et dont le franchissement exige fréquemment plusieurs heures d'un travail long et fatigant.

Nous nous trouvions alors à hauteur du Toro, l'un des États séparés, par la politique de nos gouverneurs, de la puissante et turbulente confédération du Fouta, qui s'étendait autrefois sans discontinuité depuis Dagana jusqu'aux environs de Bakel. Les dispositions hostiles des Toucouleurs, ainsi que leurs fréquentes tentatives de pillage sur nos commerçants, nous forcèrent souvent à organiser contre ces populations remuantes d'importantes expéditions. A la suite de ces dernières, on mit à profit les divisions intestines des différentes tribus de cette confédération en la morcelant peu à peu et en séparant plusieurs États importants. C'est ainsi que le Toro formait en ce moment un pays indépendant, placé sous notre influence et gouverné par un jeune chef, Amadou Abdoul, rallié complètement à l'idée française et qui venait de visiter notre dernière Exposition de 1878.

L'autre rive limite le pays des Maures Braknas, dont les tribus, tout aussi rebelles à la civilisation que celle des Trarzas, font cependant un commerce de gommes très actif avec notre escale de Podor.

La navigation fut lente et pénible pendant les premiers jours. La nature boisée des rives s'opposait au remorquage à la cordelle, et nous regrettions vivement que l'administration coloniale, trop pauvre malheureusement, n'ait pu encore procéder au débroussaillement de la rive gauche. On obtiendrait ainsi un chemin de halage, qui serait du plus grand secours aux chalands remontant le fleuve durant les basses eaux, et qui permettrait même d'employer des ânes pour soulager les laptots dans ce service fatigant. La monotonie de notre marche était cependant interrompue par la vue des caïmans qui se chauffaient nonchalamment au soleil, dans une si complète immobilité qu'on les confondait souvent avec quelque gros tronc d'arbre arrêté aux racines des siddems. Nos balles de mousqueton les dérangeaient désagréablement ; ils plongeaient alors et une traînée sanglante, visible à la surface de l'eau, nous montrait que nos balles n'avaient pas toujours manqué leur but. Au sommet des berges, nous apercevions encore de nombreuses bandes de singes dits *à tête noire*, tandis que les aigrettes, au plumage couleur de neige, s'enfuyaient à notre approche.

Le 7, nous passions devant les villages d'Alcibé, de Boki et de Oualaldé. Ce sont les derniers du Toro, et leurs habitants ont un aspect des plus misérables. Deux ans auparavant, j'avais été chargé de tracer la limite entre ce pays et le territoire voisin, et je me rappelais encore l'hospitalité que j'y avais reçue. Cette contrée est riche et les cultures pourraient, comme dans le Cayor ou d'autres régions de la Sénégambie, y prendre un développement considérable. Les villages se dispersent généralement à la saison des cultures, et les habitants s'éparpillent le long des rives du fleuve, où ils s'abritent dans quelques cases en paille, élevées à la hâte. Les récoltes ramassées, ils rentrent au village principal.

Le lendemain, nous entrons dans le Lao, petit État toucouleur qui a également séparé sa cause de celle du Fouta et s'est placé, il y a peu d'années, sous notre protectorat. Nous apercevons sur la rive droite plusieurs cavaliers maures armés de fusils et poussant devant eux, en criant de toute la force de leurs poumons, des bœufs et des moutons volés sans doute aux Peuls, pasteurs du Lao, dont les nombreux troupeaux couvrent les plaines environnantes. En effet, un engagement avait eu lieu le matin, et un fort parti de Maures qui avait réussi à passer le fleuve à la nage pendant la nuit, s'était emparé de plusieurs de ces animaux qu'il poussait devant lui jusqu'au moment où les ravisseurs deviennent insaisissables. Ces faits se représentent tous les jours : les Maures vont razzier les troupeaux des Peuls; ces derniers les défendent ou vont par représailles enlever à leur tour ceux de leurs ennemis. C'est une guerre perpétuelle, et le Sénégal, qui forme un large fossé entre ces deux races, est insuffisant pour empêcher ces vols et ces conflits à main armée.

Le 9, nous passons devant les villages de Cascas et de Dounguel et nous franchissons, non sans peine et sans une grande perte de temps, le difficile passage de Djoulédiabé, situé à la limite extrême de la marée. Les rives, complètement déboisées, permettent le remorquage à la cordelle et, après avoir doublé l'embouchure du marigot de Doué, dont nous avions déjà pu voir l'origine avant Podor, nous venons mouiller au pied des hautes berges que surmonte le blockhaus de Saldé. Ce petit poste, qu'occupe une garnison d'une douzaine de tirailleurs, a été élevé en 1865 pour occuper l'intervalle de près de cent lieues qui sépare les deux établissements de Podor et de Bakel; il surveille en même temps la partie centrale du Fouta. Sa petite escale est très florissante et, outre les transactions de gommes, il s'y fait un commerce très actif de plumes et d'œufs d'autruche, de peaux de fauves, etc.

Nous ne restons que quelques heures à Saldé et nous repartons après avoir pris des vivres frais. Nous sommes alors en vue du Bosséa, habité par la tribu la plus turbulente de la confédération toucouleur. Son chef, Abdoul Boubakar, entouré d'une jeunesse ardente et vivant surtout de pillage, ne cesse d'exciter contre nous les villages plus paisibles qui bordent le fleuve et ont des relations de commerce suivies avec nos traitants. Tant qu'on n'aura pas infligé un châtiment exemplaire à cet incorrigible perturbateur, le repos de la colonie et la sécurité de nos commerçants risqueront à tout moment d'être troublés.

Le fleuve présente toujours une grande largeur. Ses rives sont plus boisées, surtout du côté du Fouta. Beaucoup de marigots sillonnent la plaine qui s'étend jusqu'à Matam, et nous y voyons des traces de cultures vastes et bien entretenues. A l'horizon surgissent de nombreux mon-

ticules, qui bientôt se rapprochent, se réunissent et constituent de véritables chaînes de collines, d'une hauteur moyenne de cinquante mètres et affectant toutes une forme tabulaire. Ces collines, que l'inondation n'atteint jamais et qui vont se dirigeant presque en droite ligne de l'ouest à l'est, établissent une voie de communication ininterrompue de Dagana à Bakel. C'est la route que suivent en toute saison les caravanes qui vont commercer dans l'intérieur, et la voie naturelle pour la ligne ferrée projetée de l'Atlantique au Niger.

Le 14, nous nous trouvons devant Oréfondé, capitale de toute la confédération toucouleur. C'est là que se réunissent généralement les assemblées où ces fanatiques musulmans combinent leurs projets contre nous et nos protégés. Heureusement qu'il se fait dans ces *palabres* beaucoup plus de bruit que de besogne et que les conspirateurs se dispersent le plus souvent avant d'avoir pu prendre aucune détermination sérieuse.

Nous rencontrons beaucoup d'hippopotames. Ces énormes pachydermes peuvent respirer en élevant seulement les narines au-dessus de la surface de l'eau; aussi est-il assez difficile de les tirer. Ils s'annoncent de loin par des grognements sonores et émergent souvent de l'eau à quelques mètres à peine des chalands, qui pourraient ainsi être chavirés. Nous ouvrons sur eux un feu nourri; mais notre chasse est décevante, car ces animaux plongent aussitôt au fond du fleuve, et nous ne pouvons apprécier les résultats de nos coups.

Cependant, malgré l'activité de nos laptots, nous n'arrivons que le 18 à Matam, sur la limite du Bosséa et du Damga, le dernier État du Fouta. La tour de Matam, semblable à celle de Saldé, a été construite dans le même but que celle-ci. Nous ne nous y arrêtons qu'une journée et nous nous mettons en route le lendemain pour accomplir la dernière étape qui nous sépare de Bakel. Le Damga est plus peuplé que les pays précédemment rencontrés; ses habitants sont des gens paisibles qui ne demanderaient pas mieux que d'être soustraits aux tracasseries continuelles d'Abdoul Boubakar. Plusieurs d'entre eux viennent nous offrir du lait; ils nous demandent pourquoi le gouverneur ne les prend pas sous sa protection et ne leur fait pas payer l'impôt; eux aussi voudraient être Français comme ceux de leurs congénères qui habitent nos cercles. On comprend combien ces braves gens sont fatigués de l'existence troublée que leur font les incursions incessantes de leurs voisins du Bosséa.

Les arbres deviennent plus beaux. Ce sont des roniers, des palmiers de différentes espèces, des tamariniers d'une grandeur et d'une élégance de forme admirables. Ces arbres au feuillage pittoresque, ces collines dont les roches brun rougeâtre percent à travers la végétation qui les surmonte, les villages de plus en plus rapprochés, donnent au paysage une vivacité singulière, qui repose l'œil de la monotonie des forêts que nous avons traversées jusqu'alors.

Nous franchissons le passage de Verma, où un mois plus tard nous aurions été forcés de décharger nos chalands. Nous doublons l'embouchure du marigot de Guérère et nous apercevons les premiers villages du Guoy, État sarracolet qui s'étend jusqu'à la Falémé. Nous avons quitté les pays toucouleurs et nous n'allons plus maintenant rencontrer jusqu'au Niger que des populations plus ou moins hostiles à cette race de conquérants qui se rendit si odieuse par ses cruautés, à l'époque où El-Hadj Oumar fonda son immense empire musulman dans le Soudan occidental.

Les Sarracolets ou Soninkés constituent assurément la race la plus intéressante de tout le bassin du Sénégal. Ils possèdent des qualités d'ordre et d'économie qui les distinguent très visiblement des autres nègres des contrées voisines. Ils comprennent les avantages du commerce, et leur existence, au lieu de s'écouler dans un farniente perpétuel, comme c'est malheureusement le cas le plus fréquent parmi les indigènes africains, est occupée utilement à de nombreux voyages qu'ils font au loin pour échanger leurs marchandises contre les produits des pays situés plus avant dans l'intérieur. On les voit arriver tout jeunes à Saint-Louis ou dans nos escales du fleuve. Ils s'y emploient comme laptots, muletiers, agents de traitants, tirailleurs, et dès qu'ils ont gagné une somme d'argent suffisante, ils reviennent dans leurs villages. Ils achètent alors deux ou trois ânes et un petit stock de marchandises qu'ils transportent ensuite dans le Kaarta ou sur les bords du Niger, ramenant en échange des pagnes, des boubous lomas, de l'or et, il faut bien le dire aussi, des esclaves qu'ils vont revendre avec un gros bénéfice dans les contrées qui en manquent.

Le 25 au matin, nous sommes devant Tuabo, résidence du *Tunka* ou chef du Guoy. Quelques heures après, nous apercevons Bakel, dont nous reconnaissons l'emplacement aux tours, visibles de loin, qui couronnent les collines environnant le fort. Puis, celui-ci nous apparaît avec ses constructions blanches et massives et, à quatre heures du soir, nous jetons l'ancre au pied de la berge, heureux de quitter le roufle étroit et incommode dans lequel nous venions de passer une vingtaine de jours. Nous étions au terme de la première partie de notre voyage et nous allions prendre désormais la voie de terre.

CHAPITRE II

Bakel. — Organisation du convoi. — Départ pour Médine. — Le cuisinier Yoro. — Nos chefs de convoi. — Passage de la Falémé. — L'interprète Alpha Séga. — Tam-tam bambara chez Dama. — Les Maures pillards. — Arrivée à Médine.

Le fort de Bakel date du commencement de ce siècle. Il a remplacé les divers comptoirs fondés autrefois dans cette région par la Compagnie des Indes pour exploiter les productions et spécialement l'or du Galam et du Bambouk. C'est aujourd'hui un bel établissement, restauré par les soins du gouverneur Brière de l'Isle, et composé de deux grands bâtiments, réunis par une construction plus petite, dont la terrasse sert de communication entre les deux ailes principales. Les logements des officiers, donnant sur de vastes galeries, y sont commodes et aérés; ceux des hommes sont également confortables et bien disposés. On voit en somme que rien n'a été négligé pour obvier, dans la limite du possible, aux inconvénients qui résultent, pour nos Européens, d'un séjour prolongé dans un pays malsain et couvert de nombreux marécages aux exhalaisons pestilentielles. L'escale qui dépend du fort est la plus importante du fleuve. Il s'y fait, à chaque saison sèche, un commerce très actif de gommes, d'arachides, de chevaux, d'or, de plumes d'autruche, de peaux d'animaux, etc.

Le commandant de Bakel, M. le capitaine Soyer, nous reçut avec une gracieuseté bien connue de tous ceux qui sont passés par là. C'était d'ailleurs une vieille connaissance pour la plupart d'entre nous, car tous nous avions eu déjà à user de sa libérale hospitalité quand notre service nous avait appelés dans le haut fleuve. Que cet excellent camarade et ami me permette de lui renouveler ici tous les sentiments de vive amitié que lui ont voués les officiers de la mission du Haut-Niger.

A peine débarqués, nous nous mîmes tous à organiser le formidable convoi qui devait transporter nos approvisionnements et les présents destinés aux chefs indigènes que nous devions visiter. Cependant, nous ne pûmes travailler beaucoup les premiers jours, car les fatigues subies pendant notre incommode voyage dans nos chalands se traduisirent par des accès de fièvre, légers à la vérité, mais qui ne nous permirent pas de vaquer en toute liberté à nos occupations. Bakel justifiait sa vieille réputation d'insalubrité, et je me souvenais encore de cette époque néfaste où la fièvre jaune, dans l'hivernage de 1878, avait successivement enlevé en peu de jours les officiers et soldats de la garnison. Il ne resta debout que le commandant du poste, un vétéran du Mexique, et moi-même, à qui l'on venait de confier une mission dans la Falémé, pour y étudier la réoccupation du poste de Sénoudébou.

Nous réussissons enfin, grâce à l'activité de Piétri, que j'avais investi de la direction supérieure du convoi, à mettre un peu d'ordre dans les ballots et cantines renfermant notre immense matériel. Je réservai pour nos bagages personnels les douze mulets affectés à l'expédition; ils devaient former une section spéciale sous les ordres d'un chef muletier qui nous attendait sur la route de Médine à Bafoulabé, où il était employé en ce moment. Quant aux ânes, au nombre de deux cent cinquante, ils furent divisés en quatre sections principales sous les ordres de quatre chefs de convoi, choisis parmi les employés indigènes de l'escale, chez lesquels j'avais reconnu les aptitudes de commandement nécessaires. Chaque section était subdivisée en un certain nombre de groupes, comprenant chacun dix à douze ânes et quatre ou cinq âniers. Je passai plusieurs jours à recruter une soixantaine de ces derniers et ce ne fut pas sans peine que je les décidai à quitter leurs cases et leurs familles pour s'enfoncer avec moi dans des contrées qui leur étaient absolument inconnues et qui jouissaient d'ailleurs auprès d'eux d'une très mauvaise réputation. Enfin, une trentaine de Toucouleurs et autant de Bambaras se rangèrent sous les ordres du lieutenant Piétri, qui, aidé de ses chefs de convoi, s'empressa de les répartir d'après les règles indiquées ci-dessus. Les noirs sont tellement faits au désordre, qu'il est indispensable, avant toute opération entreprise avec leur concours, de prendre mille précautions pour remédier, autant que possible, aux inconvénients, souvent fort graves, résultant de leur insouciance et de leur négligence habituelles.

Pour apporter encore plus de méthode dans nos derniers préparatifs, je choisis, à trois ou quatre kilomètres de Bakel, un campement provisoire vers lequel j'acheminais successivement les différentes fractions du convoi, que M. Piétri recevait et organisait d'une manière définitive.

Le 6 mars au soir, nous y étions tous réunis. Le départ était fixé pour le lendemain; tous nos bagages étaient là, alignés devant nos ânes,

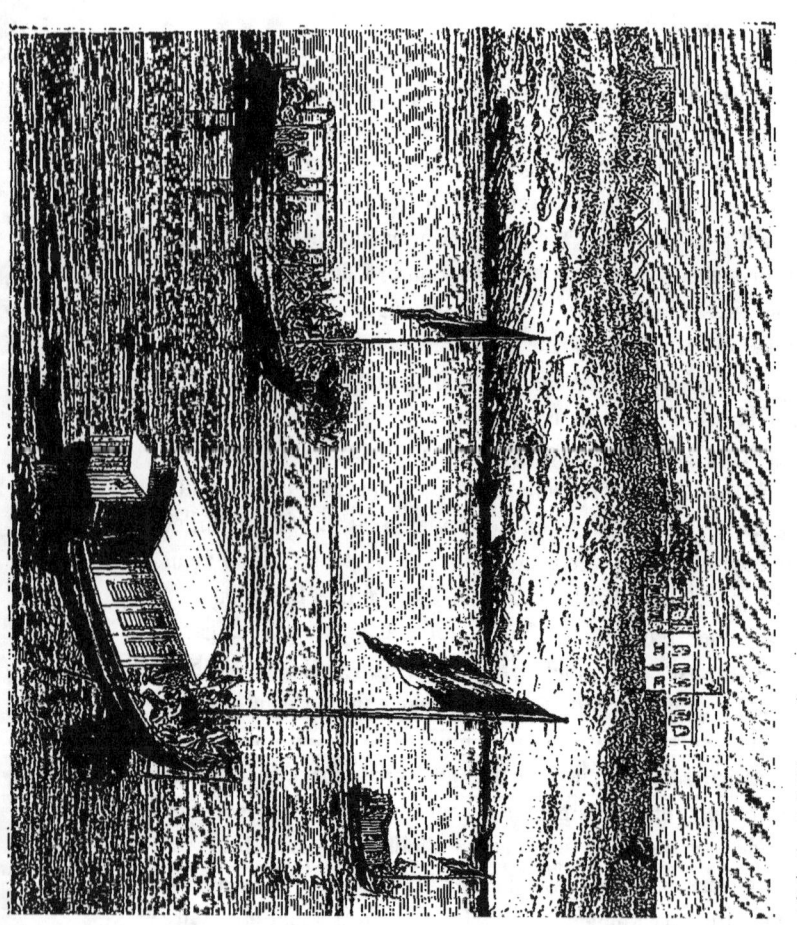

tandis que nous courions à droite et à gauche, veillant avec soin aux derniers arrangements. Enfin, tout étant terminé, nous allions nous mettre à table, quand nous fûmes agréablement surpris par l'arrivée des officiers de Bakel, qui avaient tenu à venir nous faire leurs adieux avant notre départ. Deux cantines forment aussitôt une rallonge pour notre table de campagne, et tous nous nous mettons à dîner de bon appétit. C'était assurément un spectacle étrange que notre réunion sous le tamarinier qui nous avait abrités de son ombre pendant la journée et dont les branches soutenaient maintenant les fanaux de bord qui nous éclairaient. Officiers de toutes armes et de tout grade, hommes d'âges si divers, à la physionomie rendue parfois si sévère par l'habitude du commandement et du danger, nous retrouvions là toute notre gaieté, évoquant avec entrain et bonne humeur les souvenirs joyeux de la patrie. Autour de nous, les indigènes, réunis par groupes et marmottant les prières du Coran, contemplaient avec surprise ces blancs, bavardant et riant avec une familiarité si en dehors de l'attitude austère et de l'indifférence hautaine que le prophète recommande aux croyants envers les infidèles.

Il était tard lorsque nos amis de Bakel nous quittèrent et lorsque nous nous étendîmes sur nos lits de camp.

Comme la dernière étoile disparaissait du ciel, nous étions tous sur pied. Au même moment un rugissement se fit entendre : « Voilà le lion, nous dit Vallière, il ne doit pas être loin. Est-ce de bon augure? — Je l'entends à droite, répondit le docteur Tautain, toujours sceptique. — Quoi qu'il en soit, en route! » dis-je. Le signal est donné : Vallière et Tautain prennent les devants pour trouver un bon campement à l'arrivée, et le convoi s'ébranle. Cependant nous n'avions pu encore donner aux âniers et à leurs chefs l'habitude de la marche. Nous les avions bien exercés à charger leurs bêtes; mais, au moment du départ, tous étaient prêts en même temps et ne purent retenir les bourriquots vagabonds, s'en allant de ci, de là, brouter l'herbe de la prairie. Il se produisit une confusion indescriptible, à laquelle nous essayâmes vainement d'apporter remède. Ce qui augmenta encore le désordre au départ, ce fut le passage d'un marigot profond et très encaissé, qui coupait la route à moins d'un kilomètre du camp. Là les ânes laissent tomber leurs charges mal équilibrées; les conducteurs inexpérimentés ne savent ni retenir ni recharger leurs bêtes; les mulets eux-mêmes ont de la peine à passer, les cantines encombrent le sentier. La tristesse nous gagne... Comment pourrons-nous faire les trois cents lieues qui nous séparent du Niger, si tous les jours pareille confusion se produit au départ. Toutefois la confiance revient vite : après tout, nous distinguons bien les causes de ce tohu-bohu presque inévitable le premier jour; nos âniers sont encore peu faits au service que nous exigeons d'eux; les charges sont mal équilibrées; notre surveillance ne peut s'exercer d'une manière complète. Nous nous bornons donc, pour cette fois, à faire notre étape tant bien que mal et nous arrivons au village de Golmi dans un ordre relatif. Nous avons longé la rive gauche du Sénégal et traversé la forêt de Goura, véritable forêt de Bondy où les Maures s'embusquent et arrêtent les voyageurs indigènes. Des morts et des blessés restent souvent sur le terrain à la suite de ces fréquentes attaques.

Le carré se reforme comme à notre dernier campement, et nous dressons notre tente au pied d'un arbre touffu. Au total, la journée ne nous aurait point paru trop mauvaise sans un accident qui fut très sensible à nos estomacs, creusés par notre course au soleil. Tout était arrivé au bivouac et les âniers commençaient déjà à surveiller la cuisson de leur riz et de leur couscous. Il ne manquait plus que le mulet portant notre bagage culinaire, que nous avions confié pour quelques étapes à notre cuisinier Yoro. Et cependant Yoro était parti le premier! Informations prises, notre Vatel s'était arrêté dans un village sur la route pour faire ses adieux à l'une de ses femmes, d'autant plus éplorée qu'il l'abandonnait sans ressources, pour une absence dont personne ne pouvait mesurer la durée. Enfin notre mulet apparut. Je vous laisse à penser la réception qui fut faite au cuisinier retardataire. Il n'est sorte d'injures qu'il n'essuyât, avec le plus grand calme du reste. Vite! une omelette est sur le feu, des poulets sont immolés à notre appétit, et en quelques minutes ce diable d'Yoro nous convie à table. Puisque l'occasion s'en présente, je vous dirai quelques mots de ce membre important de la mission à qui nous avions dévolu la garde de nos casseroles et le soin de nos estomacs. Yoro est un Toucouleur de la tribu des Laobés, tribu méprisée parce qu'elle gagne sa vie en travaillant le bois, creusant des mortiers et fabriquant des pilons pour écraser le mil nécessaire à la préparation du couscous. Citons en passant un fait caractéristique : le plus profond dédain couvre en Afrique les castes travailleuses, telles que les tisserands, les cordonniers, les forgerons. Les Laobés, qui sont répandus dans tout le Sénégal, vivent à part, se marient entre eux et forment néanmoins l'une des tribus les plus riches de ces pays.

A propos d'Yoro, notons encore cette particularité : notre cuisinier se croit allié au serpent trygonocéphale, et la plus grande peine qu'il puisse éprouver est de voir tuer un reptile de cette espèce. Pendant notre séjour à Nango, sur les bords du Niger, il ne cessa de s'opposer à la destruction d'une couvée de ces trygonocéphales, que nous avions découverte dans la toiture de notre hangar et dont la mère avait failli mordre un jour le docteur Tautain, menacé ainsi d'une mort foudroyante. Ce fait n'est pas un conte inventé à plaisir, ni même une exception. Il n'est pas de noir qui ne soit par sa famille allié à un animal quelconque et qui, à l'occasion, ne se dépouille de tout ce qu'il possède pour sauver de la mort sa bête patronymique. Tous les nègres ont ainsi un animal qui veille sur la famille; celle-ci, en échange de cette puissante protection, comble de prévenances le lion, l'hippopotame, le léopard, la gazelle, la perdrix, etc., ou tout autre individu à deux ou quatre pattes. Nous ne saurions affirmer que ces parents d'un nouveau genre, comme le lion ou le léopard par exemple, répondent toujours par de bons procédés à cette bizarre affection. Nous n'avons jamais pu nous faire

Le cuisinier Yoro.

donner l'explication de cette coutume superstitieuse. Mais revenons à Yoro.

J'insiste sur son caractère, parce qu'il représente un type de noir que l'on rencontre fréquemment parmi ceux de ces indigènes qui se sont frottés quelque peu à notre civilisation. Yoro est vaniteux, menteur, voleur; et cependant il a des qualités. D'abord, il est débrouillard; à peine arrivé à l'étape, le déjeuner est préparé avec une rapidité surprenante, et la table se couvre en un clin d'œil de plats à l'aspect réjouissant. Notre homme a été successivement tirailleur, marmiton, muletier, laptot; toujours quémandeur, toujours gouailleur, toujours misérable et toujours absolument dévoué à son maître, qu'il vole cependant le plus qu'il peut. Dans la mauvaise fortune, Yoro vendra son dernier boubou, son grisgris le plus précieux, pour satisfaire l'un de nos caprices. Dans la retraite de Dio, ce brave garçon n'a cessé de tenir la bride de mon cheval, le soutenant dans les mauvais pas, fouillant de son regard vigilant les broussailles où les Bambaras étaient tapis, prêt à recevoir la balle qui m'était destinée. A Nango, dès que j'avais la fièvre, j'étais sûr de voir arriver Yoro, qui s'installait auprès de ma natte, me prodiguant les soins les plus empressés avec des attentions de mère, et cependant la veille je l'avais sans doute rudoyé, comme cela m'arrivait souvent lorsque la malaria commençait à me travailler. Vous voyez que, malgré tous ses défauts, Yoro mérite encore une certaine estime. Nous la lui avions rendue tout entière à la fin du déjeuner. La rancune ne peut tenir quand l'estomac est satisfait.

La chaleur était alors excessive et rien ne pouvait nous protéger l'après-midi contre cette température étouffante. Une grande toile rectangulaire, que nous fixions aux branches d'un arbre, nous servait de tente, mais elle était insuffisante pour nous abriter des rayons du soleil. Aussi voyons-nous arriver le soir avec satisfaction. Nous profitons des quelques heures de jour qui nous restent pour nous occuper du convoi, faire les modifications reconnues nécessaires le matin et utiliser l'expérience acquise dans la marche précédente. Une nouvelle répartition de bagages et d'ânes est faite malgré les protestations, peu écoutées d'ailleurs, de quelques-uns de nos chefs âniers. Piétri réunit ces derniers et les menace de tout mon mécontentement si un désordre semblable à celui de la veille vient encore à se produire.

Tous nos chefs de convoi, montés sur de bons petits chevaux du pays, étaient du reste pleins d'entrain et ardents à la besogne. Je vous ai déjà cité Samba Ouri, qui avait le commandement des laptots, dont j'avais fait des âniers en attendant mieux. C'était un excellent vieillard, estimé et aimé de tous, toujours infatigable et prêt au travail. Il devait, hélas! être l'une des premières victimes du guet-apens qui nous attendait dans le Belédougou. Ensuite venait Makha Courbary, un grand et beau Bambara, de famille royale, et qui commandait les âniers de sa race. Le troisième de nos chefs était Thiama, que nous venions de prendre à Bakel, où il était commissaire de police. C'était un homme âgé, encore solide, très actif, ancien tirailleur et dont le dévouement ne s'est jamais démenti pendant notre rude campagne. Thiama était parent de Makha, mais il n'avait pas, comme ce dernier, abandonné les coutumes de ses pères. Il portait ses cheveux crépus, noués en tresses sous un immense chapeau, que surmontait un gros pompon de paille d'aloès. Il était un peu voûté, mais toujours gai et prêt à faire honneur au cognac que nous lui offrions de temps en temps. Il avait tellement crié pendant les derniers jours passés à Bakel qu'il avait pris une extinction de voix, qui devait le suivre jusqu'au Niger. Silman N'Diaye, jeune Khassonké, frère de notre interprète Alpha Séga, était le plus jeune de nos chefs de convoi.

Le 8, nous quittons Golmi, et c'est avec une satisfaction complète que nous voyons cette fois, comme à une manœuvre bien ordonnée, défiler successivement devant nous les sections du convoi dans l'ordre le plus parfait.

Nous sommes encore dans le Guoy, province dépendant du cercle de Bakel. De longues chaînes de collines se dessinent dans le sud, mais, vers le fleuve, le pays est très plat et les marigots sont les seuls obstacles que nous ayons à surmonter pour le moment. On nomme marigots ces petits affluents du Sénégal qui, généralement à sec une bonne partie de l'année, se remplissent d'eau au moment des pluies et forment alors de vastes fossés, larges et profonds, à berges d'un accès difficile. Nous suivons le bord du fleuve à travers la forêt de Goura. Chemin faisant, on nous montre un amoncellement de rochers qui sert d'embuscade ordinaire aux Maures pour piller les caravanes gardées par des marchands inoffensifs. Il est regrettable que ces brigands ne viennent pas nous chercher noise. Ils pourraient alors faire connaissance avec nos armes à longue portée et se convaincre que ce n'est pas pour eux que nous nous sommes donné la peine d'organiser notre superbe convoi.

Nous dépassons les ouvriers noirs chargés de poser les poteaux de la ligne télégraphique qui devait unir Bakel à Médine, et nous arrivons à Arondou, au confluent de la Falémé, où nous installons notre bivouac.

Nous avons devant nous maintenant un obstacle important à franchir, la Falémé, belle rivière prenant sa source dans le Fouta-Djalon et déversant, au moment des pluies, une masse d'eau considérable dans le Sénégal. Elle change complètement d'aspect en saison sèche, mais, quoique les gués soient nombreux et faciles, son lit, profondément encaissé entre deux berges à pic, présente un passage assez malaisé pour notre convoi. Toutefois, nous résolûmes de ne pas perdre de temps et de tenter aussitôt l'opération. Les bagages craignant le contact de l'eau, tels que les sacs de sucre, de sel, les munitions, etc., sont embarqués sur un chaland et transportés sur l'autre rive. En même temps, les ânes et les mulets, dirigés par leurs conducteurs, descendent dans la rivière et gagnent beaucoup plus aisément que nous ne l'aurions tout d'abord imaginé, la pente très raide qui donne accès sur un plateau déboisé où nous choisissons un nouveau campement. Quelques chargements tombèrent à la vérité dans l'eau, quelques mulets ou ânes roulèrent également du haut des berges, mais en somme nous n'eûmes pas à constater de gros accidents, et l'opération, commencée à dix heures du matin, était heureusement terminée à cinq heures du soir.

Nous avons donc franchi la Falémé. Un bain salutaire nous remet le soir des fatigues de la journée, et nous pouvons, par un repas malheureusement trop frugal, célébrer notre entrée dans le Kaméra.

Depuis Bakel, nous n'avions traversé que des villages directement soumis à la France, c'est-à-dire nous payant l'impôt personnel, mais, jusqu'à Médine, le Kaméra est simplement placé sous notre protectorat. La route était du reste aussi sûre et la population, paisible et travailleuse, appartient à cette race de Sarracolets dont j'ai parlé plus haut. On les a souvent appelés, et avec raison, les juifs du Soudan. Leur race présente un type particulier qu'un habitué du Sénégal peut seul reconnaître. Moussa, le domestique du lieutenant Piétri, était précisément un Sarracolet de Bakel. Son caractère, qui présente des contradictions analogues à celles déjà signalées chez Yoro, mérite une mention spéciale.

Moussa a l'amour des voyages et encore plus l'amour du commerce. Il est économe et sait ménager les ressources que la bonne fortune lui envoie; au moment critique, il a toujours su trouver une poire pour la soif. Pendant plusieurs mois, il a gardé les clefs des cantines de son maître, qui n'a jamais eu à lui reprocher la moindre infidélité. A Bammako, après le pillage de nos bagages, il a vendu sans bruit un peu d'or, qu'il avait acquis par échange, pour nous procurer du lait et soutenir nos chevaux par quelques mesures de gros mil. Eh bien, ce Moussa dévoué, nous l'avons surpris plus tard nous volant nos cauris quand notre détresse fut devenue moins grande et qu'Ahmadou nous eut envoyé de quoi pourvoir à notre subsistance. Peut-on lui tenir rigueur pour de pareilles peccadilles?

La Falémé franchie et tout marchant à souhait, j'apportai un changement dans l'organisation du convoi : je lui donnai, pour ménager l'autorité de Piétri et aussi pour réduire ses courses au soleil, un chef noir qui devait assurer l'exécution de ses ordres et servir d'intermédiaire entre nous et les chefs de section. L'homme tout désigné pour cet emploi, autant par son instruction relative que par l'influence qu'il avait sur nos noirs, était notre interprète Alpha Séga, Khassonké de Médine. Alpha fut donc proclamé chef supérieur du convoi et je lui confiai un drapeau tricolore, qu'il devait planter au milieu du camp et autour duquel venaient se ranger successivement les différentes sections de notre nombreuse caravane.

Nous avions remarqué que les âniers avaient déjà eu quelques discussions au sujet de leurs bêtes. Pour couper court à toute cause de discorde, nous donnâmes à chaque section un fanion, dont la couleur était reproduite par de petites bandes d'étoffe attachées au cou des ânes. Je connaissais le caractère des noirs et je ne négligeai aucune occasion d'exciter leur amour-propre. Le convoi présentait ainsi un magnifique aspect : chaque section, précédée de son fanion, porté fièrement au bout d'un fusil, avait à cœur de me prouver qu'elle n'était pas inférieure à ses voisines. Les âniers mettaient alors d'autant plus d'entrain à leur besogne qu'ils étaient groupés par race et que la section des Ouolofs, par exemple, tenait à servir de modèle aux sections des Toucouleurs et des Bambaras. Alpha Séga dirigeait toute la colonne avec une satisfaction orgueilleuse mal contenue.

Notre interprète était un singulier mélange de bien et de mal. Il s'exprimait correctement en français et connaissait tous les idiomes du Soudan occidental. Il avait une grande habitude des mœurs ridiculement majestueuses des princes nègres de ces régions; il savait s'insinuer auprès d'eux avec la plus grande habileté, s'en faire écouter et souvent les convaincre. Je l'avais déjà apprécié dans deux voyages précédents et je comptais beaucoup sur lui pour la conclusion des traités qui devaient nous ouvrir la vallée du Haut-Niger. Alpha est de plus un aristocrate forcené, comme un parvenu peut seul l'être. Il adore tous ces souverains, tous ces principicules qui se comptent par douzaines dans les misérables villages de ces contrées sénégambiennes. Aussi, comme il sait leur parler, les flatter, obtenir ce qu'il désire! Voilà certes des qualités sérieuses pour un diplomate nègre; mais en revanche que de défauts! Alpha a la faiblesse, lui fils de prolétaire et de race excessivement mélangée, de se dire Peul du sang le plus pur et prince de famille royale. « Voici les domaines de la couronne! » me disait-il, un jour que nous passions devant un champ appartenant à l'un de ses frères, misérable habitant d'un village du Khasso. Il possède en outre une vanité qui le distinguerait même parmi les nègres, lesquels cependant ne laissent rien à désirer sous ce rapport. Il est vaniteux avec une naïveté et une franchise qui ont souvent provoqué notre hilarité. J'avoue d'ailleurs que ce défaut était pour moi un excellent aiguillon pour le diriger, et que j'y ai eu maintes fois recours dans les circonstances délicates et dangereuses où Alpha me servait d'intermédiaire avec les chefs du pays.

A partir de la Falémé, le convoi ne nous donna plus d'inquiétudes. Notre marche était réglée de la manière suivante : Vallière et Tautain partaient en avant et choisissaient, près d'un village que je leur indiquais, un campement favorable à notre installation. Le convoi se mettait en marche dans l'ordre prescrit. Piétri et moi, montés sur nos chevaux arabes, nous le suivions; puis, dépassant peu à peu les diverses sections, nous rejoignions nos deux camarades au bivouac. La colonne était ainsi éclairée et les âniers étaient surveillés au départ et pendant la route. C'est ainsi que nous fîmes successivement les étapes de Ségala, Sébékou et Goré. Tous ces villages se ressemblent : ils sont bâtis sur le bord du fleuve et entourés d'un mur en terre appelé *tata* dans le pays. A l'intérieur, les cases, serrées les unes contre les autres, ne laissent pour le passage que d'étroites et tortueuses ruelles, dans lesquelles le plus souvent un cavalier a de la peine à s'engager. Les cases sarracolets sont formées d'un mur circulaire en pisé, un peu plus bas que hauteur d'homme et surmonté d'un toit conique en paille. La terre bien battue forme le sol de l'habitation; celle-ci n'a qu'une ouverture, ce qui la rend très chaude et absolument insupportable lorsqu'on y allume du feu. Un chef de famille possède généralement plusieurs cases, dont l'une pour lui et les autres pour chacune de ses femmes. Toutes ces cases sont renfermées dans une enceinte en terre, appelée *keur* en ouolof, et dans laquelle on pénètre par un vestibule, sorte de case à deux portes.

Le pays tout autour de nous n'offre rien de remarquable. De temps en temps, un marigot, une forêt ou des broussailles; puis, quand on approche d'un village, des champs plantés de mil, appelés *lougans* par les indigènes. Souvent, nous suivions exactement les bords du fleuve et nous pouvions voir distinctement ces passages redoutés de nos avisos en hivernage et ces rapides qui sont la terreur des pilotes noirs du Sénégal.

Le 11 mars au matin, nous avions planté notre tente au village de Goré. C'est un centre important, habité par des Bambaras échappés au sabre d'Ahmadou, dans la dernière expédition qu'il avait faite dans le Kaarta en 1874. Leur chef, Dama, est de la famille des Massassis, qui commandaient tout le Kaarta, il y a une trentaine d'années. Lui-même, après avoir lutté longtemps contre les Toucouleurs, s'était enfermé dans le village de Guémonkoura, d'où le roi de Ségou parvint à le chasser après un long siège, demeuré célèbre dans le pays. Dama vaincu se réfugia sur le territoire soumis à notre protectorat et, avec les guerriers qui lui restaient encore, il fonda le village de Goré, qu'il fortifia aussitôt avec le plus grand soin. C'est un petit vieillard à barbe blanche et à figure énergique, et assurément l'un des chefs noirs les mieux obéis que j'aie jamais rencontrés pendant mes voyages en Sénégambie. Son nom est connu dans tout le Soudan occidental, où il est très populaire parmi les ennemis d'Ahmadou. Un sourire de joie éclaira son visage quand je lui parlai de l'intention qu'avait le gouverneur de s'appuyer désormais sur les Bambaras et les Malinkés pour détruire l'influence des musulmans. Dama nous donna des nouvelles du docteur Bayol, que j'avais envoyé à quelques journées en avant pour recruter des âniers. Mon médecin était tombé gravement malade à Goré, et un accès de fièvre pernicieuse avait même failli l'enlever. Il n'avait dû la vie qu'aux soins dévoués du lieutenant Pol, de l'artillerie de marine, qui faisait alors l'hydrographie de cette partie du fleuve et qui s'était bravement installé au chevet de notre malade, qu'il avait ensuite mené à Médine. On ne saurait croire combien cette vie continuelle de dangers et de privations développe à un haut degré le sentiment de camaraderie entre les officiers des différentes armes et des divers corps, appelés à opérer ensemble dans ces régions insalubres, où l'Européen se sent comme isolé au milieu des populations indigènes qui l'environnent. Pol est l'une des premières victimes qui soient tombées au Soudan pour l'extension de l'influence française, car il a été tué quelques mois plus tard à la prise du village de Goubanko, près de Kita.

Dama nous fit à Goré un accueil des plus chaleureux. Il m'envoya deux bœufs, des moutons, du lait, etc. Mais ces cadeaux n'étaient pas tout à fait désintéressés, car, le soir, le rusé vieillard, quand j'allai le remercier, me demanda à brûle-pourpoint si je voulais lui permettre de me confier la plupart de ses guerriers, sous la conduite de son fils Gara Mamady Ciré, pour m'accompagner dans ma mission et lui procurer les moyens de reprendre le village de Guémonkoura. J'eus toutes les peines du monde à lui faire comprendre que ma mission était purement pacifique et que je ne désirais faire la guerre à personne. J'acceptai toutefois les offres de Gara Mamady Ciré. Ce chef avait une grande réputation de bravoure dans les régions du Haut-Niger où j'allais m'engager. Il avait fait longtemps la guerre aux lieutenants d'Ahmadou, et l'on citait de lui des actes de courage et d'audace tout à fait extraordinaires : ainsi, une fois il avait traversé à cheval toute l'armée toucouleur, échappant miraculeusement aux poursuites de ses ennemis. Je pensai donc qu'il pourrait m'être utile pour entrer en relations avec les Bambaras qui peuplaient les contrées situées au delà de Kita. Je lui recommandai de faire ses préparatifs et lui laissai un cheval pour qu'il pût me rejoindre sous peu de jours ; mais j'insistai pour qu'il ne prît avec lui qu'une faible escorte et n'ayant aucun caractère hostile.

Pour célébrer notre présence chez lui, Dama nous offrit le soir un *tam-tam*, sorte de fête guerrière, à laquelle nous allions assister pour la première fois. Le chef bambara nous envoya chercher en grande pompe par son premier ministre, accompagné d'une nombreuse troupe de musiciens, qui faisaient ensemble le plus abominable vacarme que j'aie jamais entendu. Nous fûmes introduits dans le cercle : Dama était assis, les jambes croisées, sur une peau de léopard étendue par terre ; autour de lui, les guerriers, groupés dans les attitudes les plus diverses et tous armés de leurs fusils et de leurs lances. Cette foule, dans une nuit absolument noire, n'était éclairée que par quelques torches fumeuses et présentait un aspect des plus fantastiques. Je pris place à côté de Dama sur un pliant qui m'avait été apporté par l'un de mes hommes ; j'étais d'ailleurs le seul à avoir un siège, car mes compagnons de voyage eux-mêmes s'étaient mêlés aux Bambaras, avec lesquels, au grand plaisir de nos noirs commensaux, ils se mirent aussitôt à fraterniser de la façon la plus amicale. La danse commença. Nous connaissions le *tam-tam* ouolof, les *tam-tams* toucouleurs et sarracolets, dans lesquels les femmes jouent généralement le plus grand rôle ; mais ici les guerriers seuls, les plus nobles et les plus braves, parurent dans le cercle de la danse. Rien de plus étrange que l'orchestre de Dama : des tam-tams, sorte de longs tambours donnant le nom à la fête elle-même ; des trompes en bois creusé, aux sons saccadés et monotones ; des petites flûtes, dont les griots bambaras jouaient d'une manière assez harmonieuse. Bref, le tout formait un ensemble très bizarre ; les trompes surtout, dont les trois notes, toujours les mêmes, se succédaient sombres et tristes, finissaient par produire sur nous une impression mélancolique. Pendant ce temps, les guerriers, le sabre ou le fusil à la main, prenaient, à la lueur inégale des torches, les poses les plus variées : se baissant, rasant la terre avec leurs armes, se relevant en tournant sur eux-mêmes, jetant brusquement leurs bras au-dessus de leurs têtes, ils dansaient, toujours en mesure, l'œil animé d'un feu belliqueux. Gara Mamady Ciré, Makha, notre chef de convoi, se firent successivement applaudir par les spectateurs enthousiasmés. Quand c'était un de ces chefs nobles qui occupait ainsi le milieu du cercle, je remarquais que les assistants s'empressaient de lui passer leurs fusils tout armés, que le danseur déchargeait et rendait ensuite à son propriétaire.

C'était à la fois un signe d'amitié et de déférence envers un chef de race princière. La fête se termina par quelques fusées que je permis de lancer et dont la vue émerveilla ces naïfs indigènes, qui n'avaient jamais assisté à un pareil spectacle. Il était tard et nous devions faire une longue étape le lendemain. Après avoir souhaité le bonsoir à Dama, nous nous retirâmes.

Le 12 mars, nous campions sur le bord du fleuve, au village d'Ambidédi. Notre tente fut dressée sous trois grands fromagers, dont les troncs mesuraient chacun de quinze à vingt mètres de circonférence. L'ombre était complète, car les rayons du soleil ne pouvaient parvenir à percer l'épais feuillage qui formait au-dessus de nos têtes une magnifique voûte de verdure. Nous passâmes très agréablement les heures chaudes du jour. C'est là que pour la première fois nous fûmes obligés d'intervenir dans les disputes de nos âniers. L'un de nos laptots, à propos d'un âne mal marqué, avait donné un coup de couteau à l'un de ses camarades toucouleurs. La blessure était heureusement fort légère; cependant je fis aussitôt mettre le coupable aux fers. Il était indispensable d'éviter à l'avenir toute querelle de ce genre entre nos noirs, toute haine de race surtout, qui aurait pu devenir fatale au bon fonctionnement de notre convoi.

Vers le soir, des coups de feu se firent entendre sur la rive droite. C'était un combat qui se livrait entre les Maures et les Sarracolets du Guidimakha, province renommée par ses magnifiques cultures d'arachides, dont elle fait un grand commerce avec nos traitants du haut fleuve. Le sujet de la lutte était toujours le même : des troupeaux que les Maures voulaient s'approprier et que les bergers défendaient énergiquement. Ne serait-il pas nécessaire de faire sur ces pillards un exemple terrible pour mettre enfin un terme à un brigandage perpétuel !

Cet incident ne nous empêche pas de continuer notre route. Nous traversons de beaux champs plantés de mil; le pays est d'une fertilité remarquable; les récoltes sont abondantes, et dans presque tous les villages nous trouvons des marchands indigènes s'occupant à charger de grains des chalands qui doivent être ramenés vers Saint-Louis à la hausse des eaux. Notre marche est souvent entravée par de longues cordes d'écorce de baobab, soutenant de petites calebasses ou des morceaux d'étoffe; elles aboutissent toutes à un centre commun, sorte d'abri en paille, dressé au milieu du champ, d'où un esclave les fait mouvoir, en agitant les objets qui y sont suspendus. En même temps, des enfants parcourent la plantation, en poussant des cris aigus et en y jetant des mottes de terre. Tous ces cris, tout ce mouvement ont pour but d'empêcher les oiseaux de manger les récoltes sur pied. Et de fait, on ne saurait se faire que difficilement une idée de l'énorme quantité de ces pillards ailés que l'on rencontre dans ces parages. Aigrettes au blanc plumage, merles aux plumes mordorées, cardinaux coiffés de leur chaperon rouge vif, colibris aux ailes dorées, toute cette gent emplumée, voltigeant autour de nous, finit par nous fatiguer. Ajoutons-y de nombreuses bandes de perruches et de youyous qui, au grand désespoir des nègres, s'abattent avec une rapidité réellement extraordinaire au milieu des hautes tiges de mil et attendent presque d'être foulées aux pieds avant d'abandonner la place.

Pour nous, tous ces épouvantails dressés contre ces malfaisants volatiles avaient le grave inconvénient de gêner nos hommes, d'effrayer nos ânes et nos chevaux, et de les arrêter souvent dans leur marche. Aussi, donnai-je l'ordre de couper toutes ces cordes, au fur et à mesure que nous avancions. Les noirs, gens d'humeur facile, riaient en nous regardant et nous laissaient faire.

Le 14, nous étions à Bongouroù, village habité en grande partie par des Pourognes, mulâtres de Maures et de Sarracolets. C'est aussi le pays d'Alpha Séga, notre noble interprète, qui nous amena un tas de négrillons, tous princes, tous moins habillés les uns que les autres et qui me souhaitèrent la bienvenue en termes d'une courtoisie parfaite. Dans la journée, le tam-tam de guerre se fit de nouveau entendre. C'étaient encore les Maures, qui, cette fois, avaient enlevé non seulement les troupeaux, mais aussi les bergers. Tout est de bonne prise pour ces brigands. Les guerriers de Bongouroù partaient donc en guerre pour rattraper leurs gens ; ils traversaient le fleuve en pirogues, brandissant superbement leurs fusils et faisant un tapage des plus héroïques. Deux heures après, ils étaient de retour, mais de bergers point. Les noirs sont si poltrons envers les Maures, qui le savent bien d'ailleurs et en profitent !

La guerre n'empêche pas les plaisirs, au contraire. Vers le soir, une foule considérable nous entoura. Les griots chantèrent nos louanges et l'on nous offrit un tam-tam khassonké, différant essentiellement de celui de Dama. Ici les femmes seules dansèrent au son du tam-tam et de guitares grossièrement fabriquées. Leur danse consistait en une série de mouvements, faisant ressortir les formes parfois trop nues de ces almées ; elles tournaient rapidement sur elles-mêmes, en jetant les bras en avant et en ramenant brusquement la tête en arrière entre les deux épaules. Ces divertissements durèrent jusqu'au milieu de la nuit, à la grande joie de nos âniers, qui ne pouvaient se lasser d'admirer les poses gracieuses des ballerines khassonkaises.

Le lendemain, nous fûmes rejoints par une nombreuse cavalcade. C'était Demba Sambala, neveu du roi actuel du Khasso, ancien élève de l'école des otages, fondée autrefois à Saint-Louis par le gouverneur Faidherbe, pour y élever et ramener à nos idées les fils ou les parents des chefs les plus influents des populations nègres de toute la Sénégambie. C'est de cette école que sont sortis nos meilleurs interprètes et les jeunes chefs, tels que le souverain actuel du Toro et bien d'autres, que nous avons pu employer ensuite d'une manière très avantageuse pour l'extension de notre influence au Sénégal. On ne comprend réellement pas les raisons qui ont pu déterminer, il y a quelques années, la suppression d'une institution aussi utile et aussi indispensable à notre influence parmi les peuplades de la côte occidentale d'Afrique.

Demba Sambala, avec qui j'avais déjà eu affaire en plusieurs circonstances, avait tenu à venir au-devant de moi et à m'escorter pour mon entrée à Médine. La fatigue de nos animaux ne me permettant pas d'atteindre ce poste le jour même, je bivouaquai au village de Kéniou, à quelques kilomètres à peine de Médine; mais je fis continuer Vallière en le chargeant de prendre toutes les dispositions nécessaires pour notre arrivée, et de s'aider pour cela de Demba Sambala, qui remplaçait le plus souvent son oncle dans le commandement des territoires environnant le fort.

CHAPITRE III

Le siège de Médine. — Organisation définitive de la mission. — Les chutes du Félou. — Le combat de Sabouciré. — Route à travers le Logo et le Natiaga. — Les cataractes de Gouina. — Sites remarquables. — Échelonnement des vivres.

Le poste de Médine a été élevé en 1855 par M. Faidherbe, à deux cent soixante lieues de l'embouchure du Sénégal, près des cataractes du Félou qui limitent la navigation du fleuve. C'était le moment où le terrible marabout El-Hadj Oumar, après avoir conquis et dévasté toutes les contrées malinkés et bambaras situées entre le Sénégal et le Niger, se proposait de s'attaquer à la domination française. Le gouverneur devança ses projets et forma une colonne, qu'il dirigea aussitôt sur Médine; là il trouva le roi Sambala qui l'attendait, entouré de ses sujets.

Le gouverneur lui dit :

« Je viens te demander compte du pillage de nos traitants sur ton territoire.

— Ce pillage, c'est le marabout El-Hadj Oumar qui l'a fait. Moi, qui ai toujours été l'ami des Français, j'ai cherché à l'empêcher. J'ai offert cent esclaves au marabout pour qu'il respectât vos biens; il m'a répondu qu'il allait me couper le cou si je disais un mot de plus en votre faveur.

— Je te crois; mais alors tu avoues que tu n'es plus maître chez toi et que tu es incapable de protéger toi-même et tes hôtes contre les Toucouleurs.

— C'est vrai.

— Eh bien, moi, je vais me charger de le faire. Tu vas me vendre un terrain où je me bâtirai un fort.

— Tu peux le prendre pour rien, puisque tu es le maître ici.

— Non. Je n'agis pas comme le marabout et je ne dépouille pas les gens parce que je suis plus fort qu'eux. Voici le prix que je t'offre du terrain que je vais te désigner.

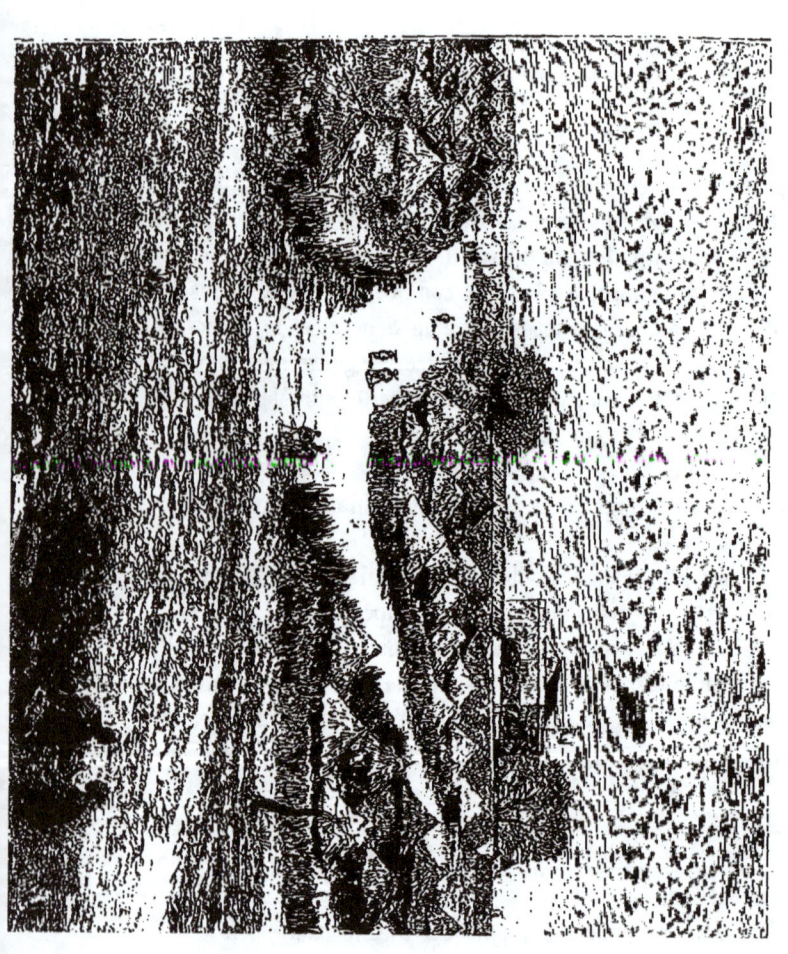

— J'accepte tes conditions. »

Le gouverneur fit établir le camp et traça immédiatement l'enceinte du fort.

Quelques jours après, il rentrait à Saint-Louis, laissant le poste avec deux canons et une garnison d'une cinquantaine de soldats, sous le commandement d'un mulâtre, Paul Holle, homme intelligent et d'une énergie extraordinaire.

Un an et demi après, le fort fut attaqué. Pendant quatre-vingt-dix-sept jours, vingt mille Toucouleurs, fanatisés par les paroles prophétiques du marabout, assiégèrent cette poignée d'hommes. Le 18 juillet 1857, les vivres étaient complètement épuisés, une foule de malheureux étaient déjà morts de maladie et de faim, le commandant allait faire sauter le fort avec les gargousses qui lui restaient. Soudain, des détonations retentissent vers le fleuve, en aval du passage des Kippes, si dangereux pour les avisos de notre flottille à vapeur. C'est le gouverneur Faidherbe qui, bravant tous les dangers résultant particulièrement de la hauteur insuffisante des eaux en cette saison, arrivait avec deux bateaux à vapeur et quelques chalands, portant six cents hommes. La petite colonne débarque aux Kippes, le gouverneur à sa tête, et, appuyée par les deux obusiers du bateau, repousse les Talibés et parvient jusqu'au poste, d'où Paul Holle et ses gens venaient de sortir au-devant d'elle en chassant les ennemis embusqués.

Une petite pyramide, élevée au sud de l'enceinte du fort, conserve le souvenir de cette héroïque action de guerre.

Le vieux Sambala, qui, depuis cette époque, avait toujours été notre allié fidèle, était mort, plus que centenaire, quelques mois auparavant. Il n'avait pas été donné à ce chef, témoin depuis trente ans des progrès de notre influence vers les régions intérieures du Soudan, d'entendre les sifflets de nos locomotives, s'élançant vers le grand fleuve des nègres où la France devait mettre le pied la première, en attendant que ses avisos vinssent jeter l'ancre devant Kabara, le port de Tombouctou. C'était Makhacé Sambala, frère du vieux roi, qui dominait alors dans le Khasso. On sait que, dans les populations de la Sénégambie, les fonctions royales se transmettent toujours de frère à frère, et non pas de père à fils. Aussi les chefs de toutes ces régions sont-ils généralement d'un grand âge, le plus souvent impotents et menés par la nombreuse cour de flatteurs, qui sont les maîtres réels de la situation dans toutes ces principautés nègres.

Le Khasso formait autrefois un seul État compact et puissant, s'étendant sur les deux rives du Sénégal et conquis par des Peuls sur les

Malinkés du Bambouk. Désorganisé par ses guerres avec les Bambaras du Kaarta et les Toucouleurs d'El-Hadj Oumar, il a perdu aujourd'hui toute unité et se trouve divisé en trois provinces principales, indépendantes les unes des autres : le Khasso proprement dit, le Logo et le Natiaga.

Comme nous devions séjourner plusieurs jours à Médine pour y donner à la mission son organisation définitive, il avait fallu chercher un campement voisin du poste, permettant l'installation facile de notre nombreux personnel et de nos trois cents animaux. Or les environs de Médine étaient, en cette saison, secs, arides et dépourvus de bons pâturages; les sources et les ruisseaux étant taris, le Sénégal pouvait seul fournir l'eau nécessaire à une troupe importante; aussi notre embarras était-il grand. Enfin, Vallière nous choisit au sud du village un vaste emplacement presque horizontal, ombragé par deux ou trois grands arbres et entouré d'un cercle de collines rocheuses. Nous étions ensoleillés par la réverbération des roches nues, et le fleuve avait le désavantage d'être un peu loin. Mais on n'avait pu trouver autre part un endroit se prêtant mieux au va-et-vient incessant de nos hommes et de nos animaux.

Le site était d'ailleurs remarquable : on apercevait tout à la fois et le *Fer à cheval* et les *Rochers des lions*. Le premier de ces mouvements de terrain est un cirque, entaillé dans la montagne, composé de roches hautes de vingt à trente mètres, absolument verticales et formant une sorte d'hémicycle; le fond de cette pittoresque enceinte est une prairie verdoyante. Les parois présentent des cavités, habitées par de nombreux singes cynocéphales dont les aboiements assourdissent les visiteurs, et par des hyènes qui viennent la nuit pousser leurs cris rauques jusque dans les rues de Médine et sous les murs du poste. Quant aux *Rochers des lions*, ce sont d'énormes blocs de grès, se dressant isolément au sommet d'une colline dénudée et affectant les formes vagues de lions accroupis.

La mission arriva le 6 mars au matin dans un ordre parfait : chaque chef de convoi, s'étant piqué d'honneur, tenait à se présenter devant la population dans son bel appareil. Jamais les pavillons des sections n'avaient flotté aussi fièrement. Aussi le défilé fut-il réellement imposant et obtint-il les suffrages unanimes des habitants, qui n'avaient jamais vu une caravane si nombreuse et si bien ordonnée. Nos noirs, orgueilleux et fanfarons comme toujours, ne tarissaient pas sur l'admiration dont ils avaient été l'objet, surtout de la part des Khasson-

kaises, qui ont une réputation de beauté et de galanterie bien établie dans tout le Sénégal.

Du 16 au 22, la plus grande activité ne cessa de régner dans le camp et aux abords; nous avions d'ailleurs fort à faire. Les chalands du commerce avaient transporté à Médine, vers la fin de décembre, un très grand nombre de colis destinés à notre expédition; il fallait les disposer afin de pouvoir les charger sur nos ânes. De plus, nous devions prendre au poste même une certaine quantité de vivres pour notre nombreux personnel. Enfin, nous avions à composer l'escorte militaire qui devait nous accompagner dans notre exploration et qui était organisée d'après les principes énoncés plus haut. Elle comprenait sept spahis, dont un brigadier. Ce dernier, Barka N'Diaye, vieux soldat, rompu aux fatigues et aux dangers des expéditions africaines, nous choisit lui-même six hommes, fortement constitués et habitués à se débrouiller au milieu des difficultés qui nous attendaient. Ils étaient montés, ainsi que nous-mêmes, sur des chevaux algériens provenant de l'escadron de Saint-Louis. Le détachement de tirailleurs, un sergent, deux caporaux, un clairon et vingt hommes, fut trié par moi avec le plus grand soin dans la garnison de Médine. La plupart d'entre eux m'avaient déjà donné des preuves non équivoques de leur fidélité pendant ma dernière exploration à Bafoulabé, et c'était avec une pleine confiance que je les emmenais avec moi dans ce nouveau voyage. L'un des deux caporaux, Bénis, était un mulâtre de Gorée; il était taillé en Hercule et possédait une bonne instruction élémentaire. Lorsqu'il n'avait pas à boire, c'était un soldat accompli : intelligent, énergique, résolu, prompt à trouver les voies et moyens dans les situations tendues. Dès qu'il était ivre, ce qui lui arrivait malheureusement trop souvent et ce qui l'avait retenu dans son grade de caporal, il n'y avait plus à compter sur lui.

Les nouveaux bagages nécessitèrent la création d'une cinquième section du convoi, dont Mamadou Coumba, ancien interprète, fut nommé chef. Cet homme, que le docteur Bayol avait tenu à attacher à son service personnel, en raison de son intelligence et de sa connaissance des langues du Soudan, venait d'être expulsé de son emploi à la suite de vols commis au préjudice des administrés du poste de M'Bidjem, dépendant de Dakar. Je lui avais néanmoins confié le commandement d'une fraction importante du convoi dans l'espoir qu'il chercherait à reconquérir un peu d'estime par son zèle et son dévouement. Ce fait indique dans quel embarras on se trouve souvent au Sénégal, pour organiser une expédition quelconque; la pénurie d'hommes intelligents, rompus à l'obéissance, à notre langue et à nos usages, est telle, que trop souvent on n'a pas de choix.

Notre convoi devenait de plus en plus important et menaçait de grossir encore si je ne prenais des mesures spéciales pour assurer, aussi loin que possible, la subsistance des hommes et des animaux. Je résolus donc, pour ne pas augmenter le nombre de nos bêtes de somme, de faire échelonner des vivres sur notre route vers Bafoulabé et le Bakhoy. L'itinéraire et le lieu des étapes m'étaient parfaitement connus, ayant déjà effectué au mois d'octobre précédent, en compagnie du lieutenant Vallière, une reconnaissance complète de la vallée du Sénégal jusqu'au confluent du Bafing et du Bakhoy, comme je l'ai dit plus haut.

De Médine à Bafoulabé, la vallée du Sénégal, sur une longueur de cent trente kilomètres environ, s'élève de près de cent mètres. Le cours du fleuve suit cette ascension en présentant des biefs successifs d'étendue extrêmement variable et dont les eaux, retenues par des barrages naturels, plus ou moins élevés, n'ont en saison sèche qu'un très faible courant avec des profondeurs souvent considérables. Cette disposition maintient l'eau dans les régions supérieures, et l'on est très surpris, en arrivant à Bafoulabé, de trouver un fleuve beaucoup plus large et plus profond qu'à Médine. Il semble donc au premier abord que la navigation pourrait se continuer au delà de ce dernier poste et servir exclusivement aux transports de vivres et de matériaux; mais on ne tarde pas à reconnaître qu'il ne peut en être ainsi. Les barrages sont loin d'être à des distances régulières; ils s'accumulent au contraire sur certains points en créant des étendues de plusieurs kilomètres absolument impropres à la navigation. De là l'impossibilité d'établir partout des communications faciles de bief à bief. On peut dire que le fleuve doit être utilisé en toute saison depuis le Félon jusqu'à Dinguira et même Boukaria; au delà de ce point, il fallait renoncer aux transports par eau, car, jusqu'à Bafoulabé, il n'existe pas moins de seize barrages, dont quelques-uns sont de véritables chutes, de trois à cinq mètres de hauteur, sans compter les cataractes de Gouina, ayant plus de quinze mètres d'élévation.

En conséquence, le caporal Bénis reçut l'ordre, quelques jours avant le départ, de nous précéder avec des pirogues et de déposer à chaque lieu d'étape jusqu'à Boukaria les vivres nécessaires à notre colonne. A Boukaria, il devait trouver un grand approvisionnement qui nous était destiné et des bêtes de somme pour continuer, par terre, l'opération jusqu'à Bafoulabé.

Cependant, notre séjour à Médine, au milieu de gens qui ne voyaient pas tous d'un bon œil ma mission vers Ahmadou, devenait, en se prolongeant, une cause de dissolution pour le personnel de notre convoi. Les Toucouleurs, avec leur versatilité ordinaire, n'avaient plus pour le voyage l'enthousiasme des premiers jours et trouvaient leurs fatigues trop peu rémunérées. Une véritable conspiration s'ourdit, et les mécontents, obéissant à deux ou trois meneurs, vinrent bruyamment me menacer de m'abandonner si je ne leur faisais pas des conditions de solde supérieures à celles primitivement arrêtées à Bakel. Cette effervescence ne tarda pas à se calmer devant mon attitude décidée. Toutefois, je transigeai; car, comme la plupart des explorateurs africains, je craignais de me voir délaissé par mes convoyeurs au moment du départ et de subir ainsi des retards fort préjudiciables au succès de l'entreprise. Mais je me promis bien de ne pas oublier les noms de ceux qui avaient dirigé le complot et de leur faire payer les inquiétudes qu'ils m'avaient causées, lorsque, plus tard, ils se seraient enfoncés avec moi dans des régions moins hospitalières où un homme isolé, surtout un Toucouleur, est exposé à faire sans cesse de mauvaises rencontres.

Le 21 mars, nos affaires étaient terminées : nous avions échangé contre des animaux plus robustes ceux de nos ânes qui s'étaient montrés faibles et malades dans le trajet de Bakel à Médine ; de nouveaux chevaux indigènes avaient été achetés; enfin, nous avions fait l'acquisition d'un troupeau de bœufs destinés à nous donner de la viande fraîche pendant la route. Le départ fut donc arrêté pour le lendemain. Comme à Bakel, les officiers de Médine nous réunirent dans un dîner d'adieu où nous reçûmes les témoignages flatteurs d'une véritable sympathie. Le soir, à ma rentrée au camp, je reçus la visite de deux riches traitants de Médine, Ousman Fall et Abdoulaye Ba, qui m'étaient délégués par la population indigène des villages environnants pour me souhaiter le bonheur le plus complet dans mon expédition. Ousman Fall était accompagné de trois charmantes petites filles, qu'il avait eues de la même femme ouolof et qui vinrent elles-mêmes me saluer fort gentiment. « Bonjour, toubab[1], reviens-nous vite et fais attention aux trahisons des mauvais noirs de l'intérieur. » Coumba, la fille d'Abdoulaye Ba, était également une belle personne d'une quinzaine d'années, qui avait été élevée à Saint-Louis par une dame européenne ; elle portait un *boubou* et un *pagne*, dont les ornements excitaient l'admiration de toutes ses compagnes. Les filles d'Ève sont partout les

---

1. C'est ainsi que les indigènes appellent les Européens en Sénégambie.

mêmes et l'on ne saurait croire combien les jeunes négresses aiment les parures et les beaux vêtements.

Alpha Séga, qui était cinq ou six fois marié, profita de l'occasion pour me présenter deux de ses femmes, l'une Ouolof, l'autre Khassonkaise. Mon orgueilleux interprète avait bien fait les choses, et Fatouma et Aïssata, vêtues et coiffées chacune à la mode de leur pays, portaient aux bras, au cou et aux oreilles de superbes bijoux en or, travaillés, non sans une certaine habileté, par les forgerons de Médine.

Abdoulaye Ba et sa fille.

La présentation se termina par une sérénade que Tortillard, le griot de Médine, ainsi baptisé par nos soldats et marins, nous donna au milieu de tous nos hommes rassemblés autour de notre tente. Tortillard mélangeait les airs indigènes et français, et rien de plus comique que de l'entendre s'accompagner sur sa guitare, en nous chantant la *Fille de Madame Angot* ou la *Grande-Duchesse*, qu'il estropiait d'une façon singulière. Je lui donnai quelques pièces de monnaie pour qu'il nous laissât dormir, et nous regagnâmes nos couchettes de campagne.

Le premier obstacle que devait rencontrer le convoi se trouve aux portes mêmes de Médine. La vallée du Sénégal, resserrée en ce point entre deux lignes de hauteurs, est complètement barrée par un amas de roches, d'une trentaine de mètres de relief, connu sous le nom de plateau du Félou; en arrière s'étend la belle plaine du Logo. L'examen du Félou est fort intéressant : on croit y voir les vestiges d'une véritable digue qui, jadis, retenait en amont les eaux du Sénégal et y créait un vaste lac ayant pour fond les plaines du Logo. Sa structure répond parfaitement à cette opinion : vers Sabouciré, le plateau s'abaisse suivant une pente douce et régulière, présentant une vaste surface de grès dénudée où l'on remarque les traces d'agitation de l'eau qui s'est retirée. Au sommet de cette pente se dressent des blocs à formes bizarres, qui semblent avoir été roulés et déposés par le fleuve. Enfin, vers Médine, le plateau se termine brusquement par des pentes rocheuses et assez abruptes.

Le Sénégal a rompu cette digue

Ousman Fall.

vers la partie droite de son cours et s'y est creusé un lit étroit, aux berges presque verticales; mais une ligne de roches barre encore le fleuve en retenant les eaux dans la plaine du Logo, et en y formant le magnifique bief allant jusqu'à Boukaria. Ce barrage creusé, usé, poli, sculpté en quelque sorte par le ruissellement des eaux, offre des détails très pittoresques : des voûtes d'où le liquide suinte goutte à goutte, des cascades,

des cavernes aux réduits impénétrables, des *pot-holes*, sortes de chaudières creusées, en forme de troncs de cône renversés, par des cailloux très durs et de différentes couleurs, auxquels des courants particuliers ont imprimé un mouvement circulaire, qui a élargi le fond de l'excavation en en polissant les parois.

Dans les pays de superstition et d'ignorance, les grands phénomènes physiques sont toujours expliqués par des légendes plus ou moins vraisemblables. Le Félou ne fait pas exception à la règle et il a sa légende, qu'un indigène nous raconta de la façon suivante :

« Il y a bien longtemps, un saint marabout, bien pauvre et bien vieux, arrivait du désert en compagnie d'un seul homme de suite. Il venait dans le Khasso pour prêcher la sagesse et convertir la population aux pieuses doctrines du Coran. Il atteignit, après beaucoup de fatigues, la rive droite du Sénégal et se trouva arrêté par l'immense fleuve, qui couvrait alors toute la vallée. Le saint homme était fort embarrassé : son âge et ses forces ne lui permettaient pas de franchir à la nage une pareille étendue d'eau, et les piroguiers lui demandaient un prix trop élevé pour le transporter sur l'autre rive. Désespéré de voir ainsi sa mission compromise avant même de l'avoir commencée, il s'adressa directement à Allah, le suppliant de faire un miracle en lui permettant de passer de l'autre côté du grand fleuve. Sa prière fut écoutée. Un orage épouvantable, qui fit trembler tout le pays, éclata au-dessus de l'abîme, puis une pluie de roches énormes s'abattit avec fracas devant le pauvre marabout terrifié, et, en un instant, il s'éleva une immense digue qui lui permit de traverser, à pied sec, cette masse d'eau tout à l'heure infranchissable. Le Félou était créé, et le reconnaissant disciple de Mahomet, à peine arrivé sur le plateau, fit un long *salam* pour remercier Dieu de sa puissante intervention. » Les croyants montrent encore sur la roche des traces assez vagues qui, avec les yeux de la foi, deviennent celles des pieds, des mains et du visage du saint homme. Un arbuste situé tout auprès est couvert de petits lambeaux d'étoffe que les passants accrochent à ses branches en souvenir de la pieuse tradition et dans le but de s'attirer les bénédictions du ciel.

Quoi qu'il en soit, le plateau du Félou, que nous avions exploré en hivernage, nous avait paru malaisé à franchir. Les creux, les dépressions et les profondes fissures qui séparent ces assises de grès formaient autant d'obstacles, et l'on entendait le grondement souterrain des eaux se déversant dans le fleuve à travers les cavités existant dans les roches inférieures de la montagne. Mais la saison sèche avait transformé le Félou : en suivant les ravines desséchées creusées par les pluies, on pouvait atteindre assez facilement le plan incliné conduisant à la plaine du Logo. Toutefois, il restait encore l'inconvénient du bruit sonore causé par les vides des roches et qui, en résonnant sous les pieds des animaux, pouvait les inquiéter et jeter le désordre dans le convoi.

Le 22 mars au matin, notre grande caravane s'ébranla dans le plus

Tortillard et les enfants d'Ousman Fall.

grand ordre, les différentes sections séparées par des intervalles, pour faciliter le passage des endroits dangereux. Vallière et Tautain nous précédaient encore, avec quelques spahis d'escorte. Je marchais en tête de la colonne avec Piétri et le docteur Bayol, celui-ci heureusement revenu à la santé. Le détachement de tirailleurs était échelonné tout le long du convoi pour aider les âniers dans les passages difficiles. Notre colonne, avec ses douze mulets et ses trois cents ânes, ne tenait pas moins d'un kilomètre à un kilomètre et demi de longueur. Grâce à toutes nos précautions, le Félou fut franchi sans le moindre accident et, vers dix heures, tout le monde était campé sous le tata de Sabouciré.

Ce village portait encore les traces du brillant assaut que lui avaient livré les troupes françaises en septembre 1878. Les Malinkés du Logo avaient pris, depuis plusieurs années, une attitude franchement hostile aux intérêts de notre colonie. Ils refusaient de reconnaître l'autorité, comme chef de la confédération khassonkaise, de notre vieil allié Sambala, et, pour se venger de la protection que nous accordions à ce souverain, ils s'étaient tournés vers les Toucouleurs de la rive droite du Sénégal et mettaient toutes sortes d'entraves à notre commerce. Leur chef, Nyamody, sûr de l'alliance de Ségou et convaincu que son éloignement de Saint-Louis le mettait à l'abri de nos coups, en était arrivé à rompre définitivement avec le gouverneur et l'officier qui le représentait à Médine, et à menacer de mort tout Français « blanc ou noir » qui s'aventurerait au delà du Félou. Cette situation ne pouvait se prolonger sans porter une atteinte funeste à notre influence dans le haut fleuve, et le gouverneur Brière de l'Isle, avec la décision qui le caractérisait, avait aussitôt envoyé une colonne expéditionnaire. Le colonel Reybaud, de l'infanterie de marine, quittant le chef-lieu avec la plus grande partie de la garnison, était arrivé à Médine sur les vapeurs et s'était jeté comme la foudre sur Sabouciré, qui, quelques heures après, ne présentait plus qu'une ruine déserte. Le village était bien fortifié et la défense avait été acharnée, mais rien n'avait pu résister aux coups de notre artillerie et à l'assaut de nos soldats. Le tata avait été troué, les cases défoncées, le chef tué, et les défenseurs affolés avaient cherché leur salut en se jetant dans le fleuve du haut d'une berge de plus de dix mètres d'élévation. Ce magnifique succès, qui nous ouvrait de nouveau la route du haut pays, nous avait coûté des pertes assez sérieuses. Deux jeunes officiers d'infanterie de marine, le capitaine Dubois et le lieutenant Béjoutet, étaient tombés en dirigeant leurs hommes à travers le dédale du tata; plusieurs soldats avaient été aussi frappés à mort. Les restes de ces héros ignorés reposent aujourd'hui à l'ombre d'un gigantesque baobab, sans que la patrie ait jamais pu honorer les noms des enfants qu'elle venait de perdre et qui cependant étaient morts pour ses intérêts extérieurs et la gloire du nom français. Les champs sénégambiens sont couverts de ces sépultures oubliées, et ce sera toujours l'orgueil des troupes de la marine de verser le plus pur de leur sang, simplement, obscurément, sans compter sur les honneurs de la renommée. Ces hommes, inconnus de la France et qui n'ont jamais ressenti la joie des triomphes, ont pourtant montré dans les jours de malheur l'ardeur de leur patriotisme; et les murs écroulés de Bazeilles, les plaines de Bapaume, les hauteurs d'Avron ont redit longtemps comment les braves de l'infanterie de marine entendaient la défense du sol sacré de la patrie.

Je me rappelais encore avec horreur le retour de cette malheureuse colonne. Les troupes s'étaient à peine embarquées sur nos avisos pour rejoindre Saint-Louis que la fièvre jaune s'était abattue, sombre et implacable, sur les officiers et soldats qu'avaient épargnés les balles des Malinkés et les fièvres du Logo. Les bateaux s'arrêtaient souvent pour permettre de creuser sur la berge les tombes des victimes, ensevelies dans

Tata de Sabouciré.

de simples toiles de hamac. Pris moi-même par la maladie, j'avais dû m'aliter dans l'une des cabines du *Castor*, tandis qu'autour de moi mes malheureux camarades rendaient le dernier soupir, en proie aux horribles convulsions du *vomito negro*. Mais laissons là ces trop lugubres souvenirs et reprenons notre récit....

La deuxième étape nous conduisit à Malou. La route est des meilleures; elle suit d'assez près le cours du Sénégal sous la forme d'un étroit sentier; puis, après avoir traversé les villages de Kakoulou, de Danguilla et avoir parcouru un joli pays bien cultivé, elle descend vers Malou, situé sur les bords mêmes du fleuve. Une île verdoyante occupe le milieu du cours d'eau, très large et très profond sur ce point. Au soir, les bruits du tam-tam vinrent troubler notre sommeil; c'étaient les habitants qui faisaient tout ce vacarme pour chasser les hippopotames qui, sortant du fleuve, venaient paître et ravager leurs cultures de maïs et de mil. Quelques mois auparavant, lorsque nous descendions le fleuve en pirogues, au retour de Bafoulabé, nous nous étions vus subitement entourés à Malou par une bande de ces animaux, auxquels nous n'avions échappé qu'en hâtant vivement la marche de nos embarcations.

Un peu avant d'arriver à Malou, nous avions fait la rencontre du lieutenant Marchi, auquel le gouverneur venait de confier la garde du poste avancé de Bafoulabé. Depuis quelque temps, les arrivages de vivres devenaient rares, et la garnison, ainsi que les nombreux ouvriers du poste, allaient bientôt manquer de tout. M. Marchi avait voulu éviter cette extrémité pleine de périls; et, avec son activité et son énergie ordinaires, il allait seul, au trot de sa mule, à travers les forêts du Natiaga, dans le but de gagner rapidement Médine, centre de tous les approvisionnements. Cet officier était pour nous tous une ancienne et sympathique connaissance, et il fallut, malgré son impatience, qu'il s'arrêtât pour déjeuner avec nous. Puis, on se donna rendez-vous à Bafoulabé, car notre camarade espérait accomplir son voyage et nous devancer encore à son poste; c'est d'ailleurs ce qu'il fit avec l'étonnante rapidité d'action qu'il mettait en toute chose.

Le lendemain matin, nous campâmes à Dinguira sous un magnifique *ficus* au feuillage épais et ombreux. Dinguira était, il y a peu d'années encore, un beau village bien bâti et bien cultivé. Aujourd'hui, il n'offre qu'un amas de ruines, résultat de la guerre implacable que les gens du Logo faisaient au vieux roi Sambala. C'est bien dommage, car il n'existe peut-être pas dans toute la vallée du Sénégal un site aussi beau que celui de Dinguira : une haute montagne, le Sakamérakrou, ayant la forme d'un casque, barre la vallée et oblige le fleuve à faire un coude très brusque et très allongé. Avant de tourner la montagne, les eaux du Sénégal s'étalent et forment plusieurs îles couvertes d'une végétation luxuriante, au milieu de laquelle émergent d'innombrables rôniers, sortes de colonnes naturelles, surmontées d'un élégant panache de verdure ; ce sont les arbres les plus gracieux de tout le Soudan. Sur la rive gauche, autour des ruines mêmes du village, s'étend une petite plaine bordée de hauteurs et d'une rare fertilité ; on y remarque d'énormes fromagers constituant pour les caravanes des campements agréables et pleins de fraîcheur.

Comme l'étape avait été courte et peu fatigante, chacun s'arma aussitôt de son fusil de chasse, dans le but d'améliorer la carte du déjeuner. Piétri rapporta deux perdrix et trois poules de Pharaon ; Tautain, toujours enragé dans ses recherches entomologiques, revint triomphant en agitant deux énormes scarabées qui devaient, disait-il, combler un vide important dans les vitrines du Muséum de Paris ; quant au docteur Bayol, il avait été plus pratique et il tira de son carnier une sorte de gros rat sans queue, de la taille d'un lièvre ordinaire et dont la chair fut trouvée délicieuse par nous tous. Ce petit quadrupède est très commun dans cette région, et nous l'avons souvent vu courir dans les rochers, en longeant plus tard le Bakhoy. Les Malinkés l'appellent *daman*; son nom scientifique est *hyrax*.

Vallière avait continué sa route sur Boukaria, afin de faire activer l'échelonnement des vivres vers Bafoulabé, en réunissant tous les moyens de transport qu'il pourrait rencontrer ; mais, malgré ses recherches à Mansonnah et aux environs, il ne put trouver une seule bête de somme, et

Le Sakamérakrou.

lorsque, le lendemain, la mission tout entière fut transportée à Boukaria, nous vîmes qu'il fallait perdre plusieurs jours à ce campement, si nous ne nous *débrouillions* pas nous-mêmes pour suffire à nos propres besoins. Heureusement que ma mission était solidement organisée et que je pouvais compter sur l'intelligente décision de nos compagnons et sur la bonne volonté de nos noirs, déjà entraînés par notre marche depuis Bakel. Tout le monde voulait le succès, et nous commencions déjà à admettre ce principe que nul obstacle ne devait nous arrêter dans notre marche vers le Niger. En peu de temps j'eus pris mes dispositions : trois sections du convoi abandonnaient leurs bagages à Boukaria pour partir le soir même sous la direction de MM. Piétri et Vallière, et transportaient à Bafoulabé de neuf à dix mille kilogrammes de grains et de vivres ; au delà de ce point, Vallière, avec les mulets et les ânes de ce poste, devait procéder à l'échelonnement des approvisionnements le long du Bakhoy, en même temps qu'il éclairerait ma marche, annoncerait mon arrivée aux chefs indigènes et commencerait à lever la route inconnue qui devait nous mener vers Kita. Piétri devait s'arrêter à Bafoulabé pour y organiser le passage du Bafing par notre grosse colonne.

Le site de Dinguira, avons-nous dit, est le plus beau de la vallée du Sénégal ; mais il est bien moins majestueux et cause beaucoup moins de surprise que celui de Boukaria. Notre campement était en effet situé sur le bord même du fleuve, au centre d'une plaine assez étendue, entourée d'un cirque de montagnes, dont les hautes assises de grès se dressent en murailles verticales, en affectant les formes les plus inattendues. C'est d'abord, sur la rive droite, le Makha Denez ou Logobakrou, vaste

Mont Makha Denez.

table horizontale, formant une gigantesque masse cubique de quatre à cinq kilomètres de côtés ; puis, le mont Duley, immense prisme parfaitement régulier et enchâssé dans un socle provenant des terres d'érosion. Un petit mamelon le surmonte ; on dirait un fort du moyen âge, couronné de son belvédère et défendu par de hautes murailles à pic. De larges fissures de rochers complètent l'illusion en simulant des embrasures. Enfin, sur la rive gauche, l'entassement bizarre du cirque de Mansonnah avec ses tables parfaitement planes, ses cônes aux arêtes géométriques, ses aiguilles droites et dont l'aspect étonne l'œil. Au milieu de ce dédale s'ouvre l'étroite vallée de Tinké, menant dans le Bambouk et ouvrant une voie naturelle vers la Falémé et la Gambie.

C'est à Mansonnah, capitale du Natiaga, que nous avions campé six mois auparavant, alors que les inondations exceptionnelles de l'année précédente nous avaient empêchés de suivre les bords du fleuve. Notre marche, dans ces terrains détrempés par des pluies torrentielles, avait été des plus pénibles, et une mare de deux cents mètres d'étendue environ nous avait arrêtés un jour pendant près de quatre heures. Aussi tous nos

Mont Duley.

chevaux et tous nos mulets, empoisonnés par les exhalaisons de ces marais, avaient-ils succombé à Mansonnah, nous forçant d'achever notre route dans un état lamentable.

Le 10 mars, je quittai Boukaria. J'y laissai le docteur Tautain à la garde

Entrée de la vallée de Tinké.

des colis qui ne pouvaient être emportés et que les sections, parties la veille, devaient venir rechercher dès qu'elles auraient terminé leur mission spéciale pour le transport des approvisionnements à Bafoulabé. On voit combien le convoi joue un rôle important dans toutes ces expéditions africaines. Quand le convoi suit, tout marche à souhait : les hommes et les animaux trouvent une nourriture abondante, les malades sont bien soignés, les indigènes, flattés des cadeaux qu'on leur offre, accueillent les voyageurs avec enthousiasme. Que le convoi vienne à manquer, tout va mal : le personnel, mal nourri, mal soigné, voit ses forces physiques et morales disparaître peu à peu; les animaux tombent épuisés de fatigue et de faim, traçant de leurs cadavres la voie suivie par l'expédition, vouée dès lors à une mort certaine et misérable. Aussi, je ne saurais trop m'appesantir sur la nécessité d'établir au plus vite la route qui doit relier nos futurs établissements du haut pays. Il ne faudrait pas élever un poste sans qu'une voie carrossable ne l'unît aussitôt à celui qui le précède. Nous n'avons plus ici le Sénégal, qui ouvre entre nos forts une communication toute naturelle. Il faut donc le remplacer par une route permettant de supprimer ces immenses caravanes d'ânes et de bêtes de somme, qui ne peuvent transporter que des chargements d'un poids relativement faible et que quelques voitures ou wagons suffiraient à véhiculer à peu de frais jusqu'à des distances considérables. Que nos ingénieurs évitent ces tracés trop étudiés et sacrifient la perfection du travail à la simplicité et à la rapidité. Tant que nos postes de Médine, de Bafoulabé et de Kita n'auront pas été réunis par une bonne route, notre situation dans le haut pays sera des plus précaires et à la merci de la moindre complication politique dans le Soudan occidental.

Nous reprenions donc notre marche vers Bafoulabé. Les animaux, on le voit, nous manquaient, mais chaque jour nos cent vingt hommes ainsi que nos quarante chevaux et mulets absorbaient de grandes quantités de vivres, et l'encombrement n'était que passager. Nous espérions bien, après Bafoulabé, n'avoir plus besoin d'établir ce va-et-vient de convois, qui harassait tout le monde, bêtes et gens. Nous franchissions le remarquable défilé de Tékoubala, ouvert à travers deux hautes murailles rocheuses, du sommet desquelles les grands singes cynocéphales nous saluent de leurs aboiements prolongés. Nous tournons le mont Duley, aux formes si singulières, et débouchons derrière le petit village de Tintilla, gracieusement assis au bord du Sénégal. En face, sur la rive droite, le Makha Gnan porte dans les airs ses deux tours jumelles, semblables à celles d'une cathédrale gothique.

La température augmente de plus en plus et nous n'avons pas moins de quarante degrés à l'ombre, ce qui rend tout repos impossible. Le lendemain, par un sentier à peine tracé, se déroulant dans le dédale des mamelons, pics et hauteurs de toutes sortes qui couvrent la plaine, nous nous transportons jusqu'à la célèbre chute de Gouina. Entre Tintilla et Gouina, on est obligé de franchir le Bagouko, rivière de cinquante à soixante mètres de largeur, dont le lit, peu profond, est garni de roches qui rendent le passage difficile; heureusement, il s'est formé

Mont Tékoubala.

près de son embouchure des amas sablonneux, qui ont créé un gué assez commode à traverser. Cette rivière, que nous avions vue quelques mois auparavant, roulant un gros volume d'eau, était maintenant presque à sec. Après le Bagouko, on parcourt un pays fertile et l'on parvient au petit

Mont Makba Gnan.

village de Banganoura, colonie d'agriculteurs venus de Mansonnah. C'est peu après ce village que l'on aperçoit dans le lointain la cataracte dont le bruit, par des vents favorables, s'entend à de grandes distances. L'aspect de la chute est bien différent selon les saisons : pendant l'hivernage, le fleuve, augmenté par les pluies, atteint une largeur de deux cents mètres environ et se précipite comme une masse au pied de la chute, d'où s'élève un immense nuage d'eau et d'écume. Le courant est tel, dans la partie supérieure, que des hippopotames ont été souvent entraînés et retrouvés, meurtris par les roches, à plusieurs kilomètres en aval. Si, au moment des hautes eaux, on se transporte au-dessus du barrage, on est véritablement saisi par la majesté du spectacle et le fracas formidable de cette énorme quantité d'eau, se précipitant de quinze mètres de hauteur pour aller se briser en poudre humide sur des rochers pittoresques. A la saison sèche, l'aspect est moins imposant, mais beaucoup plus gracieux : les blocs de grès, mis à nu, présentent des surfaces polies et lissées par les eaux, ayant par endroits beaucoup de ressemblance avec le porphyre ; le fleuve, dont la largeur est réduite de moitié, n'arrive plus avec le fracas de l'hivernage. Ses eaux se glissent par les crevasses et vont sourdre entre les rochers, s'élevant en gerbes aux perles irisées, retombant en petites cascades argentées ou en chutes successives, dont l'ensemble ravit le regard. On se complaît d'autant plus devant ce spectacle que le paysage environnant est fort médiocre ; le Sénégal, sortant d'une vallée étroite, limitée de tous côtés par des hauteurs dénudées, ne présente qu'une végétation rabougrie et une herbe desséchée.

La mission quitta Gouina pour aller camper vis-à-vis de Foukhara, petit village situé dans une île, au milieu du fleuve. Comme à Malou, les habitants sont souvent inquiétés par les innombrables hippopotames qui peuplent le Sénégal, et, la nuit, pendant que les récoltes sont sur pied, les griots sont obligés de battre le tam-tam pour éloigner les monstres, qui, sans ce vacarme incessant, iraient fouler les champs de mil et dévoreraient toutes les ressources de l'année.

Le 29 mars, nous sortions du Natiaga. Ce petit pays forme une annexe du Logo, avec lequel il était allié au moment de l'attaque de Sabouciré. Aujourd'hui il essaye péniblement de panser les blessures que lui a faites une guerre de dix années ; il se met à reconstruire ses villages, il rappelle ses habitants, qui, pour fuir les incursions des Khassonkais, s'étaient réfugiés vers le sud, dans les montagnes du Bambouk. Mais tout cela demande du temps, et les quelques villages que nous avions traversés jusqu'alors étaient bien misérables. Que d'amères réflexions nous assaillaient lorsque nous pensions que des sites comme ceux de Dinguira, de Boukaria, étaient dépourvus d'habitants, et, au lieu de champs riches et étendus, n'offraient que des surfaces incultes, envahies par une végétation sauvage et parcourues seulement par des fauves de toute espèce.

Nous mîmes deux jours pour aller de Foukhara à la mare de Talahari. La route traversait un véritable désert, où des ruines accumulées attestaient la présence de centres jadis importants, aujourd'hui abandonnés et dont le voyageur a souvent de la peine à reconnaître l'emplacement au milieu des hautes herbes qui recouvrent les bords du fleuve. Notre long convoi éprouva de nombreuses difficultés et de grandes fatigues à parcourir le sentier rocheux et à peine frayé qui conduisait à notre nouvel établissement de Bafoulabé ; mais il n'y eut aucun accident ni aucun dommage. Le Bougueda, la rivière de Balougo, le col de Goubougo, le torrent de Moumania, alors à sec, furent en somme franchis avec assez d'entrain, et l'on arriva en bon ordre à la mare de Talahari, grande surface d'eau stagnante, recouverte de nénuphars et peuplée d'énormes hippopotames. Elle est située au fond d'une dépression, dont les bords, garnis d'une végétation herbeuse, doivent être soigneusement évités, si l'on ne veut pas s'enfoncer dans la vase. Nous campâmes pour la première fois sous un grand *karité* ou arbre à beurre (*Bassia Parkii*), dont le feuillage clairsemé ne nous garantit que très imparfaitement de la chaleur du jour. Est-ce cette raison ou le voisinage de la mare, toujours est-il que je fus atteint ce jour-là d'une véritable insolation qui m'inspira un moment des inquiétudes. Toutefois, trois ou quatre doses de quinine triomphèrent de la fièvre violente qui s'était déclarée chez moi et, le lendemain, je pus accomplir la dernière étape de Bafoulabé. Je n'étais pas encore très solide sur mon cheval, mais ce sont là des accidents trop communs dans ces régions pour qu'on s'y arrête longtemps.

Nous avions déjà passé le village de Mahina et nous longions la rive gauche du Bafing, dont les eaux nous apparaissaient à travers les beaux arbres de la forêt où nous chevauchions, lorsque nous rencontrâmes le lieutenant Marchi, venu au-devant de nous. Il nous eut bien vite entraînés sous les baraques provisoires qui lui servaient de demeure en attendant que le poste fût construit, et nous nous trouvâmes en face de joyeux compagnons et d'une bonne chère, double plaisir qui nous fit vite oublier notre rude apprentissage du métier de voyageurs.

CHAPITRE IV

Bafoulabé. — Passage du Bafing et entrée en pays inconnu. — L'interprète Alassane et le vieux Sambo. — Route le long du Bakhoy. — Incendie de Demba-Dioubé. — Palabre au village de Kalé avec Diouka-Moussa. — Défilé du Besso. — Séjour à Niakalé-Ciréa. — Brèche dans la montagne. — Attaque de lions et d'hippopotames. — Solinta et Badumbé. — Préparation du fer. — Les ânes commencent à succomber aux fatigues et aux blessures.

Bafoulabé est le confluent des deux rivières qui forment le Sénégal. Son nom lui-même signifie « deux rivières ». La plus importante, le *Bafing*, fleuve noir, n'a pas moins de quatre cent cinquante kilomètres de longueur. Elle vient du sud et sort des massifs du Fouta-Djalon. La deuxième, le *Bakhoy*, fleuve blanc, venant de l'est, coule dans la partie la plus basse du bassin du Sénégal, et l'on peut considérer son thalweg comme la voie naturelle la plus courte entre nos établissements du haut fleuve et le Niger.

Bafoulabé, situé à cent trente kilomètres environ de Médine, était donc tout désigné pour servir d'emplacement au premier des postes que nous voulions échelonner jusqu'au Djóliba, le grand fleuve des nègres. De plus, l'occupation de ce point pouvait seule nous permettre d'ouvrir des relations avec les populations malinkés ou bambaras qui nous séparaient du Niger. Ce sont ces considérations qui, on l'a déjà vu, avaient amené le gouverneur Brière de l'Isle à faire exécuter, six mois auparavant dans cette région difficile et que les inondations de l'hivernage avaient presque rendue impraticable, une reconnaissance préliminaire. Arrivé le 12 octobre à Bafoulabé, j'avais trouvé le pays dans un état singulièrement favorable à ma mission. Tous les chefs malinkés du haut Sénégal, révoltés contre Ahmadou, étaient réunis à une journée à peine au-dessus du confluent. Ils assiégeaient le tata d'Oualiha, possession d'un chef indigène partisan des Toucouleurs. Je ne crus pas pouvoir aller à Oualiha; je désirais garder les apparences d'un simple explorateur et ne pas me compromettre envers Ahmadou. Mais je fis prier les chefs de venir à un rendez-vous. Ceux-ci, après avoir obligé mes envoyés à boire de l'eau-de-vie pour se convaincre qu'ils n'avaient pas affaire à des adeptes de l'islamisme, se rendirent à mon invitation. Tous accueillirent avec un grand empressement le projet d'installer les Français au milieu d'eux et notamment à Bafoulabé. Les Malinkés du Bambouk, du Bakhoy, du Bafing et de Kita, les Peuls du Fouladougou m'assurèrent que notre arrivée serait accueillie avec une grande joie dans le pays. Le fils du chef de Kita insista même pour que la résidence de son père fût choisie immédiatement pour l'emplacement de l'un des nouveaux postes que nous voulions construire. Un neveu des chefs maures de Bammako s'engagea en outre à nous guider jusqu'à ce célèbre marché. On a vu comment tous ces envoyés avaient été accueillis à Saint-Louis, et comment la mission du Haut-Niger avait été ensuite organisée. A mon arrivée à Bafoulabé, j'avais ainsi avec moi quatre chefs indigènes, qui devaient me servir d'introducteurs auprès des populations avec lesquelles j'allais entrer en relations jusqu'au Niger. C'étaient Ibrahima et Founé, fils du chef de Kita, Abderamane, neveu d'un chef de Bammako, et Khoumo, fils du chef de Niagassola dans le Manding.

Le gouverneur avait poussé activement l'occupation de Bafoulabé. Dès le mois d'octobre, il avait envoyé les cinquante hommes destinés à former la garnison; les approvisionnements et les matériaux avaient été accumulés à Médine et devaient être ensuite dirigés sur notre nouvel établissement. Les travaux préliminaires marchèrent rapidement, et au moment où nous parvenions au confluent du Bafing et du Bakhoy, une redoute provisoire, entourée d'un fossé et d'une palissade, était déjà construite ainsi que de bons gourbis en torchis couverts d'un chaume épais pour les logements. Les environs étaient débroussaillés jusqu'à trois cents mètres de rayon; deux canons étaient en batterie, et la place était imprenable pour une armée nègre. Une route était construite pour la relier au village de Mahina, et deux puits furent creusés. On abattait des arbres et l'on extrayait des pierres pour le fort définitif. Celui-ci, malheureusement, avait été, malgré mes conseils, commencé sur la rive gauche du Bafing, au grand mécontentement des Malinkés du Bakhoy, qui se plaignaient que cette disposition les livrait à la vengeance des Toucouleurs et était contraire aux promesses que je leur avais faites à mon dernier voyage.

A Bafoulabé, je retrouvai Piétri, que j'avais chargé de préparer le passage du Bafing. Vallière était déjà le long du Bakhoy, éclairant notre marche, dressant l'itinéraire de notre route et échelonnant, à l'aide d'un petit convoi d'ânes et de mulets, des vivres jusqu'à Fangalla. Toute notre caravane était réunie sur la rive gauche du Bafing, moins les deux sections du convoi retournées en arrière pour prendre à Boukaria les bagages laissés sous la garde du docteur Tautain. Il fallait maintenant traverser la rivière, opération qui nous avait paru tout d'abord fort malaisée. Le Bafing, au confluent, ne présente pas en effet moins de quatre cent cinquante mètres de largeur avec une profondeur considérable. Fallait-il donc perdre quatre ou cinq jours pour faire passer tous nos animaux à la nage, l'un après l'autre, tandis que les quelques pirogues qui se trouvaient dans le pays mettraient un temps infini à transborder nos chargements? Les indigènes de Mahina, que nous interrogions avec insistance, nous affirmaient tous qu'il n'existait pas un seul gué dans les environs. Mais Piétri était depuis longtemps au fait des habitudes mystérieuses des nègres sénégambiens, et, au moment où je me disposais à donner tous les ordres pour le passage, il m'amena un captif malinké. C'était un petit vieillard, malade et souffreteux, qui, après s'être bien assuré qu'aucune oreille indiscrète ne pouvait l'entendre, me dit qu'il existait un gué à peu de distance et qu'il me l'enseignerait, si je voulais lui donner pour sa fille un de ces beaux foulards bleus et rouges qu'il venait de voir dans l'une de nos petites cantines. Le marché fut conclu aussitôt et le gué, reconnu excellent par Piétri, fut immédiatement jalonné et rendu accessible à nos bêtes de somme par deux rampes en pente douce, pratiquées en quelques heures par nos tirailleurs. Nos ânes firent bien quelques difficultés pour entrer dans l'eau, mais Thiama, qui n'était jamais à court de moyens, saisit tout d'un coup par les oreilles l'un des moins récalcitrants et l'entraîna à sa suite sur le palier rocheux qui formait le gué. Tous les autres suivirent à notre grand étonnement, et rien de plus comique que de voir ce long défilé de bourriquots, marchant docilement dans l'eau à la queue les uns des autres, sondant du pied les inégalités du gué et arrivant ensuite joyeusement sur la rive opposée.

Dans l'après-midi du 1ᵉʳ avril, bagages et animaux étaient passés de l'autre côté du Bafing. Le lendemain matin, les deux sections du docteur Tautain franchissaient la rivière à leur tour, et j'avais la satisfaction de voir le même jour tout mon convoi parfaitement rangé sur le petit plateau qui devait servir d'emplacement au nouveau poste de Bafoulabé.

La mission entrait dès maintenant dans un pays inconnu et nous allions commencer notre rôle d'explorateurs et de diplomates. Mage et Quintin, dix-sept ans auparavant, avaient remonté le Bafing et abouti à Koundian, place forte toucouleur, dont le chef les avait dirigés sur Ségou sous la conduite d'un guide, qui n'était en réalité qu'un espion, et par un itinéraire dont ils n'auraient pu s'écarter sans inconvénient. Pour nous, nos instructions nous prescrivaient de suivre directement la vallée du

Bakhoy, qui est la voie la plus courte vers le Niger; et nous avions l'intention de remplir aussi complètement que possible le programme qui nous avait été tracé, sans nous laisser arrêter par les obstacles qui nous attendaient sur cette route.

M. Marchi et nos amis de Bafoulabé nous sollicitaient de rester plusieurs jours auprès d'eux. Mais le temps nous pressait et je voulais arriver au Djoliba avant l'hivernage. Aussi donnai-je l'ordre du départ pour l'après-midi du 2 avril. M. Marchi, qui avait déjà poussé une pointe sur Kita pour y faire des achats de mil nécessaires à nos approvisionnements, nous fournissait d'ailleurs des renseignements fort peu encourageants sur la route que nous aurions à suivre et qui nous présageaient de bien grosses difficultés. Il fallait donc se hâter, puisque nous voulions parvenir quand même au Niger, où nous pouvions être devancés par une mission étrangère qui venait, disait-on, de quitter la Gambie et s'avançait rapidement vers la capitale du sultan Ahmadou.

Avant de quitter le dernier poste français, nous complétions notre personnel en attachant à la mission deux hommes bien différents de caractère, mais qui nous furent également précieux par la suite. Le premier était Alassane, interprète du poste de Bafoulabé. C'était un Toucouleur, observateur peu fervent d'ailleurs des règles du Coran. Son torse largement découplé, sa tête carrée, son œil vif, dénotaient une énergie et une intelligence qu'il est rare de rencontrer chez les noirs. Homme d'action avant tout, il savait se dévouer et rendre les services les plus précieux à celui auquel il s'était attaché. Je le connaissais déjà pour l'avoir employé dans ma première exploration de Bafoulabé et je savais tout le parti que je pourrais en tirer. Je l'enlevai donc de ce poste, non sans force réclamations de la part des officiers qui avaient déjà su y apprécier ses excellentes qualités. Je lui donnai aussitôt la place d'Alpha Séga à la tête du convoi, réservant plus spécialement ce dernier pour la partie diplomatique de ma mission.

Avec Alassane, j'engageai un chef muletier, ancien sous-officier au train d'artillerie, chargé en ce moment de la conduite des convois entre Médine et Bafoulabé. Sambo était un grand Ouassoulounké, mesurant près de deux mètres de hauteur, à la voix terrible avec ses hommes, bien qu'excellent cœur au fond, et doux et facile à conduire comme un enfant, dont il avait d'ailleurs la simplicité. Travailleur infatigable, il surveillait avec un soin scrupuleux mulets et muletiers, et arrivait toujours avec le dernier chargement, parce que *c'était son habitude*, disait-il. Pauvre Sambo! Il est mort dans la boue sanglante du ruisseau de Dio, en défendant ces mulets et ces cantines pour lesquels il avait tant de sollicitude....

Le 2 avril au soir, toutes nos dispositions étant terminées, nous prenions définitivement la route de Kita en nous enfonçant dans l'épaisse forêt qui couvre le delta formé par les deux affluents du Sénégal. De longtemps nous ne devions voir d'autres figures européennes que les nôtres, et l'absence d'indications précises sur les régions que nous allions visiter ne laissait pas que de me donner quelque inquiétude sur la suite du voyage. Toutefois, lorsque je vis défiler devant moi mon beau et nombreux convoi, bien organisé, bien ordonné, approvisionné en ressources de toutes sortes et conduit par un personnel dans lequel j'avais toute confiance; quand j'eus donné mes instructions à mes officiers, aux interprètes, aux chefs des différentes fractions de l'escorte, tous animés de cette énergie, de ce feu sacré qui fait que l'on réussit ou que l'on meurt à la peine; quand je pensai enfin que nous avions pris, en somme, toutes les précautions que comportait semblable entreprise, je ne pus m'empêcher d'espérer dans l'avenir et dans notre succès.

La mission, outre les cinq officiers, comprenait alors trois interprètes, quatre chefs indigènes, quatre-vingt-dix âniers, dix muletiers et une escorte de sept spahis sénégalais et de vingt-cinq tirailleurs : au total, cent cinquante personnes environ. Comme animaux : douze chevaux arabes, douze chevaux indigènes, douze mulets et trois cents ânes.

C'était la première fois qu'une expédition aussi nombreuse pénétrait dans les solitudes inexplorées du haut pays.

Le lieutenant Marchi nous accompagnait et devait nous guider jusqu'à Fangalla, à travers une contrée qu'il venait de visiter et où il s'était déjà fait de nombreux amis parmi les chefs malinkés des villages environnants.

Comme il ne nous restait plus que quelques heures de jour, j'avais prescrit de s'arrêter à une dizaine de kilomètres, à hauteur du gué de Demba-Dioubé, campement déjà reconnu par Vallière.

Le terrain était peu accidenté et nous cheminions en plaine dans une forêt où croissaient de grands et beaux arbres; quelques-uns présentaient un aspect des plus curieux. Leurs troncs, bizarrement creusés à la base, formaient des sortes de niches, limitées par des parois régulières, qui venaient se confondre avec l'arbre lui-même à quatre ou cinq mètres au-dessus du sol. L'un de ces troncs ne mesurait pas moins de vingt-trois mètres de circonférence.

Des oiseaux, aux couleurs brillantes, voltigeaient en bandes nombreuses dans leur épais feuillage; leur chant était vif et agréable. Ici, des colibris au plumage vert, bleu et pourpre et qui n'étaient guère plus gros que des oiseaux-mouches, se jouaient dans les branches des tamariniers et des acacias sauvages. Plus loin, un oiseau, assez semblable à l'un de nos faisans d'Europe, avait la tête ornée d'une jolie crête noire; sa couleur était d'un beau brun foncé.

Nous suivions d'assez près la rive gauche du Bakhoy, mais la végétation qui couvrait ses bords nous empêchait d'examiner son cours. Toutefois, le bruit des eaux roulant sur les rochers nous prouvait qu'il n'était pas navigable en tout son parcours et qu'il se présentait, sous le rapport de la navigabilité, dans les mêmes conditions que le Sénégal supérieur. La nuit arriva avant que nous fussions parvenus au campement, ce qui occasionna un peu de désordre dans notre convoi, forcé de traverser un marigot aux berges abruptes avant d'atteindre le bouquet de tamariniers situé auprès du gué de Demba-Dioubé. Mais ce qui vint encore augmenter la confusion et nous mettre un moment dans le plus grave des dangers, ce fut un incendie qui éclata tout d'un coup à quelques centaines de mètres à peine du campement, où déjà se rangeaient les premières sections du convoi. Nous étions en saison sèche, c'est-à-dire à l'époque où les noirs brûlent les hautes herbes pour débarrasser d'une végétation parasite les futurs emplacements de leurs champs. Il y avait quelque chose de sauvage dans le spectacle offert par ces flammes s'étendant au loin devant nous et rougissant l'atmosphère de leurs lueurs intenses. Ce tableau nous rappelait ces descriptions si belles et si animées de Fenimore Cooper dans ses intéressants romans, où il nous dépeint d'une manière si émouvante les mœurs des habitants des immenses prairies américaines. Les hautes herbes brûlaient avec une effrayante rapidité, crépitant et mugissant avec un bruit qui devait certainement s'entendre à plusieurs kilomètres à la ronde. Les gigantesques baobabs, avec leurs branches semblables à des bras humains s'agitant avec frénésie, prenaient à la clarté des flammes un aspect des plus fantastiques.

Mais nous étions sous le vent et il n'y avait pas une minute à perdre si nous voulions éviter le plus grand des malheurs. Déjà quelques ânes, saisis de frayeur, avaient jeté bas leurs charges et s'étaient enfuis dans la forêt. Nous laissâmes là le convoi, et nos hommes, s'armant de grandes branches garnies de leurs feuilles, s'élancèrent vers l'incendie. Sautant, criant, dansant, hurlant en véritables nègres qu'ils étaient, ils se rendirent bientôt maîtres du feu, au moins dans un rayon suffisant pour écarter tout danger immédiat. Nous pûmes enfin bivouaquer tant bien que mal, car, l'incendie ayant augmenté le désordre, il fallut, pour cette nuit, renoncer à tout campement régulier.

Au matin, on ne put rompre que tardivement, afin de pouvoir réparer le désordre de la veille. Pendant toute la durée de la mission, j'ai toujours tenu sévèrement à ce que l'ordre le plus exact régnât dans le convoi. C'est, suivant moi, une condition *sine qua non* de succès dans toutes les expéditions africaines. Aussi ne laissai-je quitter le camp que lorsque les chefs des différentes sections eurent remis parmi leurs hommes et leurs animaux l'ordre si troublé par la marche et l'incendie du jour précédent.

En quelques heures nous parvenons au village de Kalé, après avoir longé le pied du mont Douka et franchi plusieurs marigots actuellement tout à fait à sec.

Le Bakhoy, à partir de Bafoulabé jusqu'à son confluent avec le Ba-Oulé, suit une vallée large de trois à cinq kilomètres, dirigée sensiblement de l'est à l'ouest et bordée de chaque côté par des massifs montagneux, dont les flancs dépouillés et à peu près abrupts sont parallèles au cours d'eau pendant quatre-vingts kilomètres environ. Les monts de la rive droite remontent ensuite vers le nord, et ceux de la rive gauche s'infléchissent vers le sud-est. La ligne montagneuse de la rive gauche s'ouvre fréquemment pour donner passage à de petits affluents du Bakhoy, qui forment autant d'obstacles à la marche dans cette région. A Kalé la vallée est entièrement barrée par un éperon important, terminé par le mont Besso, qui vient baigner sa base jusque dans la rivière. C'est au pied de ce mont, à une portée de fusil du village, que nous assîmes notre camp. Kalé se trouve dans la plaine, et ses petites cases au toit pointu le font ressembler à une ruche perdue dans un bouquet de figuiers, couronnés de leur luxuriante verdure, qui abrite les habitants de la réverbération insupportable produite par le soleil sur les parois dénudées de la haute muraille naturelle qui limite le paysage à l'est. Nos âniers contemplaient cette dernière avec une certaine inquiétude, car de notre camp on n'apercevait aucune issue, et ils se demandaient comment les blancs allaient faire pour vaincre cet obstacle qui paraissait infranchissable à notre lourd convoi. J'avais un moment songé à faire un grand détour vers le sud; mais ce fut inutile, car un sentier était tracé sur le flanc à pic de la montagne, au-dessus de la rivière; il cheminait difficilement au milieu des rochers amoncelés sous une voûte qui le surplombait et d'où l'eau tombait goutte à goutte. Il était long d'un bon kilomètre et à peine praticable pour les piétons. Le Bakhoy, à quelques

mètres en dessous, se précipitant sur son lit de roches, formait des chutes et des rapides qui, bien que moins importants que ceux du Félou ou de Gouina, n'en avaient pas moins l'inconvénient de rendre toute navigation impossible entre Bafoulabé et les villages en amont de Kalé. Il est à remarquer que les éperons ou les chaînons transversaux de la vallée se prolongent toujours dans le lit du fleuve pour y créer des barrages et des chutes, qui ont pour objet de retenir les eaux dans les biefs supérieurs et de ménager le débit de la rivière pendant la saison sèche.

Cependant, le temps pressait et tout le monde se mit à l'œuvre, afin de pouvoir quitter Kalé le lendemain. Tandis que Vallière et Tautain gravissaient, au prix de mille efforts, la pente ouest du Besso, dont je désirais avoir l'altitude exacte et d'où mes compagnons pourraient dominer tout le pays environnant, Piétri, accompagné du lieutenant Marchi et d'une forte escouade de tirailleurs et de laptots, s'engageait dans le défilé pour rendre le passage aussi praticable que possible à notre convoi. Tout l'après-midi fut employé à abattre les arbres, à renverser les blocs de grès, à couper les broussailles qui obstruaient le sentier, et à huit heures du soir mes deux officiers pouvaient me rendre compte que le chemin, si mauvais qu'il fût, pouvait du moins permettre de continuer notre voyage au delà de Kalé.

Pendant ce temps, je m'abouchais avec le chef du village, Diouka-Moussa, qui commandait la province Makadougou et exerçait une grande influence dans toute la contrée. C'était ici que devait commencer mon rôle de diplomate, et je puis affirmer à mes lecteurs qu'il n'était pas toujours très réjouissant. Les nègres sont d'enragés discoureurs, et les palabres au soleil, au milieu d'une assemblée bruyante, sale et déguenillée n'avaient rien de divertissant. Il me fallait souvent répondre pendant des heures entières aux questions plus ou moins bizarres qui m'étaient posées par ces importants négociateurs, puis subir leurs discours flatteurs que m'adressaient les griots qui me comparaient sans rire au soleil et à la lune et ne cessaient d'exalter mon intelligence et la profondeur de mes raisonnements. Néanmoins, je finissais toujours, surtout en appelant à mon aide le contenu de mes cantines de cadeaux, par convaincre mes interlocuteurs et leur faire admettre les conditions que je leur apportais de la part du gouverneur. Pour ce qui concerne plus spécialement Diouka-Moussa et ses principaux conseillers, je n'eus pas de peine à obtenir leur signature sur le traité plaçant leur pays sous le protectorat de la France, car le voisinage des Toucouleurs de la rive droite leur faisait ardemment désirer de pouvoir s'abriter sous les murs d'un poste français contre les incessantes incursions des cavaliers musulmans. Un beau manteau bariolé et un splendide sabre turc achevèrent de cimenter notre pacte d'amitié. Au soir, on m'amena deux jolis bœufs à bosse, qui furent aussitôt immolés par mes hommes, et une fête des plus cordiales, avec accompagnement de tam-tam, de fusées et de danses des plus exotiques, célébra la première conquête pacifique que faisait notre patrie sur la voie du Niger.

Il me fut d'ailleurs impossible d'échapper aux présentations qui suivent toujours, chez les nègres, une entrevue entre deux chefs quelconques. Diouka-Moussa m'amena ses quatre femmes, dont les torses nus jusqu'à la ceinture étaient ornés de colliers de verroteries, auxquels étaient suspendues des pièces de cinq francs en argent percées de trous. Des pagnes en cotonnade du pays entouraient la taille de ces jeunes négresses, qui auraient été assez bien faites de corps, si des seins piriformes, aux dimensions prononcées, n'eussent débordé sur leurs gorges, déformées par ces appas volumineux. Puis vint une bande de négrillons, dont le costume consistait en une petite bande de toile entourant la ceinture. C'étaient les enfants ou neveux du chef de Kalé. Je leur fis une abondante distribution de sucre cassonade et je remarquai avec un certain plaisir que plusieurs d'entre eux s'empressèrent de le partager avec leurs mères, qui assistaient à l'entrevue.

Avant de quitter Diouka-Moussa, je ne pus m'empêcher de lui demander pourquoi il ne faisait pas améliorer le chemin qui conduisait de son village au delà du mont Besso, ce qui permettrait aux caravanes de le visiter fréquemment et de lui apporter les marchandises et les objets que ses sujets étaient forcés d'aller acheter fort loin, soit à Médine, soit aux établissements anglais de la Gambie. « Ce chemin, me répondit-il, a été fait par mon grand-père et, depuis, personne n'y a jamais touché. Il nous suffit parfaitement, et je doute que mes fils aient l'idée de changer quoi que ce soit à son état actuel. » Voilà bien les nègres, et l'on se demande réellement, en présence de cette apathie et de cette indifférence pour le progrès, si nous parviendrons jamais à les arracher à leur état de profonde barbarie. Il me fut toutefois permis, à mon retour de Ségou, quand un an après je repassai par ces mêmes villages malinkés, de constater que la civilisation avait déjà passé par là; car cette population, que nous avions laissée misérable et en haillons, nous la retrouvions proprement vêtue, habitant dans des cases presque confortables et pourvues de quelques meubles rudimentaires, achetés à nos traitants du haut fleuve. Il me semble donc que, si faibles que soient les progrès des malheureux Africains, nous devons poursuivre leur régénération avec persévérance. La France s'est mise à la tête des nations dans ce vaste mouvement qui porte aujourd'hui le monde civilisé vers le centre du Soudan. Il faut qu'elle conserve sa place, sans se laisser arrêter par les obstacles ou les théories insensées de gens qui pensent que les nègres sont indignes du nom d'homme et doivent être traités par nous en Sénégambie comme les Indiens l'ont été par les Espagnols dans le Nouveau Monde.

J'étonnai beaucoup Diouka-Moussa en lui annonçant qu'avant peu nous ferions passer un chemin de fer par le défilé du Besso, et comme mon interprète ne pouvait que difficilement lui traduire ce mot de chemin de fer, je lui expliquai que nous construirions une route sur laquelle marcheraient des machines comme les bateaux à vapeur, allant sur terre. Je ne sais s'il fut bien convaincu ; toujours est-il que ses regards indiquaient l'incrédulité la plus absolue en mes paroles.

Le 4, on se remettait en route. Je pris les devants avec mes officiers, car le passage du défilé, malgré les travaux exécutés la veille par Piétri et ses hommes, devait demander toute la journée, et il était peu prudent de nous exposer aux rayons du soleil pendant les heures chaudes de l'après-midi. Nous nous trouvions alors en pleine saison sèche, et l'harmatan se levait chaque jour, vers huit heures du matin, nous aveuglant de poussière et nous brûlant de son souffle enflammé.

Nous étions de bonne heure au village de Niakalé-Ciréa, dépendant de Diouka-Moussa. Nous dûmes, pour notre déjeuner, nous contenter de l'ordinaire des Malinkés, car les premiers mulets ne parurent qu'à deux heures de l'après-midi. Le passage avait été tellement difficile sur certains points qu'il avait fallu les décharger et porter les cantines à tête d'homme. Les différentes sections du convoi arrivèrent peu à peu, mais ce ne fut qu'à neuf heures du soir qu'elles eurent toutes rallié notre nouveau campement. Les chargements avaient peu souffert, sauf un petit orgue de Barbarie qui roula dans le Bakhoy avec le bœuf qui le portait et qui ne rendit plus que des sons tout à fait insuffisants pour donner une idée des airs indiqués sur son registre lorsque le lendemain nous voulûmes examiner les suites de l'accident. Je le destinais au sultan de Ségou, mais je me console aujourd'hui facilement de cette perte en pensant que ce produit de notre civilisation, eût-il même survécu à sa chute dans le Bakhoy, serait tombé entre les mains des Bambaras de Dio, qui l'auraient pris évidemment pour une machine inventée par les blancs pour les ensorceler, et l'auraient mis en pièces.

Notre tente était établie sous un beau ficus, vaste et touffu, qui occupait le centre du village et couvrait le *tara*, immense table formée de nattes posées sur des troncs d'arbre et servant de lieu habituel de réunion aux notables de l'endroit, venant y discuter journellement les affaires du pays. Aussi étions-nous assaillis de tous les côtés par les curieux et les curieuses. Nous pouvions constater tous les jours que, depuis Médine, la race devenait de moins en moins belle : ce qui s'expliquait par une proportion plus faible de sang peul chez les individus qui peuplaient cette partie de la Sénégambie et qui étaient des Malinkés presque purs. Nous prîmes le dessin de tatouages bizarres qui couvraient le sein d'une jeune fille, toute fière de semblables ornements.

Un incident désagréable vint nous surprendre à Niakalé-Ciréa. On se souvient sans doute de ce fils de Dama que j'avais autorisé à me suivre jusqu'au Niger, en lui laissant un cheval pour me rejoindre. Il arriva en effet dans la journée du 5, en menant grand tapage et accompagné, malgré ma défense, d'une suite nombreuse d'hommes armés. Il commença tout d'abord par se plaindre qu'on lui eût donné, à lui, le fils d'un grand chef, un cheval moins beau que celui de mon interprète Alpha Séga. Puis il m'informa qu'il ne pourrait me suivre si je ne lui permettais d'emmener cinquante hommes de son village, qui allaient arriver le lendemain. Je compris bien vite que ce guerrier farouche n'avait nulle envie de s'enfoncer avec moi dans des contrées inconnues et assez dangereuses à traverser par suite de l'état de guerre continuel qui y régnait. Je l'engageai donc à nous débarrasser de son encombrante personne et à prendre la route de Fatafi, village dont il était le chef, à quelques lieues dans l'intérieur. Gara Mamady Ciré ne parut nullement offensé de mes paroles un peu vives et m'affirma que je me privais d'un concours sérieux en le laissant en arrière.

Nous étions encore sous l'impression de cet incident, bien propre à faire connaître le côté fanfaron du caractère nègre, quand une réclamation singulière vint fort à propos nous égayer. Nous venions d'acheter un mouton à un Malinké, au prix, bien convenu d'avance, d'une pièce de cinq francs en argent. Suivant mon habitude, j'avais donné l'ordre de tuer aussitôt la bête, car je connaissais les tendances des nègres et surtout des Malinkés, renommés dans tout le Soudan occidental pour leur avarice et leur cupidité à revenir sur les marchés conclus. Yoro s'était déjà emparé d'une des jambes du pauvre animal, qu'il s'occupait à préparer pour notre dîner, quand le marchand revint vers nous, agitant sa pièce d'un air piteux et en se répandant en plaintes amères sur le marché qu'il venait de conclure. Il criait et gesticulait, semblant navré de ne pouvoir reprendre son mouton. « Est-il possible, s'exclamait-il, que je me sois laissé tromper à ce point? Comment ! Une seule pièce pour cet animal qui vit, qui marche, qui mange, qui boit ? Voyons ! Est-ce juste.... » Je ne reproduis pas ici toutes les plaintes, plus risibles les unes que les autres, de notre Malinké. La vérité est qu'il voulait en plus une calebasse d'eau-de-vie, que nous finîmes par lui octroyer généreusement.

Nos marchés avec les indigènes donnaient souvent lieu à des discussions semblables, car il n'existe pas de monnaie dans le pays, où les échanges se font encore de la manière la plus primitive. Le voyageur est forcé d'emporter avec lui un véritable magasin : de la guinée, du calicot, du sel, des verroteries, etc. Quant à l'argent, ce métal est presque totalement inconnu, et il ne sert qu'à fabriquer des bijoux pour les femmes, qui les portent en anneaux aux bras et aux jambes, ou en médaillons au cou, aux oreilles ou au nez. La femme est certainement l'être qui change le moins, suivant les latitudes ou le climat, et je déclare que je n'ai jamais vu de coquettes aussi entreprenantes que les jeunes filles de Niakalé-Ciréa. Elles formaient autour de nous un cercle étroit, nous harcelaient de leurs demandes, nous enlevaient nos verroteries, nous assiégeaient en un mot pour contempler tous les objets que nous rangions dans nos cantines, et surtout, bonheur extrême, pour se mirer dans l'une de nos glaces.

Et cependant, elles ne se mettaient guère en frais pour leur costume. On a souvent dit que nos grisettes parisiennes savaient s'habiller avec rien ; mais je défie bien la plus habile de se tailler une robe, même de bal, dans le peu d'étoffe qui suffit à une jeune Malinké. La femme du chef de village, que l'on nous amena, n'était pas plus habillée que les gamins que l'on nous avait présentés la veille à Kalé. Deux gros anneaux d'or aux jambes, un plus petit au nez et un ruban de cotonnade autour des reins, formaient, je crois, tout son costume. Deux captives, qui pilaient du mil à quelque distance de notre tente, étaient encore moins protégées contre les regards de mes tirailleurs, qui attendaient impatiemment la confection du couscous qu'on leur préparait.

J'ajouterai encore ici qu'à mon retour du Niger j'ai été frappé par l'air relativement somptueux qu'offraient ces mêmes femmes malinkés, vêtues de beaux boubous de calicot blanc et de larges pagnes d'indienne bleue, ce qui prouve bien que la pauvreté était en grande partie cause de cette légèreté de costume, qui choquait tant nos yeux, si habitués qu'ils fussent cependant au débraillé des naïfs habitants de ces contrées sauvages. La vue des brillantes étoffes apportées par nos traitants avait fait naître chez nos nouveaux sujets l'idée de la possession, et ils s'étaient mis au travail pour acquérir ces objets, qui éveillaient en eux des besoins dont la satisfaction devenait la première source de commerce dans ces possessions d'acquisition récente.

C'est à Niakalé-Ciréa que nous reçûmes pour la dernière fois des nouvelles de France. Pendant longtemps nos familles devaient rester perplexes sur notre sort, et les événements qui suivirent et dont les échos parvinrent en Europe n'étaient certes pas faits pour les rassurer.

A un kilomètre au delà de Niakalé-Ciréa, un chaînon transversal peu élevé, — cinquante mètres environ, — mais à base très large, coupe la vallée du Bakhoy en se prolongeant plus loin que le village de Auba, jusqu'à la rivière, qui a dû faire un coude très prononcé vers le nord pour se frayer un passage. Les indigènes prétendaient tout d'abord que nous ne pourrions franchir ce rempart rocheux et que nous serions obligés de continuer notre marche par la rive droite, ce qui nous contraignait de traverser deux fois le cours d'eau, opération excessivement longue et laborieuse pour notre convoi. Heureusement que le lieutenant Vallière, qui éclairait toujours notre marche à deux ou trois étapes en avant et qui m'envoyait en arrière les renseignements les plus détaillés sur notre itinéraire, avait fini, en interrogeant secrètement ses guides et en leur promettant une forte récompense, par apprendre qu'un passage praticable, que l'on avait voulu nous cacher, existait dans la montagne. Les malheureux nègres du Bakhoy, comme tous ceux qui habitent le plateau du haut pays, sont tellement traqués par les cavaliers toucouleurs, qu'ils sont toujours prêts à se retirer dans les montagnes par des issues à eux seuls connues et dont ils conservent le secret avec le plus grand soin.

Ce fait explique en même temps l'empressement de toutes ces populations malinkés à se ranger sous notre protectorat, ce qui leur permettra de vivre désormais en paix au milieu de leurs cultures, à l'abri des razzias incessantes de leurs ennemis, fervents adeptes de l'islamisme.

Vallière, guidé par un jeune garçon malinké, dont il avait su se gagner les bonnes grâces par un cadeau de poudre et de plomb, reconnut donc dans la montagne une brèche naturelle de quatre-vingts à cent mètres de largeur, qui traversait le chaînon de part en part, entre deux murailles verticales. Dès que j'eus été avisé de tous ces détails et que mon intelligent et actif compagnon de route m'eut transmis le croquis de mon itinéraire, Piétri se mit à l'œuvre. Dans l'après-midi du 5, il fit sauter quelques bancs de rochers, placés en travers du chemin, au pied de la pente d'accès, tandis qu'Alassane et les laptots déblayaient les endroits les plus mauvais du sentier à peine tracé dans la brèche.

La marche du convoi fut néanmoins très pénible. Le passage présentait l'aspect d'une gorge pittoresque, longue d'environ quatre kilomètres et parsemée d'énormes blocs grisâtres, qui affectaient les formes les plus

Le jeune Malinké qui a indiqué la brèche de la montagne.

bizarres. Quelques arbres rabougris, qui avaient poussé entre les pierres, faisaient encore plus ressortir la nudité du sol. Le col franchi, nous débouchions dans une petite vallée d'accès facile, mais traversée par deux cours d'eau : le Balou et le Dokou, qui ont creusé deux ravins profonds et larges, sur lesquels il sera nécessaire de jeter deux ponts au moment de la construction de la voie ferrée projetée. Puis, nous gravissions une pente très rocheuse et assez brusque, qui nous conduisait sur un vaste plateau, couvert de cailloux ferrugineux. Le delta du Bagna Oulé, d'une largeur de soixante mètres, nous arrêtait encore une bonne heure, bien que la rivière fût à peu près à sec dans cette saison de l'année. Aussi, renonçant à atteindre ce jour-là le village de Solinta, nous établîmes notre bivouac au gué de Diouhé Ba.

Nous y trouvâmes l'un de nos tirailleurs que Vallière avait laissé en arrière pour nous indiquer le chemin et qui avait passé la nuit dans cet endroit, dont l'aspect était des plus sauvages. Le pauvre garçon se mourait de peur et il nous raconta qu'il avait été assailli pendant la nuit par deux lions et qu'il n'avait dû son salut qu'à l'arbre immense sous lequel nous nous étions établis et dont les branches lui avaient servi de refuge. C'était un énorme figuier sauvage. Son tronc s'élevait, semblable à une colonne gigantesque, tandis que ses racines s'étendaient à plusieurs mètres, enveloppant de leurs nœuds un immense bloc de grès, qu'elles tenaient suspendu au-dessus du Bakhoy, dans les eaux duquel plongeaient leurs extrémités. Ses branches supérieures, garnies de leur feuillage, servaient d'abri à tout un monde d'oiseaux et formaient au-dessus de nos têtes une voûte impénétrable aux rayons du soleil. Un curieux phénomène naturel venait encore compléter ce tableau : un autre arbre, grand, élancé, vigoureux, feuillu, semblait sortir de ce tronc, où il était enchâssé par sa base, ce qui ne défigurait nullement le figuier, bien que la couleur de l'écorce et du feuillage de ces deux arbres différât complètement. Le docteur Tautain et moi, nous pensâmes que ce parasite apparent était un jeune arbre englobé pendant sa croissance par le figuier, qui l'enroula de ses branches. Durant notre voyage, nous vîmes souvent des phénomènes de ce genre : de grands arbres, autour desquels des lianes et des branches s'étaient entrelacées en formant un filet de dimensions colossales. Évidemment, ce rapprochement avait eu lieu avant que le tronc principal eût atteint sa taille actuelle, et tous ces végétaux avaient ensuite grandi ensemble, en créant ces assemblages bizarres qui excitaient toujours au plus haut point notre curiosité.

Le tirailleur ne nous avait pas trompés, car le soleil s'était à peine couché qu'un concert des plus étranges s'éleva autour de nous. Les hyènes commencèrent tout d'abord par nous assourdir de leurs cris rauques et lugubres; leurs corps efflanqués, aux formes hideuses, se profilaient étrangement à la lueur de nos feux de bivouac. Elles s'approchaient tout près de nous, attirées par les débris de viande provenant du bœuf tué le jour même pour la nourriture du nombreux personnel de la mission. Nos coups de mousqueton ne suffisaient pas pour éloigner ces hôtes habituels et immondes de tout campement de troupes en Afrique. Puis, l'agitation qui régna tout d'un coup parmi nos ânes nous annonça l'approche des visiteurs qui avaient tant effrayé notre tirailleur la nuit précédente. Le rugissement du lion ne tarda pas en effet à dominer tous les bruits du camp. Piétri s'élança aussitôt, suivi de Tautain et de plu-

Brèche dans le rempart rocheux près de Niakalé-Ciréa.

sieurs tirailleurs, mais les recherches des chasseurs furent vaines, et le roi des animaux, effrayé sans doute par les feux de notre bivouac, ne fit plus entendre sa voix. C'est ce qui arrive le plus souvent, et les lions de Sénégambie, dépourvus de crinière et appartenant à une espèce de haute taille, attaquent rarement l'homme. Ils fuient généralement les contrées habitées et se contentent de rôder autour des villages et des camps, pour s'emparer de quelque bœuf ou mouton égaré dans les bois. Ils étaient très nombreux dans les régions à peu près désertes que nous traversions depuis Bafoulabé, et il était rare qu'une nuit se passât sans que leur rugissement vînt nous arracher à notre sommeil.

Mais nous n'en avions pas encore fini avec les hôtes de ces pays sauvages, où l'homme apparaissait rarement. Le Bakhoy regorgeait d'hippopotames, et ces énormes animaux, qui ne comprenaient absolument rien à tout ce mouvement qui se faisait au lieu ordinaire où ils prenaient leurs ébats nocturnes, témoignaient leur mécontentement par des grognements répétés. On sait que ces pachydermes quittent généralement le soir les profondeurs de leurs demeures aquatiques pour pâturer et s'avancer quelquefois assez loin des rives. Grand était donc leur désappointement de nous voir installés dans leur domaine, et, voyant que nous ne tenions nul compte de leurs avertissements sonores, ils se mirent à gravir lentement, comme ils le faisaient chaque soir, la berge qui donnait accès sur notre camp. Nos chevaux et bêtes de somme n'avaient rien à craindre de cette attaque d'un nouveau genre, car l'emplacement du convoi se trouvait à quelque distance de la rive, sur un petit plateau rocheux d'où il pouvait défier toute agression de nos voisins incommodes; mais il n'en était pas de même pour nous; car, ainsi que je l'ai mentionné plus haut, nous avions tenu à établir notre tente sous le grand *ficus* qui baignait ses racines jusque dans le Bakhoy.

Notre chien Tom, grand et beau braque, dont un officier de spahis m'avait fait présent avant mon départ de Saint-Louis, nous donna le premier l'éveil sur le danger qui nous menaçait. Il se livra aux aboiements les plus furieux et se réfugia tout d'un coup sous notre table où nous prenions le thé à la lueur d'un falot de bord. La table, le thé et le falot roulèrent brusquement à nos pieds, et nous nous trouvâmes subitement dans l'obscurité, au moment même où les hippopotames apparaissaient au sommet de la berge. Heureusement que nos mousquetons ne nous quittaient jamais et que nous pûmes, en attendant que nos hommes répondissent à nos appels, envoyer au hasard une décharge qui fit hésiter ces visiteurs inattendus. Ceux-ci rebroussèrent bientôt chemin et une longue ligne de feux, allumés sur la rive, suffit à les éloigner pour le reste de la nuit. Ces animaux ne sont pas toujours d'aussi facile composition et, quelques jours plus tard, l'un de nos laptots fut foulé aux pieds et presque écrasé par un hippopotame qui commençait déjà à le retourner d'une manière inquiétante, quand on arriva à son secours.

Du gué de Dioubé Ba à Solinta, la route est bonne et suit un plateau présentant d'assez vastes cultures de mil et de maïs. Pour le moment, nous en avions fini avec les passages difficiles de la rive gauche du Bakhoy et nous n'avions plus désormais qu'à nous préoccuper de quelques marigots, qui n'offraient plus d'obstacles sérieux à nos âniers, devenus maintenant des conducteurs accomplis, depuis un mois que nous avions quitté Bakel. Ces braves gens, de plus en plus disciplinés, s'étaient attachés sérieusement à leur métier. Ils voyaient tous les jours que nous ne négligions rien pour leur procurer tout le bien-être que l'on peut avoir en route, et que nous veillions avec le plus grand soin à leur nourriture, à leur santé et à leur entretien. Un troupeau de bœufs nous suivait, et tous nos hommes recevaient journellement leur ration de viande fraîche. Jamais certainement ils n'avaient été mieux nourris. Nous n'avions plus à craindre d'ailleurs de réclamation semblable à celle qui s'était produite à Médine; car, en nous quittant, nos âniers se seraient trouvés seuls et sans protection dans un pays fort mal habité, tant par les bêtes féroces que par les pillards toucouleurs de la rive droite. Tous les jours nous les sentions donc se serrer davantage autour de nous, et la menace de les renvoyer, faite aux moins dociles, produisait beaucoup d'effet.

Le village de Solinta, le premier de la province du Bétéadougou, était situé dans un défilé formé par le Bakhoy et une montagne carrée, le mont Souloun, du haut duquel Piétri et Tautain, qui en firent l'ascension, purent suivre tout le cours de la rivière depuis Fangalla jusqu'à Kalé. Le terrain environnant était fort tourmenté, mais son relief, peu considérable, ne dépassait pas le sommet du Souloun. Des roniers et des tamariniers ombrageaient le village, entouré d'une mince muraille de pisé et adossé aux parois verticales de la montagne.

Nous vîmes à Solinta un grand nombre de jeunes garçons, habillés d'une manière différente des autres. Leur costume se composait d'un long boubou bleu, qui leur descendait jusqu'aux pieds, recouvert d'une sorte de pagne bleu et blanc attaché au-dessus de l'épaule droite. Un bonnet blanc, des anneaux et des gris-gris de toutes formes et une longue lance complétaient ce bel accoutrement. C'étaient les jeunes *circoncis* de l'année ou plutôt du mois, car ils ne portent ce costume particulier et ne vivent à part que pendant quarante jours. Ces populations malinkés sont loin d'être musulmanes et ne l'ont jamais été. D'où leur vient donc cet usage de la circoncision? Elles s'y soumettent rigoureusement et pratiquent l'excision sur les femmes, comme les Peuls, ce qui tiendrait à faire croire qu'il leur vient de cette dernière race, qui l'aurait importé chez elles, au moment de son irruption dans le bassin du Sénégal.

Une construction remarquable attira nos regards à Solinta. C'était un grand fourneau en terre, à peu près cylindrique, élargi vers son milieu, haut de trois mètres environ sur un mètre de circonférence. Des ouvertures étaient pratiquées à sa base et à fleur de terre. Ce fourneau servait à la préparation du fer, employé dans le pays pour la fabrication des sabres, des couteaux ou des outils primitifs que nous remarquions entre les mains des indigènes. Comme nous voyions pour la première fois dans la contrée une preuve d'activité industrielle, nous demandâmes des renseignements aux Malinkés qui nous entouraient; mais peine perdue, c'était bon pour des forgerons de travailler ainsi.... Un honnête Malinké ne pouvait sans déroger se livrer à une occupation autre que la chasse ou la guerre.

Cependant nous apprîmes plus tard comment se faisait l'extraction du métal. Le minerai provient des montagnes voisines où on le rencontre en grande abondance. Le fourneau est muni de plusieurs ouvertures, auxquelles sont adaptés des tuyaux de soufflets mus à la main. Une autre ouverture, plus grande que les autres, fermée au commencement de l'opération, communique avec une excavation en pisé, où aboutira la coulée future. Lorsqu'il s'agit de préparer une certaine quantité de fer, tous les forgerons du village se mettent à l'œuvre en même temps. Ce jour de travail est aussi pour eux un jour de fête. La coulée est arrosée à l'avance de bière de mil (*dolo*), et les ouvriers, excités par de copieuses libations, empilent successivement, par couches superposées, le minerai et le charbon. Celui-ci est excellent et provient de certains arbres, dont les indigènes nous donnèrent les noms et nous montrèrent des échantillons. Le feu est allumé, les cris et les chants redoublent, et tout le monde se met aux soufflets, soufflant jusqu'à ce que le métal soit obtenu. Ce dernier n'est pas de la fonte; c'est un fer analogue à celui que l'on obtient dans les Pyrénées par la méthode dite catalane. On le travaille ensuite à la forge, tel qu'il sort du fourneau et sans aucune préparation.

Le village de Solinta avait reçu Vallière de la façon la plus hospitalière. Son chef s'était même montré blessé de ce que notre camarade, pressé par le temps, n'avait pas voulu s'arrêter un jour entier auprès de lui. Notre séjour le consola amplement, et nous le laissâmes plein d'enthousiasme pour les Français, les premiers blancs qui visitaient son pays.

Nous passions la journée du 8 à Soukoutaly, après une courte étape, accomplie sur un bon terrain argileux, peu boisé et peu ondulé. Le chef, Sambakhoto, beau vieillard à l'air franc et résolu, se montra tout joyeux quand je lui parlai de nos projets sur le haut Niger. Il avait, m'avoua-t-il, envoyé quelques-uns de ses guerriers dans Sabouciré pour coopérer à la défense de ce village pris d'assaut par nos soldats, et notre manière de faire la guerre l'avait tellement émerveillé qu'il avait pris dès lors la plus haute idée du gouverneur de Saint-Louis. Il fut très flatté lorsque je lui dis que celui-ci avait beaucoup entendu parler de lui et

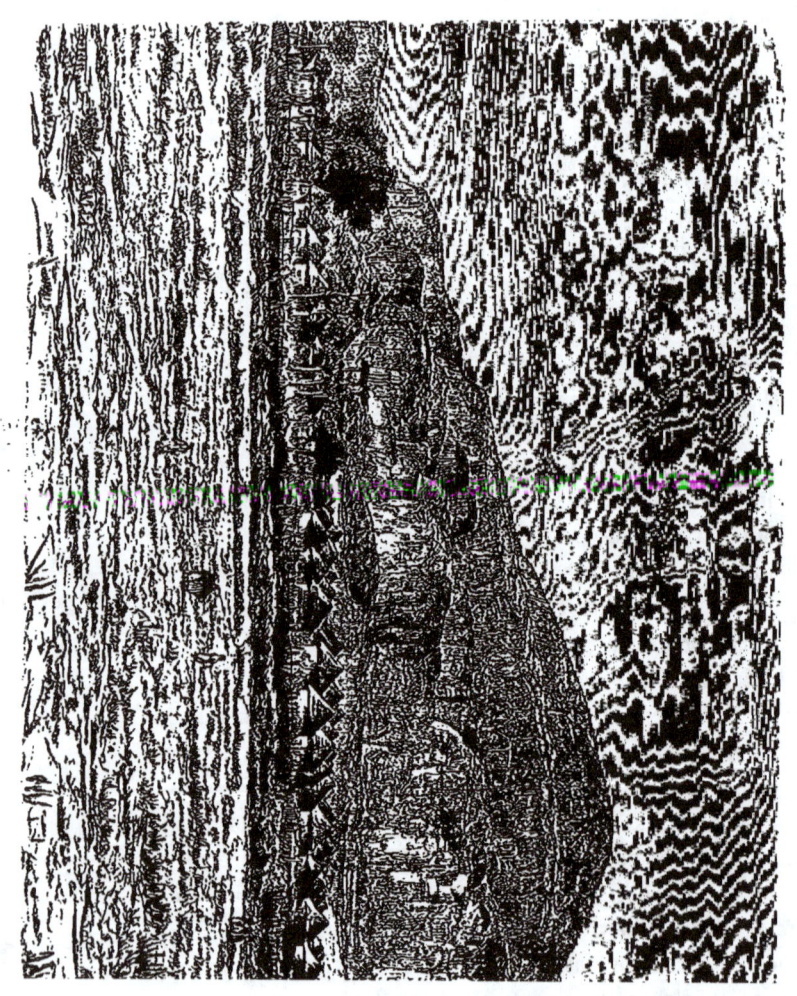

que je lui offris, de la part de M. Brière de l'Isle, un beau manteau de chef et un fusil plaqué d'argent. Il insista surtout auprès de mon interprète Alpha Séga pour savoir si ce cadeau n'était pas plus important que celui donné à Diouka-Moussa, son voisin de Kalé. Sambakhoto signa donc avec empressement sa soumission au gouvernement du Sénégal. Tous ces chefs acceptaient très volontiers notre domination, parce qu'ils savaient bien qu'elle était douce et facile à supporter, qu'ils ne feraient qu'y gagner au point de vue commercial, et qu'elle les mettrait pour toujours à l'abri des insultes des Toucouleurs.

Nous eûmes encore ce jour-là une nouvelle preuve de la haine que ces conquérants ont fait naître partout où ils ont passé. Les principaux notables du Tomora, contrée soumise au sultan de Ségou et s'étendant en face de nous sur la rive droite du Bakhoy, vinrent me trouver en me demandant si leur peuple tout entier ne pourrait pas traverser la rivière pour habiter chez nous, dans le rayon du nouveau poste de Bafoulabé. Je me conformai à mes instructions en leur répondant que je n'avais pas à me mêler des affaires des sujets d'Ahmadou, et qu'ils étaient libres de faire ce qu'ils voulaient. Ils me comprirent, car j'appris à mon retour qu'ils avaient mis leur projet à exécution.

Ce fait dénote bien la faiblesse de l'empire toucouleur actuel, qui n'est plus formé que de débris des vastes conquêtes du prophète El-Hadj Oumar. On y chercherait vainement aujourd'hui cette unité politique et territoriale, que ce nègre extraordinaire avait su un moment réaliser par son prestige religieux et son habileté à entraîner à sa suite les nombreuses populations électrisées par sa parole prophétique et attirées autour de lui par l'appât d'un butin considérable. L'empire d'Ahmadou n'est plus que le squelette des anciennes et vastes possessions d'El-Hadj, et les populations malinkés et bambaras, supportant avec impatience un joug odieux, n'attendent qu'une occasion pour se soulever contre leurs dominateurs musulmans, les pires ennemis de la race blanche dans cette partie du continent africain.

Depuis deux jours, nous avions bon chemin, et c'est à travers un terrain fertile et peu accidenté que nous parvenions au village de Badumbé. Nous quittions le Bétéadougou pour entrer dans le Farimboula, comprenant Badumbé et quelques dépendances, situées plus avant dans l'intérieur. La vallée du Bakhoy était toujours très étroite, et les monts de la rive droite, le Nouroukrou, présentaient un plateau étendu, riche, fertile et bien arrosé, où se sont formés sept ou huit villages malinkés, vivant à peu près indépendants du frère d'Ahmadou, qui domine dans cette contrée.

L'existence de ces centres de population, au sommet d'un plateau élevé de deux cents à deux cent cinquante mètres au-dessus du niveau de la plaine et par suite des conditions de salubrité qui doivent être relativement excellentes, semble prouver qu'il sera très possible dans l'avenir, et alors que notre installation sera définitive dans cette région, de trouver des points favorables pour abriter des fièvres si pernicieuses de l'hivernage les Européens que leurs fonctions ou leurs affaires appelleront dans le pays. Cette recherche était l'une des préoccupations les plus vives du gouverneur Brière de l'Isle, qui, à mon départ du chef-lieu de la colonie, m'avait fait les plus grandes recommandations à ce sujet.

En approchant de Badumbé, la forêt que nous traversons s'éclaircit de plus en plus et fait place à de grandes étendues de terrain dénudées et noircies en certains endroits par les cendres des végétaux incendiés. Singulière et expéditive manière de défricher ici le sol destiné à recevoir les cultures de l'année. On n'y rencontre pas cette régularité qui distingue nos plantations d'Europe. Les troncs d'arbres, tout carbonisés, sont laissés au milieu des cultures, et les grosses branches qui n'ont pas été consumées et qui jonchent le sol donnent un aspect désolé aux clairières artificielles résultant de ce mode de défrichement. Le tronc d'un immense cail-cédrat, auquel les indigènes avaient mis le feu à plusieurs reprises, était ainsi couché non loin du sentier que nous suivions. Il était entièrement creux et aurait constitué un excellent abri pour la pluie, si une famille nègre avait voulu s'y installer ; car, bien qu'il eût été taillé, haché, miné tout autour par le feu, il présentait encore deux mètres de diamètre. Toutefois, malgré toutes ces curiosités et l'exubérante végétation de la contrée au moment des pluies, nous aurions bien préféré l'un de nos champs de France, si soignés et si coquettement encadrés de haies d'aubépine odorante, à ces immenses cultures d'aspect si sauvage et si négligé.

Nous franchissons le ruisseau de Diangalé, complètement à sec et dont le lit est formé de roches schisteuses ; on pourrait, je crois, y établir des ardoisières d'une exploitation facile. Nous doublons le mont Sama, qui s'avance dans la vallée jusqu'à un ou deux kilomètres à peine du Bakhoy et nous apercevons enfin Badumbé, sur la pente nord d'une croupe allant mourir doucement vers la rivière.

Le village est entouré d'un tata solide en maçonnerie, et c'est assurément la construction la plus remarquable de ce genre que nous ayons rencontrée jusqu'alors. On voit que les habitants, se sentant menacés par leurs voisins de la rive droite, prennent toutes leurs précautions pour pouvoir résister à une attaque des Toucouleurs.

Le tata était situé au centre d'un quadrilatère défensif et naturel, formé par le Bakhoy, deux de ses affluents et la montagne. L'enceinte représentait un polygone de plusieurs côtés, sur le pourtour duquel on apercevait, tous les quarante à cinquante mètres à peu près, une tour ronde construite de façon à faire saillie de deux à trois mètres sur le front extérieur de la muraille. Le tracé n'était pas rectiligne; il était en zigzag, imitant grossièrement le tracé à crémaillères, ce qui permet tout à la fois d'obtenir des feux directs et des feux croisés. Le mur était construit en pierres de grès, réunies par un pisé très solide. Des créneaux, à hauteur d'épaule, permettaient aux assiégés de faire feu au dehors.

Nous fîmes tout le tour du tata avant d'apercevoir la porte qui conduisait dans l'intérieur du village. C'était un simple passage, pratiqué à travers l'une des tours de l'enceinte; seulement, dès que l'on était entré dans la tour, il fallait tourner à droite pour pénétrer dans l'intérieur. Cette disposition devait arrêter l'élan de l'assaillant et permettre aux défenseurs abrités derrière le second mur de la tour de tirer sur les entrants. Un battant, formé de quatre madriers très épais et tournant dans le creux d'un tronc d'arbre enfoncé dans le sol, était tout ouvert et nous offrait un passage libre. Mais celui-ci était tellement étroit qu'il nous fallut descendre de cheval et laisser nos bêtes en dehors à la garde des spahis, dont le costume rouge excitait au plus haut degré la curiosité des négrillons, attirés par le bruit de notre arrivée.

Une nombreuse assemblée, réunie sur la place du village, nous attendait, et ce n'est pas sans une certaine émotion que le vieux chef me souhaita la bienvenue. Tous les yeux des vénérables nègres qui l'entouraient étaient fixés sur nous avec une curiosité avide. Ils voyaient des blancs pour la première fois, et nos moindres gestes excitaient leur étonnement. Une jeune fille d'une quinzaine d'années, les cheveux élégamment relevés en forme de cimier de casque, se tenait auprès du chef. C'était la dernière femme de cet octogénaire.

L'entrevue fut des plus cordiales, et les habitants de Badumbé, qui voyaient en nous les adversaires des Toucouleurs, s'efforçaient de nous montrer leur sympathie par tous les moyens possibles. L'un m'apportait un mouton, l'autre un poulet ou une calebasse de lait; celui-ci, une défense d'hippopotame; celui-là, un panier de mil pour mon cheval. Aussi, n'eus-je pas de peine à décider le vieux chef à placer son pays sous le protectorat français. « Le gouverneur, me dit-il, est mon père. Moi et mes sujets, nous voulons désormais lui appartenir. Qu'il fasse de nous ce qu'il voudra, pourvu qu'il ne nous contraigne pas à nous raser la tête et à faire le salam[1]. » Et d'une main tremblante, que guidait mon interprète, il fit au bas du traité un signe bizarre qui avait la prétention de figurer une croix. Cependant, au moment où j'allais prendre congé, il me demanda si je ne pourrais pas ajouter, au bas de mon papier, un article par lequel les Français s'interdiraient de tuer les *pigeons verts*, qui peuplaient en grand nombre les arbres du village. Il m'avoua que ces oiseaux étaient les fétiches protecteurs des habitants de Badumbé et que lui-même, d'après la prédiction d'un sorcier célèbre dans le pays, devait s'éteindre avec toute sa descendance si pareil sacrilège se produisait. Je le tranquillisai sur ce point en lui faisant comprendre d'ailleurs que pareil détail ne pouvait être inséré dans le document qu'il venait de signer, mais je l'informai que le gouverneur serait instruit de ce fait et que les ordres les plus sévères seraient donnés à ce sujet.

Nous passons à Badumbé une journée fort chaude. La plaine est entièrement découverte, et un groupe de deux ou trois acacias situé à quelque distance du tata nous abrite très imparfaitement des rayons du soleil pendant notre déjeuner et la sieste que nous essayâmes ensuite de faire. Heureusement que le Bakhoy n'était pas loin et que nous pûmes, quand le soleil se fut abaissé, aller prendre un bain qui nous remit un peu de cette journée fatigante. La curiosité importune dont nous avions été l'objet de la part des indigènes n'avait pas peu contribué à nous rendre tout repos impossible. Ce qui étonnait le plus les gens de Badumbé, c'était de nous voir habillés de la tête aux pieds. Nos pantalons européens excitaient surtout leur hilarité, et j'entends encore leurs éclats de rire quand Piétri se mit tranquillement devant eux à tirer ses culottes de cheval pour les échanger contre un pantalon plus léger en toile. L'une des jeunes négresses qui se trouvaient dans le cercle me demanda même la permission de toucher mon bras nu pour bien s'assurer que notre chair, à part la couleur, ressemblait à la leur. L'étonnement des curieux s'exprimait par des rires bruyants, que je fis cesser brusquement en déchargeant en l'air les six coups de mon revolver. Ils restèrent bouche béante, et aucun d'entre eux ne voulut, malgré mes invitations pressantes, toucher l'arme fumante que je tenais à la main.

Piétri et Tautain nous quittèrent le soir, et reprirent les devants pour rejoindre Vallière qui nous attendait à Fangalla. Nous devions faire séjour sur ce point, dont la position était inconnue et où nous devions prendre nos dispositions pour franchir le désert qui nous séparait de Kita. A mesure que

---

1. Ce sont les pratiques imposées par la religion musulmane.

nous nous avancions vers le Niger, les difficultés augmentaient, et c'était pour ainsi dire au hasard que nous marchions, ignorants des obstacles qui

Le vieux chef de Badumbé et sa dernière femme.

nous attendaient et de la nature du terrain que nous avions à traverser. C'est pour cette raison que je me faisais toujours éclairer dans ma marche, car il n'est rien de plus fatigant et de plus énervant pour une caravane, comme était la mienne, que de se heurter tout d'un coup à un obstacle inattendu. Les conducteurs se découragent, les animaux se lassent, et la désorganisation se met vite dans le convoi non préparé à ces fatigues imprévues. On a vu qu'au contraire, depuis Bafoulabé, les renseignements et les croquis que n'avait cessé de me transmettre Vallière, m'avaient permis de régler les étapes, de prendre connaissance des passages difficiles et d'y envoyer à l'avance les hommes nécessaires pour déblayer le terrain et ouvrir un chemin à nos ânes, déjà fort éprouvés par les marches précédentes. Ces précautions étaient d'autant plus indispensables que nous commencions à nous apercevoir d'un mal qui allait tous les jours grandissant et qui menaçait de nous enlever bientôt nos moyens de transport. Nos ânes se blessaient de plus en plus sur le dos, et quelques-uns avaient déjà des plaies qui les rendaient incapables de tout service et que nous désespérions de guérir. Elles étaient dues au frottement des cordes de chargement sur l'épine dorsale, inconvénient que n'atténuait qu'en partie le sac rembourré de paille qui leur couvrait le dos. Nous ne savions trop quel remède apporter à ce mal. Nous n'avions eu à Saint-Louis ni le temps ni les moyens de faire confectionner des bâts, et il nous avait été impossible de nous procurer de gros sacs rembourrés de crin. Nous avions donc, outre tant d'autres soucis, la crainte de nous voir privés sous peu d'une partie de nos bêtes de somme. Cette considération augmentait encore mon désir d'atteindre le plus rapidement possible le grand fleuve du Soudan, où je pouvais seulement songer à employer la voie du Niger pour le transport de nos bagages.

Au delà de Badumbé, la vallée s'élargit considérablement et devient plus ondulée. Le Bakhoy décrit vers le nord un arc de cercle, et le chemin, pour rejoindre Fangalla, suit à peu près la corde de cet arc, à travers des ondulations assez accentuées. Je pense que la route projetée dans cette région fera bien de s'écarter de notre itinéraire et de se rapprocher de la rivière, où elle trouvera des accidents de terrain moins prononcés.

CHAPITRE V

Séjour à Fangalla. — Histoire de ce village. — Marche vers Kita en pays inconnu et désert. — Les chutes de Bily. — Bivouac de Toudora. — Installation du camp. — Franchissement du Bakhoy au gué de Toukoto. — Attaque d'un lion. — Exercice de rassemblement. — Renvoi des âniers indociles. — Bivouac à Kobaboulinda.

Fangalla, ou plutôt les ruines de Fangalla, n'avait pas été facile à trouver, et ce n'est pas sans peine que Vallière s'était procuré un guide pour s'y faire conduire. Cependant un chasseur d'éléphants de Badumbé avait fini par lui indiquer la route, en le menant à travers une forêt où il avait dû souvent se frayer un chemin à coups de sabres d'abatis, dont nous avions heureusement muni nos tirailleurs et nos laptots. Fangalla était autrefois la capitale du Farimboula, et ses populeux villages s'étendaient sur les bords du Bakhoy et dans les îles verdoyantes que séparaient d'étroits canaux, traversés sans cesse par les pirogues des pêcheurs malinkés. Aux eaux basses, un gué établissait la communication entre ces îles et la rive droite. On le voyait encore au moment de notre passage.

Le chef de Fangalla était renommé dans tout le Kaarta et le Bambouk par le nombre de ses guerriers et l'étendue des territoires qui avaient reconnu sa suzeraineté. Ses immenses troupeaux paissaient sur les deux rives du Bakhoy, et une armée de captifs cultivait ces déserts que nous venions de traverser sous bois et en faisant fuir à notre approche les fauves de toute espèce qui peuplent actuellement la contrée. Les habitants étaient fiers de leurs richesses, et leur courage égalait leur orgueil.

Vers 1852, El-Hadj Oumar, le prophète conquérant, parut dans le pays, avec ses bandes de Talibés fanatiques, traînant après eux une multitude affamée. Le vieux chef se retrancha dans les villages situés au milieu de la rivière, mais déjà il était ruiné, car ses troupeaux étaient devenus la proie de l'assaillant, et au loin l'incendie dévorait toutes ses récoltes. Néanmoins il résista longtemps aux assauts des Toucouleurs. Mais, après un siège de quarante jours, la famine le livra à ses vainqueurs. Il parvint toutefois à s'échapper de nuit et put trouver un refuge dans les montagnes de Bambouk. Tous ses sujets restèrent à la discrétion du marabout, qui, frappé du courage qu'ils avaient déployé pendant la défense, essaya de s'attacher les guerriers par la clémence en leur promettant la vie sauve et une place honorable dans son armée. Tous refusèrent : El-Hadj leur fit aussitôt trancher la tête.

Cet événement a laissé dans le pays un souvenir ineffaçable, et c'est avec une profonde tristesse qu'un habitant de Badumbé, qui avait assisté tout enfant à cette lugubre scène, nous fit le récit qui précède.

Que reste-t-il maintenant de toute cette prospérité passée ? Il y a trente ans que les musulmans sont passés à Fangalla, et la ruine et la solitude y règnent encore en maîtres. Les troupeaux ont disparu et les bêtes seules peuplent les forêts du Farimboula. Les champs qui produisaient autrefois ces belles récoltes de mil, de riz et d'arachides, ne se reconnaissent plus qu'aux surfaces circulaires en pisé que le temps n'a pu détruire et qui indiquent encore l'emplacement des cases habitées par les captifs, chargés des cultures. Bref, partout le désert, partout ces indices qui annoncent que l'homme ne fréquente plus ces lieux maudits, malgré la richesse du sol et les productions de cette nature plantureuse. Ce n'était pas la seule fois, hélas ! que ce spectacle désolé devait frapper nos yeux. On peut dire que partout où le prophète musulman a passé, s'étendent la misère et la ruine.

Nous aurons malheureusement à revenir souvent sur cette influence néfaste du prosélytisme mahométan et à montrer que les populations idolâtres ont dû presque toujours, pour fuir les horreurs de l'invasion toucouleur, se réfugier dans les montagnes et abandonner les plaines fertiles qui bordent les crues d'eau de la région.

C'est à nous maintenant de substituer notre influence bienfaisante, civilisatrice, à cette domination toucouleur si opposée à toute idée d'humanité et de progrès. L'islamisme doit être combattu, sur la terre africaine, comme l'élément le plus hostile à l'extension de la race blanche.

Vallière avait établi son campement sur le bord même du Bakhoy. Deux gourbis, artistement construits par ses tirailleurs, qui avaient su utiliser merveilleusement le couvert offert par les branches de trois beaux tamariniers, formaient une salle à manger et un cabinet de travail pleins d'une agréable fraîcheur. En face, la rivière roulait ses eaux blanches sur les dalles rocheuses avec un bruit de cascade qui s'harmonisait admirablement avec la nature agreste du site que nous avions sous les yeux. Les deux grandes îles de Banta Gongou et de Gongou Ba nous charmaient avec le luxe de leurs arbres, dont les branches entrelacées nous présentaient une masse impénétrable de feuilles d'un vert sombre, sous lesquelles on sentait grouiller tout un monde d'oiseaux, de reptiles et de fauves. De larges percées, pratiquées dans cette végétation vierge et aboutissant à des rampes où se voyaient de nombreuses traces de pieds, montraient que les hippopotames allaient souvent s'ébattre et pâturer dans les mystérieuses retraites de ces îles. Il n'était pas besoin d'ailleurs de considérer longtemps la surface de la rivière pour apercevoir le museau de l'un de ces animaux, émergeant

Fangalla.

au-dessus du bief à eau profonde, situé en amont du fond rocheux qui unissait les îles au rivage.

Vallière, arrivé depuis quatre jours, avait déjà mis au net tous ses croquis et commencé le levé des environs de Fangalla. Piétri et Tautain n'y étaient parvenus que le matin même de bonne heure. Ils avaient fait la route dans l'obscurité la plus complète, entendant, non sans une certaine anxiété, tous les bruits de la forêt et les rugissements des fauves. Leur guide malinké, fort peu rassuré, avait même perdu son chemin, et mes deux camarades avaient erré toute la nuit à la recherche du sentier conduisant sur Fangalla. De guerre lasse, Piétri, toujours avisé, s'était couché au pied d'un arbre, et tous trois, le mousqueton armé, avaient attendu le point du jour pour se remettre en route.

Vallière, lui, n'avait pas eu des émotions moindres, et, quand il était arrivé à Fangalla, il s'était cru transporté au milieu d'une véritable armée de quadrupèdes de toute espèce, dont les cris l'avaient tout d'abord étourdi. Les antilopes s'enfuyaient autour de lui par nombreux troupeaux ; les singes grimaçaient au sommet des arbres et ne pouvaient se décider à abandonner la place à ce visiteur inattendu ; les hippopotames grognaient d'une manière menaçante. Pendant toute la nuit, mon compagnon de route avait dû rester sur pied ainsi que ses tirailleurs, pour parer à toute éventualité. Le lendemain, le mouvement des hommes et les grands feux qu'il avait fait allumer lui avaient permis de dormir et de prendre quelque repos.

Voilà ce qu'était Fangalla le 10 avril, jour où notre immense caravane venait troubler ces solitudes abandonnées par l'homme depuis le siège célèbre que nous avons raconté.

Le convoi se rangea sur son emplacement, tandis que nous-mêmes, joyeux de nous trouver réunis tous ensemble, nous échangions gaiement nos impressions sur les heureux résultats obtenus pendant cette première partie de notre voyage. Tous les chefs du Bakhoy s'étaient soumis, sans difficulté aucune, à notre protectorat, et Vallière avait pu dresser l'itinéraire de notre route et faire de Fangalla et de ses environs une reconnaissance suffisante pour éclairer le gouverneur et le département de la marine sur la situation de ce point, célèbre dans les annales malinkés.

Fangalla me parait naturellement désigné pour servir d'emplacement au fortin qui reliera Bafoulabé à Kita. Un plateau argileux, situé à peu de distance de la rive droite du Bakhoy et dominant cette rivière d'une quinzaine de mètres environ, offre une position favorable à la construction du poste et de ses dépendances, magasins, écuries, jardins, etc. Les matériaux, carrières de grès, cails-cédrats de quinze à vingt centimètres d'équarrissage, se trouvent à proximité. Mais ce qui constitue la supériorité de Fangalla sur Badumbé ou les autres villages environnants, c'est que Fangalla a son histoire et que ses malheureux habitants, dispersés au loin et surtout dans le Bambouk, s'empresseront de venir repeupler les riches et verdoyantes îles de Banta Gongou et de Gongou Ba, dès qu'ils seront assurés qu'un poste français saura les protéger contre les invasions des bandes toucouleurs. De plus, ce point se trouve aux portes du désert du Fouladougou, et il est indispensable de nous y installer pour y construire un gîte d'étapes et une base secondaire de nos opérations dans le haut pays. Enfin, il présente l'avantage d'être à peu près à mi-chemin entre Bafoulabé et Kita.

Les deux journées du 10 et du 11 furent activement employées. Je m'occupai surtout de recueillir des renseignements sur la région qui nous séparait de Kita. Je savais qu'au delà de Fangalla se déroulait un vaste désert, où l'on ne trouvait que quelques rares villages, qui constituaient le Fouladougou occidental, contrée autrefois très riche et très peuplée, mais devenue inhabitée et envahie par les forêts et les fauves depuis l'apparition des musulmans dans la vallée du Bakhoy. Mes instructions me prescrivant de gagner Kita par la voie la plus courte, je devais me préoccuper de chercher un gué qui me permît de passer sur la rive droite de la rivière et d'atteindre la plateau séparant les deux vallées du Bakhoy et du Ba-Oulé. Depuis Mungo-Park, aucun voyageur européen n'avait parcouru ces solitudes, et l'on ignorait notamment la position exacte du confluent du Bakhoy et d'un tributaire important, qu'au dire des chasseurs malinkés il devait recevoir non loin de Fangalla. La recherche du gué et la reconnaissance d'un pays désert, où avait lieu la rencontre de plusieurs rivières importantes, me commandaient de prendre des dispositions particulières en vue de cette double exploration.

Je chargeai Vallière, accompagné du docteur Tautain, de me précéder d'une étape, de s'aboucher avec les guides malinkés qu'Alassane nous avait procurés à Badumbé, et de tâcher de trouver un passage pour aborder la rive droite. Je réservai à Piétri l'exploration de l'affluent dont on nous avait parlé, lui recommandant de se préparer pour une petite expédition d'une vingtaine de jours, en lui laissant toute latitude pour me quitter, quand il jugerait le moment opportun. On voit en somme que nous n'étions pas trop nombreux pour remplir les différentes parties de notre tâche, et que, si je n'avais pas eu sous mes ordres des officiers d'un caractère aussi éprouvé et brûlant de voir le succès couronner notre mission, je n'aurais jamais pu réussir à pénétrer jusqu'au Niger, tout en explorant les différentes routes qui menaient au grand fleuve. Pendant toute notre rude campagne, nous avons été rarement ensemble, et chacun de nous battait la contrée, se souciant peu des dangers qui l'entouraient au milieu de cet isolement, et préoccupé seulement d'ouvrir à notre nation les voies qui devaient lui donner accès dans le Soudan central. L'examen des divers itinéraires que nous avons suivis entre Bafoulabé et Bammako ne peut laisser aucun doute sur les résultats obtenus par cette méthode, audacieuse mais féconde en résultats, de voyager dans les régions africaines.

Le 12, nous étions prêts pour le départ et nous nous enfoncions dans les solitudes du Fouladougou. Le lieutenant Marchi nous quittait, emportant vers Médine les cartes, traités et rapports relatifs à la première partie de notre voyage.

Nous cheminions sous une forêt dont les arbres clairsemés présentaient des clairières étendues. Le terrain était constitué par un plateau peu élevé, couvert de cailloux ferrugineux. Une épaisse végétation, où abondaient les acacias aux épines fortes et recourbées, nous forçait à côtoyer le Bakhoy, en nous tenant à trois ou quatre kilomètres de la rive. Des terres basses et marécageuses, que nous laissions sur notre gauche, témoignaient que la rivière, au moment des pluies, débordait et s'étalait dans la plaine; nous y découvrions l'emplacement d'anciennes et fertiles rizières, couvertes aujourd'hui de hautes herbes, au travers desquelles de larges sentiers, que l'on dirait tracés par la main de l'homme, livraient passage aux hippopotames, dont les grognements nous avaient tenus éveillés pendant les deux nuits passées à Fangalla. Je doute qu'il y ait un pays au monde où ces pachydermes vivent en plus grand nombre que dans les parages que nous visitions alors. Les indigènes, mal équipés et mal armés, sont incapables de les chasser, et ces énormes amphibies occupent en maîtres le Bakhoy et ses affluents. Bien que leur ivoire ne soit pas aussi estimé que celui de l'éléphant, je pense qu'il y a là pour notre commerce un élément de richesse assurée, lorsque nos établissements se seront étendus jusque dans le haut pays et qu'une voie de communication permettra d'en acheminer les produits vers nos escales du Sénégal.

Vers neuf heures du matin, nous débouchions sur la rivière au point où les eaux, resserrées entre deux berges rocheuses, sur une largeur de soixante mètres environ, s'écoulent en cascades successives en formant les chutes de Bily. Le Bakhoy y tombe d'une hauteur de douze à quinze mètres. La cataracte a beaucoup d'analogie avec celle de Gouina, que nous avons décrite plus haut. La chute est verticale, les roches sont à surface plane et lisse et souvent creusées par l'eau et le sable, créant ainsi de petits ruisseaux souterrains, dont le grondement vient se mêler au bruit des eaux tombant avec fracas dans le bief inférieur.

Au delà des chutes, le sentier que nous suivions et qui était à peine tracé sur le sol rocailleux, s'éloignait de nouveau de la rivière. La contrée, entièrement dénudée sur certains points, présentait sur d'autres une végétation absolument vierge. Des acacias aux formes élancées, des tamariniers au feuillage épais et gracieux, des karités, dont les branches ployaient sous le poids de leurs fruits encore verts, des *khadds* dont la chute des feuilles annonçait l'approche de l'hivernage, des *ficus* dont les racines adventives tombent des branches supérieures jusqu'à terre, semblables à des cordages de navire, le tout entremêlé de lianes, enlaçant de leurs replis compliqués ces arbres élevés, constituaient souvent, par leur entrelacement, des obstacles qui arrêtaient notre marche et forçaient nos tirailleurs et laptots à faire usage de leurs haches ou sabres d'abatis. Quant à nous, montés sur nos chevaux, nous étions obligés de nous baisser constamment pour éviter les branches qui nous fouettaient le visage et les épines qui menaçaient de nous aveugler. Nos mulets, qui s'embarrassaient dans ces branchages, eurent une étape des plus labo-

Chutes de Bily.

rieuses; mais le vieux Sambo n'en était pas à faire ses preuves, et il me disait, en riant de son gros rire, lorsque je jetais un regard inquiet sur nos cantines : « Crains rien, capitaine, moi connaître.... chargements y a solides.... »

Lorsque nous débouchions dans les grandes clairières, où la nature rocheuse du sol ne laissait pousser que quelques arbustes rabougris, au milieu de broussailles assez fourrées, nous étions encore arrêtés; mais alors c'étaient des troupeaux d'antilopes, dont la vue réveillait tous nos instincts cynégétiques. L'une de ces bandes ne comprenait pas moins de cinquante individus appartenant à l'espèce appelée *dumsa* dans le pays. Ils nous avaient laissé approcher à peu de distance, cent mètres à peine, et nous apercevions très distinctement leurs cornes noires, aux contours hélicoïdaux et leurs corps aux formes massives, recouverts de poils très longs, d'un roux foncé. Sadioka, notre sergent de tirailleurs, suivi de près par le docteur Bayol, ardent chasseur, se préparait à les saluer de ses coups de fusil, quand Tom, par ses aboiements répétés, vint les mettre en fuite. Nos balles allèrent se perdre dans les broussailles, tandis que les antilopes s'enfonçaient sous bois.

Une demi-heure après cet incident, nous rencontrions un tirailleur, qui nous guidait vers le gué de Toudora, que Vallière avait choisi pour notre campement de ce jour. C'était un site assez semblable à celui de Fangalla. Un étroit sentier, connu seulement des chasseurs indigènes qui fréquentaient ces parages déserts, conduisait, à travers un fourré déjà éclairci par les haches de nos tirailleurs, au bord du Bakhoy, dans un épais massif de tamariniers et de cails-cédrats, où l'on voyait encore les traces de bivouac de notre petite avant-garde. En face, à une vingtaine de mètres à peine, deux grandes îles barraient presque entièrement la rivière, ne laissant entre elles et les bords du Bakhoy que d'étroits canaux, semés de grosses pierres de grès reposant sur un seuil de roches lissées par les eaux.

Comme nous descendions de cheval, nous entendîmes un coup de feu et nous vîmes sortir du fourré un grand diable de Malinké, qui venait de tuer une belle biche pleine, gisant à quelques pas de là. Il nous l'offrit en se présentant à nous comme l'un des fils du chef du Fouladougou. Celui-ci, ayant entendu parler de notre arrivée, l'avait dépêché auprès de nous pour nous guider vers ses villages. C'était évidemment un espion, venu pour s'informer des intentions que pouvaient avoir ces étrangers, qui osaient s'aventurer avec un riche convoi dans ces contrées délaissées depuis longtemps par les caravanes de Dioulas. Les habitants du Fouladougou passent dans toute cette région pour des pillards incorrigibles, et peut-être avaient-ils expédié l'un des leurs pour voir s'il n'était pas possible de tenter un bon coup en s'emparant de quelques-uns de nos ânes, y compris leurs chargements. Mais nous étions en force et pleins de confiance; aussi acceptâmes-nous le cadeau avec plaisir, et je remis en échange au jeune chef une petite dame-jeanne de tafia, qu'il me demanda la permission de porter tout de suite à son père, à qui il voulait en même temps annoncer notre arrivée.

Toudora offrait un magnifique emplacement pour notre campement; car une petite clairière, à une cinquantaine de mètres de notre bivouac particulier, permettait au convoi et à nos animaux de se ranger en carré

La forêt au delà des chutes de Bily.

suivant l'ordre habituel. Au moment de l'arrivée, le camp présentait toujours une grande animation. Les spahis, qui nous suivaient généralement de près, commençaient tout d'abord par fixer la corde à laquelle ils attachaient les chevaux, entravés par l'un des pieds de devant. Puis, armés de leurs hachettes de campement, ils débroussaillaient le terrain où devait se dresser la tente. Celle-ci se composait de cinq morceaux de grosse toile à voile, munis d'œillets et de cordes, taillés de façon à former, quand ils étaient disposés et ajustés sous l'arbre choisi pour nous abriter, une tente spacieuse et commode que nous recouvrions de branchages et dont nous pouvions à volonté relever les côtés pour permettre à l'air de circuler librement. Sous cette tente prenaient place, aussitôt que les mulets étaient déchargés, nos lits de campagne et la table qui nous servait aussi bien pour prendre nos repas que pour travailler et mettre nos notes et croquis à jour.

Le convoi arrivait ensuite. Alassane, son chef depuis Bafoulabé, plantait son pavillon au centre de l'emplacement indiqué. Les quatre sections, conduites par leurs chefs respectifs, et qui se distinguaient par la couleur de leurs fanions, se rangeaient en carré, toujours dans le même ordre. Les cantines et ballots étaient alignés régulièrement à terre, reposant sur des pierres pour les isoler du sol et les protéger contre les morsures des termites. Les ânes, entravés comme nos chevaux et mulets, étaient attachés en face de leurs charges, sous la surveillance de leurs conducteurs. Ceux-ci disposaient à l'intérieur du carré leurs bagages particuliers et allumaient des feux pour préparer leur nourriture.

Les tirailleurs, interprètes et muletiers campaient en dehors du carré, généralement près de notre tente. Auprès de celle-ci s'élevait encore, dès que toutes ces dispositions étaient prises, un mât formé par un bambou ou autre support choisi *ad hoc*, au sommet duquel flottaient fièrement les couleurs françaises. Les indigènes, que nous visitions, ne manquaient pas d'interroger nos noirs sur ce pavillon, que nous ne négligions jamais de saluer soir et matin. Ceux-ci leur expliquaient alors avec force détails et exagérations la signification de cet emblème « qui était le gris-gris des blancs, auxquels il rappelait leur pays, en même temps qu'il soutenait leur courage dans la mauvaise fortune ».

Toudora était très giboyeux, et nos hommes purent se régaler de trois ou quatre oryx, sorte d'antilope à longues cornes, devenus la proie des tirailleurs, que j'avais autorisés à se mettre en chasse pour améliorer l'ordinaire fourni par nos rations.

Le lendemain, 13, nous nous remettions en route de bon matin, toujours guidés par les indications que Vallière me faisait parvenir par ses courriers. Le pays était de plus en plus impénétrable aux abords du Bakhoy, et mon compagnon de route m'informait qu'il comptait trouver un gué ce jour même, mais qu'il était obligé, pour suivre une voie praticable à nos chevaux et à nos bêtes de somme, de s'éloigner de la rivière, qu'il ne pourrait rejoindre, au dire de nos guides, qu'au bout de quatre ou cinq heures de marche. Nous cheminions donc un peu au hasard sur le plateau ferrugineux et argileux que nous suivions depuis Fangalla et que bordait au sud une longue ligne de collines rocheuses, boisées au sommet, dominant d'environ trente mètres le niveau de la plaine.

La contrée présentait toujours le même aspect : c'étaient des bois et des broussailles, coupés par de grandes clairières et parcourus par de nombreuses troupes d'antilopes.

Vers dix heures, un nouveau billet de Vallière m'annonce qu'il n'a pas encore connaissance du gué et me propose de bivouaquer à la mare de Guirilla, rendez-vous ordinaire des chasseurs malinkés, qui viennent s'y mettre à l'affût pour tirer les antilopes et principalement les dumsas, qui vont s'y abreuver. Bien que cette mare eût un aspect fort peu séduisant et que l'eau en fût déjà troublée par le piétinement des chevaux et mulets qui faisaient partie de la petite troupe de Vallière, je donnai l'ordre de faire halte et d'asseoir le campement, quand Tautain arriva au grand trot de son cheval, pour m'informer que le gué venait d'être découvert à deux kilomètres à peine et que l'avant-garde était déjà passée sur la rive droite.

On reprend donc la marche, et, une demi-heure après, nous campons sur les bords du Bakhoy, en face même du gué de Toukoto.

Comme à Toudora, il n'était pas facile de parvenir jusqu'à la rive, d'autant plus que ceux qui nous précédaient n'avaient pas eu le temps de débarrasser le terrain des broussailles qui le couvraient, et s'étaient empressés de franchir le Bakhoy pour reconnaître le gué. Nos hommes se mirent aussitôt à l'œuvre, et, une heure après, toute la caravane, hommes et animaux, se trouvait installée au bivouac, en attendant que nous eûmes pris les dispositions nécessaires pour le passage.

Celui-ci était constitué par un banc de roches qui pavaient irrégulièrement le fond du lit en le surélevant considérablement ; aussi les eaux s'étaient-elles étalées en formant deux bras, séparés par une île d'environ quatre-vingts mètres de large. Les renseignements de Vallière m'apprenaient en outre que ces eaux avaient érodé profondément la rive droite, en y créant un grand cirque, entouré d'une muraille argileuse de cinq à huit mètres de hauteur. A l'époque des grandes pluies, l'île et le cirque étaient

recouverts par l'inondation, ce que l'on reconnaissait facilement aux paquets d'herbes desséchées abandonnés sur les branches des arbres par les eaux rentrées dans leur lit. Au moment où nous l'examinions, la rivière pouvait avoir cinq cents mètres de large, le premier bras ayant deux cents mètres, et le second cent cinquante à cent soixante mètres. Les plus grandes profondeurs étaient de quarante à soixante centimètres, et encore ces chiffres ne s'appliquaient-ils qu'à de très courts trajets.

On le voit, nous étions en présence d'un obstacle important, et je songeai, à part moi, que notre futur chemin de fer pourrait bien se trouver arrêté par ces difficultés de premier ordre ou être forcé de suivre un autre itinéraire. Sans doute, le peu de hauteur d'eau en saison sèche et la présence à fleur d'eau de roches très résistantes faciliteront la construction de piles en maçonnerie, mais le pont à établir sur ce point n'en sera pas moins un travail considérable. Peut-être aura-t-on intérêt à continuer la route sur la rive gauche et à passer le Bakhoy en amont; la rivière y est, paraît-il, beaucoup plus profonde, mais d'une largeur à peine égale à deux cents mètres.

Quoi qu'il en soit, il s'agissait pour le moment de transporter tout notre convoi de l'autre côté de la rivière. La profondeur de l'eau était assez faible, mais les pierres glissantes et souvent séparées par des trous qu'on n'apercevait pas, pouvaient faire choir nos bêtes. Il fallait donc opérer le transbordement des bagages à tête d'homme et préparer le passage, aussi bien dans l'île qu'aux aboutissants du gué. Nos tirailleurs, laptots et muletiers se mettent à l'ouvrage et se partagent la besogne, tandis que le convoi prenait ses dispositions pour passer la nuit sur la rive gauche. Pendant que les uns, la pioche à la main, pratiquent des rampes d'accès vers le lit du Bakhoy, les autres, munis de haches et de sabres d'abatis, ouvrent une percée à travers l'épaisse végétation qui couvrait l'île; les laptots jalonnent le passage. Le va-et-vient de nos hommes travaillant avec ardeur et s'appelant joyeusement d'une rive à l'autre anime ce site sauvage où ne régnaient, avant notre arrivée, que le silence et la solitude.

Au soir, tout était prêt et chacun alla se coucher, espérant prendre une bonne nuit de repos avant les fatigues qui nous attendaient le lendemain. Mais nous avions à peine fermé l'œil que plusieurs coups de feu, suivis de grands cris et d'un bouleversement général de tout le camp, nous firent sauter à bas de nos couchettes. Les chevaux et les mulets, saisis de peur, poussaient de longs hennissements, en essayant de briser les entraves qui les retenaient à leurs cordes. Les spahis et muletiers avaient toutes les peines du monde à les retenir. Les ânes s'agitaient également dans la plus grande confusion, quelques-uns ayant rompu leurs liens et se serrant tout tremblants au centre du carré. Quant aux noirs du convoi, ils couraient de çà, de là, criant, gesticulant, faisant feu de leurs armes à tort et à travers et ne sachant pas trop où donner de la tête. Bref, c'était le plus beau désordre que l'on puisse imaginer. Nous nous efforcions vainement de connaître la cause de toute cette effervescence, quand maître Alpha parut enfin, tenant encore son fusil déchargé à la main, et nous apprit qu'un lion s'était introduit dans le camp et avait enlevé un mouton qu'il avait entraîné dans la forêt. Au même moment, d'affreux rugissements et un bruit de lutte partent d'un fourré assez rapproché. Nous nous élançons aussitôt et nous nous trouvons bientôt en présence du corps inanimé du malheureux mouton, gisant au milieu d'une mare de sang. Mais de lion point. Piétri, favorisé par un beau clair de lune, prit avec lui quelques tirailleurs pour se mettre à sa poursuite. Pour moi, je rentrai au camp, où je trouvai encore tout mon monde sur pied et en armes. Alpha, toujours aussi héroïque dans ses gestes et ses paroles, brandissait son fusil d'un air menaçant en criant : « Qu'il vienne! qu'il vienne! il trouvera ici des hommes à qui parler. » Je suis certain qu'intérieurement notre interprète avait une peur horrible et qu'il ne criait ainsi que pour cacher sa vive émotion. Je calmai un peu son enthousiasme tardif en lui reprochant son manque de surveillance et en lui ordonnant de faire allumer des feux et de désigner des hommes de garde pour la nuit.

J'avais été réellement effrayé de tout le désordre occasionné dans le camp par l'apparition de ce lion, et je me demandais, non sans une certaine appréhension, ce que nous deviendrions si, dans l'avenir, nous pénétrions en pays hostile, où nous pouvions être menacés à tout moment d'une attaque des indigènes. Aussi, depuis cette époque, j'habituai tout mon personnel à se rassembler rapidement et en ordre, à la sonnerie de *la générale*. Dès que le clairon retentissait, les tirailleurs, spahis, muletiers et laptots, courant aux faisceaux et se munissant de leurs cartouches, se réunissaient à leurs chefs, aux emplacements indiqués d'avance. Les âniers, dont beaucoup n'avaient pas d'armes ou ne possédaient que des mauvais fusils à pierre, devaient se former au milieu du carré et attendre les événements. Défense expresse était faite de tirer un coup de fusil, quoi qu'il arrivât, sans mon ordre. En outre, un piquet, détachant des sentinelles pour la garde du camp et l'entretien des feux, était commandé chaque nuit, et son chef venait recevoir mes instructions spéciales au coucher du soleil.

Je parvins ainsi en peu de jours à rendre ma troupe moins impressionnable, et à lui donner l'habitude de se rassembler en silence et en ordre, chaque fois qu'une alerte se produisait. Par la suite, j'eus beaucoup à me louer de cette précaution, et plus tard, dans le Bélédougou, lorsque les Bambaras guettaient l'occasion de nous surprendre et de nous attaquer, mes hommes obéissaient avec sang-froid et intelligence aux ordres que je donnais pour assurer la sécurité du camp.

Le 14, on commença, dès le réveil, l'importante opération du franchissement du Bakhoy. Piétri se mit le premier en mouvement avec sa petite troupe. Il avait reçu mes dernières instructions touchant sa mission particulière et j'attachais une telle importance au succès de cette dernière,

Passage du Bakhoy au gué de Toukoto.

que je lui permis d'emmener Alassane, qui m'était cependant bien nécessaire à la tête du convoi[1]. Je remplaçai cet interprète par le vieux Samba Ouri, qui me fut désigné par le vote de tous les chefs de section, que j'avais voulu consulter sur ce sujet.

Le docteur Bayol traversa la rivière à son tour. Comme Vallière et Tautain s'étaient déjà lancés en avant sur la route de Goniokori, je désirai que l'un de nous se tînt sur la rive droite pour recevoir le convoi et surveiller le passage de ce côté du Bakhoy. Puis, la première section com-

[1]. Je reviendrai plus loin sur la mission particulière du lieutenant Piétri.

mença son mouvement : tous les âniers, portant les chargements sur leur tête, entrèrent dans la rivière, faisant bien attention à ne pas glisser sur les roches polies du gué. Ils pénétraient dans l'île, en passant sous une véritable voûte de verdure, et abordaient à la rive droite, où le docteur Bayol avait choisi l'emplacement de notre nouveau campement dans le cirque que j'ai déjà mentionné. Les bagages transbordés, on s'occupait de passer les ânes, et ainsi de suite pour chacune des sections. Les spahis et muletiers vinrent ensuite, chacun d'eux tenant sa bête par la bride et portant les selles et bâts sur la tête. Je franchis moi-même le Bakhoy le dernier, les pieds et jambes nus, en m'appuyant sur un bâton, qui m'aidait à sonder le terrain, sur lequel mes pieds, peu habitués à ce nouveau genre de marche, ne posaient qu'avec la plus grande précaution.

A midi, l'opération était heureusement et entièrement terminée, grâce à l'entrain et à la bonne volonté de mes hommes, que je gratifiai à cette occasion d'une double ration de viande et de riz. Depuis le matin, on avait transporté de l'autre côté de ce large cours d'eau six cent cinquante chargements, et transbordé près de quatre cents chevaux, mulets, bœufs ou ânes. J'étais très content de tout le monde et je ne pus m'empêcher de féliciter mes chefs de section des progrès qu'ils avaient faits depuis la fameuse étape de Bakel à Golmi.

J'aurais bien désiré me remettre en route le jour même, mais les âniers, qui avaient passé toutes ces charges, avaient un grand besoin de repos. De plus, l'étape commençait par un obstacle, car le cirque où était établi notre campement était entouré d'une muraille d'argile, à peu près à pic, d'environ cinq mètres d'élévation. Nous avions déjà pu observer ce phénomène naturel à plusieurs reprises, notamment dans la marche de Kéniou à Médine. Il est dû au ravinement et au glissement des terres, détrempées par les pluies de l'hivernage et érodées par le fleuve qui déborde. Il fallait donc faire une rampe praticable pour tout notre convoi, Vallière et Tautain, avec leur petit personnel, n'ayant fait qu'ébaucher ce travail. Le sergent Sadioka s'en chargea avec ses tirailleurs.

L'après-midi, je fis une exécution. Je renvoyai trois âniers qui s'étaient souvent signalés par leur indiscipline et leur paresse. Nous étions au milieu du désert, et les trois pauvres diables se jetèrent à mes pieds, en implorant leur pardon. Ils juraient d'être dorénavant des modèles d'obéissance. Deux d'entre eux purent, grâce à toutes ces protestations, reprendre leurs bâtons d'ânier; mais le troisième, Mamadou Si, un Toucouleur orgueilleux et sournois, ne put, malgré tout, me faire revenir sur ma décision. Ce Mamadou Si avait déjà montré à Bakel une indocilité qui nous avait fort

irrités. Il avait de l'influence sur nos âniers toucouleurs, et c'est lui qui, à Médine, avait été l'instigateur de ce complot qui avait failli me priver d'une vingtaine de mes conducteurs. Je m'étais contenu alors, mais, à Toukoto, je saisis l'occasion d'une plainte que m'adressa contre lui son chef de section pour l'expulser du camp. La punition était dure mais méritée.

Le 15, la colonne reprenait sa marche pour gagner le campement de Kobaboulinda, reconnu la veille par Vallière. Le pays était complètement désert, et à chaque pas nous apercevions, traversant la route en bondissant ou nous regardant défiler à quelques centaines de mètres, des bandes d'antilopes de toutes espèces. Lorsque nous étions arrivés sur le plateau, après avoir gravi la rampe qui y donnait accès, les guides nous avaient montré de loin l'ancien emplacement de Koré-Coro. Ce gros village, qui avait repoussé une première fois Alpha Ousman, lieutenant d'El-Hadj Oumar, chargé de la conquête du Fouladougou, avait fini par succomber et, comme à Fangalla, des ruines encore debout témoignaient du zèle avec lequel ce fanatique Toucouleur avait accompli son œuvre.

Au bout d'une demi-heure de marche, nous entrions dans une belle forêt, toute parfumée par des *acacias vérek* en fleurs et surtout par de jolis petits arbustes, que les Ouolofs désignent sous le nom de *gologne*. Ce végétal, très commun depuis Bafoulabé, donne un fruit un peu plus gros qu'une grosse cerise, d'une belle couleur jaune légèrement orangée ; la pulpe en est acide et fort agréable, surtout lorsqu'on a soif. L'amande, assez volumineuse, a un excellent goût de noisette, tant que le fruit n'est pas à maturité parfaite. Les indigènes récoltent ces fruits, en mangent la pulpe, les laissent sécher, enlèvent alors la partie ligneuse peu épaisse et, après avoir grossièrement concassé l'amande, font, en la mélangeant avec la potasse qu'ils extraient des cendres, un savon d'un brun foncé, très répandu dans le Fouladougou et sur les bords du Niger.

Nous reçûmes quelques gouttes de pluie qui un instant nous firent craindre un orage ; mais heureusement cela ne dura que quelques minutes. Au sortir de la forêt, nous nous trouvons en face d'une ligne de hauteurs, formées d'un grès ferrugineux. Depuis le gué de Toukoto et probablement depuis le confluent du Bakhoy et du Baoulé, la vallée s'infléchit brusquement vers le sud-est en se rétrécissant de plus en plus jusqu'à Goniokori, où les massifs de Gangaran se rapprochent de ceux de la rive droite, au point de ne laisser à la rivière qu'un lit étroit et rocheux. Les montagnes que nous longions et auxquelles nos guides donnaient le nom de massif de Kaouta, étaient déchirées en maints endroits par de grands ravins, tout verdoyants avec leurs beaux arbres aux dimensions gigantesques. Ces ravins, qui formaient des fourrés à l'ombre entièrement opaque, rompaient la monotonie du paysage et reposaient la vue, fatiguée de regarder le sentier qui, depuis quelques moments, se déroulait sur un plateau couvert d'herbes desséchées et parsemé de quelques arbres de taille médiocre. Il nous semblait qu'il devait faire sous ces ombrages une fraîcheur délicieuse, contrastant avec l'ardeur du soleil, dont les rayons se réfléchissaient, chauds et aveuglants, sur les surfaces rocheuses que nous foulions par moments. Les montagnes, qui s'étendaient au nord, allaient en s'abaissant progressivement jusqu'à une sorte de défilé, dont les flancs étaient occupés par une nombreuse garnison de singes cynocéphales, qui s'enfuirent à notre approche en poussant des aboiements furieux, auxquels Tom jugea à propos de répondre de son mieux.

Nous débouchions du défilé sur un plateau dénudé, en marchant à quatre ou cinq kilomètres du Bakhoy. Sur la rive gauche, nous apercevions une longue ligne de hauteurs rocheuses, à parois verticales, surmontées de larges tables couvertes de végétation. Au loin, sur notre gauche, un pic isolé, en forme de cône, dominait toute la contrée.

Nous parvenons bientôt à un beau ruisseau, dont les eaux s'écoulent sous un berceau de verdure, formé par les branches de figuiers sauvages. Un groupe de dumsas s'y abreuvait. Abdoulaye, l'un de nos guides, s'élance à leur poursuite; mais les antilopes sont bientôt hors de portée. — La chasse est rarement couronnée de succès pendant la marche.

Vers onze heures, nous arrivons enfin au campement de Kobaboulinda, qui tire son nom d'une petite rivière, large d'environ trente mètres à l'hivernage, mais que nous passons aisément à pied sec sur des bancs de roches qui émergent de son lit. Nous étions à son confluent avec le Bakhoy. L'endroit était peu agréable pour passer la journée; les arbres étaient clairsemés et sans ombrage; et, pour avoir un peu de fraîcheur, il nous fallut descendre dans le lit de la rivière et nous abriter sous les arbustes touffus qui croissent sur la berge et se penchent au-dessus des eaux. A l'embouchure se trouvait un fort beau banc de grès quartzeux, qui s'était divisé en colonnes prismatiques. Celles-ci, teintes en noir foncé par le dépôt des eaux sur la surface, ressemblent à des prismes de basalte, et il faut s'approcher de très près pour avoir la vraie nature de cette chaussée. On s'aperçoit alors que ces prismes sont bien moins réguliers que ceux de la roche volcanique et, si l'on casse un éclat, on obtient un beau grès quartzeux, très blanc, légèrement vitreux et d'une extrême dureté.

La journée que nous passâmes à Kobaboulinda fut remplie par plusieurs petits événements. D'abord, on s'aperçut que Mamadou Si, cet ânier que j'avais chassé la veille, rôdait autour du camp; il avait suivi la colonne jusque-là. Évidemment cet individu avait une peur horrible de se sentir abandonné, au milieu des fauves qui peuplent le désert jusqu'à Badumbé. D'autre part, sa qualité de Toucouleur, au milieu des Malinkés ou Farimboula, du Bétéadougou et du Makadougou ne le rassurait pas davantage. Mais dans le désert, avant les sentiments passent les intérêts, tout comme dans les cités, et plus impérieusement encore. Aussi, en pensant aux désagréments que cet homme nous avait déjà causés, étions-nous forcés de songer qu'il deviendrait d'autant plus dangereux que nous nous avancerions dans des pays moins connus. D'ailleurs peut-être ne rôdait-il ainsi autour de nous que pour entraîner plusieurs de ses camarades toucouleurs à nous abandonner et à déserter le camp. Je lui fis donc déclarer que les sentinelles lui tireraient dessus si on l'apercevait encore dans les environs. Il disparut.

Un peu plus tard, l'un de nos tirailleurs, N'Gor Faye, habitué à se mettre en chasse dès l'arrivée au bivouac et qui était parti pour essayer de nous tuer une antilope, revint bientôt d'un pas accéléré et la figure toute décomposée. Il avait fait la rencontre, à peu de distance, d'un lion dont la présence l'avait dégoûté des exploits cynégétiques.

Vers quatre heures, comme les vivres manquaient pour les hommes et pour les chevaux, le docteur Bayol, emmenant avec lui Sambo et ses mulets, se rendit à Koré-Coura (le nouveau Koré), petit village bâti sur les bords du Bakhoy par une partie des habitants du vieux Koré, dont nous avions vu les ruines le jour précédent. Koré-Coura est situé près d'un barrage rocheux formant un gué comme ceux de Demba-Dioubé, Diouhé Ba et de Toukoto. C'est là que le lieutenant Marchi, dans la pointe qu'il avait poussée vers Kita, avait franchi la rivière. Il y avait acheté deux ou trois cents moules de mil (le moule vaut deux litres environ), laissés en garde chez le chef jusqu'à notre arrivée. Le docteur Bayol revint dans la soirée. Il nous raconta qu'à son apparition presque toute la population du village s'était enfuie et qu'il avait eu beaucoup de difficultés pour s'aboucher avec le chef.

A son retour, nous prîmes un bain dans le courant rapide d'un barrage du Bakhoy, entre deux énormes roches. A peu de distance de nous, deux hippopotames se livraient aux douceurs de la natation. Leur voisinage était d'ailleurs peu inquiétant, car l'aspect de la rive prouvait qu'ils ne pouvaient passer par le barrage pour aller paître à terre. Nous enviions presque le sort de ces animaux qui avaient la faculté de rester toute la journée dans l'eau, sérieux avantage par l'excessive température que nous avions depuis plusieurs jours.

Le lendemain 16, nous quittions Kobaboulinda, après avoir reçu une lettre où Vallière nous annonçait que nous allions entrer dans le Fouladougou et que nous pourrions aisément atteindre en une courte étape Goniokori, la capitale de cet État malinké. La route avait une direction générale sud. Elle suivait tout d'abord une pente légèrement ascendante en laissant sur sa droite une longue montagne dont la base plongeait presque dans le Bakhoy. On voyait courir en grand nombre sur les rochers ces petits quadrupèdes, appelés *damans* dans le pays (hyrax), dont nous avions déjà capturé un échantillon un peu avant Bafoulabé. Nous descen-

Cases d'Ouoro dans le Fouladougou.

dîmes ensuite dans une vallée étroite, où nous fîmes halte quelques minutes pour attendre le convoi, forcé de cheminer lentement à travers les fourrés, qui gênaient considérablement sa marche.

En sortant de la vallée, nous débouchons dans les champs de Badougou, le premier village du Fouladougou. Nous longeons le massif qui porte le même nom, élevé de deux cents mètres au-dessus du niveau de la plaine. Nous saluons en passant le chef du petit village d'Ouoro, où Ibrahima, le jeune fils de Tokonta et parent de ce chef, aurait voulu nous faire passer la journée, et nous distinguons bientôt le gourbi que Vallière avait fait construire à quelque distance du village de Goniokori, sous un joli groupe de fromagers au tronc large et élancé.

CHAPITRE VI

Goniokori et le Fouladougou. — Souvenirs de Mungo-Park. — Barbarie des habitants du Fouladougou.
— Bivouac à Manambougou. — Passage du Kégnéko. — Le caméléon. — Incendie de Sérinafara.
— Le guide Abdoulaye. — Arrivée à Kita.

Goniokori se compose de trois villages situés à trois ou quatre cents mètres l'un de l'autre, dans une petite plaine très fertile et plantée d'arbres magnifiques : fromagers, cails-cédrats et roniers. Le beau massif montagneux de Badougou au nord, le pic de Gotékrou à l'est, un plateau rocheux au sud et le Bakhoy à l'ouest, limitent cette jolie plaine, dont le centre est parcouru par un petit cours d'eau, bordé d'arbustes verdoyants, allant se jeter non loin de là dans le Bakhoy. Les trois villages réunis n'ont guère plus de cinq cents habitants, et cependant ils représentent la capitale du Fouladougou, ce vaste pays qui embrassa tous les territoires compris entre le Kaarta, le Bélédougou et le Manding. Ce chiffre indique dans quel abaissement et quelle dépopulation est tombée cette malheureuse nation depuis les longues guerres qu'elle a soutenues contre les Bambaras et, en dernier lieu, contre l'invasion musulmane ; c'est un peuple ruiné. Goniokori n'est d'ailleurs qu'une capitale, et son chef, Boulounkoun Dafa, n'a d'autre autorité que celle qu'il exerce sur ses cinq cents sujets. Bien qu'il soit l'héritier des souverains de l'ancien Fouladougou, les autres chefs, profitant de son impuissance et du démembrement du pays, se sont soustraits à sa domination et vivent indépendants sur leurs petits territoires.

Vallière, arrivé la veille, avait été fort surpris de la pauvreté et de la barbarie de ce représentant des anciens rois du pays, que tous s'attendaient à trouver riche et obéi. L'accueil qu'il avait fait à mon envoyé montrait de l'indifférence et même un peu de crainte. La nombreuse mission qui lui était annoncée lui causait plus de frayeur que de joie réelle, et cependant je l'avais déjà fait informer par son fils, venu au-devant de moi à Toudora et qui m'avait paru assez intelligent, que nous arrivions dans l'intention de nous allier avec lui contre ses adversaires naturels les Toucouleurs. Mais, comme presque tout son entourage, il ne semblait rien comprendre à ce qui se faisait, et son attitude était un mélange de résignation et d'imbécillité. Il laissa notre officier éclaireur choisir le lieu du campement et s'installer, sans s'occuper autrement de lui ; et, lorsque la mission tout entière déboucha avec son nombreux personnel et son long convoi, il se contenta de m'envoyer saluer par l'un de ses principaux notables.

Ce chef singulier avait un frère, qui commandait sous ses ordres l'un des trois villages. Celui-ci était aussi bruyant et empressé que son aîné était réservé et insouciant. La surexcitation même qu'il montrait dans ses paroles et dans ses gestes nous fit deviner rapidement que notre homme était ivre. Une vieille négresse, aux seins larges et pendants, qui, comme lui, semblait avoir absorbé une quantité déraisonnable de *dolo*[1], le suivait comme son ombre en balbutiant péniblement des paroles entrecoupées de hoquets. Le spectacle eût été comique sans le grand âge de ces deux disciples de Bacchus. Voyant que je ne pouvais rien tirer de ce royal ivrogne, je m'adressai à un vieillard qui nous considérait avec un air d'intérêt et s'efforçait d'éloigner les femmes et les enfants, qu'une curiosité importune attirait autour de nous. Il m'apprit que, là où nous campions, sous les trois magnifiques fromagers qui nous ombrageaient, avait été la case de Mansa Numma, le roi de tout le Fouladougou, alors riche, peuplé et puissant. « Un jour, nous dit-il, je n'étais pas né encore, un homme à figure étrange parut sur la rive gauche, en face du village. Il criait dans une langue inconnue et, voyant que l'on ne comprenait pas ses paroles, il se lança dans la rivière, en sautant de roche en roche, et aborda au milieu des notables qui l'attendaient sur la rive. On lui donna une case pour passer la nuit, on lui apporta du couscous et du lait, et l'on reçut ensuite de la même façon beaucoup d'hommes blancs qui arrivèrent le lendemain. Ce chef blanc a laissé de bons souvenirs après lui. Il s'est montré doux et généreux et a payé largement l'accueil du roi en lui donnant en cadeau un magnifique bracelet d'argent. Ce bracelet a toujours été porté par le chef de la famille royale, jusqu'au jour néfaste où El-Hadj, en pillant le trésor des souverains du Fouladougou, l'avait emporté à Ségou. » Notre orateur concluait en disant que nous étions plus riches encore que le premier blanc qui les avait visités et que nous ne manquerions pas d'être aussi généreux en remplaçant le bracelet perdu et en y ajoutant d'autres présents plus beaux encore.

---

1. Liqueur alcoolique fabriquée par les Malinkés avec du mil fermenté.

6

Ce petit discours intéressé nous remplit d'émotion. C'était la première fois que nous trouvions les traces de Mungo-Park, notre devancier dans cette région, et nous éprouvions un légitime orgueil à reposer sur une place que l'illustre voyageur anglais avait choisie pour son campement quatre-vingt-trois ans auparavant et où nul Européen n'avait paru depuis cette époque. Je consultai alors la relation de voyage de cet explorateur et j'appris un détail que le vieux Malinké avait négligé sans doute volontairement, car il ne s'agissait rien moins que du pillage de l'Anglais par les aïeux du chef actuel.

Plus tard, pendant mon séjour à Nango sur les bords du Niger, je chargeai mes interprètes, en s'informant auprès du sultan Ahmadou, de rechercher ce bracelet et de le racheter, s'il était possible. Mais, malgré tous mes efforts, je ne pus me procurer le moindre souvenir matériel de Mungo-Park. J'aurais été heureux de transmettre cette précieuse relique à la Société de géographie de Londres, en témoignage de notre admiration pour l'intrépide voyageur qui parcourut le premier ces régions.

Cependant, notre ivrogne trouvait son frère tiède à notre égard et il alla lui en faire de vifs reproches.. « Comment, lui dit-il, voilà des chefs blancs, riches et puissants, qui viennent pour le bien du pays, et tu ne leur offres même pas une chèvre ? C'est indigne. Que vont-ils penser de nous ? Tu ne connais rien aux affaires et tu *gâtes le pays*. » Après cette apostrophe, dite avec la plus grande énergie, il saisit une chèvre qui — nous le sûmes plus tard — appartenait à un malheureux captif du village, et vint nous l'offrir en cadeau, en couvrant d'injures son ladre de frère. Cet acte semblait partir d'un bon naturel et il eut tous nos remerciements. Nous devions regretter plus tard cette illusion.

J'employai la journée à discuter le traité que nous devions passer avec le chef du Fouladougou. Je ne me mis guère en frais de gracieuseté avec l'inintelligent Boulounkoun Dafa. Je me contentai, en lui montrant mon papier, de lui demander s'il voulait se placer sous le protectorat des Français et nous autoriser à bâtir un poste dans son village, où devait passer la voie de communication que nous voulions établir entre Médine et le Niger. A mon grand étonnement, il se leva de sa natte, en parlant avec un enthousiasme extraordinaire du gouverneur de Saint-Louis, dont il voulait désormais devenir le plus humble sujet. Puis, à propos du pont à construire, il m'offrit sa personne, ses sujets et tout son pays. Je reconnus sa bonne volonté en lui envoyant tout de suite deux belles pièces d'étoffe jaune, couleur hautement prisée dans ces contrées et, sur ses instantes prières, une dame-jeanne de tafia, cadeau qui eut un succès énorme à la cour de ce prince africain, tout à fait gagné à nos idées par ce produit perfectionné de notre civilisation.

J'appris le soir même la cause de l'empressement, bien en dehors de ses habitudes, du vieux Boulounkoun Dafa à signer mon traité. Il craignait que, poussé par Ibrahima, je ne voulusse me transporter au village d'Ouoro et là, négocier avec le chef, qui m'avait déjà fait faire des propositions à cet égard.

Vallière et Tautain avaient fait la veille l'ascension du massif de Badougou, afin de se rendre compte de la configuration du pays, en même temps que de la hauteur de la montagne. De là ils avaient vu le beau panorama de la vallée du Bakhoy, des massifs du Gangaran et des hauteurs du Fouladougou; ils avaient même aperçu vers le sud-est, se perdant dans l'éloignement azuré de l'horizon, la montagne de Kita. Ils avaient pu alors constater que la vallée du Bakhoy est complètement barrée par le plateau rocheux qui s'élève au sud de Goniokori: la rivière en effet s'engage en cet endroit dans un étroit défilé de moins de cent mètres de largeur, bordé de chaque côté de hautes falaises de grès, ne laissant pas le moindre espace entre elles et le cours d'eau. Il fallait donc, comme naguère Mungo-Park, renoncer à continuer sa route en suivant la vallée et, pour se convaincre qu'il y avait réellement impossibilité absolue, ces deux officiers entreprirent l'exploration de ce défilé et des roches. Ils partirent donc vers le soir et s'enfoncèrent dans les hautes herbes et la végétation inextricable qui couvrait les rives du Bakhoy, mais ils ne tardèrent pas à être arrêtés par un encombrement sans égal de roches et de troncs d'arbres. Ils en furent réduits à gravir, non sans péril, les flancs verticaux de ces falaises escarpées, en s'aidant des aspérités du roc. Ils parvinrent au sommet et revinrent au camp en parcourant un vaste plateau dallé de blocs énormes, séparés par de larges et profondes crevasses, qu'il fallait franchir au moyen de grosses cordes, portées par deux tirailleurs. Le passage était décidément impraticable le long du Bakhoy. Cette partie de la rivière est peuplée de fauves dangereux : la veille même de notre arrivée, un hardi chasseur en avait fait une fois de plus la terrible expérience. Une panthère énorme, qu'il n'avait pas aperçue dans la jungle, s'était tout d'un coup élancée sur lui et l'avait terrassé. Il n'avait dû son salut qu'à l'heureux hasard qui lui avait fait tuer raide la bête d'un seul coup de fusil, parti dans le désordre de la lutte. Le docteur Tautain alla le visiter dans sa case; il portait de graves blessures et était encore tout tremblant de peur.

Cependant, malgré des difficultés de toutes sortes, la mission voyait chaque jour tomber de nouvelles barrières. Nous avions maintenant le Fouladougou ouvert devant nous, et Kita ne nous semblait plus un objectif bien éloigné. Mais si nous étions en bonnes dispositions d'esprit, il n'en était pas de même de notre cuisinier Yoro, qui apportait dans ses fonctions une négligence de plus en plus prononcée. Le pauvre garçon, malgré les promesses qu'il m'avait faites, ne pouvait oublier ses cases de Bakel et les tendres épouses qu'elles renfermaient. Plus on s'enfonçait dans le désert, et plus il devenait perplexe. Ses inquiétudes conjugales allaient en augmentant chaque jour, et, peu à peu, un ennui profond se glissait dans le cœur de notre rustique Vatel. Malheureusement nos modestes repas se ressentaient beaucoup trop de l'état intime de cette âme en peine, et à Goniokori il fallut frapper un grand coup. Notre chef de popote le prit à partie, lui reprocha sa négligence et, devant l'indifférence avec laquelle Yoro accueillait ses observations, accentua ces dernières de deux ou trois arguments vigoureusement appliqués au bas des reins, puis il expulsa incontinent le marmiton récalcitrant. Ces procédés touchants eurent le plus heureux effet : une réaction bienfaisante s'opéra dans les réflexions de l'infortuné cuisinier, qui, après avoir promené quelque temps sa tristesse à travers le camp, revint tout repentant reprendre sa place auprès de ses casseroles. Il fallut bien écouter la voix de l'indulgence et celle de nos estomacs en détresse. Tout fut donc oublié, mais, par la suite, il fallut quelquefois revenir à ce mode de répression, qui ne manqua jamais son effet.

Au milieu de tous ces incidents, la journée nous avait paru courte à Goniokori, et, la nuit étant venue, nous nous préparions au repos, lorsque, soudain, deux coups de feu retentirent dans le village; presque aussitôt un concert de pleurs et de lamentations s'éleva, poussé par un grand nombre de voix féminines. Que pouvait signifier tout ce tapage ? On ne tarda pas à nous l'apprendre. Plusieurs jeunes guerriers étaient partis, quelques mois auparavant, pour aller rejoindre l'armée de Boubakar Saada, roi du Bondou, État voisin de notre poste de Bakel. Ce souverain, qui voulait porter la guerre dans le Ouli, sur les bords de la Gambie, avait été battu, et deux des jeunes gens de Goniokori avaient trouvé la mort dans le combat. Les survivants étaient de retour, et, s'étant réunis devant la case des défunts, avaient déchargé leurs armes en signe de deuil. De là, les cris éplorés des femmes du village, qui crurent devoir prolonger les manifestations de leur douleur fort avant dans la nuit.

Le lendemain matin, nous allions nous mettre en marche, lorsqu'on vint m'informer que deux fusils d'âniers avaient été volés. Après bien des recherches, j'appris que le voleur n'était autre que le frère du roi en personne, celui-là même qui avait défendu si chaudement notre cause la veille. Jenvoyai chercher ce prince si peu scrupuleux : il m'exposa qu'il n'avait rien volé, mais qu'il avait pris ces deux fusils en payement de la chèvre qu'il nous avait offerte et qui, comme on l'a vu, ne lui appartenait même pas. C'était un trait de plus à enregistrer au compte des qualités hospitalières des Malinkés. Le pillage de Mungo-Park nous fut clairement expliqué, et les fils nous donnaient une idée de ce qu'avaient pu être les pères.

Après avoir fait restituer nos fusils, nous prîmes à l'est la route de Manambougou, où nous arrivâmes de bonne heure. Ce petit village, enfermé dans un faible tata, garni de tours rondes, à toit conique, est situé entre le pic de Gotékrou et de hautes montagnes, au fond d'une vallée ravissante. Un ruisseau, dont les eaux sont entièrement cachées par d'épais pandanus, coule près de la muraille et serpente le long de la vallée, où se dressent de nombreux et élégants roniers. L'ensemble constitue l'un des paysages les plus gracieux que nous ayons rencontrés.

Les heureux habitants de ce joli coin de terre sont à peine au nombre de trois cent cinquante et ne ressemblent en rien à leurs sauvages voisins de Goniokori. Ils sont doux, réservés et à peu près habillés. Leur chef, accompagné de quelques hommes de suite, vint nous souhaiter la bienvenue avec beaucoup de tenue et de dignité. C'était un grand vieillard, au visage calme et intelligent, vêtu d'un long boubou très propre, avec un turban autour de la tête et un grand bâton sculpté à la main. Son costume et ses manières nous rappelaient involontairement les figures des patriarches de la Bible. Nous ne fûmes nullement surpris lorsqu'on nous apprit que cet homme avait beaucoup voyagé et était fort aimé de ses sujets.

De Manambougou, je fus encore forcé de détacher Vallière en avant, car l'inconnu recommençait devant nous, et nous ne savions où aller camper le lendemain. Avec notre lourd convoi, nous ne pouvions partir à l'aventure et nous exposer à manquer d'eau ou à nous heurter à quelque obstacle infranchissable. On nous disait bien que devant nous se trouvait une rivière, le Kégnéko, mais on ne pouvait nous préciser son éloignement, ni les difficultés de la route, impraticable, selon nos guides, à nos chevaux et à nos ânes chargés. Vallière partit le soir même avec les tirailleurs pour mettre le sentier en état sur les points trop difficiles. Telle fut la diligence déployée par notre officier éclaireur que, dès le lendemain matin, il nous fit informer que le Kégnéko se trouvait à moins de huit kilomètres, et que le convoi pourrait pousser jusqu'à la Sérinafara, petite rivière auprès de laquelle il nous attendait.

En quittant Manambougou, la route gravit une forte pente, encombrée de roches roulantes et longue de cinq à six cents mètres. Elle s'engage ensuite dans un col rocheux, mais relativement aisé à traverser, pour déboucher sur un plateau incliné vers l'est et couvert de bancs de grès ferrugineux, glissants et présentant de brusques ressauts formant autant de passages difficiles pour les bêtes de somme. La construction d'une voie ferrée exigerait, sur ce plateau, des travaux de déblai assez considérables.

Puis on gagne la petite rivière de Disoumalé et l'on ne tarde pas à arriver, par un bon chemin, au Kégnéko. Ce petit cours d'eau, large de quinze à vingt mètres et profond de cinq à six, était envahi en ce moment par les tirailleurs, qui, sous la direction du sergent Sadioka et du caporal Bénis,

Village de Manambougou.

s'occupaient activement de construire un pont de fortune pour livrer passage à notre convoi. Deux gros arbres avaient été abattus sur chaque rive et jetés dans le lit de l'obstacle, où leurs troncs se croisaient, en formant une sorte d'X. Entre les jambes de l'X, on avait disposé longitudinalement de grosses branches, sur lesquelles des arbustes, garnis de leurs feuilles, des bambous, des hautes herbes, le tout recouvert de cailloux et de terre, constituaient un passage répondant parfaitement à l'usage momentané que nous en voulions faire.

Pendant que le passage s'effectuait, nous nous arrêtâmes sous un grand fromager et nous nous mîmes à considérer avec attention les mouvements d'un caméléon qui grimpait le long du tronc pour atteindre les branches supérieures. Ce petit animal se mouvait lentement, accélérant sa marche dès qu'il s'apercevait qu'on le regardait et se cachant au milieu des feuilles où il n'était guère possible de le distinguer de la verdure. La couleur habituelle du caméléon est d'un vert vivace, qui, se modifiant suivant la nuance de l'objet sur lequel l'animal est placé, devient foncé ou clair, jaune ou olive, quelquefois même parsemé de taches presque noires. Sa peau est élastique et il a la singulière propriété de se gonfler ou de se contracter au point de devenir presque entièrement plat. Quand on le regarde avec attention, on le voit tout d'un coup lancer sa langue, qui est d'une longueur démesurée, sur les moustiques ou autres insectes qui passent à sa portée. Les caméléons diffèrent de nos petits lézards d'Europe, à l'œil si éveillé et aux mouvements si vifs; ils sont timides, craintifs, très lents et solennels dans leur marche. L'étrangeté de leurs allures est encore augmentée par la forme spéciale de leur œil; placé au centre d'un globe convexe, il tourne avec la pupille et peut regarder en haut, en bas, en avant, en arrière, de côté, la tête restant pendant tout ce temps complètement immobile. Mon spahi, le grand Mahéri Tioub, prétendait que la vue de cet animal portait malheur, et il ne pouvait dissimuler sa peur tandis que nous observions avec curiosité les évolutions de ce petit saurien.

A propos de Mahéri Tioub, il avait sur le visage une magnifique balafre, qui lui partait de l'oreille droite et allait rejoindre l'extrémité de la bouche. Il nous fit rire aux larmes en nous racontant, avec force détails, comment cette blessure l'avait décidé à s'engager dans l'escadron des spahis sénégalais. Il faisait partie, en 1875, de l'armée du marabout Ahmadou Cheickou, qui, après avoir envahi le Cayor, marchait sur Saint-Louis. La colonne française le rencontra à Boumdou, où, après une lutte acharnée d'une heure, les musulmans, décimés par nos armes à tir rapide, durent battre en retraite, poursuivis par nos spahis. Le pauvre Mahéri, resté un peu en arrière, reçut dans la charge le beau coup de sabre qui défigurait son visage. Il conçut dès ce moment une telle admiration pour nos cavaliers qu'il se rendit aussitôt à Saint-Louis et demanda immédiatement à s'enrôler dans l'escadron, dont il devint depuis le plus bel ornement, ou, pour parler sérieusement, l'un des plus fidèles soldats.

Le Kégnéko dépassé, nous franchissons, par un col assez facile, un massif rocheux d'une cinquantaine de mètres de relief au-dessus du plateau; nous tournons plusieurs pics isolés et, peu après avoir traversé le ruisseau de Bankhollé, nous arrivons à la petite rivière de Sérinafara, dont le lit, encombré d'énormes blocs, demanda quelque temps au convoi pour être franchi.

Nous installâmes le camp sur la rive gauche du cours d'eau, en un endroit fort ensoleillé et dépourvu de l'ombrage des grands arbres. Cependant, la végétation autour de nous était excessivement drue ; mais elle se composait en grande partie d'arbustes peu touffus et d'épais bouquets de bambous. Ces hautes tiges, avec leurs branches portant des feuilles étroites, pointues et semblables à celles du saule, étaient constamment en mouvement. Au moindre souffle d'air, on entendait frémir et craquer ces roseaux élancés qui s'inclinaient gracieusement sous la poussée du vent. On ne pourrait guère les comparer qu'à un colossal panache de plumes d'autruche, surmontant un casque gigantesque.

Le convoi courut ce jour-là un très grand danger, bien plus terrible et plus imminent que celui auquel nous avions échappé naguère à Demba-Dioubé. Vers deux heures de l'après-midi, il s'éleva tout d'un coup vers l'est une immense colonne de fumée, qu'un vent brûlant chassait vers notre camp. En très peu de temps, l'incendie arriva près de nos bagages, et l'horrible crépitement des flammes tordant les bambous et les hautes herbes nous fit craindre un instant un véritable désastre. Je récoltai là pour la première fois les avantages des exercices de rassemblement que j'avais fait faire à mes hommes depuis l'alerte de Toukoto. La *générale* retentit et, en un clin d'œil, tout mon monde fut réuni et prêt à combattre le danger. Les tirailleurs et laptots, s'armant de balais de branchages, courent au feu, tandis que les spahis, muletiers et âniers se hâtent d'emmener les animaux et de transporter les chargements sur l'autre rive du Sérinafara. Ce n'est que vers les cinq heures que tout péril disparut. A la nuit, l'incendie était éteint, à l'exception des grands arbres, qui montraient encore dans l'obscurité leurs troncs incandescents.

Il est fâcheux que nous n'ayons pu, dans cette occasion, que nous occuper de nos bagages et de nos bêtes, car nous aurions fait sans cela une chasse splendide. Des bandes de singes criant comme des désespérés, des troupeaux d'antilopes, biches, gazelles, dumsas, kobas, s'enfuyaient de notre côté, essayant d'échapper à l'incendie et se dirigeant, comme nous, vers des lieux plus sûrs. Nous étions malheureusement trop inquiets nous-mêmes sur notre propre sort, pour profiter de cette bonne aubaine.

Nous étions à peine remis de l'émotion que nous avait causée cet incendie, dû à l'imprudence ou à la malveillance de quelque chasseur malinké, qu'il fallut nous occuper de la route du lendemain. La marche du 18 avait été difficile et laborieuse pour les animaux. L'état de nos ânes empirait toujours ; le mal menaçait de se généraliser et nous commencions à craindre que notre convoi, jusque-là si mobile, ne nous créât avant peu de grosses difficultés. Cette considération m'engagea à envoyer encore Vallière en avant avec les tirailleurs; il devait faire disparaître les obstacles les plus importants du chemin. Je le fis accompagner par le guide Abdoulaye, qu'il devait me renvoyer avec ses renseignements.

Abdoulaye est un homme qu'il importe de faire connaître, car il a toujours joué dans la mission un rôle considérable. C'était un grand Bambara, haut de un mètre quatre-vingt-dix, bien proportionné, avec des traits plutôt européens que nègres et une physionomie sympathique. Lorsqu'il était debout, regardant l'horizon, appuyé sur son long fusil peint en rouge et orné d'une multitude de gris-gris, nous le comparions à ces chasseurs canadiens, aux formes athlétiques, dépeints par Fenimore Cooper. Il habitait autrefois le Kaarta Biné, et pendant de longues années avait pratiqué les pays que nous allions visiter et même le Bélédougou, chassant l'antilope, la girafe, l'éléphant et même, il faut bien l'avouer, l'homme n'est pas parfait, se mettant quelquefois à l'affût du dioula inoffensif. Il avait été l'un des défenseurs de Guémonkoura et était ensuite venu se réfugier avec Dama sur la rive gauche du Sénégal, au village de Goré. Là il avait trouvé sans doute les environs trop peuplés et il était parti pour Bafoulabé, où, tout en s'occupant de ses cultures d'hivernage, il pouvait se livrer à la chasse, son passe-temps favori. C'est à Bafoulabé que je l'avais connu, lors de ma première exploration. Vallière venait de faire une large saignée dans un champ de maïs pour faciliter ses travaux topographiques, quand il vit tout d'un coup se dresser devant lui un grand nègre qui cria d'une voix menaçante que l'on était dans son *lougan* et que l'on eût à se retirer. Toutefois il ne fut pas difficile de lui faire comprendre que l'on avait toujours eu l'intention de l'indemniser largement, et Abdoulaye, mené à notre bivouac et régalé de plusieurs verres de tafia, devint dès lors le grand ami des blancs. Je l'avais ramené à Médine et recommandé aux officiers de ce poste, où je l'avais engagé de nouveau lors de mon dernier passage.

Ce grand Bambara était un homme précieux comme guide. Souvent il ignorait les chemins, mais toujours, grâce à sa grande habitude de la forêt et du désert, il redressait les erreurs de ceux qui nous conduisaient, et ce fut lui qui, à maintes reprises, indiqua les bivouacs pourvus d'eau, que les chasseurs malinkés ne voulaient pas nous faire connaître. Outre son utilité pendant la route qu'il devait faire avec nous, je comptais beaucoup sur sa connaissance des langues des pays bambaras, malinkés et toucouleurs, pour l'employer comme courrier vers nos postes, car c'était un homme hardi et dévoué, tout à fait apte à servir de guide à de nouvelles missions. Abdoulaye, au milieu de toutes ses qualités, avait le défaut d'aimer un peu trop le cognac. Chaque matin, il s'approchait de nous et ne s'éloignait que lorsqu'on lui avait offert un bon coup d'eau-de-vie. Il nous disait, en mettant le doigt sur son œil et en regardant la terre, que ça l'aidait à « mirer silo », c'est-à-dire à trouver le chemin. Abdoulaye ne pouvait faillir à ses antécédents, et plus tard, dans le Bélédougou, il fut surpris et tué en plein bois, alors que, cerné au camp de Guinina, je l'avais chargé de porter de mes nouvelles au lieutenant Piétri à Bammako.

De Sérinafara la mission se transporta à Boudovo, village du pays de Kita. La route, durant ce trajet, est assez bonne jusqu'au petit col de Ouolokrou, où quelques roches rendent la marche difficile. Au delà, on entre dans une vaste plaine, à l'extrémité de laquelle se dresse le majestueux massif de Kita. Le chemin devient alors des meilleurs et l'on arrive au joli village de Boudovo sur un terrain absolument plat.

Cette étape avait été longue et, malgré la praticabilité des chemins, le mal que nous avions constaté parmi nos ânes s'aggravait avec une rapidité inquiétante. A Boudovo, il en mourut quatre. Il est vrai qu'une ânesse mit bas, mais cela n'améliorait nullement la situation. Néanmoins la naissance de ce petit bourriquet causa une grande joie parmi les âniers, qui le baptisèrent du nom du village où nous étions campés ce jour-là.

Nous nous trouvions donc enfin au pied de cette fameuse montagne de Kita, et avant peu nous serions à Makadiambougou, le point principal de ce pays, déjà visité par Mage et situé à cinq kilomètres à peine de Boudovo. Vallière m'envoyait déjà les meilleurs renseignements sur Tokonta et nous étions tous très satisfaits d'avoir atteint avec tant de promptitude et sans accidents graves cet objectif important de notre voyage, le plus sérieux assurément entre Médine et le Niger. Malheureusement, j'eus dans l'après-midi un violent accès de fièvre qui donna de grosses inquiétudes aux docteurs Bayol et Tautain. Cependant, le lendemain j'allais mieux et, aidé par mon ordonnance, je pus me hisser tant bien que mal sur mon cheval pour gagner Makadiambougou, où la mission devait s'arrêter pendant une bonne semaine.

Une heure de route, à travers une étroite vallée, couverte de villages et bordée d'un côté par le massif de Kita et de l'autre par un plateau peu élevé se continuant au loin vers l'est, nous amena auprès de Tokonta. Ce chef, encore jeune, à la figure intelligente, vigoureusement charpenté et n'ayant nullement l'extérieur affaissé et abruti des souverains du Fouladougou, me reçut à la porte de son village et me souhaita la bienvenue en termes d'une courtoisie parfaite. Son fils Ibrahima, qui caracolait autour de moi, fut très fêté. Il fut pour ainsi dire jeté à bas de son cheval par les embrassements de ses parents. Les griots chantaient, les femmes le tiraient par son boubou au point de le faire tomber; bref, les honneurs de la réception furent en grande partie pour lui.

Tokonta nous avait préparé une case spacieuse pour nous loger, mais je la trouvai trop incommode, par suite de son voisinage du village, et je donnai l'ordre de camper à trois ou quatre cents mètres de là, au milieu même de la plaine. Le premier objectif de la mission était atteint et nous avions bien droit à quelques jours de repos avant de reprendre la route du Niger.

CHAPITRE VII

Séjour à Kita. — Importance politique et géographique de ce point. — Tokonta, chef de Makadiambougou. — Négociation avec Tokonta. — Le village de Goubanko. — Travaux de la mission. — Chaleur excessive. — Traité de Kita (25 avril 1880). — Fête militaire pour célébrer l'annexion du pays à la colonie. — La population de Kita.

Makadiambougou est situé au débouché de la vallée que nous suivions depuis Boudovo et à l'entrée d'une vaste plaine, entièrement découverte au moment de la saison sèche. Pendant l'hivernage, cette vaste surface dénudée se couvre de moissons. Nous eûmes beaucoup de peine dans ce désert à trouver un campement commode, et il fallut nous contenter d'un arbre assez maigre, planté au milieu d'un terrain brûlé par les rayons du soleil. La haute montagne de Kita, dont les flancs dépouillés devenaient de véritables réflecteurs, ajoutait encore à l'horrible chaleur qui nous cuisait. Nous étions également fort mal partagés au point de vue de l'eau; aucun ruisseau ne venait rafraîchir les environs et permettre à nos hommes et à nos animaux de prendre des bains salutaires. Il fallut nous contenter de l'eau des puits, creusés dans le lit d'un ruisseau desséché, eau jaunâtre, terreuse et d'un goût désagréable. Malgré ces conditions désavantageuses, chacun était joyeux de penser qu'on allait enfin s'arrêter quelques jours, avant de franchir les territoires inexplorés qui nous séparaient du Djoliba.

Kita, nous l'avons dit, était le premier objectif important de la mission. Mage, dans son voyage, avait déjà signalé ce point comme l'un des plus remarquables de la région, en raison de son excellente situation géographique. Les observations de notre compatriote sont des plus justes : Kita, ou plutôt Makadiambougou, car Kita est le nom d'un territoire, est la clef de toute cette partie du Soudan. On peut dire qu'au point de vue politique la nation européenne qui en prendra possession pourra être certaine d'attirer à elle toutes les populations malinkés du haut pays et d'exercer une influence prépondérante jusqu'aux bords mêmes du Niger.

Au point de vue commercial, cette position est située sur l'une des voies du Soudan les plus suivies par les caravanes, et il suffit de jeter les yeux sur la carte de ces régions que nous avons dressée, pour voir qu'elle commande d'une part la route de Nioro et des pays maures, d'autre part celle qui relie nos établissements du Haut-Sénégal aux pays aurifères et à esclaves du bassin supérieur du Niger. Le peu de produits manufacturés d'Europe qui s'écoulent vers le grand fleuve passent par Kita, venant de notre escale de Médine, ou par le Fouta-Djalon, venant des factoreries de la Gambie ou des rivières situées dans le sud de notre colonie sénégambienne. Il est dès lors aisé de se rendre compte de l'importance que prendrait un comptoir, placé à quelques jours de marche des marchés maures, au centre des populations malinkés et non loin des régions peuplées, mais fermées jusqu'ici à tout commerce extérieur, qui occupent toute la vallée supérieure du Niger.

Notre mission avait à étudier les conditions d'installation à Kita et à passer un traité avec le chef du pays, afin que la France pût, dans le plus bref délai possible, venir y planter son drapeau et y construire l'établissement militaire et commercial qui devait nous ouvrir la voie du Soudan central. Chacun se mit donc à l'œuvre, et, tandis que Vallière s'occupait à lever les environs de Makadiambougou, je commençai mes négociations avec Tokonta; mais je rencontrai de ce côté des résistances assez inattendues, bien que très explicables.

Kita est très près de Mourgoula, la forteresse toucouleur qui tient sous l'influence du sultan Ahmadou toutes les peuplades malinkés, depuis le Manding jusqu'au Fouladougou. D'autre part, Nioro, où dominait Mountaga, le propre frère du roi de Ségou, n'est guère éloigné vers le nord. Le chef de Kita se trouve donc dans une situation assez périlleuse au milieu des ennemis de sa race, et il se voit obligé, sous peine d'être ruiné ou même détruit, de séparer souvent sa cause de celle des autres Malinkés et de ne pas les suivre toujours dans leurs velléités de révolte. Il profite même de toutes les occasions possibles pour faire preuve de fidélité envers Ahmadou : au moment de notre passage, il avait l'une de ses filles auprès de ce souverain et venait d'envoyer à l'almamy de Mourgoula le petit revolver dont j'avais fait présent à son fils, lors de ma première expédition de Bafoulabé. On comprend combien étaient grandes ses hésitations avant de s'allier aux Français, les adversaires naturels des Toucouleurs. On disait bien que les Français étaient des gens riches et puissants, mais ils étaient bien éloignés de son pays.... Pourraient-ils seulement venir jusqu'à Kita? Ne devait-il pas craindre, après s'être donné aux nouveaux

venus, dont la protection ne pouvait être de longtemps efficace, de se voir
châtier en traître par les gens de Ségou?

Une autre question venait encore compliquer la situation. Tokonta se
trouvait en guerre avec un village voisin, Goubanko, dont les habitants
étaient ses anciens sujets. Douze ou quinze ans auparavant, quelques Peuls,
chassés du pays de leurs pères par les déprédations d'Alpha Ousman,
l'un des lieutenants d'El-Hadj Oumar, étaient venus, faibles et misérables,
lui demander un abri pour eux et leurs familles. Tokonta, non sans les
assujettir à des redevances annuelles assez considérables, avait acquiescé

Village de Kita.

à leur demande et leur avait assigné pour résidence le territoire de
Goubanko, situé à deux ou trois heures de marche vers l'est. Puis, ces
étrangers avaient prospéré. Remplis de haine pour les musulmans, qui les
avaient forcés à s'exiler, ils avaient ouvert les portes de leur village à
tous ceux qui avaient mieux aimé s'enfuir que reconnaître la loi du
Prophète. En peu de temps, Peuls, Bambaras, Malinkés avaient afflué
dans l'enceinte du tata élevé par les émigrants et avaient formé un
centre de population assez important pour résister aux volontés de leurs
oppresseurs. Tokonta, par ses injustes exigences, les avait poussés à la
révolte, et depuis plusieurs années ils luttaient, avec le courage du
désespoir, contre toute la confédération du pays de Kita. Le chef de

Makadiambougou avait, pour les séduire, fait alliance avec l'almamy de Mourgoula ; mais, après plusieurs mois de siège, les assaillants avaient dû se retirer devant l'énergie des défenseurs de Goubanko. Cet événement remontait à deux ans, et depuis cette époque Tokonta se voyait braver par ce village insurgé. L'annonce des Français arrivant nombreux, bien armés, avec le prestige que leur donnait le récent succès de Sabouciré et sous la conduite de son fils Ibrahima, lui fit concevoir le fol espoir d'aller avec nous piller et enlever Goubanko, ne doutant pas un seul instant que nous serions enchantés de coopérer à semblable entreprise. Aussi ne fut-il pas peu étonné de mon refus catégorique ; mais, comme cette affaire lui tenait beaucoup au cœur, il imagina de faire de notre acceptation le prix de son alliance avec nous.

Le lendemain de notre arrivée, désireux de nous montrer la puissance de Kita dans une fête en notre honneur (et aussi, sans doute, dans le secret dessein de nous convaincre que ses guerriers, unis aux forces de la mission, auraient rapidement raison des gens de Goubanko), il fit réunir tous les contingents de son pays près de notre camp. Nous assistâmes ainsi à un rassemblement d'armée nègre, et nous pouvons affirmer que cette opération militaire est une belle confusion. Vers le soir, six cents hommes environ, armés de fusils, se formèrent sur six rangs en observant fort peu les principes de l'alignement. Puis ils s'arrêtèrent, les tam-tams résonnèrent et la danse guerrière commença. Les gens les plus hauts de taille, les plus agiles et appartenant aux meilleures familles de la contrée sortirent des rangs et se livrèrent à toutes sortes d'extravagances. Les uns, armés d'une lance, prenaient des poses plastiques et exécutaient force moulinets ; d'autres, brandissant leurs fusils, semblaient s'embusquer et tirer ensuite sur un ennemi imaginaire ; enfin, les derniers, avec leurs sabres, paraissaient s'enfoncer dans la mêlée et frapper d'estoc et de taille. Tous ces mouvements s'exécutaient selon une cadence rythmée par les tam-tams, les clochettes et les trompes, qui faisaient un bruit d'enfer. Cette brillante réjouissance ne cessa qu'avec le jour.

Cependant il fallait vaincre les résistances de Tokonta. Une première entrevue, relative au traité, avait eu lieu ; mais ce chef indigène, tout en reconnaissant que son alliance avec les Français ne pouvait donner que d'excellents résultats, se refusait à signer et parlait toujours de Goubanko. Je mis Alpha Séga en campagne. C'est au milieu de ces intrigues compliquées, soulevées pour des riens et dans lesquelles se complaisent les nègres sénégambiens, que mon interprète se montrait réellement supérieur. Je lui donnai l'ordre de gagner l'entourage de Tokonta et d'employer toute son habileté à modifier l'esprit de ce chef. Je mis à sa disposition une abondante provision de cadeaux en lui adjoignant, comme auxiliaire, le jeune Ibrahima, ce fils du chef kitanké, qui avait reçu de si grandes marques de notre bienveillance, tant à Saint-Louis que pendant la route et qui avait pris notre cause en main avec un zèle évident. Mon malheureux Alpha, s'il rayonnait de se voir entouré et adulé par les notables de Makadiambougou, dont la cupidité avait été mise en éveil par l'apparition des riches présents qu'il distribuait si largement à ceux qui lui montraient du dévouement, vit d'autre part son estomac soumis à de bien rudes épreuves. Les Malinkés, comme les Bambaras, sont au fond des ennemis fanatiques de l'islamisme et professent le plus profond mépris et la plus grande haine pour « les têtes rasées, qui s'inclinent sur le sol et ont toujours la partie postérieure de leur corps en l'air[1] ». Jamais, disent-ils, ils ne consentiraient à des pratiques aussi ridicules. Et, pour montrer leur aversion contre les Toucouleurs, ils s'adonnent avec excès aux boissons alcooliques, réprouvées par le Coran. Ils fabriquent eux-mêmes une sorte de liqueur fermentée, le *dolo*, assez semblable à de la bière mousseuse; mais ils la trouvaient bien inférieure au tafia que renfermaient nos barils et qui excita dès lors toute leur convoitise, heureusement réprimée par les sentinelles que j'avais placées autour du camp. Notre infortuné interprète venait donc, plusieurs fois par jour, remplir à nos barils les calebasses destinées à donner de la force à ses raisonnements et à ses brillantes démonstrations. Il lui fallait, pour gagner la confiance de la cour de Tokonta, se livrer à des libations interminables et absorber des quantités exagérées de la perfide liqueur, que les griots et les femmes du chef savouraient avec délices. Aussi, chaque soir était-ce en balbutiant qu'il venait me rendre compte du résultat de ses laborieuses négociations.

Pendant que la politique allait son train, les officiers de la mission ne restaient pas inactifs. La tente avait été transformée en bureau, et chacun s'occupait de mettre au net, pour être expédiées sur Saint-Louis, ses observations politiques, topographiques, médicales, météorologiques et autres. Cependant, la température était excessive et nos observations constataient que le thermomètre marquait trente-quatre degrés centigrades dès dix heures du matin et s'élevait régulièrement jusqu'à quarante degrés entre deux heures et trois heures de l'après-midi.

Le vent d'est ou l'harmatan soufflait avec violence, et tout était couvert de poussière. A Saint-Louis ou dans nos postes, lorsque ce vent règne,

---

1. Allusion à la position que prennent les musulmans en faisant le salam ou la prière.

ce qui est le cas général de décembre à avril, on se calfeutre dans les appartements en versant des torrents d'eau sur les planchers. On obtient ainsi une fraîcheur relative. Mais nous ne pouvions prendre toutes ces précautions dans notre léger campement de Makadiambougou, au milieu de la plaine brûlante que chauffait l'intolérable réverbération de la montagne. L'harmatan a toujours été considéré comme un vent très sain, balayant les miasmes de l'hivernage, chassant les fièvres, raffermissant les tissus et facilitant la respiration. Mais, en attendant, il nous faisait passer des heures excessivement désagréables à cause de son extrême sécheresse et de la poussière qu'il enlevait et qui formait tout autour de nous, nous cachant presque la montagne, une sorte de brouillard épais, sombre et rougeâtre. Les livres, papiers, règles, les tables elles-mêmes se déformaient et se gondolaient; ces objets devenaient tellement fragiles, qu'ils se brisaient au moindre choc. Ce vent avait cependant un bon résultat : il rendait l'eau très fraîche. Nous pouvions nous offrir ce luxe, à Kita, de boire frais, en remplissant nos seaux en toile et en les suspendant à l'action du vent qui, chaud et brûlant, produisait une évaporation rapide, et rendait notre eau presque glacée.

Vallière aurait voulu profiter de son séjour à Kita pour faire le tour du massif montagneux qui domine toute la contrée, mais personne ne voulut lui servir de guide pour cette excursion. Il paraît que la mort attendait l'audacieux qui entreprenait pareille expédition, et pas un Malinké, quelle que fût la récompense promise, ne consentit à faire ce voyage. Tous ceux à qui nous en parlions montraient même une sorte de terreur en nous entendant énoncer pareil projet.

Vallière fit alors avec Tautain l'ascension du sommet le plus élevé du massif. La montagne de Kita s'élève brusquement au milieu d'une vaste plaine en présentant trois murailles verticales successives, en retrait l'une sur l'autre. Sa hauteur générale est d'environ deux cents mètres; sa base a la forme d'un carré, dont les côtés, longs de cinq à six kilomètres, présentent au sud et à l'est du massif de nombreux rentrants, au fond desquels sont blottis de petits villages. On nous en a nommé au moins dix-sept. Les habitants sont toujours prêts à fuir la plaine et à se sauver dans la montagne, à la première apparition des cavaliers toucouleurs.

Le sommet du massif n'est pas une table, comme il est ordinaire dans la plupart des hauteurs de cette région ; il présente plusieurs pointes isolées, qui dominent le plateau de vingt-cinq à trente mètres environ. Vallière et Tautain, parvenus sur le principal de ces sommets, furent récompensés de leurs fatigues par le magnifique panorama qui se déroulait devant eux.

Les massifs du Gadougou, les montagnes de Mourgoula et de Bangassi dressaient dans le lointain leurs cimes dentelées, tandis que la vallée du Bakhoy se perdait vers le sud-est en montrant, comme un ruban brillant, les eaux argentées de son cours. Cette ascension permit de se rendre un compte plus exact de la configuration générale du pays et de compléter les travaux topographiques.

Les jours se passaient et la situation restait la même : Tokonta gardait extérieurement une attitude très réservée, tandis qu'au fond il était en proie à la plus grande agitation. Notre interprète, ses fils, les beaux cadeaux que je lui envoyais, tout l'engageait à accepter nos propositions; mais de temps en temps le fantôme toucouleur se dressait devant lui, et ses perplexités revenaient. L'affaire de Goubanko le préoccupait encore plus vivement : il voulait en finir avec ce village révolté et faire cesser une situation ruineuse pour ses sujets, qui, à chaque instant, se voyaient enlever leurs femmes, leurs enfants, leurs captifs et leur bétail. Mon refus de participer à une action armée l'avait beaucoup froissé. Il commença du reste à montrer certaines appréhensions lorsque Alpha répandit adroitement le bruit dans le village que, puisque les gens de Kita ne voulaient pas accepter les propositions du gouverneur du Sénégal et du grand chef des Français, j'allais me transporter à Goubanko et traiter avec les notables, en leur offrant l'alliance avec les blancs. Pour peser encore plus sur l'esprit de Tokonta, je chargeai le docteur Tautain de se rendre à Goubanko avec une escorte militaire et de commencer les pourparlers. Il revint le soir même, m'amenant des émissaires, que la population me déléguait pour nouer avec moi des relations de paix et d'amitié.

Ces agissements commencèrent à inquiéter l'orgueilleux Tokonta. Une nouvelle démarche vint ébranler ses dernières velléités de résistance : j'avais appris que le souverain réel du pays de Kita n'était pas à Makadiambougou, mais bien à Nahalla, où il résidait, pauvre et infirme, laissant toute l'autorité à son puissant voisin. Tokonta n'était en réalité que le chef le plus riche, le plus influent, en un mot l'homme le plus écouté de tout le pays. Le véritable chef par la naissance et par la tradition subissait sa volonté; mais je feignis d'admettre que le traité ne pouvait se faire sans son concours, et, comme j'étais encore cloué sur ma couchette par la fièvre, je me fis suppléer par le docteur Bayol, qui, escorté par les spahis, se rendit à Nahalla et commença les relations avec ce souverain, relations très faciles d'ailleurs, car le pauvre vieillard, qui représentait la légitimité dans le pays, était à l'absolue discrétion du remuant Tokonta. Ce va-et-vient des officiers de la mission, l'attitude absolument confiante qu'ils conservaient, durent commencer à inquiéter le chef de Makadiambougou, qui finit par craindre de nous voir traiter avec d'autres qu'avec lui, ce qui l'aurait relégué ainsi au second plan, tandis que Goubanko croîtrait encore en puissance. Il changea donc complètement d'attitude en me faisant demander mon intervention pour amener un rapprochement entre lui et ses ennemis. Je me rendis sans peine à cette prière et lui promis de m'employer de tout mon pouvoir pour décider ses anciens sujets à reconnaître leurs torts envers lui.

Le 25 avril 1880, Tokonta, entouré de ses fils, des chefs et des principaux notables du pays, signa le traité qui plaçait tous les territoires de Kita sous le protectorat exclusif de la France, en nous autorisant à construire, sur l'emplacement que nous choisirions, les postes ou établissements que nous jugerions nécessaires.

Je reproduis ici le traité de Kita pour donner une idée de la manière dont ces actes étaient conclus. Comme ceux déjà conclus avec les chefs du Bakhoy et du Fouladougou, il est rédigé à la fois en français et en arabe.

« Au nom de la République française,

« Entre G. Brière de l'Isle, colonel d'infanterie de marine, commandeur de la Légion d'honneur, gouverneur du Sénégal et dépendances, représenté par le capitaine Gallieni, chef de la mission du Haut-Niger, d'une part,

« Et Makadougou, chef du pays de Kita, Tokonta, chef de Makadiambougou, assistés de leurs parents et des principaux notables, d'autre part,

« A été conclu le traité suivant :

« ARTICLE PREMIER. — Les chefs, notables et habitants du pays de Kita déclarent qu'ils vivent indépendants de toute puissance étrangère et qu'ils usent de cette indépendance pour placer de leur plein gré, eux, leur pays et les populations qu'ils administrent, sous le protectorat exclusif de la France.

« ART. 2. — Le Gouvernement français s'engage à ne jamais s'immiscer dans les affaires intérieures du pays, à laisser chaque chef gouverner et administrer son peuple suivant leurs us, coutumes et religion, à ne rien changer à la constitution du pays qu'il prend sous sa protection. Il se réserve le seul droit de faire sur le territoire de Kita les établissements qu'il jugera nécessaires aux intérêts des parties contractantes, sauf à indemniser, s'il y a lieu, les particuliers dont les terrains seraient choisis pour servir d'emplacement à ces établissements.

« Art. 3. — Les habitants de la région, reconnaissants envers le Gouvernement français qui les prend sous sa protection, s'engagent à mettre à la disposition du gouverneur tous les moyens en leur pouvoir pour l'aider à élever les constructions et établissements prévus par l'article 2 ci-dessus. Tout travail exécuté par un habitant du pays pour le Gouvernement français sera rétribué suivant le taux en usage.

« Art. 4. — Le commerce se fera librement et sur le pied de la plus parfaite égalité entre les nationaux français ou autres, placés sous la protection de la France, et les indigènes. Les chefs s'engagent à ne gêner en rien les transactions entre vendeurs et acheteurs et à n'user de leur autorité que pour protéger le commerce, favoriser l'arrivée des produits et développer les cultures.

« Art. 5. — En cas de contestation entre un individu de nationalité française et un chef du pays ou l'un de ses sujets, l'affaire sera jugée par le représentant du gouverneur, sauf appel devant le chef de la colonie. En aucune circonstance et sous quelque prétexte que ce soit, les opérations commerciales d'un traitant ne pourront être suspendues par ordre des chefs indigènes.

« Art. 6. — Ceux-ci, comme leurs successeurs, s'engagent à préserver de tout pillage les étrangers qui viendront faire le commerce chez eux, à quelque nationalité qu'ils appartiennent.

« Art. 7. — Les chefs de la contrée n'exigeront aucun droit, aucune coutume ou cadeau de la part des commerçants pour autoriser le commerce.

« Art. 8. — Chaque année les chefs qui voudront se rendre à Saint-Louis ou y envoyer un de leurs parents avec leurs pouvoirs pour traiter directement les affaires avec le gouverneur, y seront conduits gratuitement par les soins des Français et ramenés de même à leur point de départ.

« Fait et signé en triple expédition au village de Makadiambougou, le 25 avril 1880, en présence de MM. Bayol, médecin de première classe de la marine, Vallière, lieutenant d'infanterie de marine, Tautain, médecin auxiliaire de la marine, Alpha Séga, interprète. »

Quelques chefs ont signé en arabe, les autres ont apposé leur marque. Tokonta a ajouté ce vœu à sa signature : « Au nom de Dieu, venez, ô gouverneur ; mon pays à moi Tokonta est à vous. »

Au traité de Kita, par une nouvelle convention, passée le surlendemain, a été ajouté l'acte additionnel suivant :

« Les chefs, notables et habitants du pays de Kita, voulant montrer leur vif désir de conserver et cimenter leur alliance avec les Français, alliance consacrée par le traité du 25 avril 1880, signé à Makadiambougou par eux et par le représentant du gouverneur, cèdent à la France en toute propriété l'emplacement choisi pour y construire les établissements nécessaires pour que la France puisse remplir les engagements qu'elle a contractés envers le pays de Kita par le traité du 25 avril 1880.

« Ils consentent à ce que les Français viennent, dès la plus prochaine saison sèche, ou quand ils le voudront, construire sur cet emplacement un poste capable de maintenir pour toujours la paix dans tout le pays et sous la protection duquel se fera le commerce.

« Ils s'engagent à fournir les travailleurs nécessaires pour la construction de ce poste et pour la route qui devra l'unir aux autres établissements français les plus voisins. Ces travailleurs seront nourris par les Français et recevront pour chaque journée de travail une valeur de deux coudées de guinée en nature[1]. »

Je voulus célébrer par une fête mémorable cette importante conquête, qui portait notre influence à deux cents kilomètres à peine du Djoliba et nous assurait dès ce moment la prééminence sur cette partie du Soudan occidental. Tokonta désirait d'ailleurs connaître l'effet de nos armes se chargeant par la culasse, et surtout il voulait entendre le bruit du canon! On lui avait dit merveille des quatre petites espingoles d'embarcation que j'avais apportées de Saint-Louis, et les détails qu'Ibrahima lui avait donnés sur ces armes étranges avaient vivement surexcité son imagination.

Le camp présentait donc, dans l'après-midi du même jour, un spectacle des plus brillants. Les tirailleurs et les spahis, vêtus de leurs beaux costumes orientaux, formaient l'un des côtés du carré : les muletiers et âniers avaient également échangé leurs haillons de tous les jours contre de beaux boubous blancs ou bleus, cachés dans le fond des *m'bous* (peaux de bouc) et réservés pour les grandes occasions. Les laptots, dans leurs coquets costumes de matelots, servaient la batterie d'espingoles, établie à l'un des angles du carré. Nous-mêmes avions revêtu nos beaux dolmans en flanelle blanche, ornés de brandebourgs noirs, afin de mieux frapper l'imagination des Malinkés, massés à quelque distance du village pour assister au spectacle. Quant à Alpha Séga, il était rayonnant sous un

---

1. Deux coudées de guinée valent en France à peu près 62 centimes.

beau costume d'officier turc que je destinais à Ahmadou et que je lui avais prêté pour la circonstance.

Un grand mât, planté au milieu du carré, supportait un immense pavillon tricolore. Nos cœurs battaient en voyant les couleurs françaises flotter fièrement sur ces plaines de Kita, dont la possession livrait à la France toute la vallée du Bakhoy, route naturelle du Niger.

Les tirailleurs exécutèrent des exercices variés, puis des feux rapides de chassepot, qui émerveillèrent les sauvages habitants de cette terre éloignée. Mais l'enthousiasme fut encore plus grand lorsque les spahis, vêtus de leurs turbans et de leurs beaux manteaux rouges, s'élancèrent dans la plaine, sabrant de ci, de là, au galop de leurs magnifiques chevaux. Pendant la durée des manœuvres, les âniers du convoi déchargeaient leurs armes, et nos petits canons, servis avec un véritable enthousiasme par nos laptots, tiraient sans relâche. La population n'avait jamais rien vu d'aussi beau, et son admiration touchait à la stupéfaction. D'ailleurs, chaque fois que l'on « fera parler la poudre » devant les hommes du Soudan, on obtiendra toujours un grand succès.

Les derniers jours de notre séjour à Kita furent signalés par de fréquents tam-tams donnés en notre honneur. Tokonta nous envoyait ses danseuses les plus réputées et son plus bruyant orchestre. Nous ne dirons rien de ce singulier corps de ballet, sinon que nous étions absolument écœurés par la grossière indécence des danses et le réalisme répugnant des gestes.

En dehors de ces réjouissances officielles, nous avions le spectacle beaucoup plus récréatif de la foule qui rôdait sans cesse autour de nous. Le docteur Bayol, muni d'un appareil électro-magnétique, était constamment entouré de jeunes garçons, de jeunes filles et même de vieux nègres, tout étonnés des effets singuliers de cet instrument mystérieux. On formait des chaînes d'un certain nombre d'individus qui, mis aussitôt sous le courant électrique, se tordaient dans des contorsions d'un grotesque fort divertissant. La population de Kita n'est pas belle, tant s'en faut ; les visages sont irréguliers, heurtés et d'expression un peu simiesque ; on devine aisément ce qu'ils devenaient lorsque, placés sous l'influence du courant, ils exprimaient la surprise, la gaieté ou la stupéfaction.

Cependant nos affaires à Kita étaient terminées ; le volumineux courrier destiné au gouverneur était achevé et confié aux soins de Garan, deuxième fils de Tokonta, qui s'acheminait vers Saint-Louis. Il fallait songer au départ.

CHAPITRE VIII

Exploration du Ba-Oulé par le lieutenant Piétri. — Résultats de l'invasion musulmane. — Confluent du Bakhoy et du Ba-Oulé. — Les hippopotames. — Cours du Ba-Oulé. — Confluent du Bandinghô. — La caravane. — Séjour à Samhabougou. — Le désert. — Dogofili. — Retour à Kita.

Le lieutenant Piétri était rentré le 26 au soir de son exploration du Ba-Oulé. Ce chapitre, dans lequel nous lui laissons la parole, contient le récit de sa petite expédition.

Dès le 15 avril au soir mon détachement était formé; il comprenait l'interprète Alassane, deux muletiers et quatre tirailleurs commandés par le vieux caporal Détié. Le lendemain matin, pendant que le convoi tout entier commençait le passage du gué de Toukoto[1], je passai avec mes hommes sur l'autre rive; je gravis immédiatement le plateau par le sentier de Goniokori et je pris la route du nord. Je n'avais pas de guide; je ne compte pas comme tel Founé, un fils du chef de Kita, qui prétendait connaître le pays; il avait tenu à m'accompagner pour faire preuve de zèle et mériter le beau fusil que le chef de la mission avait promis aux auxiliaires dont il serait satisfait. Je m'aperçus bien vite que Founé s'était vanté; il m'égara dès le départ, et plus tard me causa des embarras dont j'aurai à parler.

Un quart d'heure après avoir quitté Toukoto, je traversai les ruines d'un village autrefois important et qui s'appelait Koré-Koro. Il ne reste maintenant debout que quelques pans de son mur d'enceinte et quelques inégalités du sol qui montrent l'emplacement de certaines cases : au milieu un gros arbre indique encore la place des palabres. Ces ruines témoignaient que la conquête musulmane avait passé par là : vingt-cinq ans auparavant, El-Hadj Oumar avait pris le village et l'avait détruit; c'est ainsi que s'imposait la nouvelle domination partout où elle trouvait une ombre de résistance et souvent même sans le moindre prétexte. Du reste il faut rendre cette

1. Voir chapitre V.

justice aux peuplades du Soudan, qu'elles ont toutes appliqué ces mêmes principes contre leurs voisins vaincus, rarement pourtant avec la rigueur et l'acharnement des musulmans. Les survivants de Koré-Koro sont revenus dans le pays, mais il semble qu'ils aient eu peur de s'isoler dans le désert; ils habitent maintenant le petit village de Koré près de Goniokori. Je ne vis de vivant au milieu des ruines qu'une biche qui traversait le sentier devant nous et ne semblait pas trop effarouchée.

Alassane.

Je me trouvai bientôt au bord du plateau borné du côté du nord par un éboulement causé par les pluies d'hivernage. Du point où j'étais, je pus voir devant moi le cours sinueux du Bakhoy, que, faute de guide, j'allais être obligé de suivre pour ne pas m'égarer et arriver sûrement au confluent que je cherchais. Il fallut faire un grand détour de plus d'une heure, grâce à Founé, pour trouver une rampe praticable et rejoindre la rivière. Quand j'y arrivai, il était tard et je m'arrêtai à un endroit appelé Séro. Ce nom ainsi que quelques autres renseignements peu importants me furent donnés par deux chasseurs de Badougou dont je fis la rencontre.

Ils allaient vers le nord ainsi que moi, mais ils ne voulurent pas m'accompagner. Ils parcouraient ce coin du désert, se mettant à l'affût des biches, le matin, à l'heure de l'abreuvoir, et, le jour, recueillant le miel sauvage dans le creux des arbres.

Le jour même, je me remis en marche de bonne heure, sur un terrain légèrement accidenté, me repérant de temps en temps sur le Bakhoy, dont je pouvais voir les sinuosités à ma gauche du sommet des hauteurs voisines. Après trois heures de marche, au sortir d'un fourré épais, je me trouvai brusquement au bord même d'une rivière large et paisible : c'était le Ba-Oulé; son confluent avec le Bakhoy était 500 mètres plus bas. C'est à la pointe même, dans un bouquet d'arbres, que j'allai camper. L'apparence des deux rivières en ce point est bien trompeuse : tandis que le Ba-Oulé, avec son lit large de près de deux cents mètres et bien rempli d'une eau profonde, a l'air d'une grande rivière, le Bakhoy, qui a un débit à peu près triple, roule très rapide, comme un gros ruisseau, sur des roches plates et glissantes superposées en escalier.

La nuit, ce n'est pas seulement le bruit des eaux du Bakhoy qui trouble le silence de ces solitudes : les hippopotames sont nombreux dans ces rivières, dans le Ba-Oulé surtout ; le soir, ils sortent de l'eau, se hasardent sur les bords pour y chercher leur pâture, s'appelant et se répondant par des hennissements sonores qui sembleraient terribles si l'on ne savait de quelle bête paisible et craintive ils viennent.

Il y en avait une bande au confluent, que nous avions à peine effarouchée à notre arrivée par deux ou trois coups de fusil. Ils n'avaient pas l'air méfiant. Le lendemain, comme je traversais le gué du Bakhoy, revenant d'étudier la topographie de la rive gauche, je tirai un coup de fusil sur un de ces animaux plus hardi que les autres et qui nous regardait passer, tout le corps hors de l'eau. Aux coups de feu des tirailleurs qui me suivaient, il se sauva et chercha à gagner la berge, signe, disaient les noirs, qu'il était blessé dangereusement. Pendant qu'il faisait ces tentatives, une dernière balle de mousqueton l'acheva. Ce fut avec de grands efforts que l'on parvint à le traîner au bord. Nous tenions d'autant plus à le dépecer que nous aurions volontiers remplacé, pour un jour ou deux, nos conserves par de la viande fraîche. En effet, les tirailleurs en firent une abondante provision et j'en mangeai le matin même. A mon grand étonnement, Founé avait disparu pendant la chasse. Il ne reparut qu'assez tard l'après-midi avec les deux chasseurs que j'avais vus la veille à Séro. Ceux-ci vinrent me prier de leur abandonner le reste de l'hippopotame : je le leur accordai volontiers, et aussitôt avec des haches qu'on leur prêta ils se mirent en devoir de continuer le dépeçage que les tirailleurs avaient entamé. Tout ce jour-là et le suivant ils coupèrent la viande en lanières qu'ils mettaient ensuite à fumer sur des bâtons croisés au-dessus du feu. Ils semblaient ravis d'une si bonne aubaine et passèrent une partie de la nuit à danser autour de leur feu : le lendemain, ils m'offrirent en remerciement une

Tirailleurs sénégalais.

petite calebasse remplie de miel sauvage. Quant à Founé, il ne s'était pas mêlé à leurs divertissements, et, lorsque j'en demandai la cause, j'appris qu'il n'avait pas voulu assister à la mort de l'hippopotame parce que sa famille respecte ce pachyderme comme son patron ou, comme on dit en traduisant plus exactement le mot indigène, comme son *parent*. Il ne pouvait donc ni le voir tuer, ni en manger : il aurait même dû, s'il avait été fidèle aux usages des noirs, s'opposer à ce qu'aucun mal lui fût fait;

mais le fils de Tokonta me semblait assez supérieur à tout préjugé, un libre-penseur à la mode du pays : par respect humain, il ne mangea pas de cette viande sacrée pour lui, mais il n'en était pas moins allé trouver les deux chasseurs et s'était fait donner un bon cadeau de tabac et de miel pour les amener à mon campement et leur montrer notre chasse.

Je passai trois jours au confluent du Ba-Oulé. L'excursion la plus intéressante et la plus utile fut celle que je fis le 16 avril ; j'avais pris pour but l'ascension de trois collines hautes d'une centaine de mètres sur la rive droite du Bakhoy en aval du confluent : elles s'appellent le *Niagnourou*. De leur sommet je pus voir toute la vallée depuis Badumbé jusqu'au confluent, fixer quelques points de repère et mesurer approximativement la distance du confluent à Badumbé.

Tous les renseignements dont j'avais besoin étaient pris.

Comme trace de mon passage, je gravai au fer rouge sur un des plus gros arbres de la pointe :

MISS. GALL. 1880.

et le 17 au soir je continuai ma route vers l'est. Je suivais la rive gauche du Ba-Oulé, obligé souvent de faire de grands détours pour éviter des ravins infranchissables ou de monter sur le sommet de certaines collines remarquables pour mieux juger de la configuration du pays. Je pouvais de temps en temps suivre les bords mêmes de la rivière et j'étais heureux de ces occasions quand elles se présentaient, car j'avais alors souvent de l'ombre et toujours un terrain couvert de verdure ; tandis que, lorsque je m'en écartais, je me trouvais sous un soleil très chaud et sur un sol dont la réverbération était à peine supportable. Dès ma première étape, le Ba-Oulé avait pris l'aspect d'un ruisseau presque perdu au milieu des rochers qui remplissaient son lit. Assez souvent je rencontrais de petits biefs où l'eau était assez profonde et qui servaient d'asile à des familles d'hippopotames. Ils nous regardaient tranquillement passer, comme avec curiosité. Parfois aussi nous voyions de grands troupeaux d'antilopes de toute espèce dont se nourrissent les lions qui habitent ce désert. Je n'ai pas vu de ces grands fauves, mais le matin nous entendions toujours leurs rugissements, et le soir les tirailleurs allumaient de grands feux pour les écarter ; je crois même qu'ils prétendaient conjurer leur approche au moyen de paroles magiques et de grands gestes aux quatre coins de l'horizon.

Le 19 au soir, je croisai la route de Kita au Karta, route suivie par les caravanes et que Mage avait parcourue dix-sept ans auparavant. Sur les deux rives du Ba-Oulé, on voit le campement habituel des Dioulas ; c'est un grand cercle marqué par des pierres deux par deux, sur lesquelles on fait la cuisine.

Le Ba-Oulé, en cet endroit, reçoit un affluent important qui vient du sud et dont un des noms les plus connus est *Bandinghô* (petite rivière). Mage n'avait pas pu, en traversant, prendre des renseignements suffisants, de sorte que, d'après sa carte, le Ba-Oulé n'était autre chose qu'un bras du Bandinghô, détaché en aval de Maréna. Si ce fait était vrai, je devais, en allant directement du confluent à Maréna, repasser le Ba-Oulé en un autre point de son cours. Je franchis la rivière et j'allai camper à l'est du confluent sur la rive droite du Bandinghô. Alassane partit aux renseignements vers Kouroundingkoto, car je ne voulais pas m'engager plus loin dans le désert sans savoir si je n'y trouverais pas de villages et si je ne courrais pas risque d'y souffrir trop de la faim ou de la soif.

Au confluent du Bakhoy et du Ba-Oulé, j'avais réussi facilement à déterminer la latitude du lieu, qui plus tard a été trouvée exacte par la mission Derrien. J'avais même espéré un instant en déterminer la longitude ; mais les deux montres dont je disposais avaient une marche si irrégulière que je dus y renoncer. J'avais pourtant essayé beaucoup de modes de transport depuis notre départ, mais aucun n'avait donné de résultats convenables. J'y renonçai donc au Bandinghô, où je fis mes dernières observations.

Avant d'aller plus loin, il faut expliquer pourquoi je crus nécessaire de renoncer à certaines dénominations données par Mage aux rivières, pour éviter la confusion dans les renseignements. Si l'on se reporte à la carte laissée par ce voyageur, très exacte pour tout ce qu'il a vu lui-même, on y trouve un *Bakhoy* n° 1 à l'ouest de Kita et un *Bakhoy* n° 2 à l'est. Jusque-là il n'y a que confusion de nom ; mais il fait du Ba-Oulé un bras du Bakhoy n° 2, et là il y a erreur. La cause de cette erreur tient sans doute à la similitude des noms donnés au Ba-Oulé et au Bandinghô sur plusieurs points de leur cours.

Les indigènes ne désignent pas une rivière ou une montagne partout par le même nom : chaque village en emploie de très divers. Pour un cours d'eau, la dénomination change même d'après la saison, suivant que les eaux en sont pures ou chargées de boue, ou suivant la couleur des rives. Ainsi le *Bakhoy* n° 1 s'appelle *Bakhoy*, *Badié*, *Ouandan* et même *Ba-Oulé*. Le *Bakhoy* n° 2 porte aussi les noms de *Bakhoy*, *Ba-Oulé*, *Babilé*, *Bani-Oulé*, *Bandinghô* ; la branche *Ba-Oulé* de *Bakhoy*, *Badié*, *Ba-Oulé*, *Babilé*, etc.

Tous ces noms veulent dire fleuve blanc ou rouge; il fallait donc en choisir trois assez dissemblables pour éviter la confusion et le leur appliquer tout le long de leur cours sur nos cartes.

Le nom de Bakhoy avait déjà été donné au Bakhoy n° 1 ; j'adoptai celui de Ba-Oulé pour la rivière qui s'y jette en aval de Toukoto et qui vient de l'est au confluent de la route du Karta. Mage n'avait pas connu son cours supérieur, que j'allais suivre et que nous allions retrouver à Koundou. Il ne restait que le nom de Bandinghô à choisir pour l'affluent du Ba-Oulé qui coule à l'est de Kita et est appelé par Mage Bakhoy n° 2.

Je me trouvais donc au confluent du Ba-Oulé et du Bandinghô. La rive gauche est plus haute que la rive droite et l'on ne descend dans le lit du fleuve que par une pente très rapide, semée de pierres. Comme le jour tombait, une caravane de Dioulas, venant de Kita, arriva au bord de la rivière. Pendant que bêtes et gens roulaient plutôt qu'ils ne descendaient pour la traverser, les tirailleurs, poussés par la curiosité, coururent vers les nouveaux venus. Les Saracolets, méfiants par métier, se crurent un instant surpris par des pillards ; le désordre augmenta dans leur convoi, et des cris d'appel retentirent de la tête à la queue de la colonne. Mais ils furent vite rassurés par les éclats de rire et les moqueries de mes hommes qui n'avaient même pas leurs fusils. Ce malentendu dissipé, le chef de la caravane vint me voir et m'apprit que le convoi de la mission était attendu, pour le lendemain 20 avril, à Kita.

Alassane revint le lendemain soir de Kouroundingkoto. Il amenait avec lui deux hommes du village qui devaient me donner les renseignements nécessaires et il m'apportait des vivres frais. Il m'apprit que le chef l'avait bien reçu et lui avait facilement accordé tout ce qu'il avait demandé, mais qu'il avait eu toutes les peines du monde à défendre Founé contre la fureur de quelques habitants qui l'avaient reconnu et voulaient lui faire un mauvais parti. Il paraît que le fils de Tokonta, encouragé probablement par son honnête homme de père, avait fait assez longtemps le métier de pillard dans ces parages et que, comme il n'avait pas de préférence, non seulement il détroussait les Dioulas, mais encore les gens de Kouroundingkoto. Ce n'est que grâce au nom de Français dont Alassane avait su le couvrir qu'il avait pu le ramener sain et sauf.

Du reste, Founé n'était pas le seul dans le pays à mener cette vie de pillages lucratifs; ses frères en avaient fait autant, les fils des autres chefs ne s'en privaient pas non plus. Ce métier n'a rien de déshonorant, au contraire : c'est la seule occupation digne d'un homme libre qui veut se préparer aux grandes choses de la guerre; c'est le seul moyen honorable d'acquérir des richesses; le travail des champs est avilissant et bon pour des captifs.

Les deux indigènes de Kouroundingkoto m'apprirent qu'un peu plus haut, à cinq lieues de là sur le Ba-Oulé, il y avait un village appelé Sambabougou, et ils m'avouèrent que depuis mon départ du Bakhoy nous n'avions pas été perdus de vue par des chasseurs de leur village qui suivaient la rive droite du Ba-Oulé. Ces chasseurs avaient même tué la veille un éléphant, ce qui était pour le village un événement extrêmement heureux. Les éléphants sont nombreux dans cette région, mais les indigènes en tuent rarement parce qu'ils sont mal armés et que le flair de cet animal lui fait éviter bien des pièges. Ils ne le chassent guère qu'à l'affût : mais comme ils savent qu'il devient très méchant quand il est blessé, dès qu'ils ont envoyé leur coup de fusil ils s'enfuient à toutes jambes jusqu'à ce qu'ils aient trouvé un asile sûr et inaccessible. Voilà leur chasse; c'est bien là l'image de la guerre chez les Malinkés.

Ces détails me furent racontés au sujet d'un éléphant qui, deux soirs de suite, était venu boire à la rivière près de notre campement et que nous entendions barboter dans l'eau. Deux hommes étaient allés le voir de près, mais j'avais défendu de l'attaquer; comme j'avais de la lumière pour écrire, les indigènes voulaient me la faire souffler, prétendant que l'éléphant, quand il voit du feu, la nuit, va toujours l'éteindre. Cette fois-là, pourtant, il ne vint pas.

Le lendemain, tout étant prêt pour envoyer des nouvelles et des renseignements au chef de la mission, je fis partir un courrier et je me disposai à partir moi-même pour Sambabougou. Mais je fus bien étonné quand les deux hommes de Kouroundingkoto me dirent qu'ils ne voulaient pas m'y accompagner. Ils essayèrent d'abord de me dissuader d'y aller moi-même, m'affirmant que ma vie n'y serait pas en sûreté; puis ils me demandèrent un prix exorbitant pour leur voyage. Je les remerciai brusquement et leur annonçai que j'irais tout seul; alors ils se décidèrent à me suivre. En route, à une halte, j'appris que c'était Founé, désireux de rentrer tout de suite à Kita, qui m'avait créé cette difficulté. Craignant que plus tard ce drôle ne fût l'auteur d'embarras plus sérieux, je lui fis dire par Alassane qu'à la première incartade je le laisserais garrotté au milieu du désert; en attendant, je lui supprimai la ration qu'il avait eue jusque-là. Il ne se mêla plus dès lors de modifier mon itinéraire; mais il sut encore me voler un baril de poudre en abusant de la confiance du caporal Détié, par la méthode dite, je crois, *américaine*. Il avait le génie du vol; je n'attachai pas grande importance à ce méfait : je savais que je ne pouvais pas l'empêcher de voler; autant lui demander de ne pas respirer.

Le pays que je traversais présentait toujours le même aspect. C'était partout la même végétation : quelques arbres de haute futaie au milieu d'un bois d'arbustes, et parfois des clairières où paissaient des bandes d'antilopes qui se sauvaient à peine à notre approche. Les ravins qui avaient retardé ma marche les jours précédents, je les retrouvais aussi et plus difficiles à franchir. A ma droite, à des distances variables, je laissai des sommets d'environ trois cents mètres de hauteur, divisés en trois groupes distincts. Le dernier pic le plus rapproché de la rivière une fois dépassé, je me trouvai en vue de Sambabougou sur le bord du Ba-Oulé.

Le chef, Ba, me reçut avec la plus grande cordialité. Tout d'abord même, avant de m'entretenir sur l'objet de ma visite, il me confia aux soins hospitaliers du notable le plus important de la petite cité, appelé Boha. C'était un vieil homme encore robuste, à la barbe blanche, qui marchait et parlait avec gravité. Il était au moins aussi riche que le chef et semblait heureux d'avoir à m'héberger; mais j'étais devenu sceptique au sujet du désintéressement des noirs, et sans doute Boha pensait au cadeau que je lui ferais au départ. Pourtant mon hôte valait mieux que la moyenne et avait des façons très avenantes : il me mena à sa demeure et me fit choisir la case qui me convenait le mieux. Tout aussitôt on m'apporta une grande calebasse de lait, qui fut pour moi un vrai régal; il y avait plus de quinze jours que je n'en avais bu, et il constitue au Soudan la boisson la plus saine, la nourriture la moins fatigante pour les Européens.

Je fus bientôt dans ma case l'objet de la curiosité la plus vive et la plus gênante. Les indigènes n'avaient jamais vu d'homme blanc; un seul se vantait d'avoir failli voir Mage et Quintin à Kita, où il était arrivé le lendemain de leur départ. Aussi y eut-il bientôt foule dans la maison de Boha. Ils se pressaient, se serraient dans un étroit espace pendant que je complétais sommairement les notes prises pendant l'étape. Ils restaient là tous immobiles, suivant des yeux tous mes mouvements; de temps en temps un d'entre eux disait un mot qui provoquait les Io! Oh! oh! et les commentaires. Je n'y pus tenir, tellement ils me pressaient et m'étouffaient. Je les priai de me laisser respirer, je le dis à Boha et je le fis dire au chef; à la fin je déclarai que, si l'on ne me délivrait pas de ces importunités, j'irais camper hors du village. Boha s'émut et mit une sentinelle à la porte; le nombre des curieux diminua et je pus enfin prendre un peu de repos.

Le soir, j'eus une entrevue avec le chef sur la place aux palabres. Ba avait revêtu son plus beau costume de cérémonie : un boubou blanc et un bonnet bambara orné de dessins de couleurs diverses. Toute la population, naturellement, était réunie autour de nous. Je m'assis sur un escabeau des plus rustiques, pendant que Ba me demandait pourquoi je ne voulais pas me laisser voir à ses concitoyens. Je tâchai de lui faire comprendre que si je venais dans son pays, c'était précisément pour voir et être vu, mais que par trop d'empressement il ne fallait pas m'étouffer; que du reste il viendrait après moi bien d'autres Français pour faire le commerce et leur vendre toutes espèces de belles choses ; et je lui développai le thème ordinaire de nos conversations avec les indigènes. Le pauvre homme de temps en temps

Le village de Sambabougou.

répétait : « Oh! si tu disais vrai! je voudrais bien vous voir ici! Quand viendrez-vous? » Je comprenais bien ce qu'il n'osait dire; que nous étions bien loin et les Toucouleurs bien près. Peu à peu pourtant, encouragé par l'approbation quelquefois très bruyante de l'assistance, il parla avec moins de réticences : « On dira ce qu'on voudra; que le gouverneur vienne, et tout le monde ici sera pour lui. Les Toucouleurs sont trop méchants, ils nous ont fait trop de mal. »

Les notables renchérirent encore et déclarèrent que tout ce qu'ils avaient était ma propriété.

Les relations ne pouvaient pas être plus cordiales. Je séjournai deux jours à Sambabougou, et les dons de toutes espèces affluèrent dans ma case : du lait, des œufs, des poulets, des chèvres. Je ne savais qu'en faire ; mes hommes étaient enchantés de cette grasse hospitalité qui les payait de leurs privations des jours précédents ; deux et trois fois par jour, ils recevaient de grandes calebasses de riz et de couscous accompagnés des sauces les plus diverses. Je crois même qu'ils avaient du succès auprès des ménagères, car je les ai entendus plus tard regretter les façons accortes des femmes de Sambabougou.

Mes deux journées furent bien remplies. Je visitai soigneusement les environs et je recueillis des renseignements très satisfaisants sur la géographie et l'histoire du pays. J'appris que le Ba-Oulé, à trois journées de marche à l'est de Sambabougou (55 ou 60 kilomètres en ligne droite), tournait brusquement vers le sud jusqu'à Koundou et qu'un marigot sans importance continuait seul la direction primitive vers l'est. De ce même côté, à trois kilomètres de Sambabougou, il y a une hauteur d'ascension difficile de trois cents mètres environ, à pic sur la rive gauche du Ba-Oulé. Du sommet la vue s'étend au loin, surtout du côté de l'est, où le sol semble moins accidenté. A perte de vue on voit la rivière avec la direction E. 20° N.

Pendant que j'étais dans le village, Boha ne me quittait pas. J'y trouvais mon compte, car le vieillard était très sensé, avait beaucoup vu et beaucoup voyagé, un peu malgré lui, et je pouvais l'interroger utilement. Par exemple, pour lui l'histoire de son pays ne commençait qu'au passage des Toucouleurs. « Et auparavant ? disais-je. — Auparavant, nous étions bien plus heureux et tu n'aurais pas traversé pour venir ici les déserts que tu as vus. »

Dans ces regrets il y avait évidemment plus que le désir ordinaire des vieillards de vanter le passé au détriment du présent. Il racontait que les Toucouleurs étaient venus du nord en grandes bandes, que le village s'était sauvé en masse, qu'ils avaient trouvé au delà des montagnes sur le Bandinghô des fuyards d'autres villages à qui ils s'étaient joints, qu'ils avaient été poursuivis et enfin qu'ils avaient pu arriver dans le Manding, d'où il était revenu plus tard avec Ba et quelques autres fidèles au pays où ils étaient nés. Ils étaient pauvres maintenant, et les Toucouleurs venaient encore de temps en temps leur voler ce qu'ils pouvaient mettre de côté pendant l'année.

Si Boha eût connu toute l'histoire de son pays, il aurait pu raconter qu'à une époque antérieure au dix-septième siècle une autre invasion venant de l'est l'avait ravagé. C'étaient des Fouls, dont quelques-uns s'étaient fixés dans le pays, trop peu nombreux pour créer une race mixte, tandis que leurs frères avaient poussé jusqu'au Sénégal, où ils avaient été pères de ces mêmes Toucouleurs, leurs conquérants d'aujourd'hui. Les seules traces qui restent de l'ancienne conquête des Fouls sont : le nom de *Fouladougou* (pays des Fouls) qui a été donné à toute la contrée, quelques noms de famille fouls et enfin quelques rares types très reconnaissables de cette race parmi les indigènes.

Le Sambabougou actuel est un petit village de deux cents habitants au plus, assez industrieux. Il y a parmi eux un nombre assez considérable de forgerons qui s'adonnent spécialement à l'extraction du fer. Aux environs du village, surtout sur la rive droite de la rivière, le terrain contient le meilleur minerai de fer que l'on trouve, dit-on, à plusieurs journées de marche à la ronde. Ce minerai que j'ai vu et dont j'ai emporté un échantillon est en effet de l'oxyde magnétique de fer très peu mélangé ! Il y avait près de la rivière quelques fours où l'extraction du métal se fait à peu près suivant la méthode catalane. Le fer obtenu est très doux ; avec nos sabres-baïonnettes on entamait les outils indigènes si facilement que leurs possesseurs s'en effrayaient.

Au grand regret de mes hommes pour qui Sambabougou était un vrai pays de cocagne, au grand regret des habitants et de mon hôte, qui essayèrent de nous retenir quelques jours de plus et qui se disaient favorisés par leurs fétiches parce qu'ils leur avaient envoyé la visite de l'homme blanc, je me disposai à continuer ma route. Je fis quelques pauvres cadeaux, mais suffisants, dont tout le monde sembla content. Ce qui fit ouvrir les yeux à toute la population et jeter des cris d'admiration, ce furent quelques mètres d'étoffe jaune orangé du plus mauvais goût. Le chef et mon hôte en eurent seuls de quoi se faire un costume ; ils étaient ravis.

Je n'avais plus aucun intérêt à poursuivre mes recherches vers l'est; je me décidai à rentrer à Kita par Maréna, direction dans laquelle je pourrais m'assurer positivement que la bifurcation du Bandinghô n'existait pas.

Le 24 au matin je sortis du village, accompagné des habitants, qui me firent la conduite à quelques centaines de mètres. J'avais pris la veille tous les renseignements nécessaires et, cette fois, j'avais deux bons guides. On m'avait prévenu que la route la plus courte était très mauvaise et que jamais aucune caravane n'y passait. Je m'obstinai quand même à faire cette tentative, pressé de rejoindre le convoi principal, afin de ne pas le retarder dans sa marche. Les difficultés sérieuses ne se firent pas attendre. Au bout d'une heure je gravissais péniblement un sentier à peine visible au milieu de gros blocs de pierre où souvent mon cheval n'avait pas un pied assuré ; un peu plus tard j'arrivais devant une muraille à pic, soubassement d'une haute colline qu'il fallait franchir. Les hommes y grimpaient en s'aidant des pieds et des mains, mais nos chevaux et nos mulets ne pouvaient en faire autant. Je finis par trouver un endroit où la muraille avait trois mètres à peu près de hauteur; la roche était assez facile à entamer; et en deux heures Alassane et mes tirailleurs, s'aidant de la pioche et de la pince, pratiquèrent une rampe que les mulets et les chevaux, tirés par devant, poussés par derrière, parvinrent à monter. Le reste du sentier fut gravi péniblement; la descente de l'autre côté fut presque aussi difficile, mais nous fûmes récompensés de nos efforts lorsque vers onze heures nous arrivâmes à un délicieux campement au bord du Ouassa, ruisseau qui va se jeter dans le Ba-Oulé en passant à travers une brèche étroite de la montagne que nous venions de franchir.

La grande chaleur du jour tombée, je me remis en route, cette fois sur un sentier commode, le long du Ouassa, à l'ombre de beaux arbres, tamariniers, kay cédrats, palmiers, etc., qui bordaient ce joli ruisseau. Je n'arrivai à Dogofili, le premier point habité, que le lendemain soir. J'avais parcouru pendant ces deux jours un pays absolument vide d'hommes, mais très peuplé de fauves de toutes espèces. C'est là que je rencontrai un animal qui est pour les indigènes le *bœuf sauvage*, et une autre espèce, semblable aussi au bœuf mais plus forte, de robe rouge sombre, qu'on appelle *lour*; ces derniers étaient en bandes de cinq ou six et je les vis de très près; je fus tireur très maladroit et je les manquai. Toute cette région est légèrement accidentée, coupée d'une foule de ruisseaux bordés de beaux arbres touffus qui offrent parfois un aspect très pittoresque.

Dogofili était le plus joli village nègre que j'eusse encore vu. Il est situé sur une éminence à pente douce. Les environs, très bien arrosés, sont vers le nord toujours couverts d'une belle végétation. J'y fus reçu avec autant de cordialité qu'à Sambabougou. Démonstrations amicales, vivres en abondance, musique même, rien ne manqua. Pendant que j'étais allé au village rendre sa visite au chef, l'intimité entre mes tirailleurs et celles qui leur avaient apporté leurs calebasses de couscous s'était établie au point que je dus y mettre le holà, afin d'avoir le lendemain matin tout mon monde sous la main au départ.

Le lendemain, après une course rapide de trois heures, j'arrivai à Maréna, où j'appris que la mission était encore à Kita; je ne m'arrêtai pas et j'allai camper à dix kilomètres de là, sur le Bandinghô. La rivière fut franchie avec les plus grandes difficultés, car son lit est profond et très encaissé; enfin nous pûmes prendre un peu de repos sur la rive gauche à l'ombre de beaux arbres. Le soir, un peu avant la nuit, je ne pus résister à la tentation de rejoindre mes compagnons de voyage, et, quelques heures après, j'arrivai à Makadiambougou, harassé mais heureux de serrer les mains de mes amis et d'échapper à la solitude où je vivais depuis mon départ.

En résumé, cette reconnaissance de treize jours à travers une région pres-

Types malinkés de Kita.

que déserte n'avait pas eu de résultats politiques, mais elle nous donnait des renseignements précis sur la configuration du pays dont elle nous permettait de rectifier et de continuer la carte.

CHAPITRE IX

Départ de Kita. — Choix de la route pour gagner le Niger. — Mauvaise volonté des âniers. — Le jeune Abdaramane. — Passage du Bandinghô. — Arrivée à Maréna. — Les guides de Goubanko.

Le lieutenant Piétri ayant ainsi terminé son exploration du Ba-Oulé, et toutes nos opérations étant achevées à Kita, je décidai que l'on se remettrait en route le 27 au matin.

Nos animaux avaient cruellement souffert aux dernières étapes. Le plus grand nombre des ânes avaient l'épine dorsale entièrement dénudée et les chairs écorchées jusqu'au vif. Ces pauvres bêtes souffraient horriblement et se promenaient mélancoliquement autour du camp, cherchant un peu d'ombrage pour se garantir du soleil qui brûlait leurs plaies. Chaque jour, il en mourait trois ou quatre, et, détail hideux, on voyait les Malinkés, le couteau à la main, former autour des victimes agonisantes des groupes impatients de se partager leur chair. Souvent même, ils n'attendaient pas que l'animal fût entièrement mort et ils se ruaient, comme des bêtes, sur le corps encore palpitant qu'ils dépeçaient en quelques instants.

Chaque matin, on appliquait des médicaments sur les blessures; on lavait les plaies purulentes à l'acide phénique, sans cependant arrêter les progrès continuels de la maladie. Ces malheureux ânes, pour la plupart, avaient perdu toute souplesse et marchaient raides, comme s'ils avaient été d'une seule pièce.

Je n'étais donc pas sans inquiétude sur l'avenir et je cherchais chaque jour à m'éclairer davantage sur les routes qui pouvaient nous conduire au Niger. Heureusement que Bammako n'était plus guère qu'à une douzaine d'étapes et que là nous trouverions, pour continuer notre voyage, le magnifique fleuve du Soudan. J'espérais donc encore pouvoir conduire mon lourd convoi jusqu'au bout.

Quelle était maintenant la route qu'il convenait de prendre pour gagner le Niger? Ce choix était d'une importance capitale, car de lui dépendaient les résultats que nous voulions obtenir dans cette partie du Soudan. Trois voies m'étaient indiquées pour parvenir dans la vallée du haut Djoliba : la première par Nioro et le Kaarta; la seconde par Bangassi et le Bélédougou; la troisième par Mourgoula et le Manding. Malgré les avis contraires qui m'étaient donnés de toutes parts, je me décidai pour divers motifs à suivre la route de Bangassi et du Bélédougou. Cette voie, me disait-on, était dangereuse et traversait un pays révolté où les voyageurs n'osaient plus se montrer depuis longtemps. A Tokonta, les chefs d'une grosse caravane venue de la Gambie et rejoignant Nioro, ne m'avaient pas caché leurs appréhensions. Ils étaient même parvenus à intimider mes âniers, dont un grand nombre voulaient m'abandonner. Le découragement s'était mis parmi les indigènes du convoi, sourdement conseillés par quelques espions toucouleurs, cachés à Kita et qui tenaient à entraver ma marche vers Bammako. — J'avais dû réunir tous mes

Type. — Un ânier.

conducteurs, et, affectant une tranquillité que j'étais loin d'éprouver, je m'étais contenté de demander les noms des « lâches qui refusaient de me suivre dans le Bélédougou et qui voulaient retourner à Bakel et à Médine, où ils seraient déshonorés pour avoir abandonné les blancs qui avaient eu confiance en eux ». Pas un seul ne s'était avancé et, cette fois encore, j'échappai à la situation désastreuse dans laquelle m'aurait mis le départ de mes âniers.

Parvenir à Bammako et y planter notre pavillon en plaçant sous notre protectorat, par un traité solide et durable, les chefs de ce célèbre marché, connu par les relations de Mungo-Park : tel était avant tout le but à atteindre par la mission que je dirigeais. Or, comment parvenir à Bammako, ce refuge des Bambaras insurgés contre Ahmadou, si nous passions auparavant par des places toucouleurs, où les lieutenants du sultan m'empêcheraient certainement de continuer ma route? Je comparais ma situation à celle où s'était trouvé Mage dix-sept ans auparavant. Comme moi, ce voyageur avait voulu atteindre Bammako, mais il avait dû s'arrêter à Kita et suivre son guide officiel, qui devait le conduire à Ségou par la route connue du Kaarta; il n'avait pu explorer la région qui le séparait du Haut-Niger et d'où l'éloignait la méfiance des Toucouleurs qui, comme tous les nègres africains, n'aiment pas à faire connaître à des étrangers les routes de leur pays. La mission devait donc tenter ce que n'avaient pu faire ses prédécesseurs et s'efforcer de percer le voile qui nous cachait cette partie du Soudan, surveillée d'un œil jaloux par les fils d'El-Hadj Oumar, désireux sans doute de ne pas nous montrer l'état de délabrement où ils avaient laissé tomber l'empire fondé par leur père.

Je ne songeai pas un seul instant à m'acheminer vers le Niger par Nioro et le Kaarta. C'était vouer la mission à un insuccès complet. Mountaga, le frère d'Ahmadou, qui commandait à Nioro, nous aurait certainement retenus auprès de lui, sous le prétexte que les pays bambaras qui le séparaient de Ségou étaient révoltés contre le sultan. Puis, l'hivernage serait arrivé, nos animaux auraient succombé, nos vivres se seraient épuisés; nous-mêmes, en proie aux fièvres de la saison pluvieuse, nous serions devenus incapables de continuer notre voyage. Nous étions dès lors obligés de revenir sur Médine, laissant encore dans l'ombre pour longtemps peut-être les vallées du Bakhoy et du Ba-Oulé et nous posant en adversaires des Malinkés et des Bambaras, nos alliés naturels dans l'œuvre civilisatrice que nous entreprenions.

La route par Mourgoula et Niagassola ne pouvait convenir non plus. Elle traversait des contrées soumises plus ou moins directement à l'influence toucouleur. Le Birgo et le Gadougou payaient tribut à Ahmadou, tandis que le Manding, tremblant devant le tata de l'almany Abdallah, avait rompu toutes relations avec Bammako et le Bélédougou. Abdaramane, ce jeune chef de Bammako que j'avais emmené avec moi, était du reste très catégorique sur ce point et déclarait que nous ne serions bien accueillis dans ce marché que si nous y parvenions par le Bélédougou. La suite de ce récit nous apprendra d'ailleurs que le chef de Mourgoula avait reçu l'ordre formel d'Ahmadou de nous arrêter et de nous faire rebrousser chemin sur Kita.

Je me trouvais donc placé entre ces deux alternatives : prendre la route de Mourgoula, plus commode au point de vue topographique et plus sûre au point de vue politique, mais risquer d'y être arrêté et être certain d'échouer dans mes tentatives de négociations avec Bammako ; prendre la route du Bélédougou et être forcé alors de traverser un pays désert et inhabité jusqu'au Ba-Oulé, mal famé et parcouru par les pillards bambaras, entre cette rivière et le Niger. Je comptais beaucoup, il est vrai, sur Abdaramane pour me faciliter notre passage chez ses amis les Béléris, mais je ne pouvais, malgré tout, m'empêcher de concevoir quelques appréhensions à l'idée de pénétrer dans le Bélédougou, en raison de la sauvagerie de ses habitants et de l'anarchie qui régnait dans le pays.

Abdaramane, qui devait jouer un rôle important dans les événements qui se préparaient, était un type indigène assez curieux pour que j'en dise quelques mots. Il était le fils de l'un des principaux chefs de Bammako, où son grand-père avait fondé, vers le commencement de ce siècle, un marché qui avait eu longtemps une grande réputation. Riche et possédant un millier de gros d'or et deux cents captifs, ce jeune homme, dégoûté de l'isolement où les envahissements des Toucouleurs mettaient sa ville natale, voulut aller tenter fortune au loin. Il se rendit à Médine, emmenant une partie de ses captifs, qu'il se proposait de vendre en route. Mon interprète, Alpha Séga, se rappelait l'avoir vu arriver, il y avait sept ou huit ans, richement équipé et suivi d'une nombreuse escorte. Mais là, trompé et volé par les traitants de l'escale, il dissipa rapidement sa fortune et se trouvait à peu près sans ressources lorsque je le ramassai à Goré, chez Dama, au moment où il se proposait de partir pour les possessions anglaises du Sud, n'osant retourner à Bammako par les routes inhospitalières du Fouladougou, du Kaarta ou du Manding. Il avait un caractère froid et sérieux, ce qui est rare chez un Soudanien, et nous étonnait souvent par sa modération, ses manières réfléchies et le bon sens avec lequel il semblait examiner nos projets sur le Haut-Niger. Avant mon départ de Kita, j'appelai sérieusement son attention sur la gravité de la décision que j'allais prendre d'après ses conseils, mais il persista dans ses déclarations, m'affirmant que la voie du Bélédougou était la seule admissible si je voulais me présenter en ami à Bammako. Il ne me cachait pas le degré de sauvagerie des Béléris (habitants du Bélédougou), mais il insistait sur les liens d'amitié et de parenté qui les unissaient à sa famille, ajoutant que l'exposé de nos projets suffirait pour nous attacher ces Bambaras, en révolte ouverte contre Ahmadou depuis longues années et qui comprendraient bien, en nous voyant passer au milieu d'eux, que nous désirions devenir leurs alliés contre les fils d'El-Hadj Oumar.

Je n'hésitai donc pas et la marche sur le Niger par Bangassi et le Bélédougou fut décidée. C'était la voie qu'avait suivie Mungo-Park à son deuxième voyage (1805) et sur laquelle la mort de l'illustre voyageur n'avait permis d'obtenir que peu de renseignements. Les bruits qui m'étaient rapportés par des Sarracolets, venus de la Gambie, sur la marche d'une expédition anglaise se dirigeant vers le Niger, et surtout l'état inquiétant de mes bêtes de somme, me faisaient du reste une obligation de me hâter et de prendre pour continuer mon voyage la voie la plus courte.

On me pardonnera d'entrer dans tous ces détails sur le choix de la route qui devait me conduire à Bammako. Ma détermination devait malheureusement entraîner plus tard, au combat de Dio, la mort d'un trop grand nombre de mes braves indigènes, tombés courageusement pour me sauver de l'horrible sort que nous ménageaient les Béléris. Mais elle était nécessaire, car la suite du récit montrera que toute autre voie nous était fermée pour gagner le grand fleuve des nègres.

Cette nécessité de suivre la route du Bélédougou ne pouvait cependant faire négliger la vallée de Bakhoy, que suivaient le plus communément les caravanes de Dioulas, commerçant entre le Haut-Sénégal et les marchés du Haut-Niger. Le tata de Mourgoula, qui tenait sous sa dépendance toutes les populations malinkés de la vallée, avait besoin d'être visité, d'autant plus qu'on le représentait comme une place à peu près dépourvue de défenseurs. Je chargeai donc le lieutenant Vallière, accompagné de quelques hommes seulement et d'un fils du chef de Niagassola, l'ex-tirailleur Khoumo, d'aller saluer l'almany Abdallah en lui remettant un cadeau et une lettre de la part du gouverneur. Chemin faisant, Vallière devait recueillir le plus de renseignements possible sur les pays qu'il visiterait et spécialement sur le Bouré, contrée renommée par ses mines d'or.

Notre itinéraire étant bien arrêté, je pris toutes les précautions de nature à faciliter mon passage à travers les régions inconnues que j'allais aborder. Comme guides, Kita ne pouvait m'offrir aucune ressource : les attaches de Tokonta avec Ségou étaient trop connues pour que les indigènes que ce chef aurait pu me fournir eussent pu m'être de quelque utilité. Je ne trouvai d'ailleurs aucun Malinké de Kita, sauf le jeune Ibrahima, qui consentit à me suivre, même au prix d'une forte récompense. Tous craignaient non seulement le Bélédougou, mais aussi le

Fouladougou occidental, pays riche, très giboyeux, mais dépourvu d'habitants. Mais j'avais formé le projet de visiter Goubanko, ce qui devait me fournir l'occasion de m'assurer le concours de plusieurs habitants de ce village, chasseurs expérimentés et ayant conservé d'étroites relations d'amitié avec leurs congénères bambaras, auprès desquels ils pouvaient me servir d'intermédiaires.

Le 27 avril, la mission principale, sous la direction du docteur Tautain, quittait Makadiambougou, se dirigeant vers le Bandinghô par le chemin déjà suivi la veille par Piétri. Celui-ci et le docteur Bayol, qui avaient encore affaire à Kita, ne devaient rejoindre le convoi que le soir. Vallière et sa petite troupe prenaient la route de Mourgoula. Pour moi, retenu encore quelques heures au campement par le départ du courrier pour Saint-Louis, je devais le retrouver à Goubanko dans l'après-midi, y régler le différend existant entre ce village et Tokonta et m'occuper surtout de la question des guides, qui nous étaient indispensables pour gagner le Niger.

Le convoi eut une étape des plus rudes pour parvenir au Bandinghô. Ânes et âniers avaient perdu l'habitude des longues marches; de plus, la mort d'une vingtaine de ces animaux pendant notre séjour à Kita m'avait obligé d'augmenter le chargement des bêtes survivantes, malgré l'état d'extrême faiblesse dans lequel elles se trouvaient. On eût dit d'ailleurs qu'en dépit de leurs promesses la répugnance qu'ils avaient à s'engager sur la route du Bélédougou troublait un peu la tête d'un grand nombre de mes hommes. Ces mauvaises dispositions étaient d'autant plus fâcheuses que la route commençait par une ascension passablement raide au milieu des roches et que l'étape était assez longue. Toutefois, au delà de cette pente, on trouvait un chemin facile sur un bon terrain argileux. La caravane traversa ainsi les cultures de Kita, puis entra sous bois dans des forêts où l'on rencontrait les mêmes essences d'arbres que dans le Fouladougou occidental. La région était déserte, les sentiers étaient à peine tracés, et cependant on n'apercevait aucune bande d'antilopes comme dans les marches précédentes, ce qui s'expliquait sans doute par l'éloignement de l'eau. Ce n'est que vers midi, après avoir descendu une pente assez douce, que le docteur Tautain parvenait à une grande clairière où l'herbe plus verte annonçait le voisinage d'un cours d'eau. Les chevaux commencèrent d'eux-mêmes à accélérer l'allure et, quelques minutes après, ils s'arrêtaient aux bords du Bandinghô.

Le docteur Tautain s'occupa immédiatement des mesures à prendre pour franchir la rivière. Le passage semblait impraticable : les berges, hautes de neuf à dix mètres, formaient une sorte de corridor d'une vingtaine de mètres de large, obstrué en maints endroits par d'énormes blocs de grès. La rive droite, presque à pic, était constituée par une argile rouge durcie et ayant la consistance de la pierre; la rive gauche, un peu moins malaisée, conduisait à un gué assez facile et peu profond. On eut beau chercher en amont et en aval, on ne trouva pas de meilleure issue.

Notre jeune docteur se mit donc à l'œuvre. Les tirailleurs pratiquèrent assez rapidement dans la berge de la rive gauche une rampe accessible à nos animaux, mais pelles et pioches étaient impuissantes contre le sol durci de la rive opposée, et l'on dut se contenter, en profitant de quelques aspérités de ce terrain argileux, d'y tailler une sorte d'escalier irrégulier, pouvant permettre au moins le passage à nos hommes et aux ânes déchargés.

On s'occupa de faire passer d'abord les mulets. Ces animaux furent débarrassés de leurs chargements, et les muletiers, aidés des spahis et des tirailleurs, s'efforcèrent de leur faire franchir l'obstacle. Peine perdue ! Car ils descendirent facilement la rampe pratiquée sur la rive gauche et entrèrent dans le lit de la rivière; mais on ne put, malgré tout, leur faire gravir la berge à pic de la rive droite. Sambo vint heureusement, par son ingéniosité, nous tirer d'embarras. S'emparant de l'une de nos longues cordes de chargement, il la fit passer derrière la croupe de l'animal, tandis que les deux extrémités étaient tenues par des hommes placés au sommet de la berge. Un muletier, cramponné à quelques arbustes qui avaient trouvé le moyen de pousser dans cette argile durcie, tirait le mulet par la bride. A un signal donné, la pauvre bête, tirée par la bride et poussée par la corde qui l'obligeait à se porter en avant, fut ainsi hissée au sommet de la berge. Tautain se promit bien de ne pas oublier, quand l'occasion s'en présenterait, ce mode bizarre, mais pratique néanmoins, de franchir les rivières du genre du Bandinghô.

Cependant, une partie du convoi n'arrivait pas. Quelques hommes eurent heureusement l'idée de retourner en arrière avec des outres remplies d'eau. A un kilomètre à peine, ils rencontrèrent une jeune négresse, Coumba, qu'Abdaramane m'avait demandé l'autorisation d'emmener avec lui à Bammako. Elle se mourait de soif avec son petit enfant Gandioura; quelques gorgées d'eau les ranimèrent. Plus loin ce fut un bourriquot qui était tombé et ne pouvait se relever. Puis, toute la série des âniers qui désespéraient d'arriver au terme de l'étape. Pendant tout l'après-midi, on vit ainsi arriver successivement au bivouac des détachements isolés d'ânes et d'âniers. Ces derniers couraient se plonger dans les eaux du Ban-

Passage du Bandinghô et chasseurs peuls.

dinghè. Quant aux ânes, ils se précipitaient aussitôt vers la rampe de la rive gauche, cherchant à se dépasser les uns les autres, se bousculant tant et si bien que, pendant un moment, aucun ne pouvait descendre. Arrivés au bas de la berge, ils buvaient à longs traits avec une satisfaction non équivoque et ne se pressaient nullement de remonter pour faire place à ceux qui se trouvaient derrière. Quelques-uns de ces roussins, non moins raffinés que nos âniers, se couchaient même dans la rivière. L'après-midi, le gué présenta ainsi un aspect des plus curieux : l'une des berges, couverte d'animaux aux longues oreilles, pointées vers le cours d'eau; l'autre rive, encore garnie de tirailleurs, travaillant avec la pioche et le pic à perfectionner l'escalier commencé; au milieu, un mélange bizarre d'ânes debout buvant, de noirs puisant de l'eau, d'hommes assis dans le courant et d'animaux couchés, gardant, dans cette position, leur physionomie éternellement sérieuse; le tout abrité par les grands arbres qui couvraient les rives élevées du Bandinghô.

Enfin, une heure à peine avant le coucher du soleil, le travail étant terminé et toutes les sections du convoi ayant rallié le camp, on put faire une expérience, qui réussit à merveille : une dizaine d'hommes passèrent avec des chargements variés sans la moindre difficulté et purent même redescendre aisément l'escalier. Les derniers ordres furent donnés pour le lendemain, et chacun s'occupa d'oublier par un bon dîner les fatigues du jour. Le soleil tomba et tout bruit cessa dans le camp; les hommes étaient épuisés de fatigue, et les Toucouleurs eux-mêmes, ces bavards incorrigibles, qui ne s'endormaient jamais avant le milieu de la nuit, se laissèrent aller rapidement au sommeil. Il était déjà tard quand Piétri et Bayol arrivèrent au bivouac.

Le lendemain, au point du jour, le passage commença et marcha vivement sous l'active surveillance d'Alassane, de Samba Ouri et des chefs de section. A onze heures, il ne restait plus sur la rive gauche que les trois Européens et leurs ordonnances. Ils avaient préféré rester à leur campement, la rive droite étant beaucoup moins boisée que le terrain où ils avaient établi leur gourbi depuis la veille. Dégagés de toute préoccupation, ils purent déjeuner tranquillement en examinant le beau paysage qui les environnait. Ils voyaient là pour la première fois deux arbres nouveaux qui les intéressaient beaucoup. Le premier, un bel arbre touffu, est appelé *n'taba* par les Malinkés; son fruit est très agréable au goût. Il est jaune, avec des taches carminées à l'état de maturité. Lorsqu'on l'ouvre, on trouve de quatre à huit graines de la grosseur d'une châtaigne et d'une jolie couleur carmin, baignées dans un liquide blanchâtre et gluant. Les indigènes, guidés sans doute par l'aspect de ce liquide, attribuent au fruit du N'taba des propriétés aphrodisiaques énergiques.

Le deuxième arbre était un figuier, que les Malinkés désignent sous le nom d'*arguine toro* et les Bambaras sous celui de *toroninkoko*. Les feuilles, lisses, oblongues et petites, n'avaient rien de remarquable ; mais ce qui attira surtout l'attention du docteur Tautain, ce fut le fruit : les figues, de forme comprimée, au lieu de pousser par une, deux ou trois sur les rameaux terminaux avec leurs feuilles, pendaient par grosses grappes sur le tronc même et les branches principales.

A une heure, le convoi reprenait sa marche vers Maréna, laissant encore derrière lui trois ânes morts ou agonisants. La route était bonne; le paysage n'avait rien d'attrayant, et la grande plaine où se déroulait le sentier ne présentait que quelques arbres, les arbustes et hautes herbes ayant été récemment incendiés pour faire place aux prochaines récoltes de l'hivernage. Au soir on arriva à Maréna.

Le lendemain, 29 avril, je rejoignis la mission principale. J'avais obtenu à Goubanko la réconciliation, au moins apparente, de ce village avec Kita. De plus, les chefs m'avaient donné six ou sept chasseurs peuls, qui devaient nous conduire jusqu'au Ba-Oulé et nous servir ensuite d'intermédiaires auprès des habitants du Bélédougou. Parti de Goubanko le 28 au soir, j'avais profité d'un beau clair de lune pour marcher une partie de la nuit. La contrée, absolument déserte, était couverte de forêts épaisses, au milieu desquelles mes guides eux-mêmes avaient de la peine à trouver leur chemin.

CHAPITRE X

Route à travers le Fouladougou oriental. — Les mines de Bangassi. — Le campement des éléphants. — Chasse à la loutre. — Méfiance des habitants de Guénikoro. — Solitudes sans eau. — Le village de Koundou. — Accueil plein de réserve qui nous est fait. — Passage du Ba-Oulé.

Dès mon arrivée, j'allai saluer le chef de Maréna. Ce village, comme tous ceux du Fouladougou, avait été détruit par Alpha Ousman, à l'époque où El-Hadj faisait la conquête du Kaarta. Les constructions actuelles ne dataient que de quatre ans environ. Au moment où nous le visitions, le village était entouré d'un tata en bon état qui rappelait les fortifications du moyen âge. L'enceinte formait un carré, à chacun des angles duquel se trouvait une tour ronde : les portes étaient ouvertes au milieu des faces. Bien que le village fût entouré d'un ruisseau donnant de l'eau toute l'année, les habitants avaient tenu à creuser des puits d'environ trois mètres de profondeur et fournissant une eau assez fraîche (vingt-quatre degrés centigrades), mais fortement chargée d'alumine, ce qui la rendait peu agréable à boire pure.

Il ne fallait pas songer au départ pour le jour même, car l'heure était trop avancée; mais j'envoyai Piétri en avant pour éclairer notre route.

En nous promenant le soir aux environs du village, Alassane nous fit remarquer une coutume superstitieuse des indigènes. Le sentier que nous suivions circulait entre deux champs appartenant à deux propriétaires différents. L'un d'eux avait placé sur le bord de son lougan une motte de terre, au centre de laquelle il avait planté une petite branche d'arbre, comptant que, si son voisin voulait jeter un sort sur son bien, le sort tomberait non sur les cultures, mais sur le rameau desséché.

Le 30 avril, le convoi se mit en marche en bon ordre, bien que, la veille au soir, un grand nombre d'âniers et de tirailleurs, surtout les Ouolofs à l'humeur toujours joyeuse, eussent dansé jusqu'à une heure avancée de la nuit, aux sons peu harmonieux d'une marmite et d'un bidon en fer-blanc, sur lesquels l'un d'eux frappait à tour de bras. L'ordre dans la marche était du reste fort nécessaire, car nous cheminions dans un pays absolument désert et dépourvu de sentiers. La contrée avait un aspect réellement sauvage : à gauche et à très petite distance, les montagnes de Bangassi, formant une gigantesque muraille complètement à pic; en avant, des bois épais où dominaient les fromagers, les karités et les tamariniers ; de temps en temps d'énormes blocs de grès, détachés de la montagne et barrant complètement le chemin, en nous forçant à faire de nombreux et fatigants détours.

A quelques kilomètres de Maréna, nous rencontrons un tirailleur, por-

Montagnes de Bangassi.

teur d'une lettre de Piétri qui me recommande d'éviter les ruines de Bangassi, impraticables pour notre convoi. Ce village, comme tous ceux de cette malheureuse région, n'était plus représenté que par des débris de murailles en pisé, autour desquels les termites avaient levé leurs curieuses constructions en forme de pyramides.

Nous laissons les montagnes de Bangassi, dont la vue nous rappelle le souvenir de Mungo-Park qui les signale dans sa relation de voyage, et nous longeons le pied des monts de Faragangara, du sommet desquels les cynocéphales nous poursuivent encore de leurs aboiements sonores. Le pays est toujours aussi désert et nous sommes forcés, pour indiquer la route à la caravane qui nous suit et dont les arbres nous dérobent la vue, d'arracher des branches et de jalonner ainsi le chemin. Nos visages et nos mains portent les traces de cette chevauchée à travers les lianes et les épines de la forêt. Enfin, à quelque distance en avant, nous entendons le hennissement d'un cheval et nous nous trouvons en face de Piétri. Ses guides, après l'avoir promené en tous sens dans les bois, avaient fini par l'égarer.

Il était onze heures, c'est-à-dire que le soleil rendait déjà la marche

Cynocéphales du Sénégal.

presque impossible, et personne n'était capable de nous renseigner sur l'emplacement de l'eau. Le convoi ne pouvait continuer plus longtemps au hasard. J'ordonne la halte, pendant qu'Alassane et deux de nos guides se remettent à la recherche d'un abreuvoir. Par bonheur, l'une de nos outres contient un peu d'eau; de plus, le petit Saïa, jeune garçon de Kita, venu avec son maître Ibrahima, nous en offre une à peu près pleine. On édicte les peines les plus sévères contre le voluptueux qui voudra se laver, même le bout des doigts, et le précieux liquide est réservé tout entier pour la cuisine et la table.

Deux heures se passent; Alassane rentre tout ruisselant de sueur. Il a trouvé de l'eau en abondance à peu de distance. Il nous raconte qu'au moment où il buvait au ruisseau, il a failli être renversé par un gros animal qu'il pense être un sanglier.

On se remet en route. Les âniers altérés pressent leurs bêtes, et l'étape s'effectue rapidement. Les premiers arrivés retournent en arrière pour porter à boire aux retardataires. Nous fixons notre campement au bord du ruisseau, dont les guides ne purent ou ne voulurent pas nous donner le nom[1]. Au point où nous le traversions, on ne voyait que de grandes cuvettes remplies d'eau, mais plus en aval il formait un cours continu. Ses bords étaient couverts de traces récentes d'animaux de toute espèce. Un gros arbuste renversé, des empreintes de pieds, attestaient la présence d'animaux de forte taille. En descendant la rive droite, on rencontrait dans la forêt de nombreuses sentes de lions et d'antilopes, et nous vîmes en effet bientôt, bondissant au milieu des arbres, tout un troupeau de mignonnes petites biches dites *à raie brune*. Plusieurs girafes avaient aussi visité le ruisseau, mais leurs empreintes étaient plus anciennes.

L'heure étant trop avancée pour aller se mettre à l'affût et notre repas du matin ayant été des moins réconfortants, nous nous empressâmes de dîner. A peine avions-nous commencé qu'une averse épouvantable vint nous tremper jusqu'aux os. En moins de quelques minutes, tout fut inondé. Par malheur, comme nous étions arrivés assez tard au campement, nous avions négligé de dresser notre tente. On parvint à l'installer tant bien que mal dans l'obscurité; mais, la toile étant mal tendue, nous n'y trouvâmes qu'un abri tout à fait insuffisant. La pluie tomba presque toute la nuit et nous ne pûmes fermer l'œil, d'autant plus que le silence de la forêt était sans cesse troublé par le bruit des fauves qui se rendaient à l'abreuvoir. Nous entendîmes distinctement, à deux cents mètres à peine, le bruit des branches brisées par le passage d'une bande d'éléphants. L'obscurité impénétrable qui nous entourait et notre ignorance de la topographie des lieux nous empêchèrent de donner cours à nos velléités de prendre nos mousquetons et d'aller chasser nos dangereux voisins.

Le jour arriva à la satisfaction générale. Personne n'avait dormi. Cette nuit nous laissait sous une impression de tristesse, car cette première averse nous annonçait l'approche de l'hivernage, dont les premières pluies

---

1. C'était le Tombaguium.

ont pour effet inévitable de raviner le terrain, d'enfler les ruisseaux et marigots et d'augmenter considérablement les difficultés de la marche, sans parler de l'influence pernicieuse qu'elles exercent sur la santé des hommes et des animaux. J'avais toujours présent à la mémoire le souvenir de la malheureuse expédition de Mungo-Park qui, dans cette même région, avait vu successivement périr tous ses compagnons de voyage. Partis de la Gambie au nombre de trente-neuf, ils n'étaient plus que cinq lorsqu'ils parvinrent à Bammako.

La matinée du 1ᵉʳ mai fut employée à faire sécher la tente, les couvertures, les bâts, les selles, dont l'eau avait presque doublé le poids, ainsi que les chargements de sucre, sel, café, qui se seraient avariés si l'on n'avait pas pris cette précaution. On alluma donc partout de grands feux, et tout le monde s'occupa à étaler les objets mouillés. Tout à coup, pendant que nous-mêmes nous nous retournions devant la flamme pour nous réchauffer, un grand bruit et un mouvement inusité se produisirent dans le camp. Tous les hommes, spahis, tirailleurs, âniers, muletiers, se précipitaient pêle-mêle vers le ruisseau, brandissant les armes les plus variées : fusils, sabres, lances, bâtons, etc. Yoro lui-même désertait ses casseroles, agitant un long couteau de cuisine. D'où pouvait provenir toute cette agitation? Pris d'inquiétude, nous nous efforçons d'obtenir quelque renseignement. Le vieux Sambo nous apprend enfin, dans son jargon peu intelligible, qu'un *tigre*, surpris par un spahi qui menait boire ses chevaux, s'était élancé du fourré et venait de plonger dans le ruisseau. Nous sautons aussitôt sur nos mousquetons, et en quelques instants nous sommes au milieu de nos hommes. N'Gor Faye, notre chasseur de Kobaboulinda, s'était jeté dans le lit du marigot et, armé de son sabre-baïonnette, semblait s'acharner à la poursuite de l'animal qui mettait ainsi tout le camp en mouvement. Toute la foule suivait sur les deux rives, les nègres se bousculant pour barrer le passage au tigre en question. C'étaient des cris, des disputes, des coups dans l'eau, occasionnant un vacarme dont nous ne distinguions pas encore la vraie cause, malgré les explications du père Sambo. Nous avions remarqué que l'animal ainsi poursuivi restait fort longtemps sous l'eau, de sorte que nous ne croyions plus au tigre ou plutôt à la panthère, puisque le tigre est exclusivement asiatique. Enfin, par une des percées ouvertes sur le ruisseau, nous pûmes voir la bête : c'était une magnifique loutre de plus d'un mètre de long. Impossible d'ailleurs de faire feu de nos armes au milieu de toute cette cohue. Nous prîmes le parti de revenir à notre tente où, quelques moments après, N'Gor Faye nous apportait la loutre qu'il venait enfin de tuer. Quant à Sambo, il ne voulut pas avoir le dernier mot et, comme nous le plaisantions sur son tigre, il nous répondit : « Eh! oui... loutre, c'est tigre d'eau ».

Vers dix heures, nous nous remettions en marche, toujours précédés par Piétri et nos guides de Goubanko. Le soleil avait chassé les nuages, et ses chauds rayons achevaient de sécher nos bagages. La route traversait une série d'ondulations de médiocre hauteur : tantôt nous cheminions sur un vaste plateau parsemé de grandes clairières au sol dénudé et formé d'argile durcie, imprégnée de limonites; tantôt nous étions obligés de nous frayer un passage à travers les blocs de grès qui encombraient le terrain. Nous rencontrions beaucoup de marigots ou de ruisseaux, aux bords couverts de bambous et de pandanus. Tom, trompé par cette végétation, se précipitait au galop, la langue pendante, mais il ne tardait pas à revenir la langue encore plus longue : le ruisseau était à sec. Cette étape fut pénible pour tous. Nous n'eûmes guère qu'un bon moment, ce fut la traversée d'une grande et belle forêt qui fit aussi le bonheur de Samba Ouri, notre chef laptot. Il avait remarqué un arbre qui possédait, paraît-il, des propriétés merveilleuses et dont les feuilles avaient une grande valeur à Médine et au Sénégal. Il voulait donc en faire une ample provision et, suivant la recette des marabouts, les mettre à bouillir pour en obtenir une infusion, avec laquelle il se laverait le corps tous les mois, ce qui devait le préserver de toute espèce de maladie et le rendre invulnérable. A nos yeux, ce bois avait un autre mérite : il était fort dur et n'était pas attaqué par les termites. Aussi avions-nous recommandé à Samba Ouri de nous en procurer quelques échantillons, que nous aurions fait examiner en France. Malheureusement, le vieux Samba Ouri, qui n'avait pas eu le temps encore de faire l'essai de sa précieuse infusion, ne devait plus revoir le Sénégal.

Continuant notre marche, nous descendons dans un bas-fond où, à l'hivernage, circulait un petit ruisseau toujours ombragé par le même genre de végétation; l'herbe, plus verte, montrait que l'eau avait disparu depuis peu de temps. Nous trouvons d'ailleurs un peu plus loin une grande mare où Tom, imité par plusieurs de nos hommes, se mit à boire à longs traits, malgré la mauvaise qualité des eaux. Auprès de la mare se tenait Abdoulaye, que Piétri avait envoyé au-devant de nous : nous pouvions pousser jusqu'à Guénikoro, qui n'était plus qu'à trois kilomètres environ. Nous arrivons bientôt au bord du Kégna, joli ruisseau très ombragé, dont il nous fallut arranger les berges pour le passage du convoi; puis, après avoir traversé des ruines nous annonçant que les Musulmans avaient visité ces parages, nous nous arrêtons au pied d'un beau *ficus*, à l'ombre duquel Piétri nous attendait, à deux cents mètres du village. Contrairement à ce qui avait lieu d'habitude, aucun rassemblement d'indigènes ne s'était formé autour de notre compatriote, et les abords de Guénikoro semblaient déserts. Nous en sûmes bientôt la cause. Dès que les habitants avaient vu arriver notre petite avant-garde, ils s'étaient renfermés dans leur tata, avaient pris leurs armes et refusé d'ouvrir leur

N'Gor Faye s'acharnant à la poursuite de l'animal qui mettait tout le camp en mouvement.

porte à Alassane qui s'empressait, suivant mes recommandations, d'aller saluer le chef de ma part et lui annoncer mon arrivée. Je mis à contribution les talents diplomatiques d'Alpha Séga; celui-ci fut assez heureux pour rencontrer un indigène, revenant des champs, qui avait habité quelque temps le Kaarta et vu quelques Dioulas venant de nos escales de Bakel et Médine. Mon interprète réussit ainsi à tranquilliser la population et à la convaincre que nous n'arrivions au milieu d'elle qu'avec les meilleures intentions et qu'elle n'aurait qu'à se louer de notre présence. L'attitude des Malinkés de Guénikoro ne nous étonnait nullement ; c'était celle de gens vivant constamment dans leur solitude, cachée au milieu des montagnes, n'ayant jamais vu de blancs et en ayant tout au plus entendu parler par quelques rares voyageurs, qui leur avaient donné sur notre compte les notions les plus fausses.

Le cercle habituel se reforma donc peu à peu autour de nous, et les Malinkés se mirent à considérer silencieusement et d'un œil stupidement étonné tous les détails de notre installation. Ils étaient, du reste, extrêmement méfiants, et aucun d'eux ne voulut boire l'excellent grog que j'avais préparé, avant que j'y eusse goûté moi-même. Cependant, le soir, la glace s'était à peu près rompue et le chef m'envoya pour mes hommes une vingtaine de calebasses de *lack-lallo*, le mets national des Malinkés et des Bambaras et pour nous un mouton vivant, qu'accompagnait un plat de *niébés-guertés*, sorte de gros haricots contenus par deux dans une coque poussant en terre à la façon de l'arachide. Ajoutons-y deux ou trois calebasses de lait de chèvre et un *coral*, espèce de canard à bec de forme singulière, que Piétri venait de tuer au bord du Kégna, et l'on verra que notre table ne manquait pas, ce soir-là, d'un certain luxe.

Après le dîner, Piétri nous quitta de nouveau. Nous étions en plein désert et je voulais que notre marche fût éclairée à une étape au moins en avant du gros de la caravane. C'était un métier des plus fatigants pour mes officiers, mais ceux-ci ne m'ont jamais marchandé leur dévouement pendant toute cette rude campagne.

La nécessité de nous procurer du mil pour nos chevaux et mulets et le besoin de repos de nos ânes nous obligèrent à passer toute la journée du 2 mai à Guénikoro. C'était un village de construction récente, bien situé à l'entrée d'une vallée étroite, limitée par un cirque de hauteurs peu élevées. Il était entouré d'un tata à crémaillère peu épais, mais en assez bon état. La population paraissait en voie de s'augmenter, car on construisait en dehors de l'enceinte un assez grand nombre de cases nouvelles, destinées aux nouveaux venus. Quelques-unes de ces cases en pisé attirèrent notre attention par leur façade bizarre, creusée de profonds enfoncements, dans le fond de l'un desquels se trouvait la porte. Nous entrâmes dans l'une de ces habitations qui appartenait à un notable. Le mobilier en était élémentaire : un *tara*, sorte de lit fait de bambous, un fusil accroché dans un coin et un petit arc suspendu au plafond, en compagnie d'un carquois contenant quelques flèches. Ces derniers objets étaient remarquables par leur petitesse : l'arc n'avait pas plus d'une douzaine de centimètres et les flèches ressemblaient à des allumettes. Ce ne pouvait donc guère être qu'un gri-gri. Le Malinké nous apprit, en effet, qu'il avait eu un fils quinze jours auparavant et qu'au moment de la délivrance le sorcier du village lui avait recommandé de suspendre cette petite amulette pour empêcher l'enfant de mourir pendant le premier mois. Ce temps écoulé, l'arc et le carquois n'auraient plus aucune action et pouvaient être jetés sans inconvénient.

Les habitants tirent leur eau d'un puits d'environ sept mètres de profondeur et creusé au milieu du village. Le vieux Guénikoro, dont l'emplacement était reconnaissable aux ruines voisines, était situé près du Kégna, fournissant une eau courante excellente. Mais les gens du nouveau village, voulant se rapprocher des hauteurs pour être prêts à s'y réfugier en cas d'alerte, avaient tenu à s'approvisionner d'eau dans l'intérieur même de l'enceinte. Il existait bien à proximité un autre petit ruisseau, mais il était stagnant en saison sèche et, sur ses bords, poussaient des plantes toxiques contre lesquelles on nous avait mis en garde en nous recommandant de ne pas y laisser boire nos bêtes.

Toute la matinée, le campement fut agité. Tandis que je m'occupais à interroger les notables de Guénikoro sur leur pays et leurs relations avec les Toucouleurs de Ségou et les Bambaras du Bélédougou, mes chefs de convoi passaient en revue leurs chargements, éprouvés par l'averse du 30 avril et la longue étape du jour précédent. De plus, comme il mourait chaque jour trois ou quatre ânes, nous étions obligés de prendre continuellement de nouvelles mesures pour la répartition de nos bagages.

Pendant ce temps, le docteur Bayol, assis devant la tente, émerveillait les indigènes en leur exhibant les objets les plus curieux de notre pacotille. Nos boîtes à musique excitèrent au plus haut point leur étonnement, mais ce fut le petit appareil électro-magnétique de Clarke qui eut le plus grand succès. Quelques-uns des curieux consentirent, non sans peine, à former une chaîne de cinq à six individus et à saisir les poignées en cuivre de l'appareil. Le courant fut porté à son maximum d'intensité. La secousse fut violente, mais la stupéfaction le fut encore plus, et c'est certainement cette dernière qui jeta nos Malinkés tout ahuris sur le sol en se livrant aux contorsions les plus bizarres et avec les mines les plus réjouissantes du monde. Nous leur distribuâmes à chacun une poignée de verroteries pour bien leur montrer que nous n'avions eu nullement l'intention de leur faire du mal; ils refusèrent néanmoins de recommencer l'expérience et se retirèrent derrière le cercle en marmottant quelques paroles, destinées sans doute à conjurer le mauvais sort.

Dans l'après-midi, le grand Sambo tint un marché au mil. Notre chef muletier avait les aptitudes commerciales les plus remarquables, et personne n'eût pu le remplacer. Il fallait le voir marchander avec sa grosse voix caverneuse et finalement arriver à acheter un moule (deux litres environ) pour quelques grains de verroteries ou un petit quart de tafia fortement baptisé. Quelquefois nous nous approchions et, en le voyant discuter aussi chaleureusement avec ses pratiques, nous craignions de lui voir perdre, par son âpreté à sauvegarder nos intérêts, quelques paniers de *soubako*, sorte de gros mil, dont les chevaux sont très friands ; mais, à toutes nos observations, Sambo répondait invariablement : « Laisse faire, moi y a connaître Malinkés ; y a tous voleurs ». Et nous laissions faire Sambo qui, convaincu d'ailleurs qu'il agissait pour le mieux, aurait recommencé son marchandage enragé dès que nous aurions eu tourné les talons. Nous pûmes avoir ainsi à assez bon compte trois jours de mil pour nos chevaux et mulets ; il en resta même quelques paniers que je fis distribuer à nos malheureux bourriquots.

Le 3 mai, nous nous remettons en route. Nous commençons par nous enfoncer dans la petite vallée, à l'entrée de laquelle est situé Guénikoro. Le chemin est bordé de bambous de taille médiocre. Nous longeons à gauche une ligne de hauteurs rocheuses, à pente très raide ; à droite sont des longans plantés de cotonniers et d'indigo. A l'entrée d'un petit sentier, allant se perdre au milieu des champs, nous voyons un indigène en train de saigner un poulet : c'est un chasseur qui, étant revenu bredouille cinq ou six jours auparavant, offrait un sacrifice à ses fétiches pour se les rendre favorables. Un peu plus loin, nous rencontrons encore d'autres chasseurs ; ils se sont réunis, au nombre de quatre, autour d'une motte de terre placée au milieu du chemin sur un tas de feuilles sèches. Ils vont partir en chasse et jurent, selon l'usage, de partager fidèlement entre eux tout le gibier tué, d'oublier toute querelle et de rester bons amis ensemble pendant toute la durée de la chasse.

Le sol est parsemé de petites arachnides d'un beau rouge écarlate velouté. Sur un *ficus* voisin du chemin, nous apercevons une cigogne à dos noir avec reflets métalliques et le ventre blanc. Le guide nous apprend que ces insectes et cet oiseau annoncent l'hivernage.

Nous quittons bientôt le sentier battu, impraticable pour notre convoi, et nous atteignons le fond de la vallée. Une ascension assez raide nous conduit sur un plateau se prolongeant vers l'est en pente douce. En face de nous, à l'horizon, se dessinent trois lignes de hauteurs dont la dernière, très élevée, nous fait espérer que le Niger n'est pas loin et que nous allons sortir bientôt du bassin du Sénégal. Vers neuf heures, la descente augmente de rapidité et nous circulons entre de grosses roches. Dès que nous les avons dépassées, nous nous trouvons en présence d'une pente excessivement raide, encombrée de blocs de grès et de cailloux roulant sous les pieds. Nous sommes forcés de mettre pied à terre et de prendre nos chevaux par la bride. Nous n'arrivons au fond de la gorge qu'avec les plus grandes difficultés, ayant dû descendre la rampe en décrivant de longs lacets et en dirigeant soigneusement la marche de nos montures. Mais le convoi, comment pourra-t-il venir à bout de cet obstacle? Les hommes d'escorte se mettent tous à l'ouvrage, déplaçant les blocs, faisant rouler ou calant ceux qui manquent de solidité, comblant avec de la terre les excavations trop dangereuses. Les mulets arrivent bientôt. On les fait descendre un par un, quatre hommes retenant les charges, tandis qu'un cinquième conduit l'animal. Pour les ânes, ce fut plus facile. A peine parvenus au sommet de la pente, nous les vîmes se disperser et marcher ensuite pêle-mêle en choisissant eux-mêmes avec beaucoup de discernement les points où ils mettaient les pieds, les âniers n'ayant guère qu'à veiller aux chargements qui menaçaient à tout moment de tomber. Dès qu'ils avaient atteint le bas-fond où nous les attendions, je mettais mes bourriquots immédiatement en mouvement; car, avec des bêtes fourbues et malades comme les nôtres, le moindre arrêt occasionnerait une perte de temps considérable. Tous les ânes, incapables de se tenir sur leurs jambes fatiguées, se couchaient aussitôt en jetant bas leurs charges, et les conducteurs avaient toutes les peines du monde à les relever. On peut dire qu'ils étaient forcés de se réunir deux ou trois pour remettre chaque bête sur ses pattes et la déterminer à reprendre la marche.

Tandis que nous surveillions la descente, Tautain remettait donc le convoi en marche. Nous le rejoignions peu après et nous traversions une grande plaine herbeuse en terrain marécageux. Ensuite le guide nous arrêta bientôt devant une petite mare, déclarant qu'à moins d'aller jusqu'au village de Koundou, nous ne rencontrerions plus d'eau. La mare était petite et boueuse; elle mesurait à peine quelques centimètres de profondeur et trois mètres carrés en surface. Ce n'était pas suffisant pour notre convoi, en admettant encore que l'eau fût potable. Cependant, Piétri m'avait fait informer que nous trouverions de l'eau en abondance au marigot de Sidimala. J'insistai donc auprès du guide, en lui nommant l'endroit que me désignait mon compagnon; mais il me répondit avec le plus grand sang-froid que je m'étais trompé et que le Sidimala se trouvait à une demi-heure de marche à peine de Koundou et nullement dans l'endroit où nous venions de nous arrêter. Il était d'ailleurs tout prêt à nous conduire jusqu'au village, mais il nous faisait remarquer que le soleil était déjà haut, — il était onze heures, — et que nous ne serions pas arrivés avant trois bonnes heures de marche. Nous étions navrés et la tristesse nous gagnait en voyant nos malheureux ânes arriver peu à peu aux abords de la mare, puis se coucher mélancoliquement en attendant que j'eusse pris une décision. La Providence vint heureusement à notre secours en nous envoyant le grand Abdoulaye, qui se fit fort de trouver ce que nous cherchions. Tautain, Sadioka et deux spahis le suivent et j'ai bientôt la satisfaction de voir revenir le brigadier Barka, m'annonçant que le fameux marigot de Sidimala est tout proche et nous fournirait autant d'eau que nous en désirerions. J'ordonnai néanmoins de camper à l'endroit où nous nous trouvions, car nos ânes étaient incapables de pousser plus loin. L'extrême faiblesse de ces animaux m'inquiétait de plus en plus et je me demandais souvent si je ne serais pas forcé d'abandonner une partie de mon convoi pour parvenir à Bammako. Plus nous approchions du Niger et plus ce grand fleuve, objectif si désiré, paraissait s'éloigner. Les renseignements de nos guides étaient tellement vagues, tellement contradictoires, que nous ne savions pas encore à quoi nous en tenir sur la distance qui nous séparait du Djoliba, quoique nous fussions convaincus qu'elle ne devait pas dépasser six ou sept de nos étapes ordinaires.

Le lieu choisi pour notre campement était des plus sauvages et nous nous étions arrêtés à la lisière d'une grande forêt peuplée de tamariniers et d'arbres appartenant à différentes espèces d'acacias. Je fis faire bonne garde autour du camp pendant toute la nuit. J'étais mis en éveil par les allures étranges de nos guides. Déjà, entre Maréna et le *Campement de la loutre*, ils nous avaient donné de fausses indications sur la route. Ce jour même, ils refusaient encore de nous renseigner sur la position du marigot de Sidimala. Alassane prétendait que ces indigènes, tous chasseurs de profession, ne voulaient pas nous faire connaître les abreuvoirs où ils venaient se mettre à l'affût des fauves qui abondaient dans ces solitudes. Pour moi, je commençais à croire qu'ils étaient animés de mauvais desseins à notre endroit et qu'ils s'efforçaient, par toutes ces fausses manœuvres, d'augmenter l'embarras où me mettait l'état inquiétant de mes bêtes de somme. Mais nous étions à la merci de ces chasseurs, puisque nous nous trouvions dans un pays désert, inconnu et entièrement dénué de voies de communication.

Le temps se couvrit dans la soirée et devint même menaçant. Allions-nous avoir une nouvelle édition de l'averse du 30 ? Cela paraissait probable.

Aussi prîmes-nous nos dispositions en conséquence. Mais nous en fûmes quittes pour une petite pluie fine qui cessa vers le milieu de la nuit. Toutefois, le ciel resta sombre ; les éclairs se succédaient rapidement, suivis de coups de tonnerre. L'hivernage arrivait à grands pas et avec lui son cortège habituel de fièvres et de maladies.

Le 4 mai, le soleil éclaira notre départ. Nous nous enfonçons dans la forêt, où, après quelques kilomètres, nous voyons les karités succéder aux tamariniers et aux acacias. Comme la veille, nous marchons en dehors de tout sentier frayé. Les tirailleurs et laptots, suivant immédiatement les guides, abattent de leurs haches et sabres d'abatis les branches qui obstruent la voie. Nous venons derrière avec les spahis, cheminant à la file indienne, de manière à tracer une route à la caravane qui se traîne péniblement derrière nous. Vers dix heures, nous tombons sur le sentier de Koundou, après avoir tourné un contrefort rocheux, issu des monts Tiénifarana[1], que nous apercevions à notre gauche depuis le commencement de l'étape. Nous ne tardons pas à entrer dans les lougans du village et à arriver sur le bord du Tongoroutou[2], ruisseau ombragé de pandanus et contenant de distance en distance des flaques d'eau, couvertes de nénuphars, dont les indigènes se nourrissaient, paraît-il, en temps de famine. Les guides nous montrent un petit mamelon qui nous cache le village. Nous le dépassons et entrons dans un véritable champ de ruines : c'est le vieux Koundou, détruit par les Musulmans. Un peu plus loin se trouve le nouveau village, le plus grand centre de population que nous ayons rencontré depuis Kita. Nous allons camper sous un magnifique tamarinier, émergeant au milieu d'une plaine découverte et dénudée à la suite des défrichements nécessités par l'approche de l'époque des semailles.

Le village de Koundou est le plus important de tout le Fouladougou. Il peut avoir de sept à huit cents habitants, et sa proximité du Bélédougou, avec lequel il a d'étroites relations, l'a mis à l'abri des tentatives des Toucouleurs. Les Malinkés de l'ancien Koundou et des autres villages détruits par Alpha Ousman, le lieutenant d'El-Hadj, se sont empressés de profiter des succès des Béléris pour reconstituer, dans leur voisinage, un centre considérable que sa situation protège contre les razzias des cavaliers d'Ahmadou.

Le village est dominé à huit cents mètres vers le sud par une hauteur d'une cinquantaine de mètres de relief. Les bords en sont presque à pic d'un côté, tandis que de l'autre ils se terminent par une large rampe en

---

1. Ou bien Dlaba.
2. Ou bien Kossofara.

pente douce. Le plateau est assez large pour y recevoir une construction européenne avec ses dépendances ; il possède en outre des carrières de grès facilement utilisables. Koundou, placé à l'entrée du Bélédougou et à trois kilomètres à peine du Ba-Oulé, est appelé, dans cette région, à servir d'intermédiaire entre Kita et Bammako en admettant, ce que je ne pense pas, que l'on choisisse cet itinéraire pour parvenir au Niger. Suivant moi, la meilleure voie à suivre par la route commerciale que nous voulons créer dans cette partie du Soudan est celle qui nous est ouverte par le thalweg même du Bakhoy, dans les contrées que Vallière visitait en ce moment et sur lesquelles je reviendrai plus loin.

Un tirailleur, laissé par Piétri à Koundou, me remit une lettre contenant de précieux renseignements sur le Bélédougou où nous allions enfin entrer, à la grande frayeur de nos âniers toucouleurs. Mon éclaireur avait tout d'abord été reçu avec beaucoup de méfiance. Les habitants s'étaient rassemblés en armes derrière les murs de leur tata, et Alassane avait été fort rudoyé lorsqu'il avait réussi à y pénétrer. Toute la population était ivre de *dolo* et par suite fort mal disposée à écouter ses explications sur notre arrivée dans le pays. Quant au chef, il était beaucoup plus ivre que ses administrés et l'on n'avait rien pu en tirer. Heureusement que, le lendemain, toute cette effervescence s'était calmée, et les notables de Koundou, mis en belle humeur par un cadeau d'étoffes et de sel, que leur avait fait mon officier, s'étaient longuement entretenus avec lui sur notre voyage. Se conformant à mes recommandations, Piétri s'était efforcé de faire comprendre à nos nouveaux amis les raisons qui m'avaient déterminé à prendre la route du Bélédougou pour gagner Bammako et le Niger : je voulais obéir aux ordres de mon chef de Saint-Louis qui m'avait prescrit d'offrir son amitié et sa protection aux Malinkés et aux Bambaras, opprimés par leurs ennemis de Ségou. Le chef de Koundou avait hautement approuvé toutes ces paroles et avait aussitôt dépêché l'un de ses fidèles avec nos chasseurs de Goubanko pour informer Guisoumalé, le premier village du Bélédougou, de notre arrivée et lui demander des guides et des hommes sûrs, destinés à m'accompagner dans la nouvelle région que j'allais visiter et à m'annoncer auprès des chefs du pays. Cela fait, Piétri était parti pour aller reconnaître le Ba-Oulé et examiner les mesures à prendre pour son franchissement.

Je reconnus la complaisance des notables de Koundou en leur envoyant un sac de sel et plusieurs poignées de verroteries. J'ordonnai en même temps au convoi de camper suivant l'habitude, mais de se tenir prêt à partir au premier signe. La menace de l'hivernage me talonnait et j'attendais avec impatience un avis de Piétri pour gagner les bords du Ba-Oulé.

En revenant de notre visite au chef, nous nous mîmes à rôder autour du village qu'environnait une ligne de puits bordés de jolis jardins. Un grand mouvement animait la plaine aux abords du tata. Ici une robuste négresse, aux formes viriles, pilait du mil dans un mortier en bois à l'aide d'un énorme pilon qu'elle manœuvrait avec une vigueur toute masculine. Là un tisserand, assis dans son trou, faisait mouvoir avec assez de dextérité le grossier métier qui lui servait à fabriquer les bandes d'étoffe

Le village de Koundou.

destinées à la confection des boubous et des pagnes dont se vêtent les indigènes. Plus loin, une petite fillette, presque entièrement nue, filait le coton, que le tisserand disposait ensuite sur son métier, entre les dents du peigne que lui avait vendu un Dioula venant de nos escales du haut Sénégal. Enfin, tout auprès de la porte principale, un potier faisait cuire la terre argileuse avec laquelle il fabriquait les grossières poteries dans lesquelles les indigènes renferment leur eau et leurs grains.

Piétri arriva vers midi. Il était accompagné de l'émissaire expédié dans le Bélédougou, ramenant avec lui six Bambaras de Guisoumalé, chargés de m'informer que je serais le bienvenu dans leur pays et que j'y trouverais aisément des hommes pour me guider jusqu'à Bammako. Je comblai ces envoyés de caresses et les remis entre les mains d'Alpha Séga, lui recommandant de s'appliquer à gagner toute leur confiance en les mettant au courant de nos projets vers le Haut-Niger, où nous voulions nous appuyer sur les Bambaras contre leurs ennemis de Ségou.

Piétri m'apprenait en même temps que le Ba-Oulé n'était qu'à trois kilomètres et me conseillait, pour gagner une journée, de franchir la rivière le jour même. En conséquence, il partit presque aussitôt avec Tautain et les tirailleurs pour la préparation du passage. Quant à nous, nous devions suivre avec le convoi, que je voulais laisser souffler quelques heures. Le père Sambo profita de cette courte halte pour se procurer encore quelques paniers de mil, et je dois avouer ici que sa clientèle préféra le tafia aux verroteries.

Le *Ba-Oulé* ou fleuve rouge était ce même cours d'eau que Piétri avait exploré quelque temps auparavant dans sa partie inférieure; il formait une jolie petite rivière d'une vingtaine de mètres de large, aux berges élevées mais à pente assez douce. Une épaisse végétation couvrait ses rives, et de grands et beaux arbres nous cachaient tout le terrain environnant. Le passage s'effectua rapidement, grâce aux deux rampes d'accès que nos hommes avaient pratiquées dans les berges. A cinq heures du soir, notre campement était établi sur la rive droite, en territoire bambara. Je me hâtais, car la mortalité sévissait toujours sur les ânes et je tenais maintenant à transporter tout mon convoi jusqu'au Niger. Tout avait bien fonctionné jusque-là et ma nombreuse caravane, comptant plus de quatre cents animaux et environ cent trente indigènes, n'avait pas manqué un seul jour de vivres depuis notre départ de Bakel. Ni les difficultés de la route[1], ni les pertes en bêtes de somme que nous avions faites depuis Kita, ne nous avaient empêché d'arriver dans le plus grand ordre jusqu'au Ba-Oulé. Là je fus forcé, pour pouvoir emporter tous mes bagages, d'utiliser les chevaux de mes chefs de convoi et des spahis et, cette ressource ne suffisant pas, d'employer comme porteurs, malgré leur répugnance, un certain nombre de nos âniers. Le Niger ne se trouvait plus heureusement, m'assurait-on, qu'à cinq jours de marche.

1. Depuis Bakel nous avions franchi cinq rivières et plus de cent ruisseaux ou marigots.

CHAPITRE XI

Entrée dans le Bélédougou. — Situation géographique et politique de ce pays. — Méfiance des habitants. — Séjour à Guisoumalé et Ouoloni. — Bivouac au marigot de Tarangué. — Tentative d'attaque contre le docteur Tautain. — Réception hostile à Guinina. — Dispositions de défense. — Absence de guides. — Embuscade sur la route de Dio.

Le Ba-Oulé sépare les Malinkés des Bambaras, le Fouladougou du Bélédougou.

Le Bélédougou n'était nullement cette région nue, inhabitée et découverte que nous avaient décrite nos renseignements pris à Saint-Louis et les documents rapportés par Mage de son voyage à Ségou. C'était, au contraire, un beau pays, bien arrosé par le Ba-Oulé et ses affluents et dont les ondulations, très accusées, s'étendent en s'accroissant jusqu'au Niger, à travers une végétation riche et dense.

Les villages, au nombre de deux cents à deux cent cinquante, cachés dans les dépressions du terrain et entourés de forts tatas, occupent généralement de grandes clairières au milieu des belles forêts qui couvrent la contrée. Toujours en guerre entre eux ou avec leurs voisins, les habitants de ce vaste territoire vivent isolés des États environnants chez lesquels ils se livrent à des pillages continuels. Les Dioulas ne les visitent jamais, et c'est au marché de Bammako qu'ils vont s'approvisionner des objets indispensables, tels que sel et poudre; de leur côté, ils y portent leurs produits agricoles et le considèrent comme une place amie qu'ils doivent protéger de tous leurs efforts contre les ennemis extérieurs.

De cet échange de bons procédés est née l'intimité qui unit les marchands maures de Bammako, adeptes de l'islamisme, aux guerriers sauvages du Bélédougou, dont les nombreuses bandes sont toujours en campagne, soit pour aller rançonner les voyageurs qui vont de Ségou à Nioro, soit pour aller dévaster les villages de la rive droite du Niger, dépendants d'Ahmadou.

Les Béléris, et c'est ce qui cause leur faiblesse, sont profondément divisés entre eux. Chaque village vit indépendant sous un chef particulier, qui n'a lui-même le plus souvent qu'une autorité purement nominale. Il n'y a entente partielle que lorsqu'il s'agit d'organiser un pillage ou de diriger des incursions armées vers les contrées voisines[1]. Eux-mêmes sont en butte aux fréquentes agressions des cavaliers toucouleurs, qui apparaissent inopinément devant un village, le détruisent et s'en retournent aussitôt, emmenant en captivité les femmes et enfants qui n'ont pas trouvé la mort dans le combat. De ces luttes sans merci où le vaincu, devenu l'esclave du vainqueur, est vendu aux étrangers, est résulté la dépopulation de la rive gauche du Niger, presque déserte sur une longueur de plusieurs centaines de kilomètres.

C'est le Bélédougou qui, depuis longtemps, fait le plus sérieusement échec à la puissance d'Ahmadou. Il le sépare de ses provinces du Kaarta et de la vallée du Bakhoy, et sa soumission aurait sans doute pour objet de donner de l'homogénéité à l'empire de Ségou, actuellement morcelé et dont les divers tronçons, enhardis par l'exemple des Béléris révoltés, ne supportent qu'avec impatience le joug musulman.

C'est dans cette région que je pénétrai le 5 mai. Pour achever de dissiper la méfiance qui pouvait exister encore chez ces populations sauvages et surexcitées par dix années de luttes incessantes contre les fils d'El-Hadj, je me fis précéder dans ma marche par Piétri, qu'accompagnaient Abdaramane et l'interprète Alpha Séga. Cet officier devait s'arrêter dans chacun des villages situés sur notre route, m'annoncer auprès des habitants, leur dire que j'étais chargé par le gouverneur du Sénégal de leur apporter des cadeaux et de leur offrir l'amitié des Français, qui désiraient s'établir chez eux en y fondant des établissements, à l'abri desquels ils pourraient dorénavant défier toutes les attaques des Toucouleurs, etc., etc.

La présence d'Abdaramane, dont l'influence à Bammako n'était pas douteuse et qui avait assisté à toutes mes négociations avec les Malinkés, dirigées essentiellement contre Ahmadou, devait achever de convertir à nos projets les Bambaras du Bélédougou.

Une courte étape, en terrain tourmenté et raviné, couvert çà et là de beaux bouquets de karités et de tamariniers, nous conduisit jusqu'à Guisoumalé, village d'environ cinq cents habitants, dominé de près par des hauteurs.

J'avais précédé le convoi pour aller saluer le chef, auprès duquel

---

1. La situation politique, mieux connue plus tard, a montré qu'il y avait quelques cantons ou réunions permanentes de villages obéissant à un même chef.

m'avaient déjà annoncé Piétri et Abdaramane. Il m'accueillit très courtoisement et répondit en excellents termes à mon petit discours. Je lui fis remettre aussitôt un vêtement complet en étoffe jaune, un baril de poudre et un fusil à pierre; à son fils, qui faisait partie des gens qui étaient venus me chercher à Koundou, je donnai un fusil. Je voulais, par ces largesses, gagner dès l'origine la confiance de ces indigènes, tout étonnés de voir s'aventurer au milieu d'eux une caravane aussi importante que la mienne.

A peine rentré au camp, le chef bambara m'envoya une chèvre, du miel, du lait, du gros mil pour nos chevaux et du *lakh-lallo* pour nos hommes. Toute la journée, notre campement fut envahi par les habitants du village, hommes, femmes, enfants, suivant tous nos mouvements d'un œil curieux et s'enfuyant dès que l'un de nous s'approchait d'eux. Je leur fis une abondante distribution de verroteries, de pièces de cinquante centimes, de petits couteaux, tandis que Bayol et Tautain, visités par un grand nombre de clients atteints d'affections les plus diverses, délivraient gratis les médicaments dont étaient amplement pourvues nos cantines d'infirmerie. La plus grande cordialité s'établit en un mot entre les Bambaras et nous. J'avais du reste donné les ordres les plus sévères pour que mes hommes ne parlassent pas de Ségou, objectif assigné à la mission dès notre départ de Saint-Louis. J'avais même fait enlever les bonnets blancs de mes âniers toucouleurs, qui les avaient remplacés par la coiffure bambara.

Le lendemain, ayant encore serré la main au chef de Guisoumalé, et toujours guidé par son fils, je parvenais au village de Ouoloni après une étape d'une douzaine de kilomètres à peine.

Comme la veille, j'avais pris les devants; mais, lorsque je voulus pénétrer dans l'enceinte, je trouvai porte close. Les abords du tata étaient déserts et un groupe d'habitants, semblant attendre mon arrivée, se tenait seul à quelque distance de la muraille. Je leur demandai à voir le chef; ils me répondirent qu'il était dans le village, mais qu'il avait délégué ses principaux notables pour entendre mes paroles. Je les assurai aussitôt de mes intentions pacifiques et leur expliquai en quelques mots le but de mon voyage. Ils me dirent qu'ils allaient informer « le vieux » de ce qu'ils avaient entendu et me prièrent d'attendre leur réponse. Tous ces préambules étaient bien mystérieux et dénotaient chez ces Bambaras un commencement de méfiance, que ni ma conduite ni mes paroles ne semblaient motiver.

J'avais à peine choisi mon campement, à proximité d'un petit ruisseau et à trois cents mètres environ du village, lorsqu'on vint m'avertir que je pouvais pénétrer auprès du chef. J'étais accompagné simplement du docteur Tautain et d'Alassane, afin d'inspirer plus de confiance à ces nègres ombrageux. Nous n'avions du reste aucune arme apparente. Après avoir tourné longtemps dans le dédale des ruelles étroites du village, nous parvenons dans une petite cour au milieu de laquelle le chef, vieillard impotent et aveugle, se tenait entouré de ses notables ayant tous leurs fusils entre les jambes. Quant à lui-même, la tête baissée et le visage absolument dépourvu d'intelligence, il comptait, de ses doigts tremblants, les grains d'un chapelet fait de petites vertèbres d'animaux. Il me remit un billet, dans lequel Piétri me donnait des renseignements sur le chemin de Guinina, le village voisin, et se félicitait de la bonne réception qu'on lui avait faite à Ouoloni. Le contenu de cette lettre ne s'accordait guère avec les précautions, pleines de méfiance, que l'on avait prises pour m'introduire auprès du vieux chef. Toutefois, je mis ces dernières sur le compte de la sauvagerie de mes hôtes et, prenant place au milieu du cercle, je les entretins longuement des avantages qu'ils pourraient retirer de leurs relations avec nous. Ils étaient à peu près nus : nous leur apporterions des étoffes pour se vêtir. — Ils n'avaient ni poudre, ni balles; ils n'avaient que de mauvais fusils, qu'on leur vendait fort cher dans le Fouta-Djalon : nous leur procurerions tous ces objets en échange de leur riz, leurs arachides, leur beurre végétal, leur coton, etc. — Ils étaient journellement inquiétés par les Toucouleurs et ne pouvaient se livrer tranquillement à leurs travaux d'agriculture : ils trouveraient désormais un abri sous nos établissements et vivraient en paix sous notre protection.

Je terminai en leur offrant le cadeau de rigueur. Je choisissais ordinairement des fusils à pierre et de petits barils de poudre, afin de bien convaincre ces Bambaras de notre désir de les avoir pour alliés et par suite de les voir forts et bien armés vis-à-vis de leurs ennemis de Ségou. L'un des notables, paraissant moins abruti que les autres, me répondit très amicalement que mes paroles avaient complètement dissipé leurs doutes sur mes véritables intentions, et il m'invita, au nom du chef, à me reposer dans son village.

Je passai la journée à Ouoloni, et, comme à Guisoumalé, mon campement fut visité par un grand nombre d'habitants. Je ne pouvais cependant m'empêcher de concevoir de l'inquiétude en apprenant les bruits qui m'étaient rapportés sur l'état d'effervescence où se trouvait le pays. On me disait notamment que les Béléris s'étaient réunis en grand nombre, à une journée de marche à peine vers le nord, et qu'ils se disposaient à entrer en campagne dans une direction que l'on ne pouvait m'indiquer. D'autre part, on m'informait qu'un gros parti de cavalerie toucouleur se préparait à franchir le Niger en face de Bammako et à faire irruption dans le Bélédougou. Ma situation allait devenir bien difficile entre les deux armées.

Je quittai Ouoloni le 7 au matin. Au moment du départ, le fils du chef de Guisoumalé, qui avait promis de m'accompagner en me guidant jusqu'au Niger, vint m'informer que sa mère était morte et qu'il ne pouvait plus continuer la route. C'était évidemment un grossier mensonge. J'insistai néanmoins pour qu'il tînt sa promesse, en lui offrant une très forte récompense; mais tout fut inutile. Je fis alors demander un autre guide au chef de Ouoloni, mais celui-ci me répondit que tous les jeunes gens de son village étaient aux champs et qu'il regrettait de ne pouvoir déférer à ma demande.

Il y avait là une mauvaise volonté manifeste et l'on semblait se donner le mot pour me priver de guides. C'était une grave complication dans un pays aussi accidenté que le Bélédougou, où les sentiers, à peine tracés par les piétons qui parcourent seuls cette contrée, inhospitalière aux voyageurs et aux Dioulas, se déroulent en méandres irréguliers à travers les forêts ou les massifs rocheux qui rendent souvent le pays impraticable aux animaux.

D'un autre côté, le nombre de nos ânes diminuait chaque jour, les signes précurseurs de l'hivernage devenaient de plus en plus menaçants, et je brûlais d'impatience en me voyant arrêté par la méfiance des Béléris au moment de parvenir au terme tant désiré du voyage.

Cependant, je me disposais à partir quand même, lorsque Alassane m'amena quatre jeunes gens qui me remirent un billet de Piétri. Celui-ci m'annonçait que ces indigènes, habitants de Guinina, étaient chargés de me conduire à ce village par une bonne route, et que le prix qu'ils devaient recevoir pour leur peine était déjà convenu à l'avance. Malgré la méfiance que je commençais à avoir contre tous ces Bambaras, je n'hésitai pas à partir aussitôt à leur suite, leur promettant une forte récompense s'ils me menaient jusqu'à Guinina par une route praticable à mon convoi.

Avant le départ, je fus obligé de laisser à Ouoloni vingt-cinq charges d'ânes sous la garde de Tautain, d'Alassane et d'une douzaine de tirailleurs. Je devais, dès mon arrivée au bivouac, lui renvoyer les ânes à vide pour emporter tous ces bagages.

Je me mis donc en marche vers les sept heures du matin. Je pris tout de suite les devants avec les spahis et tirailleurs qui me restaient, afin de faire préparer la voie, que Piétri me signalait comme assez mauvaise. En effet, une heure à peine après avoir quitté le camp, nous nous heurtions à un marigot vaseux, large d'une dizaine de mètres, profond de 75 centimètres environ et limité par des berges à pic. Les piétons auraient pu le franchir à la rigueur, mais c'était un obstacle que ni nos chevaux ni nos ânes chargés ne pouvaient passer à gué. Les guides, soit par mauvaise volonté, soit qu'il n'existât réellement pas de meilleur passage, refusèrent de répondre à mes questions sur la possibilité de tourner le marigot. Mes gens, stimulés par l'exemple que nous leur donnons nous-mêmes, se mettent aussitôt à l'ouvrage. Des arbres sont abattus et renversés dans le lit du ruisseau où ils sont recouverts rapidement d'un tablier de branchages, de hautes herbes et de terre. Une demi-heure après, nous pouvons reprendre notre marche. Tous ces contretemps achevaient d'user nos animaux et de mettre nos ânes hors de service.

Le pays se présentait sous l'aspect de fortes ondulations rocailleuses, qui ne nous permettaient même pas de rester à cheval et qui retardaient considérablement nos mouvements. Nous eûmes particulièrement à descendre une pente excessivement raide, longue d'un kilomètre et que d'énormes blocs de grès rendaient des plus dangereuses pour nos bêtes. J'ordonnai la halte à onze heures, auprès du petit ruisseau de Tarangué, en pleine forêt. Nous nous trouvions encore à douze kilomètres de Guinina, mais nous ne pouvions aller plus loin. Les guides me quittèrent en cet endroit, me disant qu'ils reviendraient le lendemain matin pour me conduire jusqu'à leur village. Ces Bambaras excitaient de plus en plus mes soupçons, et j'étais bien convaincu qu'ils étaient plutôt venus pour m'espionner que pour me guider. Mais que faire? Il fallait m'armer de patience et m'efforcer de gagner au plus vite les rives du Djoliba. Je remis même à l'un de ces jeunes gens un beau cadeau d'étoffes pour le chef de Guinina, espérant ainsi me faire bien venir à l'avance de ce dernier.

Nous venions à peine de nous installer au campement qu'une alerte se produisit : nos tirailleurs qui s'étaient dirigés vers le ruisseau pour remplir leurs bidons virent tout d'un coup s'enfuir devant eux un énorme boa. Ils se mirent aussitôt à sa poursuite, et l'un d'eux l'abattit d'un coup de fusil au moment où, pour leur échapper, il cherchait à se cacher dans l'épaisse végétation qui couvrait les bords du Tarangué. Il mesurait six mètres de long et dix centimètres de diamètre.

Je passai tranquillement la journée au bivouac de Tarangué. Quelques indigènes armés vinrent bien rôder autour du camp, mais ils semblaient poussés plutôt par une curiosité craintive que par le désir de nous nuire. Je réussis même, en employant les Bambaras de Dama que j'avais engagés comme âniers à Gorée, à les attirer auprès de moi. Ces gens étaient du petit village voisin de Siracoro, situé à deux kilomètres vers le sud. Ils parurent très satisfaits de mon accueil et allèrent même me chercher leur vieux chef, tandis que leurs femmes venaient installer dans le camp un petit marché où je pus acheter du mil pour nos chevaux et mulets. Je donnai au chef un beau cadeau, et en retour, à peine rentré dans son village, il m'expédia une chèvre et une calebasse de miel. Je fus cependant étonné de son insistance à vouloir me faire passer par son village, qui était en dehors de la route de Bammako.

Je ne pouvais, vu les difficultés du chemin et la fatigue de mes ânes, renvoyer ces derniers à Tautain dans la journée même; aussi fis-je appel,

Rencontre d'un boa.

pour aller rechercher les bagages laissés en arrière, à la bonne volonté de mes gens qui ne m'a jamais fait défaut pendant toute cette rude campagne. Tirailleurs, spahis, muletiers, âniers, laptots, reprirent, au nombre de cinquante environ, la route du matin; ils devaient former un convoi de porteurs, qui me rejoindrait beaucoup plus rapidement que mes malheureux bourriquots, qu'une triple étape dans une même journée aurait certainement tués.

Le 8 au matin, pour ne pas perdre de temps, le docteur Bayol partait pour Guinina avec tous les chargements que les ânes pouvaient emporter. Il devait me renvoyer ces animaux aussitôt après son arrivée. L'étape était courte et le chemin bon ; j'espérais donc pouvoir transporter tout mon convoi à Guinina dans la journée.

Les difficultés croissaient à mesure que nous approchions du Niger. Les premières pluies de l'hivernage, l'impraticabilité des chemins, la mortalité des bêtes de somme, la méfiance des Béléris, la nécessité de nous diviser continuellement pour diriger les différents échelons du convoi, tout contribuait à augmenter nos fatigues et à rendre notre situation des plus dangereuses.

Vers dix heures du matin, Tautain rentrait au camp avec les bagages laissés en arrière et il me rendait compte des faits suivants. Les habitants d'Ouoloni qui, la veille, s'étaient montrés si bien disposés à notre égard, avaient commencé, dans l'après-midi, à se grouper d'une manière menaçante autour de nos bagages réunis au pied d'un arbre. Alassane et ceux de nos tirailleurs qui comprenaient la langue bambara avaient même entendu les Béléris prononcer des paroles de mort contre « le blanc qu'il fallait tuer avant qu'il m'eût rejoint ». Notre jeune docteur n'avait pas perdu son sang-froid et avait aussitôt envoyé prévenir le chef, en lui demandant des explications sur l'attitude de ses gens qui, la veille, s'étaient montrés nos amis et m'avaient assuré de leurs intentions pacifiques. En même temps, il faisait prendre les armes à son petit détachement et se tenait prêt à tout événement. Le vieux chef lui fit répondre qu'il ne devait rien craindre et lui proposait de rentrer dans le tata avec ses bagages. Obéissant à la prudence la plus élémentaire, Tautain déclina avec empressement l'offre qui lui était faite et s'occupa de défendre ses ballots le mieux qu'il put contre la rapacité des indigènes, que le petit nombre de nos tirailleurs enhardissait. Heureusement arrivèrent en ce moment à Ouoloni les hommes que j'envoyais pour transporter les bagages ; joints aux tirailleurs qui s'y trouvaient déjà, ils formaient une force respectable. Aussi, Tautain, malgré l'insistance du chef et après avoir perdu beaucoup de temps à chercher un guide que lui procura enfin l'un des anciens Bambaras, se mit-il en marche vers neuf heures du soir par une pluie battante et au milieu d'une nuit des plus obscures. A minuit, il s'arrêtait au haut de la pente rocheuse que j'ai déjà signalée et y attendait le jour en faisant bonne garde. Pendant sa marche, il avait été suivi par un grand nombre de Béléris, que la vue de nos hommes armés empêcha sans doute de piller les bagages. Au matin, ils avaient disparu et seule la petite troupe avait rallié le bivouac de Tarangué.

Ce rapport m'inquiéta vivement, car il confirmait mes soupçons sur l'hostilité, déguisée jusqu'alors, des Bambaras. Il ne fallait plus songer à gagner le Niger en nous échelonnant, comme nous l'avions fait depuis le Ba-Oulé, et le meilleur parti à prendre était de nous débarrasser dès ce moment d'une partie des bagages, soit en les détruisant, soit en les confiant à tout hasard au chef du village le plus voisin. Mais c'était une dure extrémité, alors surtout que nous n'étions plus qu'à deux ou trois étapes du Djoliba et que Piétri était déjà sans doute parvenu à Bammako.

Le docteur Tautain à Ouoloni.

Vers midi, les ânes revinrent à vide de Guinina. Avant de partir moi-même pour ce village, je voulus montrer aux guides qui se trouvaient alors dans le camp que, si mes intentions étaient pacifiques, j'étais cependant capable de me défendre à l'occasion. Je les réunis donc autour de moi et je me plaignis de la tentative d'attaque qui avait eu lieu la nuit précédente, ajoutant que les gens sages devaient s'efforcer de dissuader leurs congénères de leurs projets insensés, car je possédais assez d'armes pour châtier d'importance les malfaiteurs qui seraient tentés de me piller. En même temps, je fis sonner la *générale*. En un clin d'œil, tout mon monde se rassembla, chacun à son poste respectif; puis les tirailleurs et spahis exécutèrent quelques feux rapides, tandis que les laptots chargeaient fortement les quatre espingoles que j'avais apportées pour être données en cadeau aux chefs de Bammako. Les détonations de ces vieux engins de guerre parurent impressionner beaucoup les Bambaras.

Je quittai le bivouac de Tarangué vers une heure de l'après-midi. J'avais hâte d'arriver à Guinina, car les âniers que m'avait renvoyés Bayol m'avaient apporté un billet dans lequel ce dernier m'informait qu'il avait trouvé une grande réserve chez le chef et que l'on parlait ouvertement dans le pays de nous attaquer et de nous piller. Deux heures de marche nous amenèrent auprès du village. Les abords en étaient déserts et l'on ne voyait personne en dehors du tata. Le docteur Bayol avait choisi un excellent emplacement pour le camp, à cinq cents mètres environ des murailles du village, au pied de quelques beaux arbres, à proximité d'un marigot fournissant de l'eau et au centre d'un terrain bien découvert sur deux ou trois cents mètres tout autour.

Dès que j'eus mis pied à terre, je me rendis auprès du chef qui n'avait pas voulu recevoir Bayol dans la matinée. J'étais seul avec ce dernier et un interprète. Plusieurs Bambaras, assis en armes à côté de l'une des portes du tata, me barrèrent le passage lorsque je voulus pénétrer dans l'enceinte. On me dit d'attendre et qu'on allait prévenir le chef. Celui-ci parut peu après. Contrairement à ce que j'avais vu jusqu'alors dans le Fouladougou et le Bélédougou, c'était un beau vieillard, robuste et bien conservé, qui se rappelait, étant tout enfant, avoir entendu parler du passage d'un blanc à travers le pays[1]. Il répondit très froidement à mes salutations et il ne me fut pas difficile de voir que j'avais en face de moi un homme déjà prévenu contre nous. J'insistai donc encore plus que je ne l'avais fait dans les villages précédents sur le caractère essentiellement pacifique et antimusulman de la mission que le gouverneur envoyait à Bammako. Je lui montrai avec quel soin j'avais évité, depuis mon départ de Bafoulabé, les contrées où dominait le sultan de Ségou, afin de bien prouver aux Malinkés et aux Bambaras, tous rebelles aux Toucouleurs, notre désir de nouer des relations d'amitié avec eux et de les protéger contre leurs anciens conquérants qui, incapables de les dominer aujourd'hui, voulaient néanmoins les em-

---

1. Mungo-Park, à son deuxième voyage.

pêcher de se reconstituer, en pillant leurs troupeaux, en dévastant leurs lougans et en menaçant leur liberté. La conduite des Français était tout autre : nous ne voulions ni territoires, ni dîmes, ni captifs ; nous laissions à chacun la liberté de s'administrer comme il l'entendait, sans toucher ni aux chefs, ni aux coutumes, ni à la religion. Nous désirions seulement étendre notre commerce en fondant dans les pays que nous visitions des établissements, à l'abri desquels pourraient circuler les caravanes de Dioulas et où les habitants viendraient échanger leurs produits contre nos marchandises.

Les méfiances vraies ou feintes que je trouvais sur mon passage m'obligeaient à prendre dès lors cette attitude franchement anti-toucouleur, sans me préoccuper des conséquences funestes qu'elle pouvait avoir ensuite sur mon voyage à Ségou. Malgré moi, je me préparais un mauvais accueil chez Ahmadou et, comme on le verra plus tard, ce souverain devait me faire un crime de mon passage à travers des populations ennemies qu'il considérait toujours comme vassales.

Le vieux chef me répondit brutalement : « Qui me prouve que tu me dis la vérité ? On m'a déjà tenu le même discours. Quand El-Hadj Oumar vint dans notre pays, il nous parla comme tu viens de le faire. Il nous combla de caresses et de présents, disant que nous étions faibles et qu'il voulait nous protéger. Peu après, nous étions les esclaves de Ségou ; nos femmes ne nous appartenaient plus et nos villages étaient anéantis. Nous étions forcés de nous réfugier dans les montagnes, et depuis cette époque nous avons sans cesse les armes à la main. Nous venons de reprendre Guigué aux Toucouleurs et nous faisons la guerre aux Talibés d'Ahmadou. Qui nous dit que tu ne veux pas nous tromper comme les hommes d'El-Hadj? Tu traverses mon territoire avec de riches cadeaux et je ne sais pas à qui tu les destines. Mes notables croient que tu es un ennemi et me conseillent de t'empêcher d'aller plus loin. »

La mauvaise foi de ce nègre était évidente et sa cupidité perçait malgré lui. Le seul fait de mon passage à travers le Bélédougou aurait dû prouver à ses sauvages habitants que c'était leur alliance que je recherchais et non celle de leurs ennemis. Mais je ne pouvais me dissimuler maintenant que je m'étais fourvoyé au milieu de gens dont les convoitises avaient été éveillées par la vue de mon convoi, des coffres, des ballots, qu'ils se figuraient renfermer des richesses énormes et dont ils voulaient avoir une bonne part. Pour ces Bambaras, habitués à la guerre et vivant surtout de pillages, mon arrivée était une bonne aubaine dont il fallait profiter et, au lieu de voir en moi l'envoyé pacifique du gouverneur, ils ne songeaient qu'à s'emparer de mes « biens ».

J'essayai encore de convaincre le vieux chef de l'absurdité de ses méfiances et je tâchai, en lui promettant une forte récompense, d'obtenir des guides pour le lendemain. Il me répondit d'une manière évasive et se refusa particulièrement à me donner des renseignements sur Piétri, dont je n'avais pas trouvé de nouvelles à Guinina. Bref, je partis convaincu que les Béléris n'attendaient qu'une occasion favorable pour laisser éclater leur hostilité, causée non seulement par la crainte de me voir parvenir à Ségou, mais surtout par leur désir de s'emparer du convoi. Le silence de Piétri m'inspirait les plus grandes inquiétudes, et l'incertitude où je me trouvais sur les dispositions des habitants de Bammako envers la mission augmentait encore mes perplexités dans notre situation critique.

Rentré au camp, je pris toutes mes dispositions pour résister à une attaque si elle venait à se produire. Je fis prendre au carré une formation plus serrée que de coutume. Les bagages, soigneusement rangés et empilés les uns sur les autres, de manière à constituer une sorte de rempart, formèrent les trois premiers côtés ; l'autre côté était occupé par les spahis et muletiers, avec leurs chevaux et mulets. Les ânes, pour lesquels j'avais envoyé les âniers couper de l'herbe aux environs, étaient attachés à l'intérieur, derrière les bagages. Les tirailleurs, placés en réserve, étaient tout prêts à se porter vers la face menacée. Quant à notre tente, je l'avais fait disposer au centre du carré, sous deux grands arbres touffus où des tirailleurs se tenaient cachés, pouvant ainsi plonger dans l'intérieur du village et faire feu dans le tata. Aux angles du carré, les espingoles, placées sur de grossiers affûts, formés de troncs d'arbres enfoncés en terre, étaient braquées sur les portes du village et la forêt qui entourait la clairière où nous étions campés.

Je distribuai une abondante provision de cartouches à mes hommes, à qui j'assignai les postes de combat qu'ils auraient à occuper au premier signal du clairon.

Pendant tout l'après-midi, il y eut un grand mouvement d'hommes armés entre le tata de Guinina et la campagne environnante. Les Bambaras, vêtus de leurs haillons de cotonnade jaune et portant leurs longs fusils ornés de gris-gris, traversaient la forêt à deux cents ou trois cents mètres de notre camp et entraient dans le village par une porte de derrière. Quelques indigènes, en petit nombre, vinrent visiter notre bivouac; mais, détail caractéristique, il n'y avait parmi eux ni femmes ni enfants.

Au soir, j'établis un service de sûreté avancé en poussant au loin, à deux cents ou trois cents mètres du camp, plusieurs groupes de sentinelles doubles, soutenues plus en arrière par quelques petits détachements de tirailleurs et de spahis. En outre, pour éclairer de temps en temps les abords du village, je faisais allumer des feux Coston de différentes couleurs[1] et je lançais vers le tata des fusées marines qui montaient à une grande hauteur et devaient, en retombant en pluie de feu, jeter la crainte dans l'esprit des Béléris. Tout mouvement avait cessé du reste autour de nous et nous pûmes même pousser nos rondes jusque sous les murs du tata. Thiama et Abdoulaye, Bambaras

Éclairage des abords du village par des feux Coston de différentes couleurs.

de race et connaissant parfaitement cette langue, nous accompagnaient. On entendait derrière les murailles un grand bruit d'hommes qui semblaient discuter avec animation. Nos interprètes purent même comprendre que l'on parlait ouvertement d'exterminer « les blancs, qui venaient dans le Bélédougou pour tromper les habitants et aider les Toucouleurs à les

1. Employés comme signaux dans la marine.

subjuguer ». Nous pouvions, la nuit, nous approcher presque impunément de l'enceinte, parce que les indigènes de cette région sont presque tous atteints de maladies d'yeux, attribuées à leur misérable nourriture et à l'insalubrité des logements, et qui les empêchent d'agir dans l'obscurité.

Nous arrivons ainsi au matin du 9 mai. Les Bambaras, nous voyant sur nos gardes, n'avaient pas osé bouger et, à part le grand nombre d'hommes armés que l'on voyait traverser au loin, dans la direction de Dio, on eût pu croire que rien d'anormal ne s'était passé depuis la veille. Je fis rentrer mes sentinelles et cacher les espingoles, mais personne ne devait s'éloigner du camp sans mon ordre exprès. Les habitants de Guinina venaient, mais en très petit nombre, visiter notre bivouac, observant d'un œil cupide nos bagages entassés en lignes régulières devant les faisceaux de nos tirailleurs.

Dès le lever du soleil, j'envoyai Thiama demander des guides au chef de Guinina. Ce vieux Bambara, qui s'était montré si réservé avec moi le jour précédent et qui était certainement au courant des tentatives d'attaque ourdies contre ma caravane, puisqu'il avait accueilli dans son tata tous les gens des environs, reçut mon interprète avec la plus grande cordialité. Après s'être informé de l'heure exacte à laquelle je voulais partir, il proposa non seulement des guides, mais même des captifs pour porter les charges que mes ânes ne pouvaient enlever. C'était un excès de complaisance dont je n'étais pas dupe, et ce changement d'attitude, rapproché de tout le mouvement d'hommes armés qui avait lieu en ce moment entre son village et Dio, ne pouvait qu'augmenter mes soupçons sur la mauvaise foi de ce chef. Je feignis cependant d'ignorer encore ses mauvais desseins et je le fis remercier de son offre, en l'informant que je partirais vers midi. En même temps, je lançais de nombreux espions et une reconnaissance de spahis dans la direction de Dio, pour observer les abords de la route jusqu'à la plus grande distance possible.

Je commençai de bonne heure les préparatifs du départ. Les Bambaras avaient cessé de circuler dans la campagne, et l'on ne voyait pas comme d'habitude de nombreux curieux stationner autour de notre campement au moment où nous quittions le bivouac. Avant de partir, je me rendis moi-même auprès du chef pour prendre congé de lui et, en réalité, pour essayer de saisir quelques nouveaux indices sur les projets des Béléris. Le tata était silencieux et l'on n'apercevait personne en dehors des murailles. Le chef seul, entouré d'une vingtaine de guerriers, armés et complètement équipés, se tenait à peu de distance de l'une des portes. Il répondit avec empressement à tous mes compliments et m'assura que je pouvais partir tranquille et que personne n'oserait m'attaquer, tant que je serais sur son territoire. Mais il ne me parla plus des porteurs qu'il voulait me donner pour emporter une partie de mes bagages, et me conseilla de laisser ceux-ci sous sa garde jusqu'à mon arrivée à Bammako. Ce bon accueil tardif du chef, ce tata dont on m'interdisait l'entrée, cet isolement qui régnait autour de nous, ne firent qu'augmenter mon inquiétude et je rentrai tout pensif au camp, avec le guide qui devait nous conduire jusqu'à Dio.

Tout était prêt, et j'allais prendre la tête de la colonne lorsque les éclaireurs que j'avais envoyés en avant rentrèrent. Barka et Maheri, qui s'étaient acquittés de leur mission en soldats braves et expérimentés, avaient aperçu à deux kilomètres environ, à gauche de la route, un millier de Bambaras se dissimulant dans un pli de terrain très fourré, près d'un marigot qui barrait le sentier. Cette forte embuscade nous préparait une formidable attaque. Je suspendis immédiatement le départ, d'autant plus que le chef de Guinina, apprenant que je faisais décharger les ânes, m'envoyait aussitôt prévenir par quelques-uns de ses principaux notables que les bruits hostiles qui m'étaient rapportés étaient complètement mensongers et qu'il se portait lui-même garant de ma sûreté pendant la route. Son insistance me confirma dans ma résolution, et je donnai l'ordre de reprendre les dispositions de campement de la veille, espérant recevoir dans la soirée des nouvelles de Piétri et de Bammako.

J'étais toujours dans l'inquiétude de ce côté et je me livrais aux conjectures les plus diverses. Piétri était-il parvenu à Bammako ou avait-il été arrêté en route? Comment avait-il été reçu et pourquoi ne m'envoyait-il pas de ses nouvelles? Cette ignorance des événements compliquait beaucoup ma situation et gênait mes résolutions. De plus, des bruits vagues couraient encore sur cette armée [1], réunie à quelques kilomètres au nord de notre route et qui, d'après les uns, n'était autre que celle qui avait pris Guigné quelques mois auparavant et tenait en ce moment la campagne contre la cavalerie d'Ahmadou, prête à passer sur la rive gauche du Niger. Je pouvais penser que les pillards qui m'attendaient sur la route de Dio précédaient cette armée, forte de 2000 à 3000 hommes, qui serait tentée à son tour de s'abattre sur mon escorte, tout à fait insuffisante pour protéger le lourd convoi que je traînais après moi.

Je résolus d'attendre le lendemain et d'essayer alors, coûte que coûte, et après avoir épuisé tous les moyens de conciliation, de percer jusqu'au

---

1. Je prends ici le mot *armée* dans le sens des indigènes, qui appliquent cette dénomination à toute réunion d'hommes armés, quel que soit leur nombre. Ainsi, on a vu des armées qui ne comprenaient pas plus de 800 à 1000 guerriers.

Niger, en brûlant la plus grande partie de mes bagages et en tuant nos malheureux ânes, incapables de nous suivre dans notre marche forcée jusqu'à Bammako. Je fis prévenir le chef de ma nouvelle détermination, en me plaignant vivement de sa mauvaise foi et en l'informant que je ne quitterais son village que lorsqu'il m'aurait donné plusieurs guides sûrs, choisis parmi ses parents et principaux notables. Je renouvelai aussi mes menaces contre les insensés qui oseraient m'attaquer, voulant ainsi l'intimider et l'amener peut-être à composition. Thiama et Alassane avaient cru remarquer que, s'il ne s'opposait pas à une agression dirigée contre nous, il semblait craindre du moins qu'un combat fût livré près de son village. Le récit qui lui avait été fait de ma démonstration militaire de Tarangué, ainsi qu'une crainte superstitieuse de nos armes, et surtout de nos espingoles, le portaient à empêcher toute attaque aux environs de son tata, sur lequel il s'imaginait que j'exercerais aussitôt ma vengeance d'une manière terrible.

Je remis mes espions en campagne et préparai une lettre pour Piétri, l'informant de ma situation et l'invitant à prendre toutes les mesures nécessaires avec le jeune Abderamane pour m'aider à tirer mon convoi des griffes des Béléris. Je remis cette lettre à Abdoulaye. Ce courageux indigène quitta le camp à la nuit dans la direction de Dio. Je ne l'ai plus revu depuis. Deux jours après, j'apprenais que mon émissaire, surpris dans la forêt par les coureurs bambaras, avait été mis à mort après une défense acharnée. Piétri ne reçut jamais mon billet.

Je redoublais de précautions et de surveillance pendant cette deuxième nuit. Comme la veille, nous pûmes nous glisser jusqu'aux murs du tata et nous convaincre par nous-mêmes des sentiments d'hostilité qui existaient chez tous ces hommes, enfermés dans leurs murailles et discutant bruyamment entre eux.

Le lendemain matin, j'avisai à prendre une détermination définitive. Cette situation ne pouvait s'éterniser et j'examinai successivement tous les moyens d'en sortir. Je pensai un moment à rester à Guinina et à entourer mon camp d'une fortification passagère. J'avais des vivres jusqu'à la fin du mois, l'eau était à proximité et Barka avait déjà pris toutes ses dispositions pour s'emparer avec ses spahis du troupeau du village. L'emplacement que j'occupais était très bien choisi et je me faisais fort d'y défier les attaques des Béléris, fussent-ils vingt fois supérieurs en nombre à ma petite escorte. Mais cet arrêt compromettait la suite du voyage, car les ânes mouraient chaque jour, l'hivernage approchait, et je me trouvais coupé de Bammako, le seul point d'où je pus attendre des secours; puis, je permettais à mes adversaires de se concerter, de se réunir de plus en plus nombreux, de nous cerner et de nous préparer une mort horrible et mystérieuse, à plus de 150 lieues de tout établissement français. Cependant je ne pouvais me mettre en route avec une escorte insuffisante pour protéger mes bagages, transportés par des animaux affaiblis, sans guides, dans un pays inconnu et avec la presque certitude d'être attaqué en chemin.

Un revirement dans les dispositions du vieux chef vint heureusement me tirer d'embarras. Inquiet sans doute de voir mes espingoles braquées sur la porte principale de son tata et intrigué par les gerbes de feu que j'avais lancées les deux nuits précédentes, il m'offrit de me fournir cinq guides, choisis dans sa famille, m'assurant par serment que je ne serais pas pillé jusqu'à Dio ; il se chargeait de plus de garder à Guinina les bagages que je ne voulais pas emporter avec moi. En échange, je devais lui donner un cadeau assez considérable : quatre pièces d'étoffe jaune, six lames de sabre, un baril de rhum, etc.

Je m'empressai d'accepter ces propositions. A une heure de l'après-midi, tout était prêt pour le départ : les guides étaient au camp, le vieux chef avait reçu son cadeau, et les chargements que je laissais étaient transportés dans le village. Le départ eut lieu aussitôt après et, bien que Sambo m'affirmât qu'un Bambara n'avait jamais trahi son serment, je pris toutes mes précautions pour éviter une attaque. Les cinq guides furent répartis, trois en tête avec moi, deux en queue avec Tautain ; ils étaient étroitement surveillés et devaient être mis à mort au moindre signe suspect. Après les guides de tête venaient l'interprète et les spahis, que j'avais remis à cheval et qui étaient déployés de chaque côté de la route sur un front de deux cent cinquante mètres. Je venais derrière eux avec la moitié des tirailleurs ; puis suivait le convoi. Tautain fermait la marche avec le reste des tirailleurs.

L'étape s'effectua sans difficulté. La route était bonne et complètement déserte. Les Béléris, que nous avions vus en si grand nombre les jours précédents, avaient évidemment renoncé pour le moment à leurs projets hostiles, mais il n'était guère probable qu'ils se fussent dispersés pour toujours, laissant échapper sans retour la proie qu'ils convoitaient. En tout état de cause, je m'étais rapproché de Bammako et du Niger, d'où je ne me trouvais plus qu'à deux petites étapes, tandis que les frontières du Bélédougou n'étaient plus qu'à quelques heures de marche.

CHAPITRE XII

Arrivée à Dio. — Inquiétudes sur le sort de Piétri. — Attaque du convoi. — Combat acharné autour des ruines et du ruisseau de Dio. — Défense héroïque du docteur Tautain. — En retraite vers le Niger ! — Poursuite des Bambaras. — Courageuse conduite des tirailleurs et des spahis. — Une halte dans la nuit. — Arrivée au village de Guiningoumé. — Nous nous retrouvons tous à Bammako.

Nous étions à Dio vers cinq heures du soir. Je dépassai le village et allai m'installer à six cents mètres environ, en terrain découvert ; un ruisseau assez profond, situé à cent mètres vers le sud-ouest, nous fournissait de l'eau. Ce petit cours d'eau n'était autre que le Ba-Oulé, que nous retrouvions là pour la deuxième fois et qui, après avoir arrosé le Bélédougou de ses méandres capricieux, allait prendre sa source derrière Bammako. J'avais à peine assis notre campement que le chef de Dio m'envoya saluer par ses deux frères qui, à ma grande joie, me remirent un billet de Piétri, dans lequel cet officier se louait de l'accueil plein de cordialité qu'il avait reçu à Dio, grâce à l'influence d'Abderamane. Bien que toujours rempli de méfiance, je me pris cependant à espérer que le chef de Dio, uni à Bammako par des liens d'amitié résultant de sa proximité de ce grand marché, s'était refusé à recevoir les bandes de pillards qui m'avaient inquiété les jours précédents. Je demandai toutefois aux deux Bambaras s'ils n'avaient pas d'autre lettre pour moi, car le billet de Piétri, daté du 7 mai, ne me donnait aucun renseignement sur la route de Dio à Diokou, le village suivant, ce qui me surprenait.

Quoi qu'il en fût, je pris les mêmes dispositions de défense qu'à Guinina ; puis je me dirigeai vers le village pour voir le chef. Mais il me fut encore impossible de pénétrer dans l'enceinte. Un groupe de Bambaras, assis à cent mètres environ des murailles, m'arrêta, l'un d'eux m'informant que leur chef était trop vieux pour quitter sa case et qu'il les avait chargés de me recevoir et de m'offrir l'hospitalité. Ces indigènes semblaient se préoccuper beaucoup de leur tata, autour duquel on ne voyait personne et qui, malgré son étendue, paraissait contenir peu d'habitants, car il était silencieux et comme abandonné. Ils répondirent très cordialement aux plaintes un peu vives que je leur adressai sur l'hostilité que j'avais rencontrée jusqu'alors dans le Bélédougou et m'affirmèrent que dorénavant je n'avais plus rien à craindre, puisque j'étais amené dans le pays par leur ami Abderamane. Ils me promirent ensuite des guides pour le lendemain, et l'un des frères du chef s'offrit même à partir avec moi jusqu'au Niger.

En somme, la situation paraissait s'améliorer. Si aucun incident nouveau ne survenait, je pouvais considérer l'étape du lendemain, c'est-à-dire

Village de Dio.

l'avant-dernière avant Bammako, comme assurée, puisque je devais avoir avec moi, outre les cinq guides de Guinina, l'un des personnages les plus importants de Dio, le propre frère du chef. Mais je comptais sans la cupidité des Béléris, excitée au plus haut degré par le désir de s'emparer de mon convoi, que défendait une si faible escorte. A la nuit, les espions que j'avais envoyés rôder autour du tata vinrent m'informer que le village, loin d'être privé d'habitants, était rempli de guerriers qui concertaient bruyamment leur plan d'attaque contre nous. L'énervement commençait à nous gagner : le vide qui s'était fait autour de nous, le peu de confiance que m'inspirait le personnel des âniers, tous gens sans armes et accessibles à la crainte, la privation de sommeil depuis quelques jours, la nécessité où j'allais être sans doute de m'écarter de la ligne de conduite pacifique que m'avait tracée le gouverneur, tout cela contribuait à gêner nos mouvements et à nous jeter dans une incertitude mortelle. Songeant que quelques heures de marche nous séparaient à peine du Niger, j'eus un moment l'idée de profiter de la nuit et de la répugnance bien connue des Bambaras à agir dans l'obscurité pour reprendre ma marche et me rapprocher encore de Bammako; mais j'étais empêché par la fatigue de mes ânes et l'absence de guides, ceux de Guinina s'étant retirés dans le village. J'étais impatient en outre de savoir ce qu'était devenu Piétri et s'il avait réussi dans les négociations préliminaires que je lui avais prescrit d'entamer avec les chefs de Bammako. S'il avait échoué, nous étions perdus sans retour et il ne nous restait plus qu'à vendre chèrement notre vie, car toute issue pour regagner le Sénégal nous était fermée. Si je n'avais pas craint une attaque imminente, j'aurais devancé le convoi pour m'éclairer à tout prix sur la situation qui allait nous être faite par les congénères d'Abderamane. Mais il n'y fallait pas penser et j'acceptai l'offre que me fit le docteur Bayol de partir lui-même vers dix heures du soir, alors que les Béléris étaient tous renfermés dans leurs villages, pour essayer de rejoindre Piétri et de l'informer de notre triste situation. Je lui donnai pour guide un Bambara de Guinina qui offrit, moyennant une forte rémunération, que je lui comptai d'avance, de le conduire par un chemin sûr et non fréquenté par les indigènes. Cette tentative de communiquer avec Bammako resta infructueuse, car le docteur, mis en éveil par les hésitations du guide qui prétendait s'être égaré, fit à peine cinq cents mètres en dehors du camp et rentra presque aussitôt.

Cependant, la nuit se passa tranquille. J'avais organisé le service de surveillance avec le plus grand soin, et l'éloignement de nos petits postes rendait toute surprise impossible. Pensant que, malgré l'imminence du danger, il était nécessaire de prendre quelque repos pour mieux nous préparer aux fatigues du lendemain, Tautain et moi nous nous étions étendus tout habillés sur nos lits de campagne, nos armes à notre portée. Alassane et Sadioka devaient nous éveiller à la moindre alerte.

Le 11 mai, de bon matin, j'envoyai un cadeau important au chef de Dio, en le remerciant de son bon accueil et en le priant de m'expédier les guides qu'il m'avait promis la veille et qui, avec ceux provenant de Guinina, devaient m'accompagner jusqu'à Bammako. En même temps, Alassane, Sadioka et une partie des tirailleurs allaient reconnaître la route de Diokou et fouiller les environs du camp, tandis que les laptots arrangeaient le passage du ruisseau.

Le chef de Dio me remercia beaucoup de mon cadeau, me fit présent de deux beaux paniers de mil pour mes chevaux et me fit dire qu'au moment du départ il m'enverrait deux bons guides; toutefois, son frère, qui s'était montré si empressé la veille, se fit excuser de ne pas partir avec moi, en alléguant une infirmité qui l'empêchait de marcher. Bien plus, les cinq jeunes gens de Guinina qui devaient m'accompagner jusqu'au Niger vinrent tout d'un coup m'avertir qu'ils étaient fatigués et qu'ils voulaient rentrer chez eux.

Ma patience, qui fut mise à une rude épreuve pendant ces quelques journées, fut bien près de m'échapper et j'eus un moment l'envie de faire garrotter ces cinq misérables et de les faire ainsi marcher devant les spahis, avec menace d'être fusillés au premier indice d'agression. Mais était-ce bien à moi d'ouvrir les hostilités contre les Bambaras et ne valait-il pas mieux dans le doute user de tous les moyens de conciliation, que me commandait du reste le caractère pacifique de ma mission? Je laissai donc aller ces cinq indigènes.

La reconnaissance rentra vers dix heures du matin. Elle n'avait rien remarqué d'anormal aux abords de la route. Le passage du ruisseau avait été préparé et Alassane avait même poussé ses investigations au loin, de manière à pouvoir, à la rigueur, se passer de guide. J'avais d'ailleurs avec moi Coumba, la femme d'Abderamane, qui se rappelait avoir suivi cette route quelques années auparavant et espérait pouvoir nous remettre en bon chemin, si nous nous égarions.

Les guides arrivèrent au camp vers midi. L'un d'eux était un jeune homme qui émit des prétentions tellement élevées sur le prix de ses services que nous ne pûmes nous entendre; il exigeait en outre que notre départ fût reculé de deux heures. L'autre était celui-là même qui s'était offert pour conduire Bayol la veille et qui était revenu presque aussitôt au camp. Il ne m'inspirait pas la moindre confiance, mais que faire? Je voyais dans ces entraves apportées à mon départ le désir de me retenir le plus longtemps possible dans le Bélédougou.

Nous quittions le camp à une heure de l'après-midi. Cette heure pouvait seule convenir malgré l'inconvénient de la chaleur et du soleil, car nos hommes et nous-mêmes, harassés par nos nuits de veille et d'inquiétudes, nous ne pouvions prendre un peu de repos que dans la matinée. De plus, en cas d'attaque, il nous était plus facile de nous dérober, les Bambaras n'aimant pas, comme je l'ai déjà signalé, à marcher de nuit. Notre ordre de marche était le même que le jour précédent : en tête, le guide, étroitement surveillé par le brigadier Barka ; Thiama, me servant d'interprète ;

les spahis, moi et le docteur Bayol, la négresse Coumba, puis Sadioka avec dix tirailleurs. Nous avions tous le mousqueton ou le fusil haut. Le convoi suivait, les ânes marchant péniblement derrière nous à la file indienne. Tautain et Alassane fermaient la marche avec les dix tirailleurs restants, que précédaient les laptots et muletiers. Je les avais laissés en queue, parce que, étant armés de fusils doubles[1], ils étaient capables, à un moment donné, de renforcer les tirailleurs de l'arrière-garde. Comme on le voit, mon escorte était bien faible pour couvrir ce long convoi de cent quatre-vingts ânes, affaiblis par leurs blessures, se couchant au moindre arrêt et conduits par des hommes sans armes et prêts à lâcher pied à la première alerte. Les trente tirailleurs et spahis que j'avais amenés de Médine et qui étaient, en principe, destinés à me servir d'escorte d'honneur à mon entrée à Bammako et à Ségou, avaient joué un rôle des plus importants pendant la route ; tour à tour soldats, courriers, pionniers, porteurs ou âniers, ils avaient presque toujours précédé le gros de la colonne, préparant la voie, pratiquant des rampes d'accès dans les berges à pic des cours d'eau ou débarrassant le chemin des roches qui l'obstruaient. Parfaitement commandés par Sadioka et Barka, ces soldats indigènes avaient pu suffire à ce service des plus rudes, grâce à leur bonne volonté et à leur excellent esprit, mais ils n'étaient plus en nombre du jour où les populations devenaient hostiles et où il fallait songer, outre la préparation de la voie, à la garde de notre convoi, qui n'occupait pas moins de cinq à six cents mètres de longueur lorsqu'il était en marche. C'est ainsi qu'au départ de Dio les flancs de la colonne étaient complètement à découvert, la faiblesse de l'escorte ne me permettant pas de morceler celle-ci en y détachant des « flanqueurs », qui auraient été en dehors de mon action au moment du combat et qui auraient diminué la force des deux groupes de tête et de queue.

Le terrain était accidenté autour de Dio. Le sentier qui menait vers Diokou, après avoir passé entre le village et notre campement, s'enfonçait par une pente douce et en suivant une direction sud-est dans la dépression où coulait le ruisseau, qu'il atteignait à six cents mètres environ du bivouac. Il était bordé au nord-est par une immense forêt d'arbres à beurre, qui s'étendait entre le village et le ruisseau et se prolongeait vers les hauteurs qui dominaient le pays au nord-est de Dio. Le Ba-Oulé présentait une largeur de sept à huit mètres et une profondeur de soixante-quinze centimètres ; ses bords, de nature argileuse, étaient escarpés, et il avait fallu, le matin même, y pratiquer des rampes d'accès pour faciliter son franchisse-

---

1. Ancienne carabine des voltigeurs corses, qui était devenue l'arme des tirailleurs, avant que ceux-ci eussent reçu le chassepot ou le gras.

ment au convoi ; une épaisse végétation garnissait ses rives. De l'autre côté du ruisseau, le sentier suivait une pente légèrement ascendante dans un terrain ondulé, présentant des déchirements argileux qui devaient gêner et ralentir considérablement notre marche. La forêt de tamariniers et d'arbres à beurre couvrait tout le terrain et barrait la vue de tous les côtés. Les ruines d'un ancien tata m'avaient été signalées par la reconnaissance au nord-est du sentier, à sept cents mètres environ du ruisseau et à quelque distance d'une éminence qui dominait légèrement le ruisseau et ses abords.

Je quittai le camp, me dirigeant immédiatement vers le Ba-Oulé. Un silence de mort régnait tout autour de nous; le tata, la forêt, le ruisseau, tout semblait désert et avait un air mystérieux.

« Tu verras, capitaine, me dit Barka, vétéran de nos expéditions sénégalaises, tu verras, il y aura quelque chose.... »

Nous franchissons le ruisseau sans difficulté, je déploie les spahis et nous nous enfonçons sous bois, l'œil aux aguets et les mousquetons à notre portée, en travers de nos selles, le revolver dans la fonte découverte. Quelques minutes se passent; le guide, sous prétexte de tourner un passage difficile pour nos animaux, nous jette à droite du sentier, dans un terrain raviné par les eaux, miné de trous et bosselé par d'énormes termitières. Une gorge étroite, bordée de talus élevés et escarpés, nous ouvre un passage. Avant de nous y engager, j'interroge Coumba : elle me répond en tremblant que nous avons eu tort de quitter le sentier. J'arrête le guide, en lui ordonnant de nous remettre sur la vraie route. Cet homme, tout ahuri, hésite, se jette à mes pieds, en lançant des regards inquiets tout autour de lui. Barka le menace de son sabre. Au même moment, une fusillade nourrie retentit dans la direction du ruisseau et d'affreux hurlements qui se répercutent sous les arbres de la forêt nous renseignent sur le grand nombre de nos barbares ennemis. Ceux-ci, tapis derrière les arbres et les buissons, se ruent sur nous en poussant des cris sauvages. Le bruit du tam-tam de guerre se mêle à ces clameurs. Une horrible mêlée nous met pendant quelques minutes à la merci des Béléris, qui nous serrent de si près que nous ne pouvons que difficilement faire usage de nos armes. Plusieurs de nos hommes jonchent déjà le sol; le pauvre Tom lui-même est tué par un Bambara dans le désordre de la lutte. Heureusement que les spahis et tirailleurs, renforcés par quelques âniers, se rallient rapidement au son du clairon et ouvrent sur nos assaillants un feu des plus meurtriers qui élargit bientôt le cercle qui nous enserre. Barka, qui a songé avant tout à châtier le traître qui nous conduisait, prend la tête avec ses spahis, dont les grands chevaux et les vêtements rouges effrayaient nos adversaires ; nous le suivons de près et nous perçons ainsi jusqu'aux ruines, qui peuvent seules nous fournir un point favorable à la défense et nous permettre de nous concerter pour sortir du dangereux guet-apens où nous venons de tomber. Les Béléris nous fusillent et nous harcèlent, mais nous les bousculons avec une telle impétuosité qu'ils se jettent dans les fourrés voisins et nous font place. Nous profitons de l'étonnement produit chez eux par cette méthode de combattre qu'ils ne connaissaient pas, pour déloger l'ennemi qui occupait les ruines et y prendre pied nous-mêmes d'une façon solide. Notre nouvelle position, bien qu'entourée de tous côtés par la forêt, nous offre cependant quelque répit. Une fusillade intense se fait toujours entendre vers le ruisseau ; quant au convoi, il a disparu et l'on ne voit plus que quelques ânes couchés ou morts au milieu des bagages et ballots, dispersés çà et là. Les Bambaras remplissent la forêt jusque vers le village, entourant d'un double cercle notre faible troupe, séparée en deux tronçons qui, à ce moment, ne peuvent s'apercevoir l'un l'autre. Ils s'étaient tenus cachés pendant que la tête franchissait le ruisseau, ayant remarqué que cette partie de la colonne était généralement plus fortement organisée que la queue, puis avaient dû commencer l'attaque sur celle-ci au moment où elle traversait le Ba-Oulé, tandis que les guerriers embusqués sur le chemin enlevaient le convoi et me cernaient à mon tour pour me couper de l'arrière-garde. Ils devaient être très nombreux, quinze cents à deux mille environ, à en juger par les cris qu'ils poussaient, par la fusillade nourrie qu'ils entretenaient et surtout par la grande étendue de terrain qu'ils couvraient.

Après m'être ainsi rendu compte le mieux possible de notre situation, je ne pense plus qu'à rejoindre Tautain, qui devait être encore plus en danger que nous, puisqu'il n'avait autour de lui comme combattants sérieux qu'une dizaine de tirailleurs et quelques muletiers et laptots, armés de fusils doubles. C'était en outre sur lui qu'était tombé apparemment l'effort le plus considérable de l'adversaire. Avant tout, il nous faut dégager les ruines, autour desquelles s'est rapidement formé un cercle épais de Bambaras, combattant à la manière indigène, c'est-à-dire se reculant dès qu'ils avaient tiré et cédant la place à d'autres. Mes hommes, excités par la lâcheté des Béléris, sont toujours pleins d'entrain. Ils obéissent avec sang-froid à tous mes ordres, me criant qu'ils nous défendront jusqu'à la dernière extrémité et « qu'ils seraient déshonorés s'ils rentraient sans nous à Saint-Louis », se jetant au-devant de mon cheval et me couvrant de leurs corps lorsque je me portais en avant. Leurs décharges, faites avec en-

semble, sont immédiatement suivies de mouvements en avant, qui déblayent momentanément le terrain et à la faveur desquels les spahis poussent d'audacieuses pointes jusqu'au milieu des groupes bambaras, que cette tactique nouvelle rend de plus en plus timides dans leurs attaques. Barka, Mahéri et leurs intrépides camarades reviennent chaque fois, le sabre teint de sang, s'inquiétant peu des blessures, légères d'ailleurs, qui leur sont faites. En Europe, la conduite de ces braves, en face de forces aussi supérieures, les aurait couverts de gloire. C'est le dévouement, naïf et héroïque en même temps, de ces soldats nègres qui nous a permis d'échapper à l'horrible sort qui nous attendait, alors que, quelques mois plus tard, une mission française qui, comme nous, cherchait à s'ouvrir la route de Tombouctou, devait disparaître après un drame dont les péripéties ont si douloureusement ému l'opinion publique en France.

Cependant, la vitesse avec laquelle se succèdent nos décharges, les grandes distances où ils se voient frappés, les horribles blessures que leur font nos projectiles, l'audace de nos tirailleurs et spahis, l'invulnérabilité qui semble protéger les blancs, tout cela refroidit peu à peu l'ardeur des Béléris et, après une lutte qui ne dura pas moins d'une demi-heure, nous réussissons, non sans laisser plusieurs des nôtres morts ou blessés au milieu des ruines, à nous ouvrir un chemin au milieu des Bambaras que déciment nos armes à tir rapide, et à prendre la direction du ruisseau, où la mousqueterie semblait toujours aussi vive. Nous allions atteindre l'éminence que l'on apercevait des ruines, lorsque nous vîmes tout d'un coup déboucher vers nous l'interprète Alassane, ayant Tautain en croupe de son cheval et suivi par les débris de l'arrière-garde.

Voici ce qui s'était passé du côté du Ba-Oulé. Tautain avait quitté le campement le dernier, ayant devant lui quelques ânes retardataires et les subdivisions de laptots et de muletiers. Il était à peine à cinquante mètres du ruisseau et les mulets venaient seulement de s'y engager quand l'attaque commença. Les Bambaras, sortant d'un peu partout, de la forêt, du village et de l'épaisse végétation qui couvrait les bords du Ba-Oulé, se ruèrent, en poussant leur lugubre cri de guerre, sur le convoi de l'escorte ; tandis que d'autres, cachés dans les fourrés impénétrables qui bordaient le sentier et le ruisseau, profitant du temps d'arrêt produit par le franchissement de cet obstacle, tuaient ou blessaient les mulets, dont les cadavres obstruaient ainsi le passage, isolant le convoi, qui devenait dès lors une proie facile pour les pillards. Les âniers, pour la plupart sans armes, s'étaient enfuis aux premiers coups de feu, essayant de rallier l'un des deux groupes de tête ou de queue ; les ânes, dont la plupart avaient été tués ou blessés dès les premières décharges, s'étaient couchés, permettant aux Bambaras, favorisés par l'abri de la forêt, de s'emparer facilement de leurs charges. L'action, en somme, avait été assez bien combinée, et les Béléris avaient réussi, par leur triple agression, à couper l'escorte en deux et à disperser le convoi dès le commencement de la lutte.

Tautain[1], dont le courage et le sang-froid ont été vraiment au-dessus de tout éloge pendant l'attaque, avait immédiatement rallié autour de lui les hommes restés en deçà du ruisseau ; lui-même, ayant abandonné son cheval que le bruit du combat rendait indocile et qui s'était aussitôt enfui affolé, faisait feu de son mousqueton, encourageant par sa froide intrépidité les défenseurs qui s'étaient réunis à lui et qu'il essayait de conduire au Ba-Oulé, ayant pensé comme moi-même que notre salut ne pouvait se trouver que dans notre jonction faite le plus vite possible. Mais les progrès de cette petite troupe étaient lents, et le ruisseau fut pendant plus d'une demi-heure le théâtre d'un combat acharné. Là tombèrent successivement le grand Sambo, qui s'efforçait de relever ses mulets gisant dans le lit même du cours d'eau ; le vieux Samba Ouri, qui dirigeait ses laptots, tous anciens marins de nos avisos, luttant avec une bravoure remarquable ; le caporal de tirailleurs Délié, frappé de trois coups de feu presque en même temps ; le laptot Saër qui, quoique blessé deux fois aux jambes, s'était assis et n'en continuait pas moins à tirer, lorsque quatre nouvelles blessures vinrent l'étendre à terre. Des dix tirailleurs composant l'arrière-garde, trois étaient tués, cinq blessés grièvement. Enfin, les Bambaras, décimés par le tir de nos armes rapides et dont les cadavres encombraient le ruisseau et les berges, avaient fait un mouvement de recul. Tautain, épuisé par le combat et ayant dû quitter ses bottes, remplies de la boue sanglante de ce terrain si chaudement disputé, en profita pour monter en croupe d'Alassane, dont le cheval avait été heureusement épargné dans la bagarre. Mon jeune médecin, suivi des débris de l'arrière-garde, avait pris pour objectif l'éminence que je voulais moi-même atteindre ; il allait y parvenir, lorsqu'il entendit les sons du clairon et aperçut à travers les arbres les vestes rouges de nos spahis. En quelques moments il fut au milieu de nous.

Nous regagnons ensemble les ruines. Il ne fallait plus songer à reprendre le convoi, déjà dispersé et en grande partie aux mains des Bambaras. Le meilleur parti à prendre était donc de nous mettre en retraite vers le Niger.

---

1. Notre jeune docteur, qui sauva réellement la situation au combat de Dio, avait à peine vingt-trois ans lors de cette glorieuse défense, qui lui valut la croix de la Légion d'honneur à sa rentrée en France, bien qu'il n'eût encore que trois ans de service.

Je savais que ce fleuve se trouvait à cinquante ou soixante kilomètres vers l'est, et il nous était possible, en marchant tout le jour et toute la nuit, d'y parvenir avant le lendemain matin. Là nous aurions examiné ce qu'il fallait faire, car nous ignorions encore la réception qui nous attendait à Bammako. Dans tous les cas, notre arrivée sur les bords du grand fleuve nous offrait une chance de salut, et nous pouvions même, si nous y devancions les Bambaras, essayer de mettre ce cours d'eau entre nous et nos adversaires.

Tout fut donc préparé pour la retraite. Nous avions environ une vingtaine de tués et autant de blessés. Ceux-ci sont installés sur les chevaux et mulets qui nous restent encore, et je veille avec le plus grand soin à ce qu'aucun de ces braves soldats ne soit oublié sur le champ de bataille. Les spahis prennent la tête, et Barka reçoit l'ordre de se diriger droit vers l'est, sans se préoccuper des accidents de terrain, que nous comptons franchir par le milieu, en dehors des sentiers frayés. Les laptots, muletiers et âniers armés sont échelonnés sur les flancs, tandis que les tirailleurs se déploient à l'arrière-garde pour couvrir notre marche ; au centre, les mulets portant les blessés, et pêle-mêle les âniers et conducteurs sans armes. Alassane se multiplie pour porter mes ordres aux différentes fractions de notre colonne, qui comptait quatre-vingts hommes, parmi lesquels une trentaine de fusils à tir rapide.

Deux ou trois décharges et un mouvement en avant de tout notre monde ayant nettoyé le terrain environnant, nous quittons les ruines.

Il m'est impossible de décrire ici tous les épisodes de cette marche vers le Niger, à travers un pays inconnu et accidenté, au milieu d'ennemis acharnés à notre ruine et qui nous ménageaient l'une de ces morts horribles et mystérieuses, telles que nous les relate trop souvent malheureusement le martyrologe des explorations africaines. Que le lecteur se rappelle seulement que nous pénétrions alors dans le massif de hauteurs formant la ligne de partage des eaux entre les bassins du Sénégal et du Niger, et que nous avions ainsi à franchir, pendant plus de cinquante kilomètres, une série de chaînons parallèles, aux flancs généralement abrupts et rocheux, laissant entre eux de profondes dépressions où coulaient des ruisseaux aux berges élevées. Qu'il se figure notre malheureuse caravane, cheminant ainsi, sans autre guide que le soleil, s'arrêtant sans cesse pour éloigner les Bambaras, qui nous fusillent à distance, mais n'osent, malgré notre petit nombre, nous aborder et nous attaquer de près.

Jusqu'à quatre heures, la poursuite est très vive ; puis il y eut un moment de répit. Peu après, Barka me signale le tata de Diokou. Nous nous jetons aussitôt à gauche; mais là le marigot de Diokou, profondément encaissé entre ses rives argileuses, nous force à faire un long détour pour trouver un point favorable au passage. Nous y parvenons enfin et pénétrons dans un cirque étroit, bordé de hautes murailles à pic, dans lequel nous cherchons vainement une issue pour continuer notre route. Barka et Alassane trouvent cependant un défilé où nous nous engageons aussitôt, mais les murailles sont couronnées par les Béléris, qui tentent de nous barrer le passage. Le désespoir nous donne encore la force de surmonter le danger. Nous passons, mais nul doute que, sans leur lâcheté et la crainte superstitieuse que leur inspirent nos armes se chargeant par la culasse, aucun de nous n'aurait pu échapper à ces sauvages, qui nous sont si supérieurs en nombre. La poursuite se ralentit ensuite de plus en plus pour cesser complètement à l'entrée de la nuit. Mes tirailleurs et spahis, réduits de plus de moitié, furent admirables de bravoure et d'entrain pendant toute cette retraite. Sadioka et ses vaillants indigènes ne cessèrent de faire le coup de feu à la queue de la colonne, se ruant à la baïonnette sur les Béléris lorsque ceux-ci les pressaient de trop près. Les spahis, malgré leur petit nombre, chargèrent plusieurs fois des groupes ennemis qui, à la faveur des grands arbres, cherchaient à nous séparer de l'arrière-garde. Quant aux laptots, qui s'étaient emparés des fusils et des cartouches des tirailleurs morts, ils combattaient avec une ardeur que rien ne pouvait arrêter, tellement était grand leur désir de venger leur « père », le vieux Samba Ouri, tombé l'un des premiers sur les bords du ruisseau de Dio. Alassane se multipliait pour me faciliter ma tâche de chef de ma petite colonne, et, quand il était auprès de moi, il cherchait sans cesse à me couvrir de son corps et à me garantir des projectiles ennemis. Je dus, à plusieurs reprises, lui intimer l'ordre de me laisser libre de mes mouvements. Puis, cet homme dévoué, qui, pendant toute l'action, ne songea absolument qu'à nous, qu'aux *blancs*, dont il s'imaginait avoir la garde spéciale, voulut nous contraindre à continuer notre marche vers le Niger, tandis que lui, aidé des tirailleurs et des laptots, s'efforcerait d'arrêter les Bambaras, jusqu'à ce que nous fussions hors de danger. Ce dernier trait ne suffit-il pas à dépeindre le dévouement absolu de ces braves nègres, qui auraient pu cependant se disperser dans les bois et échapper au sort qui nous menaçait? Quand j'avais quitté Saint-Louis, plusieurs de mes camarades m'avaient blâmé de me lancer ainsi seul vers le Niger avec une escorte exclusivement composée d'indigènes, émettant des doutes sur la fidélité de mes noirs auxiliaires. La liste de mes morts et de mes blessés, glorieuses victimes de leur dévouement à la cause française, a donné une preuve éclatante de l'injustice de ces soupçons. L'expérience est faite désormais, et je déclare hautement pour ma part que ces auxiliaires indigènes, interprètes, soldats ou autres, ne m'ont jamais marchandé leur concours le plus fidèle, le plus énergique, dans toutes les missions que j'ai

La retraite.

accomplies sur le territoire sénégambien. Agir sans eux me paraît impossible, et ils me semblent devoir être les principaux instruments de l'œuvre de civilisation qui doit conduire la France à Tombouctou et au cœur du Soudan.

Cependant la nuit était venue. Elle nous mettait momentanément à l'abri des Bambaras, mais elle gênait notre marche; l'obscurité nous empêchait de voir le terrain environnant, et nous nous engagions souvent dans des obstacles d'où nous ne sortions qu'avec les plus grandes difficultés. C'est ainsi que nous employons plus d'une heure à descendre une pente rocheuse, encombrée d'énormes blocs de grès et barrée de bambous; nous y perdons deux de nos chevaux, qui s'abattent épuisés et ne peuvent se relever. Nos blessés, affaiblis par les cahots de la marche, ne supportent que péniblement la fatigue, qui nous gagne tous. Nos hommes eux-mêmes, ayant les pieds meurtris et coupés par les aspérités de ce sol rocailleux, commencent à se laisser aller au découragement; mais on avance toujours, guidé par les étoiles. Vers onze heures du soir, on se heurte contre un village situé dans le fond d'une large dépression, où coule un marigot profond et vaseux, qui nous sépare d'une dernière ligne de hauteurs, d'où j'espère enfin apercevoir le Niger. Nous passons le marigot à la nage. Deux de nos hommes s'embarrassent dans la végétation qui en garnit les bords et se noient; mon cheval, qui me portait ainsi que Tautain, que j'avais pris en croupe, s'embourbe un moment et va disparaître. Yoro Kane, l'un de nos noirs, domestique du docteur Bayol, plonge dans le marigot pour pêcher mes sacoches, qui contiennent le peu d'argent que nous ayons pu sauver du pillage. Pendant ce temps, les tirailleurs ramènent mon cheval sur la rive. Nous franchissons ensuite le versant ouest du chaînon qui s'étend devant nous, mais la lassitude de nos hommes est réellement trop grande, ils supportent difficilement la marche sur les roches aiguës du terrain; plusieurs même s'arrêtent, refusant d'aller plus loin. Du reste, vers minuit, le ciel se couvre de nuages, qui nous cachent les étoiles qui nous ont guidés jusqu'alors. J'ordonne la halte dans une grande clairière, avant d'avoir pu même atteindre le sommet de la montagne. Les indigènes, harassés de fatigue, se couchent pêle-mêle, se préoccupant peu des dangers qui les entourent et attendant la mort avec cette indifférence propre aux musulmans, qui a fait place à l'énergie déployée pendant le combat. Nous veillons seuls auprès de nos chevaux, le mousqueton en arrêt, les yeux fixés avec une sombre inquiétude sur les buissons qui s'étendent du côté de la forêt; Alassane, Barka et Sadioka font comme nous. Le ciel s'obscurcit de plus en plus, les éclairs sillonnent l'atmosphère, et la tornade s'abat sur nous avec cette violence qui caractérise les orages africains. Heureusement qu'elle n'est pas de longue durée et que, vers trois heures du matin, quelques étoiles se montrent à l'horizon, nous indiquant de nouveau la route de l'est. Nous reprenons la marche. Nos hommes prétendent que je vais les égarer et les ramener dans le Bélédougou; mais, sur ma menace de les abandonner seuls en pays ennemi, ils me suivent. Je veux me rapprocher du Niger avant que le jour se lève, car je ne doute pas que les Bambaras

ne reprennent leur poursuite dès le matin ; la nuit les a arrêtés un moment et leur a peut-être fait perdre nos traces, mais au lever du soleil ils nous auront vite retrouvés. Or nous ne sommes plus en état de soutenir une lutte comme celle de la veille ; nous sommes privés de nourriture depuis la veille au matin, nos animaux et nos noirs sont exténués, et, ce qui est encore plus grave, nous ne possédons plus que quelques paquets de cartouches. On en a fait une telle consommation la journée précédente !

Je marche en tête, ayant laissé mon cheval à Tautain et voulant donner moi-même la direction à la colonne. Nous sommes bientôt au haut de la montagne ; c'est un large plateau rocailleux, que nous mettons plus de deux heures à traverser. Enfin nous en atteignons le bord oriental et nous apercevons au loin une vaste plaine, au centre de laquelle des nuages amoncelés dénotent la présence d'un grand cours d'eau ; c'est le Djoliba ! Le plateau se termine par une pente abrupte, parsemée d'énormes rochers et de bambous gigantesques. Nous la descendons au prix des plus grands efforts et parvenons dans une sorte de cirque étroit, perpendiculaire à la direction de la montagne et limité de chaque côté par un éperon assez élevé, aux flancs boisés et fortement inclinés. Nous venons seulement — le fait est curieux à constater — de quitter le bassin du Sénégal pour entrer dans celui du Niger, que limite dans cette région une véritable muraille, formée par les monts du Manding, courant à trois ou quatre kilomètres à peine du grand fleuve du Soudan.

Nous cheminons dans cette nouvelle direction, nous frayant difficilement un passage à travers les rochers et la végétation. Puis j'aperçois le tata d'un village, placé au pied des hauteurs ; quelques habitants, qui gardent un troupeau de bœufs, s'enfuient à notre approche. En même temps, Sadioka m'annonce que les Béléris viennent d'apparaître sur nos derrières et s'apprêtent à couronner les hauteurs qui nous environnent de tous côtés. Que faire ? notre situation ne peut durer ainsi. Mieux vaut s'adresser aux habitants de ce nouveau village, qui dépend peut-être du territoire de Bammako, que d'entamer une nouvelle lutte, désespérée cette fois, avec les Bambaras. Je n'hésite donc pas, malgré les supplications de nos hommes ; je leur ordonne de s'arrêter et je m'avance, seul avec Alassane, vers le tata ; tous les habitants sont réunis en grand nombre devant l'enceinte ; ils sont assis, silencieux et leurs fusils posés entre leurs jambes. Le moindre mouvement, un cri, un coup de feu pouvaient décider en ce moment de notre destinée. Toutefois ils ne bougent pas en voyant un homme blanc s'approcher seul et sans armes. J'entre dans le cercle, je les entretiens, leur raconte les événements du jour précédent, leur dis la trahison des Bambaras envers un homme ami de Bammako et envoyé vers cette ville en pacificateur, sous la conduite du propre fils de l'un des principaux chefs de ce grand marché. On écoute mes paroles, on m'apprend que je suis à Guiningoumé, village appartenant à la famille d'Abdaramane, et qu'ils vont me conduire auprès de ce dernier. En attendant, ils envoient quelques-uns des leurs prévenir les Béléris que les blancs sont sous leur protection et qu'ils ne veulent pas souffrir qu'il leur soit fait de mal. Puis ils nous font apporter de l'eau et quelques calebasses d'arachides. Cet accueil me rassure et me fait espérer que nous serons mieux reçus à Bammako que nous ne l'avons été dans le Bélédougou.

Toutefois je ne laisse pas se refroidir le zèle de nos hôtes et je leur demande aussitôt des guides pour nous conduire à Bammako. Il faut palabrer quelque temps, car ces indigènes, lents et indécis comme tous ceux de leur race, veulent attendre et envoyer d'abord prévenir Abdaramane. J'insiste, ne me fiant que tout juste aux habitants de Guiningoumé et me souciant peu de rester exposé à une agression des Béléris dans le coupe-gorge où nous venions d'aboutir. Ils s'exécutent enfin et nous pouvons nous mettre en route, vers huit heures du matin, sous la conduite de plusieurs de leurs jeunes gens.

Le sentier que nous suivons se déroule le long de la montagne, laissant sur sa gauche un ravin large et profond, orné d'une végétation plantureuse, nous cachant un ruisseau coulant sur un fond de roches. Nous atteignons bientôt le fond de ce ravin, qui va s'élargissant, de manière à former un joli vallon limité toujours par les deux éperons rocheux, du sommet desquels s'échappent plusieurs cascades jaillissantes. A onze heures du matin, nous pouvons enfin apercevoir le Niger, coulant au loin dans la plaine, qui allait se perdre vers l'est. Que notre arrivée sur ce grand fleuve était triste et différente de ce que nous avions espéré! La mission était dans un état lamentable; toutes nos ressources nous avaient été enlevées, et nous ne savions pas ce que serait le lendemain. Puis, qu'étaient devenus Piétri et Vallière, que je n'avais pas craint de lancer en avant dans un pays inconnu, au milieu des plus grands dangers?

Vers midi, nous entrons dans la plaine et rejoignons le grand sentier qui mène à Bammako. Peu après, je me trouve en face d'Abdaramane et de plusieurs de ses parents. Je ne lui fais pas de reproches, mais je me contente de lui montrer nos malheureux blessés et de prononcer les noms de ceux qui ne sont plus. Il m'explique que Piétri, inquiet sur mon retard, l'a envoyé au-devant de moi, le 10, vers quatre heures du soir, mais qu'il s'était arrêté à Diokou, où les habitants l'avaient retenu jusqu'au lendemain, et qu'il n'était parvenu à Dio qu'après le combat, ayant entendu le bruit de la fusillade et n'ayant pas su la direction que nous avions prise. Il me remet plusieurs lettres, dont la lecture m'ôte toute inquiétude sur le sort de Piétri et Vallière et me fait même espérer que tout n'est pas encore perdu. Tout avait bien marché à Bammako et l'on n'attendait plus que mon

Palabre avec les gens de Guiningoumé.

arrivée pour conclure définitivement le traité de paix qui devait placer cette ville sous le protectorat français. Quant à Vallière, il était arrivé le 11 après une exploration de toute la vallée du Bakhoy, aussi profitable au point de vue topographique que politique. Abdaramane, qui semble navré des événements, m'affirme qu'il fera tout son possible pour réparer le mal que nous ont fait les Béléris, et qu'il espère même pouvoir me faire restituer la plus grande partie des objets qui nous ont été volés.

A une heure, nous sommes devant Bammako. Piétri et Vallière, informés de notre arrivée et de notre désastre quelques instants seulement avant notre apparition, viennent à cheval au-devant de nous. Quelle satisfaction de nous trouver réunis tous les cinq après les événements des jours précédents!

Une des premières impressions de nos deux camarades avait été un vif désappointement, et il était difficile de ne pas sourire en voyant l'effarement de leurs physionomies.

L'arrivée du convoi, dans leur esprit, était synonyme de ravitaillement; car ils commençaient à être très à court et de provisions et de moyens d'échange. Ils pensaient, avec une certaine satisfaction, que bientôt ils allaient retrouver, en même temps que des camarades, du vin, du café et une table un peu meilleure, et, dans cette attente, recommençaient des estimations sur notre marche pour fixer la date de notre arrivée.

Et voilà que les rôles étaient renversés : qu'au lieu de l'aspect réjouissant du convoi et de leurs camarades respirant le bien-être, ils avaient sous les yeux une bande d'individus dépenaillés, déchirés à toutes les épines et les roches du chemin, crottés de toute la boue du Bélédougou, aux traits tirés par le jeûne et la fatigue, et qui s'informaient anxieusement s'ils n'avaient pas quelque nourriture à leur offrir et s'il ne restait pas, par hasard, dans un coin de leurs cantines, quelques grains de café, quelques gouttes de vin et quelques miettes de biscuit.

Puis, de part et d'autre, nous ne songeâmes plus qu'à nous interroger sur les événements écoulés depuis la séparation.

CHAPITRE XIII

Route de Piétri à travers le Bélédougou. — Réception qui lui est faite à Ouoloni, Guinina et Dio. — Ses négociations à Bammako. — Karamakho Oulé et Titi. — Séjour de la mission à Bammako. — Dangers qui la menacent. — Route vers Nafadié, le long du Niger. — État misérable de la mission. — Résolution de franchir le Niger malgré les dangers signalés sur la rive droite. — Dispositions prises avant l'entrée en pays toucouleur. — Arrêt au village de Djoliba.

Nous étions à Bammako. Notre situation n'était certainement pas brillante; cependant, dans notre détresse, un irréparable malheur nous avait été épargné. Nous nous trouvions réunis tous les cinq, sans blessures et dans un état de santé à peu près satisfaisant. Comment, par des routes si différentes, la fortune nous avait-elle fait, malgré les Bambaras, la faveur de nous rassembler au jour voulu et au point désigné d'avance? C'est ce que nos deux compagnons de voyage nous apprirent bientôt.

On se rappelle sans doute que Piétri nous avait quittés à Koundou pour nous précéder dans le Bélédougou, avec une escorte aussi réduite que possible pour ne gêner en rien la rapidité de sa marche : Abdaramane, Alpha Séga, un tirailleur et le fidèle Moussa l'accompagnaient seuls. Le jeune chef de Bammako, sur les conseils duquel j'avais pris cette voie, semblait rempli de confiance, et à Koundou, avec l'emphase particulière aux noirs, il nous avait dit: « A partir d'ici, vous êtes chez moi; je réponds de vous et je me charge de vous mener sains et saufs à Bammako. » C'était donc avec tranquillité et l'espoir d'arriver rapidement au but de son voyage que Piétri s'enfonçait dans les pays bambaras. Cependant il commença à s'apercevoir dès Ouoloni qu'Abdaramane avait considérablement exagéré son influence, car il ne fut reconnu que difficilement par les habitants, qui soulevèrent même quelques protestations à l'idée d'accueillir mon envoyé. Le véritable maître du village était Baëri, fils du chef. Cet épais sauvage, qui avait fait de copieuses libations de dolo dans la journée, reçut fort rudement Alpha Séga et alla même jusqu'à proférer des menaces contre les Tidiani[1] et leurs amis. Il logea Piétri dans une case mal famée, où l'on avait l'habitude d'hospitaliser, de piller et souvent même de tuer les rares Dioulas qui s'égaraient dans la contrée. Malheureusement, mon interprète ne tint aucun compte de ses paroles et n'en informa pas mon compagnon de voyage, espérant qu'elles provenaient simplement de son état d'ivresse. Du reste, il se montra plus gracieux dans la soirée et fit même un cadeau de lait et de volailles à Piétri, qui jugea à propos, dans la lettre qu'il m'adressait, de me le recommander, comme le plus influent du village. Ce n'est que plus tard qu'il apprit ces détails caractéristiques dont nous aurions tous fait notre profit.

C'est sous l'impression qu'il venait de quitter un village ami que mon officier continua sa route vers Guinina. Il avait réussi, non sans peine, à trouver un guide qui le conduisit par la route que nous devions suivre nous-mêmes quelques jours après. Elle serpentait tout d'abord à travers une petite vallée, resserrée entre deux hauts massifs à pic, les monts Soufi au sud, les monts de Koulicoro au nord; puis elle était limitée à son origine par un col très élevé que le convoi, ainsi qu'on se le rappelle, avait eu les plus grandes difficultés à franchir.

L'avant-garde n'arriva à Guinina qu'à midi. Comme d'habitude, Alpha Séga et Abdaramane s'étaient détachés pour aller saluer le chef et lui annoncer l'arrivée d'un blanc. On voyait peu de monde en dehors du tata; quelques femmes puisaient de l'eau dans des puits assez profonds, et Piétri, qui voulut leur demander à boire, les vit s'enfuir à son approche. Il dut lancer lui-même au fond du puits la calebasse qui servait de seau et puiser l'eau nécessaire pour se rafraîchir et donner à boire à son cheval. Alpha revint à ce moment avec plusieurs indigènes, qui s'empressèrent d'apporter des vivres. Le chef de Guinina s'était, paraît-il, montré tout d'abord très réservé, et il avait fallu le témoignage de quatre habitants qui avaient reconnu Abdaramane, pour qu'il fît bon accueil à la petite troupe. Cependant, tout s'était terminé amicalement, et Alpha repartit bientôt demander des guides pour les blancs qui arrivaient et qui se trouvaient en ce moment à Ouoloni. Ces guides, désignés séance tenante, fixèrent eux-mêmes le prix de leur voyage et partirent aussitôt pour Ouoloni.

Piétri passa l'après-midi à Guinina, entouré d'une foule curieuse et bruyante, qui n'avait d'ailleurs aucune apparence hostile. Il put même s'entretenir avec plusieurs vieillards, dont l'un lui parla de Mungo-Park,

---

1. *Tidiani* est le nom de la secte à laquelle appartenait El-Hadj Oumar et, par suite, est resté le nom sous lequel on désigne les Toucouleurs de Ségou.

qui avait visité cette région en 1805 et dont le vieil indigène avait gardé le souvenir. « Le blanc, dit-il, arriva ici très fatigué; il soutenait un autre blanc malade de la fièvre. La vue de ces hommes à visage extraordinaire fit peur aux premiers qui les rencontrèrent. Mais les principaux notables s'avancèrent en dehors du tata et se portèrent au-devant des blancs. Ceux-ci étaient assis sous un arbre; l'un d'eux, couché, semblait mort. On leur offrit du riz et du lait; eux, à leur tour, nous firent quelques cadeaux. Ils dirent qu'ils venaient de l'ouest et qu'ils allaient voir le roi de Ségou. Ils restèrent deux jours dans notre village et furent rejoints pendant ce temps par six autres blancs, qui paraissaient tous bien malades. L'un d'eux ne put partir avec les autres et mourut à quelque distance du village. »

Piétri quitta Guinina dans la soirée. Il suivit un chemin un peu différent de celui que nous devions prendre quelques jours après. Il traversa un petit village à moitié ruiné, Sonsorobougou, et s'engagea ensuite dans un bois de karités ou arbres à beurre, où beaucoup de femmes et d'enfants étaient occupés à recueillir les fruits déjà tombés. Il se régala de ces fruits, dont il mangeait pour la première fois.

Dio est à 8 kilomètres environ de Guinina. Abdaramane y était plus connu qu'à Guinina, car, sitôt arrivé, il fut entouré et fêté par tous. La considération dont il était l'objet rejaillit sur les autres voyageurs, et le chef donna à Piétri une grande case, commode et bien aérée, lui envoyant d'abondantes provisions pour les hommes et les animaux. Les frères du chef et les notables se montrèrent très empressés, apportant tous des cadeaux en lait et en volailles. Une foule curieuse et sympathique entourait notre ami; tous disaient qu'ils avaient entendu parler des blancs et qu'ils voulaient être nos fidèles alliés. L'un des assistants serra chaleureusement les mains de Piétri en lui disant qu'il était déjà son ami, mais qu'il voulait être son frère. Et, pendant que ces protestations d'amitié étaient ainsi prodiguées à mon officier, le chef et les notables, à l'insu d'Abdaramane, complotaient l'attaque du convoi et le massacre des blancs! Les émissaires, venus de Guisoumalé et de Guinina, étaient arrivés le soir même, annonçant qu'un grand palabre avait été tenu au village de Daba et qu'on y avait résolu la mort des blancs. Les espions bambaras, venus au-devant de la mission au Ba-Oulé, avaient remarqué le grand nombre des bagages, la faiblesse de l'escorte, le triste état de nos ânes et la *petitesse* de nos fusils. Aussi avaient-ils conclu que rien ne serait plus aisé que de s'emparer de ce riche convoi, que défendaient à peine quelques hommes armés de fusils, des jouets d'enfants, et qui se disperseraient aux premiers coups de feu. Il avait donc été décidé qu'on laisserait la mission s'engager tranquillement dans le cœur du pays, puis qu'on profiterait d'une bonne occasion pour lui dresser une formidable embuscade. Voilà ce que le chef de Dio et ses notables venaient d'apprendre et pourquoi Piétri et ses compagnons étaient reçus avec tant de cordialité. Il est difficile, après cela, de parler de la bonne foi des nègres africains! De trop nombreux exemples, du reste, ont prouvé combien la duplicité était un défaut inné chez ces barbares, méfiants et cupides.

Le lendemain, 7 mai, la petite troupe était sur pied de bonne heure. Piétri fit quelques menus cadeaux de verroteries à tous les braves gens qui l'avaient si bien accueilli à Dio, promettant que je serais beaucoup plus libéral que lui, puis il prit la route de Bammako. Abdaramane lui avait promis qu'il verrait le Niger le jour même. Aussi, plus que jamais, pressait-il l'allure de son cheval que ses hommes à pied avaient de la peine à suivre. Il traversa le Ba-Oulé, ce ruisseau de Dio qui, quatre jours plus tard, devait être le théâtre d'une lutte sanglante, s'arrêta quelques instants aux villages de Makadiambougou, Nolobougou et Diokou, profitant de ces haltes pour faire quelques relèvements et compléter ses notes. Alpha et Abdaramane lui firent remarquer que ses gestes étaient épiés et le prièrent de n'écrire que hors de la vue des indigènes. Ceux-ci s'imaginent, lui disait-on, que « vous jetez des sorts sur leurs villages, que vous empoisonnez leurs puits, et craignent que vos *gris-gris* ne les fassent mourir dans l'année ». Un pareil excès de croyances superstitieuses semblait difficile à admettre, mais il fallait néanmoins se rendre à l'évidence. Ces populations sont fétichistes, et Alpha montrait en route les arbres sacrés sous lesquels s'accomplissent certains rites religieux, particulièrement la circoncision.

Diokou était le dernier village du Bélédougou. Là, comme partout ailleurs, Piétri fut entouré de curieux ; l'un d'eux essayait de lui baragouiner quelques mots d'anglais qu'il avait appris à Sierra-Leone. Le chef, arrivant avec l'inévitable cadeau de lait, regretta qu'il ne s'arrêtât pas plus longtemps dans son village, mais dit qu'il espérait bien se montrer plus hospitalier envers le chef de la mission, quand celui-ci passerait. Piétri remercia ce brave homme qui, en effet, me reçut à coups de fusil, ainsi qu'on l'a vu dans le chapitre précédent.

Mon compagnon de voyage continua son chemin avec la plus grande rapidité. Il était neuf heures et demie, et Abdaramane lui promettait à chaque instant qu'il verrait le Niger; mais les ondulations de terrain se succédaient les unes aux autres, et le grand fleuve n'apparaissait point. A peu de distance de Diokou, on rencontra un ruisseau assez important, qui allait encore jeter ses eaux dans le Ba-Oulé; ainsi on se trouvait à une dizaine de kilomètres à peine du Niger et l'on n'avait pas encore rencontré un seul affluent de ce grand fleuve. Le sentier montait beaucoup, les accidents du sol devenaient de plus en plus accentués et l'on pénétrait dans le massif montagneux qui sépare les bassins des deux grands fleuves du Soudan occidental. On s'engagea dans un col qui s'ouvrait sur la vallée du Niger. Depuis Diokou, on était dans le Bammako, et plusieurs villages en ruines attestaient que cet État n'était pas aussi florissant qu'on l'avait affirmé. Cependant, Piétri rencontra plusieurs indigènes : c'étaient des esclaves, des femmes chargées de fardeaux et des hommes armés. Tous reconnaissaient Abdaramane et lui témoignaient le plus grand respect; ils venaient du marché de Bammako.

Le Niger ne se montrait pas encore, et Piétri commençait à désespérer de le voir jamais. Vers midi, Abdaramane lui-même proposa de s'arrêter à Khati, village autrefois peuplé mais ne contenant plus que trois habitants, qui vinrent saluer Abdaramane et lui apporter des fruits de karité qui, avec quelques morceaux de biscuit, formèrent tout le déjeuner des voyageurs. On repartit presque aussitôt après, car un orage menaçait, et l'impatience gagnait de plus en plus le jeune Maure qui, après sept ans d'absence, ne se trouvait plus qu'à quelques kilomètres de sa ville natale. Et puis, il tardait à tous de voir enfin cette immense vallée, ce grand fleuve, cette ville qui était l'objet principal du voyage. Le sentier était devenu difficile, les pentes de plus en plus rapides; le sol était parsemé de cailloux ronds et ferrugineux. Il était évident qu'on approchait du sommet de la ligne de partage des eaux ; mais, en attendant, un nouveau rideau d'arbres venait, à chaque exhaussement du sol, barrer la vue. Enfin, vers quatre heures, Abdaramane, qui tenait la tête, s'arrêta tout d'un coup. Piétri se trouva bientôt à ses côtés et il vit s'étaler devant ses yeux un horizon immense, une vallée verdoyante s'étendant à perte de vue et traversée par un long ruban, brillant et irrégulier, que tachaient çà et là des points noirs, îles ou roches. C'était le Niger, qui venait du sud-ouest et baignait le pied des hauteurs que franchissait en ce moment la petite caravane.

« Et Bammako ! » dit Piétri. Abdaramane montra l'est en répliquant : « Bientôt nous y serons. » La pente qui menait au pied de la montagne était très abrupte. Il fallut mettre pied à terre pour conduire les chevaux par la bride. On descendit dans un joli vallon, à l'aspect des plus pittoresques; dans la verdure se cachait le coquet village de Soknafi. Trois ruisseaux bien ombragés, sortant des flancs de la montagne, arrosaient ce coin si frais de l'Afrique. Que n'existe-il de pareilles retraites aux environs de nos comptoirs du Sénégal !

On fit une courte halte en cet endroit, car il fallait arriver à Bammako avant le soir. Le vallon de Soknafi se termine par un précipice de plus de 20 mètres de profondeur, où tombent en grondant les ruisseaux qui l'arrosent[1]. Un sentier, pouvant à peine laisser passer un homme, en longeait le bord. La petite troupe parvint dans la plaine, où elle n'avait plus d'obstacles devant elle. Abdaramane marchait lentement. Enfin il s'arrête, criant : « Bammako! voilà Bammako! » Piétri resta stupéfait. Il avait devant lui une longue muraille d'argile, semblable à toutes celles qui servent d'enceinte aux villages bambaras. C'était un tata des plus ordinaires, étalé silencieux et solitaire au milieu de la plaine, à un millier de mètres des hauteurs abruptes qui, dans le pays, portent le nom de *monts de Bammako*. Quoi! c'était là cette ville si vantée, ce marché si renommé! Où était donc ce mouvement perpétuel qui entoure nos grandes cités, cette animation que l'on trouve aux environs des centres commerciaux les moins importants! Piétri regarda Abdaramane pour lui demander comment il avait pu ainsi comparer sa ville natale à Saint-Louis, voire même à Bakel. Mais il n'osa lui faire aucun reproche, car le jeune chef, comme le hibou de La Fontaine, aveuglé par l'amour maternel, était persuadé que Bammako était une merveille. Il était tout souriant et montrait avec complaisance une terrasse qui émergeait un peu au-dessus des autres cases. C'était sa maison, cette fameuse maison à étage, dont il nous avait tant parlé et où nous rêvions de nous installer. Piétri était complètement déçu. Comme nous tous, il avait rêvé une grande ville, animée, riche, commerçante, et il se trouvait devant un gros village du Bélédougou. La mauvaise humeur commençait à le gagner, et il demanda brusquement à Abdaramane pourquoi on n'entrait pas tout de suite. « Je ne puis rentrer avant le coucher du soleil, répondit-il ; il est d'usage ici que tout homme revenant d'un long voyage ne rentre pas avant la nuit. »

On ne se remit en marche qu'au bout d'une heure. En approchant du tata, un grand nombre de jeunes garçons, vêtus de longs boubous blancs, vinrent au-devant de la caravane ; c'étaient les circoncis de l'année. Abdaramane fut vite reconnu, entouré, annoncé dans le village. A peine entré dans le tata, la foule grossit de plus en plus compacte, car chacun voulait saluer le voyageur. Ce fut bien pis encore quand il approcha de sa demeure. Avant

---

1. Je ne doute pas que Soknafi ne soit choisi plus tard comme *sanitarium* de notre nouveau poste de Bammako, de même que le sommet de la montagne de Kita a déjà été choisi pour le même objet aux environs de notre poste de Makadiambougou.

d'entrer, il déchargea les deux coups de son fusil. Aussitôt des cris retentirent, les parents parurent sur le seuil de la porte; en même temps se croisaient les exclamations les plus diverses et les plus bizarres, les griots et les esclaves chantaient et dansaient, donnant les signes de la joie la plus extravagante. Au milieu de tout ce tumulte, Piétri parvint enfin à mettre pied à terre. Abdaramane le présenta à Karamakho Oulé, l'un de ses oncles, qui l'accueillit avec le *bissimilahi* habituel. On l'introduisit dans la case, où on lui apporta aussitôt des nattes; une jeune esclave se mit à l'éventer,

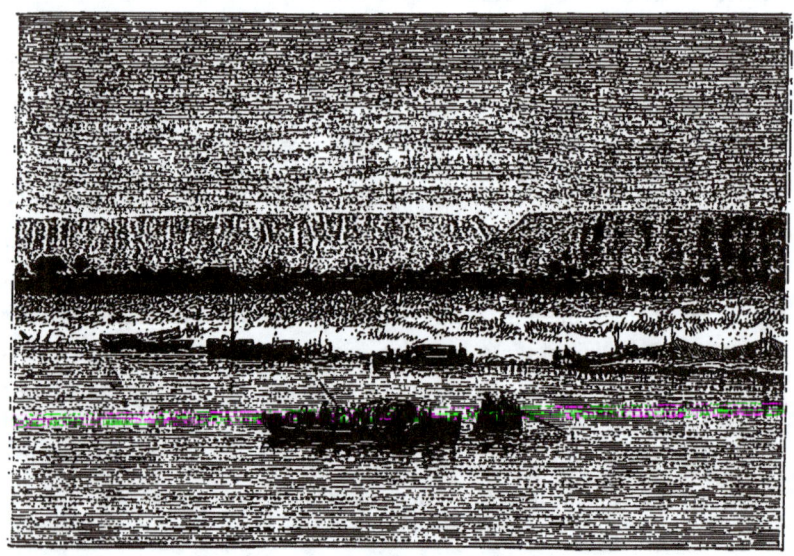

Vue de Bammako sur le Niger.

tandis qu'une autre, apportant une calebasse d'eau chaude, lavait les pieds d'Abdaramane.

L'intérieur de Bammako ne répondait même pas à l'apparence extérieure et au grand développement de l'enceinte. On y trouve de vastes terrains vagues qui, à la saison d'hivernage, deviennent de véritables mares. Piétri évalua à 1000 habitants au maximum la population de ce village.

Quoi qu'il en fût, il fallait s'occuper de l'arrivée prochaine de la mission, et, dès les premiers moments, Abdaramane montra une activité extrême. Le soir même de son arrivée, il alla voir ses parents et leur expliqua longuement l'objet du voyage des blancs à Bammako. Piétri, toujours entouré de curieux pendant ce temps, était confié spécialement aux soins d'une sœur de son hôte, qui se montrait fort empressée et attentive à lui procurer tout le bien-être qu'on peut trouver au Soudan. Cette jeune personne, belle fille de seize ans, métisse de Maure et de nègre, portait, suivant la mode du pays, un anneau d'or fixé à la cloison du nez ; elle avait un nom qu'on ne se serait pas attendu à rencontrer sur les bords du Niger : elle s'appelait Nana. Ajoutons que le frère du chef, l'homme le plus important de la ville, s'appelait Titi.

Cependant Abdaramane continuait sa campagne en notre faveur. Malgré l'évidence de ses démonstrations, il rencontra tout d'abord d'assez grandes résistances, et il se heurta à une méfiance qui avait sa source dans les idées superstitieuses des habitants et dans leur haine des Toucouleurs. Les bruits les plus mensongers circulaient sur notre compte : nous n'arrivions que pour faire le malheur de ce peuple et surtout de la famille d'Abdaramane. Le lendemain même de son arrivée, Piétri voulut faire une promenade aux environs du village et aller surtout examiner de près le Niger, qui coulait à moins d'un kilomètre. En rentrant, il trouva toute la famille de son hôte dans la désolation ; les mauvaises dispositions de quelques notables de Bammako l'avaient effrayée, et elle se désespérait de l'arrivée des blancs qui allait peut-être faire son malheur. Il fallut toute l'éloquence du jeune Maure pour faire comprendre à ses parents l'absurdité de leurs appréhensions. Sans doute, tout le monde n'était pas encore convaincu, mais, avant le soir, tous se rangeraient à son opinion et comprendraient la nécessité de l'alliance avec le Gouverneur du Sénégal.

Ce même jour, Piétri m'écrivit une lettre pour me renseigner sur l'itinéraire suivi et m'apprendre son arrivée à Bammako. Il conduisit lui-même le courrier jusqu'en dehors des murailles. On se rappelle que j'étais en ce moment à Guinina et que cette lettre ne me parvint pas.

Bammako était soumis nominalement aux Niaré, famille de Bambaras, premiers maîtres du pays. Mais depuis longtemps une famille de Maures s'y était installée, s'était emparée de tout le commerce de la ville et avait fini par devenir beaucoup plus riche même que les Niaré, qui ne vivaient du reste que des droits ou cadeaux que voulaient bien leur donner les commerçants. Au moment où Piétri parvenait à Bammako, le chef nominal du village, Biraman, était un pauvre hère qui s'effaçait complètement devant son frère Titi, plus riche de quelque argent qu'il avait gagné dans un voyage à Sierra-Leone. Titi employait consciencieusement tous ses revenus à la fabrication du dolo et tout son temps à boire cette liqueur fermentée. Il était presque toujours ivre et l'on ne pouvait guère lui parler que le matin de bonne heure, alors qu'il n'avait pas encore commencé ses interminables libations. Piétri lui demanda pourquoi il buvait ainsi ; ce chef lui répondit que c'était pour deux raisons : d'abord, parce que le dolo était bon, ensuite parce qu'il tenait à prouver tous les jours qu'il n'était ni musulman, ni sujet d'Ahmadou, l'islamisme et le sultan de Ségou défendant en effet de boire du dolo. A part ce défaut engendré par un patriotisme exagéré, Titi était un brave homme, facétieux à ses heures et dont le bonheur était, de temps en temps, de faire sentir aux Maures qu'après tout c'était lui qui commandait à Bammako.

La famille de ces commerçants était représentée par trois frères, dont Karamakho Oulé était le moins âgé, mais le plus riche. C'était un grand vieillard un peu maigre, très aimable, capable même d'une délicatesse de sentiments inconnue dans le Soudan. Il avait bien vite compris tous les avantages que son pays et sa famille pourraient retirer de l'installation des Français à Bammako. Dès le lendemain de l'arrivée de Piétri, il le reçut dans sa case et, après avoir entendu toutes ses explications sur nos projets politiques et commerciaux, il lui avait promis que tout irait au mieux de ses désirs et que nous serions satisfaits de notre voyage.

Le lendemain, 9 mai, ce fut le tour des deux frères. Mêmes palabres, mêmes réponses; cependant, rien n'était encore fait, tant qu'on n'aurait pas l'assentiment du chef. C'était, il est vrai, une simple formalité, mais il fallut que Piétri s'y soumît et subît un long palabre, qui eut lieu le soir même. Titi, entouré de tous les chefs du pays et d'une assistance nombreuse, avait à côté de lui une grande calebasse remplie de dolo et une plus petite, servant à puiser le liquide. Les salutations faites, il offrit à notre compatriote une large rasade de sa mauvaise bière et se mit lui-même à boire à même à la grande calebasse. Puis le palabre commença. Piétri développa le thème ordinaire : notre désir était de nous allier aux Bambaras, en faisant avec eux un traité de commerce et d'amitié; nous apportions non seulement la richesse, mais aussi la paix et la sécurité, car les Toucouleurs n'oseraient jamais s'attaquer à nos alliés. A mesure que Piétri parlait, Titi vidait calebasses sur calebasses, puis il répondit qu'il connaissait les blancs, qu'il était allé à Sierra-Leone, qu'il savait combien ils étaient puissants et généreux. Il se tourna vers les chefs et leur demanda à chacun leur avis, et s'adressant à mon officier : « Tout le monde est d'accord; nous ferons ce que voudront les Maures. Qu'Abdaramane et Karamakho Oulé agissent comme ils l'entendent : tout ce qu'ils feront sera bien fait. »

Piétri aurait voulu se retirer à ce moment, car tout était terminé, mais Titi, que l'ivresse commençait à gagner, le retint et devint bavard. Il parla des musulmans aux têtes rasées, de la haine des Bambaras contre leurs féroces conquérants, et, devant l'assistance, qui rit jusqu'aux larmes, fit les grimaces les plus risibles, les contorsions les plus grotesques, mimant ainsi toutes les misères et les hontes que subissaient les sujets d'Ahmadou. De temps en temps il criait comme dans un transport d'ivresse et en montrant la direction de Ségou : « J'ai peur, mais je n'ai pas peur. » Ou bien : « Je n'ai pas peur, mais j'ai peur. » Évidemment, le dolo commençait à agir sérieusement. Piétri lui promit beaucoup de bons fusils pour qu'il n'eût plus peur de personne.

Les négociations diplomatiques étaient donc dans la meilleure voie et tout serait allé pour le mieux si Alpha Séga n'était venu tout d'un coup annoncer à Piétri que ses lettres de la veille et du matin n'étaient pas parvenues à destination et que les courriers avaient été arrêtés en route. Le courrier parti le dernier, qui était l'un des deux tirailleurs de la petite escorte, rendit compte qu'il avait été arrêté et fouillé à Soknafi. On comprend sans peine l'émotion de notre camarade, qui courut aussitôt se plaindre à Karamakho Oulé de cet acte d'hostilité. Le vieillard, pressé de questions, ne put que répondre ceci : « Les gens de ce pays sont ignorants et ne savent pas pourquoi les blancs sont venus à Bammako. Ici même toutes les méfiances ne sont pas encore dissipées, et il ne faut pas s'étonner qu'on ait cru bien faire à Soknafi en arrêtant un homme inconnu et porteur de papiers qui leur font toujours peur. » Piétri était bien forcé d'admettre ces raisons qui étaient d'ailleurs assez plausibles, mais il insista pour avoir le lendemain un courrier sûr et que personne ne pût arrêter, ajoutant que, si l'on refusait ce qu'il demandait, il serait obligé de partir lui-même pour me renseigner sur les événements. Que de fois n'avons-nous pas entendu plus tard à Nango notre ami regretter de n'avoir pas mis tout de suite sa menace à exécution ! Peut-être serait-il arrivé à Dio avant le combat et aurait-il pu guider la mission par un chemin facile et rapide jusqu'au Niger ! Karamakho se chargea de tout pour le lendemain. « J'enverrai, dit-il, mon fils, un fils de Niaré et Abdaramane au-devant du capitaine. Ils lui porteront les lettres et partiront demain matin. » Il dit ensuite à Piétri pour le rassurer : « Sois donc tranquille, sois prudent et patient ; de ton affaire je fais mon affaire. » Et, les deux jours suivants, il lui promit de chercher dans le village la case qui lui paraîtrait convenir le mieux au futur résident, demandant comme une faveur que cette case fût choisie parmi celles qui lui appartenaient.

Karamakho tint parole et, le lendemain, les trois hommes désignés partirent à la rencontre du convoi, sous le prétexte d'aller examiner de près les quatre espingoles, dont les habitants de Bammako s'étaient fait, paraît-il, une effrayante idée. Le départ, malgré tous les efforts de Piétri, ne put avoir lieu que dans l'après-midi. Celui-ci m'informait que les bruits les plus singuliers couraient sur notre compte ; que nous arrivions avec soixante canons et toute une armée, que nous devions aller à Ségou pour donner tous nos cadeaux à Ahmadou, que nous possédions une influence magique, etc., etc. Mais, ce qui était plus grave : un courrier du Bélédougou était, disait-on, venu demander par deux fois à Titi la permission de piller le convoi, et le frère de Biraman lui avait répondu par des injures et même des coups.

Voilà où l'on en était à Bammako le 10 mai, c'est-à-dire le jour même où nous quittions Guinina et parvenions à Dio. Le lendemain matin, Piétri était rejoint par Vallière, qui avait réussi complètement dans son exploration de la vallée du Bakhoy[1]. Tous deux, inquiets de n'avoir aucunes nouvelles du convoi depuis le 5, convinrent de venir à ma rencontre, si je n'arrivais pas le lendemain. Le lendemain, j'arrivai, mais dans quel état ! le désastre était complet et tout allait nous manquer.

Tous ces détails, que Piétri nous donna dès notre arrivée à Bammako, nous montrèrent combien étaient vaines les espérances que nous avions placées dans les secours attendus de cette ville et de ses habitants. Ils nous expliquèrent de quel faible poids avait dû être l'intervention d'Abdaramane et de sa famille dans les projets hostiles du Bélédougou. Toutefois, Bammako pouvait être alors pour nous un lieu de refuge ; je le pensai du moins, lorsque nous nous arrêtâmes sous le grand doubalel, situé à quelques pas du tata et où mes compagnons avaient déjà établi leur bivouac. Nous n'avions pas fermé l'œil depuis la nuit du 8 à Guinina, nos blessés étaient dans un état affreux, quelques-uns ayant jusqu'à quatre ou cinq blessures. Un repos nous était donc indispensable, et il nous eût été impossible de continuer notre route dans la misérable situation où nous nous trouvions. Malheureusement, les promesses d'Abdaramane ne se réalisèrent pas et nous fûmes accueillis très froidement par la population de Bammako et spécialement par les chefs militaires, Biraman Niaré et son frère Titi. La nouvelle de notre pillage y était parvenue et l'on craignait de se compromettre aux yeux des Béléris. Au salut que j'envoyai au chef dès mon arrivée, il fut répondu textuellement ceci : « Il vous est arrivé un grand malheur, auquel je ne puis porter remède ; tout ce que je puis faire, c'est de vous laisser partir avec ce que vous possédez encore. »

Cette réponse n'avait que le mérite d'être claire ; il ne nous restait plus qu'à plier bagage au plus vite, si nous ne voulions pas nous livrer aux Bambaras, qui ne devaient pas tarder à sortir de leurs montagnes pour

---

1. On trouvera dans les chapitres suivants le récit détaillé de la remarquable exploration du lieutenant Vallière par le Birgo et le Manding.

achever l'œuvre si bien commencée. J'étais certain d'ailleurs qu'il se trouvait dans le tata des agents du Bélédougou, qui poussaient les chefs à nous abandonner sans merci et qui avaient déjà réussi à changer leurs bonnes dispositions en une hostilité contenue. Je rends justice dans cette circonstance aux services rendus à la mission par la famille d'Abdaramane, qui pourvut à la nourriture de toute ma troupe pendant mon séjour à Bammako [1]. Son intervention nous procura dans ce village un répit de vingt-quatre heures, qui nous permit de respirer un peu et de songer à l'avenir. Les renseignements rapportés par Vallière de son expédition dans le Bakhoy me donnaient le loisir d'examiner dès ce moment les moyens de fuir Bammako et le dangereux voisinage du Bélédougou. La route que cet officier avait suivie depuis Kita conduisait, par Mourgoula et Niagassola, sur le village de Nafadié, situé à 45 kilomètres au sud de Bammako, non loin des rives du Niger. Ce lieu, bien qu'habité par des Malinkés, était soumis à l'influence d'Ahmadou, dont les cavaliers menaçaient sans cesse cette partie du haut Djoliba. Il s'en fallait que cette voie fût encore très sûre, car, pour nous rendre à Nafadié, nous devions longer les montagnes du Manding, limite du Bélédougou, trajet long et coupé de plusieurs ruisseaux difficiles. Toutefois, ce moyen valait encore mieux que celui que nous avions agité pendant quelque temps, à savoir de nous emparer de vive force des deux ou trois pirogues que Piétri avait trouvées à Bammako et de nous rendre ensuite au barrage de Sotuba, à 10 kilomètres vers l'est, d'où nous aurions pu nous embarquer pour Ségou. C'était un parti désespéré, auquel il ne fallait évidemment songer que dans le cas d'une nouvelle attaque subite des Béléris.

La nuit du 12 au 13 s'écoula encore pour nous dans une inquiétude mortelle. Piétri et Vallière, qui s'étaient chargés de veiller pendant que nous reposions, conscients des dangers qui nous environnaient par les fatigues des jours précédents, observaient d'un œil anxieux le tata, d'où ils craignaient à tout instant de voir sortir nos hideux adversaires de Dio. Une fois même, ils crurent les Bambaras sur nos traces, ayant remarqué que des feux s'allumaient dans la montagne, qui auraient pu servir de signaux entre les Béléris et les gens de Bammako. Il n'en était rien, heureusement pour nous, car nos hommes, plongés dans le plus profond sommeil, auraient été incapables de courir aux armes et de se défendre.

Au matin, nous commençons nos préparatifs pour quitter le bivouac. Nos blessés, pansés tant bien que mal par Bayol et Tautain, sont installés

---

1. Nous apprîmes plus tard, à Nango, que les Maures avaient manifesté toute leur indignation contre les auteurs du pillage. Ils défendirent à leurs amis et à leurs captifs, qui forment deux ou trois villages du Bammako, de rien acheter ni accepter de ce qui nous avait appartenu.

sur les chevaux et mulets, tandis que moi-même, admis à entretenir les chefs et notables de Bammako, je me plains énergiquement de la perfidie des Bambaras et leur prédis qu'avant peu leurs voisins seront punis pour avoir attaqué et pillé les ambassadeurs que la France leur envoyait.

Nous partons à quatre heures, malgré les bruits hostiles qui nous sont rapportés de plusieurs côtés à la fois. Nous prenons d'ailleurs les plus grandes précautions : les tirailleurs, spahis et laptots, répartis en trois groupes, encadrent les âniers et les blessés. Chaque homme possédait encore une vingtaine de cartouches ; c'était peu, mais suffisant encore pour résister à une nouvelle attaque des Béléris, car le terrain nous était beaucoup plus favorable que dans le Bélédougou. Nous longions le Niger à 2 kilomètres environ et n'avions ainsi à surveiller que notre flanc droit. Nous possédions du reste un excellent guide, le propre fils du chef de Nafadié, le seul qui eût osé accompagner Vallière jusqu'à Bammako, les relations entre ces deux villages ayant été longtemps hostiles et s'étant transformées peu à peu en une sorte de trêve tacite.

Nous nous arrêtons à dix heures du soir, après avoir franchi, sans avoir été inquiétés, trois ruisseaux où les Bambaras, favorisés par l'épaisse végétation des rives, auraient pu aisément nous dresser une dernière embuscade. Nous campons au milieu d'une clairière dans l'obscurité la plus profonde, pour ne pas indiquer par nos feux notre emplacement aux Béléris qui pouvaient nous observer du sommet des hauteurs. Le lendemain, 14 mai, à quatre heures du matin, nous nous remettons en marche. Nous sommes à Nafadié vers midi. La fatigue avait été grande après cette marche forcée, faite de nuit et succédant à la retraite de Dio ; hommes et animaux étaient rendus en s'arrêtant au bivouac.

Nous fûmes reçus cordialement à Nafadié ; Vallière, lors de son passage, y avait laissé d'excellents souvenirs, et le chef me parut tout d'abord très bien disposé à nous fournir toutes les indications nécessaires pour continuer notre route dans la direction que nous choisirions. Je pensais dès ce moment à me transporter sur la rive droite du Niger pour gagner la capitale d'Ahmadou. Je savais que le sultan de Ségou possédait de ce côté une ligne de villages bambaras qui lui étaient plus ou moins soumis ; mais il y avait à craindre que les gens du Bélédougou, joints à ceux de Bammako, irrités de me voir passer chez leur ennemi irréconciliable, ne fissent tous leurs efforts pour me couper la route du nord. Ce n'était pas la première fois qu'ils auraient fait de semblables incursions sur la rive droite, où tous les villages riverains favorisaient leurs opérations contre Ahmadou.

Cependant la mission se trouvait alors dans l'état le plus lamentable.

Nous n'avions plus ni munitions, ni cadeaux à offrir, ni vivres, ni médicaments. Quel serait, dans ces conditions, l'accueil fait désormais à ces hommes blancs, aux vêtements en lambeaux, que suivait une escorte d'indigènes blessés, malades, déguenillés, désarmés, puisqu'ils ne possédaient plus que quelques cartouches? Ce fut un moment solennel celui où, réunissant mes compagnons de route dans une sorte de conseil de guerre, tenu en vue des montagnes du Bélédougou, et à quelques pas à peine de nos malheureux blessés, je proposai de franchir le Niger malgré notre dénûment absolu et de continuer notre voyage vers Ségou.

Retourner en arrière, nous n'y songeâmes même pas. Quel déplorable effet eût produit cette sorte de fuite sur des populations que nous venions de traverser naguère en protecteurs! Il fallait, au contraire, malgré la ruine et la perte de toutes nos ressources, redoubler d'énergie pour montrer aux peuplades nègres que les gens du Bélédougou, si redoutés dans cette partie du Soudan, ne pouvaient rien sur nous. Déjà, nous avions étonné tous les habitants de ces contrées par notre marche audacieuse vers Bammako, à travers ces Béléris, qui n'avaient pu nous entamer malgré leur immense supériorité de nombre et auxquels nos armes à tir rapide avaient infligé des pertes énormes. Il s'agissait donc de conserver notre réputation intacte et de continuer hardiment notre voyage sur Ségou. Aux yeux des indigènes, le parti le plus énergique est toujours le meilleur, et il est certain qu'en regagnant précipitamment le Sénégal, après le pillage de Dio, nous aurions porté un coup funeste à l'influence française, encore naissante dans ces régions. Sans doute, nous allions entrer dans l'inconnu et nous livrer à la discrétion du sultan de Ségou; mais, en reculant, nous compromettions les résultats déjà obtenus et abandonnions la place à d'autres.

L'énergie et le patriotisme de mes officiers soutinrent ma proposition. La marche en avant fut résolue.

En même temps, il était urgent de faire parvenir des renseignements exacts à Saint-Louis. Le docteur Bayol, dont la mission spéciale pouvait être considérée comme terminée, puisqu'il avait été impossible de le laisser comme résident à Bammako, s'offrit pour accomplir ce voyage. L'exploration de Vallière dans la vallée du Bakhoy nous fut alors très utile. Non seulement ses informations m'avaient permis de m'éclairer sur l'importance des contrées inconnues qu'il venait de visiter, mais encore elles offraient à M. Bayol une voie sûre et déjà frayée pour atteindre Kita et de là Bafoulabé. Vallière put remettre au docteur une liste indiquant les villages qu'il trouverait sur son itinéraire, avec des renseignements sur les distances séparant ces villages, sur les noms et les dispositions de leurs chefs, etc. Je lui donnai pour guide l'interprète Sori lui-même, qui venait d'achever ce voyage et s'était fait de nombreux amis parmi les habitants des villages échelonnés entre Nafadié et Makadiambougou. M. Bayol choisit en outre les hommes qui lui étaient nécessaires et l'un de nos meilleurs chevaux; il se tint prêt à partir pour le lendemain.

Je m'occupai ensuite de préparer le départ du personnel d'âniers, qui devenait de plus en plus encombrant. Il m'était impossible de traîner avec moi jusqu'à Ségou tous ces indigènes, qui formaient autant de bouches inutiles et effrayaient, par leur aspect sauvage et misérable, les habitants des villages où nous passions. Ils s'étaient montrés parfaitement dévoués jusqu'alors et j'avais souvent obtenu d'eux, dans le difficile et long trajet de Bakel à Dio, des efforts que l'on peut espérer rarement des noirs sénégambiens. Plusieurs avaient combattu avec le plus grand courage à nos côtés pendant la journée du 11; quelques-uns étaient morts, d'autres avaient été blessés. Je tenais donc à acheminer ceux qui me restaient vers les

Le docteur Bayol.

postes du haut fleuve, de manière à leur éviter tout accident en route; je les mis sous la conduite de Thiama et de Silman, qui devaient marcher sur les talons du docteur Bayol. Avant leur départ, je les réunis et les remerciai, en les assurant que le gouverneur, à qui j'écrivais à leur sujet, reconnaîtrait et récompenserait largement leurs services. Beaucoup de ces braves gens voulaient me suivre, mais je ne pus y consentir.

Je ne voulus pas me séparer des spahis et des tirailleurs, réduits à un bien petit nombre par les balles des Bambaras. Leur qualité de soldats français, leur répugnance à m'abandonner après leur brillante conduite à Dio et surtout la possibilité d'une nouvelle attaque sur la rive droite, me déterminèrent à conserver auprès de moi ces auxiliaires dévoués. Je gardai également les laptots : ces enfants de Saint-Louis avaient formé, pendant toute l'expédition, un groupe à part dirigé par le patron Samba Ouri, qui comptait parmi eux plusieurs de ses parents ; ils s'étaient très bien comportés à l'attaque du convoi, et les meilleurs d'entre eux avaient succombé.

Je remis à Bayol, avant son départ, un rapport succinct sur l'affaire de Dio, destiné au gouverneur, lui recommandant en outre de prendre à Bafoulabé des dispositions pour nous faire parvenir le plus rapidement possible les objets qui nous étaient le plus indispensables et spécialement des médicaments. Toute notre pharmacie consistait en une trentaine de grammes de quinine, et nous étions déjà dans la saison d'hivernage. Rarement voyageurs avaient été réduits à une pareille misère.

Nous nous éloignâmes de Nafadié le 15, vers neuf heures du matin. Il importait de ne pas perdre de temps : un homme du village, qui était allé chasser dans la direction de Bammako, nous avertissait que les Béléris s'approchaient pour s'opposer à notre marche vers la rive droite du Niger : déjà le tam-tam de guerre avait retenti et les gens du village s'empressaient de rassembler leurs troupeaux et de se renfermer dans leur tata.

Vers onze heures, nous étions au village de Djoliba, situé à deux ou trois kilomètres à peine du fleuve ; Bayol, suivi de près par les âniers, avais pris la route de Kita. J'emmenai avec moi les blessés, malgré leur désir de rester à Nafadié, où je ne les jugeais pas en sûreté. Ceux qui ne pouvaient supporter la marche à cheval avaient été installés sur des brancards et étaient transportés par leurs camarades. Piétri et Alassane m'avaient précédé à Djoliba pour préparer, dans la journée même, notre passage sur la rive droite. Le chef du village avait affirmé à mon envoyé que nous pourrions franchir le fleuve dès notre arrivée ; mais il n'en fut rien, et ce Malinké semblait vouloir nous retenir jusqu'au lendemain. Ce retard nuisait à notre rapidité, qui nous avait seule sauvés jusqu'alors ; les Bambaras devaient être en ce moment à notre poursuite. Je m'abouchai donc directement avec les somonos ou passeurs qui, au prix considérable de deux fusils à pierre, s'engagèrent à nous transporter de l'autre côté du Niger.

Une heure de route à travers une grande plaine herbeuse, inondée en hivernage, nous amena enfin aux bords du grand fleuve du Soudan.

Ici commence la deuxième partie de notre voyage. Nous en avons fini avec les populations fétichistes, les Malinkés et les Bambaras, et nous allons entrer chez les Toucouleurs, fervents adeptes de l'islamisme. Nos épreuves ne sont pas terminées pour cela, et l'hospitalité d'Ahmadou, l'ombrageux sultan de Ségou, va souvent nous faire regretter le parti que nous avions pris de franchir le Niger et de pénétrer dans ses États. Toutefois, avant de continuer notre récit, il nous semble utile de donner la parole au lieute-

Alassane et Thiama.

nant Vallière qui, comme on se le rappelle, s'était séparé de la mission à Kita dans le but d'explorer la vallée du Bakhoy. On remarquera l'importance toute particulière de ce voyage, accompli dans une région qu'aucun Européen n'avait encore visitée et qui a servi à indiquer la véritable voie à suivre par la route commerciale projetée vers le Niger.

CHAPITRE XIV

EXPLORATION DU LIEUTENANT VALLIÈRE DANS LE BIRGO ET LE MANDING

Personnel indigène emmené par Vallière. — Séjour à Goubanko. — Aventures de Khoumo. — Bivouac au bord du Bammako. — Défilé de Sitakoto. — Mourgoula et l'almamy Abdallah. — Fortifications de cette place toucouleur.

Le 27 avril, au réveil, la plus grande activité régnait dans le camp. Après un repos de dix jours, la marche vers le Niger allait être reprise, et chacun hâtait ses préparatifs. Pendant que le convoi principal se rassemblait, mon modeste détachement s'organisait à l'écart. A six heures précises, après avoir serré une dernière fois la main de mes compagnons, je pris la route de Mourgoula à la tête de ma petite troupe. Au même instant, le gros de l'expédition s'ébranlait et se dirigeait à l'est par la route de Bangassi; je le suivis quelque temps des yeux avec un serrement de cœur involontaire et, lorsque tout le convoi eut disparu dans l'immense nuage de poussière qu'il soulevait, mes pensées se retournèrent vers l'objet de mon voyage.

Pourquoi ne pas l'avouer? Malgré le regret de me séparer de mes camarades, j'éprouvais la satisfaction, un peu puérile peut-être, mais réelle, que ressent tout voyageur en abordant une terre inconnue. J'allais entrer le premier dans une région inexplorée, je connaîtrais des peuplades sur lesquelles planait encore un certain mystère. Que de choses nouvelles j'allais voir!

Cependant, nous eûmes bientôt gagné le pied des collines qui bornent la plaine de Kita au sud-est. Le chef de la mission avait composé mon escorte avec le plus grand soin. Sori, l'interprète, était un Bambara, ancien cuisinier du gouverneur et très honnête homme; conduit en France dans sa jeunesse par un négociant de Saint-Louis, ce voyage lui avait appris à aimer et à respecter les Français; il possédait d'ailleurs très bien les langues bambara, peul et malinké. Sori emmenait un de ses anciens marmitons, bonhomme de quatorze ans, aussi intelligent que mauvais sujet; on l'appelait Baba, mais ce nom, cher aux gourmands, n'a, dans ce pays, aucune origine culinaire; il est très répandu dans le Fouta. Durant l'expédition, j'avais pu juger des talents de ce jeune garçon. Étant un jour d'avant-garde, il avait, à ma grande satisfaction, égorgé, plumé et fait rôtir un poulet en quelques minutes. Cette opération méritoire, menée si rapidement à si bonne fin, l'avait fait prendre en haute estime, et il n'était certes pas le moindre personnage du convoi. Bénis, caporal de tirailleurs, était un vieux militaire médaillé, ayant fait ses preuves. On pouvait compter sur son dévouement; il commandait à un seul tirailleur : Moro Dialo, jeune Ouassoulounké, très intelligent, qui avait l'art de comprendre au simple geste; bien

Moro Dialo, type ouassoulounké.

qu'ignorant la langue française, c'était un domestique satisfaisant. Quant aux muletiers, c'étaient également des hommes de choix. Avec un pareil personnel, je partais plein de confiance.

Les instructions du capitaine Gallieni étaient bien présentes à mon esprit et quoiqu'elles ne continssent que des prescriptions d'une exécution facile, il ne fallait pas se dissimuler que nous allions nous trouver en face de populations d'une extrême défiance, qui pouvaient prendre ombrage de nos plus simples actions et s'effrayer de nos moindres paroles. En outre, les

17

contrées que nous devions traverser n'obéissaient pas toutes aux mêmes chefs ; il existait même des divisions profondes entre pays voisins, et, en passant parmi toutes ces peuplades ennemies les unes des autres, j'aurais sans doute à changer souvent d'attitude et de langage, tant pour éviter tout danger que pour laisser de bons souvenirs après nous.

La route de Mourgoula, en quittant la plaine de Kita, gravit une pente pierreuse, assez abrupte, donnant accès au plateau de Goubanko. Ce village, disait-on, était encore à six ou sept kilomètres en avant ; c'était là une étape trop courte et je me proposais d'aller chercher au delà quelque bon campement, mais l'individu qui seul pouvait nous renseigner, Khoumo, ne nous avait pas encore rejoints.

Khoumo était un prétendu fils du chef manding de Niagassola, que le chef de la mission avait pris au bataillon de tirailleurs sénégalais afin de nous faciliter le passage dans le haut Bakhoy. La mission principale ne prenant plus cette voie, on avait attaché l'ex-tirailleur à notre exploration, où sa connaissance du pays, ses relations et sa qualité de fils d'un chef important pouvaient être des plus utiles. Bien qu'il nous eût causé quelques soucis, à Médine, par la violence de son caractère, nous le considérions comme un auxiliaire utile.

Lorsque Khoumo nous rejoignit, il m'apprit que, le premier campement après Goubanko étant très éloigné, nous devions nous résigner à passer la journée à ce village. C'était une perte de temps, mais j'en fus vite consolé en songeant que j'y gagnais une bonne soirée intime avec le capitaine Gallieni, qui devait venir le jour même conférer avec les chefs ennemis de Tokonta.

Vers sept heures, nous cheminions dans la magnifique forêt qui précède la plaine de Goubanko. L'étroit sentier, sablonneux, serpentait à l'ombre de très beaux karités et nous permettait une marche rapide. Soudain, nous aperçûmes un jeune indigène, armé de son fusil, debout, nous barrant le passage. Ce n'était qu'une sentinelle, chargée d'aller prévenir le village de l'arrivée des blancs. Quelques instants plus tard, la forêt s'éclaircit et fit place à une plaine fertile, traversée par un petit cours d'eau bordé d'une épaisse végétation, et entourée de collines basses et boisées ; vers le centre, on distinguait les lignes régulières d'un tata : c'était Goubanko.

En moins d'une demi-heure nous arrivions devant la porte principale de ce village ; je la franchis aussitôt au trot de mon cheval, à la grande stupéfaction d'un groupe d'hommes qui semblaient la garder et vouloir s'opposer à mon entrée immédiate. L'un de ces individus fut requis par Sori pour nous conduire auprès du chef, et au bout de quelques minutes de marche à travers des ruelles étroites et tortueuses, nous étions en présence de plusieurs vieillards accroupis. En échangeant les poignées de main d'usage, je remarquai que ces pauvres gens étaient aveugles et que leur grand âge leur retirait jusqu'à la faculté de parler; il fallut, en conséquence, engager la conversation avec un homme plus jeune, un fils sans doute, assis au milieu d'eux. J'expliquai donc à ce dernier que « j'étais simplement de passage, allant vers le Niger, et que le chef blanc qu'ils attendaient viendrait dans la soirée les entretenir de leur différend avec Tokonta; ils verraient alors combien on les avait trompés sur le compte des Français; nous étions des hommes de paix et ils pouvaient être sûrs que tous nos efforts tendraient à les réconcilier avec les gens de Kita ». Le jeune homme remercia très simplement, et les vieillards balbutièrent également quelques paroles confuses de reconnaissance; je pris aussitôt congé et allai rejoindre l'escorte déjà campée sous un bel arbre, situé sur la route de Mourgoula.

Durant cette courte visite, j'avais été frappé de la pureté de traits des visages des chefs, de la faible coloration de leur peau et de la dignité de leur maintien; de même, dans la rue, les enfants m'avaient paru très jolis; enfin, notre passage, au lieu de soulever cette curiosité bruyante et incommode que nous rencontrions partout, avait provoqué un étonnement, marqué seulement par un empressement plein de réserve; évidemment c'était là une population digne de fixer l'attention. D'ailleurs, la situation politique étrange de ce village, luttant seul contre ses voisins acharnés à sa perte, excitait vivement mon intérêt. J'envoyai donc Sori aux renseignements et j'examinai de mon mieux Goubanko et ses alentours.

Le tata est composé de deux rectangles, accolés par un de leurs sommets et communiquant entre eux. Sans nul doute, il n'y avait eu d'abord qu'un seul rectangle, mais, la population augmentant, on avait dû créer une deuxième enceinte pour contenir les nouveaux arrivants. On avait alors abattu un coin de l'ancienne muraille, et construit la nouvelle en copiant la forme existante, de sorte que le tracé était devenu un octogone irrégulier, présentant deux grands rentrants, espèces de tenailles au fond desquelles sont pratiquées des portes. L'entrée principale, moins bien placée que ces dernières, fait face au nord; ses abords ne sont pas flanqués, mais les gens de Goubanko ont suppléé à ce manque de flanquement de la façon la plus ingénieuse. Une grosse tour carrée de 5 mètres de côté, surmontée d'un toit pointu, a été construite à quelques mètres en arrière du front de la muraille; à droite et à gauche, deux abris rectangulaires, recouverts d'un toit en terre durcie, à l'épreuve de la balle, relient la tour et le mur d'enceinte et créent ainsi, en avant de la porte, un étroit couloir de 2 mètres environ de largeur.

Les défenseurs placés dans ces sortes de caponnières peuvent tirer et dans le couloir et dans la tour. Les portes donnant accès dans la tour et permettant d'aller de l'extérieur à l'intérieur du village ne sont pas ouvertes l'une vis-à-vis de l'autre ; cette disposition, faite pour arrêter l'élan de l'assaillant, oblige à changer de direction à droite pour pénétrer dans l'enceinte. Enfin l'entrée extérieure est elle-même masquée par un tambour en saillie sur le front de la fortification, ne laissant qu'un étroit passage sur le côté, à peine praticable à un cavalier. Cet ensemble de dispositions défensives dénote réellement de l'intelligence et de la réflexion chez son auteur. Quant à la muraille du tata, elle ne présente rien d'exceptionnel : comme toutes ces sortes de constructions, elle est en argile durcie, avec une coudée d'épaisseur à la base et $2^m,50$ à 3 mètres de hauteur ; son périmètre total peut avoir 800 mètres ; des tours élevées de loin en loin et légèrement en saillie sur le mur assurent le flanquement et permettent à des guetteurs, juchés sur de grossiers échafaudages, de surveiller au loin la plaine. On sait comment se défendent ces fortifications : les défenseurs placés derrière l'enceinte et dans les tours percent à hauteur d'appui de petits trous ronds pour donner passage aux canons des fusils, et cherchent par leur feu à tenir l'ennemi loin des murailles. Si l'enceinte est forcée, la première ligne des cases en constitue une nouvelle non moins solide ; mais les armées indigènes sont à peu près dépourvues de moyens d'attaque, et il est fort rare qu'un tata bien défendu soit enlevé autrement que par le blocus et la trahison ; les quelques assauts que l'on cite ont tous été très meurtriers. Goubanko est habilement placé dans une boucle du ruisseau le Farako, qui sert ainsi de fossé sur les faces est et sud ; les deux autres côtés sont également protégés par une dépression, sans doute pleine d'eau en hivernage, où sont creusés de nombreux puits entourés de petits jardins gardés par des palissades ; en outre, la terre ayant servi aux constructions a été prise au pied de la muraille, et il en est résulté de profondes excavations qui forment de sérieux obstacles aux abords. On voit, par cet aperçu, que les habitants de ce village ont mis un certain art à couvrir leurs personnes et leurs biens contre les attaques de leurs nombreux ennemis.

A l'intérieur, les habitations se pressent les unes contre les autres, en ne laissant entre elles que des ruelles étroites et tortueuses ; les cases sont en général composées d'un mur de terre circulaire, surmonté d'un toit conique de paille ; cependant on y voit quelques constructions rectangulaires avec argamasses dans le genre de ce qui se fait à Bakel. Chaque particulier entoure les deux ou trois cases qu'il possède d'une enceinte de terre ; cet usage a transformé le village en un véritable dédale de murs et de passages où les étrangers ne peuvent se retrouver. Un assaut livré au milieu d'un pareil amas d'obstacles coûterait certainement beaucoup d'hommes à l'assaillant ; il est vrai, d'autre part, que la défense manquerait d'ensemble et serait pour ainsi dire disloquée.

On doit donc compter que Goubanko, avec son millier d'habitants d'aspect énergique et en apparence bien disciplinés, est un très fort village en face d'une armée noire ; mais ceux qui l'ont fortifié ne pouvaient se préoccuper des effets de l'artillerie européenne, qu'ils ignoraient, et ils ont placé leur tata à 400 mètres environ d'une colline de 30 mètres d'élévation ; cette circonstance mettrait les défenseurs dans l'impossibilité de résister victorieusement à une troupe pourvue de canons et de fusils à longue portée.

Le nombre des curieux qui nous avaient entourés à notre arrivée avait considérablement grossi, mais tous ces individus, bien que très vivement intrigués à la vue des différents objets que Baba et Moro sortaient des cantines, conservaient une attitude réservée, presque respectueuse. Quelques jeunes gens, s'étant montrés trop turbulents, avaient été aussitôt réprimandés par les hommes plus âgés. C'étaient là des habitudes bien différentes de celles que nous avions constatées jusqu'alors chez les indigènes de ces contrées.

Un autre fait digne de remarque était l'extrême variété des types de la foule des curieux qui nous entourèrent. Les uns avaient la tête ronde, les cheveux crépus et la teinte foncée des noirs du bas Sénégal ; les autres étaient de purs Malinkés, avec le bonnet jaune de rigueur, les tatouages et les longues mèches de cheveux ; enfin les plus nombreux avaient le profil aquilin et distingué du Peul, son beau regard et ses formes élégantes. Tous ces hommes d'origines si diverses parlaient cependant le même langage malinké.

Les habitants de Goubanko, qui avaient lutté avec courage contre Tokonta et l'almamy de Mourgoula[1], se considèrent comme indépendants. Ils ont organisé leur gouvernement d'une façon assez singulière. Les intérêts du village sont discutés dans des palabres où chaque homme libre a la parole, puis les chefs des quelques familles le plus anciennement respectées prennent, après une nouvelle délibération, des décisions qui sont

---

1. Voir chapitre VII.

généralement exécutées sans soulever de protestations. Ce semblant de constitution a donné des résultats excellents : on a vu en effet des hommes de nationalités diverses acquérir l'union et la discipline nécessaires pour lutter avec avantage contre des ennemis acharnés et puissants. Toutefois il est permis de supposer, surtout en face de l'état de barbarie de ce peuple, que la certitude de trouver un vainqueur implacable après la défaite a plus fait pour les encourager dans la lutte que le sentiment purement patriotique.

Cependant la journée s'écoulait rapidement et il fallait assurer le départ du lendemain. Je fis appeler Khoumo. Cet homme avait eu toute la journée une attitude des plus singulières ; il allait et venait du camp au village, en proie à une véritable agitation. J'avais observé ses allures étranges, mais je les attribuais à l'émotion de se voir enfin en route pour son pays. Il m'apprit que nous n'étions qu'à deux journées de marche indigène de Mourgoula ; je devais dès lors compter sur trois bonnes étapes. La route était bien frayée, mais nous ne devions attendre aucune ressource des villages, car Siracoro, le premier que nous rencontrerions, était lui-même situé aux portes de la capitale du Birgo ; notre première halte serait sur les bords du Bammako, petite rivière fournissant abondamment une eau excellente. Les ordres furent donnés en conséquence et je prévins Khoumo qu'étant notre seul guide il devait se trouver avec nous à cheval, le lendemain au point du jour.

Quelle ne fut pas ma surprise lorsqu'il refusa net d'être au rendez-vous ! A quel mobile obéissait donc cet individu, que nous avions comblé de faveurs ? Je lui reprochai son refus et lui rappelai l'engagement solennel qu'il avait pris devant le chef de la mission de me conduire à Niagassola. Il agissait en homme sans foi, en nous abandonnant ainsi dans une circonstance où nous ne pouvions trouver d'autre guide. Je terminais en le menaçant de dénoncer partout son indigne conduite et de lui enlever les armes et le cheval que nous lui avions donnés. Ce dernier argument parut surtout le toucher et il promit tout ce que je voulus.

A la nuit tombante, le capitaine Gallieni, suivi de quatre spahis et de l'interprète Alpha Séga, entra dans notre campement. Peu de temps après, nous étions assis devant toute la population masculine du village, et le palabre où devaient se régler les affaires avec Kita commença. Je n'en parlerai que pour dire que la vue de cette foule d'hommes de tous les âges, écoutant gravement les orateurs, était des plus saisissantes. La nuit était venue, et nous n'étions plus éclairés que par la pâle clarté des étoiles et les lueurs bleuâtres qui s'échappaient des cheminées des deux fourneaux de forges situés près de nous. Cette lumière blafarde, se reflétant sur tous ces visages aux lignes heurtées, donnait à la scène un aspect réellement fantastique. D'autre part, il me semble qu'il y avait quelque chose de grand dans ce spectacle d'un homme blanc en face de ce millier de sauvages accroupis, et leur parlant des avantages de l'union, de la solidarité et de la paix. Que se passait-il dans ces âmes barbares en entendant ce langage? La lumière allait-elle se faire dans ces esprits obscurcis par l'ignorance? J'eus un moment de foi entière et, me laissant aller au courant de mes pensées, je vis, comme dans un rêve, cette race noire infortunée, perdant son aveuglement, comprenant sa malheureuse condition, renoncer enfin à ses haines sauvages et écouter la voix de la civilisation qui lui parlait par une bouche française. Aujourd'hui, mieux instruit par les événements, j'ai peine à comprendre cet élan enthousiaste d'un instant[1].

Le palabre s'interrompit bientôt. On ne pouvait prendre aucune décision sans l'avis des vieillards, et une nouvelle réunion serait nécessaire le lendemain. Nous connaissions assez la lenteur des indigènes pour n'éprouver aucune surprise de cet ajournement. Quelques moments après, nous dînions gaiement, le capitaine et moi, confiants l'un et l'autre dans la bonne réussite de la mission. Je lui fis connaître toutefois les ennuis que Khoumo m'avait causés et le priai de renouveler les reproches que j'avais dû lui faire; le pauvre garçon les reçut tout confus et se retira l'oreille basse.

Le lendemain matin, après une bonne nuit passée sous le gros figuier qui nous servait d'abri, nous échangions les derniers adieux et nous nous préparions à prendre la route de Mourgoula; mais Khoumo n'était pas au rendez-vous. Il fallut alors chercher un nouveau guide, et les gens de Goubanko se souciaient peu de s'engager sur le territoire de l'almamy. Enfin, un Birgo, hardi chasseur, voulut bien, moyennant une forte récompense, nous conduire jusqu'à la rivière de Bammako. Peu après, nous cheminions sur un large sentier à travers des terres cultivées.

La route de Mourgoula, après avoir franchi des terrains cultivés, se continue dans un ravin au fond duquel coule un petit ruisseau, affluent du Farako; elle longe quelque temps ce dernier cours d'eau, puis, devenue très praticable, elle s'enfonce dans une vaste et belle forêt qui couvre au loin le pays.

Nous marchions paisiblement au milieu du plus profond silence; aucun

---

1. Au moment où nous écrivions ces lignes, nous étions encore sous l'impression fâcheuse que l'attaque des Bambaras à Dio nous avait donnée contre ces populations sauvages.

cri d'être vivant, aucun son ne venaient frapper nos oreilles. Le matin, avant que le soleil ait allumé tous ses feux, ces solitudes africaines impressionnent vivement; il semble à l'Européen, habitué à l'animation et au bruit, qu'il traverse une terre morte. Tout à coup, le galop d'un cheval se fit entendre en arrière et peu après un spahi me remit une lettre; c'était un mot du capitaine, donnant l'explication des allures énigmatiques de maître Khoumo. Durant notre séjour à Kita, il avait séduit et enlevé deux jeunes femmes, et, le jour du départ, les avait cachées dans Goubanko; il venait de quitter ce dernier village avec elles, allant dans notre direction. Cette mauvaise action créait des embarras au chef de la mission, qui se voyait assailli de réclamations de la part des gens de Makadiambougou; en conséquence, il me prescrivait de lui renvoyer les deux femmes si je les rencontrais, en les confiant au spahi et à un homme du pays qui l'accompagnait. Il y avait là, en effet, un Birgo que je n'avais pas encore aperçu, qui nous dit que Khoumo et ses complices allaient arriver. Cinq minutes ne s'étaient pas écoulées que chacun partit d'un grand éclat de rire; Khoumo débouchait de la forêt dans l'équipage le plus burlesque.

Il arrivait au petit trot de son cheval, ayant une femme devant lui et l'autre derrière; sa vilaine figure, rendue soucieuse à notre aspect, grimaçait comiquement sous un vaste chapeau de paille, entre les visages niaisement étonnés de ses deux compagnes. Sa pauvre bête, les flancs battus par les six jambes de ses trois cavaliers, soufflait bruyamment et semblait protester contre la charge énorme dont on l'accablait. Lorsque notre homme fut près de nous, je lui ordonnai de mettre pied à terre; il s'exécuta tout interdit, puis il descendit, avec les précautions les plus délicates, les deux singulières Hélènes, absolument stupéfaites de tout ce qui arrivait. Je dis alors à Khoumo : « Tu es un voleur, tu as pris ces deux femmes à leur mari et, en outre, tu as indignement trompé notre confiance en commettant un acte qui pouvait jeter la défaveur sur les Français, tes bienfaiteurs; tu vas immédiatement remettre ces malheureuses au spahi, qui les ramènera au capitaine. » Mais cette conclusion était loin de satisfaire Khoumo; il m'expliqua qu'il n'avait pas volé ces deux femmes. Il aimait éperdument la première, Aïssé; quant à la deuxième, elle avait conçu pour lui un attachement si profond qu'elle avait voulu le suivre malgré toutes ses remontrances. Il était du reste bien risible en racontant ces choses; la nature marâtre l'avait doté d'un physique peu fait pour remuer ainsi les cœurs, et certains paquets de guinées et de calicot que j'apercevais entre les mains de ses victimes indiquaient que leur fugue n'avait pas eu seulement l'amour pour cause. Je donnai l'ordre au spahi de se saisir puremen

et simplement des femmes. L'une d'elles se mit alors à pleurer, disant qu'elle serait horriblement battue par son mari ; quant à l'autre, absolument inconsciente de tout ce qui se faisait, elle paraissait presque heureuse d'être ainsi sur un grand cheval avec un bel homme tout habillé de rouge. Au moment où le cavalier tournait bride, notre ravisseur, sortant tout à coup de son abattement, se mit à protester : « Les femmes, disait-il, ne partiraient pas sans lui ; il voulait savoir ce qu'elles deviendraient, et personne au monde ne pouvait lui prendre son bien, » etc.... Son ton devenait même menaçant. Je lui ordonnai tranquillement de rester avec nous, comme c'était son devoir, et tâchai de lui faire entendre que, s'il retournait en arrière, les gens de Kita lui feraient un mauvais parti. Il pouvait être sûr, au surplus, que le capitaine Gallieni ne voudrait pas le recevoir; enfin je le prévins qu'à la moindre violence je le ferais amarrer par les tirailleurs. Puis, sur un signe, je fis partir le spahi, le Birgo et les femmes.

Khoumo, au moment où le groupe disparut, se mit à appeler : Aïssé ! Aïssé ! d'une voix déchirante ; mais malgré ses lamentations on pouvait voir que sa douleur n'était que celle d'un voleur qui se voit arracher sa proie.

Cette aventure nous avait beaucoup attardés, et le soleil commençait à nous piquer de ses chauds rayons; il fallait partir. En conséquence, Khoumo fut placé, malgré ses cris, en tête avec le guide, et notre petite caravane reprit sa route. Cinq minutes après, j'entendais une voix joyeuse devant nous; c'était celle du ravisseur qui, paraissant avoir tout oublié, expliquait à Sori que j'avais très bien agi, et il convenait de sa sottise.

Il était neuf heures passées et la chaleur devenait intolérable lorsque enfin nous aperçûmes devant nous, au fond d'une légère dépression, un haut rideau de verdure sombre et épaisse, dissimulant un cours d'eau. Bientôt, nous arrivions à un étroit passage, pratiqué sous une voûte de branchages qui nous obligeaient à nous courber sur le dos des chevaux. La vue des eaux claires et peu profondes de la petite rivière de Bammako et l'aspect des arceaux verdoyants et touffus qui couvraient nos têtes, nous causaient une impression de fraîcheur bien agréable. Je campai sous l'ombre épaisse d'arbustes en fleur, tandis que les hommes, dont les crânes étaient moins sensibles, allaient se placer, à quelques pas, sous un arbre presque dépourvu de feuilles. Sori me fit alors remarquer que Khoumo n'avait pas rejoint le convoi; j'envoyai au diable cet être importun qui, au lieu de nous être utile, devenait une cause d'ennuis de toute nature.

Notre guide vint bientôt demander à retourner chez lui ; nous pouvions, disait-il, reprendre seuls notre route, car le sentier se continuait sans interruption ni bifurcation jusqu'à la case d'un vieux pêcheur, située sur le bord de la Delaba; il désignait sous ce nom une vaste mare située à quelques kilomètres devant nous. Je lui donnai la récompense promise et il reprit, tout joyeux, le chemin de Goubanko.

Il était midi et chacun prenait un peu de repos, lorsque Khoumo apparut blanc de poussière et sa bête couverte d'écume. Je feignis de ne prêter aucune attention à son retour; quelques instants après, un second spahi déboucha de la rizière et vint me remettre une lettre racontant qu'après nous avoir quittés, Khoumo s'étant élancé à la poursuite des hommes qui emmenaient Aïssé, les avait rapidement rejoints et avait proposé à l'homme de Goubanko, à l'insu du spahi, de garder une des femmes, tandis qu'il reprendrait l'autre, celle qu'il chérissait le plus. Le Birgo accepta la proposition. En conséquence, ils restèrent un peu en arrière du militaire et exécutèrent leur complot. Notre spahi était donc arrivé les mains vides devant le chef de la mission. Cette fois, le capitaine me demandait, à mon grand plaisir, de lui envoyer Khoumo en personne. Je fis venir cet homme, déjà tout inquiet depuis l'arrivée du cavalier, et lui demandai brusquement où était cachée la femme qu'il avait volée une seconde fois. Cette question inattendue le surprit tellement qu'il balbutia au lieu de répondre; il appela et Aïssé sortit d'un fourré situé à quelques pas de nous. Le spahi la saisit aussitôt et la mit en selle; quant à Khoumo, pris soudain d'un accès de rage, il refusa net d'aller rejoindre le capitaine, et, saisissant son fusil, il menaça de s'en servir contre qui l'approcherait. Voyant cette attitude, je le fis désarmer et lui expliquai, avec tout le calme possible, qu'il devait partir à l'instant même et que si, en route, il tentait de s'échapper, le spahi tirerait sur lui.

Notre campement n'offrait aucun intérêt; aussi je résolus d'aller le soir même chez le vieux pêcheur dont le guide nous avait parlé. En conséquence, à trois heures, nous quittions le Bammako pour nous diriger vers la mare de Delaba. Au bout d'une heure de marche à peine, la route se trouva presque barrée par une sorte de cordon de petites mares que reliait un canal, dont le lit assez creux était à peu près à sec. Un troupeau de belles biches, venues pour s'abreuver, sortirent des hautes herbes et s'arrêtèrent étonnées à notre aspect; puis soudain, prises d'une folle terreur, elles s'enfuirent dans toutes les directions. Parvenus à ce point, l'interprète prétendit que nous étions arrivés et que cette espèce de cours d'eau était la Delaba; c'est en vain que je lui opposai qu'il n'y avait devant nous ni vieux pêcheur ni vaste mare, il persista dans ses affirmations. Je parus me rendre à ses raisons et consentis à ne pas aller plus loin, dans la crainte de nous voir exposés à errer à l'aventure et sans guide. En longeant le mince filet d'eau que nous venions de franchir, je constatai avec étonnement que son courant se dirigeait vers l'est, alors que le Bakhoy était à l'opposé. Où allaient ces eaux? Était-ce dans le Ba-Oulé? La carte de Mage n'indiquait rien à cet égard et nous n'avions personne connaissant le pays.

Tornade dans le Birgo.

Vers la tombée de la nuit, un vent d'une extrême violence se mit à souffler tout à coup; les éclairs illuminèrent l'atmosphère et la foudre tomba à quelques pas, brisant un cail-cédrat; nous étions campés en terrain découvert et sans abri d'aucune sorte. Aussi en un instant nous fûmes enveloppés d'un épais tourbillon de poussière; nos visages et nos mains étaient douloureusement fouettés par de petits cailloux que la tornade soulevait avec fureur; nous n'osions ouvrir ni les yeux ni la bouche, dans la crainte d'être aveuglés ou étouffés. En outre, chacun songeait avec effroi à la nuit que nous allions passer : la pluie survenait déjà et nous n'avions aucun moyen de nous en préserver; or, une nuit de pluie, c'est la fièvre pour le lendemain. Cette perspective nous laissait assez tristes; heureusement la tourmente cessa presque aussi subitement qu'elle était venue; il y eut encore quelques éclairs, le ciel resta longtemps menaçant, mais enfin la pluie ne vint pas. C'était l'un de ces orages violents, mais de courte durée, particuliers à cette région et qui annoncent infailliblement l'approche de l'hivernage.

L'obscurité était complète et je commençais à m'endormir, lorsque Sori amena un indigène porteur d'une lettre. Je reconnus aussitôt cet individu pour l'avoir vu à Makadiambougou, le jour de notre arrivée; il m'avait même fourni les premiers renseignements sur les routes du Niger. Par cette lettre, le capitaine Galliéni m'informait qu'il laissait à Goubanko un courrier qui lui porterait les nouvelles que je ne manquerais pas de lui adresser de Mourgoula; il m'avertissait, en outre, que le porteur était peut-être un espion. J'étais déjà fixé sur ce point; je savais que cet homme, captif de l'almamy, se nommait Moussa, et la façon louche dont il rôdait autour de notre camp à Kita m'avait fait pressentir le rôle qu'il remplissait. Je me félicitai néanmoins de son arrivée et résolus de l'employer, car, en agissant autrement, nous aurions été sans guide.

Le lendemain, nous partîmes au point du jour, espérant, d'après les renseignements du guide, arriver à Mourgoula le matin même. La forêt continuait et devenait plus belle. Nous étions sous une véritable futaie. Les noirs du bas Sénégal admiraient sans réserve cette végétation, dont leur pays est dépourvu. Il était du reste assez surprenant de trouver une nature aussi verdoyante à cette époque, la plus brûlante de l'année.

Dans cette partie de l'itinéraire, la route se compose d'un véritable réseau de petits sentiers, qui se croisent ou se suivent parallèlement; cette disposition augmente l'espace découvert et porte à plusieurs mètres le terrain battu dans le va-et-vient des caravanes. D'autre part, le sol est très ferme et rend la marche très facile. A trois kilomètres du point de départ, nous eûmes encore à franchir un petit cours d'eau, dont le courant se dirigeait à l'est comme celui de la veille. J'interrogeai alors le guide et il m'apprit que nous avions à notre gauche et devant nous une grande région marécageuse se transformant à la saison des pluies en un vaste lac. Cette dépression formait un bassin intérieur dans lequel bon nombre de ruisseaux écoulaient leurs eaux. Le lac, ajoutait-il, ainsi que tous ses affluents, se nommait Delaba; il possédait un déversoir que nous ne tarderions pas à rencontrer, et par ce canal s'écoulait, en hivernage, l'excédent des eaux pluviales. En saison sèche, la Delaba présente encore plusieurs nappes d'eau assez étendues et très poissonneuses.

Après deux heures de marche, nous atteignîmes l'une de ces nappes, dont les eaux bleues couvraient le plateau jusqu'à une belle montagne conique de deux mètres environ de relief; le déversoir, que nous traversâmes peu après, était alors à sec. Il était aisé de voir, aux traces laissées par l'inondation, qu'à la suite des grandes pluies l'étendue de la Delaba devait être assez considérable et que de grandes masses d'eau devaient tout d'un coup être précipitées dans le Bakhoy.

Le plateau concave où est située la Delaba est à une altitude élevée. Aussi l'horizon y est-il très découvert; nous apercevions à notre gauche la masse sombre du massif de Bangassi; devant nous, une ligne de collines aux formes rocheuses et abruptes nous indiquant que nous allions pénétrer dans une région plus accidentée; enfin, tout au loin, vers la droite, les massifs montagneux du Gangaran montrant leur cime dentelée.

En quittant la Delaba, il faut encore traverser une zone marécageuse qui n'en est que la suite. Dans cette partie du plateau, la végétation arborescente est rabougrie et clairsemée.

Après avoir franchi cette région, on rencontre un tout autre terrain; la route s'engage sur une rampe assez forte, à travers une longue clairière pierreuse où la marche est pénible, même pour les mulets. Ces grandes surfaces couvertes de petites pierres, assez fréquentes dans le Soudan occidental, présentent l'aspect le plus singulier : on dirait qu'une pluie de cailloux est tombée là, ou bien qu'on y a répandu à dessein une couche de ballast cassé menu. Ces petites pierres d'un roux foncé sont en grès ferrugineux; leur dureté est extrême et les indigènes les emploient comme projectiles à la guerre lorsque les balles de fer viennent à leur manquer. Arrivés au sommet de la rampe, les hommes essoufflés s'arrêtèrent pour respirer; j'utilisai cette station pour prendre quelques indications topographiques. Le lieu se prêtait très bien à cette opération : nous apercevions à la fois le massif de Kita, celui de Bangassi, les hautes tables du Gadougou, la montagne de Goukouba et un grand nombre d'autres points intermédiaires.

Vers neuf heures et demie, lorsqu'il fallut reprendre la marche, le soleil était devenu brûlant, et ses rayons, en frappant sur la roche nue, nous causaient de pénibles éblouissements; il y avait danger à nous attarder. Le sentier, s'allongeant devant nous en ligne droite, se dirigeait sur une large brèche pratiquée dans le mont Goukoubakrou, véritable rempart placé en travers de la route. Ce long ruban de deux kilomètres, tout pierreux et sans végétation aux abords, s'élevait selon une pente assez raide ; il parut d'une longueur démesurée aux hommes du convoi, dont les pieds nus se meurtrissaient sur les cailloux, tandis qu'un soleil de plomb brûlait leurs crânes découverts. Enfin, nous atteignîmes la brèche, et une descente très brusque nous mit rapidement sur un meilleur terrain et sous l'ombrage d'une riche végétation.

Ce curieux passage est d'une réelle importance, en ce qu'il constitue la seule entrée par le nord dans la vallée de Mourgoula ; sa forme est celle

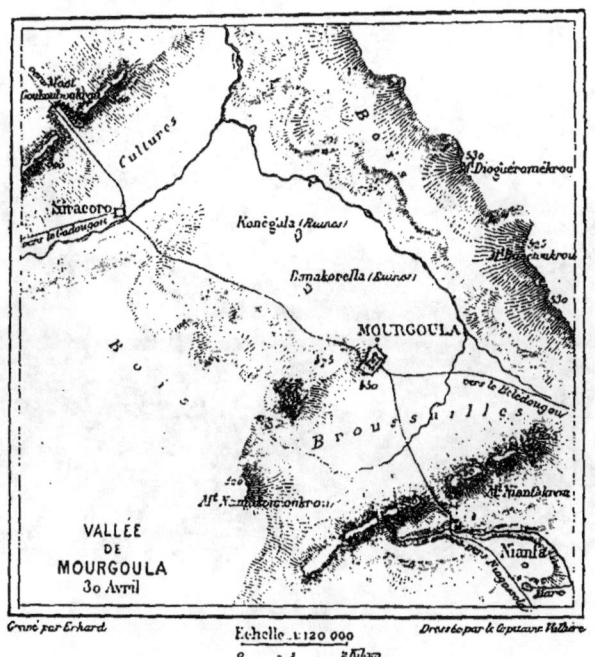

Carte de la vallée de Mourgoula.

d'un corridor de deux cents mètres de largeur à l'entrée, allant en s'élargissant, peu à peu, sur une longueur de près d'un kilomètre ; à droite et à gauche s'élèvent les hautes murailles rocheuses de la montagne. La régularité de ce singulier mouvement de terrain est telle, qu'il produit l'impression d'une tranchée colossale ouverte par la main des hommes pour donner accès dans la plaine de Sitakoto. Il est certain que, sans cette immense brèche, la barrière formée par le mont Goukoubakrou n'eût pu être tournée que par un très long détour.

A la sortie du passage, on se trouve en face d'un remarquable panorama : le terrain s'abaisse en pente douce vers le joli tata de Sitakoto, pour se relever ensuite en présentant au loin plusieurs étages de gracieuses ondulations, couvertes d'une végétation luxuriante. A gauche, des collines boisées forment un premier cadre à ce tableau, et derrière elles, barrant complètement l'horizon, se dresse une chaîne rocheuse d'une élévation de près de cent mètres; à droite, une haute colline présente, dans ses flancs ravinés, une couche d'argile rougeâtre mêlée de roches roulantes; enfin, le paysage se termine, en avant, par un mélange confus de pics, de dômes, de montagnes massives, dont l'effet est des plus pittoresques.

Col de Sitakoto.

Il était plus de dix heures quand nous arrivâmes enfin devant la porte du tata de Sitakoto. Je désirais, avant de camper, aller saluer le chef, quand on nous prévint qu'il était à son champ; en conséquence je jetai les yeux autour de nous pour trouver un arbre qui pût nous abriter de l'excessive chaleur, mais au pied de chacun d'eux il y avait déjà des groupes de noirs étendus et entassés. C'étaient des caravanes de Dioulas, venant du Haut-Niger, et ramenant comme toujours une longue suite d'esclaves de tous les sexes et de tous les âges; ces malheureux, éreintés par la marche de la matinée, se reposaient un instant en attendant l'étape du soir. Je détournai les regards de ce spectacle affligeant et cherchai à m'en éloigner le plus possible. Enfin, à trois ou quatre cents mètres du tata et tout près d'un frais ruisseau, nous trouvâmes un magnifique figuier présentant un bon campement.

Nous avions fait plus de vingt-cinq kilomètres dans notre matinée; aussi les hommes étaient-ils harassés. Quant à moi, j'avais la tête en feu, et les tempes me battaient douloureusement. Je crus un instant avoir été frappé d'insolation; mais il me suffit heureusement de maintenir quelque temps ma tête dans un seau d'eau fraîche pour faire cesser les étourdissements.

Le frère du chef de Sitakoto arriva bientôt, accompagné de son guitariste et suivi de ses forgerons, pour nous rendre notre salut. « Il considérait, disait-il, comme un grand honneur pour son village, la visite d'un chef blanc; mais ils étaient bien pauvres et ne pouvaient me faire une brillante réception. » Cette entrée en matière me mit tout à fait à l'aise et je répondis au brave Birgo que les chefs français avaient pour principe de ne mettre personne à contribution et de payer au comptant tout ce qu'ils prenaient; en conséquence, je ne lui demandais qu'un service, c'était de faciliter à l'interprète l'achat des vivres nécessaires aux hommes et aux animaux de ma suite. Le chef reprit qu'il avait entendu parler de la générosité des Français et il voyait maintenant qu'ils étaient justes; puis, après une pause, il ajouta sur un ton lamentable que chez lui le mil était bien cher et bien rare. Décidément, cet individu, malgré son origine peule, était aussi cafard et avide que le pire Malinké. Sori paya au double de sa valeur tout ce qu'il acheta.

Tous les noirs de ces contrées sont tellement habitués à se voir voler par ceux qui les commandent, qu'ils ne peuvent en croire leurs oreilles lorsqu'on parle de les payer; ils s'empressent alors de devenir voleurs à leur tour et vendent les moindres choses à des prix exorbitants. D'autre part, le manque d'habitude des transactions les empêche de discerner la valeur relative des objets et des denrées, et ils échelonnent leurs prix de la façon la plus illogique. L'argent, qui, à leurs yeux, a une grande valeur, est cependant assez souvent refusé dans les petits achats; ils ne voudraient recevoir que les grosses pièces de cinq francs; celles de cinquante centimes ne leur semblent pas sérieuses. J'ai vu refuser un franc d'un poulet qu'on obtenait, séance tenante, pour quelques grains de verroterie dont la valeur n'était pas de vingt centimes.

Les Dioulas de passage vinrent à leur tour me rendre visite. Le plus âgé expliqua que, chaque fois qu'ils rencontraient sur leur chemin un voyageur de qualité, ils venaient le saluer; mais que j'étais plus que cela : j'étais un de leurs chefs, car souvent ils allaient dans les postes du Sénégal et ils savaient que les Français en étaient les maîtres, etc., etc. Il m'offrit ensuite des colas. Je le remerciai au plus vite, disant que nous aimions les marchands.

Mais j'apercevais au loin les groupes attristés des malheureux captifs, et cette vue n'était pas de nature à augmenter ma sympathie pour des hommes faisant un si détestable trafic.

Cependant je me préoccupais toujours de notre arrivée à Mourgoula, dont nous n'étions plus séparés que par quelques kilomètres. Quelle serait l'attitude des Toucouleurs et surtout de l'almamy? La réputation de ce dernier personnage était peu rassurante : il passait pour un sombre tyran, toujours enfermé dans son tata, ne se montrant jamais qu'à la guerre, pressurant ses sujets de la façon la plus odieuse et ne perdant jamais l'occasion de faire un exemple en faisant couper par-ci par-là quelque tête birgo. D'autre part, les Dioulas venaient toujours camper à Sitakoto, afin de soustraire leurs marchandises et leurs captifs à la vue et surtout aux dangereuses tentations du commandant de Mourgoula. Tous ces bruits semblaient justifiés par l'attitude des habitants : ils ne prononçaient jamais le nom de l'almamy sans un tremblement dans la voix, et on les voyait se lever vivement, sans répondre, devant une question un peu trop directe sur les Toucouleurs. Le chef de Sitakoto, Falikoro, me donna une nouvelle preuve de cette sorte de terreur qui pesait sur les esprits. Au retour de son champ, il était venu nous voir sous notre arbre, et, après avoir souhaité la bienvenue, il ajouta : « Je ne puis te recevoir comme je le voudrais, car je suis pauvre; la guerre nous a ruinés, et les hommes de l'almamy nous prennent tout. En ce moment, j'envoie mon frère à Mourgoula pour l'informer de ton arrivée et prendre les ordres du chef à ton égard. Si par malheur tu étais son ennemi et que je t'aie bien reçu, je serais un homme perdu. »

Durant notre halte de Sitakoto, j'appris bien des détails navrants sur les malheureux Birgos. La conquête toucouleure a, paraît-il, dans cette contrée revêtu un caractère exceptionnel de férocité; le farouche Alpha Ousman avait couvert le pays de ruines. Avant son passage, il existait dans le Birgo cinquante villages bien peuplés et prospères; actuellement, il en reste à peine vingt, et encore sont-ils bien petits. L'ancienne population a été exterminée, dispersée ou réduite en captivité; aussi le pays, malgré sa beauté, est presque désert. La vallée du Bakhoy, composée de terres alluvionnaires d'une rare fertilité, n'a plus de villages sur la rive droite de la rivière, depuis Kita jusqu'au Manding. Un habitant auquel je demandais les raisons qui les retenaient loin de cette région, maintenant que la paix était venue, me dit, en se couvrant les yeux, que : « l'eau du fleuve faisait mal à la vue ». Cette réponse singulière résultait d'une superstition entretenue parmi ces malheureux. Il paraît que les populations de la vallée furent les plus éprouvées pendant l'invasion, en raison du manque de refuge, tandis que celles de la région montagneuse trouvèrent dans les roches des abris pour une partie de leurs biens. De là l'éloignement des Birgos pour les bords du Bakhoy et leur prédilection pour le voisinage des montagnes.

Vers deux heures, notre attention fut attirée par la vue d'un cavalier descendant le chemin du Kita; nous reconnûmes bientôt, avec un véritable dépit, la silhouette disgracieuse de Khoumo. Que nous voulait encore cet être désagréable? Il fut bientôt près de nous et me dit que : « chassé par le capitaine Gallieni, il ne savait plus où aller ». En conséquence il venait se mettre à ma disposition; mais je le chassai définitivement à mon tour. Cet individu fourbe et violent, bien qu'il pût nous nuire en semant sur notre route, à travers ces pays inconnus, le mensonge et la défiance, ne pouvait plus être conservé dans le détachement.

La chaleur ayant un peu baissé, nous quittâmes à quatre heures notre campement de Sitakoto avec l'intention d'aller coucher à Mourgoula. Chacun avait hâte de voir la terrible forteresse. Nous allions, nous disait-on, l'apercevoir du sommet de la colline argileuse située devant nous. En effet, parvenus à ce point, le guide nous montra dans le lointain quelques toits de cases émergeant au-dessus des arbres; mais on ne pouvait distinguer encore aucun détail. Les approches de la capitale du Birgo portent des traces nombreuses des dévastations de la conquête; la vallée, verdoyante et fertile, est absolument inculte; partout une végétation broussailleuse couvre le sol. On ne voit pas un seul village, mais de loin en loin des pans de murailles écroulées indiquent que le pays a été plus prospère. Le désert se continue ainsi jusqu'à Mourgoula, au milieu du plus beau des sites; on sent que la forteresse a fait le vide autour d'elle.

A cinq heures, nous arrivâmes enfin en vue du tata. C'était le plus vaste que nous eussions encore rencontré. Quelques hommes vêtus de blanc étaient groupés devant une porte. Je me dirigeai vers eux; aussitôt ils se levèrent, et un grand Toucouleur au visage froid et sévère, porteur d'un long sabre, se plaça devant mon cheval en me disant de le suivre. L'intérieur de la vaste enceinte présentait beaucoup de terrains vagues, et les cases, entourées d'une sorte de clayonnage, étaient fort clairsemées. A peine avions-nous fait quelques pas, que plusieurs griots nous entourèrent en hurlant à tue-tête des chants et des discours précipités où les mots de

« Toulab » et d'« Ahmadou » revenaient sans cesse. Ces courtisans ordinaires des chefs nous recevaient en voyageurs de qualité. Il nous fallut franchir une deuxième enceinte et traverser un nouveau village, dont les habitations étaient plus pressées et où les visages toucouleurs se montraient en plus grand nombre. Nous arrivâmes enfin devant une troisième muraille, présentant une seule porte. Une foule d'individus accroupis ou paresseusement étendus se levèrent à notre aspect, et tout ce monde se mit à causer bruyamment : c'étaient de grands éclats de voix, des cris de surprise, des propos véhéments et des gestes désordonnés au milieu desquels il nous était impossible de nous faire entendre. L'homme qui nous avait guidés alla cependant prévenir l'almamy que je désirais le saluer. Au bout de quelques minutes d'attente, pendant lesquelles les Toucouleurs avaient passé en revue tous les détails du harnachement de nos chevaux et surtout de mes vêtements, on nous informa que le chef ne pouvait nous recevoir dans la soirée et que nous aurions à nous choisir un campement dans le village. Mais je tenais absolument à rester à l'extérieur, afin de conserver notre liberté d'allures, et je m'installai dans la campagne, près des murailles.

Nous sortîmes de Mourgoula, suivis d'une foule nombreuse et des griots hurleurs; tous ces individus faisaient le tapage le plus assourdissant et le plus ennuyeux. La fin de la soirée fut excessivement désagréable : hommes, femmes et enfants tournaient autour de nous, passant audacieusement entre nos cantines, touchant à tous les objets, non pour satisfaire une curiosité naïve, mais, en quelque sorte, pour faire des perquisitions et s'assurer que nous ne dissimulions dans nos bagages aucun engin dangereux. Les plus âgés discutaient vivement en me montrant du doigt, les uns avec menace, les autres avec moquerie. Décidément, nous n'étions pas sympathiques aux Toucouleurs.

A la fin, impatienté, j'envoyai prévenir l'almamy que j'étais très mécontent des obsessions des habitants. Trois ou quatre hommes du chef arrivèrent, parlèrent à la foule et parvinrent à nous dégager un peu; mais ce ne fut réellement qu'à la nuit que nos ennuis cessèrent.

Vers sept heures du soir, le tam-tam battit hors des murs; en un clin d'œil les curieux rentrèrent dans le tata. On nous apprit que ce départ soudain était causé par la présence dans la campagne d'une bande de malfaiteurs. La veille encore, une femme et un jeune garçon avaient été enlevés non loin des murailles.

Ces chasseurs d'esclaves ne nous inspiraient aucune crainte, et malgré l'avertissement qu'on nous donnait de rentrer, nous étions prêts à les préférer à cette cohue agressive qui durant quelques heures avait soumis notre patience à une rude épreuve.

Sori, en revenant du village, avait emmené un individu qui, lorsque tout le monde fût parti, vint me saluer en français. C'était un Soninké, ancien muletier du train, habitant momentanément Mourgoula ; il affirmait avoir conservé le meilleur souvenir de Saint-Louis et de ses anciens chefs. Je lui demandai alors les raisons de l'attitude hostile des habitants. Il m'expliqua que jamais aucun blanc n'était venu dans le pays et que c'était là un premier sujet d'émotion ; d'autre part, on avait parlé, ces jours derniers, d'une colonne française déjà rendue à Kita et marchant sur Ségou. On ignorait quels étaient ses desseins. Les uns prétendaient qu'elle prendrait le village en passant ; les autres affirmaient qu'elle allait porter des renforts aux gens du Bélédougou ; mais tout le monde s'accordait pour dire qu'elle était dirigée contre les Toucouleurs. Lorsqu'on avait appris, dans la journée, qu'un seul blanc arrivait avec quelques hommes pour toute suite, on avait été étonné ; mais bientôt les suppositions avaient recommencé : celui qui arrivait devait étudier la route, voir les dispositions du tata et, qui sait, peut-être jeter sur le village quelque odieux maléfice ; un homme venu de Sitakoto tout exprès l'avait vu écrire, regarder les arbres, les montagnes et lire sur de petits instruments inconnus, etc., etc. ; de là une certaine effervescence chez tout le monde ; les moins hostiles espéraient bien que l'almamy nous interdirait le séjour de Mourgoula.

Comme nous allions nous endormir, plusieurs coups de feu retentirent près de nous ; Sori nous apprit que c'était le cérémonial habituel des noces du pays.

Le lendemain, à huit heures du matin, je me présentai de nouveau à la porte de l'almamy, mais il fit répondre qu'il avait un grand nombre d'affaires à régler et ne pouvait me recevoir. Ce prétexte était inadmissible à pareille heure ; je lui fis répondre que « j'étais l'officier du gouverneur de Saint-Louis dont l'arrivée lui était annoncée, et que la mission dont j'étais chargé ne pouvait souffrir aucun retard ; en conséquence, je partirais certainement dans la soirée et, s'il le fallait, avec le regret de ne pas l'avoir vu ». L'effet de ce discours fut immédiat ; je n'avais pas fait vingt pas que le chef de Mourgoula m'appelait auprès de lui.

Après avoir franchi une porte sombre et traversé un étroit couloir où il fallut distribuer force poignées de main, j'arrivai à une cour intérieure recouverte d'un toit en paille. Il y avait là cinq ou six graves personnages accroupis et immobiles ; ils me tendirent silencieusement la main et me montrèrent une peau d'antilope étendue à terre pour servir de siège. Au

lieu d'obéir, je m'assis sur mon pliant. Le chef de Mourgoula avait déployé un certain appareil : la case était balayée avec le plus grand soin ; des peaux de mouton étaient disposées les unes contre les autres, formant une sorte de tapis ; un sabre de forme orientale était à mes pieds, et de l'autre côté on voyait un petit banc vide placé sur la dépouille d'une panthère. Après quelques minutes d'attente, l'almamy fit son entrée, le visage entièrement masqué à l'exception des yeux, et la tête entourée d'un épais turban. Je le saluai à la française et exposai l'objet de ma mission ; puis je lui remis la lettre que lui adressait le gouverneur du Sénégal. Abdallah (c'est le nom du chef) prit la lettre, l'examina avec lenteur et la passa à un vieux marabout, en lui disant de la lire ; mais ce dernier observa que c'était là un document important qui demandait à être étudié avec soin avant d'être lu couramment. Ce vieux lettré ne ressemblait guère à ses voisins ; son nez busqué, ses yeux couverts d'épais sourcils, sa barbe lisse et fournie, le teint assez clair de sa peau, le rapprochaient bien plus du type sémitique que de celui du nègre.

L'almamy me demanda alors, non sans vivacité, pourquoi on avait réconcilié Kita et Goubanko sans le consulter. N'était-il pas le véritable chef territorial du pays? Ce fait le mécontentait beaucoup, et il voyait plus de raisons pour nous refuser sa confiance que pour nous l'accorder. Cette brusque sortie me surprit tout d'abord ; néanmoins j'essuyai de lui démontrer que les motifs qui avaient guidé le chef de la mission en acceptant d'être l'arbitre entre deux villages voisins qui se faisaient depuis longtemps une guerre injuste et ruineuse, n'avaient eu rien que d'honorable. Je fus à ce moment heureusement interrompu. Le marabout, resté plongé jusqu'alors dans l'étude de la lettre du gouverneur, prévint Abdallah qu'il pouvait maintenant la lire à haute voix.

La scène devint assez plaisante. L'unique lettré de la réunion se recueillit, toussa, prit une attitude presque solennelle et d'une voix aigre et chevrotante commença sa lecture. L'assistance eut un mouvement général d'attention ; les cous se tendirent curieusement, et tous les regards se fixèrent sur ce papier qui allait révéler tant de choses. Le marabout, après chaque phrase, faisait une petite pause et donnait la traduction du texte en soulignant ses mots d'un geste noble ; les têtes s'inclinaient en signe d'intelligence, tandis qu'un petit gloussement sec approbatif sortait de toutes les bouches. La lettre opérait un effet magique : les visages, d'abord impassibles et froids, s'animaient peu à peu ; les marques d'approbation se multipliaient ; enfin, lorsque le lecteur, parvenu au dernier paragraphe, parla des cadeaux dont j'étais porteur, ce fut un murmure général de vive satisfaction. Les yeux se tournèrent de mon côté avec intérêt et je ne rencontrai plus que des physionomies absolument bienveillantes. La lecture terminée, l'étonnant papier fut passé de main en main, touché, retourné dans tous les sens et finalement remis à Abdallah, qui l'enfonça avec beaucoup de précautions dans la vaste poche de son boubou.

L'almamy prit aussitôt la parole : « Je viens, dit-il, d'entendre tout ce que le gouverneur de Saint-Louis me dit dans cette lettre ; elle ne contient rien que de bien. Puisque tu vas chez Ahmadou, tu es le bienvenu ; étant ici, tu es chez lui, car moi je ne suis que l'œil de mon maître. »

Après cette phrase imagée, il me fit part de sa surprise en nous voyant prendre la route du Bélédougou pour atteindre le Niger. « Les Bambaras n'étaient-ils pas ennemis des Toucouleurs ? » Je m'efforçai, dans mes réponses, de dissiper ses défiances, et peu à peu la conversation changea et devint plus intime. Abdallah se montra aimable, prévenant, et m'offrit pour guide vers Niagassola le neveu même du chef, qui servait sous ses ordres. Je lui racontai l'histoire de Khoumo, en faisant entendre que cet individu, avec sa fourberie habituelle, ne manquerait pas de nous préparer un mauvais accueil dans son pays. Je demandai donc qu'un courrier fût envoyé en avant avec une lettre explicative. L'almamy consentit à tout ; la lettre fut écrite séance tenante par le vieux marabout et remise à un captif, qui partit aussitôt. Enfin je quittai le chef de Mourgoula dans les meilleurs termes ; il me pria même de lui faire une nouvelle visite dans la soirée.

De retour au camp, je fis parvenir à l'almamy le beau fusil et le riche manteau qui lui étaient destinés ; puis, comprenant qu'il fallait conserver les bonnes impressions que j'avais lues sur les visages de son entourage, je fis quelques largesses. Siléman, le deuxième personnage du pays, reçut un beau boubou ; le marabout lecteur, du papier et deux pièces de cinq francs ; enfin, j'expédiai aux femmes de la maison d'Abdallah quelques flacons d'odeur et un certain nombre de pièces blanches, dont elles font des bijoux.

Il est utile d'entrer dans ces détails pour montrer combien l'influence des cadeaux est réelle chez les chefs noirs. Il est bon que l'on sache que les présents resteront longtemps encore le moyen le plus puissant pour assurer le succès d'une mission ou le passage d'un voyageur.

Le bruit de nos bons rapports avec l'almamy s'était répandu rapidement ; aussi la foule changea d'allures, et la sourde hostilité de la veille disparut complètement. Mais l'envoi des cadeaux nous suscita des ennuis d'un nouveau genre : les griots, toujours à l'affût, avaient vu passer les riches objets, et leur avidité habituelle avait été violemment surexcitée.

Ces individus sont faits pour inspirer le dégoût : leur manie de prodiguer les flatteries les plus absurdes et leur basse servilité les rendent méprisables ; aussi leurs obsessions ne réussirent qu'à m'indisposer davantage et je leur refusai tout cadeau. Leur chef, cependant, montrait un rare acharnement ; il venait jusque sous mon visage tirer la langue et faire les grimaces les plus extravagantes, dans le seul but de provoquer mon hilarité et de soutirer ainsi une valeur quelconque ; j'en fus réduit, à bout d'expédients, à repousser cet odieux bouffon en lui disant que les blancs détestaient les mendiants de son espèce. Il paraît que ses femmes, indignées, vomirent toute sorte d'injures contre la ladrerie des chefs européens ; mais elles n'osèrent le faire devant le nouvel ami du maître de Mourgoula.

Le soir, vers quatre heures, on vint me prévenir que l'almamy m'attendait. Il venait d'achever son salam, et je constatai en arrivant que la mise en scène du matin avait disparu ; les notables étaient absents et il ne restait plus auprès du chef que le marabout à tête juive. Abdallah lui-même avait enlevé tous ses voiles et se montrait vêtu d'un simple boubou blanc. Je vis alors un homme de cinquante-cinq ans environ, très vert et d'un visage énergique ; à ce moment ses traits exprimaient presque la bonté, et son œil particulièrement avait beaucoup de douceur. Était-ce là le maître farouche et le tyran détesté dont on m'avait parlé ? Il est probable que le vieil almamy sait changer de masque et que, devant ses sujets, sa physionomie revêt une tout autre expression. Notre entrevue fut des plus cordiales ; il se confondit en remerciements pour les beaux cadeaux qu'il avait reçus et parut surtout très fier qu'ils lui vinssent d'un aussi grand chef que le gouverneur de Saint-Louis. Sa fille vint également, à son appel, me remercier à genoux des menus présents qu'on lui avait remis en mon nom. J'appris que cette peu libérale personne avait tout gardé pour elle. Abdallah m'invita ensuite à causer franchement et familièrement, comme devaient le faire « les serviteurs de deux maîtres également puissants ». Il m'entretint de sa personne : ancien captif d'El-Hadj, il avait accompagné son maître à la Mecque et dans toutes ses grandes guerres. Ahmadou l'aimait beaucoup et, en souvenir des services rendus, lui avait confié, à la mort d'Alpha Ousman, le magnifique commandement de Mourgoula. Il se faisait gloire d'avoir mérité la confiance de son souverain ; les affaires n'avaient pas périclité entre ses mains, et ses tributaires restaient fidèles. Insensiblement, le vieux chef devenait loquace. « Oui, me dit-il tristement, Mourgoula tient toujours, mais, sur d'autres points, on n'a pas su veiller, et il ne restera bientôt plus à Ahmadou, en dehors de nous, que Nioro et Ségou. » Ces aveux de la décadence de l'empire toucouleur me surprenaient beaucoup de la part de ce vieux et dévoué serviteur ; mais, après tout, il voulait peut-être me conduire à des confidences politiques. Toutefois, sincère ou non, il ne faisait guère que constater l'état réel des choses.

L'almamy, ne voulant pas sans doute me laisser sous une fâcheuse impression, parla aussitôt des immenses trésors du roi de Ségou, dont le tata renfermait trois magasins pleins d'or ! Je lui dis, à mon tour, que les Français avaient une grande admiration pour la puissance d'Ahmadou, puis je tâchai de lui faire comprendre que le gouverneur de Saint-Louis, avec toutes les richesses de la France derrière lui, était également un chef fort respectable ; il en convint d'ailleurs très aisément. En causant du fusil ornementé qu'il avait reçu en cadeau, le vieux guerrier fit preuve de quelques idées fort pratiques : « C'était là, disait-il, une arme de parade, sans utilité à la guerre ; le gouverneur eût bien mieux fait de lui envoyer cinq ou six gros fusils à un coup, avec quelques barils de poudre. Dans le pays on n'aimait pas les armes à deux canons ; on savait bien que généralement elles ne supportaient pas la charge entière et que la cloison qui séparait les deux âmes se rompait souvent, en tuant quelquefois le tireur. » Puis, à propos du manteau, pour lequel il avait une admiration sans réserve, il me fit remarquer que le présent n'était pas complet ; on aurait dû lui donner une tenue entière, et il n'avait pas de turban. Je crus devoir combler une lacune si regrettable aux yeux du vieux chef, et lui remis quelques mètres de calicot. Lorsque je quittai le tata, il me sembla qu'il n'y avait plus aucun nuage entre nous.

Les Toucouleurs poussent l'art de la dissimulation à un très haut degré, et l'almamy, ainsi que je l'appris bientôt, ne faisait pas exception à la règle. En effet, peu après ma sortie du village, le marabout Siléman, reconnaissant du cadeau qu'il avait reçu, vint nous prévenir secrètement qu'Abdallah hésitait beaucoup à nous laisser continuer notre route vers le Niger.

Une lettre, reçue de Ségou depuis quelques jours, lui prescrivait d'arrêter la mission à Mourgoula et de la faire remonter par la route du Kaarta ; or, le convoi principal s'étant engagé à son insu dans le Bélédougou, il était très perplexe sur les mesures à prendre à notre égard. L'avertissement était précieux, et je le mis à profit en faisant tout préparer pour le départ ; le guide seul ne devait être averti que quelques minutes avant d'être en selle.

Mourgoula, avons-nous dit, est situé au milieu d'un très beau site, mais sa situation au point de vue militaire est encore plus remarquable. Les monts Goukoubakrou au nord, Biguetou et Kégnendi à l'est, Nianfa au sud et enfin les collines ravinées de l'Ouest forment un vaste rectangle dont l'intérieur est une plaine légèrement ondulée. Quatre routes donnent accès dans cette enceinte naturelle : au nord, celle de Kita pénètre par la brèche que nous avons décrite et dont la sortie est gardée par le tata de Sitakoto; à l'ouest, la route du Gadougou et de tous les pays au delà du Bakhoy vient se réunir à la première sous les murailles du même village; la troisième, venant de Niagassola, arrive à travers le Nianfakrou par un col

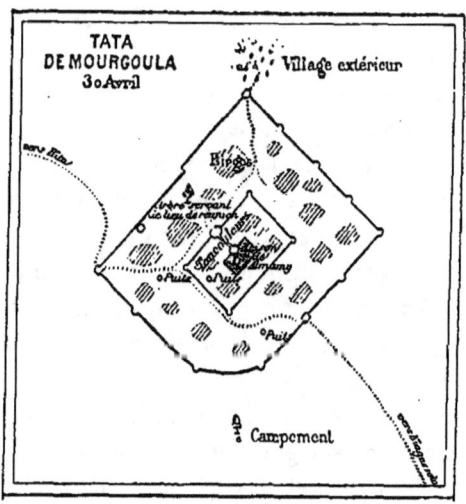

Plan du tata de Mourgoula.

étroit et difficile; enfin, la dernière, aujourd'hui peu fréquentée, se dirige à l'est vers le Bélédougou. Deux ruisseaux, donnant de l'eau toute l'année, passent, l'un près de Mourgoula, l'autre près de Sitakoto, et se réunissent à l'angle N.-E. du rectangle pour se jeter ensuite dans la Delaba. Cet ensemble de remparts naturels et d'entrées peu praticables constitue pour la place des moyens excellents de défense extérieure. Quant aux fortifications elles-mêmes, elles ont été construites avec un certain soin par l'almamy Alpha Ousman, qui semble surtout s'être préoccupé de leur donner des proportions inusitées. Elles se composent de trois enceintes concentriques. La première a la forme d'un pentagone irrégulier, dont le périmètre total peut avoir 1200 mètres; la muraille, en maçonnerie grossière

vers le sud, en terre sur les autres faces, a une hauteur générale de
5 mètres; de nombreuses tours carrées ou rondes, disposées de loin en
loin sur toute sa longueur, s'avancent en saillie sur le front extérieur et
assurent le flanquement; les portes sont percées soit dans l'axe des tours,
soit dans le rentrant qu'elles forment avec le mur. Cette vaste construction
est en mauvais état, et l'on semble la laisser dans l'abandon; au moment
de notre passage, les toits des tours s'éboulaient et l'on pouvait voir des
commencements de brèches, qui ont dû aller s'élargissant, si l'incurie de
l'almamy actuel s'est continuée. La deuxième enceinte est rectangulaire,
avec de grosses tours à ses angles; les faces peuvent avoir 125 mètres sur
le grand côté et 100 mètres sur le petit; la construction est beaucoup
mieux entretenue que dans la première. Enfin, la troisième muraille constitue une sorte de réduit; ses murs, de $2^m,50$ de hauteur, ne renferment
que les cases de l'almamy. Vers le centre, une tour un peu plus élevée
forme une sorte de donjon donnant vue sur la place et permettant au
guetteur de surveiller au loin la plaine. On voit, par cet exposé, que la
forteresse présente des défenses fort respectables et l'on comprend le grand
renom dont elle jouit auprès des indigènes, qui la considèrent comme
imprenable. Cependant, un rapide examen ne tarde pas à montrer ses
nombreux points faibles.

D'abord, comme partout, on ne s'est pas préoccupé des effets de l'artillerie, et l'emplacement a été mal choisi : une colline de 20 à 30 mètres
d'élévation, située à moins de 500 mètres au N.-O. commande entièrement
le tata et le met à la merci des canons et des fusils à longue portée. D'autre
part, et c'est là le côté sur lequel il faut le plus insister, la place n'a pas
assez de défenseurs pour ses immenses remparts. Un résumé historique
expliquera ce manque de guerriers.

A l'époque de la conquête du Birgo et du Manding, Alpha Ousman avait
élevé cette vaste enceinte pour abriter les prises de la guerre et, durant
quelques années, les captifs de toutes les razzias y furent entassés. Une
belle armée de Talibés fanatiques et d'aventuriers de tout le Soudan défendait ces biens; ce fut la période glorieuse de Mourgoula. L'abondance était
dans la place, les troupeaux enlevés au loin étaient parqués sous ses murs,
les greniers se remplissaient de mil dérobé aux infortunés habitants des
villages environnants; en un mot, toutes les richesses affluaient chez les
vainqueurs. Le souvenir de ces temps de pillages, de violences et de jouissances vit encore dans la mémoire des populations et constitue principalement le prestige dont Mourgoula est encore entouré. Mais le jour où la
soumission et la ruine des pays furent complètes, les excursions militaires

devenant moins fréquentes, les razzias ne rapportant plus qu'un maigre butin, l'existence devint précaire pour cette nombreuse armée, habituée à plus de bien-être; alors le vaste tata se vida peu à peu, et les Talibés se portèrent de préférence vers Nioro et Ségou, où la guerre continuait toujours fructueuse. La mort d'Alpha Ousman hâta ce mouvement de désertion; ce chef disparu, tout espoir de voir revenir les beaux jours d'autrefois était perdu, et il ne resta plus à Mourgoula que quelques Toucouleurs d'humeur sédentaire. Quant aux gens du pays, ils ont de tout temps cherché à fuir le voisinage des almamys.

Le résultat de cet abandon général a été l'affaiblissement graduel de la place, et actuellement les dimensions extraordinaires des fortifications sont hors de proportion avec la population. Cette population n'étant pas supérieure à 600 habitants ne peut donner plus de 200 guerriers. Comment ferait cette faible garnison pour garder sa triple enceinte? En admettant que l'almamy, en face de circonstances graves, fasse un appel aux contingents de ses tributaires, il réunirait à peine mille fusils; or c'est là une force insuffisante pour défendre et les passages des montagnes et les longues murailles de sa capitale. On peut dire, d'ailleurs, que les Toucouleurs ont donné une preuve de leur faiblesse en venant échouer piteusement, il y a deux ans, devant le village de Goubanko, malgré les renforts fournis par Kita et le Gadougou. Mourgoula n'est donc plus une place militaire à la hauteur de sa réputation et, si le gouvernement de Ségou n'y prend garde, elle subira promptement le sort de Koundian. Ce n'est pas, en effet, l'administration actuelle qui parviendra à ramener la population dans ses murs. On raconte que la nombreuse maison de l'almamy, les hauts personnages de son entourage et tout un peuple de griots vivent des réquisitions faites sur les habitants de la contrée. Les malheureux Birgos, en dehors des tributs réguliers, doivent satisfaire les appétits de cette bande de parasites; aussi aucun d'eux ne peut amasser quelque bien sans s'en voir dépouiller aussitôt. On devine avec quel soin chacun s'éloigne d'un village pareil, malgré la fertilité reconnue des environs.

Voilà à quelle extrémité est réduite la sentinelle avancée de l'empire d'Ahmadou dans ces contrées, celle qui retient sous l'influence toucouleur les vallées du Bakhoy et du Bafing et qui représente la clef militaire et politique du Fouladougou. On peut affirmer que, dans l'état actuel, elle ne serait pas à l'abri d'un coup de main vigoureusement exécuté.

CHAPITRE XV

EXPLORATION DU LIEUTENANT VALLIÉRE (SUITE)

Les villages de Koukouroni et de Niagakoura. — Sauvagerie des habitants. — Bain dans le Kanékouo. — Le Birgo ; sa situation politique et géographique. — Arrivée à Niagassola. — Le vieux Mambi. — Renseignements sur le Bouré et les productions aurifères de ce pays. — Séjour à Koumakhana. — Les mines d'or.

Le 1er mai, avant le jour, nous nous mettions en marche pour Niagassola. Le neveu du chef, parti depuis une heure, nous précédait dans les villages, afin de détruire tout ce que Khoumo aurait pu dire de malveillant contre nous. Le Manding a, même parmi les autres Malinkés, une réputation de sauvagerie qui nous causait des appréhensions bien naturelles. Notre guide était ce même Moussa qui nous avait déjà conduits à Mourgoula. Bien qu'il ne fût au fond qu'un espion de l'almamy, j'avais accepté ses offres à cause de son empressement à satisfaire tous mes désirs et à me fournir tous les renseignements que je lui demandais.

Nous marchions depuis un quart d'heure à peine. Sori m'expliquait que le nom du Namakouroukrou, pic conique situé à notre droite, signifiait mont des hyènes, lorsque soudain un de ces animaux se montra dans le chemin, à quarante pas devant nous. Mettre une cartouche dans mon mousqueton ne fut que l'affaire d'un instant ; mais, au moment d'ajuster, la hyène disparut dans les broussailles. Je regrettai vivement de n'avoir pas eu mon arme déjà chargée, car l'animal était de belle taille et sa fourrure d'une beauté exceptionnelle : d'autre part, c'était le premier carnassier que je rencontrais à bonne portée, et il m'en coûtait de le voir s'échapper. Lorsqu'on s'engage dans les épaisses forêts et les vastes solitudes de l'Afrique, on s'attend à de fréquentes rencontres de bêtes féroces ; on pense même qu'elles seront un des principaux dangers à affronter ; mais presque toujours ce sont là des dangers chimériques. Tous ces animaux évitent la rencontre de l'homme, ils fuient ou se cachent à son aspect. Les chasseurs seuls ont occasion de les voir face à face et de les combattre. Pour le voyageur, tout se borne, dans la journée, à trouver de nombreuses traces de leur passage et, la nuit, à entendre leurs rugissements ou leurs cris.

A trois kilomètres au sud de Mourgoula, la route s'engage dans le col de Nianfakrou. Ce passage, d'abord large, facile et légèrement ascendant, se change bientôt en une descente abrupte et encombrée de roches. Le chemin, mal tracé, longe, pendant un bon kilomètre, un ravin étroit et profond, au fond duquel roule en hivernage un torrent rapide. Les chevaux, tout craintifs, descendaient avec une extrême lenteur, se raidissant pour ne pas tomber en avant. Malgré le mauvais état de cette route, nous ne pouvions nous empêcher d'admirer la beauté de l'immense panorama qui se déroulait sous nos yeux. A gauche, le pic de Kroudian, semblable à quelque énorme monument hindou, dressait ses murailles rocheuses jusqu'à plus de trois cents mètres dans les airs. A nos pieds, de hautes collines, couvertes d'une épaisse forêt, s'étageaient en allongeant parallèlement leurs croupes verdoyantes jusqu'à la vallée du Bakhoy, où elles s'arrêtaient brusquement; à droite, masquant l'horizon, se montraient les crêtes bleues et dentelées du Gadougou; enfin, vers le sud, deux dômes, dont les cimes jumelles se perdaient dans l'azur du ciel, formaient le fond du tableau.

Le guide nous apprit que Niagassola était situé au pied de l'une de ces dernières montagnes. A la sortie du col, nous fûmes croisés par deux jeunes Mandingues, se rendant à Mourgoula; leur aspect sauvage nous frappa et fit pressentir que nous allions bientôt rencontrer une population plus arriérée que celles que nous avions vues jusqu'alors.

La route, après avoir atteint le pied de Nianfakrou, devient plus praticable, bien qu'elle traverse encore des mouvements de terrain assez brusques. Elle parcourt le plus souvent de grandes clairières couvertes d'une sorte de gravier ferrugineux. Enfin, après avoir franchi les passages assez mauvais des ruisseaux de Pété, de Tambaoura et de Bassa et passé près de plusieurs ruines, elle arrive en vue du Koukouroni.

Ce village comptait autrefois mille habitants; détruit par les Toucouleurs, il en a aujourd'hui cent cinquante! Le type seul s'est conservé très pur parmi les habitants; le chef particulièrement avait la peau d'une teinte café au lait clair, le nez droit et tous les traits d'une grande finesse. Ces pauvres gens étaient en général bien tristes et bien misérables. Notre séjour au milieu d'eux fut une journée de véritable repos; ils vinrent en petit nombre s'asseoir auprès de nous en conservant l'attitude la plus humble et la plus sympathique. Un homme ayant demandé l'usage du revolver, je tirai successivement les six coups au grand effroi des habitants, qui criaient au sortilège. Une ravissante petite fille peule de neuf à dix ans vint nous voir. Jamais nous n'avions aperçu un visage aussi charmant: ses cheveux, disposés en tresses garnies de verroteries, lui formaient une brillante couronne, tandis que ses beaux yeux, dilatés par l'étonnement et ombragés de longs cils, se fixaient sur nous tout rêveurs; sa petite personne était la grâce même. Je ne pus résister au désir de dessiner cette mignonne enfant, et la vue de ce croquis, par hasard ressemblant, rendit tout stupéfaits ces pauvres ignorants Birgos.

Jeune fille de Koukouroni.

A Koukouroni, je remarquai un forgeron malinké. Ses instruments étaient bien simples; il se servait, en guise de marteau, d'une lourde masse de fer et d'une petite enclume posée à terre. Le soufflet, grossier, consistait en deux tuyaux de cuir par lesquels l'aide forgeron presse l'air à travers des orifices d'argile. C'est avec ces moyens rudimentaires que les forgerons du pays fabriquent les fers de pioches et de haches que nous voyons entre les mains des indigènes.

Vers le soir, deux hommes se présentèrent au nom de l'almamy. Je crus un instant que ce chef, mécontent de notre brusque départ, m'expédiait deux de ses gens soit pour nous faire rebrousser chemin, soit pour m'adresser des reproches. Il n'en était rien, et je crois qu'Abdallah me savait gré, au fond, d'avoir mis fin à ses hésitations en prenant, sans le consulter, la route de Niagassola. Ces deux individus étaient: l'un le fils de Diango, chef de Koundian, et l'autre un vieux Toucouleur de sa compagnie; ils venaient se joindre à nous pour voyager de conserve jusqu'à Ségou. Étant seuls, disaient-ils, ils n'auraient pas osé affronter le Manding et se seraient dirigés vers

Nioro; mais avec nous ils étaient sans inquiétude. Je n'eus qu'à me réjouir de leur venue, car ils me fournirent beaucoup de renseignements sur le Bafing et les pays voisins.

J'eus encore ce jour-là le bonheur de tomber sur un Birgo, grand voyageur et grand bavard, qui nous donna de précieuses indications sur la configuration de la vallée du Bakhoy et le Diallonkadougou ; cet individu était porteur d'un fusil de chasse à deux coups, d'un remarquable travail et de fabrique française ; mais c'est en vain que je lui demandai la provenance de cette belle arme : notre homme resta obstinément muet.

Le lendemain matin, 2 mai, nous étions sur la route de Niagassola. Koukouroni, avait dit le guide, était à égale distance de Mourgoula et du village Manding ; en conséquence, nous devions arriver à ce dernier le matin même ; mais le propre des renseignements fournis par les indigènes est de manquer de précision, et nous eûmes à en faire ce jour-là une nouvelle expérience.

La route, dans cette partie de l'itinéraire, est difficile ; en sortant de Koukouroni, elle parcourt un plateau pierreux et broussailleux, après lequel se trouve la profonde vallée du Souloun. Les chemins de cette vallée sont très abrupts, et d'autre part une ligne de roches verticales forme à mi-côte une chute de plusieurs mètres de hauteur. Aussi le sentier, après une descente assez raide, est obligé de changer de direction et de longer cette chute jusqu'à une brèche étroite, impraticable à un convoi d'animaux chargés. La route gagne ensuite le fond de la vallée et arrive au Souloun, petite rivière dont le lit a environ 15 mètres de largeur et 2 à 3 mètres de profondeur ; en saison sèche, elle contient à peine 80 centimètres d'eau. On traverse ensuite des terres alluvionnaires, couvertes d'une épaisse végétation et d'une rare fertilité ; on regrette qu'il n'y ait pas là quelque gros village pour cultiver ce terrain. Le paysage devient surtout très joli lorsqu'on débouche tout à coup sur le Farako, gros affluent du Souloun. Le lit de ce cours d'eau est formé de roches plates ferrugineuses, produisant de petites cascades successives du plus gracieux effet. Les eaux ont déposé sur ces roches une couche terreuse d'un jaune d'or éclatant ; l'examen de ces dépôts, d'une couleur si différente de celle des terrains avoisinants, me fit supposer que le Farako devait prendre sa source dans des gisements aurifères, et j'interrogeai le guide à ce sujet. Il m'apprit en effet que ce ruisseau passait à Banarikoro, petit village perdu dans les montagnes, où, avant le passage des Toucouleurs, on extrayait de l'or ; mais depuis longtemps déjà il n'était plus question de ces mines.

Après avoir longé pendant 2 kilomètres le Farako et gravi une légère rampe, nous atteignîmes le village de Niagakoura. Rien n'égalait la pauvreté de cette misérable agglomération de cases. Il y avait là à peine 100 habitants, presque nus, qui, à notre aspect, allèrent s'embusquer dans les démolitions de leur tata pour nous examiner ensuite à travers les trous de leurs murs en terre ; c'est en vain que les noirs du détachement leur crièrent les salutations d'usage, aucun d'eux ne répondit.

Il n'y avait là évidemment aucune hostilité, mais plutôt une extrême sauvagerie. Quelle condition que celle de ces malheureux, oubliés dans les roches avec le désert autour d'eux ! Ils sont là sous des huttes à peine couvertes, usés par les besoins, en proie à toutes les terreurs, vivant littéralement comme des fauves. Quel abaissement de la race humaine ! En face de ce spectacle, l'Européen se demande si réellement on ne tente pas l'impossible en cherchant à sortir ces êtres déshérités de la barbarie où ils semblent se complaire.

Les habitants de Niagakoura, déjà si isolés du reste des hommes, ont voulu augmenter encore les barrières naturelles qui les entourent en creusant à la sortie de leur village un ravin de plusieurs mètres de profondeur. Cet obstacle barre la route en obligeant les cavaliers à quitter leurs montures et les conducteurs à décharger leurs animaux ; il serait d'ailleurs aisé de le faire disparaître soit en le remblayant, soit en construisant un pont par-dessus. A moins d'un kilomètre de marche, le chemin vient se heurter à une forte rampe couverte de blocs roulants qui, heureusement, ne se continue que sur une centaine de mètres ; puis il débouche sur un vaste plateau pierreux et dénudé, où nous eûmes beaucoup à souffrir de la réverbération du soleil. On quitte ce plateau pour traverser ensuite une région rocheuse et couverte d'une maigre végétation ; enfin, on arrive dans la vallée du Kanékouo.

Il était plus de dix heures, et depuis longtemps déjà la chaleur était intolérable ; nos yeux, éblouis par l'éclat extraordinaire des roches nues situées aux abords du chemin, ne s'ouvraient plus qu'avec difficulté ; les hommes se déclaraient fatigués et demandaient grâce ; enfin le guide assurait que nous étions encore éloignés de Niagassola ; il fallait s'arrêter. Le lieu d'ailleurs était charmant et convenait très bien pour une halte. La petite rivière, barrée par de grosses roches, tombait en nombreuses cascades, et ses eaux allaient en bouillons argentés se perdre dans un courant précipité. Au-dessus des roches, au contraire, le lit, profond de plusieurs mètres, présentait une onde tranquille et diaphane ; les rives, espacées de dix mètres à peine, étaient bordées de grands et beaux arbres dont le feuillage, en se rejoignant au-dessus du cours d'eau, formait une voûte sombre d'une rare

Bain dans le Kanékouo.

fraîcheur. Des bambous, des pandanus et des hautes herbes de toute nature couvraient les abords d'une végétation inextricable et touffue ; nous ne pouvions tomber sur un campement meilleur. A peine arrêtés, chacun se mit à nu et se plongea dans cette onde fraîche, dont le contact causait la plus agréable impression. Les noirs étaient dans le ravissement ; ils se poussaient, se jetaient de l'eau au visage avec des cris de joie. Quant à moi, placé entre deux roches énormes, je recevais sur la tête et le dos la douche formidable d'un gros bouillon tombant de près d'un mètre de hauteur. Pendant ce bain, je pus remarquer sur les roches des dépôts terreux d'un jaune d'or, semblables à d'autres que j'avais vus le matin même au bord du Farako. Évidemment, le Kanékouo prenait sa source dans la même région. La rivière contenait quelques poissons semblables à des perches et dont le goût fut trouvé excellent. Mais ce qui causa un étonnement général, ce fut la présence, aux environs, de plusieurs perroquets gris à queue rouge, dits perroquets du Gabon ; nous étions loin de penser que nous trouverions ces oiseaux sous cette latitude.

Le Kanékouo forme, dit-on, la limite entre le Birgo et le Manding. Au total, le Birgo est une contrée bien arrosée et fertile. Il se compose de deux régions bien distinctes : la plaine du Bakhoy et les plateaux parcourus par la route que nous venions de suivre. Toutes les deux sont couvertes par une immense forêt qui ne s'interrompt que sur les sommets, où les roches se montrent à nu, et aux abords des villages, où elle fait place aux terres cultivées.

La population, malheureusement peu nombreuse, est une des plus belles du Soudan et se rapproche beaucoup plus du type peul que de celui du nègre. Elle est en général mal vêtue ; le coton, assez abondant dans le pays, est tissé dans les villages et sert à la confection de tous les vêtements. Il est rare qu'un homme ait à la fois deux costumes dans sa vie ; le premier sert jusqu'à ce qu'il soit réduit à l'état de loque. Les femmes ne portent qu'une étroite ceinture, et les enfants vont nus jusqu'à un âge assez avancé.

Nous avons déjà dit combien cette population avait eu à souffrir lors de la conquête toucouleur et comment, de 20 000 habitants environ, elle était descendue à 4000. Nous connaissons également le régime odieux de terreur et d'arbitraire que les almamys ont fait peser sur cet infortuné pays, régime qui rendra longtemps encore la repopulation impossible. Les Birgos cependant méritaient un sort meilleur ; leur race est forte, et dans la défense de leurs foyers ils ont montré une certaine énergie et une grande opiniâtreté. Ils sont bons cultivateurs, hardis chasseurs et forgerons. Dans leur temps de prospérité, ils avaient défriché de grandes surfaces, tant dans la vallée du Bakhoy, que sur les bords de leurs autres cours d'eau ; ils élevaient de beaux et nombreux troupeaux de bœufs, de moutons et de chèvres. Durant la saison sèche, les jeunes gens s'adonnaient à la chasse des éléphants et des fauves de toute espèce qui peuplent leurs forêts. Enfin, un certain nombre d'entre eux allaient dans les montagnes, extrêmement riches en minerai de fer, chercher le métal nécessaire à la confection des instruments d'agriculture et à celle des projectiles de guerre. Nous avons remarqué qu'ils avaient une tendance à l'avarice et à la cupidité ; avec un peu moins d'ignorance, ils sauraient certainement tirer tout le profit possible de leur travail.

Actuellement, le Birgo n'offre que très peu de ressources pour les transactions. Son agriculture se borne à assurer la consommation d'une année en mil, en maïs et en arachides. La culture du coton ne suffit pas à vêtir les habitants ; on n'y voit plus de bœufs, et c'est tout au plus si l'on rencontre quelques troupeaux de moutons et de chèvres ; les arbres à beurre, partout très abondants et pouvant devenir la source d'une véritable industrie, ne sont pas exploités ; les habitants en cueillent juste assez pour les besoins de l'année ; les grandes chasses ont été abandonnées ; enfin les fers ne sont l'occasion d'aucun échange. Une des routes les plus commerciales du Soudan occidental, celle de Nioro au Haut-Niger, traverse le pays sans donner lieu à aucun commerce. Les Dioulas ne s'y arrêtent pas ; la population, trop pauvre pour leur acheter de l'or ou des étoffes, se borne à de simples échanges de verroteries ou de menus objets contre les vivres nécessaires aux caravanes.

La condition malheureuse de ce pays, que la nature a cependant beaucoup plus favorisé que la plupart des contrées riveraines du Sénégal, ne doit pas être considérée comme irrémédiable ; elle cessera avec le déplorable gouvernement des almamys. Le jour où une voie de communication praticable et sûre mettra les habitants en rapports faciles avec les postes français, le Birgo prendra un certain développement. Le repeuplement s'accomplira peu à peu ; les cultivateurs, assurés de la vente de leurs récoltes, défricheront de nouvelles surfaces ; les Peuls, certains de la sécurité et de la paix, reconstitueront les anciens troupeaux ; en un mot, la prospérité renaîtra et succédera à la misère actuelle. Mais ce résultat si désirable ne sera atteint que si l'on remplace la domination des Toucouleurs par l'influence bienfaisante et civilisatrice de la France.

Il était trois heures quand, pour continuer notre marche vers Niagassola, nous quittâmes avec regret notre délicieux campement. La chaleur était encore très lourde ; mais le guide ne pouvait préciser la distance qui nous séparait du village, et d'ailleurs nous avions tout intérêt à arriver avant la nuit.

Après le Kanékouo, la route devient meilleure ; elle longe quelque temps la rive gauche du cours d'eau, s'élève ensuite à flanc de coteau jusqu'à une croupe qui se fond insensiblement avec un plateau assez étendu, borné en avant par une haute colline. Nous parvînmes bientôt sur la crête d'un talus abrupt, haut d'environ 25 mètres, d'où nous apercevions le magnifique

Vue de Niagassola.

spectacle de la vallée du Bakhoy. A nos pieds, la plaine, verdoyante et faiblement ondulée, s'étendait à perte de vue. Seuls les deux dômes isolés de Niassola et de Diali dressaient leurs cimes jumelles à plus de 200 mètres de hauteur ; au fond, le massif du Kénékgrou, bleui par l'éloignement, allongeait dans la brume ses longues croupes. Nos chevaux descendirent, non sans difficulté, le talus du plateau, et, après avoir tourné une dernière hauteur, nous aperçûmes le mur à crémaillère du tata de Niagassola.

Peu après, nous entrions dans le village, au grand effroi des femmes et des enfants, qui s'enfuyaient à notre vue. Puis nous arrivâmes sur une petite place où un grand nombre d'individus vêtus de haillons sordides étaient mollement étendus, savourant avec délices la chaleur, douce pour eux, des derniers rayons du soleil couchant. Comment distinguer un chef au milieu de tous ces hommes d'aspect également misérable et tous cloués par la surprise? Enfin, sur notre demande, un vieillard se leva en essayant de sourire et nous fit le signal de le suivre : c'était le frère même du roi! Après avoir mis pied à terre, nous entrâmes dans la case du chef de Niagassola. Mes yeux, d'abord surpris par l'obscurité de cet intérieur, ne distinguaient rien, et je marchai, par inadvertance, sur les pieds de quelque haut personnage, qui recula en grondant. J'aperçus enfin, accroupi sur une natte, le vieux Mambi.

Ce chef, d'une grande et ancienne renommée dans le pays, est un vieillard de soixante ans environ, gros, gras et court; les traits de son visage sont violemment heurtés et, comme pour ajouter à son extrême laideur, la nature l'a fait horriblement borgne. Son œil gauche, dépourvu de paupières et entouré de plis, se montre fixe et démesurément ouvert au milieu de la joue; cette infirmité lui donne la physionomie la plus étrange. Il parut très impressionné à la vue d'un blanc, et ce fut presque en balbutiant qu'il me souhaita la bienvenue. Après l'échange de quelques paroles insignifiantes, je pris congé pour aller à la recherche d'un campement.

Les abords du tata n'offrant d'abord aucun abri, je dus aller jusqu'au pied du Niâssola-Krou pour trouver à la fois de l'ombre et de l'eau. Notre arrivée avait produit la plus grande effervescence, et la population tout entière vint assister à notre installation au milieu du plus affreux tapage : c'était un concert discordant de cris, de rires et d'exclamations de tous genres; la vue de nos mulets, particulièrement, produisait une impression extraordinaire. On les regardait avec un étonnement mêlé de crainte, et nous entendions émettre les opinions les plus invraisemblables sur la provenance de ces étranges animaux[1]. Toutes ces bruyantes manifestations n'avaient rien d'hostile; elles étaient simplement l'explosion d'une curiosité violemment surexcitée; aussi, à part l'agacement que finissent par produire les importunités de tant de gens réunis, nous n'éprouvions aucune contrariété. Assis sur un pliant au milieu d'une herbe assez épaisse, j'observais cet entassement d'individus de tous les âges et de tous les sexes, attentifs à mes moindres gestes ; le spectacle était assez nouveau. A part

---

1. Les mulets sont absolument inconnus dans toute cette partie du Soudan occidental.

quelques rares exceptions, les hommes se présentaient vêtus de loques d'un jaune sale. Leurs visages, généralement fort laids, prenaient sous le bonnet à pointe une expression absolument sauvage; même quand ils riaient, ces individus avaient quelque chose des fauves de leur pays. Par un singulier renversement des lois de la pudeur, les femmes, moins vêtues que les hommes, n'avaient pour couvrir leur nudité qu'une étroite bande de toile leur passant entre les jambes et venant se nouer à une ceinture qui n'était elle-même qu'une ficelle; en dehors de ce vêtement, ces plus ou moins gracieuses personnes ne portaient que des anneaux d'or au nez, aux oreilles et aux doigts. Un grand nombre d'entre elles, pour ajouter à leurs charmes, avaient couvert leur corps de tatouages dessinant de grossières arabesques. Quant aux enfants, ils étaient tout nus.

Un groupe de jeunes filles assez jolies se faisaient remarquer par le nombre de leurs bijoux et la singularité de leur coiffure. Au-

Jeune fille de Niagassola.

dessus des tresses qu'elles avaient disposées comme leurs compagnes s'élevait une petite tige supportant une large touffe de plumes blanches formant cimier. J'appris que ces coquettes demoiselles étaient de la maison du chef. Je dessinai l'une de ces princesses, et tous les regards étaient curieusement fixés sur mon travail, quand tout à coup un tumulte épouvantable se produisit; la foule, en proie à une véritable terreur, s'enfuit de tous côtés en jetant des cris d'effroi. Je cherchais vainement la cause de cette panique subite, quand un jeune homme, plus brave que les autres, s'avança derrière moi, un bâton levé; je me retournai vivement et aperçus alors un serpent dressant sa tête au-dessus des herbes. L'adroit Malinké l'atteignit du premier coup; le reptile tordit un instant ses anneaux et retomba inanimé. La bête avait à peine un mètre cinquante de longueur, sa peau était grise comme celle des couleuvres de France; elle appartenait évidemment à une espèce peu dangereuse.

Nous n'avions pas été heureux dans le choix de notre campement; car, peu après la scène précédente, il nous fallut quitter la place. Nous avions affaire cette fois avec un ennemi autrement nombreux et tenace : les fourmis. Mes malheureux hommes en avaient les jambes couvertes sans pouvoir s'en débarrasser, et je voyais, à leurs grimaces grotesques, qu'ils étaient horriblement piqués. Il fallut renoncer, pour la soirée, à tout ombrage; mais on entretint, fort avant dans la nuit, un grand feu de paille qui dispersa ces affreux insectes, et, le lendemain, le camp fut remis sous le gros arbre.

Niagassola est un gros village de plus de mille habitants. Sa situation à l'entrée de la vallée du Bakhoy et à l'intersection des principales routes commerciales du Soudan occidental en fait un point très important, surtout pour l'avenir. La population, bien que renseignée sur l'existence d'une civilisation supérieure, reste superstitieuse et sauvage, un peu pillarde et très soupçonneuse. Pour elle, tout étranger doit être pillé s'il est riche, éloigné s'il est pauvre. Toutefois le chef actuel a su faire régner une sécurité relative sur les routes, et les Dioulas s'engagent sans trop de crainte dans ces parages, où autrefois ils ne pénétraient qu'avec la plus grande inquiétude.

A Niagassola, on déteste les Toucouleurs de Mourgoula, mais on les craint. On se souvient encore des razzias d'Alpha Ousman et des massacres qu'il commettait devant toute tentative de résistance. Mambi pense comme ses sujets; le voisinage du représentant de Ségou lui est même particulièrement odieux, car il gêne ses projets ambitieux d'extension et de puissance. Toutefois, il cache son dépit et paye d'assez mauvaise grâce un maigre tribut à l'almamy. Il a certainement fallu toutes les exigences de la politique pour que le chef mandingue s'humilie ainsi, et il n'est pas douteux qu'à la première occasion favorable il ne rompe avec Mourgoula pour devenir son ennemi. Mambi est de l'illustre famille des Kéita, qui règne à Kangaba et sur les villages les plus importants du pays; ses sujets le tiennent en haute estime et lui obéissent assez volontiers. Ils admirent sa mobilité d'esprit, assez extraordinaire chez un noir, et la promptitude de ses décisions. Ils vantent sa justice, son impartialité, et redoutent l'inflexibilité de ses arrêts. Il s'est montré plusieurs fois inexorable pour ses propres parents.

Le portrait que l'on me faisait du vieil impotent craintif que j'avais vu, me surprenait fort; mais je pus me convaincre, par la suite, que son attitude embarrassée était due uniquement à l'étonnement subit produit par notre brusque arrivée.

J'appris aussi, non sans plaisir, que l'infidèle Khoumo, dont nous redoutions tant les manœuvres, était très déconsidéré parmi ses compatriotes, à la suite de nombreux méfaits, et que jamais il n'oserait se présenter devant son oncle Mambi.

Ainsi qu'on le voit, il nous avait menti en se disant fils de ce chef.

Le lendemain matin, à sept heures, je me présentai chez le roi, déjà prêt à nous recevoir. En raison de l'importance qu'il attachait à cette visite, il avait pris certaines mesures de propreté dont je lui fus très reconnaissant; il avait surtout mis un soin tout particulier à éloigner les importuns et les indiscrets. Sous ce rapport, il poussa la défiance jusqu'à nous réunir dans la case la plus éloignée et la plus obscure de son tata.

Je lui exposai le but de ma mission : « Le gouverneur français de Saint-Louis, ayant entendu parler de Niagassola et de son chef dans les termes les plus élogieux, avait pensé à entrer en relations d'amitié avec lui. En conséquence, j'étais envoyé pour lui remettre des présents destinés à commencer ces relations. Afin de montrer tout le prix qu'il attachait à son alliance, le gouverneur avait libéré Khoumo, son neveu, de l'engagement aux tirailleurs. Malheureusement, ce dernier, qui devait me conduire dans le Manding, avait tenu une conduite indigne et je m'étais, à mon grand regret, séparé de lui. J'ignorais ce qu'il était devenu. »

Le vieux chef répondit que j'étais le bienvenu; son ancêtre, il y a bien longtemps, avait donné l'hospitalité à un homme blanc : à son tour, il avait le même honneur. Ces deux événements étaient bien flatteurs pour sa famille. Son neveu avait bien fait de ne pas venir à Niagassola, car il lui aurait infligé quelque dur châtiment; ce parent était sa honte. Deux ans auparavant, il l'avait chargé d'une mission auprès de Sambala à Médine; mais, loin de se conformer aux ordres reçus, Khoumo avait dissipé les sommes qu'on lui avait confiées et s'était sauvé à Saint-Louis sans donner de ses nouvelles. Mambi me priait d'oublier ce misérable.

Il ajouta qu'il connaissait les Français par le combat de Sabouciré et l'occupation de Bafoulabé. Ces deux faits, qui nous rapprochaient de son pays, l'avaient profondément satisfait, car les Dioulas vantaient beaucoup notre justice, nos richesses et notre douceur. Il ne pourrait donc résulter que du bien des relations de ses sujets avec des hommes comme nous. Aussi, puisque le gouverneur avait songé à lui, il se proposait d'envoyer à son tour deux de ses hommes de confiance à Saint-Louis. — J'encourageai fort le vieux chef à mettre cette idée à exécution et lui indiquai les moyens pour que ses envoyés fissent un prompt et rapide voyage. Il fut encore question de la réconciliation de Kita avec Goubanko, qui avait produit le meilleur effet à Niagassola. Mambi l'avait tentée autrefois sans succès, se heurtant sans cesse à la mauvaise volonté de Tokonta, qu'il accusait d'être un homme pervers et un faux Malinké. Ainsi qu'on le voit, notre entretien avec ce chef intelligent avait pris la meilleure tournure.

C'est en vain que j'essayai plusieurs fois de me retirer ; il fallut rester encore et continuer à répondre aux mille questions qui m'étaient posées. Je dus parler tour à tour du but de notre voyage à Ségou, du gouverneur, des postes français, de la France, de nos usages, etc. Le vieux Mambi voulait tout connaître. Il me montra ensuite ses pauvres membres endoloris par les rhumatismes et me pria de le guérir. C'est en vain que je lui expliquai que je n'avais pas ce pouvoir ; il fallut tout un discours pour lui démontrer que tous les blancs ne possédaient pas l'art de guérir, mais seulement les médecins.

Un nouveau débat s'engagea alors sur le moment de notre départ. Son intention était de nous garder plusieurs jours ; il ne voulait pas admettre les raisons impérieuses qui m'obligeaient à partir le soir même. Enfin une dernière bataille se livra avec ce vieillard entêté sur la route qu'il fallait prendre pour se rendre à Bammako ; à ses yeux, il n'y en avait qu'une, celle de Kangaba. Je trouverai là un autre Mambi, son parent, qui me recevrait bien, car toute sa famille était composée d'honnêtes gens.

En passant au contraire par Naréna, nous n'étions plus en sûreté ; il s'y trouvait des villages peuplés de sauvages dangereux, ne craignant ni le gouverneur, ni Ahmadou, ni personne.

Quant à lui, il ne nous donnerait pas d'hommes pour nous conduire de ce côté, dans la crainte de ne plus les revoir. Cette question des guides me fit réfléchir, et je lui promis d'examiner les conseils qu'il me donnait dès que je serais parvenu à Koùmakhana, point où les routes se bifurquaient.

Je pris enfin congé, au grand chagrin de mon hôte, qui eût voulu me retenir encore sous son toit.

Mambi m'avait paru supérieur à la majorité des chefs indigènes que nous avions vus jusqu'alors. Il semble accessible aux idées de progrès, de paix et de commerce. Puisque la colonie du Sénégal est décidée à porter ses efforts de ce côté, je crois qu'elle pourra se faire à Niagassola un allié fidèle, qui lui ouvrira la porte du Manding.

De retour au camp, je reçus la visite d'un jeune homme du Bouré, que je reconnus aussitôt pour l'avoir vu l'année précédente au poste de Médine. Des gens de ce village l'avaient volé et l'autorité française lui avait fait restituer ses biens. Il rappela ce fait en parlant avec chaleur de la justice des blancs et de la confiance avec laquelle il retournait dans le Sénégal faire le commerce. Ces propos, au milieu de la foule attentive, produisaient un excellent effet. Le jeune commerçant mit le comble à son obligeance en me parlant longuement de son pays. Ses renseignements, joints à tous ceux que j'ai pu recueillir, semblent établir que la richesse aurifère du Bouré a été surfaite, du moins en ce qui concerne les quantités extraites annuellement. En effet, ce petit pays, situé à trois journées au sud de Niagassola, comprend à peine six mille habitants, répartis dans dix villages, dont cinq seulement ont une réelle importance : ce sont Didi, Sétignia, Kintinian, Balato, Fatoïa. Il est évident qu'une aussi minime population ne doit pas extraire tout l'or qui arrive aux marchés de l'intérieur du Soudan et sur la côte occidentale d'Afrique, sous le nom d'or du Bouré. Ce sont les commerçants indigènes qui, voulant augmenter la valeur de la matière précieuse qu'ils apportent, lui donnent cette provenance, parce qu'ils savent que l'or du Bouré est considéré par les noirs comme le plus pur et le plus beau de tout le Soudan; souvent, cependant, ils ont fait leurs acquisitions dans le Ouassoulou ou simplement dans le Bambouk. Il faudra une exploration sérieuse du Bouré pour établir définitivement sa fortune aurifère, mais on peut dès à présent supputer assez approximativement son revenu annuel en raisonnant comme suit. Sur les six mille habitants, mille travaillent aux mines; la durée du travail est celle de la saison sèche, soit six mois; d'autre part, un mineur heureux peut se faire, il est vrai, trois et quatre gros[1] par semaine, mais la moyenne réelle ne dépasse guère un grain par jour, soit un gros tous les quatre jours; un travailleur se fait donc quarante-cinq à cinquante gros dans sa campagne, et mille travailleurs en extraient quarante-cinq à cinquante mille. Cette quantité représente en argent, dans le pays même, une valeur de deux cent mille francs et en Europe cinq cent mille francs.

Ces chiffres doivent se rapprocher sensiblement de la réalité, bien qu'ils s'éloignent des suppositions exagérées que l'on est tenté de faire sur l'extrême richesse du Bouré. Nul doute, d'ailleurs, que si des mains plus

---

1. Le gros vaut trois grammes huit centigrammes.

habiles et surtout plus actives, s'emparaient des gisements, on verrait augmenter rapidement le profit de cette industrie minière. Actuellement, l'or du Bouré s'écoule surtout vers les rivières du sud par le Fouta-Djalon; les Dioulas et les percepteurs d'Ahmadou en emportent une certaine quantité vers Ségou et, enfin, une faible part vient aux escales françaises de Médine et de Bakel.

Au point de vue politique, le Bouré est une sorte de république gouvernée par les chefs des quatre familles les plus importantes. Les habitants, peu belliqueux et tout à leur industrie, recherchent le calme et la sécurité. Malgré leur répugnance pour les musulmans, ils se sont placés sous la protection d'Ahmadou, leur voisin le plus puissant et le plus en état de les défendre contre l'avidité des autres chefs. Mais il paraît qu'ils commencent à trouver cette protection bien tyrannique et ils cherchent les moyens de se soustraire à une souveraineté qui ne veut pas se contenter d'un tribut régulier. Ces temps derniers, un des chefs les plus importants était, disait-on, parti pour Saint-Louis, dans le but de se mettre en rapport avec le gouverneur de notre colonie du Sénégal.

A quatre heures du soir, pendant que Sori allait saluer Mambi de ma part, nous prenions la route de Balandougou que nous voulions atteindre le soir même; mais le vieux chef avait ses projets. A peine à hauteur du village, il parut à notre grand étonnement au milieu d'un nombreux cortège de ses sujets en guenilles. Malgré ses rhumatismes, il s'était fait hisser sur un petit cheval maigre dans le but de nous accompagner à quelque distance. Cette attention inattendue me toucha vivement et écarta toute pensée de moquerie à la vue de l'étrange appareil qui l'entourait. Le spectacle était cependant assez comique : le large et hideux visage de Mambi devenait grotesque sous l'énorme chapeau de paille, surmonté d'un cimier d'herbes sèches, qui le couvrait; sa pauvre haridelle, la tête basse, était conduite par un jeune captif tout nu. Le cortège, composé d'individus hurlant à tue-tête, en se bouchant les oreilles, marchait derrière; enfin, au milieu d'eux, une sorte de prince, grave et compassé, s'avançait en portant avec un respect religieux le beau fusil que j'avais remis le matin même en cadeau. Tous ces gens allaient lentement, processionnellement, convaincus que c'était là une belle et rare cérémonie. Il fallut encore causer longuement avec le verbeux vieillard et entendre les développements d'une théorie semblable à celle qu'avait déjà faite l'almamy de Mourgoula, sur la supériorité du fusil à un coup et les désavantages du fusil double. Enfin, après une marche de plusieurs kilomètres semée de

nombreuses haltes, je serrai la main du vieux chef, qui renouvela sa promesse d'envoyer deux de ses fidèles à Saint-Louis.

La route, en sortant de Niagassola, gagne obliquement à travers la plaine le pied des monts du Manding ; elle arrive sous de beaux arbres au bord du Faléman, jolie rivière qui sort de la région montagneuse au petit village de Kri. On franchit aisément ce cours d'eau et l'on s'avance droit à l'est, dans un pays onduleux, boisé, herbeux et marécageux dans les dépressions. Les monts du Manding, peu après le Faléman, s'éloignent vers le nord en décrivant un arc de cercle étendu qui va se terminer au massif du Fienkrou derrière Balandougou. La nuit arrivait ; nous avions passé un gros ruisseau, le Banakoura, et le pic de Fienkrou semblait s'éloigner sans cesse. Allions-nous être réduits à faire une marche de nuit? Cette pensée commençait à nous préoccuper lorsque à un détour du sentier deux femmes débouchèrent de la forêt. Ces pauvres malheureuses, sans aucun vêtement, jetèrent à notre vue la charge de bois qu'elles portaient et cherchèrent à s'enfuir ; mais nos guides de Niagassola les rappelèrent et parvinrent à les rassurer. Toutefois, leur émotion les empêchait encore de parler et elles nous regardaient à la dérobée avec une véritable frayeur ; enfin, elles parvinrent à balbutier que nous étions près d'arriver. En effet, peu après, la forêt faisait place à une plaine broussailleuse à l'extrémité de laquelle nous pouvions apercevoir le tata de Balandougou, tapi au pied de la belle montagne du Fienkrou.

Balandougou contient trois à quatre cents habitants, forgerons pour la plupart. Le chef est de la famille de Mambi, mais ils sont souvent en querelles ; son impérieux parent voudrait le dominer et en quelque sorte annexer son village : de là des différends qui renaissent à chaque moment. Les montagnes environnantes contiennent, dit-on, beaucoup de fer et, au moment de notre passage, cinq ou six fourneaux, bondés de minerai, flambaient dans la plaine. Notre tente était dressée sous un karité gigantesque, près d'une vaste mare dont les eaux devenaient toutes jaunes sous les pieds des chevaux ; cette circonstance, jointe à la présence du quartz dans les roches de la montagne, nous fit présumer que nous avions atteint l'extrême limite des terrains aurifères qui se continuent vers le Bouré et le Haut-Niger. Les habitants, interrogés, répondirent que l'or était plus loin ; dans le temps, il est vrai, on en avait eu dans le pays, mais de mémoire d'homme on n'en avait extrait. Nous quittâmes Balandougou à quatre heures du matin.

La route, en sortant du village, passe par-dessus un contrefort du Fienkrou et retombe ensuite dans un pays semblable à celui de la veille.

Les gens du pays disent que le pic de Fienkrou, d'une hauteur de deux cents mètres environ au-dessus de la plaine, est le commencement d'une chaîne qui se continue au delà de Bammako; ils lui ont donné le nom de *Manditétékrou* ou monts du Manding. En réalité, le point de départ de ces monts est même avant Niagassola; car depuis ce village, nous ne les avions vus s'interrompre qu'aux vallées du Faléman et du Banakoura. En quittant le Fienkrou, ils décrivent un nouvel arc vers le nord, plus profond encore que le premier, ne se terminant qu'au pic de Koumakhana, derrière le village de ce nom.

Les guides nous avaient prévenus que nous ne pourrions atteindre ce dernier point en une seule étape; en conséquence nous les avions interrogés sur le premier campement que nous rencontrerions. Les renseignements obtenus permettaient d'espérer à bonne distance de l'eau et de l'ombrage, mais comme toujours notre attente fut trompée. Les questions avaient été cependant très précises. Les arbres étaient-ils touffus? avions-nous une mare ou de l'eau courante? Tout avait été inutile, et, lorsque vers neuf heures, en pleine chaleur, nous arrivâmes aux ruines de Namakana, le bon campement promis, nous ne trouvâmes ni une goutte d'eau, ni un abri. Il fallut reprendre notre marche dans la plus complète ignorance de l'heure où nous pourrions enfin camper. Quelque temps après ces ruines, nous aperçûmes trois individus, vêtus de loques, la tête couverte de bonnets en poils de bête et de la plus mauvaise mine; ces gaillards se tenaient près du sentier, leurs fusils hors des étuis dans une attitude peu pacifique. Il est probable qu'étant de pauvres Dioulas, ils nous auraient fait quelque mauvais parti; mais, à l'aspect de gens bien armés, voyageant dans un appareil fait pour les étonner, leurs coupables desseins s'évanouirent. Je m'arrêtai devant l'un d'eux en lui demandant si nous rencontrerions bientôt de l'eau; ils restèrent un instant interdits et finirent par répondre que nous avions devant nous une rivière. Ce renseignement fit naître quelque espoir, mais il fallut marcher jusqu'à onze heures passées pour atteindre enfin ce cours d'eau tant désiré.

Le Balanko descend des monts du Manding et aboutit dans une vaste plaine, où il décrit de nombreux méandres. Son courant, presque insensible, est d'un faible débit en saison sèche; au moment des grandes pluies de l'hivernage, il se grossit du trop-plein de nombreuses mares, éparses dans le pays, et se jette ensuite dans le Migna, au-dessus de Niagassola. Le terrain, aux abords, est noirâtre et spongieux et doit présenter une grande fertilité.

Notre journée se passa tristement; la chaleur était accablante et nous étions sans abri. Les indigènes s'en consolaient aisément, mais je ne pouvais faire comme eux ; le soleil me brûlait. Le seul arbre qui eût pu nous donner un peu d'ombre était occupé par des mouches à miel devant lesquelles il fallut battre en retraite au plus vite.

A bout d'expédients, je dus aller me réfugier dans le lit même de la rivière ; mais là une autre aventure m'attendait. Au moment où, accablé par la fatigue, mes yeux se fermaient, j'entendis un léger bruissement dans les lianes, puis un clapotement dans l'eau. Je regardai aussitôt et aperçus un serpent énorme remontant le courant ; il était près de moi, mais loin des hommes et, sans armes d'aucune sorte, je pris le sage parti de ne faire aucun mouvement. Le reptile passa en décrivant une longue ligne onduleuse, et lorsqu'il fut à quelques pas, je me retirai vivement pour aller chercher un fusil, mais je ne pus retrouver mon dangereux visiteur. Décidément le refuge que j'avais choisi présentait de graves inconvénients et je dus me contenter du maigre ombrage d'un karité chétif. La soirée vint enfin nous apporter quelque fraîcheur, et une bonne nuit nous fit bientôt oublier cette journée désagréable.

Le lendemain, 5 mai, nous arrivâmes d'assez bonne heure à Koumakhana. La route n'avait rien présenté de particulier ; après la plaine, uniformément boisée, nous avions atteint une région plus accidentée, et, peu après, le gracieux vallon où est situé le village.

Le tata est construit sur une pente découverte, dont le pied est occupé par une suite de mares entourées d'un cordon de beaux arbres touffus. Au nord du village, terminant brusquement les monts du Manding, se dresse une haute montagne conique que nous apercevions depuis la veille. Ce pic, le plus élevé de la chaîne, n'a pas moins de trois cent cinquante mètres au-dessus des environs. Ses flancs abrupts et profondément ravinés prêtent peu à une ascension ; néanmoins nous l'aurions tentée si le temps ne nous eût fait défaut, car on doit avoir, de ce sommet, une vue assez étendue pour apprécier d'une façon très précise la conformation générale assez singulière du système orographique de la contrée.

Le chef de Koumakhana, étant très malade, ne put nous recevoir. Le pauvre vieillard était, paraît-il, atteint d'une violente diarrhée qui le retenait dans sa case depuis plusieurs mois ; personne, parmi les sorciers du pays, ne parvenait à le guérir. Espérant qu'un blanc serait plus heureux, il me fit demander un remède. Malheureusement je n'avais dans ma pharmacie que de la quinine, de la rhubarbe et de l'ipéca ! Mais le bonhomme, à défaut de médicament, voulait goûter à ce que je buvais, prétendant qu'il en résulterait le plus grand bien pour sa santé ; or c'était du rhum.

Je lui en envoyai aussitôt un demi-litre et on me dit que, loin de le mélanger d'eau comme je le lui avais conseillé, il en avait vidé une bonne partie pure, en s'exclamant sur l'excellence de cette liqueur inconnue dans son pays.

Le village est construit sur des gisements aurifères importants, et le travail des mines constitue toute la fortune des habitants. Ces mines se composent de petits puits, de quatre-vingts centimètres à un mètre de diamètre et profonds de deux à cinq mètres, que l'on a disposés en quinconces, à quelques mètres les uns des autres et souvent reliés par des galeries souterraines. Ce travail s'exécute à l'aide d'un pic à main. Arrivés à une certaine profondeur, les ouvriers retirent les déblais au moyen de calebasses tirées par des cordes et, afin de se faciliter la descente, ils réservent sur les parois des trous pour placer les pieds et les mains.

Ces puits, après avoir traversé une couche d'une sorte de grès roussâtre, rencontrent de l'argile, puis, au-dessous, du sable mêlé de quartz, quelquefois même un véritable gravier.

Ce dernier terrain contient le précieux métal que l'on retire généralement sous forme de poudre et aussi, bien que plus rarement, en petits lingots de la valeur d'un demi-gros. Le voisinage des mares donne toute facilité pour les lavages. Ce travail délicat est confié à des femmes, qui suppléent par le soin qu'elles apportent à l'opération, aux moyens grossiers et insuffisants dont elles disposent. Leur matériel se compose de calebasses et de pots en terre. La terre aurifère, extraite de la mine, est mise dans des calebasses jusqu'à mi-hauteur ; on achève ensuite de remplir ces récipients avec de l'eau claire. Les ouvrières, rompues à cet exercice, impriment alors un mouvement circulaire aux calebasses, et bientôt, l'argile étant bien délayée, il ne reste au fond du vase que l'or et le quartz. L'eau terreuse ainsi obtenue, pouvant contenir encore quelques parcelles de métal, est versée dans les pots en terre pour subir un deuxième lavage ; les premiers dépôts d'or sont également lavés de nouveau avant d'être livrés aux forgerons ou aux commerçants. J'aurais désiré connaître comment l'or était ensuite purifié et mis en lingots ; mais les ouvriers de Koumakhana, fort ombrageux, refusèrent de nous donner toute indication. Les mineurs interrompent leur travail au moment des cultures et pendant l'hivernage ; mais ils recueillent encore quelques faibles quantités d'or par le singulier procédé suivant. Ils placent au fond des puits, dans les galeries et dans les lits de certains ruisseaux, des os de bœufs ou d'autres gros animaux et des roseaux évidés à l'intérieur. Les terres délayées par les pluies torrentielles de la saison passent à travers ces herbes en y déposant souvent des parcelles ou de petits grains du précieux métal.

Dans la journée, un Dioula ayant déjà fréquenté les escales du Sénégal vint m'offrir de la poudre à acheter. Dans le désir de connaître les conditions de ces sortes de marchés, je lui en demandai pour cinq francs. Notre commerçant sortit gravement de son boubou une très petite balance de fabrication européenne; le fléau tout rouillé ne fonctionnait plus et les plateaux étaient supportés par des grosses ficelles. Cet appareil était bien imparfait pour des pesages aussi délicats; mais le rusé Sarracolet avait ses raisons pour le préférer à tout autre. Il prit de la poudre d'or dans un étui en roseau, la versa dans l'un des plateaux et mit de l'autre côté une

Négresses employées au lavage de l'or.

petite pierre ronde représentant le poids d'un gros. Il éleva la balance en l'air pour montrer qu'il ne cherchait pas à tromper et lui imprima de petites secousses afin de faire osciller le fléau; mais celui-ci résista à ces impulsions et demeura obstinément horizontal malgré la faible quantité d'or contenue dans le plateau. Le Dioula n'en conclut pas moins avec le plus grand sérieux que le poids était fait.

C'était trop d'audace; aussi je lui reprochai vertement la façon déloyale dont il entendait les transactions. Le hardi coquin, loin de se laisser intimider par mes discours, dit tranquillement que, puisque le marché me semblait mauvais, je pouvais prendre le tout pour un franc. Cet honnête industriel n'avait voulu me voler que quatre francs!

Vers le soir, il y eut dans le village une grande fête. Un jeune homme était parti depuis trois ans pour le *Toubaboudougou* (le Sénégal), et sa vieille mère restée sans nouvelles n'osait plus espérer son retour. Cependant, chaque jour elle parlait de lui et faisait le serment que si elle avait le bonheur de le revoir encore avant de mourir, il y aurait réjouissance pour tous les voisins.

Cet heureux événement s'était enfin réalisé. Son fils lui était revenu bien vêtu et muni d'une foule d'objets rares, en usage chez les blancs; aussi les griots avaient été convoqués et toute la population dansait aux sons joyeux des tam-tams.

A Koumakhana, nous eûmes encore à souffrir des premières atteintes de l'hivernage. Pendant la nuit, un violent orage s'abattit sur le village et, comme nous étions sans abri, une pluie torrentielle nous trempa jusqu'aux os. Cette circonstance nous engagea à accélérer la marche en forçant de plus en plus les étapes et en adoptant les routes les plus directes. Aussi, malgré les avertissements et les conseils que Mambi nous avait donnés à Niagassola, il fallut renoncer au grand détour de Kangaba et nous rabattre sur Naréna. D'ailleurs, tous les renseignements recueillis s'accordaient à dire que la sécurité était très précaire sur les deux routes et que les commerçants les évitaient avec le même soin.

CHAPITRE XVI

EXPLORATION DU LIEUTENANT VALLIÈRE (SUITE).

Bivouac au village de Naréna. — Le commerce de captifs dans le Haut-Niger. — Le Mana-Oulé et les roches de Tabou. — Incidents au village de Sibi. — Le Komou. — Arrivée à Nafadié et à Bammako. — Renseignements sur le Manding. — Importance sur la vallée du Bakhoy comme voie de communication entre le Sénégal et le Niger.

En quittant Koumakhana, nous espérions atteindre le matin même le bassin du Niger, et il nous tardait de rencontrer le premier cours d'eau se jetant dans ce fleuve.

Le pic de Koumakhana termine, avons-nous dit, les monts du Manding, dont la chaîne remonte vers le nord; au sud, une région très accidentée, présentant de loin en loin quelques cimes rocheuses, mais en général plus basse que les monts précédents, se continue derrière Kangaba, allant vers le Bouré.

Entre ces deux systèmes de hauteurs serpente un passage assez étroit, dont la pente légèrement ascendante est gravie par la route de Naréna. Cette sorte de col, auquel nous avons donné le nom de Sana Morella en raison des ruines qui en occupent le centre, constitue la voie naturelle à suivre pour passer d'un bassin dans l'autre. Nous avancions vite et avec l'impatience de dépasser enfin la ligne de partage des eaux des deux fleuves. A chaque ruisseau ou filet d'eau, je demandais au guide de quel côté se déversait le courant. Arrivés à une grande hauteur, il fallut traverser un véritable lac nommé le Kafakô. Un homme du pays nous apprit que cette vaste nappe d'eau servait de réservoir au ruisseau de Koumakhana et se reliait également aux petites mares de Naréna. Ce dernier village se trouvait donc encore dans le bassin du Sénégal, contrairement aux indications de la carte de notre compatriote Mage, qui d'ailleurs n'avait pas visité ces régions.

Vers neuf heures, nous débouchions sur un grand plateau découvert et presque horizontal, limité au nord par les monts du Manding, tandis que vers l'est et le sud il semblait commander toute la contrée. Nous étions parvenus au faîte des hauteurs qui séparent les eaux des deux grands fleuves.

Ce plateau présente quelques étangs peu profonds en saison sèche; mais à la suite des pluies exceptionnelles ils s'emplissent, débordent et se déversent, dit-on, aussi bien vers le Niger que du côté du Sénégal.

Naréna nous apparut bientôt avec ses deux immenses enceintes comme un village très important. Les rapports des indigènes en faisant un lieu peu hospitalier, je me hâtai de voir le chef, afin de le gagner par quelques menus présents; mais je reçus l'accueil le plus désagréable. Au moment où, conformément à l'usage que je croyais universel dans le Soudan, je lui tendais la main, il me tourna brusquement le dos en disant « que ces manières étaient celles des gens de Ségou et qu'il ne les aimait pas ». Manière de Ségou ou non, je fus absolument indisposé de l'attitude grossière de ce singulier personnage et rejoignis mes hommes. Le campement était déjà établi sous un figuier colossal, donnant une ombre épaisse; même en cas d'orage, nous pouvions y trouver un abri. Je m'y installai à mon tour, attendant, non sans colère, les représentations du chef.

Cet individu peu hospitalier porte le nom de Bandiougou et se donne pour un adversaire déclaré des Toucouleurs. Son village, de huit cents habitants environ, a beaucoup souffert du passage des armées musulmanes et contient un assez grand nombre de réfugiés du Fouladougou, qui entretiennent la haine contre les anciens envahisseurs.

Bandiougou ne tarda pas à faire appeler Sori; il désirait, disait-il, s'expliquer. J'appris bientôt que notre hôte regrettait sa sortie. « Il ne pensait pas avoir affaire à un homme de qualité et m'avait pris pour un ami des Toucouleurs. Pour éviter toute méprise, j'aurais dû, dès la veille, lui envoyer un courrier. Je devais savoir que Naréna était le village le plus ancien du Manding et que tous ses habitants avaient une origine noble. Ces raisons auraient dû m'engager à ne pas arriver aussi inopinément comme dans la première localité venue.

Je fis répondre à ce sot orgueilleux que j'avais déjà oublié la mauvaise réception et que je passerais chez lui la journée et la nuit; mais, contre mon habitude, je m'abstins de lui envoyer le moindre présent.

La journée fut assez ennuyeuse; il fallut se défendre à chaque instant contre les obsessions d'une foule très importune. Les femmes se faisaient remarquer par leur acharnement; elles montraient nos ballots à leurs maris en les invitant à me demander quelque belle chose pour elles. Nul doute que ces trop coquettes personnes n'eussent poussé volontiers au pillage de mon modeste convoi, dans l'unique espoir d'y trouver quelques parures.

Les enfants, plus audacieux encore, soulevaient les couvercles des cantines et y plongeaient les mains; mon tirailleur dut, à plusieurs reprises, leur infliger de sévères corrections. Cependant un jeune homme du village cherchait à nous être utile, disant à la foule qu'on se conduisait mal à notre égard; il avait voyagé jusqu'à Sierra-Leone et les blancs respectaient toujours les étrangers. Je voulus le récompenser de sa louable intervention en lui donnant, sur sa demande, un peu de rhum à boire. Ce fut là une fâcheuse idée, car aussitôt tous les individus présents, désireux de montrer qu'ils n'étaient pas musulmans, voulurent en goûter à leur tour; heureusement, les premiers trouvèrent la liqueur trop forte et effrayèrent les suivants par leurs horribles grimaces.

Une caravane de captifs vint dans l'après-midi camper auprès de nous. Le chef dioula chercha aussitôt à gagner mes bonnes grâces en m'offrant des colas. Son but était de voyager en notre compagnie. Il m'expliqua que la route de Naréna lui était fort avantageuse, mais qu'il ne la prenait jamais dans la crainte des pillages; cependant il s'y était engagé volontiers sur mes talons, comptant sur ma protection pour le préserver de tout malheur. Je lui observai que je n'étais guère en mesure de le protéger dans une contrée où les Français semblaient être inconnus, mais qu'après tout il pouvait nous suivre en promettant de se bien conduire. C'était tout ce qu'il demandait : aussi il remercia chaudement et nous promit toutes sortes de douceurs à notre arrivée à Ségou. Tout en écoutant ce Dioula, je ne pouvais m'empêcher de jeter un œil de commisération sur le hideux convoi qui le suivait. Les malheureux captifs, comprenant surtout des femmes et des enfants, se traînaient péniblement, attachés les uns aux autres; tandis que deux ou trois indigènes, qui semblaient les domestiques du Dioula, couraient le long de la caravane, frappant avec de longs fouets les pauvres gens qu'ils étaient chargés de conduire. Quand donc cette odieuse plaie disparaîtra-t-elle de l'Afrique?

Je m'étais trompé en disant que nous étions inconnus dans cette région reculée, car, peu après, plusieurs hommes d'un certain âge vinrent me poser l'étrange question suivante. Pouvaient-ils espérer trouver des terrains auprès de notre nouveau poste de Bafoulabé, et dans ce cas les traitants viendraient-ils acheter leurs arachides? J'en profitai pour leur dire qu'ils trouveraient à Bafoulabé, comme sur tous les points où s'étendait l'influence française, aide et protection pour se livrer à l'agriculture ou au commerce.

Vers le soir, les guides de Niagassola vinrent me trouver pour me déclarer qu'ils ne pouvaient dépasser Naréna sans courir les plus grands risques; de même Moussa, l'homme de l'almamy, n'osait se hasarder plus loin. Notre embarras devint extrême, car aucun habitant ne voulait nous guider vers les villages mal famés du Niger.

Enfin un individu, alléché par l'appât d'une forte récompense, promit de nous conduire, en nous recommandant le secret jusqu'au départ. Cette difficulté de trouver des guides a pour cause les mauvais rapports que les villages mandings ont entre eux; il est rare de rencontrer deux voisins qui ne soient en guerre pour le motif le plus futile. Ces divisions regrettables renaissent à chaque instant. Deux particuliers de localités différentes ont-ils un procès, chacun d'eux rassemble ses partisans, et le différend se règle à coups de fusil. La guerre devient alors générale et dure souvent plusieurs années. Ces luttes continuelles affaiblissent le pays et sont l'obstacle le plus sérieux à la marche des voyageurs et des commerçants. En effet, les villages où ils séjournent entrent en méfiance dès qu'il est question de se rendre aux villages voisins, avec lesquels ils sont le plus souvent en hostilité.

Avant de quitter pour toujours la région du Bakhoy, si intéressante au point de vue des intérêts futurs de la France, nous donnerons une idée succincte de sa configuration générale.

La rivière est formée de deux cours d'eau principaux. Le premier, sous le nom d'Ouandan, prend sa source dans la mare de Saréani, derrière le Bouré; le second, que les indigènes appellent Koro-Koro, vient de Kéniéba, entre Kangaba et Koumakhana. Ils se réunissent, après un parcours à peu près égal, au Bafoulabé (confluent), situé vis-à-vis de Mourgoula et à 15 kilomètres environ à l'ouest de cette forteresse. Le Bakhoy continue ensuite vers Kita en creusant, comme ses deux affluents, un lit profond au milieu d'une plaine alluvionnaire de 5 à 10 kilomètres de largeur. Cette plaine, bornée, sur la rive gauche du cours d'eau, par les massifs du Gaugarau et du Gadougou et, sur la rive droite, par les monts du Manding et le plateau de Mourgoula, constitue ainsi une belle vallée très fertile, qu'il est fort regrettable de ne pas savoir plus peuplée. Si la colonie du Sénégal veut persister dans ses efforts vers les régions commerciales et aurifères du Haut-Niger, elle trouvera par la vallée du Bakhoy une voie facile pour se transporter de Kita à Niagassola, d'où elle pourra à son gré gagner Ségou par Koumakhana et le col de Sana Morella; Kangaba par Kéniéba, ou, enfin, le Ouassoulou par le Bidiga et Dialakoro. Nous ne pensons pas qu'il existe pour la construction de voies de communication des itinéraires plus directs et moins dispendieux, atteignant les contrées reculées que nous venons d'indiquer.

Le lendemain matin, au moment de nous mettre en selle, un homme de Bandiougou vint me demander au nom de son maître. Je lui expédiai l'interprète, qui revint bientôt en disant que ma froideur avait peiné ce chef; il s'était plaint aussi de notre brusque départ. Au fond, tout ce qu'il regrettait, c'était le cadeau qu'il avait attendu vainement depuis la veille. Sori ajouta que Bandiougou l'avait prié de me conseiller de dire le plus grand bien des gens de son village au roi de Ségou. Ce propos n'était guère d'accord avec ceux qu'il avait tenus tout d'abord; mais il ne me surprit pas beaucoup, car je connaissais depuis longtemps l'extrême versatilité des nègres de la Sénégambie.

Pendant la marche du lendemain, j'éprouvai la même impatience que la veille de rencontrer enfin un affluent du Niger. J'eus bientôt cette satisfaction; une heure après Naréna, nous arrivions sur les bords de la charmante rivière d'Amarakoba, dont les eaux argentées se dirigeaient, à travers les roches, vers la vallée du grand fleuve.

Le plateau de Naréna continue après le village, et reste à peu près horizontal pendant quelques kilomètres; puis il s'incline vers l'est et descend en terrasses successives jusqu'au fond de la vallée du Djoliba, dont il constitue le versant occidental. Quant aux monts du Manding, après avoir décrit un grand arc de cercle vers le nord, ils se replient à l'est et viennent former un promontoire vers Tabou. Nous apercevions au loin, devant nous, la roche terminale de cette pointe, dressant verticalement ses assises de grès. Les indigènes, en raison de sa teinte générale, l'ont nommée Mana-Oulé ou Falaise rouge. La région que nous parcourions est devenue un désert depuis les guerres furieuses des Musulmans et des Malinkés. A chaque pas, nous rencontrions des traces d'une ancienne et nombreuse population; à Samba Fida notamment il fallut traverser des ruines très étendues. Non loin de cet ancien village, notre attention fut encore attirée par la vue de tas de pierres disposées d'une façon régulière; c'était, paraît-il, un ancien champ de bataille où une armée manding avait succombé, et ces sortes de tumulus avaient été élevés à la mémoire des guerriers morts pendant l'action. Les pentes du plateau de Naréna allaient en s'accentuant de plus en plus; enfin, après avoir traversé une magnifique futaie, nous arrivâmes au bord du Nianinko, petit cours d'eau presque à sec en saison sèche. Ne pouvant atteindre d'autre campement connu avant une heure très avancée, il fallait s'arrêter.

Un instant après, la forêt, si calme avant notre arrivée, était pleine d'animation et de bruit. La caravane de captifs qui nous suivait se composait surtout d'enfants et de jeunes gens; ces malheureux, absolument inconscients de leur triste situation, sautaient, gambadaient, se baignaient dans la rivière, poursuivant les poissons ou les insectes, en poussant mille cris joyeux.

Je mis à profit notre paisible séjour dans cette solitude pour causer longuement avec le chef de la caravane sur les détails de sa détestable industrie. D'où sortaient donc ces files d'esclaves qui, après avoir sillonné toutes les routes du Soudan, allaient alimenter les marchés du Bas-Niger ou étaient vendus aux Maures du Sahara et dans les escales des fleuves de la côte?

Le Dioula m'apprit que les pays à esclaves embrassent l'immense région, encore peu connue, comprise entre les premiers affluents du Niger. Ces contrées extrêmement barbares sont proportionnellement plus peuplées que celles du reste du Soudan occidental. Le Ouassoulou notamment passe pour avoir une population des plus denses. Pour exprimer jusqu'à quel point les villages sont rapprochés, les indigènes disent que « le roi peut, sans sortir de sa capitale, transmettre ses ordres, de voix en voix, jusqu'aux extrémités de son immense empire ». Les habitants sont un mélange de Bambaras et de Peuls métis, qui se font, sans distinction de nationalité, une guerre perpétuelle. Le seul objet de ces combats incessants est de s'enlever réciproquement des femmes, des jeunes hommes et des enfants, pour aller les vendre ensuite sur les marchés renommés du Tengrela, Dialakoro, Kankan, Kéniéra, etc. Ces moyens de s'enrichir sont si bien rentrés dans les mœurs qu'on les voit employés par toutes les classes de la société. Les chefs, pour renouveler leurs provisions de fusils et de poudre et s'acheter de beaux ornements, vendent leurs propres sujets. Lorsque les villages ont terminé les récoltes, les jeunes gens se réunissent en bandes armées et vont chez les voisins chercher à « gagner un peu de bien ». Dans les moments de disette, les faits deviennent plus monstrueux; ce sont alors les pères de famille qui, pour améliorer leur situation, conduisent sur les marchés leurs propres enfants.

Enfin, pour compléter ce lamentable tableau, le Dioula m'avoua avoir acheté l'une des petites filles de sa caravane à son frère; celui-ci l'avait traîtreusement éloignée de la case paternelle pour la vendre ensuite à vil prix. Les peuplades qui se font ainsi les pourvoyeuses de chair humaine sont loin cependant de vivre sur un sol ingrat. Indépendamment de la fertilité réelle des terrains, elles ont des mines d'or plus abondantes encore que celles du Bouré et du Bambouk. On ne peut donc accuser que leur état sauvage et le principe même de l'esclavage admis malheureusement par tous les peuples africains; si les acheteurs ne foisonnaient pas dans le marché du Haut-Niger, le trafic honteux cesserait lui-même.

Les profits retirés du commerce des esclaves sont considérables. Voici comment opèrent les Dioulas. Les uns partent de nos escales du Haut-Sénégal ou de la Gambie avec de la guinée, pour se rendre dans le Kerigui, vers Nioro; là ils achètent aux Maures le sel du Sahara. Dans les moments d'abondance, ils obtiennent trois *bafals*[1] (barres) de sel pour deux pièces de guinée. Ils montent ensuite par Kita et Niagassola vers les marchés du Haut-Niger; en général ils s'arrêtent à Kéniéra, le point le mieux alimenté de captifs; il paraît qu'on y rencontre, dans les périodes de guerre, plusieurs milliers de ces malheureux. A Kéniéra, chaque barre de sel vaut un captif. On voit par cet exposé que deux pièces de guinée, d'une valeur moyenne de vingt-cinq francs, procurent aux commerçants trois créatures humaines, dont la vente produira, au retour, six à huit cents francs. Si le Dioula poursuit sa route jusqu'à Dialakrou, il pourra avoir encore des esclaves à meilleur compte; toutefois ce dernier marché, situé au centre du Ouassoulou, est surtout renommé pour son commerce d'or, et l'on y vend la barre de sel jusqu'à sept gros.

Ainsi les deux mêmes pièces de guinée représentent à Dialakrou vingt et un gros d'or, qui seront vendus dans les escales européennes deux cents francs. Mon interlocuteur me faisait alors ressortir que, sans la mortalité et les risques courus par les caravanes pendant la traversée de certains pays pillards, le commerce des esclaves serait de beaucoup plus avantageux que celui de l'or.

Les autres Dioulas qui exploitent les mêmes contrées opèrent d'une façon analogue, mais en employant d'autres moyens d'échange et en suivant un autre itinéraire.

Ceux-ci passent par le Niocolo, le Fouta-Djalon, vont dans les rivières du sud, françaises et anglaises, acheter à très bon marché des fusils et de la poudre, et débouchent ensuite sur le Haut-Niger derrière Timbo. Les premiers marchés du Sankaran, actuellement bondés des victimes du farouche Samory, terrible chef de bande qui vient de dévaster le Baleya et le Dioumo, donnent les mêmes bénéfices que nous avons indiqués pour Kéniéra. Tout fusil d'une valeur de quinze francs vaut un captif! Cependant un grand nombre des marchands sarracolets continuent leur route sur Tengrela, pour y acheter des colas[2] à bon compte; ils reviennent ensuite par Dialakrou, le

---

1. Un *bafal* ou barre de sel pèse environ quinze kilogrammes.
2. Sorte de fruit amer et excitant, dont on fait un grand commerce dans ces régions.

Bouré et le Bambouk, où ils échangent avantageusement leurs colas contre de l'or.

Toutes ces transactions sont faites presque exclusivement par des Soninkés ou Sarracolets, individus très actifs et possédant au plus haut degré l'instinct du négoce. Leur commerce est loin de se faire en toute sécurité ; ils sont souvent obligés de se glisser à travers des pays en guerre, où ce n'est qu'à force de ruses qu'ils parviennent à sauver leurs marchandises.

Dans les contrées où règne la paix, les conditions ne sont guère meilleures, car ils ont alors à satisfaire les exigences de certains chefs qui leur font payer de fortes redevances.

Les roches de Nienkéma.

Malgré ces nombreux obstacles, ils poursuivent avec ténacité leurs opérations, et quelques-uns arrivent à une fortune relativement considérable.

J'essayai de persuader à celui qui me donnait ces renseignements combien le commerce des esclaves était condamnable et tout ce qu'il y avait d'odieux à traiter ses semblables comme un simple bétail. Mais je n'obtins de mon interlocuteur que de la surprise ; je crois même qu'il douta un instant de ma raison.

Le lendemain de très bonne heure, nous reprenions la route et, après une marche à travers les derniers gradins du plateau de Naréna, nous arrivions devant le Mana-Oulé. Ce singulier mouvement de terrain est composé d'une montagne présentant plusieurs murailles verticales successives et flanquée de deux sortes de tours rocheuses qui lui donnent l'aspect d'un gigantesque monument d'achitecture. Après avoir tourné le Mana-Oulé, la route passe au-dessous de Tabou, village peureusement réfugié dans les anfractuosités de roches énormes.

Village de Tabou.

Les habitants, extrêmement sauvages, s'enfuyaient en nous voyant et se réfugiaient derrière leurs cases. Un seul individu eut le courage de venir à notre rencontre et s'offrit à aller chercher le chef et tout ce que nous pouvions désirer. Ce hardi personnage avait, paraît-il, voyagé jusqu'à Sierra-Leone.

Plus loin, nous fûmes salués par les aboiements répétés de nombreux cynocéphales, qui venaient nous injurier jusque sur le chemin. A quelques centaines de mètres plus loin, nous passâmes devant Nienkéma, construit au pied d'un amas pittoresque de rochers ; on remarquait surtout deux obélisques très élevés, formés d'assises de grès superposées et allant en surplombant ; ils semblaient se tenir en équilibre comme par miracle et devoir s'écrouler d'un moment à l'autre sur le misérable village. Nous eûmes encore à admirer plusieurs montagnes très curieuses, dont les roches formaient des colonnades ou des portiques de l'effet le plus inattendu. Enfin, après le petit village de Kalassa, où plusieurs habitants crurent devoir prendre leur fusil en nous voyant, nous débouchâmes dans une plaine découverte.

Il était tard et nous avions hâte d'arriver à Sibi, point désigné pour l'étape. Ce village, nous disait-on, était au pied des montagnes que nous apercevions devant nous. Dans notre impatience, nous éperonnions nos montures rendues paresseuses par la chaleur et la fatigue, lorsque tout à coup notre guide s'arrêta en montrant les symptômes d'une grande frayeur, puis il tendit son oreille vers le village en réclamant le silence. Que se passait-il donc?

J'écoutai à mon tour et il me sembla, en effet, entendre des cris lointains poussés à de petits intervalles. Notre homme, en proie à une véritable épouvante, nous dit qu'il ne serait pas bon, aujourd'hui, d'aller au village, car ces cris annonçaient le Koumou. L'interprète ne savait m'expliquer de quoi il s'agissait ; il parlait de sorciers, de fêtes, de bêtise des Malinkés, etc. A la fin, impatienté, je poussai en avant, convaincu qu'il n'y avait là rien de sérieux. Mais Sori, les tirailleurs et les muletiers me suivirent seuls ; le guide et la caravane restaient immobiles, cloués par la crainte. A mesure que nous approchions de Sibi, les cris devenaient plus distincts ; c'étaient des voix jeunes et vieilles poussant de toute leur force une sorte de ouloulement plaintif que les échos de la montagne répétaient avec des vibrations d'orgue. Enfin, après avoir tourné un petit bosquet touffu, je me trouvai en face d'un jeune Mandingue accroupi, ayant devant lui une petite calebasse remplie de mil et un poulet, les pattes ficelées. Notre homme se dressa comme un ressort à notre aspect, jeta un cri prolongé et se mit à courir à nos côtés en faisant force gestes, dont la signification était de s'arrêter. Mais le soleil brûlait nos fronts et un magnifique fromager étendait une ombre opaque à la porte du village. Aucune puissance au monde n'aurait pu nous empêcher d'aller y chercher un refuge ; aussi le jeune homme avait beau multiplier ses signaux, nous n'en tenions nul compte.

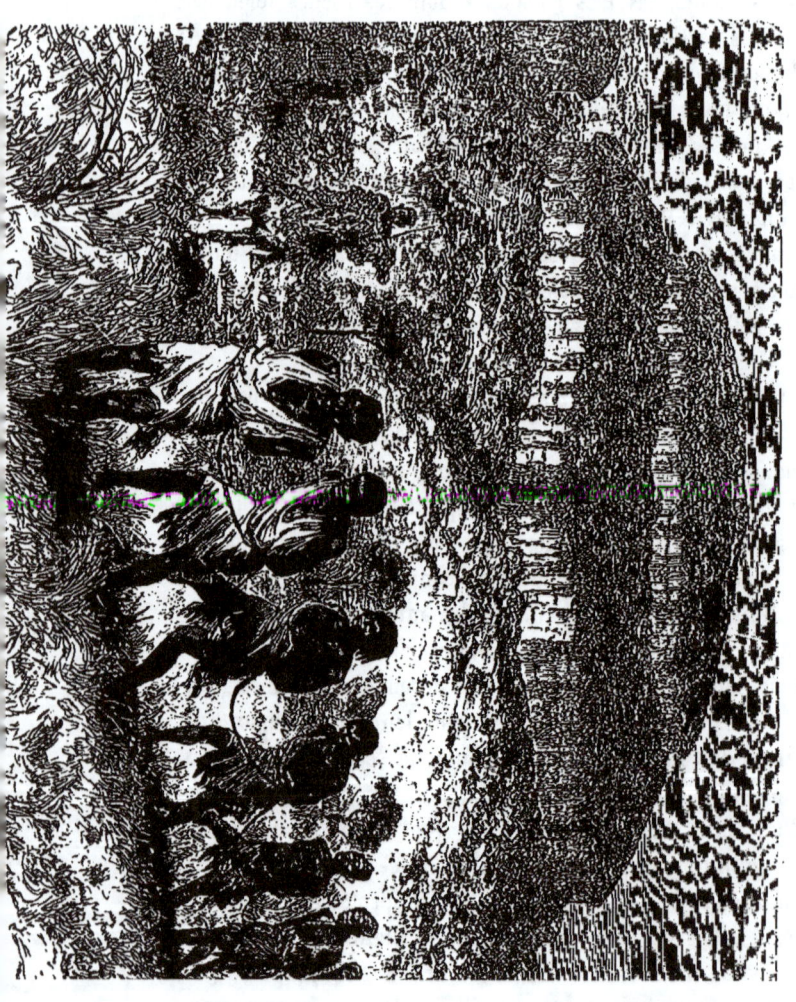

Cependant la prudence commandait de se préoccuper des choses nouvelles et singulières que nous rencontrions. En dédaignant les conseils du guide et les indices défavorables que nous constations, nous pouvions nous exposer à quelque danger très réel. A quoi ne doit-on pas s'attendre dans ces contrées sauvages? Jusqu'alors, il est vrai, nous avions été assez heureux dans notre voyage, mais c'était une raison de plus pour ne pas s'engager sottement dans quelque aventure périlleuse; en conséquence, j'envoyai tout de suite l'interprète auprès du chef du village.

Dès notre arrivée, les habitants se réunirent autour de nous, et à chaque instant l'affluence devenait plus considérable. Chose étrange, il ne venait ni femmes ni enfants, et en outre chaque individu tenait un jeune poulet et une calebasse de mil. Malgré cet extérieur pacifique, tous ces hommes jetaient sur nous des regards farouches et malveillants; il était visible que nous les gênions et que nous étions tout au moins des fâcheux. Nous ne pouvions cependant changer de campement; il eût fallu faire une nouvelle étape en plein midi, et ni les hommes ni les animaux n'étaient en état de reprendre la route.

Le temps passait et l'interprète ne revenait pas; les hommes de Sibi, vieillards et jeunes gens, se pressaient toujours plus nombreux autour du camp avec les mêmes signes d'hostilité! Nous les entendions se consulter bruyamment sur notre compte, et il était aisé de voir que, sans la surprise et la crainte superstitieuse que leur inspirait un homme blanc, nous aurions été vivement expulsés. Cependant, nous n'étions pas l'unique préoccupation de ces individus; ils semblaient animés d'une pensée supérieure encore à celle de notre arrivée. En effet, ils poussaient de loin en loin ces longs cris lugubres que nous avions déjà entendus, et de chaque point du village d'autres voix répondaient sur le même ton; les conversations se taisaient alors pendant un instant. Cette bizarre situation, la fatigue de la matinée, ces concerts lamentables et le retard incompréhensible de Sori commençaient à nous faire perdre patience, quand enfin ce dernier nous apparut essoufflé.

Le pauvre garçon avait eu des embarras nombreux : on avait voulu tout d'abord lui interdire l'entrée du village, mais il avait forcé la consigne et s'était porté rapidement vers la case du chef; là il s'était trouvé en face de trois vieillards aveugles et absolument momifiés par leur grand âge.

Comment se faire entendre?

Heureusement, d'autres personnages étant arrivés, l'interprète leur avait exposé son désir de passer la journée dans le village; une discussion orageuse s'était engagée, et enfin on avait décidé que le blanc serait reçu et que sa venue était même un événement de bon augure. Cette heureuse solution fut expliquée à la foule, et le cercle de plus en plus resserré qui nous entourait fut enfin élargi.

La cause de tant d'émoi était simplement la fête religieuse du « Koumou », qui précède les semailles. Les Mandingues comme les Bambaras du Haut-Niger sont fétichistes; chaque village a dans son voisinage un bouquet d'arbres vénérés où l'on ne peut pénétrer que par un étroit sentier embarrassé de branches épineuses. Là, dans l'ombre et le mystère, se tient le dieu terrible, maître des destinées du village et de ses habitants; selon son humeur, il distribue le bien ou le mal; c'est donc aux fidèles à le fléchir par des sacrifices qui lui soient agréables. Le village ne doit jamais se hasarder dans une entreprise sans consulter ses volontés. S'agit-il de faire la guerre : on immole dans le temple quelque jeune chèvre dont le sang est répandu sur les pierres consacrées, et à certains signes le sacrificateur reconnaît les décisions du fétiche. On marche alors au combat avec confiance, ou l'on renonce à toute attaque. De même, à l'époque des semailles, on sacrifie au dieu pour obtenir la bonne germination du grain; ensuite vient la fête qui doit assurer la maturité complète des récoltes, et enfin, les greniers étant bien remplis, une nouvelle visite au bois sacré vient donner l'assurance que les ennemis n'auront aucune part des moissons de l'année. L'influence de cet être tout-puissant s'étend également sur les simples particuliers, et les jeunes filles, désirant un bon mari, n'hésitent pas à aller déposer à l'entrée du temple des œufs, une poignée de mil ou toute autre offrande agréable au grand dispensateur de tous biens.

Le Koumou était donc la fête des semailles, l'une des plus solennelles de l'année. Dès le point du jour, les femmes et les enfants avaient été enfermés dans les cases, avec défense expresse de sortir. Malheur sur la curieuse ou l'imprudent qui verrait, même de loin, la cérémonie religieuse! sa mort dans l'année était certaine. Aucun profane, aucun étranger ne devait assister aux sacrifices.

La population masculine du village avait seule le droit d'aller et de venir, et depuis l'aurore jeunes et vieux poussaient vers le ciel ces cris lugubres que nous avions entendus, dans le but d'attirer le fétiche dans son bosquet.

On comprendra combien notre arrivée avait dû troubler une pareille solennité; mais les vieillards avaient trouvé dans le passage inopiné d'un blanc un fait tellement extraordinaire, qu'à leurs yeux le dieu devait y être pour quelque chose : « Songez, avait dit l'un d'eux, que ce blanc est le premier qui vient dans le pays, et remarquez en outre qu'au lieu d'arriver un jour ordinaire, il se présente en plein Koumou; l'intention du fétiche n'est-elle pas manifeste? » Et voilà comment la situation si menaçante du matin s'était enfin améliorée.

Afin de conserver ces bonnes dispositions des chefs, j'envoyai au premier d'entre eux un boubou en toile jaune, qui excita l'admiration générale; jamais pareil tissu n'avait été porté par un Mandingue de Sibi. Le vieillard reconnaissant s'empressa de faire remarquer à son entourage que sa bonne conduite à notre égard commençait à porter ses fruits et que ce Koumou serait certainement l'un des plus mémorables de son règne.

La malheureuse caravane des Dioulas était restée au delà du bois sacré et fort en peine en présence de toutes ces complications inattendues. Son chef vint me prier de le protéger et de le faire pénétrer dans l'enceinte du village. Je songeai alors aux pauvres enfants captifs souffrant de la soif et de la chaleur et je renvoyai de nouveau l'interprète auprès des chefs. Mais comment faire traverser les abords du lieu des sacrifices par des femmes et des enfants sans offenser le fétiche? Le fait était grave et pouvait soulever la population, indignée d'une pareille profanation. Enfin, un bonhomme avisé proposa de bander les yeux à toute la caravane et de la faire venir en courant jusque dans le tata. Cette idée ingénieuse obtint tous les suffrages; en conséquence, les captifs furent placés l'un derrière l'autre, la tête enveloppée d'un lambeau de guinée, et toute la file guidée par le chef se dirigea à la course vers la porte du tata, que l'on ferma derrière eux. Ces mesures de précaution ne parvinrent pas à satisfaire quelques fanatiques, qui proclamèrent avec véhémence que tous ces accommodements avec la rigueur du cérémonial ne produiraient rien de bon.

Le village de Sibi présente un aspect tout particulier; au lieu d'un tout compact, il se compose de plusieurs groupes de cases établis sur une seule ligne au pied d'un longue montagne à flancs presque verticaux. Cette disposition a été prise pour qu'au moment du danger chacun puisse rapidement se réfugier dans les rochers. Le village ainsi déserté serait inhabitable, car les fuyards ne manqueraient pas, du haut de leur retraite, de faire rouler sur les assaillants des blocs énormes qu'ils n'auraient qu'à pousser. Les habitants, au nombre de deux mille environ, sont, dit-on, assez unis; ils appartiennent à la tribu de Kamara, tribu de travailleurs, de forgerons et de chercheurs d'or.

Ils sont assez peu considérés parmi les autres Mandingues, qui se croient de meilleure origine et dédaignent leurs travaux; mais, énergiques et bien armés, ils restent indépendants et peu disposés à accepter un joug quelconque.

Les Toucouleurs trouvent à Sibi une hospitalité assez précaire, mais ils doivent renoncer à soumettre les habitants, qui se bornent à ne pas s'allier officiellement avec les révoltés du Bélédougou et de Bammako. L'organisation politique de ces fiers Mandings ne présente rien de particulier; comme toujours, le commandement nominal appartient aux plus vieux des chefs de famille, mais ce pouvoir est très précaire, et la plupart des résolutions graves intéressant le village sont prises en commun dans des palabres où tout homme libre peut se faire entendre.

La direction de l'opinion finit par échoir à quelque individu, beau parleur, réputé sage et bon guerrier; quant aux vieillards, ils restent alors vénérés mais impuissants.

Les marques d'hostilité des premiers moments avaient disparu et nous pouvions enfin compter sur un repos relatif.

La fête semblait absorber complètement la population, et de loin nous en observions les curieux détails. Vers midi, les cris avaient cessé et chaque individu, toujours porteur de sa calebasse de mil et de son poulet, s'était dirigé vers le bois sacré. Là des groupes s'étaient formés en silence, et à un signal donné ils avaient, tous à la fois, poussé une immense clameur. Puis, quelques vieillards, sans doute les grands prêtres, avaient pénétré dans le bosquet et commencé les sacrifices.

Il était impossible, à notre grand regret, de voir les détails de ces hécatombes de poulets, mais nous avions pour nous dédommager les manifestations extérieures des fidèles.

Vieillards et jeunes gens, en proie à un véritable délire, exécutaient la danse la plus animée et la plus burlesque; aucune règle, aucun ensemble ne présidait à ces exercices chorégraphiques; chacun se préoccupait surtout de faire le plus de contorsions possible. Ils continuèrent ainsi leurs extravagances pendant toute la durée de la cérémonie intérieure, sans prendre un instant de repos; plusieurs tombèrent essoufflés. Enfin, les grands prêtres, l'holocauste achevé, sortirent du bois sacré; il y eut une sorte de conciliabule, à la suite duquel chacun revint au village, sa calebasse vide à la main. Mais tout le monde reparut bientôt portant cette fois de grandes branches sèches et l'on reprit processionnellement le chemin du bois. A peine arrivée, la foule se plaça sur plusieurs rangs vis-à-vis de l'entrée, et chacun se mit à frapper violemment le sol en poussant de grands cris. Cette nouvelle cérémonie avait, paraît-il, pour objet

d'engager le fétiche à s'enfuir. Après quelque temps de ce violent exercice, on plaça un jeune homme en sentinelle devant le temple, et les groupes se dispersèrent.

Le calme le plus complet succéda à ces bruyantes manifestations, et nous pensions que la fête religieuse allait continuer par une soirée de recueillement et de paix, mais notre attente fut trompée.

Une heure s'était à peine écoulée que de toutes parts s'élevèrent des chants singuliers; les voix étaient traînantes, sans assurance et interrompues par de fréquents hoquets; on se serait cru auprès d'une multitude de cabarets remplis de buveurs avinés. Peu après, un certain nombre d'individus se montrèrent hors du tata, allant vers notre camp; ils s'avançaient en titubant, causant bruyamment, riant aux éclats et faisant mille gestes désordonnés; tous ces hommes étaient ivres. Voici ce qui s'était passé. Après la cérémonie religieuse, tous ces pieux personnages, réunis en petits cercles d'amis, avaient, conformément à la tradition, donné l'assaut à de grandes calebasses d'eau-de-vie de mil préparée pour cette grande solennité; le zèle de chacun s'était montré si grand qu'au bout d'une demi-heure à peine l'ivresse avait été générale.

D'après le programme antique de cette fête, d'abondantes libations devaient être suivies de danses, de luttes et de courses; or le lieu de ces réjouissances était précisément le bel arbre qui nous servait de tente. Aussi l'affluence autour de nous ne tarda pas à dépasser celle du matin.

Notre situation devenait des plus pénibles; tous ces hommes, avec l'acharnement particulier aux ivrognes, venaient au milieu de nous se livrer à tous les caprices de leur imagination délirante; les uns, désirant être aimables, saisissaient nos mains et les serraient avec force; d'autres se livraient à des gambades frénétiques; les derniers enfin, animés d'intentions moins pacifiques, auraient voulu nous chasser pour laisser le champ libre à leurs plaisirs.

Leurs importunités et leurs menaces devinrent telles, que l'exaspération finit par nous gagner, et mon tirailleur, saisissant l'un de nos persécuteurs, l'envoya rouler au loin; comme on le pense, l'effervescence ne fit que redoubler, et, à bout de patience, je saisis mon revolver en faisant dire par l'interprète que je tuerais le premier qui oserait porter la main sur l'un de nous. Cette menace et la vue de l'arme inconnue que j'avais au poing, provoquèrent un vif mouvement de recul, et un cercle plus large nous enveloppa.

Cependant cette atroce position ne pouvait continuer sans de réels dangers; de nouvelles calebasses d'eau-de-vie avaient été apportées, et nul ne pouvait prévoir les conséquences qu'entraînerait la surexcitation alcoolique de tous ces sauvages.

Je crus prudent d'envoyer demander l'intervention des chefs; un vieillard tout cassé et ivre lui-même vint à notre appel et bredouilla une manière de discours qui ne réussit qu'à soulever les clameurs d'une partie de ses auditeurs. Une sorte de furieux se leva, apostropha vivement l'orateur et finit par le frapper à la joue. Cette scène violente qui semblait devoir être le signal d'une rixe générale, fut au contraire une grande cause d'apaisement.

Le vieillard souffleté roulait de grosses larmes en proférant des paroles indignées que la colère étreignait dans sa gorge; bon nombre d'individus, à cette vue, s'étaient empressés autour de lui pour le soutenir et le consoler. L'auteur de cette lâche insulte étant un captif, personne ne voulut être son partisan; les fils du chef le saisirent, le lièrent et l'entraînèrent vers le village en le rouant de coups. Il y eut encore autour de nous quelques scènes tumultueuses, mais peu à peu la foule se dispersa par groupes dans la plaine pour se livrer à ses prétendus plaisirs.

Nous éprouvions enfin un véritable soulagement, et la nuit qui s'avançait nous promettait une délivrance complète; nos persécuteurs finissaient au loin leur orgie, se livraient à des combats singuliers que l'influence de l'alcool ne tardait pas à rendre peu pacifiques.

J'ai retenu surtout le spectacle lamentable de deux vieillards se roulant sur le sable dans le délire de l'ivresse la plus immonde.

Les deux ivrognes, après s'être reprochés mutuellement d'avoir bu l'eau-de-vie d'autrui, s'étaient rués l'un sur l'autre, s'enfonçant les ongles dans les chairs, et s'arrachant la barbe avec une bave sanglante sur les lèvres; c'était absolument hideux.

Enfin la nuit nous débarrassa de cette foule d'individus dangereux; ils s'enfermèrent dans leur tata, et longtemps encore on entendit leurs altercations et leurs chants.

Le lendemain matin, nous prenions sans regrets la route de Nafadié. Les Dioulas qui nous suivaient comme nos ombres étaient désolés; il paraît qu'à Sibi on leur avait volé une captive.

La route de Nafadié suit la muraille presque verticale des monts de Manding pendant assez longtemps, en laissant sur la droite la plaine alluvionnaire où coule le Niger. Le fleuve venant directement du sud a dû jadis venir se heurter à la base même des montagnes, dont la résistance lui a imprimé un brusque changement de direction vers l'est; on croit voir la trace de son ancien lit sur le trajet même de la route, car le terrain y est beaucoup plus bas que dans la plaine. Le Niger a donc coulé au pied des hauteurs, et ce n'est que peu à peu qu'il a reculé devant les dépôts alluvionnaires qu'il formait à la suite de ses crues annuelles. On trouve encore les indices de ce mouvement de recul vers le sud en examinant l'état de ses berges; celle du nord est en pente douce, et au moment de l'inondation

Le lieutenant Vallière à Sibi.

le fleuve s'y étale à l'aise, tandis que vers le sud elle est verticale et rongée à sa base. Toutefois, le fleuve ne pourra bientôt plus continuer ce travail d'érosion d'une part et d'atterrissement de l'autre, car il est presque parvenu à des collines rocheuses, situées en amont de Tourella, qui résisteront aux efforts de son courant.

On quitte les monts de Manding à Kamalia, village construit au pied des roches d'un grès de toute beauté. Cette localité, indiquée sur les cartes comme un point important, n'a pas plus de trois cents habitants, tous agriculteurs et d'allure humble et pacifique. Le chef Fali m'apprit que sa famille avait régné sur un plus grand nombre de sujets, mais un prince bambara avait mis le village à feu et à sang. Un peu plus tard, au moment où les ruines se repeuplaient, les musulmans étaient venus porter le dernier coup. Fali fut aimable et obligeant et me demanda à séjourner chez lui; mais, à mon grand regret, je devais refuser.

Nous arrivâmes de bonne heure en vue de Nafadié. N'allions-nous pas tomber encore dans quelque fête fétichiste? Heureusement, il n'en fut rien. Le bois sacré était désert et le plus grand silence régnait aux abords du tata.

A peine étions-nous installés, que le frère du chef vint nous rendre la visite que nous lui avions déjà faite; c'était un très gros homme, porteur d'une bonne face réjouie. L'arrivée d'un blanc dans son village l'avait bouleversé, il ne savait où donner de la tête; néanmoins il n'oublia pas les devoirs de l'hospitalité; il me donna un mouton et fit manger abondamment les hommes. Le soir, il crut devoir s'enivrer en notre honneur.

Nafadié peut avoir sept cents habitants, qui sont, vers l'est, les derniers Mandings de la vallée du Niger. Bandiougou, le chef, est de la même famille que les Mambi de Niagassola et de Kangaba. Comme ses parents, il déteste les Toucouleurs, qui ont tué son aïeul et dévasté son pays; mais la situation critique de son village l'oblige à beaucoup de réserve. Depuis quelques années, en effet, le roi de Ségou porte ses efforts le long de la rive droite du Niger, et il est déjà à hauteur de Kangaba; en outre, il a établi entre Tourella et Dialiba un passage, gardé par ces deux tatas, qui lui permet de déboucher à son gré sur la rive gauche. Nafadié devient ainsi le premier village non tributaire, exposé aux coups des Talibés. D'autre part, le voisinage de Bammako l'oblige à ne pas être en froideur avec les gens de ce marché, qui, en faisant appel aux Béléris, peuvent le ruiner. Bandiougou doit donc toujours être en défiance et veiller à ne se compromettre avec aucun des deux ennemis.

Un homme du village vint nous dire que la veille, à Bammako, il avait vu un blanc. Cette nouvelle nous remplit de joie, car ce ne pouvait être que l'un des officiers de la mission, détaché en éclaireur; nous allions donc nous trouver prochainement réunis à ce marché célèbre, but de nos efforts et de nos fatigues. Je demandai à cet individu des renseignements sur Bammako, et comme toujours il en fit une grande et belle ville, dont les habitants principaux étaient de très riches commerçants. Cette riante perspective d'en finir avec les solitudes et les tristes villages du Manding nous rendait tout joyeux. Je m'empressai d'envoyer un courrier à nos amis pour les prévenir de notre heureuse arrivée.

Un jeune homme de taille gigantesque, d'aspect imposant et fort sauvage vint s'offrir comme guide vers Bammako; c'était un second frère du chef. Ayant voulu le féliciter sur sa remarquable stature, on me fit observer que dans le pays les compliments ayant trait à la beauté et aux autres avantages physiques étaient mal venus; on pensait qu'ils portaient malheur à ceux qui en étaient l'objet.

La journée s'écoula calme et paisible, sans autres ennuis que la curiosité un peu tracassière des femmes et des enfants.

Nous étions, au fond, très satisfaits de ce séjour, si différent de celui de Sibi, et je fis quelques libéralités au chef et à différentes personnes du village. Ces mêmes largesses nous valurent toutes sortes de manifestations flatteuses; les femmes, notamment, s'agenouillaient et plaçaient un coude en terre, en signe de remerciement.

Le lendemain, au point du jour, les Dioulas et le fils de Diango vinrent solennellement me faire leurs adieux. Ils exprimèrent toute leur reconnaissance de la protection que nous leur avions accordée et des attentions dont ils avaient été l'objet; ils exagérèrent considérablement les services rendus, car, après tout, nous les avions simplement autorisés à voyager en notre compagnie. Ils prirent ensuite la route de Dialiba pour passer rapidement sur la rive droite, et de là gagner Ségou en toute sécurité. J'étais loin de me douter alors que ce chemin deviendrait avant peu une voie de salut pour la mission.

Entre Nafadié et Bammako, la route se tient à peu près à égale distance des monts du Manding et du Niger. La plaine qu'elle traverse, large de 15 kilomètres environ, se rétrécit insensiblement jusqu'au dernier de ces villages, où elle n'a plus que 3 kilomètres à peine. Le sentier est bien frayé et la marche est facile; on ne rencontre que cinq petites rivières, d'un franchissement assez aisé.

La première de ces rivières, le Balanko, sert de frontière au Manding et au territoire de Bammako. Nous quittions enfin cette contrée fort intéressante, mais aussi fort sauvage, où nous avions fait, après tout, un bien meilleur voyage que nous ne l'avions espéré. Le Manding, dont nous n'avions visité que la partie nord-est, couvre les deux versants de la ligne de partage des eaux du Sénégal et du Niger dans la partie comprise entre le Bélédougou et le Bouré; il s'étend même sur la rive droite du dernier fleuve, à une distance qu'il nous est difficile de préciser. Sa situation géographique est excellente et lui promet un avenir prospère. Placé, d'une part, à cheval sur les routes qui relient les escales françaises du Sénégal et les pays maures avec les marchés du Haut-Niger; et, d'autre part, sur les rives du Soudan, destiné à mettre un jour en communication les peuples des sources avec Ségou, Sausandig et Tombouctou; placé dans des conditions si avantageuses, disons-nous, ce pays ne peut que grandir sous tous les rapports.

Actuellement le Manding est encore en souffrance; il se relève péniblement des ravages inévitables produits par l'invasion musulmane, et ce relèvement s'opère avec une extrême lenteur. Les causes de ce défaut d'élan vers une situation meilleure sont nombreuses, mais la principale est due à son déplorable état politique. La nation manding manque absolument d'unité, et il faudrait, sans doute, remonter bien loin dans son histoire pour la trouver constituée avec un gouvernement reconnu par tout le pays. Chaque village vit séparément avec son chef particulier et, bien que ces chefs appartiennent tous aux deux ou trois familles les plus illustres, ils n'ont, malgré ces liens de parenté, aucune solidarité d'intérêts. Ce défaut de cohésion entre gens de la même nation a déjà produit de bien mauvais effets, en les mettant à la merci des Toucouleurs alors que la résistance, avec plus d'union, eût pu être victorieuse. Cette dure leçon ne leur a pas profité, et ils sont aujourd'hui plus divisés que jamais. Les villages les plus voisins se jalousent et se détestent à l'égal de l'étranger. Si une alliance existe entre deux localités, elle est de courte durée, car il surgit toujours quelque différend qui, à défaut de tribunal suprême, se règle, comme nous l'avons déjà dit, à coups de fusil. Chose étrange! ces divisions profondes et l'isolement de chacun n'ont pas détruit l'ancien orgueil national : les Mandings parlent avec emphase des Keïta et des Kamara, dont ils descendent, et les citent comme les tribus les plus puissantes et les plus guerrières parmi les peuples malinkés.

Singulier patriotisme qui consiste à exalter le pays et à exécrer ses compatriotes!

Les longues guerres avec les Bambaras, puis avec les Toucouleurs ont, dit-on, réduit la population de moitié; on évalue à vingt mille le nombre des Mandings qui peuplent aujourd'hui les villages compris entre Niagassola et Kéniéra. Bien que cette situation soit meilleure que dans le Birgo, elle est encore bien triste, si l'on considère la vaste étendue de cette région et les ressources qu'elle peut fournir.

Au point de vue des richesses du pays, nous répéterons ce qui a été dit pour le Birgo. C'est le même terrain accidenté, boisé, fertile et bien arrosé; mais le Manding possède en outre des gisements aurifères dont l'importance ne pourra être fixée qu'après une reconnaissance géologique spéciale de la contrée. La présence, vers le sud, d'un fleuve comme le Niger est aussi une condition sérieuse de prospérité pour les habitants. On ne peut prévoir toutes les modifications économiques et sociales que cette grande artère commerciale causera un jour, mais on sait déjà que sur ces rives se pressent de gros villages dont quelques-uns, comme Kangaba, atteignent, dit-on, deux mille habitants !

Le Manding mérite de fixer l'attention des hommes animés de quelque sollicitude pour les intérêts futurs de la colonie du Sénégal; il y a là une nombreuse population dépourvue de vêtements et de tout ce qui est utile à la vie. Cette population encore bien ignorante et fort sauvage rendra peut-être l'œuvre civilisatrice pénible dans les commencements; mais, d'après les indices que nous avons pu recueillir sur divers points, elle n'est pas réfractaire à toute idée de progrès et de travail. On peut donc prédire qu'avec le calme politique elle saura trouver dans son sol et avec son industrie les moyens d'échange contre les produits manufacturés d'Europe.

Le Balankô franchi, nous marchions débarrassés de tous soucis et avec la hâte de gens qui ont le prochain espoir de voir finir leurs fatigues et de retrouver des amis. Vers dix heures il fallut faire halte sur les bords du Kotoubadinta, petite rivière assez ombragée. La chaleur était excessive et nous n'eûmes pour nous abriter que l'ombre assez chétive d'un gigantesque baobab; néamoins, nous reprîmes la marche à trois heures du soir. Le Samankoba fut traversé, et vers cinq heures et demie nous étions au Kodialani, où nous passâmes la nuit. Nous avions fait plus de 30 kilomètres dans la journée; aussi tout le monde était exténué.

Le lendemain de bonne heure nous partions pour Bammako. Les hommes, pensant à leurs camarades, devisaient gaiement et se promettaient de joyeuses soirées avec des récits interminables sur les aventures réciproques. Tout en subissant, comme eux, cette heureuse influence du retour, un fait étrange me préoccupait. D'après les versions de tous les indigènes que nous avions interrogés, nous allions atteindre une grande ville, ayant un mouvement commercial important, et cependant le désert se continuait; nous cheminions sous une belle forêt, sur une terre des plus fertiles, et sans que nul être humain se montrât. Les abords d'une ville et surtout d'un marché présentent généralement de l'animation; les chemins sont suivis par des gens affairés qui vont et viennent avec des marchandises à vendre ou à acheter; or ici rien : la solitude la plus profonde nous entourait. On me parlait bien de guerres avec les Toucouleurs, qui rendaient les gens de Bammako très circonspects, mais cela n'expliquait pas suffisamment ce manque absolu de vie.

Enfin, après avoir franchi le Ouéyokò et un autre petit ruisseau, nous arrivâmes tout à coup devant une immense surface découverte, à l'extrémité de laquelle s'allongeait la grande muraille d'un tata : c'était Bammako. Nous pouvions distinguer la porte et un très gros arbre placé devant, mais c'est en vain que du regard nous cherchions un habitant ; on se serait cru devant une cité déserte. J'aperçus enfin deux individus se rendant à leur champ et dont l'extérieur contrastait beaucoup avec l'idée qu'on peut se faire d'un paisible cultivateur ou d'un inoffensif commerçant. Ces hommes avaient fusil, cartouchière, poire à poudre, couteau, en un mot tout ce qui constitue l'armement d'un Soudanien entrant en campagne.

Les gens qui passent leur vie dans les marchés ont ordinairement l'aspect moins belliqueux. Une autre question se posait naturellement. Où était la mission? Avec son nombreux personnel elle aurait certainement donné la vie à ce désert ; malgré moi je sentais insensiblement la surprise se changer en un vif sentiment de crainte. Je m'élançai au galop vers la porte de cette ville muette ; mais un indigène m'en interdit l'entrée avec des gestes mystérieux. Je restais tout anxieux de cette singulière réception, lorsque enfin la vue de Pietri me rasséréna. En quelques mots je fus mis au courant de la situation ; Bammako était simplement un gros village, ruiné par la guerre et sans mouvement commercial sérieux ; quant à nos compagnons, ils étaient encore en arrière, et depuis plusieurs jours on n'avait aucune communication avec eux. Des bruits d'attaque projetée avaient couru, mais la façon amicale dont Pietri avait été reçu partout laissait bon espoir. Ces nouvelles étaient bien loin de ce que nous avions espéré, et vers le soir, aucun signe de vie de nos camarades ne nous étant parvenu, je fus saisi d'une angoisse involontaire. Hélas ! ces tristes pressentiments n'étaient que trop justifiés ; le lendemain matin nous apprenions le malheur épouvantable qui venait de fondre sur la mission.

CHAPITRE XVII

Passage du Niger. — Aspect de ce grand fleuve. — La mission pénètre dans les États d'Ahmadou. Accueil sympathique fait au village de Tourella. — Séjour à Tadiana. — Route le long de la rive droite du Niger. — Enterrement bambara. — Effets de la domination toucouleur. — Les vivres manquent. — Les Peuls de Ségou. — Inquiétudes sur la réception que nous fera Ahmadou. — Séjour à Niansonnah. — Arrivée à Nango.

Je reprends mon récit au moment où la mission, après avoir quitté le village de Dialiba, arrivait sur les bords du Niger.

Ce ne fut pas sans émotion que nous nous trouvâmes devant cet immense cours d'eau qui, en ce point, avait une largeur de sept cent cinquante mètres, avec des berges peu élevées; on voyait des rochers à fleur d'eau à cinq cents mètres de la rive gauche. La profondeur, d'une moyenne de un mètre quatre-vingts centimètres jusqu'à ceux-ci, était de deux mètres à deux mètres cinquante centimètres entre eux et la rive droite. Le courant était assez fort, et de nombreuses îles émergeaient au milieu de ce magnifique fleuve d'un aspect imposant. Nous passâmes le gué dans des pirogues, dont la plus grande offrait une longueur de quinze mètres sur un mètre de large; elles faisaient eau de toutes parts. Les chevaux et mulets, tenus par les spahis assis dans les pirogues, franchirent le fleuve à la nage.

A cinq heures, hommes et animaux étaient de l'autre côté du Djoliba, et c'est avec un véritable soulagement que nous mettions pied sur cette rive, où nous fûmes du reste bien accueillis par un groupe de Toucouleurs, chargés par le sultan de Ségou d'administrer le village bambara de Tourella, dépendance de son empire.

L'un d'eux, jeune homme à figure intelligente, s'avança vers nous, et, après le traditionnel *salam aleïkoum* et la poignée de main obligatoire, nous tint le petit discours suivant:

« Bihamo[1]! Ce pays est le vôtre et vous êtes entièrement chez vous,

1. Je dis.

puisque vous êtes envoyés comme ambassadeurs vers le sultan de Ségou. Nous connaissons le chef puissant qui vous a envoyés; mon maître, qui commande ce village au nom d'Ahmadou, sera heureux de vous recevoir. Il m'envoie vers vous pour vous dire : *bissimilahi*[1]. Vous avez quitté votre pays et éprouvé bien des fatigues. Tout est fini maintenant. Vous êtes chez vous. *Bissimilahi ! Bissimilahi !* »

Après la brutale réception des Bambaras du Bélédougou, ces paroles nous furent agréables. Mais, hélas ! nos illusions sur les Toucouleurs devaient bien vite se dissiper, et avant peu leur attitude hypocrite et le fanatisme cruel qu'ils déploient envers leurs sujets allaient presque nous faire regretter la franche sauvagerie des Béléris.

Nous remontons à cheval, traversons un marigot et arrivons bientôt à Tourella. A la porte, auprès de la ligne des puits, des cavaliers exécutent une fantasia, tandis que les griots courent après eux en chantant et en se cramponnant à la queue des chevaux. Nous entrons dans le tata; les portes sont étroites et placées devant une sorte de corps de garde. Nous nous arrêtons un moment sur la grande place du village, tandis qu'on cherche pour nous des cases; là nous voyons pour la première fois une de ces maisons en terre avec façade ornementée, tel qu'il en existe beaucoup sur les bords du Niger. À peine installés, nous recevons la visite du percepteur, le principal agent d'Ahmadou. C'est un Toucouleur, à physionomie intelligente mais hypocrite, vêtu, comme la plupart de ceux que nous allons rencontrer dorénavant, d'un large boubou en calicot blanc et d'un pantalon bouffant de guinée bleue. Après le percepteur, arrive le chef du village, Bambara dont l'autorité est purement nominale et qui ne fait que transmettre à ses gens les ordres du percepteur. Puis se présente un jeune Toucouleur, qui s'annonce comme le fils du cadi de Ségou. On nous apporte des poulets, du riz et du beurre, du lack-lallo pour nos hommes, du mil pour nos chevaux. On ne saurait décrire l'heureuse impression que nous cause cette amicale réception.

Et ce fut avec des idées riantes que nous allâmes nous étendre sur nos nattes. Mais toute la nuit notre sommeil fut interrompu par les aboiements des chiens, le bruit du tam-tam, les cris et les chants des ivrognes, car on avait fait du dolo, et, selon l'usage, les Bambaras avaient passé la nuit à en absorber d'énormes quantités. Parmi les ivrognes, le plus désagréable était un jeune garçon d'une douzaine d'années, qui ne cessait de se promener devant notre case en hurlant une psalmodie lugubre et pleurarde.

---

1. Bissimilahi : soyez les bienvenus.

Nous étions assez étonnés de voir dans le royaume d'Ahmadou, qui s'intitule orgueilleusement le Fils du prophète, des hommes s'enivrer ainsi publiquement; mais, comme nous pûmes le constater plus tard, le Lam Dioulhé[1] ne force nullement ses sujets bambaras à se convertir; il leur demande seulement de payer exactement les lourds impôts auxquels il les soumet.

Le lendemain, de bon matin, je profitai des excellentes dispositions de mes hôtes pour me débarrasser de ceux de nos blessés qui ne pouvaient plus supporter la marche. Je les confiai au chef de village, en lui remettant deux fusils à pierre pour l'indemniser de ses frais d'entretien et de nourriture. Ces pauvres gens devaient nous rejoindre dès qu'ils seraient en état de se remettre en route.

Tourella était le point d'origine de deux voies principales pour gagner Ségou. L'une suivait immédiatement la rive gauche du fleuve, mais elle passait en face de Bammako et pouvait être dangereuse si les Béléris qui, paraît-il, se massaient pour franchir le Niger et nous séparer de la capitale toucouleur, mettaient leur projet à exécution. Je préférai donc une autre voie, qui se dirigeait vers la place de Tadiana et s'éloignait des points hostiles.

Nous nous enfonçons vers l'est sous la conduite d'un guide, chargé de nous mener auprès de Daba, qui commande la province de Guéniékalari et réside à Tadiana.

Le nouveau pays que nous abordions différait beaucoup de celui que nous avions parcouru sur la rive gauche. Les massifs de hauteurs rocheuses avaient disparu, et nous nous trouvions dans une plaine formée d'alluvions anciennes, d'une grande fertilité et abondamment arrosée par le Niger et ses importants affluents de droite, tels que le Mahel Balével et ses tributaires. Cette plaine, qui doit s'étendre sans interruption jusqu'à Tombouctou, est sans doute limitée vers l'est, dans l'immense arc de cercle décrit par le grand fleuve du Soudan, par un plateau hérissé de massifs isolés et semblable à celui dont nous avions pu constater l'existence entre Bafoulabé et Bammako.

Le terrain produit en abondance le maïs, le riz, le coton, le tabac, l'arachide, l'indigo, le sésame, le ricin et les différentes espèces de mil; de plus, de vastes forêts d'arbres à beurre couvrent cette région. On ne s'étonne donc pas du renom de richesse que possède parmi les indigènes de ces contrées la vallée du Haut-Niger. Quel magnifique domaine agricole

---

1. Titre que prend Ahmadou et qui signifie : le Chef des musulmans.

et commercial pour la nation européenne qui parviendrait à s'établir sur ce beau cours d'eau et à mettre en œuvre non seulement cette terre féconde et propre à recevoir des cultures aussi diverses, mais encore les immenses richesses métallurgiques des contrées voisines du Bouré, du Sankaran et du Ouassoulou !

Ainsi pensai-je en quittant Tourella.

Nous traversons une plaine basse, qui, à l'hivernage, doit être en grande partie inondée ; des champs de coton et d'indigo s'étendent autour de nous. Nous montons insensiblement. Le terrain se couvre de graviers argileux et de conglomérats de même nature, au milieu desquels poussent de beaux arbres, des karités et des dimbs. Nous descendons dans un bas-fond et franchissons une mare boueuse ; quelques minutes après, nous sommes au terme de l'étape.

Au village de Cissina s'étend comme à Tourella une ligne de puits, bordés de jardins où croissent des *diakhatos*, sortes de tomates, formant l'un des éléments essentiels du lack-lallo. Deux ou trois Toucouleurs viennent nous souhaiter la bienvenue en entremêlant leurs salutations de nombreux *bissimilahi*. Nous entrons dans le tata et campons sous un figuier, situé au milieu d'une petite place ; immédiatement, un cercle étroit de curieux se forme autour de nous, ce qui ne manque pas de nous être désagréable, car toutes ces physionomies stupides nous rappellent le Bélédougou et ses sauvages habitants. On nous apporte un mouton, et l'on nous promet des vivres pour nos hommes, mais on nous les fait attendre jusqu'à quatre heures.

Peu après notre arrivée, nous assistons à un enterrement bambara. Une vingtaine de femmes s'avancent, pleurant à tue-tête ; derrière, deux griots, dont l'un armé d'un petit tam-tam, tous deux hurlant les louanges du défunt ; puis vient le cadavre, porté par six hommes dans une natte assez finement travaillée ; enfin, les parents et amis du mort, armés de leurs fusils. A quelques pas en dehors du village, le cortège s'arrête, les femmes se taisent, les griots seuls continuent à hurler ; en même temps partent quelques coups de fusil, et bientôt tout le monde rentre. Les Bambaras enterrent leurs morts tout près du village, les chefs importants sont même enterrés dans leurs cases. Au moment où l'on rejette la terre sur le cadavre, tous les assistants, sauf le captif qui remplit les fonctions de fossoyeur, se sauvent, craignant d'être entraînés avec lui dans la tombe.

Vers quatre heures et demie, quand nos hommes ont pris leur repas, nous nous remettons en marche. Le commencement de l'étape est signalé par une sorte d'alerte. Un indigène, armé d'un fusil, nous dépasse tout d'un coup en courant avec vitesse. Le guide se met à sa poursuite et revient avec des éclaircissements : c'est un habitant de Tadiana, venu à l'enterrement et qui essaye de rejoindre ses compagnons, partis un peu avant lui. Nous savons que les Béléris entretiennent des intelligences avec les gens de Cissina; aussi sommes-nous toujours sur nos gardes pour éviter de tomber dans une embuscade bambara, ce que le voisinage de nos ennemis ne rend pas encore impossible.

Nous arrivons à Tadiana vers huit heures du soir. Heureusement que la

Le pont de Tadiana.

lune nous éclaire, car, sans cela, je ne sais comment nous aurions pu franchir un ruisseau large et vaseux qui entoure le village. Nous descendons de cheval et passons sur une sorte de grossière passerelle, construite avec des branches d'arbres entrelacées, au milieu desquelles nos pieds s'embarrassent et ont peine à se poser.

Tadiana est une place forte toucouleur, importante par la hauteur et l'épaisseur de ses murailles ainsi que par l'étendue de son enceinte. Le chef qui la commande, Daba, est chargé de surveiller cette partie des possessions d'Ahmadou de la rive droite; mais, comme à Mourgoula, il manque de soldats, et c'est tout au plus si, en cas de siège, deux ou trois défenseurs pourraient se ranger derrière ses murs.

Le village est bien situé au point de vue défensif. Un ruisseau creux et difficile à franchir l'entoure au nord et à l'ouest ; la végétation assez dense qui garnit les bords du ruisseau cache la place à la vue des étrangers arrivant par la plaine. Mais, comme partout, on ne s'est naturellement pas préoccupé des effets de l'artillerie, et deux hauteurs, qui dominent le village d'une quinzaine de mètres, rendraient un bombardement des plus aisés si jamais des colonnes avaient à opérer dans cette partie des États du sultan de Ségou.

Le tata présente une forme circulaire irrégulière. Vers l'ouest et le nord, les murailles sont construites très solidement et bordées à l'intérieur d'une sorte de galerie couverte, permettant d'abriter les défenseurs. Le tata particulier du chef de Tadiana se trouve sur le côté est de la place. Il est muni de tourelles semblables à celles de Mourgoula.

Après un quart d'heure de palabre nous entrons et nous campons dans des terrains vagues, situés à l'extrémité nord du tata. La population est bambara, mais elle comprend plusieurs Sarracolets, avec lesquels Moussa ne tarde pas à lier connaissance. Daba nous envoie des nattes, du riz et un mouton, nous faisant dire qu'il regrette de ne pouvoir être plus généreux, mais que deux ou trois cents cavaliers d'Ahmadou ont passé dans la journée et rançonné le village. Nous remarquons d'ailleurs que les habitants sont effrayés ; ils veulent empêcher nos hommes de sortir du tata pour faire du fourrage, en disant que les Talibés rôdent peut-être dans la plaine et voudraient rentrer avec eux.

Le 17 mai, Daba nous accompagne pendant un kilomètre ; il est très fier d'un beau parapluie qui lui vient de nos escales du Sénégal. Il nous raconte que les Somonos sont venus lui annoncer que les guerriers du Bélédougou s'étaient rassemblés sur la rive gauche, mais qu'il était douteux qu'ils pussent traverser le Niger, car les gués étaient déjà recouverts par les eaux. Nous dépassons le village de Diba et arrivons, à l'entrée de la nuit, au tata de Konio.

A notre approche, un homme, placé sans doute en sentinelle, s'enfuit et nous trouvons les portes fermées. Notre guide parlemente une demi-heure par un créneau ; on finit par le laisser entrer et le mener vers le chef. Quelques minutes après, arrivent plusieurs Bambaras, qui viennent nous examiner attentivement à la lueur d'une torche de bois résineux, que l'un d'eux nous promène devant les yeux ; on nous touche même les mains et la figure, pour bien s'assurer que nous sommes des blancs. Puis, les Bambaras rentrent de nouveau et le palabre recommence à l'intérieur. On vient enfin nous dire qu'on nous avait pris pour des cavaliers toucouleurs en expédition et qu'on avait eu peur de nous. Nouveau palabre, à la suite duquel on nous déclare que le village est bien petit et que nous ne pourrons guère nous y loger. Impatienté, nous allons nous installer sous un cail-cédrat voisin. Quelques habitants viennent nous voir et nous apportent des nattes, de l'eau et du lait.

Le lendemain, vers cinq heures du matin, nous sommes réveillés par un vent violent ; les éclairs et le tonnerre se mettent bientôt de la partie, puis il arrive une pluie diluvienne. Chacun s'occupe de s'abriter en se cachant derrière sa natte, le dos au vent ; nous ressemblons ainsi à nos cantonniers de France, cherchant à se garantir du soleil. Le spectacle ne laisse pas que d'être assez comique, bien que nos visages ne respirent nullement la gaieté. Tout d'un coup apparaît un Bambara, faisant de grands gestes, la mine éplorée ; c'est une ancienne connaissance de Moussa, qu'il a vu autrefois à Bakel et qui l'a grassement hébergé. Il est indigné de l'accueil peu hospitalier qui nous est fait à Konio et insiste pour que nous rentrions dans sa case. Malgré ses pressantes prières, nous ne bougeons pas, attendant philosophiquement la fin de l'orage. Au lever du soleil nous nous mettons en marche. Les nuages continuent à se déverser sur nous jusqu'au petit village de Darani, reconnaissable de loin à un groupe de dattiers qui émergent au-dessus des terrasses de ses cases en terre.

Plus loin, nous passons près de villages ruinés et nous franchissons un ruisseau, d'accès assez difficile : les abords sont détrempés par la pluie, le fond est boueux, et une épaisse végétation de *khos*[1] et de *bangos*[2] embarrasse les berges.

De l'autre côté, nous trouvons une bande d'esclaves conduits par des Sarracolets du Kaméra. Notre équipage n'est, paraît-il, pas très rassurant, car le chef de la caravane, tout effrayé, vient tout de suite nous offrir des colas et chercher à gagner nos bonnes grâces. Nous le tranquillisons et il se sauve rapidement avec sa misérable marchandise.

A onze heures, nous sommes à Kobilé, petit village de trois cents habitants environ. Nous entrons dans le tata ; là nous pouvons nous procurer du mil pour nos chevaux affamés. Le chef nous apporte un mouton. Sur ses talons arrive son frère, qui nous fait un discours des plus emphatiques, dont voici à peu près le résumé :

---

1. Le *khos* est un bel arbre, que l'on rencontre fréquemment dans le bas Sénégal. Il sert pour la fabrication des membrures des chalands.
2. Le *bango* se rencontre également dans le bas Sénégal.

« Je vous donne ce poulet. Si j'étais riche et puissant, je vous ferais un cadeau bien plus considérable; mais, comme je ne suis ni riche ni puissant, je ne puis traiter, comme ils le méritent, des gens aussi importants que vous, et je regrette beaucoup la petitesse de mon cadeau. »

Nous nous installons dans une case assez spacieuse et, ce qui est passablement rare chez les Bambaras, très propre. On nous dit que c'est là qu'a lieu l'importante cérémonie de la circoncision. Les murs en pisé, enduits d'une sorte de vernis fait avec de la bouse de vache, sont couverts d'inscriptions hiéroglyphiques, assez curieuses pour que Vallière en prenne le dessin; au plafond sont suspendues des amulettes, des castagnettes formées de morceaux de calebasse, des cornes, etc. Parmi ces curiosités, nous trouvons, non sans étonnement, un sabre d'origine européenne, avec cette devise : « Ne me tire pas sans raison, ne me rentre pas sans honneur. » On ne peut nous renseigner sur la provenance de cette arme, qui nous paraît très ancienne.

Peu de temps après notre installation, nous voyons arriver un homme de Konio avec une calebasse de lait sur la tête; c'est notre Bambara du matin qui accourt. Il nous raconte qu'il est notre ami et que, nous ayant entendu demander du lait dans son village, il s'empressait de nous en apporter. Ce fait mérite tous nos éloges, et nous examinons attentivement notre homme pour voir s'il est réellement Bambara de race.

Nous repartons le 19 dès le point du jour. Le terrain est plat et la route assez bonne; le passage de la Faya, affluent assez important du Niger, nous arrête pendant une heure et ce n'est que vers les onze heures que nous arrivons à Niagué, village d'environ cinq cents habitants. Tous les habitants ont déserté sur l'avis qu'une colonne toucouleur traverse le pays pour se rendre vers le sud. Ce fait démontre bien les défauts de la domination toucouleure, qui ne s'exerce que par des exactions et des violences continuelles. Ces adeptes de l'islamisme, qui ont déployé quelques qualités pour conquérir et détruire, ont adopté un système d'administration tout à fait absurde, consistant à enlever, au fur et à mesure qu'ils apparaissent, tous les biens de leurs sujets, étouffant ainsi chez eux toute idée de travail et tout sentiment de propriété.

Quoi qu'il en soit, cette fuite est désastreuse pour nous; ni hommes ni animaux n'allaient pouvoir manger. Le percepteur, qui est resté seul dans le village avec une vieille captive, nous dit que les habitants n'ont rien laissé et ont tout caché dans les bois. Immédiatement, nos hommes se répandent dans les cases et vont fouiller les champs; ils rapportent tout d'abord des marmites en terre, des pilons, des mortiers, des calebasses, du bois, des graines de coton et du piment, puis ils finissent par découvrir du mil, en assez petite quantité d'ailleurs. Mais, pour manger, il faut piler le mil ; or c'est là un travail de femmes. Cependant le caporal Bénis, qui est un vieux troupier, donne l'exemple, et bientôt tout le monde se met à piler, mollement d'abord, puis avec vigueur et gaieté. Chacun plaisante celui qui prend le pilon et qui, comme les femmes, s'entoure les reins de son boubou en guise de pagne. Tous rient avec cette grosse bonne humeur spéciale aux nègres. Enfin, le mil est pilé, le feu est allumé et, sous la haute direction de Bénis, on confectionne un plat composé de farine de

Case bambara à Kobilé.

mil, de graines de coton écrasées et de piment. Pour nous, nous devons nous contenter de lait caillé et de quelques poignées d'arachides.

Nous avions rencontré à Niagué une nombreuse caravane de Dioulas, venant de Ségou et allant vendre des esclaves à Nioro. Ils quittèrent le village avant la nuit, nous laissant complètement maîtres de Niagué, dont nous fermons les portes, comme s'il nous appartenait.

Nous sortons de Niagué au point du jour. Une assez longue étape nous conduit à Dioumansannah. Les cases y sont empilées les unes sur les autres et les places très malpropres ; aussi, au risque d'être trempés, nous allons camper sous un tamarinier, en dehors du village. C'est à

Dioumansannah que nous nous aperçûmes pour la première fois de tous ces faux bruits que l'on colporte si aisément dans les pays nègres et dont on accablait Mage pendant son séjour à Ségou. C'est d'abord un Toucouleur, qui a quitté la cour d'Ahmadou il y a quatre jours et qui nous annonce que l'on ne sait pas encore que nous sommes sur la rive droite du Niger et que l'on ignore même la route que nous avons suivie après Kita. Puis un autre indigène nous raconte que les Béléris viennent de franchir le fleuve et de se porter sur Tourella; un troisième, que le sultan de Ségou a reçu des envoyés venant de la Gambie, etc., etc.

Dans la journée, nous assistons au départ d'un sofa[1] de Ségou. Il est venu à la poursuite d'un captif évadé et il s'en va, sa hache à tata sur l'épaule, tenant à la main une corde de baobab passée au cou du fugitif. Ces deux captifs, l'un traînant l'autre, causent amicalement ensemble, et forment un tableau passablement comique.

Vers le soir les éclairs nous donnent un moment d'inquiétude; mais comme, en voyage, on arrive rapidement à un haut degré de philosophie, chacun se dit qu'il sera bien temps de se renfermer dans les cases étroites et enfumées du village lorsque la tornade se sera franchement déclarée. Bien nous en a pris, car la nuit est tranquille et nous dormons du plus profond sommeil.

Le lendemain nous nous levons assez dispos, mais il n'en est pas de même de nos animaux, qui traînent de plus en plus la jambe et ont peine à se remettre en marche. Il est vrai que, depuis Dio, chaque cheval ou mulet a généralement porté deux cavaliers, blessés ou éclopés, qui ne pouvaient marcher. Vers huit heures, nous sommes au petit village de Tounikoro, où, pour la première fois depuis Goubanko, nous voyons quelques Peuls, faisant paître leurs troupeaux dans des champs parsemés de karités et de khadds. Nous poussons l'étape jusqu'à Fougani, petit village pauvre et misérable, qui vient d'être rançonné par les cavaliers d'Ahmadou. Le percepteur vient nous voir : c'est un Toucouleur, gros et court, à la face réjouie et un peu narquoise. Un de ses hommes traîne une chèvre, que nous dévorons des yeux, pensant bien qu'il va nous l'offrir, mais il s'assied, cause tranquillement avec nous et avec nos hommes, et le don de la chèvre n'arrive pas. Nous finissons par comprendre qu'il n'a amené cet animal que pour nous le vendre; nous résistons aux tiraillements de nos estomacs en détresse et faisons semblant de ne rien voir. Peu après, Moussa arrive avec

---

1. Les sofas sont les Bambaras soumis à Ahmadou et servant dans son armée. Ce sont des captifs enrégimentés et jouissant de certains privilèges spéciaux.

un Bambara qui nous propose de lui acheter un mouton. Le marché est conclu séance tenante. Le percepteur, honteux ou plutôt craignant que nous ne nous plaignions à Ahmadou de son manque d'hospitalité, nous offre enfin une chèvre, qui est aussitôt acceptée.

Le 22 mai, nous nous transportons à Koni. Le terrain est en grande partie sablonneux au lieu d'être argileux comme dans les étapes précédentes. De temps en temps, quelques blocs de grès rougeâtres et des monticules rocheux rompent un peu la monotonie du paysage.

A quelques kilomètres de Koni, nous rencontrons un tombeau de forme curieuse : c'est un parallélépipède rectangle, dont la face supérieure supporte trois pierres, indiquant la tête, le ventre et les pieds, comme sur les

Village de Koni.

tombeaux bambaras ordinaires ; mais à l'une des extrémités s'élève une sorte de pyramide, assez bizarrement travaillée. L'une des faces latérales est ouverte, et chacun, en passant, y jette une petite pierre.

A Koni, nous allons camper sous un tamarinier, à côté d'une mare boueuse, où voltige une bande d'aigrettes au blanc plumage. Les Bambaras ont presque tous déserté le village pour aller terminer les défrichements et préparer leurs champs pour les semailles prochaines. Nous en avons rencontré un grand nombre, se rendant dans leurs lougans, suivis de leurs chiens au poil roux et portant leurs pioches sur l'épaule ; d'autres brûlaient les mauvaises herbes ou allumaient de petits bûchers au pied des arbres qui doivent être ainsi abattus ; enfin, des bandes de femmes portaient dans des calebasses l'eau et le lack-lallo destinés au repas de leurs maris ; au retour, elles rempliront ces mêmes calebasses des fruits de l'arbre à beurre, qu'elles vont soumettre à une manipulation de plusieurs mois pour en extraire le beurre, l'huile, le savon et tant d'autres ingrédients que peut fournir cet utile végétal.

Une fois installés sous notre tamarinier, nous ne tardons pas à être entourés de Peuls, dont les physionomies presque européennes nous reposent des figures grossières, souvent repoussantes, des Bambaras, que nous avions constamment sous les yeux depuis longtemps. Ces Peuls, appartenant aux tribus des Irlabés et des Diaobés, étaient des Peuls de Ségou et du Bakhounou. Transportés autrefois par El-Hadj Oumar de cette dernière province aux environs de Ségou, ils formaient une catégorie spéciale de captifs, appelés les *Fourbabés*. Participant aux expéditions de guerre et aux razzias, ils constituent un corps de troupes particulier de cavaliers armés de lances et de fantassins armés de fusils. Ils sont chargés de la garde des troupeaux appartenant en propre au sultan. Ils sont d'ailleurs beaucoup plus propres que ceux que nous étions habitués à voir dans la banlieue de Saint-Louis ou dans le Oualo, où généralement ils sont d'une saleté excessive, avec leurs cheveux couverts d'une épaisse couche de crasse, composée de beurre et de poussière, et leurs boubous jadis blancs devenus d'une couleur marron sale. Les femmes peules qui étaient devant nous avaient adopté presque toutes l'anneau nasal des Bambaras, ce qui ne les embellit pas, tant s'en faut. Les ornements de la coiffure comprennent des filières d'ambre, des verroteries, des anneaux d'or, suspendus aux cheveux par des torsades de coton. Plusieurs portaient aux oreilles de gros anneaux d'or qui, trop lourds, n'étaient pas attachés au lobe, mais à une mèche de cheveux de la tempe. Leur vêtement se composait d'un pagne teint à l'indigo foncé et d'un *bourtouguel*, sorte d'étoffe en mousseline grossière recouvrant la tête et retombant sur les épaules en cachant le haut du corps. L'une de ces Peules, accompagnée de sa petite captive bambara, à la figure rieuse et éveillée, était réellement une fort jolie personne.

Quant aux hommes, ils avaient l'éternel boubou, muni d'une poche (*ghiba*) gigantesque, et le bonnet blanc toucouleur.

La présence des nombreux troupeaux des Peuls nous permet de faire une véritable orgie de lait. Je crois n'avoir jamais rencontré de plus intrépide buveur de lait que notre camarade Piétri. C'est par calebasses entières qu'il absorbe ce délicieux liquide, si utile aux voyageurs africains, soumis à la nourriture débilitante et monotone des indigènes. Au soir, des menaces assez sérieuses d'orage nous forcent à nous rapprocher du village et bien nous faisons, car une tornade nous surprend en plein sommeil et nous n'avons que le temps de nous précipiter dans la première case venue pour éviter une violente averse.

Nous repartons le matin de bonne heure. Nous cheminons dans le fond d'une vallée, entre des collines de faible hauteur, mais assez rapprochées. De loin en loin, nous rencontrons des tas de pierres, de morceaux de bois,

Peuls de Koni.

de chiffons même; ce sont des endroits signalés dangereux par les sorciers de la contrée, et sur lesquels chacun jette l'un de ces menus objets pour conjurer le mauvais sort.

Nous passons devant le village de Gonindo et nous nous arrêtons à Sanankoro, où, pour oublier que nous n'avons trouvé que quelques poignées d'arachides pour notre déjeuner, nous restons couchés tout l'après-midi sur nos nattes en devisant sur la distance qui nous sépare encore de Ségou et qui paraît s'allonger chaque jour. Ahmadou nous donne enfin signe de vie, et maître Alpha vient m'annoncer que deux hommes venant de la capitale toucouleure sont arrivés et demandent à nous parler. On les introduit : ce sont deux sofas, que leur maître nous envoie de la part du sultan et qui m'informent « qu'ils avaient ordre de me faire attendre partout où ils me trouveraient, en quelque village, fût-ce même à Tadiana, et que, d'ailleurs, ils devaient veiller à ne me laisser manquer de rien ».

Je proteste énergiquement : voilà quatre mois que nous sommes en route pour venir trouver Ahmadou, et l'on nous arrête dans un petit village, privé de toutes ressources, au moment surtout où les pluies d'hivernage allaient défoncer les chemins et nous interdire sous peu l'accès de la capitale. Les deux sofas tiennent bon, déclarant qu'ils ne font que nous transmettre les ordres du Lam Dioulbé. Ces ordres sont clairs et formels : ils doivent nous arrêter partout où ils nous rencontreront. Ils reconnaissent d'ailleurs que Sanankoro ne présente pas de ressources suffisantes pour nous entretenir, nous et notre troupe, et nous informent que demain nous pousserons jusqu'au village plus important de Niansonnah, où nous attendrons la réponse du sultan. J'avertis alors ces deux émissaires que j'ai fait écrire une lettre arabe à Tadiana et que je désire envoyer cette lettre à Ahmadou, par l'un de nous, Piétri, qu'accompagnera l'interprète Alpha Séga. Nouveau refus : on nous déclare qu'Ahmadou nous enverra quelques-uns de ses notables pour recevoir nos communications et que nous n'avons qu'à attendre ses ordres.

Voilà certes des débuts peu engageants, et c'est avec une confiance moins absolue dans l'avenir que nous nous mettons à commenter l'entretien que nous venions d'avoir avec ces deux indigènes. A l'unanimité, nous arrivons à cette conclusion : qu'Ahmadou est en défiance contre nous à cause de l'itinéraire que nous avons suivi dans le Bélédougou et qu'il veut, avant de prendre une décision à notre égard, se procurer des renseignements auprès des chefs de Tourella et peut-être même de Mourgoula.

Nous quittons Sanankoro le 24. Notre route est toujours parallèle au Niger, dont elle est séparée par une trentaine de kilomètres en moyenne. Nous rencontrons une caravane de Dioulas Sarracolets avec une vingtaine d'ânes, chargés de bafals[1] de sel; ils viennent de Nioro et vont acheter des captifs dans le Ouassoulou. Le chef de la caravane nous affirme que, pour chaque barre de sel, on lui donnera là-bas deux captifs, ce qui met la marchandise humaine à un prix bien bas, ou le sel à un prix bien élevé.

---

1. Un bafal est une barre d'environ quinze kilos.

Nous passons devant Niamana, traversant un véritable verger de grands et beaux figuiers de plusieurs espèces.

Vers dix heures, nous faisons halte à Niansonnah, village d'environ cinq cents habitants, composé de trois groupes de cases, dont le plus grand est entouré d'un tata ; une partie de la population s'est enfuie devant les cavaliers d'Ahmadou. Niansonnah est loin d'être aussi riche que nous l'affirmaient les deux sofas, et ce fut avec la plus grande peine que nous pûmes obtenir, pendant les quatre jours que nous y séjournâmes, les vivres qui nous étaient nécessaires. Nous étions forcés d'acheter à beaux deniers comptants le lait et la viande de chèvre, qui formaient le fond de notre nourriture. Heureusement, pour la première fois depuis notre entrée dans les États du Lam Dioulbé, nous eûmes la possibilité de changer de l'argent contre des cauris, petits coquillages servant de monnaie dans le pays. Jusqu'à ce moment, les indigènes auxquels nous offrions notre argent ne se rendaient pas compte de sa valeur et nous demandaient sans scrupule une pièce de cinq francs pour une petite calebasse de lait, que nous aurions eu autrement pour trente à quarante cauris. Moussa, notre principal intermédiaire pour toutes ces sortes de marchés, réussit à nous trouver un Dioula qui s'en revenait à Bakel et consentit à nous vendre une certaine quantité de cauris, à raison de cinq à six mille pour une pièce de cinq francs. C'était une affaire très avantageuse et que nous ne pûmes malheureusement conclure aussi souvent que nous l'aurions désiré, car les Bambaras tenaient peu à l'argent et les Peuls ne possédaient pas assez de cauris pour en vendre en grandes quantités.

Comme il était facile de le prévoir, le repos de Niansonnah fut très préjudiciable à nos animaux, soumis à la réaction de tant de fatigues : un cheval et un mulet moururent. Nous-mêmes, nous commençâmes à ressentir les effets des privations et des premières pluies ; nous fûmes saisis tous les quatre par une violente diarrhée, et le docteur Tautain, qui, comme médecin, aurait dû cependant donner l'exemple de la santé, eut un commencement de fièvre bilieuse qui nous inspira un moment les plus grosses inquiétudes.

Le 29, je fis appeler les sofas et leur déclarai que, puisqu'ils n'avaient encore reçu aucune réponse d'Ahmadou au message qu'ils lui avaient adressé à notre sujet, j'allais me remettre en route et quitter ce village épuisé, où il n'était même plus possible de trouver à manger pour nos hommes. Voyant qu'ils ne pourraient pas nous retenir, ils se décidèrent à partir avec nous, assez peu rassurés d'ailleurs sur les conséquences de leur désobéissance aux ordres du sultan.

Le départ se fit péniblement dans la matinée du 30 mai. Nous prîmes la route de Tiénabougou, précédés par les sofas et un cavalier arrivé la veille de Ségou, sans doute avec un message secret d'Ahmadou. On cherchait à nous éloigner du Niger et de la grande voie de communication qui, par l'important marché de Boghé, mettait la capitale toucouleure en relation avec les contrées du sud. Le chemin que nous suivions paraissait peu fréquenté, mais il nous rapprochait de Ségou, et c'était là le principal. Nos noirs, pour la plupart blessés ou éclopés, nourris d'un grossier mélange de farine de mil et de feuilles de baobab, sans sel, se traînaient péniblement, s'éparpillant, au fur et à mesure que nous avancions, dans les rares villages qui bordaient notre route; nos animaux s'affaiblissaient de plus en plus. Pour nous, nous n'étions plus soutenus que par l'espérance de gagner promptement Ségou, comprenant que la réaction de tant de fatigues ne tarderait pas à se produire.

Le terrain que nous parcourions était onduleux et souvent sablonneux, couvert de *guiers*, de *siddems*, de *khadds*, arbres et arbustes que nous ne voyions plus depuis quelque temps; les baobabs et les acacias devenaient plus nombreux.

Vers sept heures, nous traversions le grand campement peul de Kouloukoroni, composé de trois agglomérations de gourbis, construits en forme de calottes hémisphériques. Ces agglomérations étaient formées d'un certain nombre de groupes de cases, chacun d'eux entouré d'une haute palissade faite en piquets entremêlés de branches de jujubiers et d'autres arbustes.

Une heure après, nous dépassions Tiamona, village bambara, sans tata, aux maisons extérieures duquel sont accolés quelques gourbis peuls. Vers neuf heures, nous traversons Sougoulani, grand village habité par des Bambaras et quelques Peuls, possesseurs d'un magnifique troupeau de bœufs, qui s'abreuvaient au puits. Là l'un des mulets fut encore incapable de continuer : il se coucha et on dut le laisser en chemin.

Nous atteignions Tiénabougou vers onze heures. A notre entrée dans le village, les Sarracolets et les Bambaras qui l'habitent s'enfuient presque tous dans les bois, croyant que c'était la colonne toucouleure qui revenait. Nous nous installons dans un enclos assez grand pour nous contenir, nous, nos domestiques et nos chevaux. Chacun se met à la chasse des nattes, et nous prenons possession d'une case, assez petite, mais propre, où, à force d'habileté, on parvient à loger quatre nattes. Dans la case voisine s'installe Yoro, que nous menaçons des peines les plus barbares s'il ne nous a pas trouvé à manger avant un quart d'heure. Quelques minutes après, il nous apporta un superbe plat de niébés guertés, sorte de gros haricots rouges, dont nous avions déjà goûté à notre bivouac de Guénikoro. Il nous raconte qu'en entrant dans la case, il avait trouvé sur le feu une marmite en terre où cuisaient les haricots et qu'il n'avait eu que la peine de les faire sauter. Nous étions les complices d'un vol. Que faire? Nous indemniserons le propriétaire, s'il vient.

L'étape du 31 nous rappelait de plus en plus notre colonie sénégalaise, avec ses immenses steppes, garnies d'une maigre végétation. Auprès du village de Dindian, deux bouquets de baobabs, encore peu volumineux et rapprochés les uns des autres, donnent à la plaine un aspect tout particulier. Un peu plus loin, au sortir d'un petit camp de Peuls, nous trouvons un grand bois de karités, aux branches chargées de fruits; pendant toute la route, nous nous régalons de la chair savoureuse qui recouvre la coque, renfermant le beurre végétal. Aux karités succèdent des acacias, grands arbres, paraissant presque dénudés avec leur maigre fronde de toutes petites feuilles d'un vert blanchâtre. Aux grosses branches sont accrochées des ruches, que les Bambaras sont en train d'installer pour la saison d'hivernage.

Nous arrivons à Soïa. A l'entrée sont de beaux fromagers, qui ombragent une sorte de place, où travaillent en ce moment plusieurs tisserands; autour s'élèvent quelques rôniers de moyenne taille. A l'intérieur nous trouvons le sol miné par de grandes excavations, qui ont fourni la terre nécessaire aux constructions et qui nous forcent à marcher avec les plus grandes précautions. Au milieu du village est un puits très profond. Soïa a un petit marché quotidien, où quelques Peuls viennent apporter leur lait et leur beurre; de vieilles Bambaras y vendent des arachides, de tout petits morceaux de sel, du coton et des boulettes grossières, faites avec de la farine de mil, du miel et des arachides. En outre, il y a un marché hebdomadaire, qui se tient le mardi et où les transactions ont spécialement pour objets les grains, le bétail et les captifs.

La journée se passe assez péniblement. Le temps est lourd et nous attendons un orage pour le soir, constatant avec douleur que, dans notre case, il pleuvra presque autant que sous la voûte céleste. Nous en sommes encore quittes pour la peur. Ces phénomènes atmosphériques se reproduisent journellement à cette saison de l'année, et le ciel se couvre chaque soir de nuages menaçants, qui souvent ne font que passer, entraînés vers le nord par la brise de sud qui se lève généralement à la fin de ces après-midi étouffants.

Le lendemain, en quittant Soïa, nous traversons un pays marécageux;

le terrain, marneux et crevassé, est creusé de mares, presque toutes à sec en ce moment; les habitants nous disent qu'au cœur de l'hivernage le Niger s'étale jusqu'à Soïa. La végétation, sauf les arbres à beurre, est identique à celle des bords du haut Sénégal.

L'étape est courte et nous ne rencontrons aucun village. Après avoir longé de vastes champs de cotonniers, parsemés d'acacias, nous débouchons en face de Nango, et nous nous trouvons en présence d'une douzaine de cavaliers, qui venaient au-devant de nous. C'est le percepteur du village et ses sofas qui, d'après les instructions d'Ahmadou, nous accablent de prévenances et nous escortent jusque dans l'intérieur du tata. On nous a préparé trois ou quatre cases, toutes neuves et très propres, garnies de taras, de nattes et d'une grande jarre en terre, remplie d'eau. Nous admirons fort ces cases, mais nous constatons avec peine que ces jolies chambres, comme les appelle Yoro, sont trop petites et trop étouffées au milieu des autres cases; nous n'y respirons pas. Aussi nous mettons-nous aussitôt en campagne pour trouver mieux; nous nous hâtons, car Vallière a un violent accès de fièvre qui exige des soins immédiats. Nous finissons par trouver une assez vaste case, munie de deux portes et qui a l'avantage de donner sur la campagne. On y transporte taras, nattes et *canari*[1], malgré les grimaces d'Alpha, qui, toujours formaliste, craint que nous n'offensions Marico, le percepteur. Vallière se couche et nous raconte, dans son délire, qu'il vient de faire une charmante excursion dans les montagnes de l'Auvergne, qui l'ont vu naître. Nous sommes loin de nous douter que la misérable case de boue dans laquelle nous venons de nous arrêter, va nous servir de demeure pendant dix mois d'une longueur mortelle.

L'après-midi, je vais voir Marico sur la grande place du village. Il est vêtu exactement à la toucouleur au milieu d'une nombreuse assemblée, formée par ses sofas et ses captifs. Les salutations d'usage sont échangées, et Marico, après un long moment de recueillement, se décide à prendre la parole.

« J'étais à Ségou quand Ahmadou a appris votre arrivée. Immédiatement, il m'a donné l'ordre, par l'intermédiaire de Mamout, chef de tous les sofas, de venir à votre rencontre, de vous bien recevoir, de bien vous donner à manger ainsi qu'à vos hommes et à vos animaux; puis, lorsque vous serez bien installés à Nango, d'aller lui rendre compte de ma mission en vous disant de rester ici pour attendre la réponse du sultan. Lam

---

1. Sorte de jarre faite de terre cuite.

Dioulbé sait tout ce qui vous est arrivé. Il en est très peiné, mais il ne faut pas vous en affecter outre mesure, car l'injure qu'on vous a faite, c'est à lui qu'on l'a faite en réalité, et il saura vous venger. Vous êtes les ambassadeurs d'un chef puissant et vous serez reçus comme vous le méritez. »

Tout cela est très bien, mais ne fait nullement notre affaire. Croyant que tous ces retards ne proviennent que de questions d'étiquette et de la lenteur habituelle aux noirs, j'essaye de faire comprendre à Marico que nous, nos hommes et nos chevaux, nous sommes exténués et n'en pouvons

Vue de Nango.

plus, que l'on est dans l'hivernage et qu'il faut à tout prix que nous nous installions définitivement ; car, après toutes nos épreuves, les petits arrêts comme celui de Niansonnah nous sont encore plus préjudiciables que la marche. Marico nous écoute tranquillement et nous répond qu'il ne fait qu'exécuter les ordres d'Ahmadou en nous transmettant ses paroles, et que d'ailleurs il va partir pour Ségou au lever de la lune, et ira chercher la réponse de son chef.

Nango est un village ouvert, mais à l'intérieur on y trouve un petit tata, habité par Marico et ses sofas. Ce Marico est un Bambara de Kaarta, fait captif assez jeune par El-Hadj et devenu ensuite l'un des chefs sofas d'Ahmadou; il cumule ici les fonctions de percepteur et de chef militaire de Nango et des villages environnants.

Le 2 juin, Alpha commence à changer de physionomie. A Bammako, notre superstitieux interprète, nous croyant perdus, s'était logé un petit brin de paille dans l'œil gauche pour corriger la mauvaise fortune. Plus tard, à Cissina, la vue de l'enterrement bambara, considéré toujours comme d'un bon augure chez les nègres de cette partie du Soudan, l'avait un peu rasséréné et la paille avait disparu. Malgré cela, il n'avait cessé de rester un peu mélancolique; mais, le lendemain de notre arrivée à Nango, sa figure s'épanouit. C'est qu'il allait se retrouver au milieu de ces interminables palabres toucouleurs, où l'on parle plusieurs heures pour ne rien dire, où l'on ment avec un cynisme sans égal, en appuyant ses allégations de serments énergiques, où chacun se voile la face avec un geste d'horreur quand on soutient une affirmation contraire à la sienne. Alpha Séga, menteur comme un Khassonké et un Toucouleur réunis, allait donc se trouver aux prises avec des adversaires dignes de lui, et il commença par exciter l'admiration des gens de Nango, en leur parlant des merveilles de notre convoi, apportant les cadeaux les plus précieux à Ahmadou et à ses principaux sujets.

Marico revient le 3 au matin. Il a su se presser, ce qui est rare chez un nègre. Il ne nous satisfait nullement par les nouvelles qu'il nous rapporte: le sultan avait déclaré que chez lui nous étions chez nous et que c'était lui qu'on avait offensé dans le Bélédougou; que, quant à notre impatience, nous devions comprendre qu'en entrant dans un pays étranger il fallait nous soumettre aux désirs du chef de ce pays, et que d'ailleurs il nous enverrait deux de ses Talibés pour s'entretenir avec nous.

Nous faisions alors notre apprentissage de cette manière d'agir du sultan toucouleur, déjà décrite en détail par Mage et qui consiste à tergiverser sans cesse, à conserver un mutisme obstiné et à laisser dans un doute constant et embarrassant ceux que leur mauvaise chance met en rapports avec lui. Il nous était aussi facile de constater qu'Ahmadou était indisposé contre nous et que toutes ces hésitations, tous ces arrêts successifs n'étaient que le contre-coup de l'indécision qui devait régner à Ségou sur la réception que l'on ménageait à la mission.

Le 5, arrivaient en effet les deux envoyés du sultan. L'un était Samba N'Diaye, cet ancien maçon de Saint-Louis, qui, ayant autrefois suivi El-Hadj Oumar dans toutes ses expéditions, était devenu l'ingénieur en chef d'Ahmadou et avait construit presque tous les tatas remarquables des pays toucouleurs. Il avait été, il y a dix-sept ans, l'hôte de Mage à

Ségou et joué un grand rôle dans la relation de voyage de cet explorateur. L'autre, Boubakar Saada, était l'un des principaux Talibés de la cour du sultan. Il commandait la cavalerie chargée spécialement de la garde d'Ahmadou et avait, disait-on, une grande influence auprès de ce dernier. Tous deux se présentèrent cérémonieusement en se drapant avec majesté dans leur *dampé*, et Boubakar Saada me tint le discours suivant :

« Lam Dioulbé t'envoie quatre bœufs, quatre moutons touabirs[1], cent moules de riz et cent mille cauris. Il t'informe qu'il a donné des ordres aux villages environnants pour que tu reçoives dorénavant la nourriture nécessaire à tes hommes et à tes animaux. Ahmadou sait depuis longtemps que tu es sur la rive droite, mais, s'il ne t'a pas arrêté plus tôt, c'est que tu te trouvais dans un pays trop pauvre pour suffire à ton entretien. Il a l'habitude de faire arrêter ceux qui viennent le visiter, à une certaine distance de sa capitale, afin de leur permettre de l'envoyer saluer. Il ne peut recevoir d'emblée tout le monde, et chacun doit se conformer aux désirs du chef du pays

Samba N'Diaye.

dans lequel il entre. Le sultan est du reste fort mécontent, parce que la mission a suivi une route qui passait chez ses ennemis, avec lesquels vous avez pactisé. La route du Bakhoy est interdite aux Européens ; c'est par le Kaarta et Nioro que vous auriez dû passer, ainsi que l'avait fait Mage ; et, si le convoi avait pris la route de Mourgoula, l'almamy Abdallah vous aurait fait rebrousser chemin. Maintenant, quant au Bélédougou, le sultan va le détruire, car, en vengeant les blancs, il ne fera que se venger lui-même, puisque ceux-ci avaient été attaqués parce qu'ils se rendaient chez lui. »

1. Ces moutons touabirs sont très appréciés dans le pays de Ségou. Vallière a dessiné l'un d'eux.

Ainsi Ahmadou, qui avait écrit tant de fois au gouverneur pour lui réclamer une ambassade, se plaignait parce que nous n'avions pas pris la route du Kaarta qui, comme il le savait bien, était fermée par la révolte des Bambaras. De plus, il avait donné l'ordre à l'almamy de Mourgoula de nous arrêter si nous passions par cette place. Mais, alors, quelle voie prendre pour venir à Ségou ? La mauvaise foi du sultan était évidente, et ses plaintes n'avaient aucune raison d'être.

J'essayai de faire comprendre aux deux envoyés du sultan que je n'avais pris la route du Bélédougou que pour éviter la voie du Kaarta, que je savais interceptée par les Bambaras révoltés. Je leur marquai ensuite tout mon mécontentement de me voir arrêté ainsi en chemin : c'était une marque de défiance qui ne pouvait se comprendre de la part d'un chef puissant comme Ahmadou, et qui irriterait sûrement le gouverneur du Sénégal. Je déterminai en même temps Boubakar Saada et Samba N'Diaye à emmener avec eux mes deux interprètes, auxquels je recommandai de transmettre exactement mes plaintes à Ahmadou.

La maladie commença dès ce moment à s'abattre sur nous. Notre provision de quinine, le seul médicament qui nous fût resté, était très limitée (une trentaine de grammes). Le 7 juin, la fièvre nous clouait tous les quatre sur nos nattes et, certes, l'avenir que nous avions entrevu tout plein d'espoir à Tourella commençait à s'assombrir de la façon la plus inquiétante.

Le 13, nos deux interprètes revenaient de Ségou, rapportant la réponse du sultan. C'étaient toujours les mêmes paroles vagues, dans lesquelles celui-ci revenait avec insistance sur la route que nous avions suivie à travers le Bélédougou et sur les négociations que nous avions entamées avec ses ennemis. Alpha Séga et Alassane m'annonçaient en outre qu'on était à Ségou dans de très mauvaises dispositions à l'égard de la mission, et que les habitants, particulièrement les Talibés, originaires du Fouta, avaient parlé ni plus ni moins que « de faire disparaître les quatre blancs qui venaient ainsi de pactiser avec les adversaires irréconciliables des Toucouleurs ». Ahmadou avait reçu une lettre d'Abdoul-Boubakar, ce chef du Bosséa, dont nous avons déjà parlé au commencement de cette relation, dans laquelle ce fauteur de désordres perpétuels dans notre colonne informait ses coreligionnaires de la rive droite du Niger que j'étais chargé de prendre les dessins de toutes les places fortes de l'empire, de dresser le plan des routes, afin de faciliter plus tard la voie à une colonne expéditionnaire. Bref, les interprètes avaient trouvé l'opinion publique fortement indisposée contre nous, et eux-mêmes avaient été, pendant leur séjour, en butte à une surveillance étroite et hostile. Il serait puéril du reste de rapporter tous les bruits absurdes qui couraient sur mon compte : ma vue seule suffirait pour faire mourir le sultan; je possédais dans une main une machine infernale capable de le tuer en le touchant, personne ne pouvait me résister dans les palabres, etc., etc.

Il était inutile et même dangereux d'insister et, devant l'entêtement de ce nègre ignorant et superstitieux, le mieux était d'attendre que toutes ces méfiances se fussent dissipées et permissent de commencer les négociations relatives au traité. Alpha Séga repartait donc pour Ségou dans la première quinzaine de juin avec la lettre suivante, dans laquelle je m'efforçais encore de détruire les préventions du sultan. Le combat de Dio et la situation politique constatée à Bammako et dans les marchés malinkés du Haut-Niger ayant empêché la réalisation complète des projets primitifs, à savoir l'installation d'un résident français sur les bords du fleuve du Soudan, il fallait essayer de combattre chez Ahmadou

Boubakar Saada.

ses craintes ridicules, puis l'amener peu à peu à traiter avec nous sur la base de la navigation libre, accordée à nos nationaux sur le Niger. C'était peut-être beaucoup de présomption de ma part, étant données l'absence de nos cadeaux et la méfiance avec laquelle nous avions été accueillis; mais l'hivernage nous clouait dans les États du sultan pour plusieurs mois. Partir d'ailleurs en ce moment ne nous était pas permis, et cette détermination aurait entraîné pour nous les plus grands dangers.

J'essayai, dans ma lettre, qui s'adressait à un souverain nègre et musulman, professant le plus profond fanatisme pour sa religion, d'employer le style imagé et pompeux propre aux Orientaux.

« Le capitaine Gallieni, directeur des affaires politiques, chef de l'ambassade du Haut-Niger, à Ahmadou, Sultan de Ségou.

« Mes interprètes et les envoyés, Boubakar Saada et Samba N'Diaye, m'ont communiqué tes dernières paroles. Elles m'ont fait de la peine, car elles m'ont prouvé que tu n'as pas confiance dans l'officier que le gouverneur t'envoie et qui occupe auprès du chef de la colonie la haute position de directeur des affaires politiques, c'est-à-dire de celui qui dirige, sous ses ordres, toutes les affaires concernant les chefs noirs.

« Les voyageurs français qui t'ont visité s'accordent pour louer ton intelligence, ta sagesse, la grandeur de tes idées et ton désir de voir le commerce fleurir dans tes États. Tous ont engagé le gouverneur à t'envoyer l'ambassade que tu lui réclamais depuis si longtemps, et qui a pour but de régler pour l'avenir, d'une manière solide et durable, les relations qui doivent exister entre les deux chefs les plus puissants du Soudan. Comment se fait-il donc que tu sembles m'accueillir ainsi avec méfiance et que tu me forces à m'arrêter auprès de ta capitale, dans l'un des plus petits villages de ton empire, privé de ressources et où l'eau est à peine potable? Que dirais-tu si tu envoyais l'un de tes fidèles au gouverneur et si celui-ci, au lieu de lui expédier rapidement un bateau à vapeur pour l'amener et le recevoir en grande pompe à Saint-Louis, lui ordonnait de s'arrêter dans l'un des misérables villages des environs, où il serait accueilli par quelqu'un qui lui fût bien inférieur en rang et en qualité? Serais-tu content? Je ne sais encore ce que dira le gouverneur en apprenant cette nouvelle, mais je puis t'affirmer d'avance qu'il ne sera pas satisfait. Pour moi et pour ceux qui m'accompagnent, peu importe que nous soyons à Ségou-Sikoro où à Nango. Voilà longtemps que nous sommes en voyage, et les fatigues nous sont connues. Depuis cinq mois nous avons rompu avec nos habitudes de blanc, et nous ne voulons qu'une chose : accomplir le mieux possible la mission que nous a confiée notre chef de Saint-Louis. Mais comment cela peut-il être, puisque à peine arrivés tu nous accueilles avec méfiance? Tu écoutes les faux bruits qui te sont rapportés par des intrigants ou des gens mal renseignés. Que savent-ils? Où ont-ils appris les mensonges qu'ils colportent partout? Ont-ils, comme moi, la pensée du gouverneur? Ont-ils vécu longtemps auprès de lui, et lui, le chef de la colonie, leur a-t-il dit quelles étaient ses intentions? Interroge-les en détail et tu verras qu'ils auront bien vite épuisé tout ce qu'ils savent.

« Crois-moi et ouvre tes oreilles aux conseils de la sagesse. Ne sais-tu pas du reste que deux hommes, comme Ahmadou, sultan de Ségou, et le gouverneur du Sénégal, ne sont pas des hommes ordinaires. Ils n'agissent pas comme de petites gens. Penses-tu que le gouverneur écoute les faux bruits qui lui sont rapportés sur ton compte. Il n'en est rien, parce qu'il sait que ce sont toujours des mensonges, rapportés par des gens qui ne t'aiment pas. On a fait courir sur moi des bruits absurdes, que je ne me donnerai même pas la peine de relever. Qui sont mes compagnons? L'un est M. Piétri, officier d'artillerie, chargé de m'aider pour la conduite du lourd convoi qui t'apportait les présents que la France t'envoyait. L'autre est M. Vallière, qui, à Saint-Louis, m'était adjoint pour la direction des affaires politiques. Enfin, le quatrième est un médecin comme M. Quintin. Celui qui m'a quitté à Nafadié était également un médecin. Dans ce pays où les Européens meurent vite, il faut beaucoup de médecins.

« Les hommes qui m'accompagnent, tirailleurs, spahis ou laptots, étaient destinés à me servir d'escorte d'honneur. Ils devaient m'entourer dans leur grand costume de parade, afin que tu sois bien convaincu que le gouverneur t'envoyait un homme important, un second lui-même. Peux-tu croire que j'étais venu dans le pays pour soutenir les Bambaras révoltés? Insensé celui qui a pu dire cela ! N'a-t-il donc jamais vu une colonie française avec son général, son infanterie, sa cavalerie et ses canons? Va-t-on faire la guerre avec des ânes? Et ces cadeaux que j'apportais, pour qui étaient-ils, si ce n'est pour toi? Envoie un émissaire dans le Bélédougou, et il verra de ses propres yeux les glaces, les sabres, caftans et les abbayas que Bou-el-Mogdad, l'interprète du gouverneur, avait apportés de la Mecque pour toi; les livres arabes destinés à Seïdou-Diéylia, ton savant premier ministre; les vases d'argent et les pagnes en soie noire que M. Brière de l'Isle envoyait à ton auguste mère; les fusils, armes, objets rares, destinés à tes guerriers et à tes conseillers.

« Tu le vois donc, c'est une mission pacifique qui vient à toi et qui a été pillée dans le Bélédougou parce qu'on savait qu'elle allait à Ségou. Tout ce que je dis là, c'est pour bien te montrer qu'il ne doit exister entre nous aucun nuage. Si je tenais tant à aller à Ségou-Sikoro, ce n'est pas pour examiner ta capitale, qui, dit-on, est fort belle, mais pour t'entretenir, pour causer avec toi, pour te dire franchement quelle est la pensée du gouverneur, ce qu'il veut, ce qu'il désire, comment il entend s'unir à toi pour le bonheur des peuples du Soudan.

« Tu me parles du traité de Mage et tu me dis que tu veux le prendre pour base de ce qui doit exister entre ton empire et la colonie du Sénégal. Soit, mais je te ferai observer que le temps a marché depuis Mage; beaucoup d'événements ont eu lieu depuis cette époque. Lorsqu'il est venu à Ségou-Sikoro, envoyé vers ton père par le gouverneur Faidherbe, la guerre avait eu lieu entre les Français et les Toucouleurs, et les deux nations voulaient se réconcilier; aujourd'hui, il n'en est plus de même. Nos deux nations ont vécu en paix depuis vingt ans, mais leurs relations ont toujours été mal réglées. Peux-tu dire que le commerce est florissant entre le Sénégal et le Niger? Les routes sont-elles sûres partout, et les caravanes de Dioulas peuvent-elles circuler librement avec leurs marchandises? Non, n'est-ce pas?

« Je puis, d'ailleurs, te dire en quelques mots ce que le gouverneur pense. Sache d'abord que ce n'est pas lui seul qui m'envoie vers toi, mais bien le grand chef des Français, de cette nation dont tu as entendu vanter la richesse, la puissance, la générosité, la bienveillance et la bonté pour les étrangers.

« La France ne veut pas d'augmentation de territoire ni de conquêtes. Elle ne demande que l'extension de son commerce; elle veut que ses caravanes puissent aller librement et aisément de Saint-Louis au Niger. Or le peuvent-elles aujourd'hui? Les routes sont couvertes de pillards; les chemins sont mauvais; des marigots, des rochers gênent la marche des animaux. On t'a dit que nous voulions la guerre. Ceux qui t'ont dit cela t'ont menti. Nous ne faisons la guerre que lorsqu'on nous y oblige et lorsqu'on attaque nos commerçants ou nos traitants.

« C'est sur toutes ces questions que je voudrais pouvoir t'entretenir. La France désire autant que toi-même ta puissance, parce qu'elle sait que, du jour où tu domineras tout le pays, ses voyageurs pourront aller partout avec leurs marchandises. Notre programme est simple. Nous voulons aller au Niger, non par la guerre et nos armes, mais par notre commerce et par des routes sûres et commodes. Assure-nous la paix et la tranquillité sur nos lignes de communication, et la France n'aura plus rien à te refuser. Voilà en quelques mots la base du traité qui doit nous unir. J'ai les pleins pouvoirs du gouverneur pour le discuter avec toi et pour répondre à toutes les demandes que tu me feras. Réfléchis bien; la mission que je commande est d'une importance exceptionnelle; d'autres voyageurs blancs pourront aller te visiter, mais le gouverneur ne t'enverra pas tous les jours une mission politique comme celle qui attend actuellement ta réponse à Nango.

« Nango, 13 juin 1880. »

Le 25 juin, l'interprète Alpha Séga revenait de Ségou. Il avait lu la lettre à Ahmadou en présence de ses principaux Talibés, et mes paroles avaient produit un excellent effet, puisque ce chef avait paru consentir à discuter le traité et avait promis d'envoyer à Nango son premier ministre, le savant Seïdou Diéylia, pour les négociations. Le sultan avait trouvé la lettre « bonne »; mais, tout en s'engageant à entrer en relations diplomatiques avec moi, il n'avait pas caché ses méfiances, dans lesquelles le maintenaient les émissaires venus du Fouta et des pays toucouleurs riverains du bas Sénégal. La réponse d'Ahmadou montrait encore combien étaient grandes à Ségou les illusions sur la situation politique de cette partie du Soudan. Pour ces nègres musulmans, aussi ignorants qu'orgueilleux, le temps n'avait pas marché depuis la mort d'El-Hadj, et l'empire du Prophète conquérant subsistait encore dans toute son intégrité territoriale. Ahmadou n'allait-il pas jusqu'à prétendre que toute la rive gauche du Sénégal, jusqu'à Podor inclus, autrefois parcourue et rançonnée par son père, avant que le gouverneur Faidherbe eût rejeté le marabout vers le Niger, était son domaine? Ces prétentions étaient déraisonnables, lorsqu'on pense qu'à quelques lieues à peine du Djoliba nous avions été attaqués et pillés, parce que les Bambaras avaient appris que nous nous rendions auprès du souverain toucouleur.

Toutefois, la réponse à ma lettre, bien qu'elle nous laissât indécis sur la durée de notre séjour à Nango, pouvait être considérée comme un premier succès, puisque le sultan avait promis de nous envoyer son premier ministre dans un avenir plus ou moins rapproché.

En témoignage de ma satisfaction, je m'empressai donc de lui faire parvenir, malgré la modicité de mes ressources, un cadeau de mille francs en pièces de cinq francs et huit fusils doubles, formant l'ancien armement de mes muletiers. J'envoyai également deux cents francs à Seïdou Diéylia, cent cinquante francs à sa mère et quelques autres menues sommes à ses principaux conseillers. On connaît l'énorme influence des cadeaux sur les peuplades nègres de ces régions. Les Toucouleurs de Ségou, malgré leurs fanfaronnades habituelles, ne font pas exception à la règle, et il fut aisé de s'en apercevoir tout de suite. Toutefois, pour donner une idée de la méfiance avec laquelle nous fûmes accueillis dans le pays, je citerai ce fait que tous les fusils, toutes les pièces d'argent, furent visités l'un après l'autre avant d'être remis au sultan, pour lequel on craignait toujours cette influence magique que l'on m'attribuait.

CHAPITRE XVIII

Installation à Nango. — Vivres fournis par Ahmadou. — Confection du *dolo*. — Privation de livres et de papier. — Renseignements politiques et géographiques près des voyageurs et des marchands sarracolets. — Courage et dévouement de nos hommes. — La fièvre intermittente dans le Soudan. — Renseignements rétrospectifs sur les événements du Bélédougou. — Inquiétudes sur notre futur départ. — Les Peuls de Ségou. — Occupations et méthodes d'agriculture des Bambaras.

Nous prîmes donc toutes nos dispositions pour séjourner à Nango. Le vieux Tiébilé, l'un des Bambaras les plus riches du village, fut dépossédé sans façon par Marico de la case où nous nous étions installés tout d'abord, et de ses cases environnantes, qui devaient servir à nos hommes. La case où nous logions avait juste quatre mètres dans tous les sens, et lorsque nos quatre nattes y étaient placées, on n'y pouvait plus remuer. Aussi fîmes-nous construire devant cette case un grand hangar en paille pour y passer les journées. Nos hommes s'installèrent du mieux qu'ils purent dans les cases du village voisines de notre habitation.

Ainsi que je l'ai déjà fait remarquer, notre case, qui, avant notre arrivée, servait de passage pour entrer dans le village, avait le grand avantage de donner sur la campagne. Elle était située sur la lisière sud du village et séparée en même temps des concessions voisines par une vaste cour, au milieu de laquelle était creusé un de ces grands trous, si communs dans l'intérieur des villages bambaras ou malinkés et d'où les habitants ont tiré la terre de leurs cases. Nous y fîmes construire un grand hangar-écurie pour nos chevaux et mulets; mais, par la suite, cette construction ne fut plus suffisante, et les grandes pluies de l'hivernage nous forcèrent à les abriter dans de véritables cases, où nos spahis les conduisaient chaque soir.

Notre *appartement* fut vite meublé. Une porte, arrachée à l'entrée d'une case, nous fournit une table suffisamment commode; deux taras, sorte de lits faits de baguettes de bambou, quelques nattes grossières en paille de mil, deux ou trois jarres en terre pour conserver l'eau fraîche, complétèrent l'ameublement. Notre batterie de cuisine ne consistant plus qu'en

une vieille casserole, que Vallière avait emportée dans son exploration de la vallée du Bakhoy, nous dûmes avoir recours aux ustensiles de cuisine et aux marmites des indigènes. Du reste, il y avait déjà quelque temps que nous avions rompu avec nos habitudes européennes et que nous étions réduits à la nourriture des populations soudaniennes, nourriture exigeant des ustensiles peu compliqués pour sa préparation.

Dès notre arrivée, Ahmadou avait donné des ordres aux villages environnants pour que chacun d'eux, à tour de rôle, nous fournît les vivres nécessaires à notre subsistance. Le sultan avait fixé notre *ration* de la manière suivante : chaque jour, nous devions recevoir quatre poulets, un pour chacun de nous. De plus, lui-même nous envoyait de ses propres magasins, d'une manière assez irrégulière, les approvisionnements en mil et en riz que nous lui demandions. Il nous faisait aussi parvenir assez fréquemment, mais avec encore plus de difficultés, les cauris nécessaires à l'achat des objets qu'il ne nous fournissait pas directement. De ce nombre était le lait, qui fut pour nous une précieuse ressource pendant tout notre séjour sur les bords du Niger. Moussa, qui était toujours l'homme aux expédients, avait découvert, aux environs de Nango, un campement peul, d'où l'on nous apportait chaque matin une grande calebasse de lait frais. Ce liquide fut souvent notre seul aliment, car nos estomacs, fatigués par les fièvres intermittentes, restaient plusieurs jours quelquefois sans pouvoir supporter d'autre nourriture. Celle-ci nous était d'autant plus nécessaire que nous manquions absolument de toniques, tels que le vin et le café, depuis la disparition de notre convoi. Nous essayâmes plusieurs fois de les remplacer par le *dolo*, sorte de liqueur fermentée que les Bambaras fabriquent de la manière suivante. Ils forment un tas de gros mil, des espèces dites *niénico*, *sanio* ou *souna*, qu'ils arrosent fréquemment. Puis ils font sécher au soleil, dès que la germination commence. Ils pilent ensuite les grains et les font bouillir à l'eau pendant huit ou dix heures. Ils transvasent le liquide et attendent que la fermentation se produise, généralement quinze à seize heures. Quelquefois ils ajoutent du miel après la cuisson. Cette liqueur ne se conserve pas plus de trois à quatre jours. Lorsqu'elle est fraîche, elle forme une boisson mousseuse, très rafraîchissante et que nous avions fini par trouver délicieuse au goût.

Quant à mes hommes, ils recevaient leur nourriture du village de Nango, et vraiment ils étaient souvent bien à plaindre, car les habitants du village ne leur donnaient que du lack-lallo, affreux mets bambara, préparé sans sel, avec de la farine de mil, simplement délayée dans l'eau et assaisonnée avec un bouillon de feuille de baobab, de houl ou de diakhatos. Que de fois mes malheureux tirailleurs, habitués à recevoir bien régulièrement leur ration de vivres dans notre colonie du Sénégal, sont-ils venus me porter leurs réclamations! Mais je ne pouvais rien pour améliorer leur sort, et mes insistances auprès de Marico restaient le plus souvent sans effet, ce chef ayant déjà les plus grandes peines du monde à obtenir que les Bambaras, pressurés de tous côtés, ne s'abstinssent pas du nouvel impôt, ordonné par le sultan de Ségou.

L'une des plus grandes privations que nous ayons eu à subir est peut-être l'absence de livres, tous ceux que nous possédions ayant été perdus au combat de Dio et se trouvant entre les mains des Béléris, qui avaient dû certainement les prendre pour des gris-gris malfaisants. Nous aurions donné beaucoup pour recouvrer les quelques volumes que renfermaient nos cantines, mais ils étaient perdus et bien perdus; et je ne crois pas exagérer en disant que cette perte nous causa la plus grande privation pendant les dix mois de notre séjour à Nango. Ce qui était encore plus grave, c'est que nous nous trouvâmes tout d'abord complètement dépourvus de papier, qui nous était indispensable pour nos notes journalières et pour recueillir les renseignements politiques ou géographiques que nous nous proposions d'envoyer vers le Sénégal à la prochaine occasion. Heureusement Alassane put se mettre bientôt en relations avec un marchand sarracolet, qui fréquentait le marché de Koulikoro, situé sur la rive gauche du Niger, dépendant du sultan, mais neutralisé en quelque sorte par ce dernier pour servir de rendez-vous commun aux Dioulas de la région et aux Béléris, qui viennent y vendre des captifs et s'y approvisionner de sel et de poudre. Plusieurs des objets pillés à Dio parurent sur ce marché et nous pûmes ainsi racheter notre propre papier au prix considérable de quarante cauris la feuille. Ahmadou avait une telle méfiance de nos carnets et de nos crayons, qu'il ne voulut jamais, malgré mes nombreuses demandes, m'envoyer le papier que je lui réclamais et dont je savais qu'il avait un approvisionnement assez sérieux. « J'aime encore mieux, disait-il une fois à mes interprètes, les fusils des blancs que leurs carnets. Quand un blanc arrive dans un pays, il écrit tout ce qu'il voit, et nous avons remarqué qu'après ce blanc en arrivaient toujours d'autres en grand nombre, qui connaissaient nos chemins, nos tatas et la position de nos villages et qui finissaient ensuite par s'emparer de toute la contrée. » Ces méfiances d'Ahmadou et de tous les indigènes qui nous entouraient à Nango ne nous empêchèrent pas d'organiser un bureau de renseignements, où nous rassemblions toutes les indications que nous pouvions recueillir sur les pays environnants, depuis Tombouctou jusqu'aux sources du Niger, essayant ainsi de relier nos itinéraires à ceux de Mage, René Caillié et Mungo-Park. Nous rencontrions le plus souvent une grande réserve chez les indigènes, marchands ou voyageurs, que nous amenaient nos interprètes; mais le plus souvent aussi, quelques poignées de cauris suffisaient pour leur délier la langue et nous fournir tous les renseignements que nous leur demandions. De plus, comme nos tirailleurs ou spahis étaient pour la plupart d'anciens captifs, originaires des contrées nigériennes, ils retrouvaient souvent quelques-uns de leurs parents, soumis momentanément aux Toucouleurs, mais qui, par haine de ces derniers, nous livraient avec empressement tous les renseignements propres à nous éclairer sur la véritable situation des dépendances de l'empire du sultan. Un jour, toute une famille, venue de Kangaba, se transporta à Nango pour décider l'un de nos tirailleurs, M'Barik Coulibary, à nous quitter et à rejoindre son village. Ce brave garçon, qui souffrait encore d'une blessure grave reçue à Dio, refusa énergiquement d'abandonner « les blancs, parce que ceux-ci étaient alors dans le malheur ». Ce fait ne fut pas le seul du même genre; et, alors que nous étions menacés journellement dans notre liberté et dans notre existence et qu'il nous était impossible de pourvoir aux besoins les plus élémentaires de nos hommes, ceux-ci, à peu près nus, incomplètement nourris, refusèrent toujours de séparer leur sort du nôtre et ne cessèrent de nous montrer le dévouement le plus absolu, restant sourds aux offres de désertion qui leur étaient faites de toutes parts et s'efforçant, par leur attitude digne et courageuse, de nous faciliter notre rude tâche. N'avais-je pas eu raison de me confier entièrement à ces braves gens, et ne suis-je pas autorisé maintenant à affirmer que nos indigènes sénégambiens seront nos meilleurs auxiliaires dans l'œuvre civilisatrice que nous poursuivons au Soudan?

Nous nous étions arrêtés à temps, car les pluies d'hivernage tombaient de plus en plus fréquentes et abondantes, et la maladie s'abattait sur nous, avec ses fièvres intermittentes, d'autant plus dangereuses que notre provision de quinine était devenue, comme je l'ai déjà dit plus haut, très limitée. La fièvre, compliquée de diarrhée, nous avait atteint tous les quatre.

La fièvre africaine est quelquefois une curieuse maladie; on croit tout d'abord que l'on n'a rien. Le soir, on se trouve par hasard surexcité; l'imagination est active; on a envie d'exercer sa verve et l'on se met à écrire une longue lettre, dans laquelle on dit, par exemple, que l'on n'a pas encore eu la fièvre et qu'on espère bien ne jamais l'avoir. Cependant, on éprouve quelque peine à continuer son travail; on est de mauvaise humeur, on devient de plus en plus surexcité, on a soif, on va se coucher, on dort avec difficulté en rêvant toute la nuit, et l'on se réveille mal à son aise. On mange peu au déjeuner, mais en revanche on boit beaucoup; puis, dans l'après-midi, on trouve, comme tout le monde, qu'il fait très chaud. Tout d'un coup on a envie de se couvrir, on a des frissons, on devient pâle; les traits se contractent, les cheveux se dressent d'une manière inusitée, les ongles prennent une teinte bleue. On est forcé d'aller se coucher et de se réfugier sous un amas de couvertures; les bouteilles d'eau chaude appliquées aux pieds, les tasses de tisane fumante avalées coup sur coup, ne peuvent arrêter les frissons, tandis que les dents s'entre-choquent avec bruit; on se croirait transporté dans les régions arctiques. Mais on ne tarde pas à revenir en Afrique et même à se sentir comme plongé dans l'atmosphère brûlante d'un bain turc. La période de froid est passée et l'on entre dans celle de la chaleur. Le front est brûlant; en même temps arrive souvent le délire, tandis qu'une soif inextinguible vous porte à boire des quantités énormes d'eau glacée, quand on en a.

Enfin arrive la dernière période. Les pores s'ouvrent et donnent passage à une transpiration abondante; le malade se sent faible, mais, en dehors de cela, sans aucun malaise. Cependant, tout n'est pas terminé, et, si le voyageur n'a pas ce merveilleux remède, le sulfate de quinine, cette providence des explorateurs africains, il ne pourra couper la fièvre. Le jour suivant passe; la faiblesse que l'on ressent aux jointures des genoux semble même avoir disparu; on croit que l'on n'a plus rien à craindre. Le lendemain cependant, on repasse par les mêmes impressions : on se remet au travail, on reprend ses occupations, et alors reviennent ces mêmes frissons, auxquels succède bientôt cette même période de chaleur que nous avons essayé de décrire.

La fièvre intermittente est surtout dangereuse quand ses accès se succèdent à de courts intervalles. Peu à peu, elle affaiblit et décompose l'organisme, ouvrant une libre carrière aux autres maladies et souvent créant par elle-même des complications graves. On peut dire qu'au Sénégal aucune précaution ne peut sauver l'Européen des attaques de la fièvre; une vie bien réglée peut cependant en diminuer la fréquence et l'intensité. Aussi, dans les conditions déplorables où nous étions à Nango, fûmes-nous souvent visités par la maladie; pour ma part, je n'eus pas moins de cinquante à soixante accès de fièvre du mois de juin au mois de novembre. Tous les huit ou dix jours, j'étais bien régulièrement forcé de gagner ma natte, et les doses de quinine étaient impuissantes à prévenir ces violents accès. Je crois que ce médicament, qui se trouvait dans les fontes de ma selle pendant la retraite de Dio, avait dû se mouiller au passage des marigots et perdre de ses qualités thérapeutiques. Nous manquions, du reste, des autres médicaments nécessaires dans ce genre de maladies. Le docteur Tautain avait bien essayé d'utiliser les graisses de ricin, dont il se trouvait de nombreux arbustes dans le pays, mais il n'avait pu y réussir. Par exemple, il fut assez heureux pour rencontrer, dans les champs qui entouraient le village, plusieurs pieds de séné (laïdour, en langue ouolof), que nous utilisâmes aussitôt pour notre pharmacie. Mais on peut bien dire que nos ressources étaient à peu près nulles pour combattre les maladies, si fréquentes pendant cette terrible saison de l'hivernage; et il a fallu que nous fussions tous les quatre servis par un tempérament très solide pour résister aux assauts de la fièvre pendant tout notre séjour à Nango.

Nos hommes, dont beaucoup étaient originaires de ces mêmes régions, supportaient bien le climat; et, à part nos blessés, que le docteur Tautain ne pouvait soigner que d'une manière imparfaite, ils affrontèrent en général assez bien les privations auxquelles ils étaient soumis. Ils eurent presque tous à souffrir du ver de Guinée ou filaire de Médine, sorte de ver blanc qui s'introduit dans le corps, soit par le tube digestif en buvant les eaux boueuses des marigots au moment de l'hivernage, soit par l'extérieur, au simple contact du corps avec la vase des marais. Cette maladie donne rarement lieu à des complications graves, mais elle est longue à guérir, car il faut enrouler chaque jour autour d'un brin de bois le ver, au fur et à mesure qu'il sort de la plaie, en ayant bien soin qu'il ne se casse pas, ce qui pourrait déterminer un abcès.

Nos chevaux et mulets furent encore plus éprouvés que nous par le climat du Haut-Niger. Les fatigues subies depuis le commencement de l'expédition et l'insuffisance de nourriture les avaient affaiblis d'une manière irrémédiable; aussi le repos et les soins furent-ils impuissants à les remettre sur pied. Chevaux et mulets succombèrent successivement, et, au moment de notre départ de Nango, nous ne possédions plus que deux de nos chevaux d'escadron, et encore dans un état qui les rendait incapables de faire la route du retour.

C'est au milieu de tous nos détails d'installation que nous passâmes les mois de juin, juillet et août. Grandes aussi étaient nos préoccupations sur l'avenir qui nous était réservé; car, depuis le jour où Ahmadou m'avait promis de m'envoyer son premier ministre pour les négociations du traité, des bruits menaçants n'avaient cessé de venir de Ségou, où l'on affectait de nous considérer comme des espions dangereux qu'il fallait faire disparaître au plus tôt et empêcher de retourner vers les rives du Sénégal.

Au commencement de juillet, nous fûmes rejoints par les hommes que nous avions laissés à Tourella. Saër N'Diaye, trop gravement blessé pour faire la route, resta seul dans ce village. Nos indigènes nous donnèrent d'intéressants détails rétrospectifs sur les événements du Bélédougou. Les Béléris avaient, paraît-il, fait des pertes encore plus considérables que celles que nous avions estimées tout d'abord. Outre les tués sur le champ de bataille de Dio, tous leurs blessés avaient succombé, ce qui faisait dire aux Bambaras que « les balles des blancs étaient empoisonnées et que personne ne pouvait en guérir ». Cet indigène avait aussi raconté à l'un de ses parents de Tourella, venu pour le visiter, que tous les gens du Bélédougou avaient maudit les chefs qui avaient décidé de nous attaquer et de nous piller et avaient ainsi amené la mort d'un si grand nombre des leurs. Du reste, les pertes subies par ces misérables ne s'étaient pas bornées à celles que nous leur avions infligées pendant le combat, car, au dire du chef de Tourella, ils avaient eu, après notre départ, de nombreuses mésaventures. Ainsi, une caisse en fer-blanc soudée, qui devait contenir des étoupilles et quelques-unes de nos grandes fusées à signaux, avait éclaté au milieu d'un groupe de Béléris, au moment où l'un d'eux l'ouvrait avec une pioche, et avait fait plusieurs victimes parmi les assistants, saisis de terreur par cet événement mystérieux. De même, quelques-uns de ces pillards avaient été empoisonnés par les médicaments contenus dans nos cantines de pharmacie et auxquels ils avaient voulu goûter. Enfin, on racontait que plusieurs Béléris, ayant bu immodérément de notre tafia, étaient tombés ivres morts et que les chefs avaient donné l'ordre de répandre à terre tous les barils qui étaient encore pleins. C'était un fait significatif pour qui connaît l'ivrognerie des Bambaras, habitués à absorber des quantités énormes d'eau-de-vie de mil, liqueur à la vérité beaucoup moins alcoolique que notre rhum. On disait aussi qu'il était arrivé après le combat ce que nous avions prévu nous-mêmes : le partage du butin avait occasionné de violentes querelles parmi les pillards, et les Béléris en étaient venus aux mains. Le village de Dio, soutenu par ses parents de Ouoloni, avait voulu, paraît-il, la plus grosse part des objets volés, sous le prétexte qu'il avait accueilli les bandes coalisées contre nous et facilité l'attaque du convoi ; mais les autres villages avaient résisté par les armes à ces prétentions et avaient tué un grand nombre d'hommes à leurs adversaires.

En somme, l'attentat de Dio n'avait pas été sans conséquences désagréables pour leurs auteurs. D'ailleurs, aux dernières nouvelles parvenues à Tourella, le remords semblait s'être glissé parmi ces brigands, qui se prenaient à penser au châtiment que pourrait entraîner leur conduite, qu'ils n'expliquaient que par la méfiance que nous leur inspirions en prenant nos notes de voyage et en « faisant des gris-gris contre eux ». On nous assurait que les chefs du Bélédougou, inquiets sur les suites de leurs fautes, n'avaient distribué qu'une minime partie du butin et que la plupart des gros cadeaux, sabres, manteaux, boîtes à musique, etc., étaient conservés soigneusement à Guinina pour être remis aux Français, si ceux-ci envoyaient une colonne expéditionnaire dans le pays. Toujours est-il que nous l'avions échappé belle lorsque nous avions quitté en toute hâte le village de Bammako pour nous réfugier de l'autre côté du Niger, car le chef de Tourella nous apprit que les Bambaras étaient arrivés à Bammako le 14 au soir, c'est-à-dire le lendemain même du jour où nous en étions partis ; ils l'avaient quitté le 15 au matin et, à mi-chemin de Nafadié, ayant appris que notre intention était de nous transporter sur la rive droite du Niger, ils s'étaient divisés en deux colonnes pour nous couper la route. La plus considérable avait pris les bords du fleuve pour aller s'embusquer sur la route de Djoliba au gué de Tourella et nous attaquer au passage; l'autre, moins forte, avait marché sur Nafadié, où elle avait enlevé quelques captifs, restés en dehors des murs. Puis, les deux colonnes, déroutées par la rapidité de nos mouvements, s'étaient réunies en face de Tourella où, heureusement, elles avaient trouvé le gué impraticable pour les piétons; elles s'étaient retirées après avoir passé toute la journée du 17 sur les bords du Niger.

En même temps que ces renseignements, nous apprenions que la révolte s'étendait de plus en plus dans le Kaarta, où les Bambaras coupaient toutes les communications entre Ségou et Nioro. Cette nouvelle nous alarmait vivement, car Ahmadou s'était montré irrité de nous avoir vu passer par Mourgoula et le Manding et nous craignions qu'il nous retînt à Nango jusqu'à ce que la voie de Nioro fût rouverte. Or ce résultat n'était pas près d'être atteint, et les Talibés, à en juger par les nombreux palabres où le sultan essayait, mais en vain, de les décider à prendre les armes pour franchir le Niger, pénétrèrent dans le Bélédougou et le Kaarta. De même, Mountaga et Bassirou, frères d'Ahmadou, résidant à Nioro et à Kouniakory, ne montraient aucun empressement à joindre leurs forces à celles de leur frère, et nous nous demandions avec inquiétude ce qu'il adviendrait de nous si les routes du Sénégal étaient interceptées. Nous espérions toujours pouvoir nous remettre en voyage dès la fin de l'hivernage ; mais, comme notre départ était subordonné à la volonté du sultan et à ses succès du côté du Bélédougou et du Kaarta, nous avions chargé Alpha Séga, qui résidait en permanence à Ségou, de nous tenir exactement au courant de la situation politique du pays. Les premiers mois de notre séjour à Nango s'étaient écoulés sans que nous pussions avoir aucune indication sur l'époque présumée de notre départ, et ce n'est que vers le milieu de septembre qu'Ahmadou prit enfin une détermination à notre sujet. Alpha m'informait en effet que le sultan s'était décidé à « donner aux Français son fleuve, le Niger, pour une grosse somme d'argent » ; puis, après le traité, il enverrait son armée dans le Bélédougou pour livrer bataille aux Bambaras révoltés et nous conduire jusqu'à Nioro. Il voulait même me prier de lui laisser Piétri pour diriger les quelques pièces d'artillerie qu'il possédait à Ségou et qui provenaient d'une expédition faite autrefois par son père El-Hadj Oumar contre l'un de nos postes du Bondou.

Ces renseignements étaient favorables et nous prouvaient qu'Ahmadou était un peu revenu de l'extrême méfiance qu'il nous avait montrée à notre arrivée et sous l'influence de laquelle il nous tenait encore éloignés et dans une quasi-captivité à Nango. De plus, ce protectorat du Niger, décidé en principe par le souverain toucouleur, était un grand résultat obtenu, et c'était avec une vive impatience que nous attendions la fin des pluies de l'hivernage : car nous savions que les guerriers d'Ahmadou ne pourraient se mettre en campagne que lorsque le Djoliba et les marigots seraient rentrés dans leurs lits et auraient découvert les gués permettant le passage sur la rive gauche du fleuve. Mais nous comptions sans les lenteurs calculées de notre hôte, qui allaient nous retenir encore de longs mois dans ce coin ignoré du Soudan.

Cependant l'hospitalité d'Ahmadou devenait de moins en moins prévoyante et nous étions souvent forcés de puiser dans nos maigres ressources en argent pour nous procurer des cauris. J'envoyais alors Alassane et plusieurs de nos hommes dans les marchés environnants pour troquer nos pièces de cinq francs contre ces coquillages, qui forment la monnaie presque exclusive dans le bassin du Haut-Niger. On nous donnait généralement de 3 à 5000 cauris pour cinq francs ou plutôt 2400 à 4000, car les indigènes comptent 80 au lieu de 100, etc. C'est du reste la monnaie la plus incommode que l'on puisse imaginer, et les marchands indigènes, malgré l'habitude qu'ils en ont, mettent un temps infini pour compter la quantité de cauris équivalant au prix d'un mouton par exemple (5000 cauris). On juge ce qu'il doit falloir de temps pour compter 500 000 cauris, qui, du reste, constituent un chargement complet d'âne.

Ces cauris nous permettaient seuls d'acheter le lait, qui formait la partie essentielle de notre nourriture; notre estomac, fatigué par les fièvres intermittentes, ne pouvant plus guère en supporter d'autre. Moussa, ainsi que je

Femmes peules.

l'ai déjà dit, était heureusement parvenu à se mettre en relations avec un campement peul, qui s'était installé à peu de distance de Nango. Chaque matin, l'une des femmes de la tribu nous apportait une grande calebasse de lait. Le lait qui nous restait servait à faire du fromage, que nous mangions avec du miel. Parmi ces Peules, il s'en trouvait quelquefois de fort jolies; ainsi, l'une d'elles, la belle Aïssata, qui nous apporta notre lait pendant plusieurs mois, était réellement un beau type. Moli, une jeune sœur d'Aïssata, eût certainement attiré l'attention même dans l'une de nos grandes villes d'Europe; la finesse de ses traits, la petitesse de ses extrémités, tout contribuait à faire de cette jeune Peule le type parfait de cette race, dont l'origine est encore imparfaitement connue.

Nous allions souvent nous promener jusqu'à ce campement, au grand effroi de Marico, qui n'aimait pas à nous voir nous éloigner du village. Ces Peuls nous intéressaient par leurs mœurs, en même temps que nous voyions en eux des représentants de cette race qui avait peu à peu conquis tout le Soudan occidental et converti ses habitants à l'islamisme. C'étaient, en général, des individus de haute taille, aux formes élancées, d'une couleur brun rougeâtre, avec des traits européens et des cheveux presque bouclés, plus longs que ceux des Bambaras.

Les Peuls qui habitent la rive droite du Niger ne sont pas tous nés dans le pays. Les uns habitaient le pays de Ségou longtemps avant l'arrivée d'El-Hadj Oumar; d'autres ont été amenés du Bakhounou par ce conquérant. Quelques-uns, en petit nombre, proviennent du Fouta sénégalais; ils appartiennent aux familles des Diallo, des Ba, des Dia, des So presque tous Irlabés et Ouroubés. Au point de vue politique, ils forment plusieurs catégories : ceux qui viennent du Fouta sont assimilés aux Talibés; ceux du Bakhounou et du Ségou constituent les Toubourous; ceux qui ont été faits captifs à la guerre forment les Fourbabés[1].

Les Peuls Toubourous payent comme impôt le trentième des bestiaux et une sorte de cote personnelle d'un moule (2 litres environ) de mil par tête. Les Fourbabés n'ont pas d'impôt régulier; c'est chez eux qu'Ahmadou prend les bestiaux dont il a besoin.

Les Peuls s'occupent exclusivement de leurs troupeaux; ils cultivent peu et ne font pas de commerce. Ils sont nomades et construisent rarement des villages permanents. Ils fournissent des chasseurs habiles et audacieux, renommés pour leur aptitude aux longues marches. Dans certaines contrées du Haut-Niger, ils chassent l'éléphant avec succès.

Le mois d'octobre s'ouvrit encore sans qu'Ahmadou nous eût fixés sur l'arrivée à Nango de son premier ministre, Seïdou Diéylia, qui devait nous apporter ses propositions pour le traité. A Ségou, on palabrait toujours, et les Talibés, se plaignant que le sultan les laissait dans la misère et ne voulait pas leur distribuer le butin, or, captifs, troupeaux, renfermés dans ses magasins, se refusaient à entrer en campagne. Singulier spectacle que ce souverain discutant avec ses sujets pour les pousser à prendre les armes

---

[1]. Appelés d'abord *Foulba* ou *Fourba* par les Bambaras. Les conquérants toucouleurs, en transportant ce mot composé dans leur langue, en ont fait *Fourbabés*.

contre l'ennemi! Les Bambaras cependant faisaient des progrès, et l'on nous annonçait que Faliké, le chef de Mourdia dans le Kaarta, venait de s'insurger aussi contre Ahmadou et s'était avancé jusqu'à Toubacoura, où il cherchait à soulever la contrée contre les Toucouleurs. Toubacoura n'était pas loin de Nyamina, l'un des chefs des États de Ségou, et les révoltés allaient ainsi atteindre bientôt la rive gauche du Niger. L'insouciance des Toucouleurs en présence de ces événements nous étonnait fort, et nous ne pouvions nous expliquer leur inaction.

Nous nous trouvions alors dans le plus mauvais mois de l'année. L'atmosphère, lourde et imprégnée d'humidité, ne permettait de respirer que difficilement, tandis que la chaleur et les moustiques chassaient le sommeil pendant la nuit. Aussi restions-nous à veiller fort tard, espérant toujours que la lassitude finirait par fermer nos yeux et nous procurer un peu de repos. Il était rare du reste que nous fussions bien portants tous les quatre, et, le plus souvent, l'un de nous était étendu dans la case, attendant philosophiquement la fin d'un accès de fièvre et se demandant avec inquiétude comment se terminerait notre voyage. Je fus ainsi alité pendant les quinze derniers jours de septembre, ne pouvant me

Type peul de Ségou.

débarrasser d'une fièvre tenace, qui m'enlevait toute force et tout appétit.

Les pluies commencent déjà à tomber avec moins de violence au mois d'octobre. Les habitants se préoccupent de ramasser leurs récoltes, et la plus grande animation règne chaque jour dans les campagnes qui environnent les villages indigènes. Nous avons vécu pendant plus de dix mois de l'existence de nos hôtes bambaras, et l'on peut dire que leur principale occupation est l'agriculture. Pendant la saison des pluies, ils plantent, cultivent et récoltent. Le reste de l'année, ils mangent leur récolte.

Les opérations relatives à la production et à la consommation de cette récolte suffisent à occuper ces indigènes qui, comme tous les nègres africains, sont plus ou moins paresseux et n'emploient que des procédés tout à fait rudimentaires. Par exemple, la farine de mil étant préparée par une femme qui pile le grain dans un mortier, on voit que celle-ci n'a guère le temps de s'occuper d'autre chose, quand elle a confectionné le *couscous* ou le *lack-lallo* de la journée pour les besoins de toute la famille. De même, le jour est bien rempli quand l'une de ces indigènes a préparé une calebasse de *dol* et vaqué en même temps à ses devoirs maternels.

Remarquons en outre que, dans la plupart des villages de l'intérieur, l'approvisionnement de l'eau pour les usages journaliers constitue un travail assez pénible. Il faut le plus souvent puiser l'eau dans des puits profonds de 8 à 15 mètres, avec des calebasses attachées à l'extrémité d'une corde de baobab, opération qui demande beaucoup de temps. Dans ces contrées primitives, les puits sont toujours entourés par une foule d'hommes, de femmes, d'enfants, d'animaux de toute espèce, grouillant dans une confusion des plus pittoresques et au milieu d'un bruit assourdissant.

Les Bambaras sont les cultivateurs par excellence de ces régions. Pendant la saison des pluies et des récoltes ils sont rarement inoccupés, et tout porte à croire que l'arrivée de nos traitants et commerçants sur le Niger, en leur assurant un prix rémunérateur pour leurs produits, pourra transformer peu à peu cette population actuellement sauvage et déguenillée. C'est ainsi que nous avons pu déjà constater vers le Bas-Sénégal, notamment dans le Cayor et le Oualo, un grand accroissement des cultures, au fur et à mesure qu'augmentent les demandes du commerce de Saint-Louis. Or, ici, les besoins sont encore plus grands que dans les contrées qui avoisinent les principaux centres de notre colonie. Les hommes sont presque nus, les femmes et les enfants le sont entièrement. Les ornements de verroteries, si enviés des négresses du Soudan, font même défaut; les fusils sont antiques et de mauvaise qualité; la poudre et le plomb n'existent pas. Le sel surtout manque entièrement, et c'est l'absence de cette denrée qui semble particulièrement pénible aux Bambaras, qui l'achètent le plus souvent à des prix exorbitants.

Les travaux de culture commencent après les premières pluies. Toute la famille se rend alors aux champs. Les surfaces ensemencées ne dépassent guère les environs des villages, et les indigènes, au lieu de cultiver les immenses étendues de sol fertile qu'arrosent les nombreux ruisseaux ou marigots de la saison pluvieuse, se bornent le plus souvent à utiliser leurs anciens champs, dans un rayon de 4 à 5 kilomètres de leurs cases, sans songer à défricher de nouveaux territoires. Une très minime partie des terrains cultivables est ainsi mise en œuvre, et ce n'est pas l'espace qui manquera, lorsque l'ère de paix que nous voulons inaugurer dans ces régions aura déterminé ces peuplades nègres à se livrer sur une grande échelle aux paisibles occupations de l'agriculture.

Dès que le travail des champs commence, vers la fin du mois de mai, les hommes partent chaque matin de très bonne heure pour les *lougans*; les femmes les suivent de près, portant dans des calebasses le repas qu'elles viennent de préparer pour leurs maris ou parents. Tout le monde se met au travail. La terre est bêchée à de petites profondeurs avec les outils du pays, sortes de piochons à manche court (60 centim. environ), composés d'un fer rectangulaire concave, emmanché par une longue soie dans le manche, renforcé à cette partie. Ces outils diffèrent des outils employés dans les pays ouoloffs et qui consistent en un long manche en bois, auquel s'adapte, par un

Type bambara.

appendice cylindrique, un fer en forme de croissant. Ces outils permettent de travailler la terre en se tenant debout.

A l'aide de ces piochons, les Bambaras et les Malinkés nettoient le terrain, enlèvent les herbes, qu'ils brûlent sur l'emplacement même de leurs champs, puis disposent la terre en petits tas réguliers, de forme tronconique (environ 1 mètre de large sur 30 à 40 centimètres de hauteur), afin de permettre à l'eau de séjourner entre ces monticules. Malgré l'infériorité de ces moyens de travail, les cultivateurs bambaras opèrent avec une certaine rapidité, et on les voit, à peu près nus, courbés sur le sol sous un soleil de plomb, s'avancer sur la même ligne et ameublir en peu de temps d'assez grandes étendues de terrain. Ils travaillent tout le jour, presque sans repos. Les femmes rentrent au village un peu avant leurs maris pour préparer leur nourriture; elles se chargent d'un faix de bois à brûler. Souvent aussi on voit les Bambaras rentrer à leurs cases, en bandes joyeuses, précédées des tam-tams et des flûtes indigènes; les femmes et les enfants chantent, dansent et accompagnent les musiciens de leurs battements de mains. Il faut dire du reste que les travaux des champs ne commencent jamais sans que ces nègres superstitieux et fétichistes se rendent solennellement au bois sacré pour y appeler la bénédiction des idoles sur les travaux de l'année.

Les semis ont lieu peu de jours après la préparation des terres, lorsque celles-ci ont été suffisamment mouillées par les pluies. On sème à la volée. Les indigènes ne forment pas toujours des champs séparés pour chaque espèce de culture; le plus souvent, par exemple, ils mélangent dans leurs plantations de coton du mil et du maïs. Le fonio et le maïs se récoltent à la fin de septembre; le niéniko, le sanio et le soubako, en novembre. Les moyens de récolte sont des plus rudimentaires, et les nègres de cette partie du Soudan répugnent à toute idée de progrès en agriculture. C'est ainsi qu'ils n'ont pu se décider à adopter encore cet instrument si simple, le brancard, qui leur permettrait d'emporter des fardeaux beaucoup plus lourds que ceux qu'ils se contentent de transporter sur leurs têtes. La routine, il faut bien le dire, est pour le moment la seule règle de ces peuplades ignorantes; ainsi ont fait leurs pères, ainsi ils feront eux-mêmes. Ils se garderaient bien, si l'impulsion ne leur vient pas d'une race supérieure, de déranger quoi que ce soit aux usages établis par leurs aïeux.

Les récoltes sont conservées dans des greniers en paille, de forme cylindrique, de 1 à 2 mètres de diamètre et de 2 mètres de hauteur environ. Ils reposent sur des pierres, qui les mettent à l'abri des insectes et surtout des termites. Ces greniers restent le plus souvent cachés dans les champs, et les grains ne sont rentrés qu'au commencement de l'hivernage. Les Bambaras craignent les incendies, si fréquents avec les fragiles constructions du pays; ils redoutent aussi les razzias continuelles de leurs maîtres toucouleurs, qui ne se lassent de les rançonner et de leur enlever toutes leurs ressources. Ces malheureux sujets cachent donc dans les champs leurs récoltes et se tiennent prêts, comme nous l'avons vu maintes fois, à abandonner leurs villages vides aux troupes ennemies ou amies qui viennent les visiter. C'est ainsi que, pendant notre voyage de Tourella à Nango sur la rive droite du Niger, la plupart des habitants des villages bambaras de cette région, nous prenant pour des Toucouleurs, quittaient leurs cases; nous ne trouvions absolument rien dans les villages déserts, et nos hommes étaient forcés d'aller fouiller les champs pour nous empêcher de mourir de faim.

Les différents mils récoltés par les Bambaras leur servent pour leur nourriture et pour acquitter les divers impôts plus ou moins vexatoires (impôt personnel, nourriture des Talibés, etc.) établis par les Toucouleurs.

Il est assez difficile d'évaluer, même approximativement, la valeur annuelle des récoltes. On peut dire toutefois, en tenant compte de l'imprévoyance habituelle des nègres et du défaut de débouchés commerciaux dans ces contrées, que la récolte ne dépasse guère les besoins de l'année (nourriture, impôts, confection du dolo, etc.). Quelques Bambaras, économes malgré la crainte des razzias, possèdent bien quelques provisions de prévoyance, mais le fait n'est pas général. Nous avons pu nous en rendre compte nous-mêmes à Nango, village d'environ 400 habitants, qui avait reçu l'ordre d'Ahmadou de nous nourrir, nous et nos animaux, pendant tout notre séjour dans l'empire toucouleur. Les premiers mois, alors que les nouvelles récoltes n'avaient pas encore paru, nous avions toutes les peines du monde à obtenir la nourriture de nos chevaux; quelques indigènes étaient même forcés d'acheter le mil qu'ils devaient fournir pour leur part. Plus tard, dès que le maïs eut commencé à pousser, on nous en donna; il était humide et pas encore entièrement mûr. Enfin, en octobre, dès l'apparition du mil, on nous en donna également. Ainsi, les habitants du village n'avaient pas d'approvisionnements et étaient obligés d'employer leur récolte au fur et à mesure qu'elle était faite. Nous ajouterons encore qu'à l'entrée de l'hivernage nous avons vu souvent des Bambaras n'avoir plus même de grains pour les semailles et être forcés d'acheter de la semence. Mais, comme nous l'avons déjà dit, cette apathie au travail disparaîtra en même temps que l'intolérable domination des fils du prophète musulman.

En dehors des indigènes employés au travail de la terre, on rencontre dans les villages de la région des forgerons qui fabriquent les couteaux, sabres et outils d'agriculture en usage dans ces contrées; des cordonniers, qui confectionnent d'assez jolis objets en cuir, tels que bottes, sandales, étuis de couteau, fourreaux de sabre, poires à poudre, etc.; des tisserands qui, avec le coton récolté et travaillé dans le pays, font des bandes d'étoffe, servant à la confection des vêtements indigènes; enfin, des vanniers qui font des corbeilles, des nattes, des *taras*, sorte de lits en baguettes de bambous, etc. Mais, quant à présent, toutes ces industries sont si rudimentaires qu'elles n'ont aucune importance commerciale. On peut cependant noter le fait, déjà constaté par Mage et d'autres voyageurs, que les Bambaras et les Malinkés ont l'esprit commercial développé. Cet instinct est sans doute fortement mélangé de cupidité, mais ne nous plaignons pas, si ce défaut présente l'avantage de pousser les populations à mettre en œuvre leurs immenses ressources agricoles et métallurgiques pour se procurer, en échange, les objets de traite, que leur apporteront nos marchands. Des progrès dans ce sens ont été déjà faits, et nous nous rappelons qu'à notre retour du Niger, cette population que nous avions laissée misérable et en haillons, nous la retrouvâmes proprement vêtue, habitant dans des cases plus confortables et pourvues même de quelques meubles grossiers vendus par nos traitants du haut fleuve. La vue des brillantes étoffes que leur montraient ces derniers avait fait naître chez eux le désir de les posséder, et ils s'étaient mis au travail.

CHAPITRE XIX

Dénuement de la mission à Nango. — Inquiétudes et découragement — Retards continuels. — Envoi d'un courrier au Sénégal. — Arrivée de Seïdou Diéylia à Nango. — Négociations pour le traité d'alliance et de commerce. — Le traité du 3 novembre 1880.

Cependant Ahmadou, malgré ses promesses, ne se pressait pas de nous envoyer son premier ministre. Bien plus, il restait sourd à toutes mes plaintes sur le dénuement dans lequel Marico nous laissait à Nango, et mon interprète Alpha Séga trouvait toujours porte close quand il se présentait chez le sultan pour lui porter nos réclamations. Un moment nous pûmes croire que le souverain toucouleur, cruel et astucieux comme tous ses congénères, nourrissait de mauvais desseins contre nous et avait formé le projet de nous couper les vivres. La révolte gagnait toujours autour de nous, et, le 12 octobre, un détachement de Talibés et de Sofas dut aller occuper Nyamina pour couvrir ce village contre les tentatives des Bambaras ; en même temps, on commençait déjà, à Ségou, à parler de la formation d'une colonne française destinée à châtier les gens du Bélédougou de l'attaque de Dio, et l'on ne nous cachait pas que l'intervention de nos armes, dans des contrées que les Toucouleurs considéraient comme faisant partie de leur empire, ne ferait encore qu'aggraver notre situation. Enfin, Alpha m'annonçait que Khoumo, l'ancien chef malinké que j'avais autrefois chassé de ma présence, était arrivé à Ségou pour achever d'indisposer Ahmadou contre la mission, en le mettant au courant des négociations que j'avais ouvertes avec les chefs du Bakhoy, du Fouladougou et du pays de Kita, et qui étaient en grande partie dirigées contre les fils d'El-Hadj Oumar. La profonde ignorance où nous étions des événements du haut Sénégal, ainsi que notre misérable état de santé et le silence obstiné du sultan, nous jetèrent dans un profond découragement. Nous pensâmes même pendant plusieurs jours à nous échapper nuitamment de Nango et à gagner rapidement la rive droite du Mahel Balével, grand affluent du Niger, habitée par des peuplades bambaras, en révolution ouverte contre Ségou. Mais les renseignements que nous prîmes secrètement nous convainquirent bientôt que ce projet était irréalisable. On ne nous laissait aucun doute sur le degré de sauvagerie des habitants de cette contrée, où l'on citait même des tribus anthropophages; puis, nous nous trouvions à une bonne journée de marche du Mahel Balével, que nous n'aurions pu atteindre avec nos chevaux malades et fourbus, sans risquer d'être arrêtés par les cavaliers d'Ahmadou, ce qui eût rendu notre situation bien autrement difficile et délicate envers le sultan toucouleur.

Mieux valait donc patienter et attendre les événements. Du reste, notre position s'améliora tout d'un coup, et une nouvelle lettre d'Alpha vint nous rendre l'espoir et dissiper nos sombres pensées. Ces changements imprévus sont de règle dans les cours africaines, et les voyageurs qui ont eu à subir l'hospitalité, ou pour mieux dire, une sorte de captivité chez les princes nègres du Soudan, ont pu s'apercevoir comme nous que les événements déroutaient presque toujours leurs prévisions. Ces chefs barbares n'ont ni règle de conduite, ni prévoyance; ils vivent au jour le jour, se préoccupant peu de ce qui se passe autour d'eux et sautant, avec une singulière désinvolture, d'un projet à un autre tout contraire. La lettre d'Alpha nous prouvait encore une fois qu'Ahmadou, comme tous ses pareils, vivait isolé au milieu de ses femmes et de ses captifs et ne se tenait nullement au courant des réclamations de ses sujets ou de ses hôtes.

C'était le vendredi. Il sortait de son tata pour se rendre à la mosquée et aperçut tout d'un coup mon interprète, qui se tenait sur son passage pour essayer de lui parler. « Eh bien! comment se portent *mes blancs?* Il y a longtemps qu'on ne m'en a parlé. — Mais, Cheickou, répond Alpha, voilà un mois qu'on les laisse sans vivres et que je tente vainement de te voir pour te l'apprendre. — Ce n'est pas possible. Viens me voir demain après le salam du matin. »

Le lendemain, Alpha assista au palabre et obtint tout ce qu'il demanda. Samba N'Diaye et Boubakar Saada arrivèrent à Nango avec un gros approvisionnement de mil, de riz et de cauris. Ils m'apportaient de plus l'assurance que Seïdou Diéylia serait à Nango avant la fin du mois avec les pleins pouvoirs du sultan, disposé en principe à nous accorder le protectorat du Niger. Quant à Khoumo, je n'avais pas à m'en préoccuper, car il n'avait même pas été reçu par Ahmadou.

Boubakar Saada et Samba N'Diaye restèrent plusieurs jours à Nango. On nous disait que la misère était grande à Ségou et qu'ils étaient enchantés de se faire nourrir gratuitement, eux et leur suite, par les Bambaras du village. Il est vrai que le sultan avait donné l'ordre de nous envoyer trois vaches pour nous entretenir de lait, et que les deux Talibés ne devaient quitter Nango que lorsque ces animaux nous auraient été amenés par leurs propriétaires, qui, on le comprend bien, se faisaient tirer l'oreille pour nous faire ce cadeau forcé. Mais tous ces retards nous impatientaient, car ils avaient pour objet de reculer continuellement notre départ, que nous aurions voulu fixer à la fin de la saison d'hivernage, c'est-à-dire au mois de novembre. Tout nous annonçait que les pluies allaient cesser : le vent d'est commençait à souffler, le thermomètre montait dans l'après-midi et baissait au contraire la nuit et le matin; les Bambaras faisaient leur récolte, et la campagne environnante reprenait peu à peu l'aspect desséché qu'elle avait avant notre arrivée, alors que l'exubérante végétation de l'hivernage n'avait pas encore recouvert tous les abords du village. Les *kadds*, arbres où les Bambaras ont l'habitude d'installer leurs ruches à miel, montraient leurs fleurs, tandis que les baobabs au contraire perdaient leurs feuilles. Les femmes et les enfants s'occupaient avec activité à ramasser ces dernières pour la confection du *ballo* pendant la saison sèche. Les noirs sénégambiens disent que la poussé des feuilles du baobab annonce la mort des blancs, c'est-à-dire l'hivernage, et leur chute, la mort des noirs, c'est-à-dire les nuits froides dans des cases ouvertes à tous vents et sans vêtements suffisants pour se préserver des refroidissements. Dans ce proverbe il y avait du vrai, car nous sentions la santé nous revenir peu à peu, et nous ne demandions qu'à enfourcher nos montures pour reprendre la route du Sénégal.

Vers la même époque, Alassane me procura une occasion, vainement cherchée jusqu'alors, de faire parvenir de nos nouvelles au gouverneur. On se rappelle que, depuis notre départ de Nafadié, nous n'avions reçu aucune nouvelle de nos postes du haut fleuve et qu'il nous avait été également impossible d'écrire. Personne n'avait voulu se charger de nos lettres, et Ahmadou, se méfiant extraordinairement de tout ce que nous écrivions, avait toujours fait la sourde oreille quand je lui avais fait parler d'envoyer un courrier à Médine. Tout ce qui était écriture était pour lui un sujet de crainte superstitieuse. Un Dioula sarracolet, qui faisait route pour Bakel, voulut bien se charger, pour le prix de quinze pièces de guinée, qui devaient lui être comptées à la remise du courrier, de porter nos lettres jusqu'à ce poste. Il acceptait ainsi une mission bien périlleuse, car il prit toutes sortes de précautions pour qu'on ignorât la mission dont il se chargeait et nous fit jurer de n'en parler à personne; car, nous dit-il, Ahmadou lui couperait le cou, s'il le savait. Je pus ainsi écrire longuement au gouverneur, à qui j'adressai un récit détaillé des événements du Bélédougou et des faits qui avaient eu lieu depuis notre arrivée à Nango : les méfiances d'Ahmadou, nos espérances pour le traité, les efforts des étrangers pour entrer en relations avec ce sultan, etc. Je lui donnai quantité de renseignements sur les pays que nous avions parcourus depuis Kita, sur l'empire des Toucouleurs, en joignant à toutes ces indications une carte générale du haut Sénégal et du Haut-Niger depuis Bafoulabé, et des croquis représentant les points, tels que Mourgoula, Niagassola, Koundou, Guinina, dont l'occupation devait assurer notre domination dans les régions nigériennes. En même temps, nous pûmes tous les quatre écrire à nos familles, qui devaient être dans une profonde inquiétude depuis que le mystérieux Djoliba s'était élevé comme une barrière infranchissable entre nous et la colonie du Sénégal. Ce n'est que six mois après, à notre retour à Kita, que nous apprîmes que notre volumineux courrier était arrivé à son adresse. Nos croquis géographiques, lithographiés rapidement au Ministère de la marine, se trouvaient entre les mains de tous les officiers de la colonne d'occupation de Kita, dont ils avaient guidé la marche vers ce point, formant le nœud de toutes les voies commerciales de cette partie du Soudan.

Le 28 octobre, je reçus enfin d'Alpha Séga la lettre suivante : « Je suis à Massala, tout près de Nango, avec Seïdou Diéylia et ses deux frères, qu'accompagne une escorte digne de vous et du ministre du sultan. Les plus grands chefs de Ségou sont avec nous : Mahamou et Bafin, chefs de la maison d'Ahmadou, Farba Baïdi, son griot favori, Kambéna et Alakamessa, officiers du diomfoutou (maison royale), et un grand nombre de Talibés et de Sofas. Demain, nous serons à Nango. »

Le lendemain, en effet, Seïdou Diéylia arriva en grande pompe. Nous allâmes l'attendre à l'entrée du village, sous un grand baobab placé au centre d'une large avenue, pratiquée pour l'occasion au milieu des ronces et des cultures. Marico était en grande tenue de guerre; il portait sur l'épaule un carquois rempli de flèches et, à la main, un arc dont la corde était faite d'une mince baguette de bambou; de l'autre, une sorte de fouet à manche très court, avec lequel il éloignait les curieux qui voulaient empiéter sur l'espace libre laissé en avant de nous. Les griots du village étaient rangés, prêts à accueillir, de leurs chants discordants, le beau cortège qui s'avançait.

Nous vîmes d'abord paraître les Talibés à cheval. Ces guerriers portaient le costume sévère des adeptes de l'islamisme : grand boubou flottant, pantalon bleu de forme arabe, large turban[1] enveloppant le petit bonnet blanc

---

1. Le turban d'un bon musulman doit toujours être assez vaste pour pouvoir lui servir de linceul à l'occasion.

toucouleur, ceinture chargée de gris-gris, de la poire à poudre, du sachet à balles. Ils s'avançaient au grand galop de leurs chevaux, qu'ils arrêtaient brusquement vis-à-vis de nous. Tous ces Talibés étaient armés d'un fusil à deux coups à pierre et à piston, généralement de provenance française.

Les Talibés se rangèrent à gauche de l'avenue. Après eux vint la compagnie de Bafin, l'un des chefs captifs d'Ahmadou. Elle comprenait les Bambaras du Kaarta, soumis au sultan. En tête marchaient les joueurs de tam-tams et de cornes bambaras, semblables à celles que nous avions vues chez Dama, les joueurs de flûte et les chanteurs. Derrière ce groupe venait Bafin, en grand costume, tout chamarré de gris-gris et une belle hache en cuivre sur l'épaule. Il s'avançait en dansant et en se dandinant, tournant autour de lui-même, tantôt se baissant et rasant la terre, puis se redressant; plusieurs griots, les uns avec des clochettes, les autres criant simplement, le suivaient

Talibé de Ségou.

dans tous ses mouvements. En arrière de Bafin et marchant immédiatement sur ses pas venait la compagnie des Sofas, armés de fusils à pierre et formés sur huit rangs, sur un front de trente hommes environ, très serrés les uns contre les autres. Arrivé à environ cinquante mètres en avant de nous, Bafin, précédant ses Sofas de quelques pas, mit subitement un genou en terre, en nous tournant le dos; ses hommes imitèrent ce mouvement. C'était, paraît-il, le salut militaire dans l'armée toucouleure.

Puis la danse commença. Bafin, toujours suivi de ses griots, exécuta pendant une bonne demi-heure une sorte de danse, dans laquelle on lui passait successivement des fusils qu'il déchargeait, soit en l'air, feignant de viser quelque ennemi, soit en dirigeant le canon vers la terre, paraissant vouloir tuer un adversaire renversé. Cette danse guerrière se termina par une décharge générale de tous les fusils; puis le chef captif vint me serrer la main et se retira avec sa compagnie. Ce chef influent, dansant et gesticulant ainsi au milieu des hommes qu'il est appelé à commander en guerre et sur lesquels il a autorité en toute occasion, nous montrait l'un des traits de mœurs les plus bizarres des peuplades soudaniennes.

Talibé faisant son salam.

Après la compagnie de Bafin vint celle de Mamout, commandant les Bambaras de Ségou. Il se présenta dans le même appareil que celui-là. Il était encore plus surchargé de gris-gris et portait comme lui une hache de cuivre, signe de sa captivité. Un pavillon, portant des inscriptions arabes, indiquait la compagnie.

Peu après arriva la compagnie à cheval des Peuls de Bakhounou, commandés par Sambourou. Ils s'avançaient en ligne, sombres et solennels, armés de leurs lances. Ils différaient considérablement des Sofas par cette attitude froide et ne manquant pas d'une certaine majesté. Ils s'arrêtèrent à peu de distance; puis, leur chef, vêtu en strict musulman, la figure cachée en partie, descendit de cheval et vint me souhaiter la bienvenue.

Enfin, parut à la fin du cortège Seïdou Diéylia à cheval, s'avançant à pas lents, au milieu d'une troupe de Talibés. Il était vêtu simplement d'un boubou bleu, d'un turban bleu foncé, et l'on ne voyait que ses yeux, son visage étant caché par l'étoffe de son turban. Il s'arrêta à quelques pas de nous et je lui serrai la main en lui adressant mon compliment de bienvenue.

Pendant toute la présence de Seïdou à Nango, le village présenta la plus grande animation. Ce chef avait amené avec lui près de 500 Talibés à cheval et 500 Sofas à pied, qui avaient dû se loger un peu partout. Le village était trop petit pour tout ce monde, et les malheureux Bambaras étaient littéralement pillés par leurs hôtes. Ils avaient cependant pris la précaution de cacher dans leurs *lougans* leurs provisions en grains et volailles, mais les soldats d'Ahmadou, bien au fait de ces habitudes, avaient réussi à les découvrir. Ce n'était donc partout que bruits de dispute, auxquels succédaient chaque soir et chaque nuit, avec cette mobilité d'impressions spéciale aux nègres, les chants et les danses des tam-tams, qui réunissaient sur la place du village Toucouleurs et Bambaras, Talibés et Sofas, jusqu'à nos laptots et tirailleurs, avides d'assister à ces joyeux divertissements.

Le soir de son arrivée, Seïdou nous convia à l'une de ces réunions et nous fit asseoir non loin de lui dans le grand cercle où les guerriers, armés de leurs sabres et de leurs fusils, dansaient, comme chez Dama, aux sons du tam-tam et des flûtes bambaras.

Les négociations pour le traité commencèrent le 31 octobre et durèrent plusieurs jours. Le ministre d'Ahmadou, soit par orgueil, soit par crainte, montra quelque répugnance à *palabrer* sous notre hangar, où nous aurions été plus à notre aise. Aussi est-ce dans la case chaude et incommode qu'il habitait que nous nous rendions chaque jour pour remplir notre rôle de diplomates. Un grand appareil était toujours déployé. La place qui s'étendait devant le groupe de cases habité par le ministre et sa nombreuse suite, était occupée par tous les Sofas, assis silencieusement et tenant leurs fusils entre les genoux ; puis on franchissait la porte, gardée à l'intérieur par un Sofa armé, et l'on entrait dans une sorte de corps de garde, occupé par une vingtaine de guerriers, également armés et équipés. Enfin, une troisième case, servant de vestibule et gardée encore par un Sofa, conduisait dans le lieu du palabre, construction en pisé et en branchages, ouverte sur l'un de ses côtés.

Seïdou Diéylia siégeait sur un tara recouvert d'un dampé à carreaux blancs et bleus, les jambes croisées à la turque, le visage à moitié couvert par un voile. Autour de lui étaient rangés Boubakar Saada, Samba N'Diaye, Farba Baïdi, Mahamou, Bafin et Mustapha et Abdoulaye Diéylia, tous deux frères du ministre et secrétaires du sultan à Ségou. Alpha Séga et Alassane me servaient d'interprètes. Dès nos premiers entretiens, je vis que Seïdou Diéylia était plus intelligent que tous les chefs nègres que j'avais vus jusqu'alors. Il suivait bien un raisonnement, et ses discours, malgré son abus des métaphores, avaient une suite et une conclusion. Il discutait froidement et savait se rendre à mes démonstrations. Il avait une figure fine et sympathique, et l'on n'avait pas de peine à s'expliquer, en le voyant, la grande influence qu'il avait su prendre sur Ahmadou. Toutefois, cet indigène était encore plus dissimulé que la plupart de ses congénères, et les prétentions qu'il émit tout d'abord étaient tellement exagérées que je me demandais s'il était sérieux. Mais j'appris bientôt que les chefs qui l'assistaient et même ses frères, jaloux du rôle qu'il jouait à la cour de Ségou, l'accusaient d'avoir été gagné par nos cadeaux et d'être favorable aux blancs. Aussi s'efforçait-il de prouver qu'il était digne de la confiance de son roi et qu'il avait fait tout ce qu'il avait pu pour sauvegarder les intérêts de l'empire. Vallière me servait de secrétaire. Les extraits suivants des procès-verbaux de nos séances donneront une idée de l'intelligence de ces Toucouleurs et de leur habileté à discuter leurs affaires.

PREMIÈRE SÉANCE.
(31 octobre 1880.)

Capitaine. — Je vais d'abord, avant de rien commencer, te présenter les personnes qui sont avec moi. Avant de parler ensemble de nos affaires, il est bon de se connaître. (Présentation du personnel.) — Je suis venu dans ce pays faire un traité de commerce et d'amitié, et l'importance de ma mission était tellement grande qu'à Nafadié, après le malheur qui m'était arrivé dans le Bélédougou, je n'ai pas voulu revenir à Saint-Louis, malgré mon dénuement absolu, et j'ai persisté à continuer mon chemin vers Ségou, sans me laisser arrêter par les difficultés que je prévoyais. En effet, j'ai été reçu dans le pays avec la plus grande méfiance, et le sultan, méconnaissant les égards dus aux envoyés d'un grand chef, m'a interdit l'accès de sa capitale et a arrêté la mission à une journée de marche de Ségou. Mais j'ai oublié cette offense, car les méfiances que j'ai rencontrées sont l'œuvre des méchants, qui ont intérêt à empêcher tout rapprochement entre le gouverneur et Ahmadou, sachant bien que, du jour où ce rapprochement aura lieu, ils seront forcés de cesser leurs machinations ténébreuses et seront réduits à l'impuissance. Maintenant, je ne pense plus qu'à remercier les hommes sages — et à leur tête je place le marabout vénéré qui se trouve devant moi et dont la réputation de sagesse, de justice et d'intelligence est parvenue jusqu'à Saint-Louis — qui ont compris les agissements de nos ennemis et pensé que deux hommes, comme le gouverneur du Sénégal et le sultan de Ségou devaient s'efforcer de faire un traité solide et durable. Je remercie Seïdou des honneurs qu'il m'a fait rendre, à moi le représentant du gouverneur. Ces honneurs prouvent qu'Ahmadou n'a pas été troublé par les faux bruits qui ont couru sur mon compte. L'empire de Ségou et la vallée du Niger sont des pays riches et fertiles, produisant beaucoup de matières premières que la France n'a pas. De son côté, celle-ci a des objets de toute nature, indispensables aux indigènes. Le traité a pour but de rapprocher les deux pays pour amener des échanges entre eux.

Seïdou Diéylia. — Je t'apporte les saluts et les compliments bien sincères du sultan de Ségou, qui ne pense qu'à la paix et au commerce. (Seïdou présente également les divers chefs qui l'assistent.) — Je suis venu à Nango pour rendre les honneurs à l'envoyé d'un grand chef. Les méchants ne peuvent rien à Ségou, et Abdoul Boubakar, malgré toutes ses tentatives, y est impuissant. L'entente sera donc facile entre nous. D'ailleurs, la paix règne depuis dix-sept ans, époque à laquelle Mage est venu faire un traité, qu'Ahmadou n'a jamais violé. Et cependant, nous avons beaucoup de griefs contre les Français. Voici les principaux : 1° Depuis bien longtemps on nous a promis des canons et l'on ne nous en a jamais donné. Mage nous a fait cette promesse et en a presque fait une condition du traité qu'il a signé avec nous; nos envoyés sont revenus les mains vides. Plus tard, la même promesse nous a encore été faite, mais toujours en vain. On nous a souvent parlé de canons; on ne nous en a jamais donné. — 2° Nos envoyés ont été mal reçus à Saint-Louis en 1874. On ne leur a pas rendu les honneurs dus aux envoyés d'un grand chef. On les a renvoyés sans les entendre. — 3° Le traité de Mage disait que les gens du Fouta pourraient venir chez nous avec leurs marchandises. Cela n'a pas été fait, car vos alliés du Bondou et d'autres pays ont arrêté leurs caravanes et pillé leurs bagages. — 4° Vous avez soutenu nos sujets bambaras révoltés et donné asile à leurs chefs. — 5° Vous vous êtes emparés du Logo par force; vous avez tué Niamody, sans prévenir Ahmadou, son véritable souverain. — 6° Vous avez construit le poste de Bafoulabé sans nous avertir; vous vous êtes ainsi emparés d'un pays appartenant au sultan et nous ne savons pas encore si ce n'est pas dans une intention de guerre que vous vous y êtes établis. — 7° Enfin, pour venir nous trouver, vous avez passé chez nos ennemis. Malgré les défenses du sultan, vous avez pactisé avec nos sujets révoltés ; vous avez beaucoup palabré sur votre route, dans le Fouladougou, à Kita, à Bammako. Il y a là dedans une obscurité profonde, que nous n'avons pas encore percée. Et cependant, nous oublions tout. Nous ne pensons plus à ces griefs, qui ont tant blessé le sultan. Nous ne voulons que deux choses : 1° Certitude que le traité sera ponctuellement observé. Mage est venu traiter avec nous au nom de Faidherbe (*sic*), puis on ne l'a plus écouté ; le successeur de Faidherbe voulait autre chose. Chez vous, les gouverneurs changent, et celui qui vient ne veut pas toujours ce qu'a désiré son prédécesseur. Nous voulons donc que le traité soit toujours respecté, malgré le changement de gouverneurs. 2° Nous désirons que les intérêts de Ségou soient sauvegardés et qu'on nous rende en bénéfices ce que nous donnons. Nous vous livrons un grand pays, comprenant des Maures et des Nègres ; nous voulons donc être bien récompensés pour cela. Si tu t'engages sur ces deux points, tout sera facilement réglé.

Capitaine. — Tu as raison ; l'oubli doit avoir lieu d'un côté comme de l'autre, car, nous aussi, nous trouvons bien des torts du côté du sultan de Ségou ; mais je n'ai pas voulu en parler, pour ne pas commencer notre discussion par des récriminations. C'est ainsi que j'ai laissé de côté les agissements de Bassirou, frère du sultan, vers la rive gauche du Sénégal ; l'interdiction qu'il avait mise pendant quelque temps sur l'arrivée des caravanes maures à Médine ; les tentatives des agents toucouleurs pour pousser les populations peules de la banlieue à l'émigration ; les troubles fomentés dans le Fouta, etc., etc. Le châtiment infligé à Niamody a été la conséquence des violences de ce chef contre le commandant de Médine, qui venait le rappeler à ses devoirs. Quant à Bafoulabé, Ségou a été prévenu ; c'est moi-même qui ai envoyé la lettre ; le gouverneur n'a jamais reçu de réponse. — Mais je pense comme toi : l'oubli vaut mieux que toutes ces récriminations. Occupons-nous donc du traité ; discutons nos intérêts. Nous venons vous demander le droit de commercer, de naviguer sur le Niger ; mais, en échange, nous vous offrons une rente annuelle que nous examinerons ensemble.

Seïdou Diéylia. — Nos torts sont faciles à expliquer. Niamody n'a pas toujours bien agi ; mais il suffisait de prévenir Ahmadou, qui l'aurait châtié. Quant à Bassirou, c'est un jeune homme qui ne comprend pas toujours ce qu'il fait ; il a cependant pour excuse de se trouver sur le chemin des caravanes et de ne rien recevoir pour cela. Mais nous oublions tout et je suis venu ici avec le désir bien sincère de traiter. Les Français sont les

amis des Toucouleurs ; ceux-ci achètent à Médine leurs armes, leurs étoffes.
Le sultan sait bien que vous désirez vous installer sur le Niger avant les
autres étrangers. Nous, nous ne connaissons pas les autres nations d'Europe.
Nous n'avons de relations avec la Gambie qu'au moyen des Sarracolets.
Vous, vous êtes dans notre pays d'origine. Les étrangers de la Gambie et de
Sierra-Leone, nous ne les connaissons que par les propositions qu'ils nous
ont souvent faites et par les émissaires indigènes qu'ils nous ont expédiés à
Ségou. Au point de vue du sentiment, nous sommes toujours pour les Français. Cependant, un homme qui ne peut teter sa mère, tette sa grand'mère ;
nous irons vers les étrangers, si nous ne pouvons nous entendre avec les
Français. Nous voulons que nos intérêts soient sauvegardés. Vous faites le
commerce avec beaucoup de chefs maures ou nègres. Ahmadou est beaucoup
plus riche et plus puissant que tous ceux-là. Il faut donc lui donner plus
qu'à tous les autres. Nous vous livrons un grand pays, beaucoup plus important que le Sénégal : il faut nous en tenir compte. Mais, je le répète, pour
ce qui concerne les étrangers, une jeune femme va toujours vers l'homme
qui lui donne le plus et qui lui assure le mieux la paix et la protection.
Voici d'ailleurs quelques-unes des lettres que les grands chefs étrangers ont
écrites à Ahmadou (Seïdou donne cinq lettres à grand cachet rouge, écrites
par les gouverneurs de la Gambie et de Sierra-Leone).

DEUXIÈME SÉANCE.

(1ᵉʳ novembre, à 3 heures du soir.)

Capitaine. — J'ai pris connaissance des lettres que tu m'as communiquées hier. Les gens qui te les ont écrites ne semblent pas bien au courant de ton pays et mettent bien peu d'empressement à se rapprocher de
Ségou.

Seïdou Diéylia. — Les besoins sont les chevaux des hommes. Celui qui
vient vite et à travers de grands obstacles a beaucoup besoin.

Capitaine. — Voici le traité que le gouverneur te propose. (Lecture non
interrompue du traité. Mustapha Diéylia écrit en texte arabe.) Au sujet
de la rente, nous discuterons le chiffre plus tard ; mais, dès maintenant,
je puis te proposer 5000 francs par an. Quant aux canons, nous en parlerons
plus tard.

Seïdou Diéylia. — Je viens d'entendre les propositions du gouverneur,
voici maintenant celles du sultan : 1° Le sultan n'est pas seulement souverain du Ségou et des pays qu'arrose le grand Djoliba. Son père, El-Hadj
Oumar, le saint marabout, est parti de Dinguiray, a conquis le Bambouk,

le Bondou, le Fouta, le Guoy, le Kaméra, le Guidimakha, le Kaarta, le Ségou, le Macina, jusqu'à Tombouctou, où règne encore son fils Tidiani, notre sujet. Personne depuis n'a conquis ces pays par les armes. Il faut donc que le gouverneur reconnaisse les droits du sultan sur toutes ces contrées. Ahmadou ne touchera pas aux indigènes qui habitent autour de vos portes et qui vous payent l'impôt, mais il veut exercer son autorité sur tous les autres. Il veut avoir le droit d'aller châtier ceux de ses ennemis qui lui font chaque jour du tort et s'abritent derrière le gouverneur. — 2° Lorsqu'un sujet de Ségou se réfugiera chez les Français et qu'il sera réclamé, le gouverneur le rendra au sultan ou il le punira comme celui-ci le demandera, soit en lui faisant couper la tête, soit en le faisant mettre aux fers. De même, si l'un des sujets du gouverneur cherchait à se cacher chez le sultan, celui-ci l'exposerait au feu ou l'enfermerait selon vos désirs. — 3° Les commerçants ou traitants français pourront s'établir où ils voudront, mais ils se serviront autant que possible des constructions du pays. — 4° Le sultan protégera les marchands comme il a toujours fait, mais il ne veut pas que l'on touche aux routes qui, telles qu'elles sont, ont suffi jusqu'ici aux Dioulas. — 5° Le sultan donnera le Niger aux Français jusqu'à Tombouctou, car ce fleuve lui appartient jusque-là. Tidiani n'est que son sujet, qui se soumettra avant peu à Ségou. Mais le sultan n'a pas confiance dans vos grands bateaux, qui marchent avec du feu, et il aimerait mieux vous voir employer les pirogues du pays, qui peuvent transporter jusqu'à vingt chevaux à la fois. — 6° Le sultan accorde un résident français à Ségou, mais ce sera un noir du gouverneur, qui sera régi par les lois musulmanes. — 7° Enfin, la construction de Bafoulabé a beaucoup blessé le sultan, qui trouve que ce poste est établi au milieu de ses possessions et qui désirerait le voir disparaître.

Capitaine. — Parmi toutes ces demandes, il en est sur lesquelles nous pourrons nous entendre, mais il en est d'autres qu'il est inutile de discuter, parce qu'elles ne sont pas raisonnables. Pour la première, je te dirai que tu demandes au gouverneur une chose impossible. Celui-ci ne peut pas changer tout ce qui existe depuis longtemps ; il ne peut pas, quand il le voudrait, donner des pays qui, librement et de leur plein gré, se sont placés sous notre protection. Il laisse les habitants de ces pays libres d'aller où ils voudront, mais il ne les forcera jamais à reconnaître l'autorité du sultan, qui ne peut prétendre s'immiscer dans nos affaires. Que chacun commande chez soi, cela vaudra bien mieux. Le gouverneur s'engagera facilement à punir ceux de ses sujets qui voudraient faire le mal. Ainsi, pour Abdoul Boubakar, c'est un homme malfaisant ; c'est lui qui a mis la méfiance dans le cœur d'Ahmadou et nous a fait arrêter à Nango. Le gouverneur est las de ces méfaits et il le châtiera avant peu. En ce qui concerne Bafoulabé, on ne peut revenir sur ce qui a été fait. Ce poste n'est pas construit contre les Toucouleurs ; c'est un simple établissement de commerce. Du reste, Bafoulabé n'appartient pas au sultan, puisque c'est le chef du pays qui nous y a appelés. Et puis, je n'ai pas le droit de discuter cette question. L'envoyé d'Ahmadou en parlera au gouverneur, s'il le désire, mais pour ma part je ne veux pas régler cette affaire.

Seïdou Diéylia. — Nous laisserons donc cette question. Ahmadou a le désir bien sincère de traiter. Il n'y a pas de rancune dans son cœur, pas plus que dans celui des Toucouleurs. La religion de Mahomet dit d'oublier jusqu'à dix injures avant de rompre ; mais, pour être bons amis, il faut tout mettre à jour. Lorsqu'il se produit un abcès, on l'ouvre. Demain, nous mettrons par écrit les points sur lesquels nous sommes d'accord. Mais il ne faut pas oublier que le sultan donne beaucoup et il faut mettre dans sa main gauche la valeur de ce que donne sa main droite. Avec cette condition, nous ne demandons plus que la certitude que le traité sera exécuté dans toutes ses parties. Chez vous, les gouverneurs changent. Il ne faut pas que le traité tombe en désuétude, comme celui de Mage. D'ailleurs, dans ce cas, nous ferions comme deux amis qui mesurent leurs moules (mesure indigène) de mil l'un comme l'autre. Si l'un donne la mesure comble, l'autre l'imite ; si la mesure est faible, il l'imite encore. Il en sera de même pour le traité.

TROISIÈME SÉANCE.

(2 novembre, à 10 heures du matin.)

Capitaine. — Maintenant, nous allons discuter à fond les différents articles du traité. Jusqu'ici, nous avons beaucoup parlé sans avancer nos affaires. Le gouverneur tient aux quatre conditions essentielles suivantes : 1° cession du Niger et protectorat de la France sur ce fleuve ; 2° navigation libre de nos embarcations et chalands sur le Niger ; 3° arrangement des routes et ouverture de voies commerciales ; 4° placement d'un résident français à Ségou. — Moyennant l'acceptation de ces conditions, le gouverneur donnera les quatre canons que vous réclamez depuis si longtemps et de plus une rente annuelle de 5000 francs.

Seïdou Diéylia. — La première condition est acceptée. Pour la deuxième, nous désirons que vous employiez les grandes pirogues du pays ; elles peuvent contenir beaucoup de marchandises et faire une bonne navigation.

Capitaine. — Nous voulons avoir le droit de naviguer comme bon nous semblera. La navigation sur un grand fleuve n'est sûre et rapide qu'avec des embarcations spéciales; vos pirogues sont mal faites. Votre refus est encore une preuve de méfiance envers nous.

Seïdou Diéylia. — Nous aimons les Français, mais nous les craignons. Eux au contraire ne nous aiment pas, mais ne nous craignent pas non plus. Pourquoi nous imposer des embarcations qui ne nous disent rien de bon?

Capitaine. — C'est bon; mais alors, au lieu de quatre canons, on ne vous en donnera plus que deux. Nous tenons essentiellement à naviguer sur le Niger comme bon nous semble.

Seïdou Diéylia. — Eh bien! fais comme tu voudras. Ne parlons sur le traité ni de pirogues ni des *sakkars* (bateaux à vapeur). Mets seulement que vous pourrez naviguer et commercer sur le Niger.

Capitaine. — Nous désirons aussi arranger les routes comme nous l'entendrons, ouvrir des voies commerciales entre nos établissements de la Sénégambie et le bassin du Haut-Niger. Puis, nous voulons avoir à Ségou un résident blanc, qui montrera à tous que c'est à nous que vous avez donné le Niger et qui sera chargé des intérêts de nos nationaux. Accorde-moi ces demandes et tout sera réglé entre nous.

Seïdou Diéylia. — Tu demandes là des choses bien difficiles; cependant, si, outre les canons, tu veux nous donner des fusils à pierre, les Français pourront arranger les routes comme ils le voudront. Ils feront des ponts sur les rivières et les marigots, arrangeront les mauvais endroits, combleront même les cours d'eau, s'ils veulent. Quant au résident blanc, nous ne pouvons accepter cette condition. Le climat est mauvais pour les blancs et nous ne voudrions pas qu'un blanc mourût chez nous. Prenez un noir intelligent, semblable à vos interprètes, mais nous ne pouvons accepter un blanc.

Capitaine. — En résumé, le sultan nous refuse tout ce que nous lui demandons. Il veut bien que nous naviguions sur le Niger, mais il met toutes sortes d'obstacles à notre navigation; il nous refuse un résident. Je ne puis donc consentir à ce qu'il soit donné des canons et des fusils.

Seïdou Diéylia. — Par le fait, nous ne refusons rien et nous vous accorderions tout ce que vous demandez, si nous étions sûrs que le gouverneur tiendra bien ses engagements. Nous écririons alors tout le traité. Mais tout change chez vous. Nous avons tous la ferme intention de traiter et nous désirons que les Français s'implantent chez nous; mais nous voulons aussi que nos conventions soient solides et durables.

Capitaine. — Certainement, je comprends votre désir, qui est aussi le nôtre; mais un traité ne se fait pas de cette manière. Chez nous, on change moins que vous ne pensez. Les gouverneurs partent, il est vrai, car ils ne peuvent rester toujours dans ce pays; mais ils vont ensuite occuper de hautes positions en France et continuent à observer tout ce qui se passe au Sénégal. Ainsi, en ce moment, c'est un ancien gouverneur, l'amiral Jauréguiberry, que vous connaissez bien, qui s'occupe de toutes les colonies de la France. Le général Faidherbe, dont vous parlez si souvent, est un homme très considéré en France; il s'occupe toujours beaucoup du Sénégal. Il en est de même des autres. Leur influence est aujourd'hui prépondérante, et c'est d'après leurs ordres que nous avons été envoyés ici. Vous pouvez donc être certains que le traité sera exécuté. Au surplus, la mise d'un résident blanc à Ségou est la meilleure preuve de confiance que nous puissions vous donner. Comment! on vous laisse un Français sans protection autre que la vôtre et vous ne croyez pas à nos bonnes intentions! Du reste, si vous le voulez, nous n'enverrons notre résident qu'après le payement de la rente et l'envoi des cadeaux.

Seïdou Diéylia. — Dans ce cas, tout est arrangé. Nous acceptons vos quatre conditions; mais alors, avec les quatre canons, vous nous donnerez un certain nombre de fusils à pierre. Il ne reste plus que la question de rente. Vous nous traitez d'une façon trop mesquine en ne nous donnant que 5000 francs. Cette somme n'est pas digne d'un roi puissant comme Ahmadou et nous ne pouvons pas l'accepter. Pensez à l'importance des pays que nous vous livrons. Nous abandonnons tout ce que nous avons, faites de même. La France n'a pas seulement de l'argent, elle a aussi des marchandises de toute espèce. Il faut nous en donner.

Capitaine. — Écrivez-moi une fois pour toutes vos demandes et je verrai. Seulement, rappelez-vous que la rente annuelle doit être faible, car nos marchands amèneront avec eux un commerce considérable, dont profitera le sultan.

Seïdou Diéylia écrit et donne le papier qui contient les demandes suivantes : 50 000 francs, 2000 fusils à pierre, 4000 barils de poudre, 10 000 pierres à feu, 4000 sabres, 1000 pièces d'étoffe, 1000 sacs de sel.

Capitaine. — Ces demandes sont insensées. Elles sont tellement hors de proportion avec la situation, qu'elles m'indiquent que le sultan ne veut pas traiter. C'est un refus détourné d'entendre raison et je vais me retirer, car mon chef et toute la colonie me croiraient fou si j'admettais de semblables prétentions. La colonie du Sénégal tout entière ne suffirait pas à vos exigences. N'en parlons donc plus.

Seïdou Diéylia. — Le sultan veut traiter et je suis son ministre plénipotentiaire. Il se peut que j'aie exagéré mes prétentions; mais aussi, vous ne nous donnez pas assez. Tout ce que vous nous avez demandé, vous l'avez. Faites de nouvelles offres.

Capitaine. — Puisque le traité est accepté dans tous ses articles, je vais vous formuler mes dernières offres; mais, pour rien au monde, je ne les augmenterai. En donnant plus, je compromettrais le traité que nous voulons rendre durable, et le gouverneur ne l'accepterait pas. Voici mes dernières offres : 5000 francs, 30 000 pierres à feu, 100 lames de sabre, 100 pièces d'étoffes diverses et un assortiment de verroteries, pacotille, ambre, etc.

Seïdou Diéylia. — Je vais consulter sur ces chiffres les chefs qui m'entourent.

QUATRIÈME SEANCE.

(3 novembre, à 10 heures du matin.)

Capitaine. — Je vais lire les divers articles du traité que j'ai rédigé à nouveau d'après ce que nous avons dit hier.

Seïdou Diéylia. — Avant tout, nous désirons deux choses : l'amitié des Français et la certitude que le traité sera exécuté ponctuellement.

Lecture du traité. Tous les articles sont approuvés.

Seïdou Diéylia. — Tout est bien dans ce traité et j'approuve tout, bien que tu aies par trop diminué la rente. Le traité va être écrit en trois expéditions. Vous en garderez deux; Ahmadou gardera l'autre. Chaque exemplaire sera écrit en français et en arabe, et le sultan signera et mettra son cachet sur chacun d'eux.

Capitaine. — C'est bien. Il me reste maintenant à te remercier, toi et tous les chefs qui t'ont assisté, des bonnes dispositions que j'ai rencontrées parmi vous. Vous avez prouvé que les faux bruits ne pouvaient vous émouvoir et compris que le véritable intérêt du sultan se trouvait dans une étroite alliance avec les Français. L'avenir vous montrera combien vous avez eu raison. Comptez d'ailleurs que le gouverneur n'oubliera pas les hommes qui m'ont aidé si puissamment pour négocier l'important traité du 3 novembre 1880.

Seïdou Diéylia. — Nous avons pleinement confiance dans tes paroles. Désormais, ton pays et le nôtre n'en feront qu'un. Pour cette fois encore, nous allons franchir le Niger et entrer dans le Bélédougou. Les Béléris nous gênent depuis longtemps; ils nous coupent toutes les communications avec Nioro et Médine. Dernièrement, ils ont attaqué l'ambassade que le gouverneur envoyait à Ségou. Nous allons les châtier; mais ensuite je puis te promettre, au nom du sultan, que nous n'irons plus faire la guerre de ce côté. Nous tournerons tous nos efforts vers Tombouctou et le Macina, puis vers le sud et le pays de Kong. Partout, nous vous ouvrirons la route ; vous pourrez nous suivre et profiter ainsi de nos peines. S'il plaît à Dieu, vous verrez tout cela avant peu, et vos commerçants seront à Tombouctou en même temps que nous. Voilà les paroles de Lam Dioulbé.

En résumé, le traité de Nango (3 novembre 1880) marquait un grand progrès vers le centre africain, puisqu'il nous donnait le protectorat du Niger depuis ses sources jusqu'à Tombouctou et le droit d'ouvrir des routes vers la vallée du grand fleuve. Il ne pouvait donc avoir que des résultats féconds pour le développement de l'influence et du commerce français dans les immenses régions que le Niger arrose dans cette partie du Soudan, devenue désormais française.

CHAPITRE XX

Journal de la mission. — Fièvres et maladies. — Ahmadou forme une armée pour entrer dans le Délédougou. — Arrivée d'un courrier de Bakel. — Yoro et les serpents trigonocéphales. — Les Talibés refusent de se battre. — Querelles intestines à Ségou. — Piétri est arrêté au moment où il voulait se rendre au camp toucouleur. — Respect des nègres pour leurs vieilles mères. — Mariages bambaras. — Confection de la poudre indigène. — Le petit Kili. — Le nama.

Seïdou Diéylia, en quittant Nango, avait emporté le traité pour le faire signer par Ahmadou et m'avait affirmé que je pourrais me préparer au départ pour le mois de novembre; mais je comptais, hélas! sans les lenteurs du sultan toucouleur. Mage n'avait-il pas attendu plus de deux ans à Ségou avant qu'Ahmadou se fût décidé à lui laisser reprendre le chemin du Sénégal? De longs mois allaient s'écouler encore avant que nous puissions songer au départ. Les pages suivantes, extraites de mon journal, donnent le récit des événements qui eurent lieu à partir de cette époque.

10 novembre 1880. — Seïdou Diéylia est parti le 4 au soir avec toute son escorte. Il a emporté avec lui le fameux traité. Maintenant, la question la plus importante est celle de notre départ. Je ne veux plus être à Nango le 1ᵉʳ décembre. Notre voyage sera long et notre état de santé exige que nous arrivions à Saint-Louis avant l'hivernage. Il est temps que nous quittions ce séjour désagréable et ennuyeux. D'ailleurs, la maladie ne s'est pas encore éloignée, et hier un violent accès de fièvre m'a tout courbaturé. Les pluies ont cessé entièrement et le vent d'est souffle maintenant d'une manière régulière; cependant, nous sommes toujours malades. Nous avons besoin d'une nourriture plus fortifiante, que nous ne trouverons qu'en arrivant à Saint-Louis ; car les populations malinkés, que nous allons traverser à notre voyage de retour, sont loin d'être hospitalières. Mais nous sommes habitués aux privations, et le désir d'arriver nous soutiendra. Je commence un nouveau courrier pour le gouverneur.

15 novembre. — Le 10, à deux heures de l'après-midi, la fièvre m'a encore visité jusqu'au 15. Je ne l'ai pas encore eue avec autant de violence et je suis resté trois jours entiers couché, sans pouvoir manger quoi que ce soit. La privation de boissons rafraîchissantes est bien pénible pendant ces accès de fièvre. Nango nous pèse de plus en plus et nous y éprouvons un ennui mortel; aussi faisons-nous des vœux pour partir avant la fin du mois. Nous sommes définitivement dans la bonne saison, et le vent du désert souffle maintenant tout le jour; ce matin, le thermomètre ne donnait que 12 degrés centigrades. J'ai écrit hier à Alpha pour le réveiller un peu et lui rappeler que nous voulions quitter Nango le 1er décembre. Il m'a répondu qu'Ahmadou avait quitté sa capitale pour former son armée, qui doit franchir le Niger dans trois jours. Puis il espère que le sultan signera le traité et prendra toutes ses dispositions pour notre départ. Alpha crie misère et me demande de l'argent; je lui envoie 10 francs, en lui disant de les économiser, car ma bourse commence à se vider.

20 novembre. — Notre existence devient de plus en plus insupportable. Ahmadou s'occupe de son armée depuis vingt jours et il nous laisse sans vivres. Le village de Nango est épuisé; on ne nous fournit plus ni poulets ni mil, et nous ne savons trop quoi manger. Puis, on ne parle plus de notre départ. Alpha vient de m'écrire qu'il n'obtiendrait rien du sultan tant que l'armée ne serait pas partie. J'espérais quitter Nango le 1er décembre, mais c'est une espérance bien vaine. Nous sommes victimes de ces habitudes de lenteur et de paresse des Toucouleurs, qui ne peuvent jamais se décider dans leurs projets. Il ne faudrait que quelques jours pour régler les affaires qui nous concernent, mais on préfère nous faire attendre, et nous serons bien heureux si nous avons quitté Nango pour le 15 décembre. Et cependant, nous avons maintenant un temps très bon pour voyager; les nuits sont fraîches; les matinées sont même froides et nous souffrons beaucoup de l'absence de nos couvertures. Notre inaction, l'espoir du départ, nous rendent impatients. Puis, le peu d'argent qui nous reste s'épuise. Nous sommes prêts; il ne nous manque plus que la permission de ce sultan pour partir. Peut-être croit-il que nous sommes bien ici et que son hospitalité est extraordinairement généreuse?

22 novembre. — Hier, au moment où nous nous y attendions le moins, Alassane nous a amené un Sarracolet, venant de Bakel, porteur de lettres et de journaux à notre adresse. Tout de suite, nous avons tous été debout et nous avions peine à retenir notre impatience pendant que le Dioula, avec ce flegme particulier aux Sénégambiens, vidait son *m'bous*, au fond duquel étaient cachés les paquets qui nous étaient destinés. En un clin d'œil, ceux-ci furent ouverts et nous lisons rapidement les lettres qui y sont contenues. Ce courrier nous était adressé par le commandant de Bakel, notre camarade Soyer, qui, après de nombreuses tentatives restées jusqu'alors sans succès, avait enfin réussi à nous expédier un émissaire, qui, passé par les pays révoltés du Kaarta et du Bélédougou, était resté plus de quatre mois en route, se faisant passer tantôt pour un Toucouleur, tantôt pour un Bambara, suivant la nationalité et la religion des populations qu'il traversait. Les nouvelles que nous apporte ce courrier datent donc du mois de juin, ce qui explique pourquoi nous n'avons aucune communication du gouverneur sur le combat de Dio et les événements qui en avaient été la conséquence ; mais nous recevons les félicitations de nos camarades du haut fleuve, qui nous témoignent la plus vive sympathie et souhaitent de nous voir revenir définitivement victorieux de notre pénible et dangereuse mission. En même temps, nous trouvons des lettres de nos parents, qui, bien que de dates déjà anciennes, nous rassurent cependant sur la santé de nos familles et de nos amis de France. L'un des paquets contient quelques médicaments : 2 flacons de quinine, quelques doses d'ipéca, etc., envoi d'une valeur inappréciable, car notre pharmacie est réduite à zéro depuis longtemps, et l'absence de sulfate de quinine notamment nous laisse désarmés devant les attaques de la malaria.

27 novembre. — Rien de nouveau. Nous attendons toujours le départ de l'armée, afin qu'Ahmadou s'occupe un peu de nous. Le séjour de Nango est toujours aussi énervant. Le temps passe, et avec lui disparaissent les matinées fraîches et les rares bons mois de l'année. Le gouverneur, sans nouvelles depuis le mois de mai, doit être bien inquiet sur notre compte, et notre silence doit le mettre dans l'embarras pour la prochaine campagne à organiser vers le Niger.

4 décembre. — Encore et toujours la fièvre. Je suis malade depuis cinq jours et il a fallu plusieurs doses de quinine et d'ipéca pour couper les accès. Ces attaques m'affaiblissent de plus en plus ; j'ai de violents maux de tête et j'éprouve d'incommodes bourdonnements aux oreilles. L'appétit s'en va, et l'estomac a de la peine à supporter la nourriture monotone et débilitante qu'on lui impose. Mes compagnons sont comme moi. Et cependant, Ahmadou, contre lequel nous éprouvons une irritation de plus en plus grande, ne fait rien pour nous. Son armée a franchi le Djoliba ; mais, contrairement à ses promesses, il oublie que nous attendons toujours à Nango la signature du traité et l'heure de notre départ. Autour de lui, personne ne pense à nous. Alpha Séga, Seïdou Diéylia, Samba N'Diaye ne donnent plus signe de vie. J'envoie Alassane à Ségou ; il est porteur d'une lettre dans laquelle j'explique au sultan que nous voulons partir tout de suite, parce que nous ne désirons pas mourir ici. Mais, quelles gens insupportables que ces nègres!

7 décembre. — Une lettre d'Alassane m'annonce qu'il a vu Seïdou Diéylia et Farba Baïdi et que nos affaires seront terminées dans 4 jours. Enfin! c'est heureux, car la nostalgie s'est emparée de nous. Espérons donc que nous partirons avant la fin du mois. Toutes mes lettres pour le gouverneur sont terminées et je n'attends plus qu'un avis de Ségou pour faire partir en avant le caporal Bénis avec le texte du traité et la nouvelle de notre départ. Nous avons découvert un dangereux voisinage dans notre hangar; c'est toute une couvée de trigonocéphales. Tautain, qui faisait sa sieste, s'est senti tout d'un coup réveillé par un corps tombé du toit de paille. C'était l'un de ces odieux reptiles, long de 30 centimètres environ et dont la tête, plate et triangulaire, ne laissait aucun doute sur la nature du péril auquel venait d'échapper notre docteur. L'animal s'était levé au pied de l'un des supports du hangar; mais nous

Alpha Séga.

n'eûmes aucune peine à le tuer d'un coup de sabre-baïonnette. Nous avons voulu aussitôt remédier à ce danger par un moyen énergique, en incendiant le hangar et en faisant construire un autre; mais nous avons cédé aux prières de notre malheureux Yoro, qui, parent du trigonocéphale, s'est mis à nous implorer, nous disant qu'il nous arriverait malheur si nous détruisions ces animaux, qui ne nous avaient fait encore aucun mal. Le désespoir de notre pauvre cuisinier nous fit beaucoup rire; et, pensant que nous allions bientôt partir et qu'en somme la reconstruction de notre hangar allait nous priver d'abri pendant plusieurs jours, nous avons écouté ses supplications. Yoro était parent de toute la famille des reptiles; car, quelques jours auparavant, un fait à peu près semblable s'était présenté. Je le vis arriver tout ému, me demandant avec instance à lui prêter 2000 cauris : « Et pourquoi faire? » lui dis-je. « Donne toujours, capitaine; à mon arrivée à Saint-Louis, tu me retiendras sur mes gages 20 francs, 50 francs même si tu veux. » J'eus bientôt l'explication de son insistance : derrière lui venait un chasseur peul, qui venait de s'emparer d'un boa, qu'il avait sans doute surpris pendant son sommeil et dont la tête et la queue, fortement liées, l'empêchaient de nuire. Yoro voulait racheter son parent. Je me laissai encore émouvoir et donnai les 2000 cauris. Yoro prit délicatement le boa et s'enfonça dans la campagne avec son précieux fardeau; nous ne le vîmes reparaître que le soir, ayant rendu la liberté au serpent. Il ne voulut jamais nous donner d'explications sur sa singulière parenté. Du reste, il n'était pas le seul ainsi apparenté; Moro Diallo, l'ordonnance de Vallière, était parent du scorpion; Damba Aïssata, mon tirailleur, était parent du guépard, et ainsi des autres.

9 décembre. — Encore un retard. Depuis hier, j'ai reçu quatre lettres d'Alpha Séga et d'Alassane. Malgré tout, celui-ci n'a pas mieux réussi qu'Alpha. Bref, Ahmadou veut maintenant attendre le retour de son armée pour signer le traité et nous laisser partir. Quel insupportable personnage! Il prétend qu'il doit lire ce document devant tous les notables assemblés. Pourquoi alors ne l'a-t-il pas fait avant le départ de ses Talibés? Je crois bien que mes interprètes ont peur de ce souverain nègre et n'osent pas lui parler avec énergie. Par contre, Ahmadou promet de m'envoyer les provisions dont je manquais depuis quelque temps : mil, riz, cauris, etc. Il me fait même donner trois vaches pour nous fournir le lait, qui commence à manquer au campement peul. Mais tous ces retards m'ennuient fort, et je crains surtout qu'ils ne gênent le gouverneur pour ses projets vers le haut pays. Combien je plains les négociateurs africains! De quelle patience ne doivent-ils pas s'armer pour se soumettre aux habitudes de lenteur de ces nègres insipides? De quelle valeur est le temps pour ces indigènes qui, tout le jour, restent assis sans rien faire, sans même penser, n'interrompant leur farniente continuel que pour prendre leurs maigres repas de couscous ou faire leurs longs salams? Enfin, espérons cependant que nous quitterons Nango avant le 1er janvier. J'y suis décidé de toute manière. Nous serons ainsi à Saint-Louis vers le milieu de mars, et en France en mai. Un Dioula sarracolet, de passage à Nango, nous apprend qu'on a vu à Nioro un blanc, qui venait de Tombouctou et qui se dirigeait sur Saint-Louis, accompagné d'un chérif musulman. Mountaga voulait d'abord l'arrêter, mais il l'avait cependant laissé continuer son voyage. Cette nouvelle nous intrigue et nous pensons tout d'abord que c'est un membre de la mission Flatters, détaché pour reconnaître le pays entre Tombouctou et le Sénégal[1].

13 *décembre*. — Alpha est arrivé hier soir avec Samba N'Diaye. Il nous apporte les vivres qu'Ahmadou nous envoie. Il paraît que celui-ci a enfin compris la nécessité de notre départ. Ce nègre est réellement étonnant. Il se figure sans doute que nous sommes très honorés et très heureux de jouir de son hospitalité. Il a promis que toutes nos affaires seraient terminées dans quelques jours. Il n'a, du reste, pas sujet de se réjouir de la dernière expédition, qui a échoué misérablement. L'armée toucouleure, composée de 5000 Talibés et 5000 Sofas, s'était avancée jusqu'à Banomba, l'un des foyers de la révolte. Déjà même, l'une des portes du tata avait été prise et défoncée, lorsque les Talibés, fidèles à un engagement qu'ils avaient pris avant la lutte, refusèrent de se battre et reprirent la route de Ségou. Ces guerriers musulmans ont juré, paraît-il, qu'ils ne combattraient pas, tant qu'Ahmadou ne leur aurait pas partagé le trésor annoncé par El-Hadj Oumar à la suite de ses guerres. Ce conquérant leur avait fait cette promesse avant de s'engager dans le Macina; mais son fils, dont la générosité n'est pas précisément la qualité dominante, s'est empressé de n'en rien faire. De là ces querelles intestines, qui durent depuis si longtemps et qui lient les bras d'Ahmadou dans toutes ses entreprises.

14 *décembre*. — Alpha Séga est reparti ce matin pour Ségou avec Samba N'Diaye. Je les ai pressés pour ne laisser aucun prétexte de retard à Ahmadou. J'écris à ce dernier; je le préviens que nous ne pouvons plus rester ici et que, quoi qu'il arrive, nous voulons partir dans les derniers jours de décembre. Il a le traité en main depuis deux mois : il a donc eu le temps nécessaire pour l'examiner. Ce prince noir est réellement singulier. Ainsi,

---

1. Ce n'est que plus tard, en France, que nous apprîmes que ce blanc était le docteur Lenz, qui venait d'accomplir son magnifique voyage du Maroc au Sénégal par Tombouctou.

comme mon interprète lui disait, il y a quelques jours, pour le décider à se presser un peu, que nous étions malades et que l'un de nous pourrait très bien mourir à Nango : « Mais tes blancs sont donc moins forts que Mage, qui est resté deux ans à Ségou? » répondit-il. Et il fallut qu'Alpha lui expliquât que Mage était venu de France juste pour accomplir sa mission ; tandis que nous, nous étions depuis près de cinq ans au Sénégal, où nous avions déjà fait plusieurs voyages au milieu de l'hivernage ; que nous avions dû combattre à Dio, que nous n'avions plus ni médicaments, ni vêtements, ni ressources d'aucune espèce, etc., etc. — Ici, les jours sont pénibles, surtout dans l'après-midi, où le thermomètre monte de plus en plus ; notre hangar nous garantit très imparfaitement des chauds effluves de l'harmattan. Cependant, notre santé est assez bonne et la fièvre ne m'a pas visité depuis plus de dix jours.

18 décembre. — Notre existence au milieu de ces nègres grossiers et barbares nous énerve. Nous leur découvrons toutes sortes de défauts et pas une seule qualité. Ainsi, nous nous apercevons aujourd'hui que Marico nous vole le mil qu'Ahmadou nous a envoyé dernièrement. Je le fais donc porter dans une case voisine de notre hangar et placer sous notre surveillance immédiate. Hier soir, un Bambara a tué l'une de nos vaches, qu'il avait trouvée, disait-il, dans son champ. Je fais enlever la vache morte par mes hommes et eux et nous nous en régalons pendant deux jours. Puis, je menace Marico et les notables du village de me plaindre aussitôt à Ahmadou de la mort de cet animal, qu'il m'avait donné en cadeau. La crainte de la colère du sultan les rend dociles et ils se cotisent pour remplacer la vache morte. Ce meurtre nous a donc valu quelques bons biftecks, ce qui n'est pas à dédaigner avec la nourriture affadissante qui forme notre ordinaire depuis huit mois.

20 décembre. — Hier, il y eut du nouveau à Ségou. Ahmadou, informé tout d'un coup que l'armée bambara, enhardie par son succès de Banamba, marchait sur Nyamina et les villages situés en face de Ségou, s'empressa de réunir ses Talibés pour les décider à franchir de nouveau le Niger. Mais ceux-ci, usant de cette force d'inertie dont leur chef s'était fait si souvent une arme contre eux, se refusèrent à monter à cheval et à marcher contre les Bambaras. Le sultan, entrant en fureur, sortit alors presque seul de sa capitale, suivi de quelques captifs, et alla camper au village de Doucouna, entre Ségou-Sikoro et Nango, où il veut former une nouvelle armée. Ses principaux ministres, Seïdou Diéylia, Abdoul Amady, Farba Baïdi, etc., n'ont pas tardé à le rejoindre. Quant aux Talibés, il a fallu l'intervention de la mère d'Ahmadou, qui, en qualité d'ancienne femme du prophète, a

conservé une grande influence sur ces guerriers, pour les décider à prendre à leur tour la route de Doncouna. Maintenant on va, paraît-il, former une nouvelle armée, qui, sous les ordres mêmes d'Ahmadou, ira opérer dans le Bélédougou. Mais combien de temps tout cela va-t-il encore durer? De nous, bien entendu, il n'est plus question. — On voit, en somme, que la situation n'a pas changé depuis Mage. Ce sont toujours les mêmes divisions intérieures, les mêmes querelles entre les chefs et les sujets. Du reste, Ahmadou est de plus en plus détesté de ses Talibés. Ceux-ci, qui forment l'élément important de la population de Ségou, se dégoûtent de leur séjour auprès de ce souverain, qui les laisse dans la misère. Ce noyau de Toucouleurs, si essentiel à conserver, se fond de plus en plus ; ce qui est certain, c'est qu'il ne se renouvelle pas, et nul doute que beaucoup d'entre eux ne reprendraient la route de Nioro ou du Fouta, s'ils le pouvaient. Mes interprètes leur ont même entendu dire qu'ils préféreraient notre domination à celle de leur chef actuel; quelques-uns ne se cachent pas non plus pour dire qu'ils quitteront Ségou avant peu pour se rendre, soit auprès d'Aguibou à Dinguibou ou à Dinguiray, soit auprès de Tidiani dans le Macina. Je sais bien qu'il n'y a pas beaucoup de fond à faire sur la sincérité de tous ces gens-là ; mais ces faits prouvent cependant qu'on aurait tort de compter exclusivement sur Ahmadou pour l'exécution de nos projets vers le Haut-Niger et que le mieux est de suivre dans cette région une politique purement française, sans prendre parti, ni pour les Toucouleurs, ni pour les Bambaras, en s'appuyant plutôt sur ces derniers, que l'islamisme n'a pas encore rendus absolument réfractaires à notre civilisation. La faiblesse et les divisions intestines des uns et des autres nous permettent d'avancer avec une sécurité relative, certains au contraire de nous voir recherchés par les populations révoltées contre Ahmadou, au fur et à mesure que nous pousserons nos établissements vers la riche vallée du Niger.

21 décembre. — La question de notre départ est encore remise aux calendes grecques. J'envoie Alassane à Ségou pour tâcher d'obtenir quelques renseignements au milieu du désarroi général qui règne dans le pays. Nous, nous tenons conseil pour sortir du guêpier de Nango. Nous nous arrêtons au parti suivant : Piétri va partir ce soir pour le campement du sultan, situé sur les bords du Niger, en face de Nyamina. Je n'y vais pas moi-même à cause des bruits superstitieux qui avaient couru sur mon compte et pour ne pas indisposer Ahmadou, auquel ma vue, disait-on, devait être dangereuse. Arrivé au camp, Piétri s'efforcera de voir le chef nègre et l'informera de l'absolue nécessité où nous sommes de nous mettre immédiatement en route, en lui développant les raisons évidentes de notre détermination. Il est possible que le sultan ne se montre pas très satisfait de cette visite inattendue, puisque jusqu'à présent il a toujours refusé de voir personne d'entre nous, mais nous estimons que c'est le seul moyen d'arriver à une solution quelconque ; ce chef, au caractère réellement incompréhensible pour des Européens, n'écouterait pas nos interprètes. Piétri lui dira en outre que je laisserai l'un de ceux-ci pour attendre le traité signé, et que, d'ailleurs, nous marcherons très lentement pour donner à cet interprète et aux envoyés toucouleurs le temps de nous rattraper. Si, malgré tout, Ahmadou refuse d'entendre mon émissaire, nous essayerons de quitter Nango quand même, ne pensant pas qu'il veuille nous arrêter de force.

23 *décembre*.—Alassane est revenu de Ségou. Ahmadou a enfin réuni une nouvelle armée et les jeunes Talibés de Ségou qui, jusqu'à ce moment, s'étaient refusés à combattre, se sont décidés eux-mêmes à partir pour le camp royal. Les Toucouleurs n'ont plus maintenant qu'à franchir le Djoliba, et il en est temps, car les Bambaras sont près de Nyamina. On prétend qu'une bataille décisive va se livrer non loin de ce village. Pour moi, qui connais les lenteurs de tous ces nègres, je n'hésite pas, et demain Piétri et Alassane partiront pour le camp d'Ahmadou : car, qui sait autrement quand finirait notre séjour à Nango ?

25 *décembre*. — C'est décidé ! Nous sommes prisonniers et nous n'avons plus aucune illusion à nous faire à ce sujet. Nango a toujours été une prison, où nous étions placés sous la surveillance de Marico et de ses Sofas. Piétri n'a pu quitter le village. Il avait très ostensiblement commencé ses préparatifs de départ vers les trois heures de l'après-midi, afin de pouvoir se mettre en route avec ses quelques hommes de suite après la forte chaleur. Mais, à peine fut-il sorti du village que Marico et ses indigènes, au nombre de 200 à 300, se précipitèrent sur lui, vociférant et lui barrant le passage. Marico saisit la bride de son cheval, tandis que ses Sofas lui tiraient les jambes, essayant de le désarçonner. Piétri arma tout d'abord son revolver et en dirigea le canon sur les noirs qui le pressaient le plus près. Cependant, voyant que ceux-ci n'étaient pas armés, il eut assez de patience pour ne pas se servir de son arme et se contenta de frapper, à coups redoublés de son fouet de chasse, sur la foule qui le serrait de tous côtés. Il réussit à se dégager ; puis il fit crier en même temps à Marico qu'il allait faire feu si on touchait à lui ou aux siens : mais il ne pouvait continuer sa route. Il revint vers notre hangar, toujours suivi par les Bambaras du village. Sur ses pas rentra Marico, qui, encore tremblant d'émotion, essaya de s'excuser en me disant « que Lam Dioulbé avait menacé de lui

couper le cou si nous sortions du village ». Cette idée que nous étions prisonniers de ces nègres stupides et ignorants m'exaspéra à tel point que je le chassai de ma présence en lui intimant l'ordre de ne plus paraître devant moi et soulignant ces paroles par un violent coup de pied appliqué au bas du dos. Cette conduite était imprudente dans la situation où nous nous trouvions, à la merci du moindre changement d'humeur du prince africain, cruel et astucieux, qui régnait à Ségou ; mais je n'avais pu contenir mon indignation devant cette certitude que nous étions captifs et désormais dans l'impossibilité de quitter Nango sans l'assentiment du sultan. Je m'empresse ensuite d'expédier Alassane au camp d'Ahmadou avec une lettre, dans laquelle je me plains vivement de Marico et de ses Sofas, qui n'ont pas hésité à molester un ambassadeur, c'est-à-dire une personne sacrée dans tous les pays. « Il faut que tout cela finisse. Le gouverneur nous a envoyés

Le capitaine Piétri arrêté par Marico.

pour faire un traité et pas pour autre chose ; or, le traité est fait depuis deux mois et il n'y a plus que ta signature à y apposer. Donne-moi une réponse catégorique : veux-tu signer le traité, oui ou non. Si tu le veux, envoie-le chercher à Ségou, et tout sera fini en quelques jours. Si tu n'as pas le temps, nous partirons en te laissant l'un de nos interprètes, qui nous rejoindra avec le traité et les envoyés que tu envoies au gouverneur. Ainsi, de toutes manières, nous devons partir de suite, à moins que tu ne nous conserves comme prisonniers à Nango. Dans ce cas, nous ne nous considérons plus comme les ambassadeurs du chef de la colonie, et tout ce qui a été fait entre nous est nul et non avenu. Nous allons alors aviser à ce qui nous reste à faire. »

27 décembre. — Alassane est revenu hier soir avec Boubakar Saada. Il a pu, non sans peine, voir Ahmadou, qui s'est montré tout d'abord mécontent de ce que j'avais voulu lui envoyer Piétri sans le prévenir; puis il a chargé mon interprète de m'assurer de sa bonne volonté et de blâmer Marico de sa conduite, mais sans nous donner encore aucune réponse catégorique au sujet de notre départ. « Ton capitaine, a-t-il dit à Alassane, a eu tort d'agir ainsi. Il n'est pas prisonnier à Nango et, si je le laisse dans ce village, c'est pour son bien, c'est pour pouvoir terminer à notre aise toutes nos affaires. Quand on est dans un pays, il faut se soumettre aux usages de ce pays. Il est un mauvais envoyé, s'il ne comprend pas qu'il faut attendre le traité. Les noirs ne sont pas comme les blancs : ils n'aiment pas à se presser, et en ce moment je suis occupé de mon armée. Qu'il prenne donc patience, et, che Allaho[1]! il partira bientôt content de moi. » Tel était le langage d'un homme qui, depuis deux mois, avait entre les mains le traité parfaitement discuté et accepté et qui n'avait pu encore trouver les quelques minutes nécessaires pour le signer. Cet Ahmadou est réellement singulier ou alors d'une grande mauvaise foi; autrement il comprendrait que nous ne pouvons rester plus longtemps ici. Quelle conduite sera-t-il possible de tenir, dans l'avenir, avec ce souverain nègre, musulman fanatique, qui ne veut rien en dehors de lui, qui arrête tous les voyageurs et les soumet à une surveillance étroite, qui parle de ses possessions du Sénégal quand les Bambaras sont aux portes de Ségou? — Boubakar Saada m'informe qu'Ahmadou reviendra bientôt dans sa capitale et terminera alors ses affaires. Allons! il nous faut encore prendre patience. Mais cela est bien décourageant.

30 décembre. — Ahmadou m'a envoyé hier Alpha Séga. Il regrette l'incident qui vient d'avoir lieu, car il a appelé mon interprète auprès de lui pendant la nuit et lui a recommandé de partir aussitôt pour me dire de prendre patience, promettant qu'il s'occupera de nous dès sa rentrée à Ségou. Au fond je crois que ce chef aurait voulu, avant notre départ, nous faire assister aux succès de ses armes et nous ouvrir notre route du Kaarta; il est humilié de l'abandon de ses Talibés et de la décadence de son empire. — En attendant, le séjour de Nango nous devient de plus en plus insup-

---

1. S'il plaît à Dieu.

portable ; nos estomacs se délabrent et ne peuvent plus supporter la fade et monotone nourriture dont nous disposons. Le sel lui-même nous manque depuis plusieurs jours et l'absence de ce condiment nous cause des nausées. De plus, des symptômes de dysenterie viennent de se montrer chez Piétri et nous n'avons aucun médicament contre cette maladie. Mais, ce qui m'inquiète encore plus, c'est l'absence de nouvelles de Saint-Louis et l'embarras où je puis mettre le gouverneur par mon silence prolongé. — Alpha repart ce soir avec une nouvelle lettre pour Ahmadou ; mais, vraiment, je n'ose espérer et je me fatigue de plus en plus de cette lutte contre ce personnage énigmatique, qui ne sait m'opposer que la force d'inertie. Sans doute, nous finirons bien par avoir notre traité, mais quand? Du reste, nous ne pouvons plus partir maintenant qu'avec ce document ; car, dans le cas contraire, Ahmadou, avec la mauvaise foi qui le caractérise, s'empresserait de nous dire que nous sommes rentrés dans ses États, non pour négocier et traiter, mais simplement pour le tromper et examiner à loisir son pays.

1er janvier 1881. — Quel triste 1er janvier! Vallière est couché avec la fièvre ; nous, nous ne pouvons plus manger. Les journées sont longues, tristes et silencieuses. Toutes nos pensées, toutes nos conversations ont la France pour objet. Nous souffrons beaucoup et nous sommes toujours dans l'indécision pour notre départ. Quitterons-nous Nango dans quinze jours ou dans trois mois? Nous sommes las de cette lutte incessante contre l'inconnu et nous en sommes venus à regretter les rudes émotions de notre traversée du Bélédougou. — Pour nous distraire, nous causons avec Tiébilé, le vieux Bambara que Marico a dépossédé de ses cases pour nous y installer ; nous l'appelons notre *propriétaire* et il se montre très fier de l'intimité où il vit avec les *toubabs*. Il a avec lui sa mère, la vieille Nadié, qui est pour le moins nonagénaire. Cette vieille indigène, dont nous avons gagné l'affection par quelques menus cadeaux, a résidé à Ségou pendant toute sa jeunesse ; elle a connu le roi Mansong, qui régnait dans le pays au commencement du siècle, et se rappelle très bien l'arrivée d'un blanc (Mungo-Park) à la cour de ce prince, quand elle était tout enfant. « L'année où il arriva, nous dit-elle, fut longtemps appelée dans le pays l'année du blanc. Un jour, il partit dans une pirogue que lui avait donnée Mansong ; il descendit le Djoliba, mais on ne le revit plus. » — Nous devons dire ici que, pendant tout notre voyage, nous avons été frappés du respect dont les nègres entouraient leurs vieilles mères. Celles-ci vivent généralement auprès de leurs fils aînés, qui les traitent avec les plus grands égards et leur demandent souvent des conseils. Beaucoup des indigènes nous disaient qu'ils se croiraient déshonorés s'ils n'avaient pas leur vieille mère avec eux. Ainsi, le premier soin du sultan Ahmadou, dès que son père lui eut confié le gouvernement de Ségou, fut d'envoyer toute une armée chercher sa mère en grande pompe à Dinguiray, pour la faire vivre à côté de lui. Elle habite à Ségou dans un tata particulier avec un nombreux personnel de femmes et de captifs; le sultan, qui va la visiter chaque matin, ne fait jamais rien sans la consulter. Elle a une grande influence auprès de son fils, et comme nous avions pu nous la rendre favorable dès notre arrivée dans les États toucouleurs, son intervention n'a pas été étrangère aux succès de nos négociations avec Ahmadou. On trouve ainsi de temps en temps, chez ces peuplades soudaniennes, des indices qui prouvent qu'elles ne sont pas indignes du titre d'hommes, ni entièrement réfractaires aux principes bienfaisants d'une civilisation supérieure.

3 janvier. — Notre situation est toujours passablement triste. Vallière est encore couché; pour moi, j'ai vomi toute la nuit, avec d'atroces douleurs d'estomac. Tautain est seul valide. Et toujours pas de nouvelles d'Ahmadou. J'écris une nouvelle lettre à Alpha pour le décider à faire un dernier effort auprès du sultan, mais tout cela est bien inutile. Le camp est installé à Fogni, en face de Nyamina, et c'est là que le chef toucouleur s'occupe à compter ses soldats; mais il paraît que la tâche est malaisée et qu'à mesure qu'il a formé un détachement pour passer à un autre, le premier se disperse et regagne ses villages. Ce matin, il y a eu un mariage dans la *concession* voisine de la nôtre. C'est peu compliqué, ainsi qu'on va le voir. Quand un Bambara veut se marier, il envoie au père de la jeune fille un cadeau de dix colas *blancs*. Le père, s'il accepte, répond par un cadeau semblable; en cas de refus, il envoie un cola *rouge*. Le demandeur, s'il est agréé, ajoute un cadeau de cauris et de poulets destinés au repas du mariage. Il peut ensuite emmener sa femme, mais le père lui réclame aussitôt la dot, fixée généralement à 30 ou 40 000 cauris. Puis une petite fête, avec accompagnement de chants et de danse, finit cette simple cérémonie. La dot est souvent laissée à la famille de la femme; souvent encore, celle-ci l'emporte avec elle dans sa nouvelle famille. Il est rare d'ailleurs, vu l'importance de la dot, que le marié la compte tout de suite aux parents de sa femme; il n'en donne généralement qu'une minime partie, s'engageant à livrer le reste plus tard. Le mari peut divorcer quand bon lui semble; s'il est mécontent de sa femme, il peut la renvoyer dans sa famille en réclamant sa dot. Dans un seul cas, le divorce peut avoir lieu au détriment du mari, c'est-à-dire la femme conservant la dot : c'est lorsque celui-là n'a pu consommer le mariage dans les quinze premiers jours de l'union. Il va sans dire que les

Kalinkés sont polygames. Ils peuvent prendre autant de femmes qu'ils le désirent, et le nombre de leurs épouses n'est guère limité que par le chiffre des dots qu'il faut compter pour se les procurer. Quand la femme meurt, son mari hérite de tout ce qu'elle laisse. Nous dirons à ce sujet que l'on voit souvent chez ces peuplades des usages assez singuliers : ainsi, quand un homme meurt, ses frères deviennent héritiers de ses biens et par suite de ses femmes. S'il n'y a pas de frères, les fils deviennent les maîtres des femmes de leur père, c'est-à-dire de leurs propres mères ; mais, ainsi que nous l'avons dit précédemment, les faits se passent autrement dans la pratique et chaque enfant tient à garder sa mère auprès de lui. Chez les Peuls et les Toucouleurs, les mariages ne diffèrent guère des précédents. Cependant, conformément aux lois du Coran, le nombre des femmes légitimes est limité à quatre, mais comme ces indigènes peuvent avoir autant de concubines qu'il leur convient, on voit que la polygamie est tout aussi florissante chez les uns que chez les autres.

6 janvier. — Ces derniers jours ont été mauvais et la fièvre nous a visités de nouveau. Je me demande souvent comment nous pouvons supporter une existence semblable. Ahmadou est toujours à Fogni ; il a renoncé à franchir lui-même le Djoliba à la tête de toute son armée. Décidément, ce chef n'a rien du caractère belliqueux de son père. Il se contente d'envoyer dans toutes les directions des colonnes volantes pour opérer des razzias. Jusqu'à présent, il n'a pas été heureux et ses colonnes rentrent le plus souvent les mains vides. On ne parle pas encore de sa rentrée à Ségou. — Tiébilé nous a expliqué cet après-midi comment les indigènes du pays se procuraient leur poudre à fusil.

Les Bambaras et les Malinkés la fabriquent eux-mêmes d'après des procédés extrêmement primitifs, qui leur viennent sans doute des Maures ; cette poudre est de qualité tout à fait inférieure. Les indigènes ne l'ignorent pas ; aussi recherchent-ils avec soin les poudres d'origine anglaise ou française, qui coûtent fort cher dans le pays : une charge de cette poudre se vend 40 cauris. Elle est généralement employée pour les amorces ; l'autre est réservée pour les charges.

Le salpêtre est recueilli sur les murailles des tatas, où il vient en efflorescences par suite de la décomposition des matières animales qui ont servi à la construction ; on le lave pour l'isoler de la terre et l'on fait épaissir la solution, qu'on laisse cristalliser. Le charbon est excellent et d'une grande finesse ; il provient surtout des arbres appelés en toucouleur *digali*, *bandi* et *yeloco*. Quant au soufre, il est apporté et vendu par les Dioulas.

Le mélange se fait en prenant 7 parties de salpêtre, 2 parties de charbon et 1 partie de soufre. Le tout est pilé très fin. Cette poudre est ensuite manipulée comme du couscous et mise en grains.

Le sultan Ahmadou en a toujours un grand approvisionnement dans ses magasins.

En fait d'armes, on peut dire que toutes les peuplades visitées possèdent des fusils. L'armement des Bambaras et des Malinkés comprend généralement un fusil à silex, à un seul canon et de provenance anglaise. Le bon marché de ces armes permet de douter de leur solidité ; on rencontre d'ailleurs beaucoup de fusils dont les canons ont été sciés ou raccourcis à la suite de ruptures partielles. Au delà de 100 mètres, le tir de ces armes est incertain, et, le plus souvent les projectiles en fer faisant défaut, on peut affirmer qu'il devient inefficace, car les cailloux ferrugineux, employés pour remplacer les balles, sont de formes très irrégulières et n'ont pas le poids voulu pour blesser ou frapper dangereusement. De plus, ces indigènes ont la mauvaise habitude de mettre plusieurs projectiles dans le canon et n'ont jamais pu comprendre qu'ils diminuaient ainsi la portée et la justesse de leur tir.

Les Malinkés et les Bambaras portent souvent, avec le fusil, des sabres dont les lames, de longueur variable et de médiocre qualité, s'enfoncent dans des fourreaux en cuir, fabriqués par les cordonniers du pays. Enfin on voit encore quelques lances et un petit nombre d'arcs. Les lances sont employées comme javelots et nous avons vu des hommes assez exercés pour leur faire décrire une trajectoire régulière jusqu'à près de 50 mètres de distance. Quant aux arcs, ils possèdent souvent des flèches empoisonnées, mais, nous le répétons, ce dernier armement est presque entièrement abandonné.

L'équipement se compose, pour chaque guerrier, d'une poudrière et d'une ou deux *coufas* (sachets à balles), suspendues à la ceinture. Les poudrières sont des cornes de bœuf ou d'antilope plus ou moins ouvragées et enjolivées ; les coufas consistent en de petits sacs en cuir, s'ouvrant au moyen d'une coulisse et garnis d'ornements et de pendeloques. A côté de ces objets, les indigènes portent encore, suspendus à la même courroie, servant de ceinturon, un couteau et un poignard renfermés dans des gaines de cuir.

Les Toucouleurs sont mieux armés que les précédents, et la plupart des Talibés d'Ahmadou ont un fusil à deux coups, souvent à piston, acheté dans nos escales du Haut Sénégal. Ajoutons que ces guerriers musulmans possèdent presque tous un cheval qui, malgré sa petitesse, rend d'excellents services dans ces contrées. Les Bambaras et les Malinkés ne combattent qu'à pied.

Les Peuls de la rive droite du Niger forment, dans l'armée d'Ahmadou, des corps de cavaliers armés de lances.

7 janvier. — Alpha m'a envoyé hier une lettre qui a ranimé nos espérances. Il me dit que les colonnes d'Ahmadou sont rentrées et que celui-ci, comprenant enfin notre désir de quitter Nango, va rentrer à Ségou et terminer nos affaires. Il a en même temps informé les Bambaras des villages voisins de Nango, qui venaient se plaindre à lui de la dure obligation où ils étaient de nous entretenir et de nous nourrir, qu'ils n'en avaient plus pour longtemps et qu'avant peu ils seraient délivrés de cet impôt. Nous nous remettons donc à penser au départ, à nos amis de Saint-Louis, à nos familles, à la patrie absente. Il nous semble aussi que notre santé revient et que nous recommençons à manger de bon appétit. Ahmadou nous envoie un jeune captif, âgé de sept ou huit ans, qui a été pris dans l'une des dernières razzias. Ce négrillon nous arrive complètement nu, les pieds encore meurtris par la longue marche qu'il a faite depuis Ségou. Il est tout tremblant et se met à pleurer en nous voyant. Nos figures blanches, recouvertes d'une barbe inculte, nos vêtements aux formes singulières, lui font peur; mais nos encouragements et nos caresses ont bientôt raison de sa timidité. Nous le faisons asseoir avec nous devant la calebasse de riz et le plat de poulet qu'Yoro nous apporte; il mange de bon appétit et répond sans embarras aux questions que nous lui posons par l'intermédiaire d'Alassane. Il nous raconte, avec des gestes de terreur, comment il a été pris par les Talibés et emmené à Ségou. Sa mère, qui allaitait l'un de ses jeunes frères, a été assommée à coups de hache à Tata; lui-même nous montre sur son corps les traces des coups de lance dont les Toucouleurs l'avaient frappé en route pour le faire marcher. Nous allons entreprendre son éducation, et, en attendant, nous disons à Alassane de lui faire confectionner un *boubou* et un *soubé* par le tisserand du village.

12 janvier. — Rien de nouveau. Ahmadou est toujours à Fogni. Si encore il y faisait quelque chose; mais non, il est là, dans sa case à palabres, assis majestueusement sur son dampé, occupé, paraît-il, à compter trois cents hommes destinés à former la garnison de Nyamina. Vingt jours pour compter trois cents hommes! Et nous, nous sommes toujours ici, attendant le bon vouloir de ce personnage. En somme, ce sultan de Ségou, appuyé par ses bandes de Toucouleurs, est le fléau de tout le pays, et tant qu'il régnera à Ségou, le Haut-Niger sera désert et opprimé. Il coupe toutes les communications entre le nord et le sud et empêche tous les voyageurs de dépasser la frontière de ses États. Ceux-ci forment, entre le Niger et le Mahel Balével, une vaste prison d'où personne ne peut sortir. Les populations qui couvrent cette région y ont été presque toutes importées à la suite des guerres d'El-Hadj Oumar. Les Bambaras viennent du Kaarta, les Peuls du Bakhounou, les Sarracolets du Guidimakha et du Kaméra, les Toucouleurs eux-mêmes du Fouta ou du Bondou. Aussi, tous ces indigènes font-ils de fréquentes tentatives pour franchir le fleuve et rejoindre leur pays. Mais des agents spéciaux sont placés à Fogni, à Tadiana, à Tourella et à Djoliba et empêchent toute désertion de ce genre, qui est d'ailleurs punie de mort, si elle échoue. Les chefs des villages riverains du Niger voisins de l'endroit où a eu lieu l'évasion, les piroguiers qui ont favorisé le passage encourent tous la peine capitale. Il est donc bien rare qu'un indigène puisse réussir à traverser le fleuve et à fuir le régime détesté sous lequel le courbe la tyrannique domination du sultan de Ségou.

13 janvier. — La situation n'a pas changé. Le sultan est toujours dans son camp et, malgré le mécontentement général de ses gens, qui veulent rentrer dans leurs villages, refuse de dire quand il rentrera à Ségou. Il a envoyé Samba N'Diaye à Nyamina pour entourer ce village d'un fort tata, et il est à croire qu'il ne quittera Fogni que lorsque Nyamina aura été mis à l'abri complet des tentatives des Bambaras. Pour nous, notre impatience s'est transformée en une sorte d'énervement, qui nous rend presque inconscients des choses extérieures. Le vent d'est souffle avec force, nous brûlant de son souffle enflammé; par moments on se croirait dans un four. Notre hangar n'est plus habitable et nous passons les après-midi dans notre étroite case, couchés sur nos nattes et abîmés dans des réflexions qui n'ont rien de divertissant. Puis, nous sommes mangés par la vermine; rien ne peut nous en débarrasser, ni les lavages fréquents au savon de karité, ni les aspersions d'eau bouillante sur le sol de notre habitation. Nos domestiques, les indigènes du voisinage, nous renvoient sans cesse une nouvelle garnison; nous n'en serons délivrés que lorsque nous quitterons notre délicieux séjour de Nango. Le jeune Kili, c'est ainsi que nous avons baptisé notre négrillon, se civilise de plus en plus. Nous lui avons déclaré solennellement, avec toutes sortes d'explications, qu'il était libre désormais et qu'il n'était plus captif. Je crois qu'il ne nous a pas compris. Il ne nous demande qu'une chose, c'est de ne plus le renvoyer chez Ahmadou, dont le nom semble exercer sur lui un effroi extraordinaire. Ce sera notre menace habituelle quand nous ne serons pas contents de lui.

Toute la journée, Tiébilé a surveillé ses femmes, occupées à la récolte du coton dans un champ voisin.

Chez les Bambaras et les Malinkés, la femme ne joue qu'un rôle tout à fait infime. C'est une captive, une véritable bête de somme; elle est la chose du mari. Elle cultive, s'occupe des plus gros travaux, de la cuisine; le temps qu'elle ne passe pas aux champs, elle l'emploie au dur travail du pilage du mil ou à la confection du fil de coton. En un mot, elle est constamment à l'ouvrage, y compris même une bonne partie de la nuit. On voit cependant quelquefois, dans certaines familles, des femmes prendre de l'ascendant sur leurs maris et influer sur ses décisions; mais, en principe, l'homme peut faire de ses femmes ce que bon lui semble.

Tisserand bambara.

Dans le Bélédougou, on voit souvent des Bambaras mettre leurs femmes en gage, soit pour se procurer le mil qui leur sert de nourriture, soit même qu'ils soient mécontents de celles-ci ou qu'elles ne leur plaisent plus.

18 janvier. — Nous avons encore été malades ces derniers jours. Vallière a eu la fièvre, et moi, dans la nuit du 16, j'ai eu d'horribles crampes d'estomac, accompagnées de douloureux vomissements. Je n'avais jamais autant souffert. Rien de nouveau du côté d'Ahmadou; on dit qu'il attend la construction entière du tata de Nyamina. L'un des tisserands du village est venu installer son métier sur la petite place qui se trouve devant notre case. C'est un métier couché d'une excessive simplicité, avec lequel il tisse des étoffes de coton plus ou moins fines, qui sont souvent teintes ensuite à l'aide de substances végétales, tirées notamment de l'écorce des arbres appelés *calama* et *codioli* en langue toucouleure. Les tisserands, comme du reste les cordonniers, les forgerons et tous les indigènes employés à un métier, forment une caste à part, considérée comme nécessaire, mais pour laquelle on a généralement un sentiment de crainte et de mépris. Jamais un tisserand ne trouvera femme en dehors de sa caste. N'est-ce pas un fait caractéristique que dans tout le Soudan les castes travailleuses sont les méprisées?

Le vêtement des Malinkés et des Bambaras est des plus simples. Il se compose de pantalons descendant jusqu'à mi-jambes et retenus à la ceinture par une sorte de cordelière; d'un boubou assez court, laissant les bras complètement nus, d'un bonnet terminé par des pointes relevées vers le sommet de la tête, le tout en étoffe de coton, teinte en jaune au moyen d'une teinture propre au pays.

Les Toucouleurs et les Sarracolets sont vêtus avec un peu plus de luxe. Un large pantalon en guinée bleue ou *toubé*, un boubou ample et flottant en guinée ou calicot blanc, bien collant sur le front, et le derrière de la tête entouré d'un large turban, telles sont les parties essentielles de leur costume.

Les femmes malinkés et bambaras sont le plus souvent vêtues d'un simple pagne qu'elles enroulent autour de leurs reins. Les femmes peules et toucouleures, outre ce pagne, portent un boubou court et un *bourtouguel*, sorte de pièce d'étoffe légère qui leur couvre la tête et retombe sur les épaules. Les coiffures sont très variées : tantôt les cheveux sont relevés en forme de cimier de casque, comme chez les Khassonkaises ; tantôt ils sont réunis en tresses et ornés d'anneaux d'or et de verroteries, comme chez les Peules.

20 *janvier*. — J'ai encore eu la fièvre ces deux derniers jours et je me sens très fatigué. — Cette nuit, nous avons été réveillés par un bruit formidable ; c'est le *nama* ou sorcier qui, sorti de son arbre sacré, faisait une promenade nocturne dans le village. Tout le monde, particulièrement les femmes et les enfants, s'était renfermé dans ses cases, attendant avec terreur que le mauvais génie eût disparu. Nous nous sommes levés aussitôt pour montrer à ces imbéciles qu'ils ne nous faisaient pas peur ; mais, à notre vue, les lumières, renfermées dans les calebasses percées de trous, se sont éteintes, le tapage a cessé et les acteurs de cette comédie ont disparu. Les Bambaras sont fétichistes. Nous devons dire à ce propos qu'il nous a toujours été très difficile d'obtenir des renseignements sur les mœurs religieuses des habitants. Ce qui est certain, c'est que les indigènes sont

très superstitieux et que leur religion, comme celle de la plupart des peuplades africaines, se compose de pratiques dont il est souvent malaisé de saisir la raison. Le fétiche ou le *nama* est l'une des particularités les plus remarquables de cette religion; c'est toujours d'ailleurs ce même sorcier fantastiquement déguisé que nous ont décrit les voyageurs. Chaque village bambara ou malinké possède un arbre sacré, généralement un tamarinier, dont les branches basses et feuillues forment un réduit obscur, entouré

Jeune femme peule et captive bambara.

de broussailles épineuses, le long desquelles est ménagé et entretenu avec beaucoup de soin un chemin de ronde qui protège l'arbre contre les incendies. C'est dans ce tamarinier que demeure le fétiche, qu'il faut consulter et se rendre favorable chaque fois qu'on entreprend quelque chose : cultures, guerre, chasse, mariage, etc. Les grands prêtres de ce fétiche sont des vieillards, seuls initiés à toutes sortes de jongleries et qui en profitent pour diriger dans le sens qu'ils désirent toutes les actions des gens du village. Les sacrifices ont lieu sous l'arbre sacré : on tue généralement des moutons, des chiens, des poulets, qu'accompagnent des présents de mil et de fruits. Les vieillards consultent les entrailles et décident. Le nama fait quelquefois des apparitions subites et mystérieuses dans le village ; tout le monde, sauf les initiés, se cache alors dans le coin le plus obscur des cases, les feux éteints, les portes bien fermées. Ceux qui le voient ou se laissent voir doivent mourir dans l'année. Nama, qui n'est le plus souvent qu'un forgeron du village, se promène en dansant dans un costume bizarre; une calebasse, percée de trous, lui couvre la figure. Il ne sort que la nuit et inspire une terreur extraordinaire. Pendant notre séjour à Nango, Ahmadou, craignant sans doute qu'il ne nous arrivât malheur, avait défendu aux Bambaras de se livrer à leurs cérémonies habituelles, et surtout à Nama d'exécuter ses jongleries. Aussi Marico est-il venu ce matin nous demander pardon de l'incident de la nuit.

21 *janvier*. — Nous commençons à croire qu'Ahmadou fait exprès, dans un dessein secret, de s'éterniser à Fogni, car on nous dit que le tata de Nyamina est terminé, et cependant il ne bouge pas. Le trait principal du caractère de ce souverain est une méfiance excessive, non seulement envers les blancs, mais même envers ses propres sujets et les étrangers nègres des pays environnants. Il opprime à l'excès les populations qui lui sont soumises, leur défendant de grandir, de prospérer, de posséder, de se consacrer à l'élève des bestiaux. Sa méfiance extrême a pour conséquence cette lenteur réellement étonnante qu'il met en toutes choses. Il veut tout voir, tout faire par lui-même. Ségou est rempli de gens envoyés par ses frères ou représentants, qu'il refuse toujours d'écouter, en les renvoyant à plus tard. Voilà deux ans que Diango, le chef de Koundian, n'a encore pu réussir à parler au sultan. — Depuis quelques jours on se livre toutes les nuits, à Nango, à des danses et à des chants qui se prolongent jusqu'au matin. Les Bambaras, comme du reste tous les Soudaniens que nous avons visités, ont l'humeur assez gaie, contrairement à ce qui a lieu chez la plupart des peuplades du Soudan central ou oriental. Le jour, la population se réunit généralement sur la place du village, où l'on cause bruyamment, tandis que les griots cherchent à amuser les spectateurs par leurs contes et leurs drôleries. Mais c'est la nuit surtout que ces indigènes se livrent à leurs plaisirs favoris. Que de fois avons-nous entendu, par les splendides clairs de lune de ces climats intertropicaux, les villages résonner du bruit des tam-tams, des battements de mains des femmes, des cris perçants des chanteuses et des accents monotones et assez agréables des trompes et des petites flûtes indigènes! Ces réunions durent toute la nuit. Elles ont d'ailleurs entre elles beaucoup de ressemblance et se rap-

prochent toutes plus ou moins de celles que nous avons déjà décrites lors de notre passage à Médine, à Kita ou à Gorée chez Dama. Les Peuls et les Toucouleurs, bien qu'affectant le plus souvent une gravité qui nous a toujours paru passablement ridicule, ne dédaignent pas cependant de prendre quelquefois part à ces jeux que repousse le Coran.

27 *janvier*. — On m'annonce qu'Ahmadou se propose de quitter Fogni. Il se bornera pour le moment à laisser une forte garnison à Nyamina et rentrera à Ségou pour s'efforcer d'organiser une nouvelle expédition; mais je doute qu'il réussisse, car ses Talibés semblent réellement trop indisposés contre lui. Quant à notre départ, il doit être imminent, tous les notables de Ségou poussant le sultan à terminer au plus vite nos affaires et à nous laisser rentrer à Saint-Louis. Quoi qu'il en soit, ce traité, s'il est signé, n'aura pas été obtenu facilement. — J'ai envoyé Alassane au marché de Boghé, où l'on m'annonçait la présence d'une caravane venue du Guidimakha. Il paraît qu'en effet cette caravane est en route pour Ségou; elle est en ce moment à Tadiana. Peut-être qu'elle nous apporte un nouveau paquet de lettres.

CHAPITRE XXI

La circoncision chez les Bambaras. — Le docteur Tautain tombe gravement malade. — Le commerce dans le Haut-Niger. — Mœurs et caractère des indigènes du Haut-Niger. — Récolte du beurre de karité. — Arbres et produits végétaux du Haut-Niger. — Produits métallurgiques. — Animaux domestiques et faune du pays. — Arrivée à Ségou d'envoyés du Fouta pour nuire à la mission. — Nourriture des Bambaras. — Nouvelles du Bélédougou. — Chasse aux perdrix. — Impopularité d'Ahmadou sur le Haut-Niger.

Nango, 28 janvier. — Hier, j'ai encore eu la fièvre, qui m'a tenu toute la nuit. Mes accès sont maintenant moins forts, mais ils sont plus fréquents qu'en hivernage. Je suis bien à mon cinquantième accès depuis notre arrivée à Nango; je me demande vraiment comment j'ai pu résister à toutes ces secousses, d'autant plus que mes précédents voyages en Sénégambie et la fièvre jaune de 1878 m'ont déjà passablement éprouvé. — Alpha m'écrit qu'Ahmadou l'a encore mandé auprès de lui pour lui dire de nous conseiller de prendre patience et que, che Allaho! tout va bientôt être terminé. On prétend aussi que le sultan est maintenant plus heureux dans ses opérations; plusieurs tribus révoltées sont venues faire amende honorable. Il a du reste pris le système de son père et il fait mettre à mort tous les captifs que ses cavaliers enlèvent dans leurs razzias. — Depuis deux jours, tout le village est en l'air à cause de la rentrée des circoncis. Les cérémonies relatives à la circoncision jouent un grand rôle dans la vie intérieure de ces peuplades sauvages. Elle a lieu peu après l'hivernage, alors que les provisions de mil nécessaires pour les agapes faites à cette occasion sont encore intactes. Pendant l'opération, les jeunes gens âgés de douze à quinze ans ne doivent donner aucun signe de faiblesse. Ensuite ils ne paraissent dans leurs cases que lorsqu'ils sont entièrement guéris. Ils se vêtent d'une longue robe qui leur descend jusqu'aux pieds et qui se termine par un capuchon leur couvrant la tête. Les garçons sont séparés des filles. Ils passent la journée sous un arbre voisin du village, venant seulement le matin et l'après-midi chercher leur nourriture, qui est plus copieuse que de coutume. Au soir, ils se rapprochent du tata et passent la nuit dans des cases préparées pour eux ; ils rentrent en chantant et en faisant aller en mesure une sorte d'instrument composé d'un morceau de bois recourbé, dans la plus grande branche duquel sont passés des fragments circulaires de calebasse qui, en se choquant, produisent un bruit de castagnettes. Les filles portent de petites calebasses remplies de menus cailloux, semblables à nos jouets d'enfants. Au matin, de bonne heure, ils reviennent à leur arbre. Le retour dans les familles donne lieu à des fêtes et à des tamtams interminables ; il marque le passage de la vie d'adolescent à celle d'homme fait, et est marqué par la prise d'autres vêtements. On leur rase la tête et on les habille de boubous et de pantalons neufs ; ils ornent leur tête d'une bande de cuir munie de verroteries et de coquillages, et s'arment d'une lance, fabriquée pour la cérémonie. Les filles font de même ; on les distingue de leurs compagnes aux petites bandes d'étoffe qui, attachées à la ceinture, pendent devant le corps. Ainsi vêtus, ils vont rendre visite aux notables et chefs du village, et se livrent ensuite à la danse et au plaisir pendant plusieurs jours.

Les circoncis bambaras.

31 *janvier*. — Alpha m'écrit qu'Ahmadou a quitté Fogni aujourd'hui pour se diriger vers Ségou. Nous sommes donc près de notre départ et nous pouvons espérer que le mois de février nous verra en route. — Tautain vient de s'aliter avec tous les symptômes d'une fièvre bilieuse hématurique ;

il est pris par cette terrible maladie qui fait tant de victimes parmi les Européens en Sénégambie. Son mal a débuté par une épouvantable crise de crampes d'estomac, qui lui permettait à peine de rester en place et lui faisait souffrir le martyre. Jusqu'à ce moment, nous pouvions nous considérer comme assez heureux, malgré nos fréquents accès de fièvre et embarras gastriques; personne de nous n'avait encore été atteint d'une maladie sérieuse, que l'absence de médicaments et de moyens curatifs devait évidemment rendre dangereuse. Mais nous nous trouvons maintenant en présence d'une fièvre des plus pernicieuses, et Tautain nous déclare lui-même, avec son habituelle insouciance du danger, qu'il aura de la chance s'il s'en tire. — Une nombreuse caravane de Dioulas sarracolets s'est arrêtée aujourd'hui à Nango ; c'est celle qui m'a été signalée à Tadiana. Elle vient du Guidimakha et n'a pas passé par Bakel ni par Médine; elle n'a donc rien pour nous. Ces Sarracolets forment, en somme, la population la plus intéressante de toutes ces régions, et ce sont eux qui, par leur instinct commercial, l'étendue de leurs relations (rivières du Sud, Haut-Sénégal, Haut-Niger, Djenné, Tengrela, etc.), semblent être les plus aptes à porter au loin nos idées civilisatrices. Nous pensons donc qu'il serait utile de nous assimiler plus étroitement les populations sarracolets, telles que celles du Guoy, du Kaméra et du Guidimakha, qui sont déjà placées sous notre protectorat. On pourrait modifier la situation politique de ces États en les plaçant sous la dépendance complète de Bakel, dont le commandant serait chargé de centraliser tous les renseignements, géographiques ou autres, apportés des régions plus lointaines par ces infatigables marchands. Le commerce n'existe qu'à l'état rudimentaire dans la partie du Soudan visitée par la mission, et cependant les Bambaras, les Malinkés, et surtout les Sarracolets paraissent avoir les plus grandes aptitudes pour les transactions commerciales. Astucieux, persuasifs et tenaces, ils aiment à marchander et excellent dans les interminables discussions auxquelles donne lieu l'une de ces opérations d'échange où le trafic s'opère avec des objets de troc dénués de toute valeur. Âpres à la possession et avides de bénéfices, ils mettent un temps infini et prodiguent toute leur éloquence pour engager, continuer ou terminer une transaction commerciale. Toutes ces transactions ont évidemment lieu par voie d'échange. On fait généralement usage, pour les petites affaires, de cauris et de bandes ou carrés de coton ; pour les grandes, c'est le captif ou l'esclave qui est l'unité d'échange. Le cauri[1] est une coquille univalve des mers de l'Inde, servant de monnaie sur la rive droite du Niger, depuis ses

---

1. En ouolof, *petauw*; en bambara, *koulou*; en toucouleur, *tiédé*.

sources jusqu'à Tombouctou. Sa valeur est d'environ 3 à 4 francs d'argent les 5000, ou plutôt les 4000 dans le système de numération des Bambaras. Les indigènes comptent par 5 cauris à la fois, qu'ils ramassent avec une dextérité et une promptitude tout à fait remarquables ; quand ils ont 16 tas de 5, ils font un gros tas de 80, qu'ils appellent 100. Quand ils ont 5 de ces tas, ils réunissent le tout : c'est 1000.

Ce sont les caravanes des Sarracolets qui servent d'intermédiaires entre les Soudaniens et les comptoirs et escales du Sénégal, de la Gambie et des rivières du sud de notre colonie. Sur le Sénégal, le dernier établissement commercial est Médine, et nos progrès politiques vers le Niger n'ont encore pu décider nos négociants à pousser leurs comptoirs jusqu'à Kita. Il est vrai qu'à partir de Médine la voie commerciale du fleuve devient à peu près inutilisable, et qu'une route carrossable permettra seule aux produits indigènes des régions nigériennes de s'acheminer vers Médine et Bakel, têtes de ligne du Sénégal. C'est principalement à Bakel et Médine, à Fattatenda sur la Gambie, à Boké dans le Rio-Nunez, et à Sierra-Leone à l'embouchure de la Rokelle, que les Sarracolets forment leurs caravanes, pour se diriger ensuite, par les itinéraires indiqués sur la carte jointe au présent travail, vers le Niger et les marchés du Soudan occidental. Les principaux objets d'importation sont le sel, les verroteries, la poudre, les fusils à silex à deux coups, les pierres à feu, les clous de girofle, les guinées, tissus de coton grossiers et étroits, teints en bleu et fabriqués à Rouen, en Belgique et dans l'Inde, le calicot blanc, les étoffes désignées sous le nom de *roum*, *suereton*, *baja*, *liménéas*, etc., l'ambre, le corail, les cornalines, le tabac, le tafia, etc. Les caravanes partant de Bakel sont composées généralement de vingt à soixante individus qui conduisent des « bourriquots » ou, plus rarement, des bœufs porteurs. Celles qui partent de la Gambie et des rivières du sud de notre colonie n'amènent pas d'animaux porteurs ; tous les produits sont transportés à tête d'homme. Aussi peut-on s'imaginer combien les captifs sont utiles et recherchés dans cette région, et il est permis d'avancer que le commerce d'esclaves forme la majorité des transactions de ces malheureuses contrées, ainsi qu'il ressort d'ailleurs des renseignements déjà fournis par le lieutenant Vallière pendant son voyage à travers le Manding. Toutes ces transactions sont faites presque exclusivement par les Sarracolets, qui possèdent au plus haut degré l'instinct du négoce. Leur commerce est loin, du reste, de se pratiquer en toute sécurité ; ils sont souvent obligés de traverser des pays en guerre, où ils ne parviennent à sauver leurs marchandises qu'à force de ruse.

Dans les contrées où règne la paix, les conditions ne sont guère meilleures, car ils ont alors à satisfaire les exigences de certains chefs qui leur font payer de fortes redevances. Par exemple, dans l'empire d'Ahmadou, il existe sur chaque route commerciale certains villages où les Dioulas doivent payer une sorte d'impôt, s'élevant souvent au dixième de leurs marchandises. Ainsi, sur la route de Médine à Ségou, les villages de Kouniakary, Nioro, Guigué et Nyamina sont dans ce cas; sur la route qui suit la vallée du Bakhoy, les percepteurs sont placés à Mourgoula et Tourella. Les Dioulas venant du sud payent les droits au village de Sougoula, non loin de Boghé. Au marché de Nioro, les Maures commerçants payent comme impôt un bafal de sel sur dix ; les deux tiers de cet impôt sont pour le chef de Nioro, l'autre tiers est pour le sultan. Certaines contrées du Haut-Niger, spécialement le Kaarta, le Guéniékalari et le pays de Ségou, possèdent des marchés périodiques très suivis et très animés. Voici, par exemple, la liste des villages de cette dernière contrée où se tiennent ces marchés hebdomadaires, avec l'indication des jours où ils ont lieu :

Lundi : Ségou-Sikoro, Kama, Kouloro, Massabougou, Bougouni.
Mardi : Boghé.
Mercredi : Kolodimini, Bougouba, Nyamina, Sambabougou.
Jeudi : Sékoro, Soïa, Cacoulé M'Baye, Gassola.
Vendredi : Banakoro, Ténégou, Samagolaqué.
Samedi : Fasona, Somonogou, Bounou.
Dimanche : Massala, Dougassou.

Voici en cauris les prix moyens du marché de Ségou :

Captifs (suivant la qualité)........	140 000 / 110 000 / 100 000
Chevaux........................	200 000 à 300 000
Bœufs..........................	60 000
Anes...........................	40 000
Chèvres........................	2 500 à 6 000
Moutons........................	2 500 à 6 000
Poulets.........................	140 à 300
Calicot blanc (la coudée de 0ᵐ,50).....	600
5 francs (pièce d'argent)...........	2 500 à 5 000
Baril de poudre (2 kilogrammes).....	50 000
Guinée (la coudée)................	500
Cotonnades françaises, baja, indiennes, etc.	600
Mousseline......................	800
Moule de mil (2 litres environ)......	120
Moule de riz.....................	300
Bafal de sel.....................	40 000 à 60 000
Or (le gros de 3ᵍʳ,8)..............	5 000 à 6 000

Boubou en coton indigène.................	6 000 à 7 000
Pantalon indigène.......................	5 000 à 6 000
Fusil à pierre, 1 coup, 2 coups............	25 000 à 30 000
Verroteries (1 grain)....................	20
Pierres à feu...........................	20
Ambre (petite boule)...................	1 000
Ambre (grosse boule)..................	3 000
Moule d'arachides......................	30
Corail (le morceau)....................	2 000

Ces prix sont à peu près les mêmes dans tout le pays de Ségou et le Guéniékalari. Ils varient dans les marchés du sud. Ainsi, à Kéniéra, pour 2 à 5 pièces de guinée on a un captif; pour un fusil, également. A Diakarou, pour une barre de sel on a 7 gros d'or ou un captif; un cheval ne vaut pas moins de huit captifs.

1er février. — Tautain a passé une très mauvaise nuit. Une diarrhée persistante et des vomissements continuels ne lui ont pas permis de prendre une minute de repos. Cette maladie nous inspire de bien grosses inquiétudes, d'autant plus qu'elle arrive à un mauvais moment, car tout fait prévoir, si elle se termine heureusement, que la convalescence sera longue et retardera sans doute notre départ. Cette complication n'est pas la seule, et, comme un fait exprès, voilà que les quelques chevaux indigènes qui nous restaient, et sur lesquels nous comptions pour notre voyage, viennent d'être tous atteints d'une sorte de maladie, appelée *borko* dans le pays. Ils sont complètement couverts d'ulcères. Je vais être forcé de m'adresser à Ahmadou pour nous fournir les montures nécessaires pour notre retour. Quelle lutte incessante il faut livrer, sur cette terre africaine, à la maladie, au climat, aux hommes, pour venir à bout des difficultés accumulées sans cesse sur la voie des Européens essayant d'ouvrir à notre influence civilisatrice ces régions si obstinément fermées à nos efforts ! — Beaucoup de gens du village, hommes et femmes, viennent s'asseoir silencieusement devant notre case pour obtenir des nouvelles de Tautain, à qui ses consultations gratuites avaient fait beaucoup d'amis. La vieille Nadié apporte une grande calebasse remplie de citrons. Ces démonstrations nous touchent et nous nous demandons si, en dépit de leur profonde barbarie, ces indigènes ne sont pas susceptibles de civilisation. Certes on ne peut s'attendre à trouver un grand sens moral chez ces peuplades. Non pas que les nègres soient naturellement cruels et méchants, comme leurs voisins des déserts sahariens, mais ils sont en tout comparables à de grands enfants et absolument esclaves de leurs passions. Par exemple, les meurtres sont rares chez eux, et pendant tout notre séjour à Nango nous n'avons vu se commettre aucun assassinat. Nous n'en dirons pas autant des pillages, qui ont lieu constamment et qui sont même l'occupation essentielle d'un grand nombre de ces peuplades barbares, surexcitées par de longues années de guerres incessantes entre elles et contre des voisins ambitieux. Comme conséquence de cet état d'hostilité permanente, les indigènes de cette partie de l'Afrique sont toujours armés. Les marchands qui fréquentent les marchés, les cultivateurs qui vont aux champs ont toujours le fusil sur l'épaule et la poudrière en bandoulière. Les jeunes gens, quels qu'ils soient, n'ont pas de désir plus vif que celui de posséder un fusil et les objets d'équipement nécessaires. Nous avons dit ailleurs quelle était la nature de ces armes.

Femmes bambaras.

La continence n'est pas la vertu dominante des Bambaras, des Malinkés et même des Toucouleurs. Ils s'occupent peu de sauvegarder la chasteté de leurs femmes, ou, s'ils le font, c'est dans un but absolument intéressé, car ils les laissent le plus souvent libres de leurs actions, si de gros profits viennent les indemniser de leur indulgence.

Quant à la sincérité, ces indigènes n'en ont aucune idée, et les Toucouleurs particulièrement sont passés maîtres dans l'art de dissimuler leur pensée. Ils n'abordent jamais franchement les questions en discussion et se complaisent dans ces interminables *palabres* où l'on ment avec un aplomb sans égal, tout en se voilant la face avec horreur lorsque l'adversaire exprime une opinion contraire à celle qu'on émet. Le courage varie beaucoup chez les races nègres que nous avons pu observer. A en juger d'après la vélocité avec laquelle tout un village se précipite dans les murailles de son tata à l'approche de quelques cavaliers, on pourrait affirmer que les Bambaras et les Malinkés sont tout à fait poltrons. Cependant l'exemple des luttes qu'ils ont autrefois soutenues et soutiennent encore contre leurs ennemis musulmans, et la bravoure que nous leur avons vu déployer nous-mêmes dans les rangs de nos tirailleurs et spahis sénégalais, prouvent que la lâcheté n'est pas le défaut ordinaire de ces peuplades. Quant aux Toucouleurs, ils ont une réputation de bravoure bien établie dans toute cette partie du Soudan, et il est certain que si nous n'avions pour nous la supériorité de notre tactique et surtout l'irrésistible prépondérance de nos armes à tir rapide, qui rendent désormais des troupes européennes bien commandées invincibles vis-à-vis des hordes soudaniennes, nous aurions pu trouver à l'occasion des adversaires dangereux dans ces guerriers musulmans, fanatisés par les paroles de quelque nouveau prophète Les populations qui habitent le Haut-Sénégal et le Haut-Niger sont certainement paresseuses ; elles ne seraient pas nègres sans cela. Chaque individu cultive juste assez pour ses besoins, et aucune amélioration n'a été apportée dans les procédés de culture depuis des siècles. D'autre part, le voyageur qui parcourt ces contrées ne peut s'empêcher de constater l'indolence où vivent les habitants. Nous ne pensons pas cependant qu'il faille tirer de là des conséquences trop pessimistes pour l'avenir de cette région, car nous avons rencontré de nombreuses exceptions. Les Bambaras, particulièrement, sont des cultivateurs assez intelligents, et les Malinkés sont portés par leurs instincts cupides aux travaux agricoles et métallurgiques, qui leur permettront d'acquérir les objets dont ils désirent la possession.

En résumé, les contrées que nous avons explorées sont habitées par des populations encore bien ignorantes et fort sauvages, qui rendront peut-être notre œuvre civilisatrice pénible dans les commencements; mais, d'après les indices que nous avons pu recueillir sur divers points, elles ne sont pas réfractaires à toute idée de progrès et de travail. On peut donc prédire qu'avec le calme politique elles sauront trouver dans les richesses diverses de leur sol les moyens d'échange contre nos produits manufacturés d'Europe. Le jour où une voie de communication praticable et sûre mettra toutes ces peuplades en rapports faciles avec nos escales de commerce, la repopulation s'accomplira peu à peu ; les cultivateurs, assurés de la vente de leurs récoltes, défricheront de nombreux territoires ; les Peuls, certains de la sécurité et de la paix, reconstitueront leurs immenses troupeaux ; les Sarracolets reformeront leurs longues caravanes; la prospérité renaîtra en un mot et succédera à la misère actuelle. Mais ces résultats si désirables ne seront atteints que si l'on remplace partout la domination actuelle des Toucouleurs par l'influence bienfaisante et civilisatrice de la France.

2 *février*. — La nuit a été très mauvaise; le mal augmente et notre inquiétude est toujours aussi grande. Tautain ne fait que vomir depuis hier; il ne peut garder la quinine que nous lui faisons avaler et qui est le seul remède que nous possédions. Il est jaune comme un citron et d'une faiblesse extrême; mais sa jeunesse et sa rare énergie ne l'abandonnent pas. — Nous avons passé une partie de la journée dans la case de notre voisin Tiébilé, qui nous a donné d'intéressants renseignements sur la fabrication du beurre de karité. Le mobilier des cases bambaras est des plus simples. Il comprend des ustensiles de cuisine consistant en marmites en terre de tailles différentes, calebasses en bois, calebasses de cucurbitacées pour servir de plats, de baquets à laver, de cuillers pour remuer le lallo; des instruments d'agriculture, pioches, haches, serpettes; des taras, des nattes en paille de mil, des petits bancs en bois, des lampes grossières, des mortiers, des pilons et enfin le four pour la préparation du beurre de karité. Le karité ou arbre à beurre (*Bassia Parkii*) mérite une mention spéciale comme produit commercial d'un avenir immense, dès que la voie de communication projetée aura dépassé Bafoulabé. Le karité est très commun dans la vallée du Haut-Niger et dans celles du Bakhoy et du Ba-Oulé; on en rencontre d'immenses forêts dans le Fouladougou, le Bélédougou, le Manding et le Guéniékalari. C'est un bel arbre à feuilles oblongues et frisées, de la famille des sapotées; le fruit est de la grosseur d'une noix ordinaire, enveloppé d'une coque assez mince recouverte d'une chair savoureuse et excellente au goût. La noix, de forme ovoïde, présente une chair blanche compacte, servant précisément à la confection du beurre végétal. La récolte commence à la fin de mai et finit aux derniers jours de septembre. Les femmes et les enfants vont alors journellement dans la forêt, surtout après les fréquents orages ou tornades de l'hivernage, et rapportent au village de grands paniers ou calebasses remplis des fruits que le vent a fait tomber. On les verse dans de grands trous cylindriques, creusés çà et là dans les villages indigènes, au milieu même des rues et des places. Dans ces trous, les fruits perdent leur chair, qui pourrit; on les y laisse généralement plusieurs mois, souvent même pendant toute la saison d'hivernage. Les noix sont ensuite placées dans une sorte de four vertical en terre d'argile, disposé dans l'intérieur des cases. Elles sont ainsi séchées au feu et même légèrement grillées. Dès qu'elles sont bien sèches, on casse les enveloppes,

on écrase la chair blanche intérieure, de manière à en former une pâte bien homogène. On la met dans l'eau froide et, après l'avoir battue vivement, on la tasse et on l'enveloppe, pour la conserver, dans des feuilles d'arbre. Toutes ces opérations, très longues avec les moyens rudimentaires des nègres, se font ordinairement pendant la saison sèche.

Le beurre de karité est d'un usage constant parmi les populations bambaras et malinkés du Haut-Sénégal et du Haut-Niger ; il sert pour la cuisine, pour les grossières lampes du pays, pour la préparation du savon, pour le pansage des plaies, etc. Les Dioulas en exportent une petite quantité vers les rivières du sud, surtout sur les rivières anglaises. Nous croyons que ce produit pourrait trouver son emploi sur une grande échelle en Europe, non moins que l'arachide dont nos bâtiments transportent de si gros stocks dans nos ports de Marseille et Bordeaux. Il pourrait, croyons-nous, servir non seulement à la confection des savons, mais encore à celle des bougies[1]. Toujours est-il qu'il existe sur les deux rives du Niger d'immenses forêts de karités, qui n'attendent qu'une exploitation facile et commode pour être mises en œuvre et fournir un objet d'échange, peut-être plus précieux encore que l'arachide.

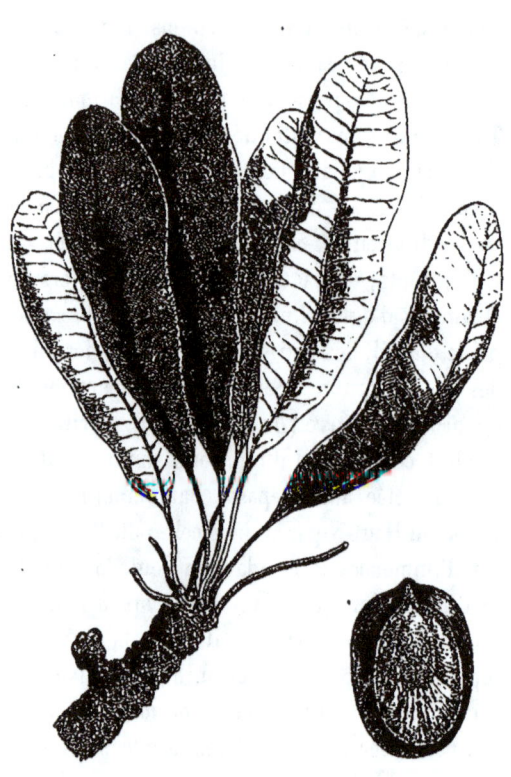

Feuilles et fruit du karité (*Bassia Parkii*).

[1]. Les fruits, analysés en France, ont donné comme résultats :

Eau 8,20
Impuretés 1,80
Graisse . . . . 90 »

Or on sait que le commerce de cette plante oléagineuse a fait des progrès considérables dans toute la Sénégambie, et que le Cayor seulement en produit aujourd'hui près de 30 millions de kilogrammes, ce qui représente bien certainement dix fois la production de ce pays, il y a une trentaine d'années. Le gouverneur Faidherbe disait autrefois que la production en arachide était, en Sénégambie, la meilleure preuve de la prospérité d'une contrée, et que la culture de ce fruit donnait toujours naissance à un mouvement commercial considérable. Cette assertion, de plus en plus vraie de nos jours, peut évidemment s'appliquer aux fruits de l'arbre à beurre, qui paraissent être encore plus riches en matières grasses que ces graines oléagineuses, et qui ne demandent, pour être récoltés, que la peine d'être ramassés dans les bois. Nous verrons ainsi se produire le même fait que sur les bords de la Gambie et des rivières du sud de notre colonie. Attirés par la fertilité des terres qui bordent le Haut-Sénégal et ses affluents ainsi que le Haut-Niger, et par les offres avantageuses que leur feront nos traitants, nous verrons les Bambaras et les Malinkés quitter peu à peu les hauts plateaux pour descendre dans les vallées, où ils se mettront à cultiver l'arachide et à récolter leurs immenses forêts de karités. Ces cultures exigeant un travail constant et un but déterminé, les noirs qui s'y livreront en toute sécurité contracteront vite des habitudes de stabilité et le goût des occupations paisibles. Ainsi conduits tout naturellement à désirer et à acheter, avec le produit de leur travail, les denrées et marchandises européennes, ils se créeront de nouveaux besoins, dont la satisfaction sera une source de profits et de bénéfices pour nos traitants et nos commerçants. D'un autre côté, ces cultures sur une large échelle nécessiteront un grand nombre de bras, qui seront fournis par tous les indigènes fugitifs des contrées où dominent encore les fils d'El-Hadj Oumar et où ils sont exposés sans cesse à être traînés en captivité. Nous admettons que tous ne s'établiront pas d'une manière définitive dans les territoires que traversera notre voie de communication et où opéreront nos traitants; mais, en partant, ils retourneront dans leur pays natal, où ils ne manqueront pas d'émerveiller leurs compatriotes par leurs richesses et de décider nombre de ceux-ci à faire comme eux. De là un grand mouvement commercial qui fera la prospérité des contrées où nous venons de prendre pied par notre établissement de Kita et par celui de Bammako; ce mouvement aura l'agriculture pour cause première, car nous ne devons pas oublier que les Bambaras et les Malinkés sont des populations presque exclusivement agricoles, que les guerres du prophète sont venues seules détourner de leurs occupations favorites.

4 février. — Tautain, après avoir failli mourir dans la nuit du 2 au 3, va un peu mieux aujourd'hui. Les vomissements se sont arrêtés et la fièvre est moins forte. Il s'est assoupi ce matin, et, s'il ne se produit pas de rechute, il pourra s'en tirer. — Nous avons fait cet après-midi une longue promenade aux environs de Nango ; les lougans s'étendent très loin du village, et les Bambaras ont réellement beaucoup d'aptitudes pour l'agriculture. Ces contrées du Haut-Sénégal et du Haut-Niger fournissent une multitude de productions végétales importantes et intéressantes : le mil dans ses diverses variétés fournies par le genre sorgho, le riz, le maïs, les haricots, le tabac, l'arachide, l'indigo, le sésame, le coton, le fruit de l'arbre à beurre, etc.

Femme pilant du mil et jeune fille filant à Nango.

Sous le nom de mil, on désigne en Sénégambie toute la série de grains, petits et arrondis, qui proviennent du genre sorgho, du genre mil et d'autres graminées. Ce sont les plantes dénommées par les Ouolofs : *gadiaba, tigne, sanio, souna, niéniko, fonio.* Le gadiaba a un gros grain blanc ; on ne le rencontre plus guère en Sénégambie en aval de Bakel. Le tigne ou soubako (bambara) a un grain petit et noir. Le sanio et le souna, à grains de forme ellipsoïdale, suspendus à de longues grappes, surmontant de hautes tiges de $3^m,50$ à 4 mètres de hauteur, ont un grain à peu près identique. Le niéniko (bimbi des Bambaras) a un grain blanc et assez gros ; on l'emploie surtout pour la nourriture des chevaux. Le fonio (findi des Bambaras) a un tout petit grain, plus petit encore que celui du millet.

Le plateau du Haut-Sénégal et le bassin du Haut-Niger produisent en grande quantité un riz dont le grain a sensiblement la longueur et la grosseur du riz Caroline. Ce riz est, pour l'alimentation, de qualité aussi bonne que les espèces de la Caroline et de l'Inde, que nous importons en Sénégambie, bien qu'il contienne une proportion plus forte de matière amylacée. Le riz se cultive dans des endroits marécageux que les inondations recouvrent pendant la saison pluvieuse; il est récolté vers la fin du mois d'octobre.

La famille des légumineuses fournit les arachides et les haricots. Les arachides sont en grande abondance; elles se récoltent à la fin du mois d'octobre ou au commencement de novembre. Quant aux haricots, on en trouve trois espèces, qui donnent leurs produits depuis la fin de septembre jusqu'au commencement du mois de novembre. L'espèce la plus remarquable est formée par les *niébés guertés*, gros haricots contenus généralement par deux dans une coque poussant en terre à la façon de l'arachide.

Parmi les produits végétaux accessoires, nous trouvons une ou deux cucurbitacées comestibles et deux racines appartenant, l'une à la famille des euphorbiacées, l'autre à celle des aroïdées. La première, fort commune, peut, quand elle est jeune, remplacer la pomme de terre.

Le tabac, l'indigo et le coton peuvent être récoltés en septembre, et la récolte ne commence guère qu'à cette époque, pour continuer jusqu'en avril.

Les forêts couvrent la région dans toutes les parties qui ne sont pas cultivées ou occupées par les hauteurs, généralement dépourvues de végétation. S'il existe des plateaux arides et dénudés, on peut dire aussi que l'on rencontre de très belles forêts, à arbres de haute futaie, notamment dans les solitudes du Natiaga, du Barinta, du Bétéadougou, du Fouladougou, du Bélédougou et du Manding. Là, sur de grandes étendues de terrain, le sol est couvert d'une végétation excessivement touffue, dont les détritus ont formé une sorte de terreau très fertile, gras, profond, d'une ressource et d'une fécondité étonnantes. Voici les principales essences d'arbres que l'on rencontre dans les forêts de cette partie du Soudan : le *nérétou*[1] ou *houl*, qui donne de grandes gousses, contenant plusieurs grains de la grosseur d'une petite fève, entourés d'une farine jaune à saveur sucrée et de goût agréable ; le *citronnier*, qui fournit des fruits à peau lisse et généralement

---

1. Nous donnons les noms indigènes.

plus petits que ceux de nos climats; le *baobab*, dont les feuilles, récoltées en grande quantité à la fin de l'hivernage, servent à la confection du lallo, tandis que les fruits, contenus dans un long étui cylindrique, sont comestibles et que l'écorce est utilisée pour la confection des cordes du pays; le *gonatier*, arbre excellent pour la construction et donnant des gousses dont le fruit sert à tanner le cuir; le *tamarinier*, fort bel arbre dont les fruits, très acides, servent à confectionner une boisson rafraîchissante; le *cail-cédrat*, excellent pour les constructions et dont l'écorce fournit un médicament amer et fébrifuge, employé par les indigènes; le *berre*, arbuste donnant de petits fruits sphériques bons à manger et employés pour la préparation d'une sorte de boisson alcoolique; le *dimb*, bel arbre au feuillage élégant, dont les fruits, de la forme et de la grosseur d'une poire, ne doivent pas être mangés en trop grande quantité, car ils peuvent produire une sorte de syncope d'une durée assez longue; le *rhat*, employé pour les constructions légères du pays et dont l'écorce bouillie sert à obtenir la teinture jaunâtre des pagnes que vêtent les Bambaras et Malinkés; le *dingouton*, donnant des fruits jaunes bons à manger; le *fromager*, immense arbre utilisé pour la confection des pilons et des mortiers, tandis que la gousse qu'ils produisent est employée pour confectionner une sorte d'amadou; le *gologne*, donnant de petits fruits bons à manger et qui, pilés et manipulés, servent aussi à préparer une sorte de savon très en usage sur les bords du Niger; le *dondoul*, dont les feuilles servent à faire du lallo; le *vène*, utilisé pour les manches d'outil et le charbon de forge; le *tiamanoï*, qui donne des fruits comestibles; le *n'taba*, bel arbre à grosses gousses, qui contiennent de 6 à 8 gros noyaux juxtaposés et recouverts d'une chair blanche ou rouge, délicieuse au goût; ces noyaux sont baignés dans un liquide blanchâtre et gluant, et les indigènes attribuent à ces fruits des qualités aphrodisiaques excessivement énergiques; le *khadd*, où les Bambaras et Malinkés placent fréquemment leurs ruches à miel et dont les feuilles par leur apparition (fin septembre) annoncent la fin de l'hivernage; le *toroninkoko*, sorte de ficus, dont les fruits sont attachés directement au tronc et aux grosses branches; le *khos*, que l'on peut utiliser pour la construction des embarcations; le *khel* et le *doubatel*, arbres immenses, sortes de ficus, dont l'ombrage peut abriter une caravane entière; le *ronier*, sorte de palmier à tronc élancé et droit, arbre très précieux, car son bois, surtout celui du mâle, se conserve indéfiniment dans l'eau et pourrait être par suite employé pour la construction des ponts; l'*acacia*, dont on rencontre de nombreuses espèces, etc., etc.

7 février. — Tautain va de mieux en mieux; il nous dit qu'il est sauvé si la période de rémission dans laquelle il se trouve en ce moment n'est pas suivie d'un nouvel accès. Dans ces sortes de maladie, ce dernier accès est souvent mortel. Ahmadou nous a envoyé une nouvelle provision de poulets; espérons que, cette fois, ce sera la dernière. Je n'ai pas reçu de nouvelles d'Alpha Séga depuis plusieurs jours, mais il est probable que le sultan termine actuellement nos affaires. Nous voici déjà au 7 février et il est temps que nous soyons fixés sur la date de notre départ. Nous avons passé une partie de l'après-midi chez le forgeron du village. Ses instruments sont bien simples; il se sert, en guise de marteau, d'une lourde masse de fer et d'une pince solide au lieu d'enclume. Son soufflet grossier consiste en deux tuyaux de cuir par lesquels l'aide-forgeron passe l'air à travers des orifices d'argile. Malgré des moyens aussi rudimentaires, cet artisan travaille avec adresse et rapidité. Du reste, les régions nigériennes sont riches en produits métallurgiques. Nous avons déjà parlé de l'or, qui paraît exister dans toute la région montagneuse située à la partie supérieure des bassins du Niger, du Sénégal, de la Gambie et de tous les cours d'eau qui baignent cette portion du continent africain. Le Ouassoulou, le Sankaran, le Bambouk et surtout le Bouré sont célèbres par leurs mines d'or; d'autre part, pendant notre séjour à Nango, les colporteurs sarracolets nous parlaient sans cesse de l'or contenu dans les montagnes du Kong et qui était, disaient-ils, en telle abondance, que ce précieux métal formait la seule monnaie usitée dans le pays. Mais, avec les moyens rudimentaires décrits plus haut par le lieutenant Vallière, les nègres de ces contrées ne peuvent obtenir qu'un résultat des plus médiocres et qui ne peut nous fournir de base pour évaluer, même approximativement, les richesses aurifères de cette vaste région. Ajoutons encore que ces indigènes, qui semblent craindre de voir leurs mines s'épuiser, ne travaillent que pendant une partie de l'année et à certains jours de la semaine, et que leurs recherches ont toujours lieu dans le lit des ruisseaux et dans le fond des vallées et ne s'étendent jamais sur les fleuves ou sur les sommets, dont la constitution géologique semblerait cependant promettre un rendement plus considérable. Enfin, nous insisterons sur ce fait, qu'une seule catégorie d'individus, la caste des forgerons, est employée au travail de l'extraction de l'or.

Quoi qu'il en soit, aucune tentative n'a encore été faite pour mettre en œuvre les mines d'or du haut Niger et nous sommes persuadés que le succès couronnerait une exploitation sérieuse, faite avec méthode et persévérance, dans des contrées restées jusqu'ici fermées à notre commerce.

Les gisements de fer sont nombreux et abondants dans le Haut-Sénégal, sur les bords du Bakhoy, dans le Fouladougou, le Bélédougou, le Manding, le Guéniékalari, etc. Le minerai, qui se présente souvent en grandes masses, est exploité par les indigènes, dont les forgerons construisent eux-mêmes les instruments de guerre ou d'agriculture que l'on rencontre dans le pays. Il est travaillé dans des fourneaux en terre, ainsi que je l'ai déjà indiqué dans un chapitre précédent. Nous pensons que l'exploitation de ces gisements de fer serait facile et peu coûteuse; il y aurait là une source de commerce pour nos négociants s'ils essayaient d'installer dans

Forgerons bambaras.

cette région un établissement métallurgique où le métal serait mis en œuvre, travaillé et vendu sur place à tous les indigènes des environs. Inutile en outre d'insister sur les services que pourrait rendre une semblable exploitation au point de vue des constructions et des travaux projetés dans le haut pays.

Nous citerons encore, parmi les produits métallurgiques, l'argent, qui a été signalé en quantités notables dans les montagnes du Bambouk, et le mercure, que l'on trouve dans le Boundou à l'état natif et par globules de près d'un millimètre de diamètre. Les indigènes le recueillent en faisant des trous coniques à parois très inclinées, sur lesquelles roule le mercure.

Mais, nous le répétons, aucune exploration géologique sérieuse n'a encore été faite dans ces régions et il n'est point possible de porter un jugement précis sur les richesses métallurgiques de ces immenses territoires, vierges de toute entreprise industrielle et de toute exploitation commerciale.

10 *février*. — J'ai eu encore la fièvre ces derniers jours, mais les accès sont moins violents. Tautain est maintenant en pleine convalescence; il l'a échappé belle. — Alpha ne m'a pas encore donné de ses nouvelles depuis son retour à Ségou. Ce silence est singulier et je lui écris pour le réveiller un peu. Ah! nous ne sommes pas encore sortis des griffes d'Ahmadou! — Un Sarracolet nous vend l'un de ses ânes; il pourra nous servir pour le retour. Les ânes du Kaarta et du pays de Ségou sont de taille très petite. Ils sont du reste bien proportionnés, bien musclés et ont le pied très sûr. Ils sont doués de qualités vraiment extraordinaires, et on les voit porter des fardeaux énormes avec une aisance, une agilité qui étonnent toujours. Il est regrettable que les indigènes n'aient pas encore songé à accoupler l'âne et la jument du pays, car tout fait penser que l'on obtiendrait ainsi d'excellents produits. Déjà les mulets d'Algérie vivent beaucoup mieux dans la région que les chevaux du même pays, et l'on est porté à croire que les animaux procréés dans ces contrées malsaines, où ils seraient par suite tout à fait acclimatés, rendraient les plus grands services non seulement aux indigènes, mais encore à nos convois et à nos colonnes, dans un pays encore dépourvu de voies carrossables.

Les bœufs, les moutons, les chèvres sont en très grand nombre, particulièrement sur la rive droite du Niger, où l'on rencontre de grandes tribus de Peuls, voués exclusivement à l'élevage des troupeaux. Qu'une longue paix vienne encore à régner dans ces immenses plaines visitées journellement par les Talibés d'Ahmadou, et l'on verra se reformer ces grandes agglomérations de bœufs qui faisaient la richesse des habitants, Peuls et Bambaras, avant les conquêtes d'El-Hadj Oumar. En dehors de ces animaux domestiques, les contrées que nous avons visitées, et notamment les immenses solitudes du plateau que baignent le Bakhoy et le Ba-Oulé, abondent en fauves de toutes espèces : éléphants, girafes, panthères, antilopes de différentes espèces, etc. Enfin donnons une mention spéciale aux nombreuses variétés d'oiseaux, perdrix, poules de Pharaon, outardes, pintades, grues, échassiers, perruches, perroquets, pigeons, merles métalliques et autres, petits oiseaux de toutes sortes, etc., qui peuplent les forêts.

Pendant tout l'hivernage, nous étions visités à Nango, au moment des repas, par un véritable essaim de ces jolis oiseaux, qui venaient manger jusque sur la natte où Yoro disposait notre maigre repas. C'étaient des colibris, des cous-coupés, des becs de corail, des veuves, etc.; les veuves surtout, si vives, si légères, ornées de leur longue queue, nous arrachaient des cris d'admiration, quand nous les voyions, avec leur plumage ondoyant, voler d'arbre en arbre et se précipiter sur les grains de mil que nous leur jetions. Elles parvenaient même à donner un charme caractéristique au paysage assez triste qui nous entourait.

12 février. — Voilà nos affaires qui se gâtent encore et nous jouons décidément de malheur; car, au moment même où Ahmadou allait définitivement signer le traité et nous ouvrir les portes de cet insupportable Nango, sont arrivés à Ségou une douzaine de Toucouleurs du Fouta sénégalais, envoyés par Abdoul-Boubakar et les notables du Bosséa. Ces gens arrivent, animés des plus mauvaises intentions et peuvent tout remettre en question par leurs calomnies, qui trouvent malheureusement trop d'écho dans un milieu aussi impressionnable et mal disposé que Ségou. Cet Abdoul-Boubakar doit avoir contre nous une haine bien vive pour venir nous poursuivre jusqu'ici, et il est bien fâcheux que les circonstances n'aient pas encore permis de se débarrasser de cet incorrigible brouillon, qui, tant qu'il n'aura pas été châtié ou exilé, rendra notre situation difficile en Sénégambie. Ces Bosséiabés, depuis leur arrivée à Ségou, répandent partout les insinuations les plus malveillantes contre nous et racontent que, si nous voulons partir tout de suite, c'est pour porter à Saint-Louis les renseignements pris sur les routes et le pays et permettre à une colonne française de se mettre aussitôt en marche. Quand donc en aurons-nous fini avec ces Toucouleurs, animés d'une mauvaise foi insigne et avec lesquels il nous sera bien difficile, je crois, de jamais nous entendre. Ces musulmans sont nos ennemis naturels, et, malgré leur faiblesse, se figurent qu'ils pourront tôt ou tard reconstituer l'empire du prophète. Ils sont opposés à l'idée de toute civilisation et de tout progrès, et il est réellement regrettable que la stupidité des Bambaras ne nous ait pas permis de nous entendre avec eux à Bammako en dépit d'Ahmadou. En tout état de cause, je viens d'écrire à ce chef que je considère ma mission comme terminée et que je veux à tout prix quitter Nango dans quelques jours. L'un de nos chevaux vient encore de mourir; nous serons donc forcés de nous adresser à Ahmadou pour pouvoir effectuer notre retour. Il existe des chevaux en assez grand nombre dans ces contrées. Ils proviennent du Kingui, province située au sud de Nioro, des pays maures, et surtout du Macina. La race en est assez petite, bien que l'on trouve des échantillons d'aussi forte taille que nos chevaux algériens; mais ces animaux sont solides, robustes et parfaitement appropriés au rude climat de ces pays insalubres[1].

14 février. — J'ai reçu hier soir une lettre d'Alpha. Les nouvelles son meilleures. Il a pu lire ma lettre à Ahmadou, et celui-ci a promis d'en finir avec nous. Samba N'Diaye est venu à Nango pour me dire tout cela de la part de son maître; il croit que nous serons partis avant la fin du mois. Il nous annonce aussi qu'Ahmadou doit nous donner une nombreuse escorte de cavaliers, parce qu'il craint que les Bambaras ne veuillent nous attaquer sur la route de Mourgoula. Nous nous mettons donc à espérer que nous quitterons Nango sous peu de jours, mais Ahmadou nous a si souvent bercés de folles promesses... Quant aux Toucouleurs de Fouta, Alpha et ses hommes ont si bien manœuvré qu'ils ont réussi à les faire prendre en suspicion à la cour du sultan, où leurs intrigues ne pourront, j'espère, avoir aucune mauvaise influence. — Nous venons encore d'assister à une scène analogue à celles qui nous écœuraient journellement pendant notre séjour à Makadiambougou: les Bambaras du village se sont rués sur le cadavre du cheval mort hier pour le dépecer et s'en partager les morceaux. Ces indigènes sont réellement peu difficiles pour leur nourriture, qui est presque exclusivement végétale, et l'on ne comprend pas cette indifférence singulière chez des gens qui, s'ils ne possèdent plus de troupeaux de bœufs, ont encore en assez grande abondance des chèvres et des poulets. Ils aiment d'ailleurs beaucoup la viande, ainsi que nous venons de le voir. Que de fois les avons-nous vus se disputer les débris des bœufs que nous abattions, ou se jeter avec une véritable férocité sur les cadavres de nos chevaux et mulets, qui étaient dépecés avant que nos hommes eussent eu le temps de les transporter à quelque distance du village. Dans la plupart des fêtes, les Bambaras mangent de ces affreux chiens roux que l'on rencontre dans tout le Soudan et qui sont chargés de la propreté des villages.

Le sel, qui manque presque absolument dans tout le bassin du Haut-Niger, sera toujours l'un des objets d'importation les plus recherchés par

---

1. Bien qu'insuffisamment nourris pendant la route, les cinq chevaux que le sultan Ahmadou nous avait donnés pour notre retour ont franchi en 26 jours les 1000 kilomètres qui séparaient Nango de Bakel. Il faudra du reste tôt ou tard avoir recours aux chevaux maures ou du Kaarta pour notre cavalerie dans le haut pays, car les expériences des trois dernières années prouvent que ceux-là seuls peuvent y vivre. Les chevaux d'escadron que nous avions amenés sur les bords du Niger sont tous morts, pendant l'hivernage de 1880, d'une sorte d'anasarque, appelée *borko* dans la langue indigène. De même les détachements de spahis sénégalais qui ont fait partie des dernières expéditions, se sont vus démontés en fort peu de temps, dès les premiers jours de la campagne. Il est possible toutefois que ces animaux, lorsqu'ils seront bien soignés et abondamment nourris d'orge, leur aliment ordinaire, s'acclimatent plus tard dans cette région qui s'est jusqu'ici montrée très malsaine pour eux.

les populations de la région. Il y arrive par l'intermédiaire des caravanes sarracolets, qui l'achètent en barre d'environ 5 kilogrammes (bafals) aux Maures fréquentant le marché de Nioro. Un bafal de sel se vend jusqu'à 50 et 60 000 cauris (70 à 80 francs). Aussi les Bambaras en achètent-ils rarement. Quelquefois ils emploient la matière saline extraite des cendres; le plus souvent, ils s'en passent. Pendant tout notre séjour à Nango, nos hommes ont mangé des mets non salés; nous-mêmes, nous avons eu les plus grandes peines à nous en procurer. Il y a dans ce besoin du pays la source d'énormes bénéfices pour nos traitants, quand ils s'établiront sur les rives du Niger. On comprend qu'un pareil système de nourriture doit avoir les effets les plus déplorables sur l'état de santé général des Bambaras. Aussi voit-on régner parmi ces indigènes, ordinairement de haute taille et bien constitués, lorsqu'ils sont adolescents, les maladies dites alimentaires. La plupart deviennent rapidement héméralopes; c'est à cette circonstance que nous avons dû en partie notre salut dans la nuit qui a suivi le combat de Dio.

16 *février*. — Samba N'Diaye est parti hier, promettant de faire tout son possible pour presser Ahmadou. Nous allons donc vivre encore d'espérance pendant plusieurs jours; mais, comme tout cela est long! Les journées sont chaudes : le thermomètre a marqué aujourd'hui 38 degrés dans notre case. Les moustiques nous empêchent de dormir la nuit et nous n'avons aucun moyen de nous en préserver. — Pour nous distraire un peu, nous passons une partie de l'après-midi sur la place du village, très animée par la présence des femmes et des captifs, qui viennent puiser l'eau au puits. Ce puits, profond de près de vingt mètres, a une ouverture assez étroite, rétrécie encore par un soutènement en bois, composé d'un étage de poutres parallèles et d'un étage de poutres perpendiculaires aux côtés du puits et alternant jusqu'à une assez grande profondeur. Les extrémités libres des poutres perpendiculaires avancent vers l'intérieur, et les profondes cannelures dont elles sont creusées par le passage des cordes qui montent et descendent, montrent l'ancienneté du travail. Le puits est occupé par un grand nombre de femmes, s'occupant à puiser de l'eau dans des calebasses. Piétri essaye de faire comprendre à plusieurs indigènes qui causent avec nous l'usage du treuil; mais ceux-ci répondent qu'il y a très longtemps que l'on puise l'eau de cette manière et qu'ils ne voient guère la nécessité de changer.

19 *février*. — On m'informe que les Bambaras du Bélédougou s'occupent de ce que nous sommes devenus. Pourvu que ces brigands ne se mettent pas en tête de vouloir nous intercepter la route du Sénégal! Ces renseignements m'ont été apportés par un de mes hommes, que j'ai envoyé récem-

ment au marché de Boghé. Il y a même rencontré un ancien habitant de Guinina, qui lui a donné les informations suivantes : « Plusieurs envoyés du gouverneur sont arrivés au village de Daba pour rappeler aux Béléris leur agression du 11 mai et leur enjoindre de rendre tout ce qui a été pris à Dio, ajoutant qu'ils pouvaient organiser leur armée, préparer leurs fusils et leur poudre, s'ils n'écoutaient pas ces paroles. Le chef de Daba a répondu qu'ils étaient prêts à recevoir les Français et qu'ils ne se soumettraient qu'après avoir tenté le sort des armes. » Mon émissaire a également vu à Boghé un homme venu récemment de Médine et qui lui a dit avoir vu

Le puits de Nango.

campée auprès du poste une nombreuse troupe de tirailleurs, destinée à s'avancer vers Kita. De tous ces bruits, je conclus simplement à la continuation de l'œuvre entreprise par notre nation dans le Soudan et à l'occupation prochaine de Makadiambougou. Comme je l'ai déjà indiqué dans un précédent chapitre, notre installation sur ce point est de la plus haute importance et suffira pour nous donner la clef du Haut-Sénégal. Le poste militaire de Kita commandera toutes les routes de la région; il attirera à lui tout le commerce, qui dérive maintenant vers les factoreries anglaises du sud et séparera complètement Ségou des pays toucouleurs de Nioro et de Konniakary. Quant aux Bambaras, je pense qu'ils n'offriront pas beaucoup de résistance à notre installation à Kita et sur le Niger. Ces nègres idolâtres qui ont agi à Dio en gens habitués aux rapines, reconnaîtront vite notre supériorité ; mais il n'en sera pas de même des Toucouleurs musulmans, surtout de ceux de Ségou, qui s'estiment à l'égal de nous-mêmes et font passer les blancs pour des gens avides de conquêtes et ennemis de leur religion. La manière dont Ahmadou nous a gardés prisonniers depuis notre arrivée à Nango, malgré nos plaintes incessantes, montre bien le peu de fond que l'on peut faire sur l'alliance de ces mahométans orgueilleux et ignorants. De plus, il est facile de constater la faiblesse actuelle de ces anciens conquérants, déchirés par leurs querelles intestines et perdus au milieu de sujets indociles et n'attendant qu'une occasion pour s'insurger contre des maîtres détestés. Si l'on se trouvait en tout autre pays qu'en Afrique, où la logique règle rarement le cours des événements, on pourrait avancer sans trop de présomption que l'empire d'Ahmadou n'en a pas pour longtemps à vivre. Tout l'indique : désaffection des Talibés pour leur souverain, révolte du Bélédougou, éloignement de plus en plus marqué des frères du sultan, etc. etc. Mais, ce qui est de toute évidence, c'est la décadence certaine de l'édifice élevé par El-Hadj Oumar et aussi la méfiance jalouse d'Ahmadou, qui, tant qu'il régnera sur les bords du Niger, restera une barrière infranchissable entre nous et le reste du Soudan. Les rois bambaras de la famille des Massasis ont fourni des pirogues à Mungo-Park pour se rendre à Tombouctou et au delà. Ahmadou a arrêté impitoyablement tous les voyageurs européens qui sont venus le visiter depuis vingt ans. Il est vrai de dire que cette population de quelques milliers de Toucouleurs, soupirant tous les jours après ses villages du Fouta, est prête à céder devant tout effort de notre part.

20 *février.* — J'écris à Alpha de rompre définitivement avec Ahmadou, si celui-ci ne veut pas terminer nos affaires. Je crains à tout moment que les nouvelles du haut fleuve ne viennent encore compliquer notre situation, et cette lenteur de ce chef toucouleur nous fait mourir d'impatience. Qu'il surgisse un incident quelconque aux environs de Kita, et nous voilà de nouveau dans une position d'où nous ne pourrons plus sortir ! Nous sommes dans une véritable impasse, et, chaque jour, une nouvelle difficulté vient retarder l'heure du départ. Par exemple, Alpha m'apprend l'arrivée à Ségou d'un Ouolof de Dakar, qui se dit envoyé auprès du sultan par les notables de ce village et qui tient contre nous les propos les plus malveillants. Peut-être n'est-ce qu'un fanatique isolé ; mais, dans tous les cas, sa présence à Ségou est bien un signe caractéristique de l'hostilité que nous trouverons toujours en Sénégambie dans les adeptes de l'islamisme, qui considèrent la capitale d'Ahmadou comme la ville sainte du Soudan et

viennent y porter volontiers leurs plaintes haineuses contre les *Keffirs*.
— Hier au soir, Piétri et Vallière sont allés à la chasse aux perdrix. Ils sont partis par une nuit obscure, accompagnés de nos ordonnances, portant des torches allumées et de grandes gaules. Les perdrix, tapies dans les sillons des lougans et aveuglées par la lumière des torches, restaient immobiles à l'approche des chasseurs, qui pouvaient ainsi les tuer à coups de gaule, avant qu'elles se fussent enfuies. Mais nos chasseurs étaient novices dans ce métier, et la chasse n'a pas été fructueuse, malgré la grande quantité de gibier qui vit aux environs du village.

26 *février*. — J'ai pris de la quinine il y a deux jours, pour éviter le retour périodique de mes fièvres; mais ce remède n'a rien fait, et l'accès est venu plus violent que jamais et accompagné de douleurs aiguës aux jambes et à la tête. Ce sont toujours les mêmes fièvres intermittentes, venant à époques réglées et qui ne nous quitteront sans doute qu'à notre retour en France, si jamais nous y retournons.... J'ai reçu une nouvelle lettre d'Alpha m'annonçant que le sultan a enfin commencé à s'occuper de nous; mais nous sommes devenus tellement sceptiques que nous ne croyons plus à notre départ. — Pendant la journée, nous avons assisté à Nango à un spectacle bizarre et révoltant. Les jeunes garçons du village, âgés de 12 à 15 ans, c'est-à-dire ayant subi l'opération de la circoncision dans les trois dernières années, ont parcouru les rues, complètement nus et tenant à la main de longues verges, solides et très flexibles. Dès que la bande arrivait devant la porte des cases où se trouvait la famille de chacun de ces jeunes Bambaras, elle s'arrêtait et le garçon, sortant du groupe, venait s'appuyer au mur de la case; ses camarades, passant devant lui, le frappaient à tour de rôle d'un coup de verge, appliqué avec tant de force, que le sang jaillissait souvent. Nous n'avons pu nous empêcher d'admirer le courage avec lequel ces jeunes gens supportaient la douleur causée par ces coups de verge. On nous expliqua que plusieurs jeunes garçons étaient morts dans l'année sans avoir été circoncis et que cette cérémonie avait pour objet de détourner la colère des fétiches, qui avaient ordonné que tous les Bambaras sans exception devaient être soumis à cette opération.

CHAPITRE XXII

Nouvelles de Kita. — Impression causée à Ségou par la prise de Goubanko. — Dangers que court la mission. — Dévouement de nos interprètes. — Le traité est signé par Ahmadou. — Renseignements sur les Sarracolets. — Nouveaux retards et menace de quitter Nango malgré Marico et ses Sofas. — Départ de Nango. — Route le long du Niger. — Cruauté d'Ahmadou. — Vallière est attaqué par les Malinkés. — Les chefs du Manding se placent sous le protectorat français. — Arrivée à Kita.

28 *février*. — Hier soir, vers minuit, nous venions à peine de nous étendre sur nos nattes et de nous endormir, quand Sadioka nous amena l'un de nos tirailleurs, qui arrivait tout essoufflé de Ségou avec un courrier d'Alpha Séga. « Grande effervescence aujourd'hui à Ségou, me disait mon interprète. Au moment où Ahmadou était en plein palabre au sujet de notre traité, arriva un émissaire de l'almamy de Mourgoula, venant lui annoncer qu'une forte colonne française était parvenue à Kita, accompagnée des contingents des peuplades malinkés, avait commencé aussitôt la construction d'un poste à Makadiambougou, puis avait bombardé et détruit le village de Goubanko. Cette nouvelle, adroitement colportée et commentée par les gens du Fouta, avait donné lieu immédiatement dans tout Ségou à une grande surexcitation contre les blancs, qui, on le voyait bien, « ne rêvaient que la conquête des pays toucouleurs ». Ahmadou avait réuni aussitôt tous les principaux chefs et notables de la ville et avait demandé leur avis sur ces événements. Les deux premiers interrogés, parmi lesquels Mamadou Eliman, l'un des marabouts les plus vénérés de Ségou, répondirent que, puisque les blancs en agissaient ainsi et voulaient nous tromper, il fallait nous infliger le châtiment des traîtres et nous faire trancher la tête. D'autres dirent qu'il fallait nous garder prisonniers et en otages, jusqu'à ce que la colonne française fût rentrée à Médine. Le plus grand nombre, heureusement, donna pour réponse que nous étions des envoyés, venant à la vérité pour les espionner, mais que nous devions être respectés, puisque le sultan nous avait accueillis librement dans son pays. Quant à Ahmadou, sombre et silencieux, il se contenta de faire appeler

Samba N'Diaye et Boubakar Saada, en leur prescrivant de se rendre immédiatement à Nango, pour nous instruire de ces nouvelles et nous demander notre avis. — Il fallait évidemment nous attendre à cette nouvelle complication; mais, cette fois, il ne s'agissait plus seulement d'un retard plus ou moins long apporté à notre départ, mais bien d'un danger qui menaçait sérieusement nos existences. Cependant, je ne me laissai pas effrayer outre mesure par la nouvelle que me transmettait Alpha, et jusqu'au matin je me consultai avec mes compagnons de voyage au sujet du parti à prendre. Nous ne pouvions pas évidemment oublier que nous nous trouvions seuls et désarmés entre les mains d'un chef nègre, ignorant et cruel, fanatisé par la religion musulmane et excité contre nous par les bruits mensongers provenant des ennemis de notre domination au Sénégal. Mais, d'autre part, qu'avions-nous à perdre en payant d'audace vis-à-vis d'Ahmadou? La situation qui nous était faite depuis plusieurs mois, sans nouvelles de Saint-Louis ou de France, sans médicaments, en lutte continuelle contre l'inconnu, nous était devenue insupportable, et nous ne demandions tous qu'à en sortir, d'une manière ou d'une autre. Aussi, sans nous laisser intimider par les menaces de mort que notre tirailleur avait entendu proférer contre nous à Ségou, nous résolûmes de cacher nos appréhensions aux émissaires toucouleurs et de leur montrer que nous étions plutôt satisfaits qu'effrayés des nouvelles venues de Kita. Samba N'Diaye et Boubakar Saada arrivèrent à Nango de bonne heure; je me contentai de leur lire la lettre que j'adressai au sultan et qu'ils emportèrent le soir même. Je m'exprimai ainsi dans cette lettre : « Les nouvelles que tu as reçues ne m'étonnent nullement, et il y a longtemps que je t'ai prévenu que nos affaires se gâteraient en ne nous renvoyant pas à Saint-Louis. Tu n'as pas voulu m'écouter; tu as même refusé de me laisser écrire au Gouverneur. Tu as mal agi envers les ambassadeurs qui t'étaient envoyés, en retardant continuellement leur départ, sans avoir égard à leur état de fatigue, à leurs maladies, aux blessés qu'ils avaient avec eux et aux ordres qu'ils avaient reçus de leur chef du Sénégal. Penses-tu que la grande nation française oublie facilement une injure comme celle qui nous a été faite dans le Bélédougou? Les villages de Guinina, Daba et Dio nous ont attaqués : ils seront punis. On ne sait rien sur notre compte à Saint-Louis; on nous croit perdus. Voilà neuf mois que tu nous gardes prisonniers à Nango et que le Gouverneur ignore notre sort. Une colonne française est arrivée à Kita et a détruit Goubanko. Il n'y a là rien qui doive t'étonner. C'est le commencement du châtiment des Béléris; en même temps, le Gouverneur a voulu savoir ce que nous étions devenus et il a envoyé une partie de son armée à Kita. Tout cela ne serait pas arrivé si j'étais parti en novembre avec le traité que j'avais conclu avec ton ministre Seïdou Diéylia. Maintenant, je ne sais ce qu'il va survenir. Mon chef a voulu voir ce que nous étions devenus, et il est probable que la colonne restera à Kita, tant que nous n'aurons pas quitté Nango. Peut-être même poussera-t-elle jusqu'au Niger. Cependant, il est encore possible d'arranger les affaires, mais il faut pour cela que tu écoutes mes conseils, qui sont ceux d'un homme sage, et que tu repousses les calomnies de tes ennemis. Ferme donc tes oreilles aux mensonges des Foutankés, qui prétendent que cette armée est venue pour conquérir l'empire de Ségou. Cela n'est pas vrai, car si le Gouverneur avait eu cette intention, ce n'est pas sur Kita et Goubanko qu'il aurait lancé ses soldats et ses canons, mais bien sur Konniakary et Diala, situés non loin de Médine, et peut-être même sur Nioro, où l'appelaient les Maures du désert. Ainsi, hâte-toi, envoie-moi le traité que tu as entre les mains et donne tout de suite les ordres pour notre départ. C'est le seul moyen d'empêcher les affaires de s'embrouiller davantage. » Les envoyés d'Ahmadou sont repartis avec une rapidité qui n'est pas dans leurs habitudes et qui prouve bien l'impatience du sultan d'avoir ma réponse. Toutefois, nous sommes loin d'être tranquilles, et les renseignements que m'a donnés Alpha sur l'hostilité qui règne à Ségou à notre égard nous font craindre qu'Ahmadou, excité par le fanatisme de ses conseillers, ne cède à quelque mouvement d'humeur et nous livre sans défense à la colère de ses Talibés et de ses Sofas. A tout hasard, nous nous préparons à vendre chèrement notre vie, si elle est menacée; je fais distribuer à mes hommes les quelques cartouches qui nous restent encore et donne mes instructions à Alassane, Sadioka et Barka, qui préviennent secrètement les tirailleurs et laptots d'avoir à se rassembler au premier signal. Je conviens avec mes trois compagnons de voyage qu'au premier signe d'hostilité, nous ferons main basse sur tous les approvisionnements du village et nous enfermerons dans le tata de Marico, en conservant celui-ci et les principaux notables comme otages. Nous ne tenons pas à être massacrés sans défense ou à aller grossir le nombre des captifs qu'Ahmadou détient dans ses cachots.

1ᵉʳ *mars*. — Nous avons peu dormi et nous attendons avec impatience des nouvelles de Ségou. La prise de Goubanko et notre établissement à Kita semblent avoir un grand retentissement parmi les peuplades bambaras qui nous entourent. Ici même, les habitants du village ne peuvent s'empêcher de marquer leur satisfaction, et plusieurs d'entre eux ont demandé à mes tirailleurs s'ils croyaient que la colonne française viendrait jusqu'ici pour les délivrer d'Ahmadou et des impôts vexatoires qui pèsent sur eux. Ce fait est caractéristique et s'explique aisément par l'état de sujétion dans lequel se trouvent les Bambaras vis-à-vis des Toucouleurs, race beaucoup moins intéressante assurément que leurs sujets. Les Toucouleurs ne produisent pas; loin de là, ils détruisent chez ceux qu'ils oppriment ainsi les idées de richesse et d'économie, qu'ils ont à un degré plus élevé que tous les autres nègres du Soudan. Non contents d'exiger d'eux de lourds impôts, ils ont organisé dans tous les villages bambaras du Guéniékalari et du pays de Ségou, même dans ceux qui sont soumis, des razzias incessantes. Les habitants ne peuvent rien posséder, ni chevaux, ni bétail, ni grain; tout ce qui n'est pas absolument nécessaire à leur nourriture leur est enlevé par les Talibés qui, lorsqu'ils ne sont pas en expédition, viennent souvent s'installer des semaines entières avec leur nombreuse suite chez les Bambaras des environs. Ces derniers sont réellement travailleurs et ont bien mérité la réputation qui leur a été faite à ce sujet. Sous d'autres maîtres que leurs conquérants musulmans, ils auraient défriché depuis longtemps et mis en culture la belle et fertile plaine qui s'étend entre le Niger et le Mahel Balével. De plus, ils ont, à notre point de vue, une précieuse qualité : c'est qu'ils sont rebelles à l'islamisme, contrairement à leurs frères sénégambiens du Cayor et des pays ouolofs. Mahomet a, parmi eux, bien peu d'adeptes, et, malgré leur long contact avec leurs vainqueurs, ils sont toujours aussi attachés à leurs mœurs et à leurs croyances; dans Ségou même, ils fabriquent et boivent leur *dolo;* et Ahmadou est forcé de fermer les yeux sur ces infractions aux sévères lois du Coran. On comprend combien, dans ces conditions, les Bambaras doivent détester leurs dominateurs. Leur haine est partagée du reste par les Sarracolets et les Peuls, les marchands et les pasteurs, qui désirent de tous leurs vœux l'abaissement des conquérants venus du Fouta. Toutes ces populations sont maintenues par la force ; et la peine de mort attend ceux qui voudraient quitter cette région, où ils ne pourront jamais prospérer, tant que les Toucouleurs seront les maîtres à Ségou.

5 *mars.* — Nous avons enfin des nouvelles de Ségou, où la situation a été un moment fort grave pour nous. Dès le retour de ses envoyés, Ahmadou s'est fait lire ma lettre; puis a eu lieu un tumultueux palabre, dans lequel le sultan a longuement et vivement discuté avec Alpha Séga, qui, dans cette circonstance, s'est conduit avec beaucoup d'intelligence et de dévouement : ayant même offert de rester en otage parmi les Toucouleurs, tandis que la mission reprendrait la route de Saint-Louis. Voici en résumé les paroles d'Ahmadou : « Le gouverneur veut donc la perte de ses envoyés. Comment ! il m'envoie l'un de ses principaux officiers pour régler nos affaires et con-

clure un traité de commerce; puis, sans même me prévenir, il commence un poste à Kita, soulève Dama de Goré et tous mes ennemis et prend Goubanko. Il n'a donc plus confiance dans ceux qu'il m'a envoyés, puisqu'il les abandonne ainsi au milieu de gens à qui il fait du tort. Mes espions m'écrivent de Médine, de Bakel et de Konniakary que c'est à moi que l'on veut faire la guerre. Je le répète : je n'ai aucune confiance. » Alpha s'est efforcé de combattre les idées d'Ahmadou en lui montrant, ainsi que je le disais dans ma lettre, que l'arrivée de la colonne française avait été causée par notre long séjour à Nango et l'absence de nos nouvelles à Saint-Louis. Bref, les choses ont mieux tourné que nous ne l'avions pensé tout d'abord, et le chef toucouleur a terminé le palabre par ces mots : « Enfin, malgré tout, je veux bien encore terminer mes affaires avec le capitaine ; mais, je le dis, je n'ai aucune confiance. Je vais donc signer le traité et le laisser partir avec tout son monde. Ensuite j'attendrai, et si les Français veulent me faire la guerre, Dieu me soutiendra contre eux. » En somme, Ahmadou comprend bien que ses embarras extérieurs et intérieurs sont grands et qu'une rupture complète avec nous pourrait amener sa ruine.

6 *mars*. — Samba N'Diaye et Boubakar Saada sont arrivés ce matin avec Mustapha Diéylia, chargé de transcrire en notre présence le texte français du traité en arabe. Ils ont travaillé tout l'après-midi à la rédaction de ce document. Alpha me dit que l'on craint à Ségou que les Français ne viennent jusqu'au Niger, et que le sultan veut renforcer le tata de sa capitale. C'est pour cette raison que Samba N'Diaye ne nous accompagne pas à Saint-Louis, parce qu'il est « le seul qui sache construire les tatas comme les blancs ». Est-ce aussi dans un but analogue que l'*ingénieur en chef des armées d'Ahmadou* a demandé à Vallière un dessin de Saint-Louis et du *tata du gouverneur*? — Boubakar Saada me demande, de la part du sultan, quels sont les animaux et objets qui nous sont nécessaires pour notre voyage. Il nous dit qu'Ahmadou nous donnera tout ce dont nous aurons besoin. — Alpha croit que nous partirons dans huit jours; mais j'ai de nouvelles inquiétudes, car j'apprends que de nouveaux émissaires sont arrivés de Mourgoula à Ségou. Pourvu que les nouvelles qu'ils apportent ne viennent pas encore nous arrêter... On peut dire que, depuis plusieurs jours, nous sommes sur des charbons ardents et que nous vivons dans un qui-vive continuel, craignant à tout moment un nouvel incident, qui vienne encore compliquer notre situation. Cette incertitude nous tue et nous plonge dans le découragement le plus profond.

7 *mars*. — Bonnes nouvelles de Ségou. Les émissaires de l'almamy de Mourgoula ont apporté à Ahmadou une lettre du gouverneur qui a, paraît-il,

exercé la plus heureuse influence sur le sultan. Le gouverneur lui demande de nos nouvelles et le prie de nous laisser partir dès que le traité aura été conclu de part et d'autre : il l'informe en même temps qu'il a envoyé une colonne à Kita pour châtier le Bélédougou. Cette lettre a dissipé un peu les méfiances du chef toucouleur, qui commençait réellement à craindre pour ses magasins d'or de Ségou et qui avait été effrayé par notre marche rapide sur Kita. Pour nous, nous sommes heureux de penser que nos privations n'auront pas été inutiles, et nous espérons bien que la colonne poussera jusqu'à Bammako et y plantera définitivement notre pavillon. Le traité du 3 novembre 1880 et notre installation à Bammako nous donneront tout le cours du Niger entre ce dernier point et Tombouctou.

Piétri va presque tous les soirs à la chasse aux biches, qui sont très communes dans la contrée. Il bat à cheval le terrain environnant le village et est toujours suivi par Marico, qui ne perd aucun de ses mouvements, en se tenant à distance respectueuse, car Piétri l'a menacé de lui tirer dessus s'il s'approchait trop près. Ce Marico a vraiment un rôle difficile à Nango, où il craint sans cesse de désobéir à Ahmadou ou de s'attirer des reproches pour nous avoir offensés. Cet homme nous hait, et je crois qu'il se serait fait volontiers l'exécuteur des hautes œuvres de son maître, si celui-ci l'avait ordonné. Tous ces Sofas, anciens captifs bambaras, ralliés à l'islamisme, sont devenus plus fanatiques que leurs conquérants et sont renommés par la rigueur et la cruauté qu'ils déploient envers leurs congénères restés captifs.

10 *mars*. — Enfin !!! Je tiens mon traité. J'ai reçu ce matin de bonne heure les deux expéditions bien et dûment signées par Ahmadou et ses principaux conseillers. Le cachet royal s'étale sous la signature d'Ahmadou, indiquant tout au long les nombreux titres du sultan. L'article VI de ce document dit : « Le fleuve le Niger est placé sous le protectorat français depuis ses sources jusqu'à Tombouctou, dans la partie qui baigne les possessions du sultan de Ségou. » C'est tout ce que nous demandions.... Je reçois en même temps l'assurance que d'ici quelques jours nous pourrons partir, et je n'attends plus que les chevaux et bœufs porteurs qu'Ahmadou doit nous fournir pour notre voyage. — Nous passons toute la journée à terminer notre correspondance pour Saint-Louis et la France. Le caporal Bénis, qui a déjà fait la route du Bakhoy avec Vallière, partira ce soir, emportant le fameux traité. Je tiens à mettre au plus tôt ce document hors de portée d'Ahmadou, qui pourrait encore se raviser. Avec Bénis partent deux autres tirailleurs, originaires l'un, de Kangaba, l'autre, du Ouassoulou, vers les sources du Niger. Ils ont pour mission de décider plusieurs des notables de ces contrées, indépendantes des Toucouleurs, à se rendre à

Kita et à Saint-Louis, pour s'aboucher avec le gouverneur et conclure avec la colonie du Sénégal des traités d'alliance et de commerce. Étendre notre influence dans le bassin du Haut-Niger et y poursuivre l'abaissement de la domination musulmane, telle doit être notre politique constante dans ces régions. — Bénis emporte également une lettre pour le commandant de la colonne, qui est je ne sais où, puisque je n'ai eu encore aucune communication directe avec lui. Dans cette lettre, j'avise le commandant des troupes de notre situation, en l'informant qu'elle ne doit en rien gêner ses opérations, quelles qu'elles soient et en le priant de ne tenir aucun compte de nous pour tous ses projets. — Ahmadou a donné l'autorisation

Cachet d'Ahmadou.

nécessaire pour le départ de Bénis. J'espère donc qu'aucun obstacle n'arrêtera cet indigène jusqu'à Kita. Je lui ai promis les galons de sergent, s'il réussissait dans son voyage[1].

[1]. Je dois dire ici que le traité de Nango a donné lieu à des critiques assez vives, que nous ne croyons pas méritées. On lui a fait surtout deux reproches : en premier lieu, certains de ses articles, tels que la délivrance à Ahmadou de canons et de fusils, sont inacceptables ; en second lieu, le texte arabe n'est pas conforme au texte français et détruit en partie les concessions politiques et commerciales que le sultan toucouleur avait faites à Nango.

La première objection n'est pas sérieuse ; car, pour qui connaît les noirs, les canons, si perfectionnés qu'ils soient, sont des engins embarrassants et absolument inutiles. L'incurie habituelle des nègres, leur inaptitude aux fonctions de pointeurs, leur manque de sang-froid dans le combat et surtout l'absence d'ouvriers capables de réparer les pièces et les affûts dans un pays absolument dépourvu de routes, de passages de rivières, etc., toutes ces raisons font que les canons ne seront jamais des armes bien dangereuses entre les mains des Toucouleurs. Ahmadou possède d'ailleurs déjà trois ou quatre de nos petites pièces de montagne, enlevées par son père El-Hadj Oumar dans une expédition malheureuse faite il y a une trentaine d'années par le commandant du poste de Bakel, mais il y a longtemps que la destruction des roues et des accessoires de la pièce l'a obligé de laisser ces

11 mars. — On dirait que les fièvres nous abandonnent, car voilà plusieurs jours que personne de nous n'a été malade. Il fait toujours excessivement chaud dans l'après-midi, où le thermomètre atteint presque 39°; les nuits commencent également à devenir plus chaudes. — Nous attendons avec une impatience facile à imaginer les chevaux, qui doivent nous permettre de nous mettre en route. Nous préparons tout pour le voyage et essayons de réparer de notre mieux, avec l'aide du cordonnier du village, nos bottes et nos harnachements, soigneusement conservés jusqu'à ce jour dans le magasin attenant à notre case. Nos hommes sont, comme nous, tout joyeux de se soustraire à l'hospitalité d'Ahmadou. Le petit Kili lui-même est tout fier d'aller voir le *Toubabôudougôu*, le pays des blancs.

14 mars. — Nous sommes tout prêts, et rien ne nous retient plus que cette lenteur extraordinaire d'Ahmadou. Il paraît que l'on s'occupe de rassembler les cinq chevaux qu'on nous a promis. Il ne me reste plus que deux chevaux d'escadron, qui seraient trop faibles pour faire la route; aussi je les envoie en cadeau au sultan. Mais tous ces retards nous ennuient

engins inutilisés. On peut donc considérer la demande du sultan comme une fantaisie de roi nègre, qu'il n'y a guère danger à satisfaire. Il faut dire du reste qu'Ahmadou ne voulait pas entendre raison sur ce sujet et que, dès notre arrivée à Nango, il nous avait prévenu que, si nous tenions réellement à entrer en négociation avec lui, sur des bases aussi larges que celles que nous lui proposions, il exigeait un cadeau de canons et d'armes. Sur nos observations qu'il était inutile de mentionner ce fait sur le traité, il avait répondu qu'il désirait expressément que cette condition fût portée dans l'acte, qu'il avait été déjà trompé par Mage et par plusieurs gouverneurs et que, pour lui, cette condition était la principale du traité, la seule qui pût lui faire admettre ce que nos demandes pouvaient avoir d'exorbitant. Il n'y avait donc pas à hésiter. Que l'on se rappelle d'ailleurs que la mission française du Niger, que nous avions l'honneur de diriger, n'était pas la seule à avoir le grand fleuve des nègres pour objectif, qu'au moment même où nous laissions Saint-Louis, une mission anglaise, ayant le gouverneur Gouldsbury à sa tête, quittait la Gambie et que nous ne réussissions à la précéder sur le Djoliba que grâce à notre rapidité. Dans ces conditions, n'était-il pas urgent d'obtenir au plus vite du sultan un acte diplomatique mettant le Niger sous le protectorat français? Quelle serait actuellement notre situation dans le haut fleuve si les Anglais avaient pu obtenir ce traité avant nous et isoler ainsi complètement notre colonie du Sénégal du reste du Soudan. Nous savons bien qu'il ne faut pas avoir été longtemps en contact avec les peuplades sénégambiennes pour être persuadé qu'il n'y a pas grand fond à faire sur les traités conclus avec les chefs indigènes; mais, d'autre part, nous savons par expérience (affaire Matacong ou Mellauné) que nos compétiteurs britanniques estiment comme bons les traités qu'ils passent avec ces chefs et qu'ils les considèrent comme des actes diplomatiques parfaitement sérieux et devant lesquels doivent s'incliner les prétentions des autres nations. C'est la considération primordiale qui nous a guidé dans la conclusion du traité de Nango, alors qu'il n'était pas encore question d'occuper le haut fleuve et qu'il fallait, à tout prix, assurer à notre pays la priorité de possession sur la magnifique vallée du Haut-Niger, menacée par les entreprises de nos rivaux commerciaux dans cette partie du continent africain.

Quant aux altérations que les secrétaires du sultan auraient fait subir à certains articles du texte français en le traduisant en arabe, nous n'avons qu'à rappeler que nous avions prévenu Ahmadou que, conformément aux usages diplomatiques, le *texte français* était *seul valable* et que, du reste, les minutes du traité français ont été signées par Ahmadou comme par nous-même, ce qui consacre entièrement les dispositions écrites dans le texte français.

fort, car je crains toujours que d'autres nouvelles n'arrivent de Kita et ne viennent nous retenir encore à Nango.

15 *mars*. — Alassane, que j'avais envoyé à Ségou pour activer un peu les affaires, est revenu aujourd'hui. Ahmadou me fait dire de patienter encore un peu. Quel ennuyeux personnage! — Ce matin, j'ai reçu une lettre de Bénis, qui a été arrêté à Fougani, où le chef du village ne veut le laisser passer qu'avec une permission spéciale du sultan. Toujours le même système de méfiance et de soupçonneuses tracasseries. J'écris tout de suite à Alpha pour qu'il avise Ahmadou.

16 *mars*. — Reçu ce matin une lettre d'Alpha : Ahmadou a donné des ordres pour le passage de Bénis sur la rive gauche du Niger; mais, ni les chevaux ni les provisions de route ne sont encore à Ségou. On s'occupe, paraît-il, de les réunir dans les villages environnants. Ces retards nous désolent et nous énervent de plus en plus. Nango nous pèse comme les plombs de Venise; il nous semble que jamais nous n'en sortirons. — Après notre dîner, nous avons une agréable surprise : ce sont deux Toucouleurs, venant de Kita, qui nous apportent une lettre du lieutenant-colonel Borgnis-Desbordes, commandant la colonne du haut fleuve. Nous avons donc enfin des nouvelles directes de nos compatriotes. Cette lettre est malheureusement fort courte et ne fait que nous confirmer ce que nous savions déjà. Nous apprenons avec chagrin la mort du lieutenant Pol, tué à la prise de Goubanko, et celle du capitaine Marchi, qui a succombé à un accès de fièvre pernicieuse. Nous regrettons ces deux camarades, pour lesquels nous éprouvions tous une grande affection, née des fatigues que nous avions subies ensemble avant notre départ de Bafoulabé. Le colonel m'informe en outre que les opérations militaires s'arrêteront cette année à Kita et que l'on n'ira au Niger qu'à la prochaine campagne. Nous le regrettons bien sincèrement, malgré les dangers auxquels nous aurait exposés à Ségou l'arrivée des Français sur le Djoliba.

17 *mars*. — Aucune nouvelle de Ségou. Nous comptons les heures, et chaque minute que nous passons maintenant à Nango nous paraît longue comme un siècle. — Après avoir envoyé deux de mes tirailleurs en mission dans le Ouassoulou et à Kangaba, je songe à faire prévenir secrètement les chefs du Kaarta, révoltés contre Ahmadou, qu'ils trouveront bon accueil à Kita, où notre installation a surtout pour objet de les soustraire à l'influence musulmane. Dans ce but, j'ai de fréquents entretiens avec Diaguili, ce Sarracolet qui, au prix de mille dangers, nous a apporté le courrier venu de Bakel et Médine. Cet indigène, à qui je remets une petite somme d'argent pour faire quelques cadeaux en route, se rendra dans le Mourdia

et le Fadougou pour essayer d'ouvrir des relations entre ces États et nos nouveaux postes du haut fleuve. Diaguili nous donne aussi quelques renseignements intéressants sur la race des Sarracolets ou des Soninkés, à laquelle il appartient. Quand il s'agit de se renseigner sur ces races sénégambiennes, on éprouve toujours de sérieuses difficultés, l'absence de traditions, même verbales, empêchant de se procurer des indications de quelque précision. Toute cette partie du Soudan occidental est habitée par des Nigritiens, qui, tout en se divisant en nombreuses tribus, ont un lien commun par leur apparence physique, leurs coutumes, leur langue même. On y retrouve le plus souvent le type banal du nègre, tel qu'il est décrit d'habitude, bien constitué, au nez aplati, aux cheveux crépus, aux lèvres épaisses. Le général Faidherbe est le premier qui ait essayé, dans plusieurs remarquables études sur la Sénégambie, de débrouiller l'origine et l'histoire de ces populations, qu'il divise en quatre races principales, ayant toutes les quatre dominé dans les bassins supérieurs du Sénégal et du Niger et qui, vaincues successivement les unes par les autres, se sont réparties dans ces régions, où on les trouve même, sur certains points, superposées les unes aux autres, bien que chacune d'elles se considère comme supérieure aux autres et appelée tôt ou tard à reprendre la suprématie. Selon toute apparence, ce sont les Soninkés, hommes de Soni, qui dominaient le plus anciennement dans le bassin du Haut-Niger. Leurs chefs, les Bakiris, que l'on retrouve encore dans les agglomérations soninkés de la région, régnèrent longtemps sur les bords du grand fleuve du Soudan. Le vieux Samba N'Diaye nous a parlé souvent de l'époque éloignée où ses ancêtres tenaient sous leur commandement toutes les contrées s'étendant de Tombouctou aux sources du Niger. Leur gouvernement avait pour centre le Ouadougou, partie du Bakhounou, d'où ils rayonnaient en maîtres jusqu'au Niger. C'est de là qu'ils s'avancèrent vers le Sénégal, où ils trouvèrent des Malinkés, qui habitaient alors le Galam. Ils les en chassèrent par force et dominèrent longtemps tout ce pays jusqu'au Natiaga, le Boudou et le Diombokho. Puis la guerre se fit entre les différents membres des familles souveraines; les Bakiris se dispersèrent, et leurs divisions les livrèrent facilement à leurs ennemis. Aujourd'hui les Soninkés sont répandus un peu partout dans le Soudan occidental. Leur plus forte agglomération s'est conservée sur les bords du Sénégal, dans le Guoy, le Kamera et le Guidimakha. Ils forment là une population qui mérite à tous égards d'attirer l'attention de notre gouvernement. Elle possède de magnifiques cultures d'arachides, que les chalands de nos maisons de commerce viennent charger chaque année pour Saint-Louis et nos ports français. Ils ont surtout, ainsi que nous l'avons déjà vu, des qualités de commerçants remarquables et ils étendent leurs opérations sur une immense étendue de pays. A part le Galam, ils ne constituent plus aujourd'hui d'États compacts et puissants. Ils sont disséminés sur toute l'étendue des territoires baignés par le Haut-Niger et les affluents du Haut-Sénégal et y forment même souvent des centres politiques considérables. C'est ainsi que Sansandig, Djenné, Kankan, Sokolo, peuplés de Sarracolets, forment de nos jours des centres très importants, où se sont constitués des marchés fréquentés par les Maures et les marchands indigènes. Dans le pays de Ségou proprement dit, plusieurs villages sont entièrement habités par des Sarracolets; dans d'autres, ils sont mélangés avec les Bambaras et les Toucouleurs. Mais partout ils se livrent au commerce et appellent de tous leurs vœux notre domination, qui leur permettra de se soustraire aux exactions auxquelles ils sont sans cesse en butte pendant leurs longs voyages.

18 mars. — Le silence d'Alpha commence à nous effrayer. Pas de nouvelles hier, pas de nouvelles aujourd'hui. Que fait-on donc à Ségou? Ce fait de Bénis arrêté à Fougani, ces Toucouleurs venus de Kita avec la lettre du colonel et qui ont dû palabrer avec Ahmadou, ce silence du sultan, tout cela n'annonce rien de bon. Nous voilà encore dans l'inquiétude. Je songe à écrire à Kita pour rendre compte de notre situation, pour dire que nous sommes prisonniers et que nous ne pouvons quitter Nango. C'est intolérable. Beaucoup d'indigènes viennent me demander à m'accompagner dans mon voyage vers le Sénégal. Je leur réponds que je ne demande pas mieux, mais que je n'interviendrai pas si les agents d'Ahmadou cherchent à les arrêter.

19 mars. — C'est trop fort. Cette lenteur d'Ahmadou nous exaspère et je lui envoie la lettre suivante : « Je vois décidément que tu ne veux pas nous laisser partir. Les promesses que tu nous as faites si souvent sont vaines et tu as trompé l'espérance que nous avions dans la parole d'un grand chef. Depuis dix mois, nous sommes ici, malades de la fièvre, sans vêtements, sans ressources, sans médicaments, sans nouvelles de nos familles et de notre pays. Le docteur Tautain a failli mourir, et nous ne savons pas comment nous accomplirons les longues et pénibles étapes qui nous séparent du Sénégal. Tu n'as pas eu pour nous les égards dus aux ambassadeurs du Gouverneur. Aujourd'hui encore, tout est réglé et il ne nous reste plus qu'à partir. Cependant, tu te tais et nous sommes toujours prisonniers à Nango. Cela doit finir d'une manière ou d'une autre et je t'informe que demain, lorsque le soleil aura commencé à baisser, nous quitterons tous le village. Nous partirons à pied, puisque tu n'as pas voulu nous envoyer les chevaux et bœufs porteurs que tu nous avais promis, et nous

nous nourrirons en chemin des vivres que nous mendierons à tes captifs du Guéniékalari, puisque nous n'avons pas encore reçu les approvisionnements que tu voulais nous donner. Peu nous importe, pourvu que nous reprenions la route de notre pays. Quant à Marico et à ses Sofas, je t'informe que nous les combattrons s'ils veulent nous arrêter, comme ils l'ont fait naguère pour Piétri. J'ai distribué mes dernières cartouches à mes hommes et je leur ai donné l'ordre de tirer si l'on s'opposait à notre départ. Maintenant, je te le dis d'une manière formelle: nous nous battrons jusqu'à ce que nous succombions sous le nombre. Alors, tu feras ce que tu voudras. Tu nous tueras, tu nous renfermeras dans ton tata de Ségou. On saura partout comment le sultan de Ségou, dont on vante la sagesse et la justice, aussi bien sur les rives du Djoliba que sur celles du Niger, se sera conduit envers les ambassadeurs, dont les personnes sont sacrées dans tous les pays, que le Gouverneur t'a envoyés. Je fais dire à Alpha Séga et Alassane de rentrer immédiatement à Nango, à moins que tu ne les fasses arrêter. » — J'envoyai cette lettre à Ségou par Massar, l'un de nos laptots, dont les jarrets d'acier arpentaient en quelques heures les trente-cinq kilomètres qui nous séparaient de la capitale de l'empire; en même temps, j'ordonnai à tout mon monde de se préparer au départ et de nettoyer ostensiblement les armes. Ainsi que je m'y attendais, Marico ne tarda pas à lancer l'un de ses Sofas à cheval sur la route de Ségou pour prévenir le sultan de tout ce qui se passait à Nango. Lui-même se renferma dans son tata avec ses gens, ignorant quelles étaient mes intentions.

20 *mars*. — Mon coup de vigueur a eu raison des éternels atermoiments d'Ahmadou, et, vers le coucher du soleil, nous avons vu arriver Boubakar Saada et Alpha Séga, dont les chevaux, tout ruisselants de sueur, montraient la rapidité avec laquelle ils étaient venus. Voici ce qui s'était passé à Ségou. Dès qu'Ahmadou avait été informé par l'envoyé de Marico que nous nous préparions à partir et même à nous servir de nos armes en cas de besoin, il avait fait appeler mes interprètes pour leur demander des éclaircissements en présence de tous les notables de Ségou. Sur ces entrefaites, Massar était arrivé et Alpha n'avait eu qu'à lire ma lettre au sultan. Certainement celui-ci nous aurait plongés dans un cruel embarras, s'il nous avait pris au mot; car, que serions-nous devenus si nous avions quitté Nango, comme j'en avais menacé le chef toucouleur? Privés de sa haute protection, forcés de marcher à pied sous le soleil brûlant des steppes soudaniennes, manquant de guides et de vivres, nous n'aurions jamais pu franchir le Djoliba. Mais je connaissais le caractère indécis d'Ahmadou et je savais que le moyen que j'employais, s'il était hasardeux, pouvait cepen-

dant réussir. Les premières paroles que le sultan adressa à mes interprètes furent des paroles de colère et de dépit : « Allez, leur dit-il, que vos blancs fassent ce qu'ils veulent ! Tout est rompu avec eux, et *che Allaho!* aucun Européen ne mettra plus les pieds dans mes États. » Puis, avec cette mobilité d'esprit spéciale aux nègres sénégambiens, il se ravisa et se tournant vers Alpha : « Dis à ton capitaine que j'ai pour lui une grande estime ainsi que pour le Gouverneur, et que je regrette qu'il ne me laisse pas le temps de l'accueillir en grande pompe à Ségou, comme je l'aurais voulu, et de lui chercher une escorte de Talibés, digne de lui. Va, hâte-toi pour qu'il ne lui arrive pas malheur; car ces blancs ne sont pas faits comme nous et mettront certainement à exécution ce qu'ils disent dans leur lettre. Emmène les chevaux et les vivres. Boubakar Saada montrera ma sandale à Marico pour lui prouver qu'il vient de ma part et lui dire d'obéir à tous les ordres des blancs. » Et, en effet, Boubakar

Type de laptot.

Saada m'informa que les approvisionnements et les chevaux arriveraient dans la nuit avec Samba N'Diaye, et que nous pourrions partir quand bon nous semblerait. Lui-même devait rentrer à Ségou demain matin avec notre interprète, car c'est lui qu'Ahmadou avait désigné pour nous accompagner à Saint-Louis et porter au gouverneur les compliments du sultan.
— Nous sommes tous joyeux et nous décidons incontinent de partir demain dans la soirée. Il nous semble que cela n'est pas possible, et nous

ne nous croirons hors de toute affaire que quand nous aurons pris la route de Soïa. Nos hommes ne se possèdent pas de joie, et aucun d'eux ne nous demande à rester à Ségou. Décidément, la domination toucouleur est lourde pour tous ceux qui la connaissent, et nos tirailleurs ou laptots se soucient peu de devenir les sujets d'un homme qui, chaque semaine, fait couper une douzaine de têtes pour effrayer, paraît-il, les peuplades voisines, qui pensent comme nos hommes. On dit que, depuis deux ans, Ali, le bourreau d'Ahmadou, a coupé plus de 1000 têtes. Vraiment, cette longue hospitalité du sultan n'a pas été sans dangers pour nous....

21 *mars.* — Tout est prêt et nous pouvons partir. Les cinq chevaux, bêtes solides et rapides, originaires des pays maures, sont arrivés cette nuit en même temps qu'un gros approvisionnement de mil, de riz, de cauris, etc, qui sera transporté par un petit convoi, composé d'un âne et de trois bœufs porteurs. Toutes les femmes du village sont occupées à faire des couscous pour nos hommes. Alpha et Boubakar Saada sont repartis ce matin pour Ségou. Outre les approvisionnements, Samba N'Diaye m'a apporté deux cents gros d'or de la part d'Ahmadou, qui, malgré les observations de mes interprètes, a tenu absolument à me faire ce cadeau[1]. Nous n'avons pu nous renseigner exactement sur la valeur des trésors que le sultan cache dans ses magasins; mais, d'après ce que nous en ont dit nos interprètes et plusieurs des fidèles d'Ahmadou, ces trésors, produit de fructueuses et incessantes razzias qu'El-Hadj Oumar fit pendant de longues années dans les régions aurifères du Haut-Niger et du Haut-Sénégal, doivent s'élever à plusieurs millions. Nous étions tenus à d'autant plus de circonspection sur ce sujet, que nos ennemis du Fouta ne cessaient de dire à Ségou que nous n'étions venus dans le pays que dans le seul but de nous emparer de ces trésors ou du moins de nous assurer de leur existence. — A midi nous avons une légère émotion : c'est un cavalier, armé jusqu'aux dents et équipé en guerre, qui arrive de Ségou. Ahmadou nous l'envoie pour nous escorter jusqu'à Tourella et nous faire donner en route les vivres nécessaires par les Bambaras. En réalité, Kantara, c'est le nom de ce chef sofa, doit veiller à ce qu'aucun des sujets du sultan ne cherche à passer avec nous sur l'autre rive du Djoliba. Aussi plaignons-nous les malheureux qui ont demandé à me suivre et qui essayent de se dissimuler parmi mes hommes. Ahmadou nous fait dire de ne pas marcher trop vite pour permettre à Alpha Séga et à ses envoyés de nous rejoindre. Enfin, à 3 heures, le soleil étant encore assez haut sur l'horizon, nous montons à cheval, après un dernier

---

1. A mon arrivée à Saint-Louis, ces deux cents gros d'or, remis au gouverneur, ont été distribués à nos interprètes.

adieu jeté à cette case de boue, perdue dans un coin ignoré du Soudan et où nous avions passé de si tristes et sombres heures. Nous sommes joyeux comme des oiseaux à qui on vient de donner la volée. Il nous semble qu'on vient de nous enlever un poids énorme de la poitrine. Tout le village est sur pieds; nos chevaux ont peine à se frayer un passage au travers des rangs de la foule pressée. Le vieux Tiébilé, la vieille Nadie, leurs enfants, les jeunes Nagoba et Tiguito, qui sont venus si souvent causer avec leurs « amis les blancs » dans notre case, sont au premier rang; on nous présente en cadeau des calebasses de mil et de riz, des œufs, des poulets. « Bonjour, Toubab! Bonjour, Toubab! » crient les petits nègres en battant des mains. On voit que nous laissions de bons souvenirs dans le village. Sur la place, je trouve Marico en grand costume et entouré de ses Sofas. Je descends de cheval, et, refusant la main qu'il me tend, je lui fais dire à haute voix par Sadioka, qui me sert d'interprète : « Tu t'es mal conduit avec les blancs. Un jour tu nous as insultés gravement. Tu seras puni et, si la colonne française arrive au Niger, je te conseille de prendre ton meilleur cheval et de mettre le désert entre nous et toi. » En même temps, pour mieux montrer le sens de mes paroles, je serre la main de Tiébilé et de tous les captifs bambaras qui viennent d'assister à cette scène. Le chef du village, vieux Bambara, qui avait vu le temps où sa race était encore indépendante et qui gémissait de se voir, lui et les siens, maltraités et rançonnés continuellement par les Toucouleurs, ne craignit pas de me prévenir que « si la colonne française poussait jusqu'au Niger, ils se soulèveraient tous contre les musulmans ».

Le retour s'effectua le long du Niger par la route déjà suivie, à très peu près, à l'aller. Le soir, nous nous retrouvions à Soïa, et nous bivouaquions sous un magnifique bouquet de fromagers où se tenait d'ordinaire le marché. Avec quel bonheur nous reprenions notre rude vie de campagne, qui devait nous ramener parmi nos compatriotes et vers notre patrie!

Le 22 mars, nous franchissons d'une seule traite les cinquante kilomètres qui nous séparent de Niansonnah, où nous arrivons épuisés après cette course échevelée. Un hideux spectacle nous avait arrêtés quelque temps au village de Sougoulani, où l'on nous avait dit que nous pourrions nous procurer du lait. Nous savions déjà qu'Ahmadou, cruel comme tous les musulmans, donnait quelquefois l'ordre de mettre à mort ses prisonniers de guerre, afin de terroriser les pays environnants. Mes tirailleurs et laptots, que j'envoyais comme courriers à Ségou, revenaient souvent dégoûtés et indignés par l'horrible aspect qu'offrait la place du marché, où les cadavres des suppliciés étaient abandonnés aux hyènes et aux oiseaux de proie.

Mais nous avions été assez heureux pour n'être jamais les témoins de ces odieuses exécutions. Nous venions à peine de déboucher sur la place de Sougoulani qu'un affreux tableau nous arrêta subitement. Nous avions devant nos yeux un véritable charnier humain : une caravane entière, composée de seize personnes de tous âges et de tous sexes, avait été capturée par les Talibés au moment où elle se rendait à Sansandig, ville révoltée depuis longtemps contre Ahmadou. Sur l'ordre du sultan, tous ces malheureux, conduits au village de Sougoulani, avaient eu la tête tranchée deux jours auparavant. Le spectacle de tous ces cadavres, entièrement nus et jetés pêle-mêle sur le sol dans les attitudes les plus diverses, que contemplaient d'un œil stupide quelques enfants du village, nous remua profondément, et nous ne pûmes nous empêcher de penser que nous n'avions guère été en sûreté à Nango, entre les mains du sombre tyran qui faisait si bon marché de la vie de ces inoffensifs marchands.

Nous reprenons possession, à Niansonnah, de la case que nous avons occupée dix mois auparavant. Un vieux marabout nomade et mendiant ne cesse de nous accabler de ses importunités, en disant qu'il priera pour nous si nous lui faisons l'aumône. Tautain lui donne quelques poignées de cauris. Voyant qu'il refuse de s'éloigner, je le fais mettre à la porte de notre case par les tirailleurs. Il se retire en maudissant les *keffirs*.

Kantara s'acquitte à merveille de ses fonctions de pourvoyeur. Il est vrai que je lui graisse continuellement la patte avec des cauris. Quand on ne lui donne pas, il prend. Ainsi, à Niansonnah, le chef de village commence par dire qu'il n'y a rien et que tous les poulets sont morts, il y a peu de jours, d'une maladie épidémique. Cependant Kantara nous arrive avec quatre de ces animaux qu'il a trouvés dans une case, et aux réclamations du chef il répond : « Ces poulets ne sont à personne du village, puisque tu viens de me dire qu'ils étaient tous morts. J'ai donc le droit de les prendre. »

Nous marchons de plus en plus vite, toujours talonnés par cette idée qu'Ahmadou pourrait très bien revenir sur sa décision et nous faire arrêter de nouveau dans quelqu'un de ses villages. Tant que nous serons sur la rive droite, nous ne serons pas tranquilles.

Le 23 nous couchons à Gonindo, le 24 à Fougani, le 25 à Dioumansannah. Dans ce village, nous venions à peine de descendre de cheval, qu'un grand tumulte s'éleva non loin de nous entre nos hommes et les indigènes du village. Piétri et Vallière s'empressèrent aussitôt d'aller s'interposer, mais grand fut leur étonnement en voyant un nègre vêtu du costume de tirailleur et armé d'un fusil Gras. Aidé des habitants, il luttait contre

Sadioka et nos noirs, qui voulaient le désarmer. Je le fis aussitôt garrotter et dépouiller de ses armes. C'était l'un de nos tirailleurs, appartenant à la colonne de Kita, et qui désertait avec armes et bagages pour se rendre auprès d'Ahmadou. Ce malheureux ne se doutait guère qu'il nous rencontrerait sur son passage. On nous croyait perdus depuis si longtemps! Je le confiai à Sadioka, avec ordre de tirer sur lui à la moindre tentative d'évasion. Quelques jours encore et nous allons échapper aux griffes des Toucouleurs. Je ne tiens donc pas à ce que l'arrivée de ce déserteur, qui ne manquerait pas d'instruire le sultan de tous nos agissements dans le haut fleuve, vienne encore nous menacer d'une nouvelle captivité.

Passage de la Faya.

Le 26 mars, nous arrivons de bonne heure à Niagué. Cette fois, le village n'était plus abandonné; il était même très animé, car les Bambaras célébraient ce jour-là l'une de leurs grandes fêtes fétichistes. Dans la première case où nous entrons, nous voyons un indigène, à l'aspect vénérable, qui fait des sacrifices aux idoles: on lui apporte des poulets, dont il fait jaillir le sang contre la muraille, fraîchement enduite de terre mouillée, en marmottant des paroles que nos interprètes eux-mêmes ne peuvent nous traduire. Toute la journée il y a grand tam-tam et les Bambaras s'enivrent à plaisir de dolo. Ils nous en apportent et nous le buvons sans aucune répugnance. Il ressemble à de la bière mousseuse.

Le 27, notre étape est des plus laborieuses. Le passage de la Faya nous arrête pendant une bonne heure. Cette petite rivière, bordée de beaux ficus, aux branches se projetant au-dessus de ses eaux, n'a pas moins de quinze mètres de large et d'un mètre de profondeur; les berges, hautes de dix mètres environ, sont à pic; le fond est boueux. Il serait très aisé d'établir un pont sur ce cours d'eau, mais les Dioulas préfèrent perdre un temps infini à décharger leurs animaux, faire passer ceux-ci, transborder les chargements, recharger les bêtes, etc. Comme nous n'avons avec nous que quelques bêtes de somme, nous faisons comme les Dioulas. Quelques-uns de nos hommes se mettent à l'eau pour faire passer les animaux et transporter les bagages. Les autres franchissent l'obstacle à pied sec en se glissant le long des branches de l'un des ficus; on aurait dit une bande de grands singes se promenant dans une forêt, et la ressemblance était d'autant plus frappante qu'au moment de leur débarquement sur la rive droite on les voyait se livrer aux contorsions les plus grotesques; les petits rameaux du ficus étant en effet occupés par des fourmis noires (magnans), qui mordaient impitoyablement les corps nus de nos indigènes. Pour nous, après avoir hésité quelque temps, nous nous décidons à imiter l'exemple de nos noirs, préférant ce mode de passage à celui qui eût consisté à nous jucher sur les épaules de nos tirailleurs, à relever nos jambes en l'air et à risquer surtout de faire un plongeon dans l'eau vaseuse de la Faya.

Nous passons la journée et la nuit au petit village de Darani. Une violente tornade, accompagnée d'une pluie diluvienne, qui nous surprend d'autant plus que la saison de ces ouragans est depuis longtemps passée, nous force à nous réfugier dans une case étroite et incommode où l'on s'occupe de la préparation du beurre végétal.

Le 28 mars, nous nous transportons à Tadiana; seulement, craignant toujours des ordres venus de Ségou à notre sujet, nous ne nous y arrêtons qu'une heure. Ce temps suffit à Vallière pour tromper la surveillance des Toucouleurs, qui épiaient tous nos mouvements, et prendre un dessin rapide du tata. Pour moi, je vais entretenir Daba, le chef du pays, et peux me convaincre que l'arrivée des Français à Kita a produit un effet merveilleux dans toutes ces contrées. Les Bambaras commencent à relever la tête, et les orgueilleux Talibés eux-mêmes sont tout stupéfaits de nous avoir vus arriver aussi rapidement et aussi facilement à Kita. Nous continuons notre route à travers un terrain détrempé par la pluie de la veille et allons bivouaquer au village de Cissina, qui nous paraît beaucoup plus important que la première fois. Il doit contenir de huit cents à mille habitants. Piétri, parti en avant, nous avait fait préparer une magnifique case, recouverte d'un toit élevé, formé de bambous et de paille de mil. Nous y passons une journée très agréable, songeant avec bonheur que le lendemain, à pareille heure, nous serons de l'autre côté du Niger. La place sur laquelle donnait notre case était littéralement bondée d'indigènes, curieux de considérer les blancs, qu'ils avaient crus si longtemps voués à la mort chez leur cruel conquérant et auxquels les dernières nouvelles, venues de Mourgoula, donnaient en ce moment une grande réputation. Parmi ces Bambaras se trouvait un jeune garçon de quinze à seize ans, ayant les bras et les jambes d'une longueur démesurée, proportionnellement au reste du corps. Vallière le fit entrer dans la case, et, le double décimètre en main, dessina ce type réellement remarquable de la race bambara et duquel se rapprochent plus ou moins presque tous les jeunes gens encore adolescents de ces populations nègres. Nagoba, la jeune sœur de ce grand garçon, jolie négresse d'une douzaine d'années,

Nagoba et son frère.

voulut bien également, pour quelques poignées de cauris, poser devant le crayon de notre compagnon de route.

Le 29 mars, nous arrivons à Tourella de très bonne heure, vers sept heures du matin. Je distribue les quelques milliers de cauris qui me restent encore, à Kantara, au percepteur et au chef de village, afin qu'ils fassent diligence pour nous faire franchir le Niger. Jusqu'au dernier moment, je crains qu'Ahmadou ne se ravise et ne nous envoie prévenir qu'il a encore quelque chose à nous dire, *che Allaho*. Je prescris à Vallière de prendre les devants avec quelques tirailleurs pour aller annoncer notre arrivée à Nafadié. Nos chevaux sont rendus, nos hommes sont exténués ; mais personne ne reste en arrière, tellement est grand notre désir de mettre le Niger entre nous et les États d'Ahmadou. Ce chef trouvera que nous nous sommes singulièrement conformés à sa recommandation d'aller lentement pour attendre ses envoyés, mais un sentiment bien naturel d'appréhension nous donne des ailes. Nous ressemblons à des forçats évadés de leurs fers, et nous tremblons chaque fois qu'un cavalier arrive par la route de Ségou ou qu'un mouvement quelconque se produit au lieu du bivouac. Il est vrai qu'on aurait fort à faire maintenant pour nous arrêter, car c'est à coups de fusil que nous recevrions les émissaires chargés de nous communiquer un pareil message.

Vers midi nous arrivons aux bords du fleuve, où les pirogues sont toutes préparées pour le passage. Nous nous embarquons au milieu d'une grande affluence d'indigènes venus de Tourella et des villages environnants. Quelques-uns, qui nous ont suivis depuis Ségou, cachés parmi nos hommes, dans le secret dessein de fuir la rive droite du Niger, essayent de prendre place dans les pirogues ; mais Kantara est là qui les fait descendre aussitôt des embarcations et les remet à ses Sofas. Parmi ces pauvres gens se trouve une vieille femme ouolof, originaire des environs de Saint-Louis, qui, ayant perdu son mari dans l'une des dernières expéditions d'Ahmadou, veut rejoindre sa famille. Nous intercédons pour elle, mais Kantara est inflexible : il obéit aux ordres exprès de son maître, et il jouerait sa tête s'il écoutait nos prières. La pauvre vieille se roule à nos pieds, pousse des cris déchirants, s'offre pour nous servir comme esclave. Nous nous éloignons tout chagrins de ne pouvoir l'emmener avec nous et persuadés que le vieux chef de Nango pourrait bien avoir raison en nous affirmant que les sujets d'Ahmadou se soulèveront contre leur tyran dès notre installation sur les bords du Niger.

Enfin, à deux heures de l'après-midi, nous étions tous de l'autre côté du Djoliba. Ce fut alors un spectacle curieux que de voir nos hommes, aussi bien les Toucouleurs que les Bambaras d'origine, se réunir et jurer tous ensemble, en montrant le fleuve, que c'était bien la dernière fois qu'on les prenait à accepter l'hospitalité d'Ahmadou. Pauvres gens, qui croyaient, à notre départ de Saint-Louis, à la réputation de générosité, de magnificence et d'omnipotence que l'on faisait au fils d'El-Hadj ! Quelle désillusion à la suite de ces dix mois de séjour à Nango, où, sans cesse inquiets sur leur sort, étroitement lié au nôtre, ils avaient pu se rendre compte de l'existence misérable des sujets d'Ahmadou, surtout quand ils la comparaient à la vie paisible dont jouissaient, sur les bords du Sénégal, les populations placées sous notre protectorat !

Vers trois heures, nous prenons la route de Nafadié, à travers la vaste plaine herbeuse que les eaux du Niger recouvrent en grande partie au moment de l'hivernage. De loin, nous apercevons un grand rassemblement sous les fromagers situés auprès du village de Djoliba. Nous éperonnons nos chevaux, et nos inquiétudes sont vives en voyant notre camarade Vallière étendu sans connaissance au pied de l'un de ces arbres et que deux ou trois noirs essayaient, par des frictions vigoureuses, de ranimer. Nous sommes

Le lieutenant Vallière attaqué par les Malinkés.

bientôt aux côtés de notre ami, qui ouvre les yeux à notre approche. Tautain l'examine avec empressement, pour voir s'il n'a aucune blessure. Je crains un moment qu'il ne se soit heurté à un fort parti de Béléris, qui, informés de notre retour, ont voulu nous barrer la route de Kita et achever l'œuvre si bien commencée à Dio. Il n'en est rien heureusement et Vallière nous met bien vite au courant de la situation. En quittant Djoliba le matin, il s'est égaré. Trompé par ses guides, il avait pris un chemin qui devait, disait-on, le mener directement sur Nafadié, mais qui, en réalité le conduisit dans la montagne, où il finit par se perdre tout à fait. Après de nombreux tours et détours, il aboutit à un village situé dans une gorge étroite et sauvage, où les habitants, dès qu'il avait été signalé, avaient pris les armes et ouvert le feu sur lui. Il paraît que, le matin même, des cavaliers toucouleurs avaient paru devant le village et s'étaient emparés de plusieurs jeunes filles, qui gardaient les troupeaux en dehors du tata. Les Malinkés avaient donc pris Vallière pour l'un de ces hardis pillards, et, irrités encore de la razzia du matin, avaient aussitôt commencé les hostilités sans aucun autre préambule. Quelques-uns des tirailleurs qui l'accompagnaient avaient été faits prisonniers; l'un d'eux même avait été grièvement blessé. Quant à notre compagnon de voyage, il avait été assez heureux pour échapper aux balles qui sifflaient à ses oreilles et rejoindre Djoliba, où il était arrivé vers deux heures de l'après-midi, mourant de soif et de fatigue et atteint d'une insolation qui aurait pu avoir les conséquences les plus dangereuses, si nous n'étions arrivés à ce moment.

Je reprochai vivement au chef de Djoliba la conduite de ses guides, l'avertissant que Kita n'était pas loin et que l'exemple de Goubanko prouvait qu'il ne faisait pas bon de s'attaquer aux blancs. Il s'excusa en tremblant, m'assurant qu'il n'était pour rien dans cet événement et qu'il allait envoyer des hommes au village qui avait si mal accueilli mon officier, pour réclamer mes tirailleurs. Je laissai Tautain avec Vallière, qui se sentait d'ailleurs capable d'accomplir, après un peu de repos, les quelques kilomètres qui nous séparaient de Nafadié, et nous nous remîmes en route pour y parvenir avant la nuit.

Nous rencontrons bientôt une douzaine de jeunes gens de ce village. Ils sont venus au-devant de nous, informés de notre approche par Ibrahima, qui se trouvait avec Vallière et qui avait réussi à échapper à la bagarre du matin. Ils nous font fête et nous annoncent que tout est préparé à Nafadié pour nous recevoir. Leurs physionomies, rendues encore plus sauvages par leurs bonnets à pointes, garnis de rondelles de peau de sanglier, nous rappellent les Bambaras du Bélédougou ; cependant, notre situation d'esprit est telle que nous les trouvons moins désagréables que les faces hypocrites des Toucouleurs, à l'abord si mielleux. Ibrahima m'apprend que des hommes de Nafadié sont également partis pour aller délivrer les prisonniers et qu'avant le soir ceux-ci nous seront rendus.

On ne nous a pas trompés et les habitants de Nafadié nous font un accueil des plus chaleureux : on nous apporte deux moutons et l'on sert à nos hommes un repas copieux de riz et de couscous. Cet enthousiasme est produit par le grand renom que vient de donner aux Français l'affaire de Goubanko. Nous ne possédions encore aucun détail sur les derniers événements du Haut-Sénégal, mais nous pouvions déjà mesurer les immenses progrès accomplis dans cette partie du Soudan depuis notre départ de

Bafoulabé, en avril dernier. Je profite de ces excellentes dispositions pour reprendre avec les Malinkés mes négociations, interrompues par notre échec à Bammako et notre internement à Nango. Notre long séjour sur la rive droite du Niger nous a convaincus que l'islamisme sera toujours le plus grand ennemi de la race blanche en Afrique et que c'est sur les Bambaras et les Malinkés qu'il faut nous appuyer dans cette région, si nous voulons créer entre nos établissements du Haut-Sénégal et le Djoliba l'importante voie commerciale projetée. Je réunis donc les notables de Nafadié et leur démontre la nécessité de s'allier étroitement à nous contre Ahmadou, dont les cavaliers viennent sans cesse razzier leurs femmes et leurs troupeaux; je les assure de nos intentions pacifiques et leur expose en quelques mots le but que nous poursuivons dans leur pays. Leur réponse est unanime : tous veulent se placer sous le protectorat français et fuir l'intolérable domination des Toucouleurs. Je rédige, séance tenante, un projet de traité, sur lequel les principaux notables apposent leurs signatures. Sur ces entrefaites arrive le chef de Djoliba, accompagné des prisonniers faits le matin et du chef même du village où Vallière avait trouvé une si brutale réception. Ces indigènes, mis au courant de notre entretien, se montrent encore plus enthousiastes que leurs congénères de Nafadié et veulent, à tout prix, signer mon papier; s'engageant, au nom de leurs villages respectifs, à se placer, sans conditions aucunes, sous notre protectorat. Celui-là même qui avait fait mes hommes prisonniers, serrant les mains de Vallière avec effusion, lui demande pardon de la scène du matin et ne peut cacher son indignation d'avoir pris un blanc pour un Toucouleur.

Le palabre terminé, je reste seul avec le chef de Nafadié, qui me désigne l'un de ses fils pour me suivre jusqu'à Saint-Louis. Il me promet encore d'envoyer quelqu'un à Bammako pour prévenir Abdaramane et l'engager à se rendre au plus vite à Kita, pour y préparer notre prochaine campagne sur les bords du Niger. Enfin, grâce à tous les renseignements qu'il me procure, je me décide à envoyer dans toutes les directions des émissaires, pris parmi mes tirailleurs, originaires de ces contrées et chargés d'informer les chefs du Bouré, du Ouassoulou, du Kaarta, de Sansandig, etc., de notre désir de nous allier avec eux et de leur dire d'expédier quelques-uns de leurs représentants auprès du chef français qui commandait à Kita.

Le soir, je suis rejoint par Alassane, venu à marches forcées de Ségou et qui me dit que nous avions bien fait de marcher rapidement, car Ahmadou, deux jours après notre départ, avait expédié des courriers pour nous dire d'attendre son envoyé. Comme nous avions sagement agi en mettant le Niger entre nous et les États toucouleurs !

Le 30 mars, nous prenons la route de Tabou. Tandis que le gros de la caravane file directement sur ce village en longeant la chaîne des monts du Manding, qui se dressent à notre droite comme une gigantesque muraille, je m'arrête successivement à Kamalia, Sibi, Nienkéma, pour y entretenir les chefs et obtenir leurs signatures sur mon traité. Ma tâche est d'ailleurs facile, car Ahmadou est parfaitement détesté dans toute la contrée, et tous me promettent d'envoyer quelques-uns des leurs à Kita, pour s'aboucher avec le chef de la colonne française. Ils paraissent très satisfaits de nous voir nous installer à Makadiambougou, où je les engage à expédier leurs produits, que leur achèteront nos traitants.

Nous passons la journée à Tabou, où les habitants, malgré leur extrême sauvagerie, s'empressent de nous apporter tout ce qui est nécessaire : mil, eau, bois, etc. Pour aller remercier le chef, je suis forcé de grimper à travers les roches, car le village est suspendu aux flancs de la montagne, derrière d'énormes blocs d'un grès très dur, à l'abri des incursions des cavaliers toucouleurs.

Le 31 mars, nous poussons jusqu'à Naréna, grand village malinké, dont le chef nous accueille avec une courtoisie qui nous fait oublier l'impolitesse témoignée à Vallière plusieurs mois auparavant. Cependant, la curiosité importune des habitants nous fait passer une journée assez désagréable, bien que Bandiougou fasse tous ses efforts pour qu'on nous laisse reposer tranquillement. Il nous donne un bœuf pour notre dîner, et ses sujets se disputent nos hommes, qu'ils entraînent dans leurs cases, où ils les traitent comme ils ne l'ont pas été depuis longtemps. Bien entendu, notre traité est signé avec enthousiasme. Décidément Ahmadou pouvait considérer comme absolument perdues pour lui les provinces de la vallée du Bakhoy, qui payaient tribu à Mourgoula. La seule route qui lui restait ouverte entre Nioro et sa capitale allait être fermée à son tour.

A Naréna, nous avons pour la première fois des nouvelles précises sur Kita, car nous y rencontrons deux interprètes, que le lieutenant-colonel Borgnis-Desbordes envoyait vers Kangaba pour y acheter des bœufs, nécessaires aux approvisionnements de sa nombreuse garnison. On est très inquiet sur notre compte et l'on ne s'attend pas à nous voir arriver aussi vite.

Dans la soirée, une violente tornade, accompagnée de vent, de pluie et de grêle, vient nous forcer à nous réfugier dans le village. Les grêlons sont très volumineux et il est dangereux de s'y exposer. Ce phénomène atmosphérique est excessivement rare dans la région que nous visitons, surtout à l'époque où nous sommes. Aussi excite-t-il un véritable étonnement parmi les indigènes.

Nous quittons Naréna le lendemain de bon matin. La campagne qui nous environne offre un spectacle des plus curieux. Les Malinkés fouillent les champs et les buissons, où ils trouvent, en grande quantité, des perdrix, des poules de Pharaon, des pintades, des damans et jusqu'à des singes et des petites biches à raie brune, que la grêle de la veille a surpris et qui sont encore tout étourdis des meurtrissures qu'ils ont reçues.

Nous franchissons, par quatre cent cinquante mètres d'altitude, la ligne de partage des eaux des bassins du Sénégal et du Niger. Nous nous arrêtons quelques moments à Koumakhana, où le chef joint son adhésion écrite à mes propositions de protectorat acceptées déjà par ses compatriotes du Manding, et nous allons camper sur la rive droite du Balanko, en plein désert. L'eau du ruisseau est désagréable au goût et d'une couleur d'encre; des myriades d'insectes rendent en outre ses abords presque inhabitables, mais nous passons sur tous ces inconvénients, en pensant que dans deux ou trois jours nous allons revoir nos compatriotes à Kita.

Le 2 avril, nous poussons jusqu'à Niagassola. Cette longue étape, de plus de quarante-cinq kilomètres, n'est coupée que par un arrêt d'une demi-heure à Balandougou, où les chefs s'efforcent de nous faire passer la journée. Devant mon refus, ils nous font accompagner par plusieurs captifs, chargés de nous donner, au terme de l'étape, un mouton et des calebasses remplies de lait et de miel.

Nous trouvons à Niagassola l'accueil que nous devions attendre du vieux Mambi, qui s'était déjà montré si empressé lors du passage de Vallière. Malgré la chaleur insupportable qui règne dans la case où nous sommes logés, la journée nous semble assez courte, car les occupations ne nous manquent pas. J'écris d'abord à Kita pour annoncer mon arrivée; puis j'interroge des gens de Koundou sur le Bélédougou et les dispositions de ses habitants à notre égard. Je m'entretiens ensuite longtemps avec les chefs de l'ancien village du Bangassi, que nous avions trouvé désert et en ruines l'année précédente et dont les habitants s'étaient en grande partie réfugiés à Niagassola et aux environs. Je leur parle de l'ère de prospérité et de tranquillité qui va s'ouvrir pour toutes les populations de ces contrées, maintenant que nous nous sommes installés à Kita, et je les engage à aller repeupler leur ancien village. Enfin, les renseignements topographiques que Vallière m'avait donnés sur le caractère montueux et accidenté du pays du Manding, entre Niagassola et Kita, région qui devait offrir pas mal de difficultés pour l'établissement d'une voie carrossable, me déterminent à laisser cet officier effectuer son retour sur Makadiambougou par le Gadougou et la rive gauche du Bakhoy. Il devait explorer cette partie de la vallée, lever l'itinéraire de sa route et nous faire connaître aux populations du Gadougou, encore placées sous la dépendance de l'almamy de Mourgoula.

Avant de quitter Niagassola, je présentai l'acte de protectorat à Mambi, qui s'empressa de le signer en insistant pour que son village fût choisi pour servir d'emplacement à notre futur établissement entre Kita et le Niger. J'étais d'autant plus satisfait de ces excellentes dispositions du vieux chef, que Niagassola ne saurait sans inconvénient ne pas être occupé par le gouvernement de la colonie. Ce point, chef-lieu de tout le Manding, a une importance politique considérable et est, en outre, l'origine de la route du Bouré et Ouassoulou. Si notre installation à Kita nous avait donné toute la région du Bas-Bakhoy et du Fouladougou, Niagassola devait nous livrer tout le Manding, faire tomber nécessairement la place forte toucouleure de Mourgoula, et nous mettre en communication avec Kangaba, le Bouré et les pays malinkés de l'extrême Haut-Niger.

Nous passons la journée du 3 avril à Koukouroni, le premier village du Birgo. Nous sommes charmés en traversant cette contrée boisée et accidentée, abondant en sites pittoresques et arrosée par de jolies rivières, au fond rocheux et aux bords verdoyants. A Koukouroni s'étale, dans toute sa laideur, la misère occasionnée par les déprédations de l'almamy Abdallah. Le chef, grand vieillard peul, à l'aspect triste et maladif, s'excuse de ne pouvoir nous offrir une hospitalité plus généreuse. Les Toucouleurs lui ont tout pris. Je lui fais entrevoir un avenir plus heureux et lui donne en cadeau quelques menues pièces de monnaie d'argent.

Le lendemain, nous nous transportons jusqu'à Mourgoula. L'almamy nous reçoit avec pompe. Dans le long entretien que j'ai avec lui, je m'aperçois que le voisinage de Kita le gêne considérablement et que notre arrivée à Makadiambougou lui a fait perdre toute influence sur les pays environnants. Toute la vallée du Bakhoy est définitivement perdue pour Ahmadou, et, si le commandant de Kita est habile, nul doute que les Talibés qui occupent encore Mourgoula ne finiront par déserter cette place, en l'abandonnant aux mains de ses possesseurs naturels, les gens du Birgo, que leur intérêt attire dans notre alliance.

Vers midi, je reçois une lettre, dans laquelle le lieutenant-colonel Borgnis-Desbordes me souhaite fort gracieusement la bienvenue et me dit que notre arrivée est impatiemment attendue par tous nos camarades de Kita. Aussi je quitte Mourgoula le soir même pour aller passer la nuit au petit village de Siracoro et nous rapprocher encore du lieu où nous pourrons enfin revoir des figures européennes.

Le 5 avril, nous quittons Siracoro de bon matin et nous franchissons, d'une seule traite, les cinquante kilomètres qui nous séparent de Goubanko, comptant passer la journée au ruisseau de Bannako ; mais le désir d'arriver nous donne des ailes.

Bien nous en prit, car, en débouchant dans la plaine où s'élevait naguère ce populeux village, nous apercevons au loin un groupe d'hommes et de chevaux campés sous les fromagers qui nous avaient abrités nous-mêmes un an auparavant. Nous nous élançons à travers champs, au galop de nos chevaux, et nous nous trouvons bientôt en face de MM. de Gosquet, lieutenant d'artillerie de marine, et Morlot, lieutenant d'infanterie de marine, que le chef de la colonne envoyait au-devant de nous, sachant que nous venions d'arriver à Mourgoula et se doutant bien que notre impatience ne nous permettrait pas de séjourner longtemps en route. Je n'insiste pas sur la joie que nous éprouvons à nous retrouver ainsi au milieu de nos compatriotes. Que le lecteur se rappelle seulement que c'est le 30 janvier 1880 que nous avions quitté Saint-Louis et que, depuis le jour où nous avions laissé Médine, nous n'avions plus eu de relations avec le monde civilisé, que les événements du Bélédougou et notre longue captivité à Nango nous avaient longtemps fait considérer comme perdu pour nous.

Nos camarades, malgré la pénurie de vivres qui existait à Kita, avaient dépouillé leurs cantines pour nous faire renouer connaissance avec les produits culinaires de la mère patrie. Nous nous réunissons donc autour de la petite table de campagne, et, tout en savourant un excellent pâté de foie gras, qu'il nous est enfin permis de manger autrement qu'avec nos doigts, nous sommes mis au courant des derniers événements. Tout était nouveau pour nous. C'est ainsi, par exemple, que j'avais été décoré et que j'étais même déjà vieux dans l'ordre, puisque ma promotion datait d'une année.

Après le déjeuner, nous allâmes visiter les ruines de Goubanko, encore tout empestées de l'odeur des cadavres, laissés en pâture aux hyènes et aux oiseaux de proie.

Vers quatre heures de l'après-midi, nous remontons à cheval et arrivons Makadiambougou une heure après. Que de changements depuis un an ! A peu de distance de notre ancien campement s'élevait un magnifique fort, encore inachevé, mais capable dès ce moment de résister à toutes les armées nègres du Soudan occidental. Les couleurs françaises flottaient fièrement au sommet de ses murailles, et nos cœurs battaient en pensant que nous avions bien contribué, pour notre part, à porter ainsi la domination française à moins de 200 kilomètres du Niger.

CHAPITRE XXIII

Excursion du lieutenant Vallière dans le Gadougou. — Caractère montagneux de cette contrée. — Le Kanékouo et la vallée de Bakhoy. — Grande quantité de fauves. — Le massif du Tibikrou. — Le village de Badougou. — Accueil sympathique des habitants de Galé. — Extension de l'influence française. — Rencontre d'un Maure marchand. — Gué de Mokaia Fara. — Arrivée à Kita.

Le lieutenant Vallière me rejoignit à Kita le 8 avril. Ce chapitre donne le récit de son excursion dans le Gadougou.

Le 3 *avril*, au point du jour, je quittai la mission principale pour explorer, conformément aux instructions du capitaine Gallieni, la vallée et la rive gauche du Bakhoy. Nous devions nous rejoindre à Kita. La veille du départ, j'avais pris des renseignements, auprès des gens de Niagassola, sur la route que je devais suivre. A en croire ces renseignements, j'entreprenais une œuvre très difficile. J'aurais de grands déserts à traverser, de hautes montagnes à franchir ; je rencontrerais beaucoup d'animaux féroces, je manquerais d'eau, etc. Cette dernière indication me fit mettre en doute toutes les autres, car d'après mes prévisions, basées sur mon passage dans le Manding et le Birgo un an auparavant, je devais rencontrer de nombreux cours d'eau. Cependant, j'ai pu m'apercevoir par la suite que ces exagérations n'étaient pas sans fondement, car cette exploration nous fit faire des marches très pénibles et souvent dangereuses.

Les hommes qui m'accompagnaient étaient : Ibrahima, fils du chef de Kita ; les deux hommes envoyés par les villages du Niger, qu'il y avait intérêt politique à ne pas montrer à Mourgoula ; deux tirailleurs et un spahi, Malal Demba, qui me servait d'interprète.

En quittant Niagassola, la route du Gadougou se dirige au nord-ouest, vers les talus des monts du Manding qui se dressent à un kilomètre environ du village. La pente de ces talus est escarpée, mais le sentier passe par un col assez bas (30 mètres de hauteur). De la crête nous aperçûmes, vers l'ouest, le cours du Kokoro se dirigeant vers le Bakhoy.

Au delà du col, le chemin descend en pente légère vers une vallée bien cultivée où se dressent les cases d'un village agricole. Mais, après avoir franchi la jolie rivière de Tarabako, on se trouve au pied d'une haute chaîne rocheuse aux flancs presque verticaux. Aucun col, aucun passage ne se présentant, il fallut nous résoudre, Ibrahima et moi, à mettre pied à terre et à gravir la pente parmi les roches roulantes en traînant nos chevaux par la bride. A chaque pas, nos pauvres bêtes menaçaient de s'abattre ou de se déchirer les jambes sur les pointes des pierres.

Nous parvînmes enfin au sommet de la rampe, à plus de 80 mètres au-dessus de la vallée que nous venions de quitter. L'autre versant du chaînon, bien que couvert de pierres, était heureusement en pente plus douce. La marche était encore difficile, mais nous pouvions au moins utiliser nos montures. Pour mon compte j'en étais enchanté, car l'ascension que nous venions de faire m'avait exténué.

Mes noirs souffraient beaucoup. Les sandales qu'ils s'étaient fabriquées les préservaient insuffisamment contre les galets et ils avançaient péniblement.

Devant nous, aucun sentier frayé; notre guide, vieux chasseur de fauves, se dirigeait sur des indices connus de lui seul et, souvent, il semblait hésiter sur la direction à prendre.

Nous avions quitté les surfaces nues et pierreuses et nous étions au milieu de broussailles épaisses, lorsqu'un tirailleur fit remarquer que le spahi interprète était resté en arrière pour bander une blessure qu'il s'était faite à un pied. Il y avait à peine cinq minutes que cet homme s'était attardé; mais, craignant qu'il ne s'égarât, je fis crier tous mes noirs. Cette précaution ne fut pas inutile, car l'infortuné Malal Demba mit une demi-heure à nous retrouver. Nos cris lui étaient parvenus, mais les échos de la montagne le trompaient sur leur véritable direction. Il arriva tout essoufflé et en proie à une véritable frayeur. Il avait, disait-il, aperçu tout près de lui un animal terrible, qui n'était ni un lion ni une panthère, mais certainement quelque bête aussi féroce; sa frayeur et son récit égayèrent fort ses camarades, qui ne cessèrent de lui adresser toutes sortes de quolibets.

Nous étions en plein massif des monts du Manding. Ce n'étaient que montées sur des plateaux arides et pierreux et descentes dans des vallées étroites et verdoyantes. Au fond de ces vallées courait toujours un cours d'eau plus ou moins important dont les rives, bordées d'une végétation épaisse, reposaient agréablement la vue. Le plus sérieux de ces cours d'eau fut Kanékouo, petite rivière de 25 à 30 mètres de largeur et très profonde. Ce ne fut qu'à grand'peine que nous découvrîmes un passage qui nous permit de la traverser sur nos chevaux. Il y a tout intérêt pour l'Européen qui voyage dans ces contrées de nager le moins souvent possible. Le défaut de vêtements de rechange lui fait contracter de mauvaises fièvres, sans compter que la présence des caïmans, si communs dans ces parages, lui fait courir des dangers plus graves encore. Après le Kanékouo, nous eûmes à traverser un très gros ruisseau dont l'une des berges, presque verticale, avait 12 mètres d'élévation. Arrivé à peine à mi-hauteur, je roulais dans l'eau, prenant ainsi le bain forcé que j'avais évité un peu auparavant. Quant à nos pauvres chevaux, il fallut les hisser, deux hommes poussant derrière pendant qu'un troisième les tirait à lui du haut de la berge.

Enfin, vers midi, sous un soleil de feu, rendu plus insupportable par la réverbération des roches nues, nous arrivions au ruisseau de Kormo qui laissait passer un filet de belle eau claire et présentait sur ses bords de charmants ombrages. Notre guide nous apprit que ce lieu était fort aimé des chasseurs mandingues, qui ne manquaient jamais d'y venir passer les heures chaudes. Je décidai d'en faire notre campement jusqu'à trois heures.

Mon repas était bien maigre. C'était, comme toujours, un poulet cuit à la braise, et cette chair, la même depuis plus d'un an, m'était devenue odieuse. Mais le guide nous fit la plus agréable des surprises : il nous apporta un rayon de miel cueilli dans le creux d'un arbre. Jamais je n'ai trouvé un mets plus délicieux! Ce miel était d'une couleur or pâle avec des alvéoles extrêmement petits; il fondait littéralement dans la bouche. Ce fut un vrai régal pour tout le monde. J'entendis également à ce campement un chant d'oiseau des plus mélodieux; le guide prétendit ne pas le connaître, ce qui semblerait prouver que cet oiseau est très rare.

Après avoir cherché à me renseigner sur l'étape du soir, je compris qu'il fallait renoncer à un repos prolongé, si nous voulions arriver le lendemain matin à un lieu habité. En conséquence la marche fut reprise à deux heures.

La soirée fut plus dure encore que la matinée. Même terrain pierreux avec des croupes plus nombreuses et des cours d'eau fréquents. Vers cinq heures, nous étions sur le flanc d'une haute croupe qui, d'après le guide, était le point culminant du pays. Je regrettai beaucoup de ne pouvoir en faire l'ascension, afin d'arriver à me rendre un compte exact des lignes orographiques de ce fouillis de hauteurs et de vallées que nous traversions depuis le matin. Les versants de cette haute croupe sont couverts de blocs roulants assez gros pour rendre la marche à cheval tout à fait impossible. Je dus faire ainsi plus de six kilomètres avec mes grosses bottes, tirant mon cheval qui refusait d'avancer. Dans l'état d'épuisement où j'étais, je souffris beaucoup durant ce trajet, buttant à chaque pierre et ruisselant de sueur sous une chaleur que pas un souffle d'air ne venait rafraîchir. Cette

Campement sous un baobab.

soirée fut bien dure. Enfin, à la tombée de la nuit, nous arrivions dans la vallée du Souloun, où il fut décidé que nous passerions la nuit sous un bel arbre, à quelques pas de la rivière.

Je dormis un peu. Nous étions très près d'un abreuvoir de fauves, et durant plusieurs heures ce fut un va-et-vient perpétuel d'animaux que nous entendions sans les voir. Plus tard des cris s'en mêlèrent; c'étaient des aboiements répétés de cynocéphales ou de longs hurlements. Je remarquai avec plaisir que mon guide était réellement un homme dévoué; il ne dormait pas et avait son fusil tout armé. En revanche, mes noirs et Ibrahima ronflaient comme des tuyaux d'orgue.

Le 4 avril, un peu avant le jour, la marche fut reprise en suivant la rivière. Au moment où le soleil se levait, nous sortions de la vallée du Souloun, pour entrer dans la plaine où coule le Bakhoy. Nous étions toujours en dehors de tout sentier battu, mais le sol plat et semé d'herbe sèche et courte rendait la marche très aisée. Les hommes étaient redevenus gais, tirant de temps à autre sur les biches, les dumsas, très nombreux dans ces parages. Nous arrivâmes, vers sept heures, sur les bords du Bakhoy, que nous longeâmes pour chercher un gué.

Nous suivions la rive depuis quelques minutes, lorsqu'un homme sortit subitement du lit de la rivière. Il avait l'œil sauvage et la mine mauvaise. Il nous épiait sans doute et s'était caché, mais, rassuré par les propos de mes noirs, il s'était décidé à se montrer. C'était un chasseur d'éléphants. Je l'interrogeai sur ses chasses; mais mon homme était peu causeur; il nous fit remarquer les empreintes énormes de pieds d'éléphants, leurs excréments, qui dataient seulement de la nuit passée, et nous dit qu'ils étaient venus en grand nombre, mais que, n'étant pas à bonne portée, il n'avait osé tirer. Je lui demandai ce qu'il faisait de l'ivoire qu'il recueillait, et j'obtins cette réponse : « Je vais le vendre dans le Bouré, où viennent des Dioulas dialloukés qui me l'achètent pour de la poudre et vont ensuite le revendre à tes parents du bord de la mer. »

Le chasseur nous conduisit tout droit au gué que nous cherchions. Ce passage est situé entre deux îles boisées. Il consiste en un barrage de roches plates et glissantes ayant l'aspect du porphyre. De place en place, on doit franchir des fissures profondes, larges d'un mètre ou deux, par lesquelles s'écoulent les eaux du courant. La traversée de ces roches nous prit beaucoup de temps, surtout à cause de nos chevaux, qui s'abattaient à chaque pas, comme s'ils avaient marché sur une glace polie.

Au delà du Bakhoy, nous entrions dans une vaste plaine herbeuse se terminant par le massif de Tibikrou, dont les croupes, élevées de plus de 250 mètres, se dressaient à 3 ou 4 kilomètres au nord-ouest. Bendougou, le premier village du Gadougou, était dans ce massif.

Après avoir péniblement franchi un ruisseau vaseux, affluent du Bakhoy, le guide s'arrêta net, disant qu'il ne reconnaissait plus dans les sommets du Tibikrou celui où était situé Bendougou. Or ma montre marquait onze heures, la chaleur était lourde et mes noirs très fatigués. La perspective d'errer longtemps au hasard, en dehors de tout sentier, était fort attristante. Je fis des reproches très vifs au guide, lui disant qu'il nous avait égarés peut-être volontairement. La colère me venait en parlant et je le menaçai de me venger cruellement si dans quelques minutes il ne nous mettait pas dans la bonne direction. Le malheureux était honnête et il commençait à s'inquiéter de ma véhémence. Tout à coup il poussa un cri de joie, tendit les bras vers la montagne et me montra du doigt une légère colonne de fumée qui montait derrière un contrefort : « C'est là, » dit-il en malinké. — Nous n'avions pas fait deux kilomètres dans cette direction, que nous rencontrions un vieux Malinké pliant sous un faix de roseaux qu'il venait de couper sur les bords du Bakhoy. Le bonhomme nous conduisit à travers les broussailles, et peu après nous arrivions au milieu de terres cultivées sillonnées de sentiers battus. Enfin, derrière un pli de terrain, au fond d'une gracieuse vallée et auprès d'un petit ruisseau, nous apparut le joli village de Bendougou, blotti au pied d'une haute montagne.

Bendougou était de création récente et encore peu peuplé (300 habitants environ). Un tata rectangulaire de 200 mètres sur 150 l'enferme complètement. Un deuxième tata circulaire, renfermant la famille du chef, forme un réduit central. Toutes ces constructions en argile d'un beau rouge étaient neuves et avaient fort bel aspect. Le chef, un vieil infirme, me reçut avec une grande crainte ; mais, après quelques paroles flatteuses de ma part, sur la beauté de son village et la propreté qui y régnait, il revint de son saisissement et m'offrit du lait, des pistaches, ainsi qu'une belle case. Il parla également de me donner un mouton, mais je le lui achetai cinq francs, et ce procédé parut lui plaire beaucoup.

Malgré la curiosité importune des habitants et surtout des femmes, nous passâmes une bonne journée. Mes hommes étaient assaillis de questions, et je les entendais faire les discours les plus merveilleux sur leurs aventures. En un mot, tout le monde était bien disposé et je trouvai aisément un guide pour le lendemain.

Le 5 avril, au point du jour, nous montions à cheval et prenions à l'ouest, vers la montagne. Nous allions gravir le Tibi-Krou et marcher sur les crêtes du talus occidental de la vallée du Bakhoy, abandonnant ainsi la vallée même, dont les indigènes, comme ceux du Birgo, se tiennent obstinément éloignés.

Ainsi, du côté du Gadougou, même absence de sécurité que dans le Birgo, même préoccupation de se réfugier dans les montagnes. Chaque fois que j'en trouvais l'occasion, je cherchais à démontrer aux Malinkés les avantages de la plaine, où, avec un travail moindre, ils étaient certains d'avoir des récoltes plus abondantes. Les rivières, d'autre part, ne donnaient-elles pas du poisson et une eau préférable à celle des puits qu'ils creusaient péniblement? Enfin les grandes vallées facilitaient les communications, les transports et les voyages. Mais ces derniers avantages étaient ceux qu'ils redoutaient le plus. Se réfugier au pied d'un haut sommet, sur un plateau inaccessible, ou au loin dans un désert inconnu, voilà le rêve de tout chef qui veut fonder un village, afin de se soustraire ainsi à la guerre et aux pillages incessants de ses voisins plus nombreux ou mieux armés. Mambi de Niagassola lui-même n'avait-il pas dit au chef de la mission, avec une sorte d'orgueil : « On ne vient pas aisément à mon village. » Ah! la civilisation aura fort à faire avec les Soudaniens pour les tirer de leurs préjugés barbares.

A trois kilomètres à l'ouest de Bendougou, on arrive au pied d'une rampe très escarpée qui donne accès sur le point culminant du Tibi-Krou. Durant l'ascension de ce sommet, nos chevaux, habitués aux plaines sablonneuses de la rive droite du Niger, ne savaient où poser le pied; il fallut les tirer par la bride et subir mille fatigues pour les transporter jusqu'au haut de la rampe. A ce propos, je dois dire que notre traversée des monts du Manding et du Gadougou avec des chevaux étonnait beaucoup les indigènes en les effrayant un peu. Jusqu'alors aucun cavalier ne s'était aventuré dans ces parages. N'était-il pas à craindre que notre exemple ne trouvât des imitateurs? Dès lors, les remparts naturels dont ils s'étaient environnés avec un soin si jaloux allaient cesser de les protéger contre la cavalerie des Toucouleurs.

La route vers Galé continue sur les hauteurs en franchissant plusieurs ruisseaux près de leurs sources. Le sentier, à peine indiqué, ne tourne aucun mouvement de terrain, suit une ligne presque droite et par suite présente de très fortes inclinaisons. Il était neuf heures lorsque nous atteignîmes la dernière crête du Tibi-Krou. De ce point, nous avions une fort belle vue et nous apercevions, au centre d'un cirque de hauteurs, le gros village de Galé, que ses toits coniques faisaient ressembler à une grande agglomération de ruches.

Au pied des talus du Tibi-Krou, il fallut traverser la rivière de Balé, cours d'eau très important, à berges verticales, et d'un passage très difficile. Pendant les inondations, les indigènes construisent un pont en roseaux qui s'appuie sur les arbres les plus élevés de la rive. On me dit que cette rivière prenait sa source très loin vers le Bouré. N'était-ce pas le Kô Meissang de Mungo-Park ?

Types de jeunes femmes malinkés du Gadougou.

A onze heures, nous faisions notre entrée à Galé, au milieu d'une grande affluence de noirs accourus pour voir un blanc. Cette curiosité, bien que fort gênante comme toujours, me parut plus respectueuse que partout ailleurs. Arrivé devant le tata du chef, le plus haut personnage du Gadougou, je pus remarquer l'empressement de tous à m'être agréables. Bassi, le chef, ne tarda pas à se présenter et, après les saluts d'usage, il prit la bride de mon cheval et me conduisit, à travers la foule de ses sujets, jusqu'à une grande case bien aérée qu'il ne dédaigna pas d'aider lui-même à balayer.

Tous ces hommages ne s'adressaient pas évidemment à ma modeste et peu brillante personne, mais à un représentant des Français.

Il y avait deux mois à peine qu'une des forteresses les plus redoutées du pays était tombée en quelques heures sous les coups de la colonne du lieutenant-colonel Borgnis-Desbordes. Ce glorieux fait d'armes avait fait passer sur le pays un sentiment d'admiration et de terreur dont je bénéficiais. Bassi pensait sans doute qu'il était bon de s'attirer l'amitié des Français, et il ne me ménageait pas ses bonnes grâces.

Son désir de plaire fut encore plus manifeste dans la conversation que j'eus le soir avec lui. Il n'osait pas trop ouvertement me médire des Toucouleurs, car son village et sa maison étaient remplis d'espions de Mourgoula ; mais il me dit qu'il avait envoyé de ses sujets à la construction du fort français de Kita, et facilité de tout son pouvoir les achats de bétail de M. Borgnis-Desbordes. Il s'engagea, en outre, à suivre exactement la ligne de conduite de Tokonta, le chef de Kita, notre ami et notre protégé. En un mot, il se déclarait prêt à entrer dans une alliance étroite avec nous.

L'acquisition du Gadougou à notre influence me semble un résultat politique très important. Ce pays est, avec le Birgo, le grenier de Mourgoula. Il compte une dizaine de villages d'une population totale de près de 10 000 habitants et ses ressources en bétail sont appréciables. Mais la considération qui domine toutes les autres, c'est que, par l'acquisition du Gadougou, resté assez hostile à l'idée musulmane, on isole la forteresse de l'almamy et on l'affaiblit en lui retirant un millier de guerriers qui, bon gré mal gré, suivaient le chef toucouleur. Ces guerriers ne manqueraient pas de se retourner contre l'ancien oppresseur s'ils entrevoyaient quelque chance de succès. Enfin le Gadougou est à cheval sur l'une des routes du Bouré, et il permettrait à notre commerce d'avancer pacifiquement jusqu'aux confins des régions aurifères du Haut-Niger.

D'autre part, le Gadougou peut fournir de nombreux manœuvres aux travaux d'une voie de communication qui suivrait le Bakhoy. Enfin, si l'avenir nous permet d'établir une certaine sécurité dans le pays, nous parviendrons certainement à attirer la population dans la vallée du Bakhoy et à peupler aussi les abords de notre route commerciale. L'ère de civilisation commencera alors pour ce peuple, que les pillages, les guerres et les persécutions de ses voisins ont rendu craintif, ombrageux et rétif à toute idée de progrès.

Ce n'est pas sans une véritable satisfaction que je trouvai à Galé un Maure de Saint-Louis, parlant quelques mots de français. Il venait de Kita et se dirigeait, avec des marchandises de nos comptoirs, vers le Bouré, où il allait faire des échanges. J'encourageai beaucoup ce Maure dans sa tentative, lui faisant pressentir de grands bénéfices. Si son exemple était suivi par nos traitants noirs du Sénégal, la conquête commerciale de ces contrées reculées serait accomplie en très peu de temps. Ce Maure était un bon agent de notre cause; il avait longtemps servi d'interprète dans les magasins de Saint-Louis, faisait devant les Malinkés un éloge enthousiaste de nos richesses et de nos bons procédés politiques et commerciaux; ses agissements me semblèrent devoir produire le meilleur effet pour l'avenir.

Type du Gadougou.

Je quittai Galé le 6 au matin de très bonne heure. Ibrahima était dans une joie telle de se savoir près de son pays qu'il avait passé la nuit au milieu des griots, buvant outre mesure le dolo que Bassi lui avait généreusement offert. Mais, malgré son état d'ivresse par trop manifeste, il ne voulut pas retarder le départ et se trouva le premier au rendez-vous. Il chercha à me persuader que nous arriverions le soir même chez son père. Notre guide ne partageait pas sa manière de voir, disant que c'était là un tour de force que quelques marcheurs exceptionnels avaient réalisé, mais avec beaucoup de peine.

Nous arrivâmes à Kokoun à onze heures et demie, par une très forte chaleur. Le pays que nous avions traversé est des plus difficiles. Le sentier reste dans les montagnes, franchissant, sans dévier, croupes et vallées. Il fallut traverser trois rivières assez importantes et plusieurs petits ruisseaux affluents du Bakhoy. Nous avions également visité deux villages situés assez près l'un de l'autre, Farana et Sibilé, ainsi que les ruines de Mariemba, situées sur un plateau herbeux au pied d'une roche, qui porte le nom de Mariemba-Krou. Dans cette traversée, un peu avant Farana, nous aperçûmes à notre droite les monts Moussa-Bamba. Ce singulier massif tire son nom de l'aspect que présente sa projection verticale. Vu du Fatafi-Krou, il donne l'image assez distincte d'une femme couchée (Moussa-Bamba, femme morte). Une montagne un peu longue reproduit la face, deux petits mamelons simulent la poitrine, d'autres hauteurs allongées imitent les jambes, enfin le petit pic qui termine l'ensemble rappelle assez la raideur cadavérique des pieds. Ces lignes se détachent fort bien sur l'horizon, et l'on comprend aisément qu'elles aient appelé l'attention des indigènes, assez peu observateurs de leur naturel.

Après avoir passé les heures chaudes à Kokoun, où le chef, frère de Bassi, nous avait fait un bon accueil, on se remit en route. Chacun était joyeux; mais, arrivés à la crête des montagnes du Gadougou, lorsque nous aperçûmes à nos pieds l'immense vallée du Bakhoy et au delà la masse énorme du massif de Kita, la joie se changea en véritable allégresse. Ibrahima surtout ne pouvait plus contenir ses transports. Il montrait, avec toutes sortes de gestes, la montagne de son pays bleuie par l'éloignement, en criant : « Kitakrou! Kitakrou! Tokouta! » Le brave garçon avait maintenant oublié les dix mois de captivité à Nango, les émotions, les fatigues et les périls du voyage. Emporté par une ardeur folle, il enfonça l'éperon dans les flancs de son cheval et descendit comme une avalanche la pente assez raide qui conduit à la plaine, sans songer qu'il pouvait rouler ainsi que sa bête et se tuer avec elle.

Tout en gardant un peu de calme, j'étais moi-même doucement remué. Là-bas étaient mes compagnons et, dans quelques heures, j'aurais des nouvelles de la patrie.

Je hâtais la marche le plus que je pouvais, mais le gué d'ailleurs assez facile de Nokaïa Foréa nous prit encore du temps. Il était près de six heures lorsque j'abordai de l'autre côté du Bakhoy. Le guide voulut alors me persuader de camper auprès de la rivière, disant que Kita était trop loin, qu'il y avait trois rivières à traverser, et que d'ailleurs il se sentait trop fatigué pour nous diriger plus loin. Je ne voulus pas me rendre à ses raisons, je tenais absolument à arriver le soir même à Kita et, dans le but d'entraîner mes hommes un peu hésitants : « Allons, du courage! leur dis-je ; demain nous aurons du repos et l'abondance. »

La lune brillait et la masse sombre de Kita paraissait rapprochée, mais plus nous avancions et plus elle semblait s'éloigner. A dix heures du soir, nous arrivâmes au petit village de Finella ; la montagne était toujours devant nous à la même distance. Ibrahima fut reçu avec transport par les sujets de son père. Les femmes chantaient et faisaient claquer les mains, et bientôt les tam-tams résonnèrent. Le guide et mes hommes étaient exténués ; ils me demandèrent à coucher au village et je le leur permis. Quant à Ibrahima, il prétendit qu'il serait d'un mauvais présage d'arriver de nuit sous le toit paternel après une absence aussi longue. En conséquence je partis avec mon fidèle spahi Demba Malal, marcheur véritablement infatigable. Il fallait beaucoup de volonté pour continuer notre route dans les conditions où nous étions. A cheval depuis le point du jour, mes genoux étaient en sang, mes jambes ne pouvaient plus étreindre la selle, et je n'avais pas la force d'éperonner mon pauvre cheval qui, ayant le dos horriblement écorché, ne pouvait plus se tenir de fatigue et de douleur ; il buttait à chaque minute.

Enfin, à minuit et demi, nous atteignions la pointe est du massif de Kita et nous distinguions vaguement, au milieu de la plaine, les lignes régulières des fortifications françaises. Une impression d'immense soulagement et de délivrance envahit mon cœur à la vue de ces constructions.

Mes souffrances allaient avoir leur terme ; dans quelques minutes je retrouverais la mission et mes amis de l'infanterie de marine. Ce fort au-dessus duquel flottait le drapeau de mon pays, c'était déjà la patrie !

Peu après j'éveillais les officiers de l'état-major du colonel Borgnis-Desbordes et j'en recevais l'accueil le plus cordial. Le lendemain matin, je revoyais le capitaine Gallieni et mes camarades des tirailleurs sénégalais.

En résumé, l'excursion vers le Gadougou, qui m'avait été ordonnée, avait été utile.

Au point de vue géographique elle étendait nos connaissances. J'avais rencontré plusieurs cours d'eau, que Mungo-Park avait traversés dans son premier voyage en 1797 et dont nous ignorions la direction, les uns allant vers le Bakhoy, les autres vers le Bafing.

Nous connaissions maintenant la constitution de la vallée du Bakhoy, que nous avions traversée une première fois un peu au-dessous du confluent du Kokoro et du Migna, une deuxième fois au gué de Mokaïa-Foréa. Nous avions pu nous convaincre que cette vallée conserve une largeur variant entre 6 et 10 kilomètres, que le cours d'eau en occupe sensiblement le milieu, laissant de chaque côté une plaine d'un parcours difficile alors, en raison des broussailles, des hautes herbes et des forêts, mais que de simples déboisements rendraient aisément praticables. Le sol de ces deux plaines est ferme et la surface régulière. Les berges de la rivière sont élevées de plusieurs mètres et présentent de profondes ravines qui crevassent la plaine. Aussi, dans le tracé d'une voie de communication desservant cette vallée, il faudra se maintenir, sur la rive gauche comme sur celle de droite, à 1000 ou 1500 mètres du cours d'eau, là où les ravines commencent. Nous estimons que la vallée vaut beaucoup mieux que les hauts plateaux du Birgo, où le terrain est si accidenté pour le passage d'une voie de communication quelconque.

Enfin, au point de vue politique, nous avions pu constater les progrès de notre influence dans ces contrées reculées. A peine connus un an auparavant, les Français étaient maintenant considérés comme la seule puissance de l'avenir, celle dont chacun devait rechercher l'alliance. Le passage de la mission du Haut-Niger, les traités avec les peuples malinkés, l'attaque du Bélédougou où une poignée d'hommes avaient su échapper à toute une armée, notre voyage à Ségou et notre retour inespéré étaient des faits qui excitaient une admiration extrême. Enfin la victoire du colonel Borgnis-Desbordes à Goubanko et la construction d'un fort français à Kita avaient porté jusqu'au merveilleux la réputation des blancs de Saint-Louis. Dès notre passage sur la rive gauche du Niger, il avait été aisé de se rendre compte de l'immense effet produit. A Naréna, à Balandougou, à Niagassola, il avait paru s'accentuer; enfin, dans le Gadougou, il était évident pour l'homme le moins perspicace que l'influence était de notre côté. Nous avions voyagé avec la même tranquillité d'esprit que nous aurions pu le faire dans le Khasso, aux environs de Médine.

Ces immenses résultats nous réjouissaient fort, car nous songions avec un légitime orgueil que, les premiers, nous étions venus dans ce pays parler de la France, de sa générosité, de sa gloire et de sa civilisation.

CHAPITRE XXIV

Séjour à Kita. — Événements qui ont amené la prise de Goubanko. — Arrivée à Kita de Boubakar Saada. — Lettre d'Ahmadou au gouverneur. — Marche forcée de Kita à Bakel. — Dangers courus par la mission dans le Fouta. — Accueil sympathique qui est fait à la mission à Saint-Louis.

Le lieutenant-colonel Borgnis-Desbordes et tous ses officiers nous firent à Kita l'accueil le plus empressé, et le commandant Voyron, de l'infanterie de marine, me força à accepter sous son gourbi l'hospitalité la plus cordiale. Cependant, comme les approvisionnements étaient tout juste suffisants pour la garnison du fort, je fis partir Tautain et Piétri le lendemain avec tout mon monde et mon petit convoi, ne laissant à Kita que les hommes trop malades pour continuer leur route. Mes compagnons de voyage devaient m'attendre à Médine.

Voici ce qui s'était passé dans le haut fleuve pendant que nous étions à Nango. Lorsqu'à la suite du traité que j'avais conclu à Kita, le 25 avril 1880, le département de la Marine avait décidé l'envoi d'une expédition destinée à occuper ce point, dont je faisais ressortir l'importance au point de vue politique et commercial, le chef de la colonne, en arrivant à Makadiambougou, avait trouvé le village de Goubanko en hostilité ouverte contre Tokonta et ses partisans. Mon intervention n'avait pu aboutir qu'à une réconciliation de peu de durée, et les habitants se montraient animés de la plus mauvaise volonté envers l'expédition. Pressé par le temps et les circonstances, le lieutenant-colonel Borgnis-Desbordes, à la tête de 500 hommes d'infanterie, d'une vingtaine de spahis et de quatre pièces de montagne, avait quitté brusquement Kita et, par une marche rapide de nuit, était arrivé devant Goubanko le 11 février 1881. Au lever du soleil, les quatre pièces sont mises en batterie à 250 mètres du village et ouvrent le feu sur le tata. Comme je l'ai déjà mentionné dans un chapitre précédent, le tata de Goubanko, entouré de fossés, était très bien construit, et ce ne fut qu'au quatre-vingt-quatrième coup de canon qu'un pan de muraille s'écroula dans le fossé, ouvrant une brèche de plus de 10 mètres de large. Il était temps, car il ne restait plus que douze obus. Le commandant Voyron s'élança aussitôt avec ses tirailleurs, suivis des ouvriers d'artillerie. L'ennemi se défendit avec la dernière énergie; mais, ébranlé déjà par le feu de l'artillerie, dont chaque coup avait porté dans la masse des défenseurs du tata, il ne put résister à l'élan de nos soldats. En une heure et demie, tout fut terminé, et le village fut enlevé en entier, au milieu d'un incendie terrible allumé par les obus.

La victoire était complète; des cadavres entassés de tous côtés dans le

Brèche de Goubanko.

village attestaient l'énergie des défenseurs; en outre, un grand nombre de blessés avaient péri dans l'incendie, qui avait tout dévoré. De son côté, l'expédition avait eu six tués, parmi lesquels le lieutenant Pol, de l'artillerie, et une quinzaine de blessés.

Je ne restai que quelques jours à Kita. Les fatigues occasionnées par les longues et pénibles marches que nous avions faites depuis Nango avaient réveillé la fièvre qui me laissait en repos depuis quelque temps, et j'avais hâte d'arriver au but du voyage, c'est-à-dire à Saint-Louis. Le 9 avril, Alpha Séga et Boubakar Saada nous rejoignirent à Makadiambougou. Mon vaniteux interprète, qui n'avait pas assez des cinq ou six femmes laissées sur les bords du Sénégal, avait tenu à ramener avec lui l'une des habitantes de Ségou, qui sortait, prétendait-il, du harem du sultan. Quant à l'envoyé d'Ahmadou, il n'avait pu cacher son étonnement en nous voyant déjà si fortement établis à Kita, où nous tenions la seule route qui permît

Femmes d'Alpha Séga

encore de communiquer entre Ségou et Nioro. Il m'apportait, de la part du sultan, un beau cadeau de *colas*[1], fruit hautement apprécié dans tout

---

1. La noix de cola fait l'objet d'un commerce très important dans les contrées occidentales et centrales de l'Afrique. Ce fruit provient d'un arbre appelé *Sterculia*, qui croît surtout dans le Congo et sur les bords de nos rivières du sud. Semblable à un noyer de moyenne grandeur, cet arbre a des feuilles

le Soudan, et me remit la lettre arabe que ce dernier envoyait au gouverneur. Je donne ici la traduction du début de cette lettre, malgré les compliments que m'y décerne Ahmadou, sans doute pour me faire oublier la longue captivité de Nango.

« Je commence ma lettre au nom de Dieu, qui protège tout le monde, mais qui, dans l'éternité, ne récompensera que les vrais croyants.

« Gloire à Dieu, le maître de tous! qu'il protège notre saint prophète Mahomet, le meilleur des prophètes, le meilleur des apôtres.

« De la part du chef des Croyants, le grand Ahmadou de Médine, au gouverneur Brière de l'Isle, à tous les Français, ainsi qu'à tous ceux qui sont justes, salut.

« Je vous informe que, lorsque votre envoyé, que vous appelez le capitaine Gallieni, est arrivé parmi nous, échappé ainsi que sa suite aux attaques des Béléris, nous l'avons magnifiquement reçu. Il nous a transmis ce que vous l'aviez chargé de nous dire, les compliments que vous nous adressiez. Nous avons constamment correspondu avec lui jusqu'à ce que nous ayons consenti à tout ce qu'il nous demandait, par des conventions écrites, passées avec lui.

« Nous avons eu des relations suivies avec votre ambassadeur. Nous avons trouvé qu'il était digne de la mission difficile dont vous l'aviez chargé, à cause de son intelligence et de sa grande énergie.

« Il est digne d'avoir été envoyé pour traiter avec nous. C'est un homme plein de mérite et qui a énergiquement soutenu vos intérêts.

« Nous vous faisons savoir en outre que, s'il vous a rejoint tardivement, la cause n'en est ni à lui, ni à moi; elle en est aux circonstances. Il ne faut pas que vous supposiez un seul instant que le capitaine Gallieni est resté parmi nous de son plein gré. »

Nous laissons Kita le 10 avril, escortés jusqu'à Boudovo par le jeune Ibrahima, qui nous comble de protestations d'amitié. Je n'ai eu qu'à me louer de cet indigène pendant tout mon voyage, et je suis sûr qu'Ibrahima

---

étroites, non dentées, d'un vert clair, et porte des bouquets de fleurs blanches à six pétales. Ses fruits ressemblent pour la forme tantôt à un concombre, tantôt à une grosse pêche, et sous une chair blanche, rosée ou orangée ils contiennent plusieurs noyaux oblongs de la grosseur et de la couleur d'un marron d'Inde; chacun d'eux renferme des noyaux d'une amande assez dure, rose ou blanche. C'est à une substance excitante contenue dans l'amande que ces noyaux ou noix doivent leur importance commerciale chez les indigènes; ceux-ci, qui ont l'habitude de mâcher la noix de cola, en contractent le besoin à tel point qu'ils achètent souvent ces fruits à des prix très élevés. Nous-mêmes, nous avions fini par rechercher beaucoup ces colas, que nous mangions en route pendant nos longues étapes de nuit.

Les membres de la mission à Bakel. (Voy. p. 505.)

rendra encore de grands services à l'influence française, si les commandants de Kita savent ménager ses susceptibilités et utiliser son intelligent dévouement. Nous allons coucher le soir même au ruisseau de Kégnéko.

Nous suivons, pour gagner Bafoulabé, le même itinéraire que nous avions déjà pris à l'aller; seulement, l'absence de convoi nous permet de marcher beaucoup plus rapidement. Nous bivouaquons successivement à Goniokori, où je retrouve l'un de mes anciens officiers du bureau politique, le sous-lieutenant Faidherbe, fils de l'ancien gouverneur du Sénégal, qui avait failli, peu de jours auparavant, être tué par des éléphants qui l'avaient obligé, jusqu'à ce qu'il fût secouru, à se réfugier sur un cail-cédrat, situé heureusement sur le lieu de la chasse; puis, au gué de Toukoto et à Badumbé, où sont établis des relais d'étapes pour les convois d'ânes et de mulets transportant à Kita les approvisionnements nécessaires à la garnison. Le pays est bien plus animé qu'à notre premier passage, alors que nous pénétrions pour la première fois dans ces solitudes, que troublaient seulement les bruits des fauves de toute espèce, si nombreux dans cette région. Il y a un an à peine, les Malinkés des rares villages du Fouladougou accouraient vers nous, contemplant avec leur curiosité importune ces blancs qu'ils n'avaient jamais vus. Aujourd'hui, les convois circulaient à tout moment dans ces contrées naguère inexplorées et désertes; les indigènes, vêtus plus proprement, nous secondaient autant que le leur permettait leur apathie habituelle.

Le 16 avril, nous arrivons au confluent du Bafing et du Bakhoy. Je constate avec plaisir que les plaintes des populations malinkées environnantes ont été écoutées et que l'on construit un poste militaire sur la rive droite du Bafing, au point que j'avais indiqué l'année précédente.

Trois jours après, nous atteignons Médine. Le commandant et les officiers du poste, longtemps inquiets sur notre sort, nous font un accueil des plus sympathiques. On nous remet, de la part de M. Brière de l'Isle, une caisse de vins fins à laquelle nous faisons d'autant mieux honneur qu'il y a bien longtemps que nous sommes privés de ces liquides réconfortants. Nous nous sentons d'ailleurs de plus en plus fatigués par ces longues chevauchées, accomplies sous un soleil de plomb et succédant à ce long séjour de Nango où la fièvre, qui nous visitait chaque semaine, avait fini par exercer sur nous son action débilitante.

Nous nous remettons donc en route immédiatement pour Bakel, où nous parvenons le 23 avril. Plusieurs villages du Kaméra étaient en guerre, et nous avions failli être arrêtés par un combat qui se livrait aux environs de Sébékou. Les deux partis, postés de chaque côté de la route, semblaient mettre beaucoup d'acharnement dans leur lutte, et nous dûmes faire un grand détour pour ne pas risquer de recevoir une balle perdue. Le lendemain, à Bakel, nous eûmes l'explication de cet incident. Le motif de la querelle est assez bizarre pour être mentionné ici. Les pluies avaient été peu abondantes à l'hivernage dernier, et les lougans n'avaient pas produit les belles récoltes habituelles. Cependant, les gens d'Ambidedé, dans le Guidimakha, ayant remarqué que les nuages, chargés de pluie, s'arrêtaient toujours vers Sehekou et n'arrivaient pas jusqu'à eux, s'imaginèrent que leurs voisins retenaient toute l'eau du ciel pour féconder leurs terres et conçurent pour eux une haine qu'augmentaient encore de vieilles querelles de famille. On avait donc pris les armes et nous avions pu être témoins d'une des nombreuses escarmouches que se livraient chaque jour les guerriers des deux pays.

Nous étions harassés de fatigue en arrivant à Bakel. En un mois, nous avions franchi les 1200 kilomètres qui séparaient Nango du chef-lieu de nos établissements du haut fleuve. Je doute que cette rapidité ait été dépassée en Afrique par des voyageurs marchant dans les mêmes conditions que nous.

Piétri, avec son activité ordinaire, avait déjà commencé ses préparatifs, pour que nous pussions nous embarquer le plus tôt possible sur le fleuve et gagner Saint-Louis. Malheureusement, malgré notre désir de partir au plus vite, il nous fallut patienter quelques jours, car les renseignements venus du bas fleuve nous apprenaient que les communications étaient interrompues avec le chef-lieu de la colonie et que le Fouta en armes, conduit par Abdoul Boubakar, s'opposait au passage des chalands entre Matam et Saldé. Une colonne française occupait en ce moment les environs de ce dernier poste, mais la difficulté de se ravitailler l'avait empêchée de pousser jusque dans l'intérieur du Bosséa, où le chef toucouleur avait massé ses forces principales.

Nous étions trop bien lancés pour nous laisser arrêter par tous ces obstacles, et ce n'était pas quand nous étions aux portes mêmes de Saint-Louis que nous allions interrompre notre marche, menée avec tant d'entrain depuis Nango. Du reste, nous ne manquions pas de moyens de défense; car, outre mes hommes, survivants du combat de Dio, dans lesquels j'avais une confiance absolue, nous avions trouvé à Bakel un détachement de canonniers et de spahis européens, qui attendaient une occasion pour descendre le fleuve. De plus, nous nous étions rencontrés dans ce poste avec les officiers de la mission topographique du Haut-Sénégal, qui, à l'aide des itinéraires déjà dressés par Vallière et Piétri, avait été chargée de relever

la route que nous avions suivie entre Bafoulabé et Kita et d'étudier la construction de la voie ferrée projetée.

On prépare donc en toute hâte les huit ou dix chalands qui doivent nous transporter jusqu'à Podor. Les soldats, européens ou indigènes, sont munis de cartouches ; deux pièces de 4 de montagne sont installées dans des pirogues, toutes prêtes à être amenées à terre en cas de besoin ; les embarcations sont recouvertes d'un épais toit de paille, dans lequel on a pratiqué des créneaux. Nous appareillons ainsi le 27 avril. Jusqu'à Matam, aucun incident particulier ne signale notre voyage; mais, à partir de ce point, nous entrons en pays ennemi. Les villages riverains se montrent hostiles, et, chaque soir, nous sommes forcés d'aborder au rivage en prenant toutes les précautions militaires usitées en pareil cas. Les indigènes sont d'autant plus surexcités contre nous que, quelques jours auparavant, Ahmadou Abdoul, le jeune chef du Toro, qui combattait dans nos rangs, avait razzié plusieurs villages, en enlevant 3 ou 4000 bœufs et faisant prisonniers un grand nombre d'habitants. Nous rencontrons fréquemment des cadavres d'hommes et d'animaux, accrochés aux branches des jujubiers et que l'eau a déformés, en les gonflant comme des outres.

Le 3 mai, nous passons devant des campements maures. Les femmes et les enfants nous suivent le long du rivage en nous injuriant et nous lançant des pierres. J'ai toutes les peines du monde à empêcher nos hommes de leur tirer dessus.

Le lendemain, c'est le tour des Toucouleurs, et, à quelques milles en amont du village de Gaoul, ces indigènes se rassemblent en grand nombre sur la rive gauche du Sénégal. Ils nous suivent et s'enhardissent en voyant que nous ne répondons pas à leurs provocations. Bientôt, leur nombre grossissant toujours, ils arrêtent nos laptots qui tiraient les chalands à la cordelle; l'un de ceux-ci est renversé à terre et blessé grièvement d'un coup de crosse de fusil. La situation est critique; on va en venir aux mains. Les chalands s'arrêtent et serrent les uns sur les autres. Les tirailleurs et spahis, les armes prêtes, vont tirer; les canonniers, le cordeau porte-feu en main, n'attendent que le commandement pour mettre le feu aux pièces et mitrailler les Toucouleurs, qui, toujours menaçants et criant, s'opposent à notre marche. Pour éviter l'effusion du sang, je me porte à l'avant de notre chaland, échoué sur le sable, et je menace nos adversaires, en leur montrant nos armes, d'ouvrir le feu. Alassane leur traduit mes paroles. Quelques-uns d'entre eux, plus sages que leurs congénères, finissent par calmer la foule, qui laisse le champ libre à nos laptots. Nous nous réjouissons tous de ce résultat, car il eût été réellement fâcheux de terminer la mission par une nouvelle et sanglante échauffourée.

Enfin, le 6 mai, nous parvenons à Saldé. Nous sommes sortis de la région dangereuse. Nous en sommes charmés, car nous commençons à être fatigués par cette existence de privations et de dangers, où, sans cesse le revolver au poing, il nous faut être aux aguets pour déjouer les projets hostiles de ces peuplades nègres, fanatisées par la religion musulmane. Nous apprenons en même temps, à Saldé, la promotion au grade de général du gouverneur Brière de l'Isle, et son départ pour la France. Nous regrettons que ce chef éminent, qui a été le promoteur et l'organisateur de notre expédition au Niger, ne soit pas là pour nous recevoir et nous adresser, le premier, ses félicitations pour le succès de notre mission. Il a été remplacé par M. de Lanneau, capitaine de vaisseau, qui s'empresse de nous adresser ses compliments de bienvenue.

Après une journée passée au camp de Onacétaké, où se trouve réunie la colonne destinée à opérer dans le Fouta, nous mettons nos chalands à la remorque de deux chaloupes à vapeur, qui nous amènent jusqu'à Mafou, où nous attend l'aviso *l'Archimède*, chargé de nous transporter jusqu'à Saint-Louis. Nous y arrivons le 12 mai et débarquons au milieu de tous nos camarades, empressés à venir nous féliciter sur notre heureux retour. Jusqu'à notre départ pour la France, nous fûmes l'objet des démonstrations les plus flatteuses de la part de tous : le gouverneur, le conseil général, la municipalité, les officiers de la garnison nous firent successivement les plus brillantes réceptions, témoignant ainsi de leur sympathie pour notre entreprise, heureusement menée à bonne fin.

Le 27 mai suivant, le paquebot *l'Équateur* nous emportait vers la France, où nous attendaient encore les marques les plus précieuses de sympathie et d'estime, données par la Société de géographie de Paris et les Sociétés de province.

CHAPITRE XXV

Notions sur les contrées explorées par la mission. — Limites géographiques. — Aspect général. — Orographie. — Examen topographique des différents itinéraires suivis par la mission. — Étude de la voie commerciale à établir entre le Sénégal et le Haut-Niger. — Considérations générales sur l'œuvre entreprise dans cette région par la France.

Limites géographiques. — La région que la mission du Haut-Niger était chargée d'explorer est située aux portes du Soudan, qu'elle sépare de la Sénégambie. Mage, dans sa relation, lui donne le nom de Soudan occidental.

On peut lui attribuer comme limites les neuvième et seizième degrés de latitude nord et les sixième et quinzième degrés de longitude à l'ouest de Paris.

Ces limites sont évidemment très approximatives et l'on ne saurait en conclure qu'elles désignent un territoire présentant quelque unité au point de vue géographique et politique. Elles servent seulement à indiquer l'ensemble des contrées que devra traverser la voie commerciale projetée entre nos établissements du Haut-Sénégal et le Niger, et qui devront par conséquent entrer dans la sphère de notre action politique, au fur et à mesure de nos progrès vers l'intérieur du Soudan.

Envisagée à ce point de vue, la région dont il s'agit est formée par les parties supérieures des bassins du Sénégal et du Niger. Elle comprend les anciens États malinkés et bambaras sur les ruines desquels se sont élevés les empires musulmans fondés par la race peule, et notamment l'empire d'El-Hadj Oumar. Les principaux accidents géographiques qui la délimitent sont : la Falémé à l'ouest, les montagnes du Fouta-Djallon et du Kong au sud. Au nord et à l'est, elle a des limites fort indéterminées, d'un côté vers le Sahara, de l'autre vers l'intérieur du Soudan, limites qui reculeront nécessairement en même temps que s'étendront nos explorations, qui ont désormais une excellente base dans notre nouvel établissement de Kita.

Par sa proximité avec nos colonies du Sénégal et du Gabon, par sa position géographique à cheval sur l'un des plus grands fleuves du continent africain, par la richesse et la variété de ses productions, la région que nous envisageons est l'un des pays qu'il importe le plus d'étudier. La mystérieuse Afrique est entamée aujourd'hui par plusieurs côtés à la fois. Toutes les nations européennes font les plus grands efforts pour ouvrir aux lumières de la civilisation ces contrées, restées si longtemps inexplorées et dans lesquelles de récents voyages ont montré un sol fécond, parcouru par de nombreux cours d'eau et qui n'attend qu'une intelligente mise en œuvre pour déployer les immenses richesses qu'il renferme. Or le Sénégal et le Niger nous ouvrent précisément une porte vers le cœur du continent africain, et grande serait notre incurie si nous ne profitions pas des avantages que nous offre cette situation exceptionnelle pour étendre notre influence dans une région qui semble, par sa position entre l'Algérie, le Sénégal et nos possessions du golfe de Guinée, devoir devenir tôt ou tard une immense colonie française, présentant de vastes débouchés aux produits de notre industrie nationale.

Aspect général. — Au point de vue physique, la région étudiée se présente sous un aspect assez monotone. Elle nous offre un terrain fortement accidenté, couvert de hauteurs importantes, ayant un commandement moyen de 50 à 100 mètres au-dessus du niveau de la plaine. La plupart de ces élévations se présentent sous l'aspect d'un système confus de buttes et de collines, déchirées par de profondes découpures et offrant une pente très raide; plusieurs même sont taillées à pic. Les lignes principales de ces hauteurs sont séparées par des plaines légèrement accidentées, que la présence de nombreux marigots ou ruisseaux rend très propres à la culture.

Le pays est couvert, en beaucoup d'endroits, d'une végétation touffue et dense consistant en baobabs, tamariniers, rhats, cail-cédrats, arbres à beurre et acacias aux épines fortes et recourbées, qui gênent considérablement la marche. Avant les guerres contre le prophète El-Hadj Oumar, le terrain était, paraît-il, entièrement défriché, au moins dans ses parties planes; mais depuis cette époque, la population ayant été transportée en grande partie sur d'autres points, les bois ont couvert de nouveau la région. Cette dernière est donc généralement d'un accès très difficile; coupée d'obstacles nombreux, tels que hauteurs escarpées, ruisseaux au fond boueux et aux rives accores, hautes herbes, arbres épineux, elle est difficilement praticable, et l'absence d'une grande voie de communication s'y fait vivement sentir. Il est à remarquer toutefois que le caractère boisé de la contrée cesse généralement aux environs des villages, où l'on rencontre presque toujours de vastes landes bien cultivées, preuve évidente de l'aptitude à l'agriculture des habitants de cette partie du Soudan, dont le chiffre a été si malheureusement réduit par les anciennes guerres du prophète conquérant.

Vers les bords du Niger, l'aspect du pays se transforme, et l'on rencontre de belles plaines, immenses et fertiles, que bordent à l'ouest les montagnes du Manding, s'élevant brusquement au-dessus de leur niveau, comme une muraille abrupte et difficilement praticable.

Considéré d'une façon générale, le terrain s'élève depuis Bafoulabé jusqu'au Niger. Entre le confluent du Bafing et du Bakhoy et le thalweg de la vallée du Niger à Bammako, la différence de niveau est d'environ 200 mètres. La plus grande altitude se rencontre dans le Manding à Koumakhana, élevé d'environ 420 mètres au-dessus du niveau de la mer, Bafoulabé se se trouvant à 100 mètres et Bammako à 330 mètres.

Le paysage est monotone. Des marches entières s'effectuent au milieu des bois, en vue de lignes de hauteurs abruptes et couvertes d'une maigre végétation.

Des villages aux huttes coniques de grosse paille, ou aux toits de boue supportée par des branchages; des terres rougies par le soleil ardent; des sentiers à peine tracés; çà et là des groupes d'hommes armés de leurs fusils à pierre, des femmes portant des calebasses pleines des produits de leurs champs, des troupeaux de bœufs, de moutons ou de chèvres, rompent la monotonie générale de la contrée.

Pendant la saison des pluies, tout devient vert et riant; mais durant la saison sèche, de décembre à juin, l'aspect du pays redevient triste et brûlé.

La saison des pluies commence dans les premiers jours de juin. Les pâturages verdissent, les arbres se couvrent d'un épais feuillage, les récoltes poussent leurs longues tiges de mil ou de maïs, la végétation devient presque vierge, et, n'étaient les dangereuses fièvres de cette saison, un voyage à travers la région serait alors agréable et attrayant.

Le reste de l'année, le pays reprend, sous un soleil de feu, l'apparence brûlée des paysages africains, sauf toutefois sur les bords des cours d'eau et dans les bas-fonds, où se retrouve la luxuriante végétation des pays intertropicaux.

Orographie. — La région ainsi limitée et envisagée à un point de vue général, examinons maintenant son système orographique.

Considéré dans son ensemble, le système orographique des pays situés entre Bafoulabé et le Haut-Niger se rattache au nœud central du Fouta-Djallon, point d'origine commune de toutes les hauteurs qui, s'irradiant vers le nord, l'est et l'ouest, forment les lignes de partage des bassins du Niger, de la Gambie, du Sénégal et des divers affluents de ces cours d'eau. Ce système s'étend sur un immense plateau qui présente, depuis Bafoulabé jusqu'au thalweg du Niger, une pente ascendante faible, mais à peu près constante, et qui s'incline d'autre part vers le nord-ouest. C'est à la surface de ce plateau que se dessinent, avec des contours généralement bien accusés, les divers groupes qui constituent l'ossature de la région sénégalo-nigérienne. Ces groupes sont loin d'offrir les mêmes caractères : tantôt ce sont de larges éperons d'un accès difficile, comme on les rencontre dans le Manding et le Bélédougou, entre les différents ruisseaux ou marigots affluents du Bakhoy ou du Ba-Oulé; tantôt, ainsi qu'on peut le constater surtout à Goniokori, à Kita, à Ouoloni, ce sont des massifs de roches ferrugineuses aux sommets isolés, jetés çà et là dans la plaine, ou encore bordant de larges vallées aux terres fertiles, composées d'un mélange d'argile et de matières végétales et minérales variées, entraînées des sommets voisins par les torrents de la saison pluvieuse.

Ces vallées à thalwegs sinueux se manifestent surtout par la présence de marigots et de torrents, compris entre des lignes de faîte irrégulières, présentant des fouillis de hauteurs isolées ou réunies en groupes, d'une élévation variable et suivant sensiblement la même direction. Les formes qu'elles affectent sont caractéristiques; le plus souvent leurs sommets sont aplatis et offrent une surface plane rocheuse, dénudée et de grande étendue, comme on peut le constater en examinant les monts de Makagnian, Makadenez, Goniokori, Kita, etc. D'autres fois, ce sont des pics en forme de cône ou de pyramide à lignes accentuées; souvent même, leurs flancs sont à pic, limitant alors d'énormes blocs cylindriques ou prismatiques de plusieurs kilomètres de tour, aux pieds parfois entourés de débris tombés des parties supérieures et rangés en talus à base argileuse, de telle sorte que chacun de ces blocs paraît être enchâssé dans un socle très massif d'argile raviné par l'action des eaux pluviales.

Lorsque le groupe se présente sous forme d'éperon arrivant jusqu'aux cours d'eau qui baignent la région, il offre des sortes de cols qui sont les points de passage obligés des routes, mais le Sénégal ou ses affluents ne limite que l'escarpement de ces masses rocheuses; celles-ci en effet se continuent à travers le lit du fleuve, qui présente alors des rapides et des chutes, et se relèvent sur la rive opposée pour offrir les mêmes caractères. C'est ainsi qu'à chacun des groupes correspondent des obstacles dans le cours du Sénégal ou du Bakhoy et que, sur l'une des rives, on rencontre des accidents de terrain presque identiques à ceux de la rive opposée.

J'insiste à dessein sur les caractères généraux du relief de la région que nous avons explorée, afin de bien montrer qu'il n'y existe pas, comme l'a indiqué Mage sur sa carte, remarquable d'ailleurs à de nombreux points de vue, des lignes de faîte régulières, continues et parfaitement distinctes sur le terrain. En Afrique, comme dans tout pays neuf, l'explorateur est forcé souvent de procéder par induction et d'appeler à son secours, pour déterminer la configuration complète des contrées qu'il parcourt, les observations qu'il peut faire, notamment sur la pente des eaux et la nature géologique du terrain. Mais les contrées du Haut-Sénégal présentent un système orographique compliqué, et il serait peu conforme à la réalité de penser que les principaux affluents de ce fleuve, tels que le Bafing, le Bakhoy et le Ba-Oulé, forment des vallées nettement séparées l'une de l'autre.

Le point culminant de la région se trouve au pic de Koumakhana, situé auprès du village de ce nom. Élevé de 300 mètres environ au-dessus du niveau de la plaine, à laquelle les observations barométriques ont fait attribuer une cote de 450 mètres, il sert de point d'origine aux Manditétékrou ou monts du Manding, qui, dirigés vers le nord-est, séparent le bassin du Sénégal de celui du Niger. Ces hauteurs, d'une élévation moyenne de 200 mètres au-dessus de la plaine, forment une véritable muraille qui laisse à peine entre elle et le Niger une largeur de quelques kilomètres. A Bammako, la distance entre le pied de la chaîne et le lit du fleuve est de 2 kilomètres à peine. Cette ceinture rocheuse, courant parallèlement au Niger, va mourir près de Yamina, à peu de distance de Ségou-Sikoro.

A partir du village de Nafadié, la ligne de partage, prenant la direction du sud-ouest, produit ainsi un élargissement de la vallée du Niger. Entre le pic de Koumakhana et ce fleuve, on compte, en ligne droite, suivant un parallèle, une cinquantaine de kilomètres. Au delà de Koumakhana, la ceinture du bassin nigérien est constituée vers le sud par des collines rocheuses peu élevées et désordonnées qui, par le Bouré, vont rejoindre le nœud central du Fouta-Djallon.

Les bassins du Sénégal et du Niger communiquent entre eux, à Koumakhana, par le col de Sana-Morella, qui permettrait à une voie de communication de s'élever insensiblement jusqu'au plateau de Naréna, point culminant de la ligne de partage des eaux. Des mares étendues couvrent le plateau, qui s'incline vers la vallée du Niger, où l'on parvient en descendant des terrasses successives terminées par de brusques ressauts; la dernière est une muraille verticale de 30 mètres. La pente générale est assez faible, puisque entre Naréna et Tabou, le premier village de la plaine, on compte à peine une différence de niveau de 100 mètres pour une distance de 55 kilomètres.

Du pic de Koumakhana, la chaîne de Manditétékrou se continue vers l'ouest, et sépare les eaux du Bakhoy de celles du Bandingho. Jusqu'à Niagassola, sur une longueur d'environ 55 kilomètres, elle se présente encore d'une manière distincte, formant une muraille rocheuse à peu près infranchissable entre le Manding et le Bélédougou. On y remarque le pic de Fienkrou, d'une altitude de 680 mètres. Mais au delà de Niagassola, vers Mourgoula et Kita, la chaîne s'élargit, jette des ramifications de tous côtés et constitue une sorte de massif qui vient se terminer à quelques kilomètres à peine des bords du Bakhoy d'une part, du Bandingho d'autre part. Le terrain devient ainsi d'un accès difficile, et je ne pense pas qu'une route à tracer entre Kita et le Niger trouve sa voie à travers cette région. C'est pour cette raison qu'à mon retour de Ségou j'avais prescrit à M. le lieutenant Vallière de rejoindre Makandiambougou par la rive gauche du Bakhoy, afin d'examiner si le Gadougou se prêtait mieux aux exigences de construction d'une voie ferrée entre Kita et Niagassola. M. Vallière avait pu se convaincre que la vallée du Bakhoy conservait une largeur variable de 6 à 10 kilomètres et dont le cours d'eau occupait sensiblement le milieu, laissant de chaque côté une plaine d'un parcours difficile alors en raison des broussailles, des hautes berges et des forêts, mais que de simples déboisements rendraient aisément praticable. Le sol de ces deux plaines est ferme et la surface régulière. Les herbes de la rivière sont élevées de plusieurs mètres et présentent de profondes ravines qui crevassent la plaine. Aussi, dans le tracé d'une voie de communication pour desservir cette vallée, faudra-t-il se maintenir, sur la rive gauche comme sur la rive droite, à 1000 ou 1500 mètres du cours d'eau, là où les ravines commencent. La vallée vaut évidemment mieux que les hauts plateaux du Birgo, vers Mourgoula, où la construction d'une voie de communication offrirait de grandes difficultés.

Au delà de Kita, on ne trouve plus, entre le Bakhoy et le Ba-Oulé, aucune ligne de hauteurs distinctes. Le massif présente les caractères généraux que nous avons déjà signalés, et nous offre un mélange de plateaux arides et pierreux, à pente raide, séparés les uns des autres par des vallées étroites et verdoyantes.

Le tableau suivant donne un relevé des hauteurs des sommets les plus importants et des principaux points situés sur l'itinéraire suivi par les divers officiers de la mission. Ces hauteurs ont été prises à l'aide d'un excellent petit baromètre anéroïde, sortant des ateliers de M. Ducray-Chevallier, et qui n'a cessé, pendant toute la durée de l'expédition, de donner des indications aussi exactes que possible, lesquelles ont été, bien entendu, corrigées des erreurs de température :

	Mètres.		Mètres.
Bafoulabé	106	Guinina	364
Kalé	113	Naréna	420
Niakalé-Ciréa	115	Crête de la ligne de partage des bassins du Sénégal et du Niger	450
Solinta	140		
Soukoutaly	145	Tabou	365
Badoumbé	155	Roches du Manaoulé	550
Fangalla	158	Sibi	360
Gué de Toukoto	165	Nafadié	360
Kobabinlouda	205	Thalweg du Niger	330
Massif de Badougou	420	Tadiana	335
Goniokori	215	Darani	340
Mananbougou	260	Kobilé	335
Sérinafara	298	Niagué	350
Boudovo	326	Mont Tila	470
Makandiambougou	330	Dioumansonnah	390
Sitakoto	360	Fougani	350
Mourgoula	365	Koni	338
Koukouroni	375	Gonindo	331
Pic de Kroudian	680	Sanankoro	349
Niagassela	400	Niansonnah	311
Balandougou	390	Soia	295
Pic de Fienkrou	600	Naugo	288
Rivière de Balanko	400	Maréna	345
Pic de Koumakhana	507	Montagnes de Bangassi	560
Koumakhana	440	Kondou	310
Thalweg du Ba-Oulé	290	Nologoubou	385
Guisoumalé	321	Soknafi	555
Ououloni	385	Bammako	331

Examen des différents itinéraires suivis par la mission, et étude de la voie commerciale à établir entre le Haut-Niger et le Sénégal. — L'examen détaillé des différents itinéraires que nous avons suivis pour parvenir au Niger, nous éclairera sur la nature de cette région que nous venons d'étudier dans son ensemble, en même temps qu'il nous permettra d'apprécier les conditions dans lesquelles pourra s'exécuter la voie de communication projetée.

Bafoulabé au gué de Toukoto. — Le Bakhoy, à partir de son confluent avec le Bafing et jusqu'au point où il reçoit les eaux du Ba-Oulé, suit une vallée de 3 à 5 kilomètres, dirigée sensiblement de l'est à l'ouest; elle est bordée de chaque côté par des massifs montagneux dont les flancs, dépouillés et très abrupts, sont à peu près parallèles au cours d'eau jusqu'à Badoumbé, où les monts de la rive droite remontent vers le nord, tandis que ceux de la rive gauche s'infléchissent vers le sud-est. La ligne montagneuse de la rive gauche s'ouvre fréquemment pour donner passage à de petits affluents du Bakhoy, et jette sur Kalé, près de Niakalé-Ciréa et en avant de Solinta, des rameaux plus ou moins élevés qui, dans les deux premiers points, à Kalé et à Niakalé-Ciréa, barrent complètement la vallée, et, dans le troisième, forment un simple étranglement. Les prolongements des croupes terminales de ces rameaux montagneux se poursuivent jusque dans le lit de la rivière, où ils constituent des barrages et des chutes qui maintiennent les eaux dans les biefs supérieurs. Sans ces chaînons qui viennent se placer ainsi en travers de la vallée et de la voie projetée, il n'y aurait eu sur tout le trajet de la route que des terrassements insignifiants.

Sur la rive droite, les monts Naré et le Nouroukrou limitent la vallée du Bakhoy, à peu de distance du cours de cette rivière. Le Nouroukrou présente cette particularité qu'il s'est formé, sur les plateaux qui le surmontent, un groupe de sept beaux villages, bâtis sur un terrain fertile et bien arrosé.

De Bafoulabé à Fangalla, la construction de la route projetée ne présentera pas de difficultés insurmontables.

Entre le confluent du Bafing et du Bakhoy et le village de Kalé, sur une longueur d'environ 20 kilomètres, le terrain est une argile fortement mélangée de silice et recouverte d'une végétation arborescente et broussailleuse au milieu de laquelle se dressent quelques beaux arbres, tamariniers, baobabs, cail-cédrats, etc. La route, en se maintenant à la limite des plus hautes eaux du Bakhoy, limite à peu près suivie par le sentier actuel, donnera lieu à peu de travaux de terrassements, et tout se bornera au déboisement et à un simple régalage. Dans ce trajet, on traverse dix petits cours d'eau à sec pendant la saison sèche, et vaseux au moment des pluies. Ces cours d'eau se sont creusé des lits assez profonds qui nécessiteront des ponts avec rampes d'accès. La petite rivière de Kalé, qui contient de l'eau toute l'année, mais dont les abords sont très faciles, demandera également la construction d'un pont de 10 mètres de long au plus.

C'est à Kalé que l'on rencontre le premier obstacle important. Le Besso, mont terminal d'un chaînon détaché des massifs du Tangaran, vient se baigner jusque dans le Bakhoy. Le sentier actuel chemine difficilement sur le flanc presque à pic de la montagne, au milieu de blocs de toutes dimensions qui roulent à chaque instant du haut des talus. Le convoi de la mission a éprouvé de grandes difficultés dans ce mauvais passage, dont la longueur totale est de moins d'un kilomètre. On pourra le franchir, soit au moyen d'une tranchée creusée à flanc de coteau dans un roc assez dur, soit en établissant la chaussée sur un mur de soutènement remblayé en arrière. On devra aussi, pour garantir la complète sécurité de la nouvelle voie, faire

Mont Desso.

Coupe du mur de soutènement.

rouler du haut des talus certaines roches qui surplombent et menacent de s'ébouler prochainement. Ce sérieux obstacle franchi, on arrive à Niakalé-Ciréa, à sept kilomètres plus loin, sans rencontrer autre chose qu'un ravin aisé à traverser et deux ou trois ruisseaux insignifiants. Le reste du terrain est d'un accès très facile, et le déboisement lui-même se fera à peu de frais.

A un kilomètre au delà de Niakalé-Ciréa un nouveau chaînon peu élevé (50 mètres environ), mais à base large, vient couper la vallée du Bakhoy, en se prolongeant au delà du village de Tuba, jusqu'à la rivière qui a dû faire un coude très prononcé vers le nord pour se frayer un passage. Les indigènes prétendaient tout d'abord que le convoi ne pourrait franchir ce rempart rocheux, et que nous serions obligés de continuer notre marche par la rive droite; mais, en interrogeant nos guides, il nous fut aisé d'apprendre que ces indications étaient fausses et qu'un passage praticable, que l'on avait voulu nous cacher, existait dans la montagne. En effet, une véritable brèche naturelle, de 80 à 100 mètres de largeur, traverse la chaîne de part en part entre deux murailles verticales. Pour arriver à cette brè-

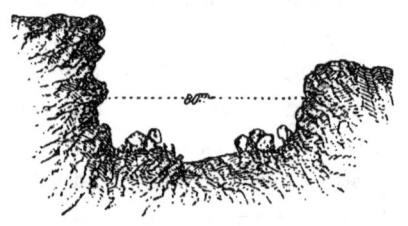

Coupe de la brèche en avant du Balou.

che, il suffira de faire sauter quelques bancs de roches placés en travers du chemin, au pied de la rampe d'accès. Sur les 4 kilomètres de parcours dans la montagne, il n'est pas plus de 500 mètres qui nécessitent des travaux de déblai dans les roches. Le col franchi, on débouche dans une vallée d'accès facile, mais traversée par deux cours d'eau : le Balou et le Dokou, qui ont creusé deux ravins profonds de 3 à 4 mètres et larges de 8 à 10 mètres, sur lesquels il faudra jeter deux ponts.

Après le Dokou, il faut gravir une rampe très rocheuse et assez brusque, donnant accès sur un vaste plateau qui ne demandera presque pas de travaux; cette rampe présentera quelques difficultés. On arrive ensuite au delta du Bagna-Oulé, où il faudra jeter deux ponts de 20 à 30 mètres sur les deux bras de la rivière. De ce dernier point au village de Solinta, il n'y qu'à noter le passage de cinq petits ruisseaux, à sec presque toute l'année. La distance de Niakalé-Ciréa à Solinta est de 10 kilomètres; elle représente à nos yeux le trajet le plus difficile et le plus dispendieux jusqu'à Kita.

De Solinta à Soukoutaly, la route circulera sur un bon terrain argileux, peu boisé et peu ondulé; 17 kilomètres de parcours, avec douze petits ruisseaux et deux petites rivières de 8 à 10 mètres de largeur.

Entre Soukoutaly et Badoumbé, on compte 13 kilomètres de bon chemin; il faut passer cinq ruisseaux à sec et deux rivières de 10 à 15 mètres de largeur.

Au delà de Badoumbé, la vallée s'élargit considérablement et devient plus ondulée. Le Bakhoy décrit, vers le nord, un arc de cercle, et le chemin actuel, pour rejoindre Fangalla, suit à peu près la corde de cet arc, à travers des ondulations assez accentuées. La route projetée pourra s'écarter de cet itinéraire et se rapprocher de la rivière, où elle trouvera des accidents de terrain moins prononcés. La longueur du trajet, par le sentier que nous avons suivi, est de 13 kil. 500 mètres; en suivant le Bakhoy, il sera un peu plus long, mais on trouvera probablement moins de terrassements à exécuter. Les obstacles rencontrés sont huit ruisseaux, insignifiants pour la plupart, et trois rivières à lits encaissés dans des berges et d'une largeur de 10 à 15 mètres.

De Fangalla au gué de Toukoto, le sentier actuel mesure près de 30 kilomètres; il traverse les solitudes giboyeuses du Farinboula, sous une forêt dont les arbres sont clairsemés et qui offre des clairières étendues. Le terrain est constitué par un plateau peu élevé, où l'on rencontre peu de roches; il est coupé par six ruisseaux peu importants et quatre rivières, dont les lits sont à sec en saison sèche et ne dépassent pas 10 mètres. La traversée de cette contrée occasionnera peu de travaux dispendieux.

En résumé, de Bafoulabé au gué de Toukoto, la route projetée, sur un trajet de 120 kilomètres, croisera quarante-sept petits ruisseaux, dont la moitié au moins sont absolument insignifiants, et quinze petites rivières, parmi lesquelles le Bagna-Oulé est la seule qui présente une certaine importance. Quant aux travaux de terrassement, nous avons indiqué les points difficiles; on trouvera sans doute qu'ils sont peu considérables eu égard à la grande longueur de cet itinéraire.

Gué de Toukoto à Goniokori. — Passons maintenant à la section de Toukoto à Goniokori.

Le gué de Toukoto est situé sur le Bakhoy, à 10 kilomètres environ au sud du confluent de cette rivière avec le Ba-Oulé. A partir de ce confluent, la vallée du Bakhoy s'infléchit brusquement vers le sud-sud-est, en se rétrécissant de plus en plus jusqu'à Goniokori, où les massifs du Gangaran se rapprochent de ceux de la rive droite, au point de ne laisser à la rivière qu'un lit étroit et rocheux. En amont et en aval de Toukoto, le Bakhoy

Profil du gué de Toukoto.

coule entre des berges d'argile très élevées sur une largeur de 150 à 200 mètres; mais vis-à-vis du gué l'aspect change. Le passage est constitué par un banc de roches qui pavent irrégulièrement le fond du lit en le surélevant considérablement; aussi les eaux étalées ont-elles formé deux bras, séparés par une île étroite. De plus, elles ont érodé profondément les rives, principalement à droite, où elles ont créé un grand cirque entouré d'une muraille argileuse, haute de 5 à 8 mètres. Au moment des grandes pluies, l'île et le cirque sont recouverts par l'inondation, et la largeur de la rivière est portée à 4 ou 500 mètres.

Ainsi qu'on le voit, le passage du Bakhoy constitue un obstacle de premier ordre. Sans doute, le peu de hauteur d'eau en saison sèche et la présence à fleur d'eau de roches très résistantes faciliteront la construction de piles en maçonnerie; mais le pont à établir sur ce point n'en sera pas moins un travail considérable. Peut-être aura-t-on intérêt à continuer la route sur la rive gauche et à passer le Bakhoy en amont, vis-à-vis de Korékoro, où la rivière est beaucoup plus profonde, mais où sa largeur n'est pas, dit-on, de plus de 200 mètres.

Le Bakhoy franchi, la route circulera jusqu'à Goniokori, situé à 27 kilomètres du gué, sur un terrain des plus faciles, au milieu d'une belle forêt, coupée de grandes surfaces cultivées. Notons cependant les passages de six ruisseaux insignifiants et celui du Kobaboulinda, rivière de 20 à 50 mètres de largeur, coulant au fond d'une assez forte dépression. Il y aura également à faire déblayer quelques roches en avant des villages de Badougou et de Ouaro.

À Goniokori, la vallée du Bakhoy est entièrement barrée par un vaste plateau rocheux de 25 mètres environ d'élévation au-dessus de la plaine. Les flancs de ce singulier mouvement de terrain sont complètement verticaux, et lorsqu'on est parvenu à les gravir, en s'aidant de toutes les aspérités des rochers, on se trouve sur une surface à peu près horizontale, dallée de blocs énormes séparés par de larges et profondes fissures. La rivière débouche de cet étrange massif, à travers une gorge de 80 à 100 mètres de largeur, bordée de murailles rocheuses surplombant les eaux. Le peu d'espace laissé aux eaux basses, entre les rives et les pieds des murailles, est absolument obstrué par des blocs de toutes dimensions, provenant des éboulements, et par une végétation des plus inextricables; aussi les indigènes eux-mêmes renoncent-ils à s'aventurer dans cette gorge, et l'on ne pourra reconnaître cette partie du cours du Bakhoy qu'au moyen d'une solide embarcation.

Cet obstacle, qui a déjà arrêté Mungo-Park en 1805, oblige toutes les voies de communication existantes à se replier à l'est; la route projetée devra en faire autant pour atteindre Kita. La région que l'on est ainsi tenu de traverser est plus accidentée que ce que nous avons vu de la vallée du Bakhoy. On coupe plusieurs petits affluents de cette rivière, qui sont séparés les uns des autres par des chaînons rocheux ou de fortes ondulations. Néanmoins, il sera relativement facile d'y faire passer une bonne route sans grandes dépenses.

Goniokori à Kita. — De Goniokori à Manambougou, sur 7500 mètres, il n'y aurait d'autres travaux que pour le passage de deux petits ruisseaux et l'enlèvement de quelques roches roulant au pied du Gotékrou.

Manambougou est situé auprès d'une petite rivière qu'il faudra franchir sur un pont de 8 à 10 mètres. Au delà de ce passage se dresse une rampe rocheuse d'un accès difficile : sur 450 mètres, on s'élève de plus de 25 mètres. Cette rampe conduit dans un col très praticable, mais où il faudra néanmoins déblayer quelques roches. Un peu avant la rivière du Disoumalé, une nouvelle rampe rocheuse, moins importante que la première, nécessitera quelques travaux de déblai assez considérables. De ce dernier point jusqu'à Makandiambougou (Kita), il n'y aura d'autres terrassements notables que quelques déblais dans le petit col du Ouolokrou.

Comme ouvrages d'art, on aura la construction de ponts de 15 à 25 mètres sur les rivières de Disoumalé, Kégnéko, Bankollé, Sérinafara et Déilikobafata, et la traversée de trois ou quatre ruisseaux peu importants.

Dans le trajet de Goniokori à Kita, la route aura de plus fortes pentes que dans les sections précédentes, mais les dépenses seront peu élevées, eu égard à la distance parcourue, qui est de 44 kilomètres.

Exploration de la vallée du Ba-Oulé. — La carte du Soudan occidental par Mage indiquait d'une manière inexacte l'hydrographie des vallées du Bakhoy et du Ba-Oulé. Ce voyageur, qui, de Bafoulabé, avait remonté le Bafing jusqu'à Koundian, pour de là gagner Kita en droite ligne par le Gangaran, avait franchi le Bakhoy à quelques lieues plus bas que Goniokori. De Kita, son guide toucouleur l'avait contraint à se diriger vers le nord, et il avait franchi un nouveau cours d'eau, qu'il dénomme Bakhoy n° 2 et qui, près du point de passage, recevait de l'est un affluent dont il fait une branche du Bakhoy, formant une île, ainsi qu'il l'a dessinée sur sa carte. Il affirme ensuite, sur la foi des renseignements qu'il a pu se procurer, que ce cours d'eau ne peut venir plus de l'est que le Bakhoy et parallèlement à lui, puisque, en allant de Bangassi au Niger, on ne le traverse plus. Il y a là une erreur manifeste que l'exploration de la région, dans trois directions différentes, nous a permis de rectifier.

La reconnaissance de M. le lieutenant Piétri, que je détachai au gué de Toukoto, avec mission de déterminer le confluent du Bakhoy et de l'affluent de droite qu'il recevait à quelque distance en amont de Fangalla (le Bakhoy n° 2 de Mage), et de suivre ensuite la vallée de ce dernier cours d'eau, de manière à en déterminer entièrement la direction et l'importance, a surtout permis de faire la lumière sur le système hydrographique de cette contrée.

Le nom de Bakhoy n° 2 que Mage a donné à cette rivière ne peut lui être conservé. Tous les voyageurs africains savent combien les noms des accidents géographiques sont changeants dans ce vaste continent. La langue des indigènes est généralement pauvre, et les dénominations sont peu variées. Ainsi, dans la partie du Soudan occidental que nous considérons, chaque village, pour ainsi dire, dénomme les cours d'eau à sa façon, le plus souvent d'après la couleur des rives ou celle des eaux. Le Bakhoy n° 1 porte les noms de Bakhoy, Ouandan ou Badié; le Bakhoy n° 2 s'appelle aussi Ba-Oulé, Babilé, Badié, suivant le village qu'il traverse et suivant les saisons.

Au milieu de tous ces noms, les plus connus et ceux qu'il est évidemment nécessaire de faire adopter par les géographes sont ceux de Bakhoy pour le Bakhoy n° 1 de Mage, et de Ba-Oulé pour le Bakhoy n° 2.

A première vue, au point de rencontre des deux cours d'eau, il semble que le Ba-Oulé soit le plus important. En effet, son lit, large de 180 mètres, qui contient une eau calme et profonde, lui donne l'apparence d'un véritable fleuve, tandis que le Bakhoy arrive au confluent en roulant sur de larges roches plates, semblable à un grand ruisseau. Un gué, où l'eau présente une hauteur d'à peine 50 centimètres, met en communication les deux rives du Bakhoy. En outre, le Bakhoy, arrivé au confluent presque à angle droit sur le Ba-Oulé, y change brusquement de direction, pour suivre celle de son affluent. Cependant, un examen attentif du confluent et de la contrée environnante permet de conclure que c'est au Bakhoy que revient le rang de cours d'eau principal. Car, au confluent même, le débit du Bakhoy est à peu près triple de celui du Ba-Oulé. De plus, à 2 kilomètres à peine du confluent, le Ba-Oulé change complètement d'aspect. Ce n'est plus la belle rivière, qui paraît si importante au point où elle mélange ses eaux à celles du Bakhoy; c'est un vrai ruisseau, coulant dans un lit parsemé de rochers, avec quelques biefs à eau profonde, peu étendus et peuplés d'hippopotames. L'exploration de la vallée du Bakhoy dans le Manding et de celle du Ba-Oulé dans le Fouladougou confirme encore cette appréciation.

L'examen de la carte jointe au présent travail montre maintenant quelles sont les causes de l'erreur commise par Mage, lorsque à son départ de Kita il franchit son Bakhoy n° 2. Ce qu'il prenait pour une branche du Bakhoy n'était autre chose que le Ba-Oulé, qui décrit dans le Kaarta un immense arc de cercle, et que notre itinéraire a coupé à deux reprises différentes : une première fois, à 2 kilomètres de Kondou, où il forme encore une jolie petite rivière d'une vingtaine de mètres de large et qui, aux hautes eaux, doit être très profonde; une deuxième fois, auprès de Dio, où il fut choisi par les Bambaras du Bélédougou pour nous dresser l'embuscade qui faillit compromettre le succès de la mission.

Quant au cours d'eau que Mage a vu se joindre au Ba-Oulé, il n'y a pas de doute que ce ne soit un affluent de cette dernière rivière. Il est bien moins important que celle-ci. Son lit est étroit, ses rives sont hautes et escarpées. Le Ba-Oulé, au contraire, est large de plus de 80 mètres, et contient même un îlot que les eaux d'hivernage n'ont pu emporter. En outre, les indigènes des villages les plus proches, de Kouroundingkoto, par exemple, conservent au Ba-Oulé son nom, en amont de son confluent avec le ruisseau qu'ils appellent Banlindingho, ce qui veut dire petite rivière, et qu'ils dénomment ainsi par opposition au Ba-Oulé.

Après ces préliminaires qui expliquent pourquoi j'avais prescrit à M. le lieutenant Piétri d'explorer la vallée du Ba-Oulé pour me rejoindre ensuite à Kita, je vais dire quelques mots de l'itinéraire suivi par cet officier. J'ajouterai du reste qu'il devra être écarté, en tant que voie vers le Niger; car, outre que le terrain y présente sensiblement plus de difficultés que dans l'itinéraire précédent, il a de plus l'inconvénient de s'éloigner de la route naturelle du grand fleuve, que des considérations aussi bien topographiques que politiques commandent de faire passer par la vallée du Bakhoy, de manière à atteindre le Niger le plus haut possible.

Si la voie projetée, franchissant le Bakhoy aux approches du confluent, voulait ensuite emprunter la vallée du Ba-Oulé, pour suivre jusqu'au Niger la dépression indiquée sur notre carte et qui constitue le thalweg naturel du Sénégal, elle trouverait tout d'abord un terrain plat, couvert de bois peu épais. En certains endroits, des ravines profondes, aux bords escarpés et rocheux, d'une grande largeur, forcent de quitter les bords de la rivière et de cheminer à une certaine distance de celle-ci. A 40 kilomètres environ du confluent, un massif important, avec une direction générale nord 20° ouest, barre complètement la vallée. Il a une hauteur moyenne de 200 mètres, et la rivière baigne son pied pendant 5 kilomètres environ. Le confluent du Ba-Oulé et du Banlindingho se trouve à 60 kilomètres du point où le premier se jette dans le Bakhoy. D'après M. Piétri, il y aurait entre Fangalla et ce confluent une différence en longitude de 35' 7".

Au delà de ce confluent, le terrain se présente toujours avec les mêmes caractères. Il est couvert de bois, consistant surtout en baobabs, caïl-cédrats et roniers, et parsemé de profondes ravines. C'est au village de Sambabougou, à 20 kilomètres du confluent, que M. Piétri arrêta son exploration ; mais, avant de reprendre la route de Kita en suivant la rive droite du Banlindingho, il put examiner les hauteurs avoisinantes et se faire une idée de la vallée du Ba-Oulé. A partir de Sambabougou, ce cours d'eau suit une direction ouest 20° sud ; puis, à 50 kilomètres environ, il change brusquement de direction, remonte vers le sud, passe près de Kondou et vient prendre sa source derrière Bammako.

Ainsi que je l'ai déjà dit plus haut, je ne pense pas que l'on puisse songer à établir une voie de communication par le Baoulé pour arriver au Niger vers Ségou, car le pays est à peu près inhabité et le désert se prolonge dans le Bélédougou même, bien loin au delà de la région explorée. La route devra plutôt se rabattre vers le sud, et incontestablement il vaut mieux, dès Fangalla, se diriger sur Kita, car de là on pourra, en traversant le Bélédougou dans sa partie la plus habitée, arriver rapidement au Niger en amont des roches de Sotuba, dernier obstacle sérieux à la navigation probablement jusqu'aux chutes de Boussa.

Kita est aujourd'hui considéré, par la grande majorité des géographes et des personnes qui se sont occupées de cette question, comme le point de passage obligé de la grande voie commerciale à ouvrir vers le Niger. Un premier établissement y a été élevé dans le courant de l'année 1881, et sera complété cette année par la nouvelle expédition qui a quitté Bafoulabé en décembre dernier.

Quel est maintenant l'itinéraire qu'il conviendrait d'adopter à partir de Kita pour atteindre le grand fleuve du Soudan ?

Kita au Niger. — Le Niger, comme on le sait, est barré à 10 kilomètres en aval de Bammako par les roches de Sotuba que nous n'avons pu visiter, mais qui, le fait est malheureusement certain, sont assez considérables pour couper le cours du fleuve entre deux biefs, reliés entre eux seulement par un rapide étroit que les pirogues indigènes ne franchissent qu'avec de grandes difficultés.

Le premier de ces biefs, le bief supérieur, se prête-t-il à une navigation fluviale active ? Ce que nous en avons vu en amont de Tourella ne s'y oppose nullement, et nous avons appris par les indigènes que l'on ne rencontrait aucun barrage entre le Bouré et les roches de Sotuba. Un marchand soninké, venu de Kankan, que nous avons interrogé à Bammako, nous certifiait qu'il avait suivi le fleuve depuis son pays et n'avait constaté sur sa route aucun obstacle à la circulation de fortes pirogues ; la rivière même qui passe à Kankan, le Milo, présente encore, devant cette ville, une largeur de plus de 100 mètres et une très grande profondeur. On voit tout de suite que les roches de Sotuba ne sauraient être un obstacle à la prise de possession, par la France, du cours du fleuve en amont de Bammako. Cette mesure semble même s'imposer, si l'on veut prendre réellement pied dans la vallée du Niger et exploiter les régions peuplées qui s'étendent depuis le Sankaran jusqu'au pays de Ségou. Cette vaste région, bien que barbare encore, a certainement beaucoup d'avenir ; car, malgré le désordre politique et le défaut de sécurité sur les routes, il y existe un mouvement commercial important d'or, d'esclaves, de colas, d'armes, de guinée et de sel, sans compter les transactions relatives aux produits de l'agriculture. Les grands marchés y sont nombreux : Tengrela, Kankan, Dialikrou, Ténétou et Kéniéra, pour ne citer que les plus considérables, sont visités périodiquement par un grand nombre de Dioulas. Deux grandes voies commerciales relient ces hautes régions avec les fleuves de l'Atlantique d'une part, et avec les pays maures et nos escales du Haut-Sénégal d'autre part. La première a son origine sur la Gambie (et même à Bakel), visite les rivières du sud et débouche sur le Niger par Timbo ; l'autre part de Médine et de Niorro, passe par Kita et arrive sur le Niger par plusieurs points, dont le plus important est Dialakoro, entre le Bouré et Kangaba. Cette dernière route est assurément la plus active de tout le Soudan occidental. D'autre part, on dit tous ces hauts pays riches en bétail et en produits agricoles de toutes sortes, et il ne leur manque que le calme politique pour devenir les plus prospères des rives du grand fleuve. Enfin, leur fortune aurifère est impossible encore à déterminer, mais on sait que les gisements ont une immense étendue; du Bambouk et du Bouré, ils se continuent, à travers le Ouassoulou, le Miniakala, vers le pays de Kong et probablement au delà. Les indigènes du Ouassoulou, avec les moyens rudimentaires qu'ils emploient, extraient le précieux métal en abondance, et nul ne peut prévoir, avant une reconnaissance géologique de la contrée, quel serait le rendement des mines exploitées sous la direction des Européens; mais on peut affirmer qu'il serait largement rémunérateur.

Une dernière et sérieuse considération qui doit pousser la France dans cette direction consiste en ce que les territoires dont nous parlons sont situés derrière les possessions anglaises de la côte occidentale; ce sont les produits britanniques qui y sont le plus connus, et nul doute qu'avant peu le gouvernement de Sierra-Leone, sollicité par ce beau domaine colonial, ne fasse tous ses efforts pour s'installer sur l'une des rives du Niger. Les Français occuperaient-ils Ségou, il resterait encore, entre la capitale des Toucouleurs et les sources de la Rokelle, un vaste champ d'opérations fructueuses dont le commerce de l'Angleterre profiterait exclusivement.

Quant au bief en aval de Sotuba, nous n'avons pas à en faire ressortir les avantages, ils sont évidents. Cette partie du cours du grand fleuve est accessible à la grande navigation fluviale jusqu'aux chutes de Boussa; elle dessert toutes les populations du bassin moyen du Niger auxquelles l'islamisme a déjà donné une teinte de civilisation; elle côtoie le pays de Ségou, traverse le riche Macina, passe à quelques kilomètres seulement de Tombouctou, et permet de porter l'influence commerciale et civilisatrice de la France jusqu'au cœur de l'Afrique septentrionale. Cette vaste région, plus encore que celle du bassin supérieur, a un commerce local déjà ancien qui, mis en relation avec celui de notre nation, prendra, il est permis de l'espérer, beaucoup plus d'extension et deviendra un grand débouché pour nos produits manufacturés.

Et maintenant, quels sont les projets de la métropole?

Veut-on se porter immédiatement vers le bassin moyen du Niger et aller à la rencontre des voies commerciales projetées entre l'Algérie et ce fleuve, sans se préoccuper des hautes contrées peuplées, commerçantes et riches en mines d'or, situées derrière les Anglais? Dans ce cas, en partant de Kita, le meilleur itinéraire est celui qu'a suivi la mission jusqu'à Maréna; de là, il faudrait continuer à marcher un peu au-dessus de l'est, vers le nord du Fadougou, pour se rabattre ensuite sur Yamina ou tout autre point en aval. Au Niger, on pourra se servir de la navigation du fleuve ou poursuivre la voie de terre sur la rive gauche; un tracé suivant cette direction laissera à droite la région montagneuse du Bélédougou, et à gauche le plateau du Kaarta; il donnera donc lieu à peu de travaux, car le pays est, dit-on, faiblement ondulé et ne présente aucun cours d'eau un peu important à franchir. Les inconvénients de cet itinéraire sont graves, car la voie coupera perpendiculairement, sans s'y mêler, les deux courants commerciaux importants de Nioro au Ouassoulou et de Nioro à Ségou; en outre, il traversera sans profit apparent les vastes solitudes du Fouladougou.

Veut-on, au contraire, s'occuper exclusivement des intérêts immédiats de la colonie du Sénégal, en se mettant en rapports commerciaux avec les pays aurifères en amont de Ségou, pays visés par nos rivaux de Sierra-Leone, et réserver pour l'avenir la question du Niger moyen? Il faut alors descendre directement de Kita sur Dialakoro et entrer tout de suite en communication avec le Bouré et le Ouassoulou. Peut-être même que, pour la réalisation de ce programme, Bafoulabé et la vallée du Bafing suffiraient.

Il nous semble que la meilleure solution est de se porter en même temps vers les deux bassins à la fois. La vallée du Bakhoy et celle du Migna, situées entre les deux points extrêmes dont nous avons parlé, deviennent alors la voie naturelle pour atteindre ce double résultat. L'itinéraire est ainsi tout indiqué : suivre de Kita à Niagassola la grande voie commerciale existante; de là, gagner par la rive droite du Migna les mines d'or de Koumakhana, et de ce dernier point déboucher sur le Niger, soit à Kangaba, soit plus bas, vis-à-vis de Tourella. La vallée du grand fleuve est large, belle et sans ondulations sensibles, ce qui permettra d'établir à peu de frais une route latérale mettant en communication le point d'arrivée sur le Niger, en aval, avec les roches de Sotuba, en amont avec le Bouré. On pourra ainsi étendre l'influence française vers le bassin supérieur, comme vers le bassin moyen. Si l'on veut ensuite rejoindre les voies venant d'Algérie par terre, la rive gauche, au-dessous de Sotuba, se prête parfaitement à l'exécution de ce programme. L'augmentation kilométrique de ce tracé sur le premier que nous avons indiqué sera considérable (probablement 200 kilomètres); mais on aura, du même coup, l'exploitation de tout le pays entre Kankan et Tombouctou; on restera au centre du mouvement commercial déjà installé dans le pays, on ne quittera pas les contrées les plus peuplées, et enfin on arrêtera les projets d'établissement sur le Niger, que caressent, en ce moment, les gouverneurs de la Gambie et de Sierra-Leone.

A côté de la voie que nous venons de tracer, il convient de citer celle qui traverse le Bélédougou et que la mission a suivie en allant à Bammako.

Cette dernière a l'avantage d'être plus courte, mais elle présente, à nos yeux, l'inconvénient capital de s'éloigner de près de 100 kilomètres de plus, à l'est, que la précédente; d'être, par suite, trop loin du Ouassoulou et du Bouré, et de traverser un pays sans relations extérieures, sans vie commerciale propre appréciable, et déjà en effervescence par dix ans de lutte avec le gouvernement de Ségou.

D'ailleurs, il sera aisé de choisir entre ces deux derniers itinéraires, qui, tous deux, conduisent au Niger presque au même point. Examinons d'abord l'itinéraire de la vallée du Bakhoy.

Kita à Mourgoula. — Entre ces deux points, on compte 58 kilomètres sur un bon terrain. Comme travaux de terrassement à signaler, on aura la montée des collines qui séparent Kita de Goubanko, à déblayer quelques roches peu après ce village et à niveler l'entrée de la brèche de Goukouboukrou, en avant de Sitakoto. Les ouvrages d'art à effectuer seraient : un pont de 10 à 15 mètres sur le Bammako, un second de même dimension sur la petite rivière qui sert de déversoir au lac Delaba, et enfin la traversée de quatre petits ruisseaux à sec presque toute l'année.

Mourgoula à Niagassola. — Ce parcours, de 44 kilomètres environ, comportera des travaux importants. Ainsi que l'indique la carte jointe au présent volume, Mourgoula est sur un plateau accidenté dont les talus vont s'arrêter à quelques kilomètres du cours du Bakhoy et former le versant oriental de la vallée de cette rivière. Pour rejoindre Niagassola, situé dans la vallée même, vers le sud, il faut couper obliquement les croupes et les dépressions profondes où coulent les affluents du Bakhoy. A la vérité, ces obstacles n'ont rien d'insurmontable, et même les passages réellement difficiles sont de courte durée; néanmoins la dépense kilométrique sera, dans cette région, bien supérieure à celle de la section précédente. Aussi nous pensons que les études de la future route devront s'écarter de l'itinéraire que nous avons suivi, et se jeter, dès Mourgoula, et même dès Kita, dans la vallée du Bakhoy, pays fertile, d'une traversée facile, et où il est bon d'attirer les populations que de longues guerres ont repoussées vers les montagnes. Par cette vallée, on atteindra Niagassola avec moins de frais. Nous allons indiquer les endroits difficiles de l'itinéraire actuel.

Au point de vue des terrassements, on rencontre d'abord, à 2 kilomètres 500 au sud de Mourgoula, le très mauvais col de Nianfakrou, tout encombré de roches, qui descend brusquement dans une vallée en contrebas d'une trentaine de mètres; après Koukouroni, on arrive à la profonde vallée du Souloun, dont les versants rocheux sont très abrupts et présentent de brusques ressauts; au delà de Niagakoura se dresse une rampe rocheuse très inclinée qui donne accès sur un vaste plateau pierreux; enfin, en arrivant à Niagassola, on doit descendre le brusque talus de la vallée du Bakhoy, haut de 25 à 30 mètres.

Au point de vue des ouvrages d'art, il faut citer les ponts à construire sur les petites rivières de Péité, Tambaoura, Bassa, Souloun, Ferra et Kanékouo, qui ont de 10 à 20 mètres; il y aura également à franchir quelques petits ruisseaux ou lits de torrents.

Comme on le voit, le chemin actuel n'est pas bon; nous pensons que l'étude attentive du terrain permettra de trouver des passages par lesquels on tournera les points difficiles; mais, nous le répétons, le meilleur tracé à suivre est la vallée même du Bakhoy.

Niagassola à Koumakhana. — A Niagassola, on se trouve à la bifurcation de la route qui dessert les marchés du Haut-Niger et le Bouré, et de la route qui va sur Kangaba et Ségou.

Cette dernière passe à Koumakhana, à 50 kilomètres au sud-est de Niagassola, en suivant le pied des monts du Manding, chaîne de 150 mètres de hauteur moyenne, aux flancs verticaux et ne jetant pas de contreforts sensibles vers la plaine; là, peu ou point de travaux de terrassement à effectuer. Nous trouvons seulement quelques petites rivières de 10 à 15 mètres de largeur : le Faleman, le Banacoura, le ruisseau de Balandougou, le Balanko, le Jraudi, le Ko-Iramba et la mare de Koumakhana. Il faut signaler également deux ou trois dépressions marécageuses en hivernage. En dehors des points que nous venons de citer, la route sera des plus faciles et des moins dispendieuses.

Le village de Koumakhana est situé sur des terrains aurifères actuellement exploités par les indigènes, et au pied des hauteurs qui séparent le bassin du Sénégal de celui du Niger. Ces hauteurs sont : 1° au nord de Koumakhana, les monts du Manding qui viennent se terminer brusquement près du village par un pic élevé de plus de 300 mètres au-dessus de la plaine; 2° à la suite des monts précédents, des collines rocheuses peu élevées, mais jetées en désordre et peu aisées à franchir. Entre les monts et les collines règne un passage auquel nous avons donné le nom de col de Sana Morella, nom porté par les ruines d'un village qui en occupait le centre. Ce col permettra à la route projetée de s'élever insensiblement et sans donner lieu à des travaux de terrassement importants, jusqu'au plateau de Naréna, point culminant de la ligne de partage des eaux des deux fleuves. Cette partie du trajet est d'environ 18 kilomètres. Les obstacles principaux que l'on rencontre sont des mares étendues que l'on traverse aisément en saison sèche, mais qui, en hivernage, doivent s'emplir d'eau et délayer le terrain aux abords; l'une d'elles, celle de Kafata, est fort étendue et contient de l'eau toute l'année; la route actuelle la traverse sur l'un de ses côtés, desséché à la bonne saison; il sera sans doute possible de la tourner complètement. Outre ces mares, il faut signaler quatre petits ruisseaux qui exigeront des ponts.

On passe par Naréna lorsqu'on se dirige sur les roches de Sotuba, Bammako ou Ségou; mais si la future route devait déboucher sur le Niger à Kangaba, elle prendrait un autre itinéraire : de Koumakhana elle rejoindrait la vallée du Migna, atteindrait Kéniéba et de là descendrait le versant du Niger. On nous a dit que cette route était médiocre et présentait de fréquents passages rocheux; mais les indigènes exagèrent toujours les difficultés des pays un peu accidentés.

Naréna au Niger. — Peu après Naréna, le plateau s'incline vers le grand fleuve, et l'on arrive dans la vallée en descendant des terrasses successives terminées par de brusques ressauts; la dernière notamment se termine par une muraille presque verticale de près de 30 mètres d'élévation. La pente générale de ce versant n'est d'ailleurs pas bien grande, car nous ne comptons pas, entre Naréna et Tabou, le premier village de la plaine, plus de 100 mètres de relief pour 35 kilomètres de distance horizontale. Pendant ce trajet la route chemine sous de belles futaies à travers un terrain qui ne nécessitera pas de grands travaux de terrassement. Comme ouvrages d'art, on aura deux ponts d'une quinzaine de mètres à construire sur l'Amarakoba et le Nianinko et trois ponceaux sur autant de petits ruisseaux.

Parvenue à Tabou, la route ne rencontrera plus d'accidents de terrain jusqu'au Niger; elle suivra le pied des monts du Manding jusqu'à Sibi, et de là gagnera obliquement les bords du fleuve à travers une belle plaine sans ondulations appréciables, soit que l'on rejoigne le gué de Tourella, soit que l'on veuille poursuivre le tracé jusqu'aux roches de Sotuba par Bammako. De même en amont, on pourra se relier aisément avec Kangaba et les villages soninkés de Siguiri, au moyen d'une route latérale au fleuve traversant les nombreux villages de la rive gauche.

Je vais examiner maintenant l'itinéraire par Bangassi et le Bélédougou, mais je m'y étendrai moins longuement, car, ainsi que je l'ai déjà montré, je pense que cette voie doit être à rejeter pour le tracé de la future route commerciale.

Entre Kita et le Ba-Oulé, qui se trouve à peu près à moitié route de Bammako, le chemin n'a été réellement difficile que de Guénikoro à Kondou, sur quelques points des trente derniers kilomètres. Pourtant il faut mentionner, au départ de Makandiambougou, une montée dont la pente moyenne est de près de 10/100 ; elle est entièrement couverte de pierres arrondies, qui roulaient sous les pieds des chevaux. Un autre obstacle qui, sans arrêter le convoi, a pourtant demandé une demi-journée de travail préparatoire pour son passage, a été le Banlindingho lui-même. La marche de Makandiambougou au Banlindingho est longue de 22 kilomètres.

La végétation n'étant jamais bien touffue, il suffirait presque partout d'abattre quelques arbres, pour élargir le sentier et le rendre praticable aux voitures. Du reste, à la saison sèche, le sol est partout résistant.

Maréna, le premier village que l'on rencontre, est situé à environ 10 kilomètres au delà du passage du Banlindingho. C'est un petit village, très pauvre, surtout en bétail.

Guénikoro, à 46 kilomètres de Maréna, est tout aussi misérable que ce dernier. Il est situé auprès d'un ruisseau, le Kégna, qui fournit une eau excellente. Le terrain est tourmenté avant d'arriver à Guénikoro, mais c'est entre ce village et Kondou que la route offre les plus mauvais passages. Le convoi les a tournés, parce que le temps nous manquait pour les lui rendre praticables ; mais ce que nous en avons vu et les renseignements donnés par les guides permettent d'affirmer qu'en un jour ou deux au plus, une brigade d'une cinquantaine d'ouvriers rendrait le sentier praticable aux bêtes de somme et aux chevaux, car il n'est réellement mauvais que sur une longueur de 5 à 6 kilomètres au plus.

Le village de Kondou est dominé à 800 mètres au sud par une hauteur d'une trentaine de mètres. Les bords de cette hauteur sont presque à pic du côté du village, à l'ouest et au sud. Vers l'est, au contraire, elle descend en pente douce et en s'élargissant. Le plateau est assez large pour une construction quelconque, et les maçons trouveraient même la pierre sur place, car la hauteur tout entière est formée d'énormes blocs de grès, et le sol est parsemé de grosses pierres.

Le pays dans lequel on entre, après avoir passé le Ba-Oulé, diffère beaucoup de la région précédente. Il est peuplé, plus riche, plus accidenté et coupé de nombreux ruisseaux, qui alimentent le Ba-Oulé. Toute la partie méridionale du Bélédougou, que nous avons traversée, est un pays très accidenté, on pourrait même dire montagneux, si le relief du terrain n'était insignifiant au point de vue géographique. En effet, le point le plus élevé que nous ayons trouvé n'était pas, d'après nos observations barométriques, à plus de 550 mètres au-dessus du niveau de la mer et à 200 mètres de la plaine. Nous n'avons guère vu de sommet qui dépassât 600 mètres, excepté toutefois le pic de Sirinkrou, au sud de Guisoumalé, dont la hauteur a pu être évaluée à 750 mètres.

Le relief du terrain, dans le Bélédougou, présente le caractère commun à toutes les hauteurs que nous avons vues dans les autres contrées de cette partie du Soudan. Elles s'élèvent à pic au milieu de la plaine, avec des murailles verticales et des étages superposés d'une hauteur de 10 à 50 mètres. Le sentier tourne le plus souvent ces obstacles, mais lorsque plusieurs sont rapprochés, il se forme quelquefois un massif difficile à traverser; tel est celui qui s'élève entre Ouoloni et Guinina.

Notre première marche s'est effectuée entre le Ba-Oulé et le village de Guisoumalé. Le terrain est tourmenté, le sol raviné pendant les deux tiers du chemin. De Guisoumalé à Ouoloni, sur une douzaine de kilomètres, la marche est plus facile.

La plus mauvaise route est celle qui sépare Ouoloni de Guinina. Le massif situé entre ces deux villages peut être tourné facilement, mais déjà nous avions de la peine à nous procurer des guides, et ceux qui s'offraient cherchaient à nous tromper. C'est ainsi qu'ils nous firent traverser le massif en son milieu, par une route horriblement difficile et qui acheva de ruiner nos chevaux et nos bêtes de somme.

A partir de Guinina, le terrain est plat, à pente à peine sensible jusqu'à Diokou, sur une trentaine de kilomètres. On rencontre d'abord le village de Dio, situé à quelques centaines de mètres de l'une des branches du Ba-Oulé. C'est ce point que choisirent les Bambaras pour me tendre l'embuscade qui faillit amener la destruction complète de la mission. Puis on trouve successivement les villages de Makandiambougou, Nolobougou et Diokou.

Il est très curieux de constater, à ce dernier village, que, bien que l'on ne soit plus qu'à une douzaine de kilomètres en ligne droite du Niger, on se trouve encore dans le bassin du Sénégal; jusqu'aux hauteurs mêmes au pied desquelles on voit couler le grand fleuve, tous les ruisseaux sont encore des affluents du Ba-Oulé.

Le plateau de Guinina ne domine pas de plus de 50 mètres le thalweg de la vallée du Niger; mais, sitôt que l'on quitte le Bélédougou, le terrain s'élève sensiblement, les accidents topographiques deviennent nombreux et s'accentuent de plus en plus; leur altitude dépasse 600 mètres.

Le massif qui sépare le plateau de Guinina du grand fleuve soudanien présente plusieurs passages. Le lieutenant Piétri a suivi celui de Khati, qui mène directement sur Bammako. La route est assez commode jusqu'aux ruines de Khati, à 12 kilomètres de Bammako; mais, à partir de ces ruines, le sol devient plus tourmenté, le sentier arrive, par une pente rapide, sur un plateau incliné vers le nord et complètement recouvert de cailloux ronds et ferrugineux. Du haut de ce plateau, on voit le Niger venir du sud-ouest et couler dans une grande plaine verdoyante. Son lit est coupé de nombreuses îles.

La pente qui conduit du haut du plateau dans la plaine est excessivement rapide et semée de pierres.

Entre le pied des hauteurs et le fleuve, la vallée ne présente pas, à Bammako, une largeur supérieure à 4 kilomètres.

En résumé, on voit que la mission du Haut-Niger s'est efforcée, dans la limite des moyens mis à sa disposition, d'explorer les différentes lignes géographiques conduisant directement sur le grand fleuve du Soudan. Notre marche le long du Bakhoy jusqu'au gué de Toukoto, la reconnaissance du Ba-Oulé et du Bélédougou par le lieutenant Piétri, celle de la vallée du Bakhoy, entre Kita et Bammako, par le lieutenant Vallière, permettent déjà de se faire une idée de la direction générale à adopter pour la voie commerciale que la France veut ouvrir vers les régions soudaniennes.

C'est au passage des Kayes, à quelques kilomètres en aval de Médine, que la voie ferrée dont la construction a été entreprise par le département de la marine, prend son origine. Il est certain que, dans un avenir plus ou moins lointain, le chemin de fer devra partir directement de Saint-Louis et de Dakar. Le fleuve le Sénégal n'est navigable jusqu'aux Kayes que pendant trois ou quatre mois de l'année, et il y aura un intérêt évident à mettre ce point le plus tôt possible en communication avec l'Océan, ou du moins avec le banc du Mafou, en aval duquel le Sénégal est navigable toute l'année pour nos avisos à vapeur.

Des reconnaissances préliminaires, ordonnées par M. le gouverneur Brière de l'Isle, dès 1879, et entreprises par MM. Jacquemart et Monteil, officiers d'infanterie de marine, ont montré que le meilleur itinéraire à suivre par cette grande ligne serait la ligne de collines peu élevées qui court à travers le Fouta et longe le fleuve à une vingtaine de kilomètres environ.

Quoi qu'il en soit, on a voulu tout d'abord courir au plus pressé, c'est-à-dire s'efforcer de mettre aussitôt que possible les Kayes en communication avec Kita, puis avec l'établissement qui sera créé sous peu sur les bords mêmes du Niger. Les approvisionnements, accumulés aux Kayes et à Médine pendant les quatre mois d'hivernage, pourront ensuite être facilement acheminés sur nos établissements de l'intérieur situés en dehors de toute voie navigable. Il sera d'ailleurs possible, en attendant, d'améliorer les passages du Sénégal qui s'opposent le plus à la navigation sur ce cours d'eau, au moyen des dragues, qui ont été déjà envoyées de la métropole.

On veut donc construire la ligne ferrée par sections à partir des Kayes. De ce point à Bafoulabé, la voie suit à très peu près l'itinéraire que j'ai suivi moi-même avec le lieutenant Vallière, dans les derniers mois de 1879, lors de la première reconnaissance que le gouverneur Brière de l'Isle m'avait prescrit de faire dans cette région. On a objecté que ce tracé présentait le danger de se voir couvert par les inondations, au moment des hautes eaux de la saison des pluies. Cette objection est illusoire, car notre voyage s'est fait justement dans une année où les inondations avaient été exceptionnelles, et où nous avons dû suivre un itinéraire en dehors des terrains submergés. Le lever très soigné de M. Vallière indiquait la limite des inondations, et montrait à quelle distance du fleuve il fallait alors se tenir pour n'avoir rien à redouter d'elles.

A Bafoulabé se présentent plusieurs itinéraires pour atteindre Kita. Celui que nous avons suivi et que j'ai examiné plus haut en détail rencontre divers obstacles sérieux : le mont Besso, le massif de Niakalé-Ciréa, celui de Manambougou. Il a l'avantage de suivre d'assez près le cours du Bakhoy et de se rapprocher des régions du Kaarta, plus riches et plus peuplées que ne le sont les pays malinkés situés sur la rive droite du Bafing.

La mission Derrien, qui a effectué son retour par le Gangaran, propose un itinéraire plus au sud que le précédent et qui aboutit à Kita par le gué dit de Mage. La question est à examiner, et ceux-là seuls qui ont entre les mains les deux tracés peuvent être appelés à la résoudre.

A partir de Kita, je n'hésiterai pas à conseiller le tracé qui suit directement la vallée du Bakhoy. On a vu plus haut quelle était la constitution générale du pays, et les deux itinéraires suivis par les officiers de la mission sur l'une et l'autre rive de ce cours d'eau prouvent la nécessité d'éviter, entre Mourgoula et Niagassola, la région tourmentée qui sépare ces deux points. Il y a avantage, au double point de vue topographique et politique, à se jeter, dès Kita, vers le fond même de la vallée du Bakhoy, qui conserve une largeur variant entre 6 et 8 kilomètres; elle est traversée en son milieu par la rivière, qui laisse de chaque côté une plaine d'un parcours difficile au moment où nous l'avons vue, mais que de simples déboisements rendraient aisément praticable. Le sol en est ferme et la surface régulière. Les berges de la rivière sont élevées de plusieurs mètres et présentent, il est vrai, de profondes ravines qui crevassent la plaine; mais celles-ci pourront être facilement évitées en se maintenant à 1000 ou 1500 mètres du cours d'eau, là où commencent généralement ces dépressions.

J'ajouterai que les populations du Birgo, du Manding et du Gadougou nous sont très sympathiques. Elles ont déjà accueilli notre protectorat en principe, et la voie nous est ouverte de ce côté jusqu'au grand fleuve du Soudan.

Niagassola marque le point où devra être construit l'établissement qui reliera Kita au Niger. On ne saurait sans inconvénient se dispenser de l'occuper. Il a une importance politique considérable, et c'est en outre l'origine de la route du Bouré et du Ouassoulou. Notre installation à Kita nous a donné toute la région du Bas-Bakhoy et du Fouladougou. Niagassola nous donnera le Manding et nous mettra en communication avec Kangaba, le Bouré et les pays malinkés de l'extrême Haut-Niger.

A partir de Niagassola, la voie future, longeant les montagnes du Manding, s'élève, par une pente faible, jusqu'à la crête de la ligne de partage des eaux du Sénégal et du Niger; mais là s'ouvre une magnifique entrée dans la vallée du grand fleuve du Soudan. Le col de Sana-Morella, large de 4 à 5 kilomètres, le plateau de Naréna, si uni qu'à la saison des pluies les mares qui le couvrent déversent leurs eaux aussi bien vers le Sénégal que vers le Niger, offrent une porte naturelle et commode pour déboucher dans la plaine vers Tabou. La topographie du pays ne semble-t-elle pas se prêter merveilleusement à l'établissement de cette grande voie commerciale, œuvre grandiose appelée à transformer profondément tout le bassin du Niger et à nous ouvrir le cœur même du continent africain?

On n'est pas encore bien fixé sur le point où la voie projetée devra aborder le fleuve. Ce que j'en ai déjà dit plus haut montre qu'il y a intérêt à s'enfoncer dans la vallée, à dépasser tout au moins les roches de Sotuba. Je crains bien, pour ma part, que l'on ne soit forcé d'aller jusqu'au village de Koulikoro, en amont duquel se trouve un gué qui pourrait former obstacle à la navigation. Les renseignements que je donne plus loin sur le cours du Niger, montrent que ce fleuve peut encore être utilisé, en amont du gué de Tourella, pour la navigation de nos chalands ou de nos embarcations de commerce. Mais il est d'un intérêt majeur de pouvoir pousser, le plus vite et le plus directement possible, notre ligne ferrée jusqu'en un point, choisi de telle sorte qu'il sera facile d'y lancer une embarcation à vapeur, destinée à faire une reconnaissance hydrographique minutieuse du cours du fleuve, et à nous éclairer sur les conditions de navigabilité de cette grande artère commerciale, qui n'a encore vu flotter que la pirogue de Mungo-Park, au commencement de ce siècle.

Ici j'émettrai le vœu qu'il soit procédé le plus tôt possible à l'étude du transport, de Médine au Niger, d'une canonnière à vapeur, démontable et transportable à dos de bêtes de somme. Les personnes autorisées que j'ai consultées à ce sujet m'ont toutes affirmé que l'entreprise n'avait rien d'impossible et n'était nullement au-dessus des moyens et des ressources de l'industrie moderne. Les tentatives des Anglais pour remonter le Niger par l'embouchure n'ont pas été jusqu'ici couronnées d'un bien grand succès. La *Pléiade*, qui, en 1854, avait réussi à remonter le Bénué jusqu'à 50 milles environ de son confluent avec le Faro, n'avait pu atteindre les cataractes de Boussa et renseigner sur ces chutes, qui semblent barrer complètement le cours du Niger. Il y a donc nécessité à aborder celui-ci par sa partie supérieure, et il est inutile d'insister sur les progrès qu'une exploration hydrographique méthodique de la partie supérieure du fleuve ferait faire à l'œuvre de la France dans cette partie du continent africain. Une canonnière à vapeur bien armée, bien approvisionnée, dirigée par un chef intelligent et énergique, n'aurait rien à craindre des populations indigènes riveraines qui voudraient s'opposer à son passage. Il suffit de citer le magnifique voyage de Stanley sur le Congo pour se convaincre de l'impuissance des pirogues nègres, en quelque nombre qu'elles soient, vis-à-vis de l'une de nos embarcations de guerre européennes. Les renseignements que nous avons pu prendre, pendant notre séjour à Nango, sur la situation politique de Sansandig et du Macina, me permettent de penser d'ailleurs que bon accueil serait fait en général à nos officiers. Ainsi qu'on le verra plus loin, Ahmadou, le sultan de Ségou, est en ce moment le plus sérieux obstacle à notre installation sur le Niger, du moins telle que nous la comprenons, avec la liberté absolue, pour nos commerçants et traitants, de circuler à leur aise sur le fleuve. Tant que ce souverain nègre dominera à Ségou-Sikoro, la route de Tombouctou sera fermée aux voyageurs. L'exemple de Mage, Quintin, Soleillet et le nôtre propre sont concluants. Il ne veut pas que nous entrions en relations avec ceux qu'il appelle ses ennemis, c'est-à-dire avec les populations qui bordent le Niger en aval de sa capitale. Mais, si une bonne et solide canonnière se présente devant cette ville, il y a gros à parier qu'il fera bon accueil à celui qui viendra lui demander l'exécution du traité que je suis parvenu à lui arracher. Au pis aller, nos officiers, négligeant Ségou, s'aboucheraient avec Sansandig et les autres villes de l'intérieur, qui ne cherchent qu'une occasion de voir disparaître leur vindicatif et cruel ennemi.

Naréna me semble tout indiqué pour servir de point de bifurcation aux voies de communication qui devront, l'une, se diriger vers le nord pour s'arrêter à Manambougou, à Koulikoro ou en tout autre point favorable au lancement de la canonnière à vapeur chargée d'opérer la reconnaissance hydrographique et politique du Niger en aval de Ségou ; l'autre, se rabattre vers Kangaba et le Bouré, pour rejoindre, de là, le Fouta-Djallon et desservir les pays aurifères avoisinant les sources du Niger. Ici encore, j'estime qu'il serait éminemment utile et profitable d'organiser une mission d'exploration, chargée de reconnaître le Bouré, le Ouassoulou, le pays de Kong, et de relier ces itinéraires avec ceux des voyageurs qui ont pu, tout récemment, pénétrer jusqu'à Timbo, mais qui ont échoué dans leurs efforts pour atteindre le grand fleuve du Soudan.

Je termine ici ces considérations générales sur la grande voie de communication que nous étions chargés d'étudier vers les régions nigériennes. A l'aide de nos cartes et de nos itinéraires, dressés à une grande échelle, on pourra d'ailleurs se rendre compte de l'état de la question, sur laquelle il est permis de penser que notre dernière exploration aura jeté un jour nouveau, en montrant notamment que la vallée du Bakhoy, jusqu'ici inconnue des géographes, ouvre une route naturelle vers le grand fleuve du Soudan.

CHAPITRE XXVI

Hydrographie du Sénégal et du Niger. — Système hydrologique de ces deux fleuves. — Leur navigabilité. — Notions sur la géologie de la région. — Villages, habitations et fortifications. — Études sur les tatas malinkés et bambaras. — Examen des principaux villages fortifiés du Haut-Sénégal et du Haut-Niger.

Sénégal. — Le Sénégal proprement dit (Mayo Reo des Toucouleurs) commence à Bafoulabé, confluent de deux rivières importantes, le Bafing et le Bakhoy, et se jette dans l'océan Atlantique, à 15 kilomètres en aval de Saint-Louis.

Entre ces deux points, il ne reçoit que deux affluents dignes d'être signalés.

Le premier, la Falémé, sort des massifs du Fouta-Djallon, entre Labé et Timbo, coule vers le nord-ouest, et, après un très long parcours, vient se jeter dans le Sénégal, à 25 kilomètres environ en amont de Bakel. Cette rivière fournit de l'eau toute l'année ; mais, en saison sèche, son débit est très faible. Nous expliquerons plus loin les conditions hydrologiques spéciales des cours d'eau du Soudan occidental.

Le second affluent, le marigot de Koulou, vient de la rive droite. Il descend de Konniakary après avoir reçu un certain nombre de petites rivières venant en éventail du Diafounou, du Guidioumé, du Diombokho et du Sorma. Ces cours d'eau, qui sortent des pentes du plateau du Kaarta, entretiennent la verdure et la fertilité dans cette région, l'une des plus chaudes du globe. Grâce à leur effet, cette partie du Kaarta, malgré le passage incessant des armées toucouleures, compte parmi les plus peuplées et les plus prospères du Soudan.

A Bafoulabé, deux grandes rivières viennent mélanger leurs eaux et former le Sénégal.

La plus importante, le Bafing (fleuve noir), n'a pas moins de 450 mètres de largeur moyenne. Elle descend du sud, et, comme la Falémé, sort des massifs du Fouta-Djallon. Sa source serait située, d'après M. Aimé Olivier, à quelques kilomètres au sud-ouest de Timbo. Les affluents du Bafing sont assez nombreux sur la rive gauche, mais de peu d'importance. Citons toutefois le Kéniémako, le Fatagran et le Galamagui. Sur la rive droite, on signale le Balé, auquel on donne encore les noms de Goulougo et de Founkoumah ; elle se grossit du Boki et du Nunkolo, que Mungo-Park a traversés et qu'il affirme être assez importants.

Puisque nous avons signalé plusieurs noms pour une même rivière, nous ferons observer que le fait est très fréquent. Selon que le voyageur s'adresse à un Peul, à un Bambara ou à un Malinké, il fixe sur un carnet tel ou tel nom ; de là une grande confusion dans les renseignements qu'il veut recueillir sur les cours d'eau situés un peu loin de son itinéraire.

La deuxième rivière qui vient rejoindre le Bafing à Bafoulabé est le Bakhoy, dont la largeur atteint 250 mètres. Ce cours d'eau vient de l'est ; il coule dans la partie la plus basse du bassin du Sénégal et l'on peut considérer son cours prolongé, en amont vers le Ba-Oulé et aux environs de Marconnah dans le Fadougou, comme le thalweg naturel du fleuve principal. Jusqu'à 20 kilomètres en amont de Fangalla, le Bakhoy suit ce thalweg ; mais là se trouve un nouveau confluent, et le nom de Bakhoy est conservé à la rivière la plus importante venant du sud-est. Ce nom n'est pas le seul : les indigènes, suivant leur nationalité, désignent encore le Bakhoy sous le nom de Migna ou de Ouandan.

Le Bakhoy, Migna ou Ouandan a ses sources derrière le Bouré, dans la

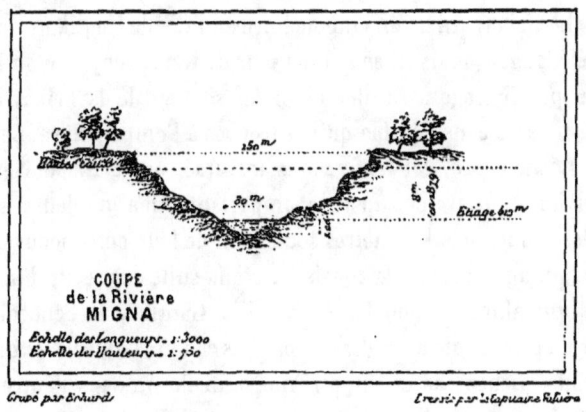

mare de Saréani. Son affluent de gauche le plus considérable est le Komeissang, qui lui est presque parallèle sur tout son parcours. A droite, il reçoit près de Niagassola le Kokoro, grossi lui-même du Kofilani et du Balankô. Enfin, en aval de Niagassola, nous citerons encore, parmi les affluents du

Bakhoy, le Souloun, le Kanékouo, le Kégnéko, la Kobaboulinda et un certain nombre de petits ruisseaux donnant de l'eau toute l'année.

La dépression qui constitue le thalweg naturel du Sénégal est suivie, en amont du Bakhoy, par le cours du Ba-Oulé. En remontant cette dernière rivière, nous rencontrons le Bandingho, cours d'eau qui descend des monts du Manding parallèlement au Bakhoy, et arrose le Fouladougou en se creusant un lit profond à travers les argiles épaisses entassées dans la vallée d'érosion qu'il parcourt.

M. le lieutenant Piétri a reconnu la vallée du Ba-Oulé jusqu'à Sambabougou, et, sur les indications des indigènes, il fixe le confluent du Ba-Oulé avec le cours d'eau descendant de Marconnah à 50 kilomètres en amont de son point d'arrêt. Les sources du Ba-Oulé ayant été déterminées par la suite, nous savons que cette rivière sort des monts du Manding derrière Bammako, à quelques kilomètres seulement du cours du Niger. Au Bélédougou, il reçoit de nombreux ruisseaux, passe près de Kondou, et va tomber perpendiculairement dans la dépression qui, partant de Marconnah, se continue vers Bafoulabé et Médine.

Pour compléter l'hydrographie du bassin du Sénégal, nous citerons l'éventail des petits cours d'eau qui descendent de Dianghirté et du Bakounou; Mage les a traversés à sec, mais, lors de l'hivernage, ils viennent porter leurs eaux dans la vallée du Ba-Oulé.

A ce propos, nous ferons remarquer que l'hypothèse, admise par Mage, d'un cours d'eau venant de Dianghirté pour se déverser dans le Niger, doit être écartée. La Frina, qui a son embouchure en aval de Koulikoro, sort des monts du Bélédougou, mais sa source ne saurait remonter jusqu'au Kaarta. Ce qui a pu porter Mage à reculer ainsi les sources de la Frina, c'est la quantité d'eau assez considérable qu'il a trouvée à l'embouchure. Cette raison n'est pas concluante, car nous avons traversé, entre Nafadié et Bammako, des rivières qui avaient un débit important, bien que leurs sources fussent situées à quelques kilomètres seulement de leur embouchure.

Une autre opinion a pris de la consistance à la suite des récits d'un voyageur anglais qui affirmait que les eaux de la Gambie, du Sénégal et du Niger étaient en communication directe par des canaux naturels, et que l'on pouvait en conséquence passer en pirogue d'un fleuve dans l'autre. Cette assertion ne résiste pas à l'examen; elle est contraire à tout ce que nous savons de ces régions. Que la Gambie et la Falémé puissent, au moment de l'hivernage, couvrir les plaines du Bondou et du Ouli, et communiquer par le Nérico, le fait est vraisemblable; mais, bien que les sources des affluents du Sénégal soient très rapprochées du lit du Niger, il existe entre ces sources et le fleuve soudanien des différences de niveau qui rendent toute communication impossible.

Le système hydrologique du Sénégal et de ses affluents présente certaines particularités dignes de remarque.

Nous savons que les cours d'eau de ce bassin ont généralement des sources peu abondantes; quelques-uns, comme le Bakhoy, prennent naissance dans des mares stagnantes et présentent à la sortie très peu de courant. D'autre part, la pente générale des principales rivières est considérable. Le Bafing a sa source vers la cote 750, le Bakhoy et le Ba-Oulé ont la leur à la cote 500; or, à Bafoulabé, leur point de jonction, on est à la cote 110 seulement. Ces cotes nous donnent, pour le Bafing seulement, 630 mètres de différence de niveau pour 450 kilomètres de parcours; c'est là une grande pente pour un cours d'eau. Nous savons encore que les pluies ne durent que trois mois environ, après lesquels survient dans tout le bassin une chaleur s'élevant parfois à 45° centigrades à l'ombre.

Ces considérations : faiblesse des sources, forte inclinaison générale, évaporation exceptionnelle, pourraient faire supposer que les cours d'eau sont rapidement mis à sec, surtout dans les hautes régions. C'est le contraire qui se produit. Les hautes régions présentent, au moment de la saison sèche, des quantités d'eau relativement considérables, et nous en donnons ci-après les causes principales.

Les lits du Sénégal et de ses affluents, au lieu d'être ouverts au courant, sont, à des distances variables, coupés par des bancs de roches plus ou moins élevés, formant, parfois, comme au Félou, à Gouina, à Bily, de véritables cataractes. En arrière de ces barrages naturels se sont créés des biefs à eaux profondes et sans courant sensible. Ces biefs commencent dans le Fouta et se continuent jusqu'aux sources des plus petites rivières du bassin. Ce fait étant connu, il est facile de se rendre compte du phénomène qui survient au moment des pluies torrentielles de l'hivernage. L'énorme quantité d'eau qui tombe en quelques jours étant peu absorbée par les flancs dénudés des vallées d'érosion, elle fait rapidement déborder les biefs; les barrages sont submergés, les cascades recouvertes et de grandes masses liquides se précipitent dans les biefs inférieurs, qui s'emplissent à leur tour. Le mouvement continue ainsi jusqu'aux plaines du Bas-Sénégal, qui ne tardent pas à se changer en immenses marais. De là les crues subites et périodiques qui rappellent, par leur régularité, celles du Nil.

Dès que les pluies cessent, les sources étant seules à fournir le débit, les barrages supérieurs se découvrent, puis les barrages inférieurs, et peu à peu, le torrent s'étant écoulé vers la mer, le fleuve n'est plus alimenté que par les minces filets d'eau qui s'échappent des fissures des cataractes; mais, en arrière d'elles, il reste de vastes réservoirs pleins d'eau. Ces réservoirs, dans les hautes régions, sont préservés contre l'évaporation par l'épaisse végétation qui borde les rives de presque tous les cours d'eau, et forme au-dessus de leurs lits une voûte de verdure interceptant les rayons du soleil et maintenant, pendant la saison sèche, une certaine fraîcheur aux abords.

Niger. — La mission a suivi la rive gauche du Niger sur un trajet de 60 kilomètres, a franchi le fleuve au passage de Tourella et s'est tenue, pendant 250 kilomètres environ, à peu de distance de la rive droite. Ce que nous avons vu de ce gigantesque cours d'eau, joint aux travaux de nos devanciers dans la région et aux renseignements que nous avons recueillis auprès des indigènes marchands ou voyageurs, à la suite d'interrogations faites avec méthode, nous permet de fixer comme suit l'hydrographie générale du bassin du Niger.

Les sources du Djoliba sont encore à découvrir, mais le major Laing et récemment MM. Zweifel et Moustier s'en sont assez approchés pour que la géographie générale n'ait plus à se préoccuper beaucoup de cette question. Nous dirons donc que le grand fleuve commence près des monts Loma, se dirige vers le nord jusqu'à Farannah, tourne à l'est en aval de cette ville aujourd'hui détruite, jusqu'au Ouassoulou. Là il remonte vers le nord et vient se heurter contre les montagnes du Manding, qui lui impriment la direction nord-est, direction qu'il suit d'une façon générale, en décrivant des boucles plus ou moins prononcées jusqu'à Kabara, le port de Tombouctou. A partir de Kabara, le fleuve, après avoir décrit un grand arc, s'infléchit vers le sud et va porter ses eaux dans le golfe de Guinée, où il s'échappe par plusieurs bouches qui ont créé un vaste delta.

Cet immense trajet, de plus de 850 lieues, est loin d'être reconnu. Mungo-Park l'a suivi entre Bammako et Boussa, mais il est mort dans son voyage. René Caillié l'a parcouru entre Moptit et Kabara, dans une région où il se divise en plusieurs grands bras dont Caillié n'a pu suivre qu'un seul. Barth n'a fait que le couper en plusieurs points et s'est tenu en général assez éloigné de son cours. Enfin Mage et notre mission n'ont pu dépasser Ségou.

On le voit, il s'en faut de beaucoup que le Niger soit connu dans toutes ses parties, et les voyageurs ont encore un grand champ d'exploration dans le bassin du grand cours d'eau des nègres. Toutefois, on peut dès aujourd'hui diviser ce bassin en trois régions distinctes, qui ont chacune une physionomie particulière et sont séparées par des obstacles naturels remarquables.

La première, comprise entre les sources et les roches de Sotuba, à 10 kilomètres en aval de Bammako, est le Haut-Niger. Nous nous occuperons plus spécialement de cette région, qui nous est plus connue.

La deuxième partirait des roches de Sotuba et irait jusqu'aux chutes de Boussa; nous l'appellerons le Niger moyen. C'est la partie la moins connue du cours du fleuve. On sait qu'elle traverse les vastes plaines du Macina, que le fleuve s'y subdivise en nombreux canaux qui fertilisent le sol et permettent l'élevage d'un nombreux bétail et de beaux chevaux; enfin, que de grands villages, reliés par une navigation assez active, se pressent sur les rives du fleuve et font entre eux un commerce important d'esclaves, de bétail, de grains, d'or, de tissus, etc.

La troisième région, de Boussa à la mer, est assez connue; nous la désignerons sous le nom de Niger inférieur.

Le Haut-Niger est la partie montagneuse du bassin, si l'on peut employer le terme de montagne pour désigner les massifs, les chaînons et les contreforts abrupts qui couvrent le pays, mais dont l'élévation générale au-dessus des plaines est presque toujours inférieure à 500 mètres. C'est aussi la région la mieux arrosée.

Nous connaissons comme affluents de gauche : le Falico, le Tombali, le Sissi, le Koba, le Niando, le Diamba, le Kodosa, le Ba N'Diégué, le Tinkisso, très fort affluent, grossi lui-même d'un grand nombre de rivières, l'Amarakoba, et un grand nombre de petits cours d'eau dont quelques-uns sont à sec une partie de l'année, mais qui, en hivernage, apportent au fleuve de grandes masses d'eau.

Les grands affluents de droite du Haut-Niger sont : les rivières de Mafou, Yendan ou Niama, Milo, Soussa et Fandoubé. Chacune d'elles reçoit de nombreux ruisseaux. Le Milo passe à Kankan, et à la hauteur de ce célèbre marché il a près de 100 mètres de largeur.

Nous devons compter, dans le Haut-Niger, un très important cours d'eau, le Mahel-Balével (Oulou-Oulou des Bambaras), qui traverse le Ouassoulou du nord au sud, suit parallèlement le Niger jusque vis-à-vis de Djenné et va rejoindre le grand fleuve à Moptit, à un confluent visité par René Caillié. D'après les renseignements que nous avons pu nous procurer, le Mahel-Balével, s'il est moins large que le Niger, serait beaucoup plus profond. On y rencontre, en grande quantité, des hippopotames et des caïmans, animaux que l'on ne trouve pas dans le Djoliba supérieur. Les prochaines explorations ne devront donc pas négliger d'examiner si cet affluent, qui aboutit entre Tombouctou et Ségou, ne fournirait pas une voie commode et accessible à nos canonnières pour pénétrer dans le Macina.

Le Mahel-Balével reçoit d'autres rivières importantes, qui sont : le Mahel-Danevel, grossi du Ba-Oulé ; le Mahel-Bodevel ou Koba-Diéla et le Mahel-Bendougou. Toutes ces rivières descendent de la chaîne qui, partant du Fouta-Djallon, se continue vers le pays de Kong. Elles coulent presque parallèlement entre elles, dans la direction nord-sud. Elles reçoivent de nombreux ruisseaux, et l'on peut dire de la région du Haut-Niger que, si elle présente de vastes plateaux pierreux arides et desséchés, elle est fertile et bien arrosée dans les dépressions. Tout ce que nous avons appris du Ouassoulou, du Kentiledougou et des autres territoires de ces régions, rapproché de ce que nous avons vu par nous-mêmes, nous a confirmé dans cette opinion, que la race nègre avait là un sol généreux, où elle trouvait abondamment récoltes et pâturages et que la misère et les famines, fléaux de ces contrées, sont toujours le résultat des guerres de destruction que les peuplades se font entre elles, sous la direction de chefs sauvages et ambitieux. Le résultat le plus navrant de ces luttes sans merci où le vaincu, devenu l'esclave du vainqueur, est vendu aux étrangers, est la dépopulation de la contrée.

Faute de bras, le désert s'étend sur les surfaces fertiles, au lieu d'être limité aux terrains impropres à toute culture.

Le Niger présente les mêmes phénomènes hydrologiques que le Sénégal.

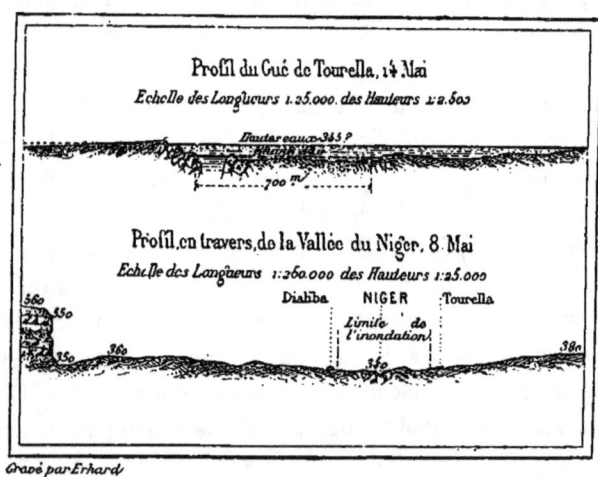

Nous avons vu qu'il se composait de trois grands biefs principaux, séparés par les chutes de Boussa et le rapide de Sotuba. Plus on se rapproche de sa source et plus ces chutes et barrages deviennent fréquents; il en est de même pour tous ses affluents. A la saison d'hivernage la pluie arrive subitement, comme pour le Sénégal. Les quantités d'eau déversées dans le lit du fleuve sont énormes et son débordement est des plus considérables. A Tourella, au moment des basses eaux, le fleuve présentait de 700 à 750 mètres de largeur, avec quelques îlots de sable et de verdure, qui divisaient l'eau en plusieurs chenaux; mais, aux hautes eaux, ces bancs de sable étaient recouverts, et nous avons constaté dans la plaine les traces de l'inondation extrême. A ce moment, le fleuve n'a pas moins de 2 kilomètres de largeur. On peut juger ainsi de la masse du flot qui passe. La crue commence en juin pour finir en décembre. Mage a d'ailleurs établi une échelle de cette crue annuelle devant Ségou.

Navigabilité du Sénégal et du Niger. — Le Sénégal et ses affluents sont maintenant suffisamment connus au point de vue de leur navigabilité.

La navigation permanente du Sénégal pour nos avisos à vapeur s'arrête à Mafou. Elle peut s'effectuer pendant trois mois jusqu'à Médine et pendant quatre mois jusqu'aux Kayes, en aval du rapide des Kippes. En dehors de cette courte période, la navigation entre Mafou et Médine n'est plus possible aux avisos, et devient même précaire pour les chalands d'un tirant d'eau de plus de 40 centimètres. Pour donner une idée des difficultés de la navigation du Haut-Sénégal aux basses eaux, nous dirons qu'entre Bakel et Médine, sur un parcours de 80 milles, on ne rencontre pas moins de 27 passages, parmi lesquels ceux de Moussala, de Diancadapé, de Tambo-Kané et des Kayes sont difficiles; celui des Kippes est à peu près infranchissable pour un chaland chargé. En revanche, entre chacun de ces passages, il existe de beaux et larges biefs présentant des profondeurs suffisantes pour la grande navigation.

En raison de la difficulté du rapide des Kippes, on a fixé la limite de la navigation aux hautes eaux en aval du village des Kayes, et c'est de ce dernier point que doit partir la voie ferrée du Haut-Sénégal au Niger.

En amont de Médine, on rencontre la chute du Félou, élevée de 9 à 10 mètres au-dessus du bief inférieur; mais, en amont du Félou, s'étend le magnifique bief du Logo, d'une longueur de près de 40 kilomètres et navigable aux petits vapeurs. Ce bief pourra être utilisé avantageusement pour les transports entre Lontou et Boukaria; mais, à partir de ce dernier point jusqu'à Bafoulabé, il serait dangereux de compter sur le secours du fleuve pour le service des transports. L'expérience en a été faite en décembre 1879, et nous la considérons comme décisive : des pirogues ont mis vingt jours pour se rendre à Bafoulabé, et leurs chargements, débarqués et rembarqués un grand nombre de fois, sont arrivés à destination entièrement avariés.

À Bafoulabé, point de jonction du Bakhoy et du Bafing, on peut encore se servir d'embarcations sur ces deux rivières, larges et profondes; mais cette navigation, en ce qui concerne le Bakhoy, s'arrête à quelques kilomètres et ne peut guère se prolonger dans le Bafing, car les indigènes signalent des barrages non loin du confluent.

En résumé, en dehors d'une navigation locale, dans des biefs plus ou moins longs et sans communication facile entre eux, il est impossible, au moins dans l'état actuel, de se servir du Sénégal et de ses affluents en amont de Boukaria.

Les divisions que nous avons établies pour la description hydrographique du Niger, conviennent également en ce qui concerne la navigabilité de ce fleuve.

La partie du Haut-Niger que nous avons vue est certainement navigable. Le large lit du fleuve est parsemé d'îles plus ou moins étendues, mais entre lesquelles circulent des canaux où de fortes embarcations trouveraient aisément un passage. Toutefois, il existe des passages que les cavaliers toucouleurs de la rive droite franchissent pour aller razzier les Malinkés de la rive gauche; mais lorsqu'on connaît la hardiesse des pillards toucouleurs, on ne peut pas conclure que ces passages seraient autant d'obstacles à la navigation. Nous citerons à ce propos l'affirmation de marchands venus de Kankan, qui nous racontaient que l'on pouvait venir en pirogue de leur ville jusqu'à Sotuba, sans quitter le fleuve.

Il serait imprudent de certifier la parfaite navigabilité du bief supérieur du Niger, avant une reconnaissance hydrographique détaillée; mais, d'après nos renseignements, nous avons acquis la conviction que, de Kankan ou de Tiguibiri jusqu'aux roches de Sotuba, il sera possible de circuler avec un petit vapeur à faible tirant d'eau.

A 10 kilomètres environ en aval de Bammako, les rochers de Sotuba barrent le fleuve, et nous entrons dans le Niger moyen. La mission n'ayant pu visiter ces roches, nous devons nous en tenir à la description que Mungo Park en a donnée. L'illustre voyageur assure qu'il existe sur la rive droite du fleuve un canal naturel qui permet, avec quelques difficultés il est vrai, le passage des pirogues et par suite la communication entre les deux biefs. Les renseignements recueillis par M. Piétri, qui ignorait alors ce détail, sont venus confirmer l'assertion du voyageur anglais. Il est donc permis d'espérer que des travaux, peut-être peu importants, ouvriraient un passage entre le Haut-Niger et le Niger moyen.

Au-dessous des roches de Sotuba et jusqu'à Sansandig, le Niger est navigable même à la maigre, mais pour un petit vapeur seulement. En effet, par les passages de Koulikoro, de Nyamina, de Ségou-Koro et de Sansandig, pour ne citer que les plus importants, les piétons peuvent franchir le fleuve avec de l'eau jusqu'au-dessous de la ceinture, ce qui suppose une hauteur de 80 centimètres environ.

Après Sansandig, la navigation rencontrera moins d'obstacles. Vers Diafarabé, le Niger se divise en deux branches principales : l'une, étroite et profonde, remonte par Diaka vers le lac Deboe et Kabara; l'autre, plus large mais moins profonde, poursuit vers Moptit, en étalant ses eaux dans les plaines du Macina. La première de ces branches est bonne pour la navigation; déjà les indigènes l'utilisent pour des pirogues de grandes dimensions, munies de voiles. Ces pirogues ont des bords assez élevés pour obliger les mariniers à employer une corde et un seau s'ils veulent puiser l'eau dans le fleuve. Nos chalands et nos petits remorqueurs sont donc certains d'y circuler librement.

Le moyen Niger s'arrête aux chutes de Boussa, considérées jusqu'à présent comme infranchissables. L'avenir dira si des travaux appropriés ne permettront pas de supprimer cet obstacle. Quant à présent, il faut considérer que la navigation sur le Niger moyen est d'une grande importance pour les projets de la race blanche dans le Soudan. De Bammako à Boussa, le parcours est immense; les pays riverains sont fertiles et peuplés; il y existe déjà un commerce assez actif, indiquant les aptitudes de ces populations pour les opérations commerciales. Ces considérations font pressentir que les négociants un peu hardis trouveraient dans cette vaste région des moyens d'échange et un écoulement important des produits manufacturés.

Nous n'avons rien à dire du bas Niger; il est déjà remonté à d'assez grandes distances par des vapeurs de commerce, qui y font de bonnes opérations d'échange.

En résumé, la navigabilité est probable dans le Haut-Niger, certaine dans le Niger moyen et connue dans le Niger inférieur. De plus, on est en droit de penser que la mise en communication des trois bassins est réalisable.

Ce chapitre fera encore ressortir aux yeux de nos lecteurs la nécessité d'une reconnaissance hydrographique entreprise aussitôt que possible et dans de bonnes conditions. Il est à désirer que tous les efforts possibles soient faits pour lancer des chaloupes à vapeur sur le Niger; en même temps qu'elles ouvriraient rapidement un passage à la civilisation dans ces parages, elles achèveraient de les faire connaître au point de vue géographique. Alors seulement on pourra, en toute connaissance de cause, déterminer exactement le point où il convient de faire aboutir la voie commerciale qui, partant du Haut-Sénégal mettra notre colonie en communication avec l'intérieur du Soudan.

GÉOLOGIE.

Le sol de la région explorée présente une grande uniformité géologique : c'est un composé de grès, d'oxydes ferrugineux et d'argile. Le grès, avec toutes ses variétés, domine presque partout, et spécialement dans les massifs montagneux qui couvrent le vaste plateau situé entre Bafoulabé et le Niger. Toutefois, dans les dépressions en grand nombre qui séparent ces massifs, l'argile se rencontre en grande quantité. Le pays est alors couvert, surtout au moment des pluies de l'hivernage, d'une végétation excessivement touffue, et les détritus végétaux forment une sorte de terreau très fertile, éminemment propre à la culture du riz, du gros mil et du maïs.

Les dépressions alternant avec les hauteurs de forme irrégulière dont nous avons parlé plus haut, ainsi que les rives du Sénégal, du Niger et de leurs affluents, soumises à l'influence des inondations périodiques de l'hivernage, constituent des terrains propres aux cultures de ces contrées intertropicales. Une couche de terre argileuse recouvre le sous-sol de grès, et le sorgho, le riz, le maïs, le tabac, l'arachide, y poussent avec vigueur. Les terres y sont grasses, suffisamment profondes, d'une ressource et d'une fécondité d'autant plus remarquables, qu'elles contrastent avec l'aridité des plateaux rocailleux qui dominent les plaines et en circonscrivent l'étendue. Les terres noires et humides que l'on rencontre principalement au bord des cours d'eau, surtout dans le bassin du Niger, seraient, je crois, favorables à la culture du bananier, et il est regrettable que cet utile végétal, qui forme la base de la nourriture des nombreuses populations de l'Afrique centrale, n'y ait pas encore été introduit.

La région que nous étudions ne présente pas partout des conditions aussi avantageuses pour les cultures. Dans certaines parties, la terre offre, mélangés à l'argile, des oxydes de fer et beaucoup de silicates. Les plateaux qui couronnent les hauteurs se trouvent généralement dans ce cas. La végétation est alors peu touffue et ne s'y trouve guère représentée que par une seule essence d'arbres, petits et chétifs, dont l'écorce bouillie sert à obtenir la teinture jaunâtre des *pagnes* qui couvrent les indigènes.

Enfin, dans d'autres endroits, remarquables au point de vue géologique, tels que certains plateaux rocheux où les affleurements du sous-sol émergent fréquemment du terrain argileux, la végétation est complètement nulle ou ne consiste qu'en quelques bouquets isolés d'acacias rabougris.

Il est certain qu'une exploration méthodique, faite par un géologue de profession, pourrait seule éclairer complètement sur la formation et la nature des terrains de la région considérée. Les observations que nous avons pu faire dans les lits des marigots et au pied des montagnes nous permettent cependant d'affirmer que la région parcourue n'est en somme qu'un terrain primitif avec ses érosions et ses alluvions anciennes. Il se présente avec une grande uniformité de composition, et l'on ne peut nier, par exemple, qu'il n'y ait beaucoup d'analogie entre les hauteurs de Mansonnah (Natiaga, non loin de Bafoulabé) et celles de Bammako. Les érosions de la vallée de Mansonnah sont seulement plus prononcées, et le Sénégal ne présente pas ces talus à pente assez douce produits probablement sur les bords du Niger par les propres dépôts alluvionnaires du fleuve. Le grès se montre par assises horizontales, ce qui n'a pas lieu dans les formations basaltiques. Plusieurs espèces de cette roche s'altèrent à l'air et deviennent ainsi impropres à la construction.

Le terrain est généralement peu perméable, et les vallées des cours d'eau les plus importants, tels que le Bakhoy et le Ba-Oulé, sont creusées dans un sol greyeux, formé d'une série de massifs isolés et irréguliers, entre lesquels coulent une infinité de petits ruisseaux et marigots, à pente très rapide. Les parties supérieures du bassin du Sénégal et du Niger sont ainsi constituées par un réseau très compliqué et très ramifié de petits cours d'eau. Ce fait, comme je l'ai déjà montré plus haut, explique la rapidité des crues dans cette région. Celles-ci sont dues surtout à la dénudation des terrains voisins des sources qui alimentent ces rivières. Les pluies ne sont absorbées qu'en très minime partie; toute l'eau va au thalweg. L'inspection de la carte montre du reste combien est grand le nombre de ruisseaux et de marigots que l'on rencontre entre Médine et les sources du Bakhoy. Aux premières pluies, la quantité d'eau qui se déverse ainsi dans cet affluent du Sénégal doit être énorme; il doit en être de même pour le Bafing. Il n'est donc pas besoin d'admettre l'existence des neiges sur les sommets du Fouta-Djallon pour expliquer les crues du Sénégal et du Niger. Elles proviennent de la dénudation des terrains situés dans les parties supérieures des bassins de ces deux cours d'eau. Les barrages naturels successifs dont nous avons constaté l'existence, particulièrement dans les lits du Sénégal et de ses grands affluents, arrêtent pendant toute l'année l'eau qui se déverse ainsi, puis les biefs débordent rapidement aux premières pluies. La destruction des barrages aurait pour effet de vider ces grands fleuves pendant la saison sèche; aussi est-ce avec la plus grande circonspection qu'il faudra toucher à leur régime.

Au-dessous de Bakel, où finit la partie montagneuse du bassin du Sénégal, la crue est moins rapide à cause de la nature siliceuse du terrain qui absorbe une certaine quantité des eaux pluviales, agissant ainsi comme une sorte de régulateur sur les crues. Au moment des premières pluies, le terrain environnant s'imbibe aux dépens du fleuve, ce qui produit même un abaissement momentané des eaux dans la partie basse de la vallée; il allonge ensuite la crue, au moment de la baisse, en rendant au fleuve une partie des eaux enlevées. Nous nous rappelons qu'en 1879 la plaine qui s'étend aux environs de Saint-Louis, sur la rive droite du Sénégal, était déjà inondée et en grande partie impraticable, alors que la crue s'était à peine fait sentir dans le fleuve.

En terminant ces considérations succinctes sur la nature du terrain de la région que nous avons explorée, j'insisterai sur la nécessité d'une reconnaissance géologique détaillée, faite par un spécialiste, et ayant pour but surtout de se rendre compte des richesses métallurgiques (or, fer, mercure, etc.) dont nous avons pu constater l'existence; les indigènes les exploitent avec des moyens tellement rudimentaires, qu'il n'est pas permis de déduire des résultats à peu près insignifiants qu'ils obtiennent ainsi les bénéfices que notre industrie pourrait retirer d'une exploitation intelligente et persévérante de ces richesses. Je reviendrai d'ailleurs plus loin sur cette importante question.

VILLAGES, HABITATIONS ET FORTIFICATIONS

Toute la région que nous avons limitée ci-dessus et décrite ensuite au point de vue topographique est habitée par des indigènes appartenant à trois races principales : les Malinkés, les Bambaras et les Toucouleurs. On y trouve, en outre, un grand nombre de Sarracolets et d'assez importantes tribus de Pouls nomades.

Dans le Kaarta, dans certaines parties du Bélédougou et sur les bords du Niger, les villages sont assez nombreux. Par exemple, dans le Guéniékalari et le pays de Ségou, le voyageur reste rarement une heure sans voir un village. Par contre, dans le Fouladougou, dans le Birgo et dans le Manding, la région est peu peuplée. De nombreuses ruines attestent seules la prospérité passée de la contrée et témoignent des désastreux effets de la conquête musulmane. Entre Badumbé et Goniokori, nous avons marché pendant plus de 80 kilomètres sans rencontrer un seul village. Dans sa reconnaissance du Ba-Oulé, entre Fangalla et Kita, M. le lieutenant Piétri n'a trouvé que le village de Sambabougou. Il est vrai que ces territoires sont situés à la limite des pays malinkés, et que c'est sur eux qu'est retombé le plus grand poids des guerres religieuses. La plupart des habitants ont émigré pour se retirer dans des régions moins exposées.

Les villages indigènes de cette partie du Soudan diffèrent d'aspect avec les centres de population que l'on rencontre dans les pays ouolofs et toucouleurs de la Sénégambie française.

Dans le Cayor, dans le Oualo, dans le Fouta, et même dans les pays soninkés des bords du Sénégal, les villages se composent en général de cases en paille avec toits coniques, réunies en groupes entourés de *tapades* ou de *sécos*, sortes de nattes grossièrement tressées avec de la paille ou des tiges de mil ou de maïs. Chaque groupe forme une *concession* et constitue généralement l'habitation d'une famille.

Dans les pays malinkés et bambaras, les populations, sans cesse exposées aux razzias et forcées souvent de se renfermer dans leurs villages pour se défendre contre un ennemi mieux armé et supérieur en nombre, ont entouré leurs habitations d'une enceinte, dont le tracé, qui présente des formes diverses, est rarement rectiligne. Les Malinkés, ayant remarqué, non sans raison, que les courtines, longues et fragiles, sans renforcement sur aucun point, seraient renversées par les pluies torrentielles ou les vents violents des tornades, ont le plus souvent construit leurs enceintes en zigzags, imitant ainsi grossièrement le tracé à crémaillère. Cette disposition a, d'autre part, l'avantage de fournir tout à la fois des feux directs et des feux croisés (fig. 1).

Le flanquement est obtenu alors par des tours ou par des renflements demi-circulaires du mur d'enceinte, qui forment bastions à l'extrémité des courtines (fig. 2). Quelquefois aussi il est assuré par les irrégularités des tracés, qui présentent fréquemment des saillants et des rentrants, établis sans aucun art, mais qui n'en sont pas moins efficaces dans une certaine mesure.

Le profil des enceintes des villages de Malinkés et Bambaras se compose d'une muraille verticale, de 50 centimètres à 1 mètre d'épaisseur à la base et qui va en s'amincissant vers le haut, où elle n'a plus que $0^m,20$ environ d'épaisseur. Elle est construite avec une sorte de boue argileuse qui se durcit au soleil et devient très résistante. Pour en augmenter la solidité, on y mêle souvent de petites pierres dures, qui transforment la maçonnerie en une sorte de béton très ferme ; nous avons vu des ruines de ces murailles déjà anciennes qui tenaient encore très bien. Sur certains points, comme à Koundian, Mourgoula, Badumbé, Nioro, on a imité une grossière maçonnerie par assises de moellons reliés avec la même boue, employée comme mortier; ces dernières murailles sont plus solides que les autres. Les terres employées pour les constructions sont prises souvent en avant et

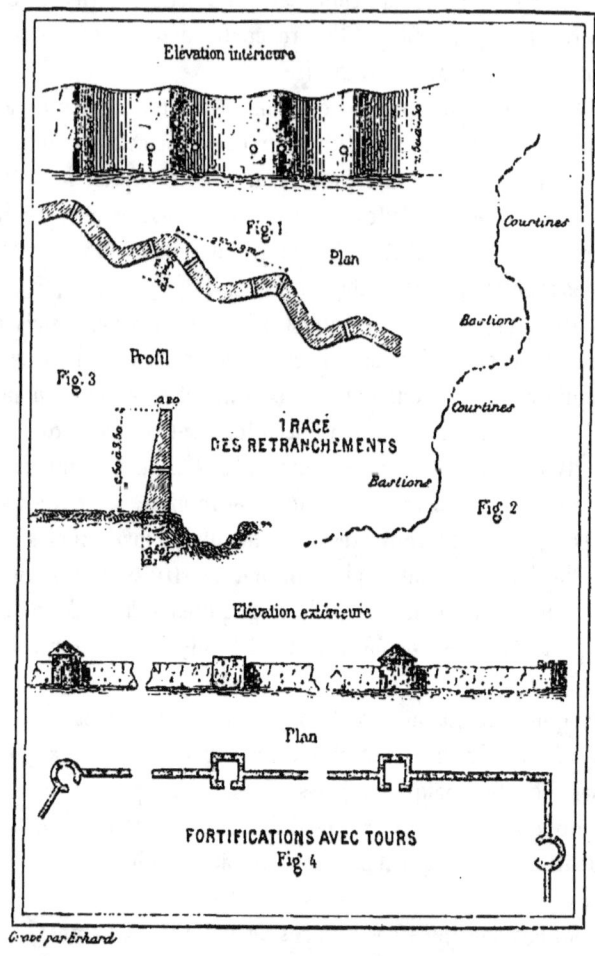

au pied même des murailles, où il s'est ainsi créé des excavations assez profondes pour constituer un obstacle sérieux (fig. 5). La hauteur du mur varie entre 2 mètres et 2^m,50; cette dernière dimension est la plus rare. Quelquefois enfin, ce mur est vertical à l'intérieur et présente un léger talus à l'extérieur. Les pluies de l'hivernage détrempent assez promptement ces constructions, et il se produit fréquemment des éboulements, que l'on répare à la saison sèche; d'autres fois, les pluies n'ont d'autre action que de réduire les épaisseurs en lavant les terres. En résumé, peu de talas résisteraient aux intempéries, si les indigènes n'avaient le soin de les réparer et de les entretenir.

Les défenseurs se placent derrière le mur et pratiquent à peu près à hauteur d'épaule des trous ronds de $0^m,05$ à $0^m,10$ de diamètre, **destinés à donner passage aux canons de fusil. Ces sortes de créneaux ne sont ouverts qu'au moment même des sièges; en temps** ordinaire, ils sont bouchés. C'est par ces créneaux que les habitants abrités tirent sur les assaillants qui cherchent à gagner le pied du mur. Nos pièces de 4 de montagne, en usage au Sénégal, ouvriraient vite des brèches, à la condition toutefois de frapper au pied de la muraille pour en entraîner l'effondrement complet. En effet, en raison du peu de résistance de la maçonnerie, les projectiles passant sur la crête et à mi-hauteur ne feraient probablement que se frayer un passage sans renverser le retranchement. Lors de la prise du village de Goubanko, en février 1881, il ne fallut pas moins de cent coups de canon pour ouvrir dans la muraille une brèche de 2 à 3 mètres de largeur.

Les formes des enceintes ne sont pas soumises à des règles fixes; elles varient suivant les villages et les caprices des constructeurs. L'unique règle est d'entourer les habitations d'une enceinte fermée, représentant tantôt un rectangle, tantôt un polygone irrégulier d'un nombre considérable de côtés. Souvent des côtés rectilignes sont reliés par des parties courbes. On rencontre aussi des enceintes tracées suivant une courbe irrégulière qui enveloppe tout le village. Sur tout leur parcours, ces enceintes ont le profil donné ci-dessus.

On trouve cependant quelque méthode dans la manière dont les Malinkés ou les Bambaras assurent le flanquement.

Lorsque le tracé est rectiligne (fig. 4), ils élèvent tous les 40 ou 60 mètres, quelquefois à moindres intervalles, des tours rondes ou carrées construites de façon à faire saillie de 2 ou 3 mètres sur le front extérieur de la muraille. Ces tours, selon leur forme, ont un toit conique ou pyramidal; leurs dimensions varient, sans aller au delà de 4 mètres de côté ou de diamètre. Quant à la hauteur, elle dépasse généralement celle du mur d'environ $1^m,50$. Quelquefois cependant elles ont la même élévation; dans ce cas, elles n'ont pas de toit.

Un grand échafaudage intérieur (fig. 5) permet, au moment des sièges, de monter à la partie supérieure des tours et de fournir ainsi deux étages de feux sur le pied des murs.

On pénètre dans l'intérieur des tatas par des portes fortifiées, que l'on fait aussi peu nombreuses que possible. Il est rare d'en trouver plus de quatre sur toute l'enceinte. Ces portes présentent souvent, au point de vue défensif, des détails ingénieux; voici les différents types que nous avons remarqués.

1° La porte n'est qu'un simple passage pratiqué à travers l'une des tours de l'enceinte, construite à cheval sur le mur. Dans ce cas, l'assaillant ne trouve devant lui d'autre obstacle que le battant en bois, toujours fermé pendant les sièges. Ce battant est généralement formé de trois ou quatre madriers de $0^m,03$ à $0^m,05$ d'épaisseur et de $2^m,50$ à $2^m,80$ de longueur,

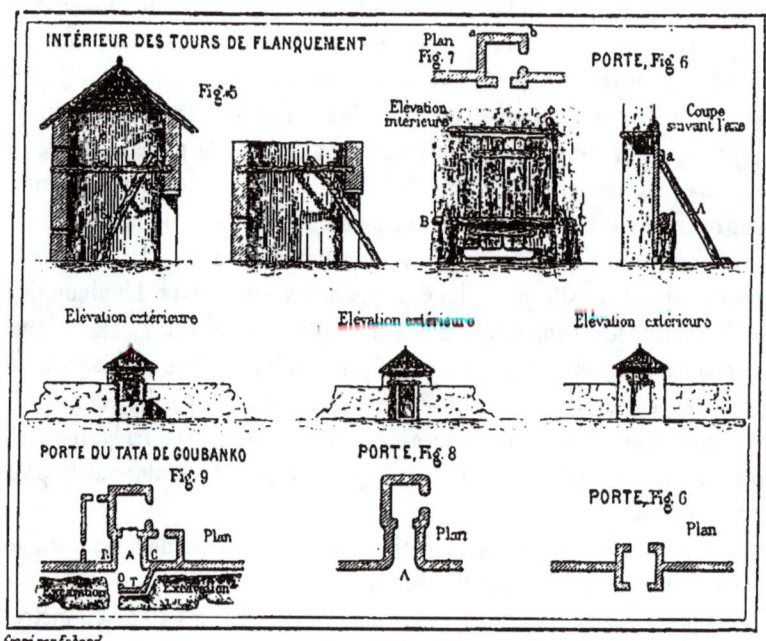

réunis par deux traverses, a et b (fig. 6). L'un des madriers extrêmes présente deux allongements arrondis, c, d, dont l'un, c, s'engage dans un anneau pratiqué dans la planche p qui constitue le dessus de l'ouverture de la porte, et l'autre, d, est appuyé dans le creux d'un tronc d'arbre enfoncé dans le sol. Le battant peut ainsi tourner autour de c, d, qui forme charnière. Le système de fermeture consiste, en temps ordinaire, en un étai, A, qui s'appuie sur une forte barre transversale, B C, maintenue dans les entailles de deux troncs d'arbre fortement enterrés de chaque côté de l'entrée. Les portes sont ainsi en état de résister à de très fortes pressions. Le mode de fermeture que nous venons de décrire, d'après ce que nous avons vu en divers points, n'est pas suivi partout, et souvent les indigènes se contentent de disposer, en arrière des battants, une multitude d'étais, ou même ils entassent toutes sortes de matériaux destinés à augmenter la résistance.

2° Les ouvertures des portes ne sont pas toujours vis-à-vis l'une de l'autre ; le plus souvent même, on est obligé de tourner à droite ou à gauche pour pénétrer dans l'intérieur de l'enceinte (fig. 7, 8). Cette disposition arrête l'élan de l'assaillant et permet aux défenseurs abrités derrière le second mur de la tour, a, b, de tirer sur les entrants.

3° La tour où l'on a ouvert la porte est souvent construite à 2 ou 4 mètres en arrière de la muraille. La figure montre alors la disposition générale. On remarquera que l'assaillant, au lieu d'aborder directement la porte, est obligé de parcourir l'étroit couloir A, où il est exposé aux feux à bout portant des défenseurs (fig. 9).

4° Nous terminerons en montrant la construction de ce genre la plus compliquée que nous ayons rencontrée. Pour pénétrer dans le tata de Goubanko, village récemment détruit par une colonne française, nous avons dû franchir la porte dont le dessin se trouve indiqué dans la figure. Comme on le voit, la tour, située à 5 mètres environ en arrière du front extérieur, a devant elle un couloir étroit, A, formé par deux abris couverts, B et C, qui peuvent recevoir chacun cinq ou six tireurs. Le couloir lui-même est masqué par un tambour, T, qui fait saillie sur le front de la fortification ; enfin, ce tambour ne porte qu'une ouverture étroite, O, pratiquée sur le côté, et où un cavalier a peine à passer.

Toutes les entrées que nous avons rencontrées se rapprochent des types décrits ci-dessus.

Les Malinkés et les Bambaras n'ont pas, à proprement parler, de défenses accessoires autour de leurs tatas, mais les abords des enceintes présentent souvent des obstacles qu'il est bon de signaler. Ainsi, indépendamment des puits creusés dans l'intérieur des villages, il en existe toujours un certain nombre à l'extérieur et auprès de la muraille. On les distingue aisément et d'assez loin, car ils sont entourés d'une sorte d'enceinte en palissades, contenant un petit jardin, où l'on plante en général du tabac et des *diakhatos*, espèce de tomates du pays. Ces enceintes palissadées, parfois très rapprochées comme à Goubanko, Naréna et autres lieux, forment des défenses de nature à embarrasser sérieusement la marche des assaillants.

Lorsque les récoltes sont sur pied, c'est-à-dire pendant l'hivernage, elles constituent des défenses de premier ordre. On sait en effet combien les roseaux de mil sont résistants et rendent la marche difficile. Or les Malinkés et les Bambaras cultivent le mil jusqu'au pied de leurs murs, qui se trouvent ainsi masqués à la vue des assiégeants, tandis qu'eux-mêmes peuvent se poster de façon à observer tous les mouvements de l'ennemi. Ainsi, à l'assaut du village de Sabouciré, en septembre 1878, les récoltes gênèrent considérablement l'action de notre infanterie.

Nous signalons encore une défense accessoire assez fréquemment employée autour des tatas. Les indigènes construisent à 100 ou 200 mètres en avant de la muraille des abris couverts pour tirailleurs, semblables à celui de la figure. Ce sont des gourbis formés de sékos et d'une grossière charpente en branches d'arbres. Les guerriers se placent à l'intérieur et peuvent tirer sur l'ennemi à travers les interstices de la paille des sékos, sans que celui-ci puisse le voir.

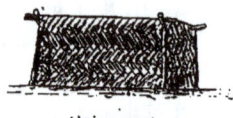
Abri couvert.

Ces abris ont pour résultat de retenir les assiégeants loin des approches des tatas. Ainsi qu'on le voit, ce sont là des obstacles utiles seulement contre les armées indigènes et inefficaces devant nos armes à longue portée.

La nécessité d'avoir de l'eau en tout temps et de se tenir au centre des terres à cultures oblige les Bambâras et les Malinkés à s'établir sur les bords des cours d'eau ou dans le voisinage des mares. Aussi leurs villages sont-ils tous dans les vallées, auprès des rivières ou au fond de dépressions sous lesquelles il s'est formé, par l'infiltration des eaux pluviales et l'imperméabilité du sous-sol, des nappes d'eau qui sont mises à jour au moyen de puits plus ou moins profonds. On ne rencontre de villages sur les hauteurs que très exceptionnellement. Il faut alors que, par un hasard tout à fait extraordinaire sous la zone torride, on trouve réunis sur ces points élevés, et de l'eau potable toute l'année, et des terres assez fertiles pour nourrir la population. On est donc assuré de pouvoir gagner les approches des tatas sans craindre de se heurter contre de grandes difficultés matérielles. On ne rencontrera guère dans le voisinage, comme obstacles naturels, que quelques petits cours d'eau ou des mares peu profondes avec la végétation qui les borde et qui est quelquefois très dense.

Dans le Bambouk, le Birgo et la vallée du Niger, certains villages, tout en restant dans les bas-fonds, ne sont pas bâtis au centre des cultures et n'ont pas leurs habitations entourées d'une enceinte continue. Ils se sont, au contraire, peureusement établis sur le côté des plaines ou des vallées, au pied de montagnes rocheuses à murailles verticales. Dans ce cas, les habitants ne conservent d'enceinte que du côté accessible, c'est-à-dire vers la plaine, ou même ils laissent leurs villages entièrement ouverts, comme à Mansonnah (Natiaga), à Kita, à Tabou; mais, le jour du danger, ils abandonnent leurs cases, se réfugient dans les roches par des passages connus d'eux seuls, et là peuvent se défendre avec plus de succès que derrière leurs murailles. Ils ont de plus la certitude de pouvoir fuir aisément sans être poursuivis. A Kita, les roches qui dominent Makadiambougou tiennent lieu de fortifications, et les Kitankés ont même construit dans la montagne des lignes de défense successives, dont l'assaut serait des plus périlleux.

Si les Bambaras ou les Malinkés n'ont pu utiliser les sommets secs et arides de leur pays pour y construire leurs villages et les mettre à l'abri des coups de leurs ennemis, en revanche ils ont su fort bien tirer parti, au point de vue défensif, des terrains bas qu'ils étaient obligés d'habiter. Les tatas sont situés tantôt dans la grande boucle de quelque cours d'eau qui forme ainsi fossé sur plusieurs côtés, tantôt sur une légère éminence au milieu d'un vaste espace bien découvert; tantôt enfin, les murailles sont masquées par un rideau d'arbres serrés et touffus, constituant un premier rempart naturel. Tout en mettant beaucoup de soin à choisir les positions de leurs tatas, ils ne pouvaient les mettre à l'abri des coups de notre artillerie, dont les effets et la portée leur sont inconnus; aussi leurs murailles sont-elles presque toujours placées trop près des hauteurs qui nous permettent de prendre vue dans l'intérieur de l'enceinte et d'y diriger sûrement nos coups. Ainsi, les deux tatas les plus redoutables que nous ayons rencontrés, Tadiana et Mourgoula, sont commandés par des collines d'une trentaine de mètres d'élévation, situées à moins de 500 mètres de l'enceinte. Cette circonstance, si favorable pour nos armes, prouve une fois de plus l'immense intérêt que nous aurions à appliquer contre les populations barbares de ces pays reculés les procédés scientifiques de nos guerres d'Europe : reconnaissance, bombardement, pétardement des murailles à la dynamite, etc., et à ne plus livrer ces assauts hâtifs qui nous causeront toujours des pertes hors de proportion avec les résultats politiques ou commerciaux que nous recherchons.

L'intérieur des villages bambaras ou malinkés présente encore plus d'obstacles et de moyens défensifs que les enceintes avec leurs abords. Rien n'égale le désordre avec lequel les habitations sont construites et la confusion de ruelles et de passages sans issues qui résulte de ce défaut de règles. L'habitant seul peut retrouver son chemin au milieu de ces culs-de-sac sans nombre. L'étranger est promptement désorienté, et il est dès lors aisé de se rendre compte de l'embarras dans lequel se trouveraient les officiers chargés de diriger leurs soldats parmi cet amas d'obstacles jetés au hasard, et inconnus d'eux tous.

D'autre part, l'intérieur présente aux défenseurs beaucoup de points de ralliement très difficiles à enlever s'ils étaient bien défendus, et qui sont dus à l'organisation même de la famille chez ces populations sauvages. Nous voulons parler de ces enceintes particulières, où chaque chef de famille renferme ses femmes, ses captifs, son bétail et ses autres biens, et dont les dimensions varient avec la fortune des individus. Voici comment s'organisent en général ces demeures. Chaque particulier dispose ses cases selon une circonférence ou un carré, de façon à se réserver une cour intérieure plus ou moins spacieuse sur laquelle s'ouvrent toutes les portes; les cases sont ensuite reliées les unes aux autres par un mur en terre ou une barrière en clayonnage, qui achève d'isoler complètement le propriétaire de ses voisins et le met entièrement chez lui. On ne peut pénétrer dans ces enclos qu'en traversant une case à deux portes qui met la cour intérieure en communication avec la rue. Le croquis ci-contre donne un exemple d'enceinte particulière, qui permettra de se faire une idée de toutes les autres constructions de ce genre.

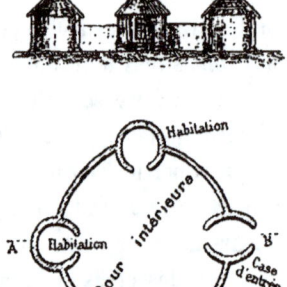

Plan d'une habitation.

Le village entier se compose d'une multitude de ces petits enclos accolés ou séparés par des ruelles tortueuses qui souvent s'enfoncent profondément à travers les habitations pour aboutir à une impasse. On conçoit facilement que des assaillants, ignorants de la disposition intérieure du village, seraient fort gênés après avoir franchi la muraille du tata. Où se diriger? où porter ses coups dans cet encombrement confus de retranchements, dont chaque pan de mur peut abriter un défenseur et dont chacune des enceintes particulières que nous venons de décrire pourrait devenir un centre sérieux de résistance. A la vérité, en pareil cas, la défense manque d'unité et de direction, puisque chacun s'isole et combat chez soi; mais le succès n'en serait pas moins très chèrement acheté dans ce milieu où la supériorité de l'armement se trouve annihilée.

Indépendamment de ces obstacles, les principaux villages contiennent une seconde enceinte fortifiée ayant tata, tours, etc., tout comme la première. Là demeure le chef du pays avec ses femmes et ses captifs, le tout constituant un chiffre assez nombreux pour former un deuxième village. Lorsque la défense est acharnée et que la première muraille a été prise, les guerriers viennent se replacer derrière cette seconde enceinte, et un nouveau siège commence, plus meurtrier encore que le premier.

Les villages de la partie du Soudan occidental que nous avons explorée peuvent donc se diviser en plusieurs types. Les moins importants ont un tata peu étendu qui abrite le chef et sa maison. Quant aux habitants, ils éparpillent leurs cases à l'extérieur de la muraille et, lorsque l'ennemi est annoncé, tous évacuent leurs demeures pour aller s'enfermer chez le chef, dont ils défendent les remparts. Tels sont les villages de Solinta, Soukoutaly, Badougou, Ouoro et Goniokori, situés sur les bords du Bakhoy.

D'autres villages ont toutes leurs cases entièrement contenues dans l'intérieur d'un grand tata plus ou moins bien fortifié. Tels sont Badumbé, Manambougou, Goubanko, Nafadié, Guinina, etc.

Enfin, un très grand nombre de villages situés au delà de Kita, dans les vallées des rivières et entre les massifs montagneux, ont une seconde enceinte à peu près concentrique avec la première. Les tatas de Siracoro, de Niagassola, de Balandougou, de Bammako, de Koumakhana, Naréna, situés sur la route du Niger, avaient ainsi deux murailles contenues l'une dans l'autre.

A ce dernier type se rattachent les villes ou villages du Niger, qui ont deux ou trois tatas intérieurs non concentriques avec l'enceinte générale et abritant deux ou trois chefs, assez riches pour s'être construit une sorte de village particulier dans l'enceinte commune. Ségou-Sikoro, par exemple, rentre dans cette catégorie : entre les murailles du grand tata qui enveloppe toute la ville, on trouve les enclos fortifiés désignés sous le nom de tata d'Ahmadou et de tata d'El-Hadj, dans lesquels le sultan a entassé ses trésors et son peuple de femmes et de captifs.

Il existe ainsi des villages qui ont, comme Mourgoula, jusqu'à trois remparts concentriques.

Enfin, on rencontre encore quelques villages qui, comme Kakoulou dans le Logo, ont construit plusieurs tatas séparés les uns des autres et établis sans considération de flanquement ou d'unité dans la défense.

Je me suis étendu longuement avec intention sur l'organisation intérieure des villages bambaras et malinkés. Elle diffère notamment de celle des centres de population que nous sommes habitués à rencontrer dans le Oualo et sur les bords du Sénégal ; il m'a donc semblé qu'il serait utile de donner quelques développements à cette question, alors que des colonnes destinées à protéger la construction de nos établissements se verront peut-être dans l'obligation d'agir contre ces tatas ; ce sont des obstacles assurément peu importants en face des canons et des armes à longue portée, mais qui, ignorés, déconcertent les combinaisons des chefs, rompent l'élan des soldats et paralysent la supériorité de tactique et d'armement.

Je terminerai ces considérations plutôt militaires que topographiques, en donnant quelques détails sur quelques-uns des tatas remarquables de la route du Niger, sur ceux, notamment, dont la chute ferait tomber le pays environnant.

Au premier rang se place Mourgoula. Cette place toucouleure est la seule qui sépare encore Kita du Niger. Elle est de plus en plus isolée au milieu des provinces malinkés environnantes, qu'elle dominait naguère, et le temps n'est pas éloigné où son almamy devra l'abandonner, nous livrant ainsi sans conteste la route du grand fleuve du Soudan.

Mourgoula est situé au milieu d'un très beau site, mais son emplace-

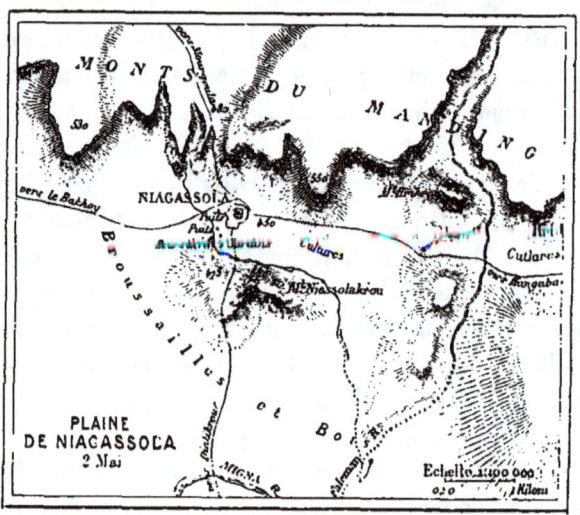

ment, au point de vue militaire, est encore plus remarquable. Le lieutenant Vallière (ch. xiv) a décrit en détail cette place importante.

Le village de Niagassola renferme plus de 1000 habitants, et sa situation à l'entrée de la vallée du Bakhoy et à l'intersection des principales routes commerciales du Soudan occidental en fait un point très important, surtout pour l'avenir. Son vieux chef, Mambi, est allié avec les chefs de Kangaba et du Bouré, et c'est lui qui actuellement joue le rôle politique le plus considérable dans tout le Manding.

A notre avis, c'est à Niagassola que devra être établi le poste intermédiaire entre Kita et le Niger. Ainsi que je l'ai exposé plus haut, la route à construire devra, à partir de Makadiambougou, se jeter vers les rives du

Bakhoy, afin d'éviter le pays tourmenté qui s'étend entre cette rivière et son affluent, le Bandingho, et plus particulièrement la région que traverse actuellement le sentier menant de Niagassola à Mourgoula. La reconnaissance du lieutenant Vallière sur la rive gauche du Bakhoy, par le Gadougou, prouve surabondamment les avantages qu'il y aurait à tourner Mourgoula, en se jetant vers le fond de la vallée, sur l'un ou l'autre côté de la rivière. D'autre part, c'est à Niagassola que la route devra remonter vers l'intérieur pour suivre le pied des monts du Manding et par Koumakhana déboucher dans la vallée du Niger, en profitant de la trouée naturelle qu'offrent le col de Sana-Morella et le plateau de Naréna. Je rejette ici le cas où la voie projetée prendrait pour objectif Kangaba ou tout autre point en amont de Bammako ; pour nous, en effet, il n'est pas douteux qu'il ne faille aborder le Niger le plus bas possible, tout au moins en aval des roches de Sotuba, de manière à profiter du fleuve le plus tôt possible, vers Manambougou ou Koulikoro. Nous savons bien que le Bouré, le Ouassoulou et les contrées situées vers les sources du Niger devront être nécessairement desservies par la route commerciale à tracer entre ce fleuve et le Sénégal, mais rien n'empêcherait de construire, à partir de Koumakhana, un embranchement qui, par Kangaba et le Bouré, mettrait en communication le Fouta-Djallon avec la ligne principale débouchant de Kita. Pour le moment, le plus important est d'atteindre le Niger en un point qui nous permette d'abandonner la voie de terre pour celle du fleuve, et de lancer une canonnière à vapeur qui, du même coup, pourra explorer tout ce cours d'eau jusqu'à Kabara, le port de Tombouctou.

Niagassola est d'ailleurs situé à peu près à mi-chemin entre Kita et le Niger ; son importance politique empêche en outre le choix de tout autre point pour y élever l'établissement militaire et commercial qui marquera une nouvelle et dernière étape avant de parvenir au grand fleuve soudanien.

Ces considérations expliquent pourquoi, à notre retour de Ségou, j'ai réuni à Niagassola les principaux chefs du Manding pour leur faire signer un acte par lequel ils se plaçaient provisoirement sous le protectorat français. Il était bon de montrer à ces Malinkés que nous ne faisons nullement cause commune avec les Toucouleurs et que nous n'entraverions en rien leurs tentatives pour secouer le joug de leurs anciens conquérants.

La place de Tadiana est située sur la rive droite du Niger, à une trentaine de kilomètres du fleuve. Située au sud des possessions d'Ahmadou, sur la rive droite, elle commande la province du Guéniékalari et sert de point de rassemblement aux colonnes toucouleures qui vont chaque année guerroyer dans le Bana et le Ouassoulou, pour y faire ample moisson de captifs, de chevaux et de butin.

Tadiana occupe une position analogue à celle des places que nous avons déjà décrites. Un ruisseau creux et difficile à franchir l'entoure au nord

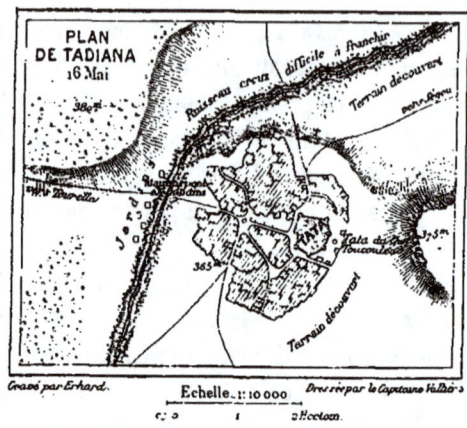

et à l'ouest; la végétation assez dense qui garnit les bords du ruisseau cache la place aux vues des étrangers arrivant par la plaine. Deux hauteurs qui dominent le village d'une quinzaine de mètres, rendraient un bombardement des plus aisés si jamais des colonnes avaient à opérer dans cette partie des États du sultan de Ségou.

Le tata présente une forme circulaire irrégulière. Vers l'ouest et le nord, les murailles sont construites très solidement et bordées à l'intérieur d'une sorte de galerie couverte, permettant d'abriter les défenseurs. Le tata particulier du chef de Tadiana se trouve sur le côté est de la place. Il est muni de tourelles semblables à celles de Mourgoula.

Tadiana présente les mêmes causes de faiblesse que les autres places toucouleures. Elle n'a qu'une garnison tout à fait insuffisante, et c'est à peine si deux cents guerriers armés de fusils pourraient se ranger derrière ses murailles.

Mentionnons encore les villages de Guinina et de Koundou. Les instructions que j'avais reçues du gouverneur, à mon départ de Saint-Louis, me prescrivaient de choisir entre Kita et le Niger les points convenables pour des postes intermédiaires ou des dépôts d'approvisionnements. La route du Bélédougou, que j'ai dû prendre pour parvenir au Niger et qui m'a seule permis d'atteindre l'objectif de Bammako qui m'avait été fixé, me semble devoir être écartée pour le tracé de la voie commerciale projetée. Mais il n'en était pas moins utile de connaître cet itinéraire et les points favorables à des établissements militaires ou autres, car les circonstances pourraient bien exiger que cette route fût choisie par la colonne d'occupation destinée à prendre pied définitivement sur le Niger[1].

Dans ce cas, les deux villages de Kondou et de Guinina, espacés entre

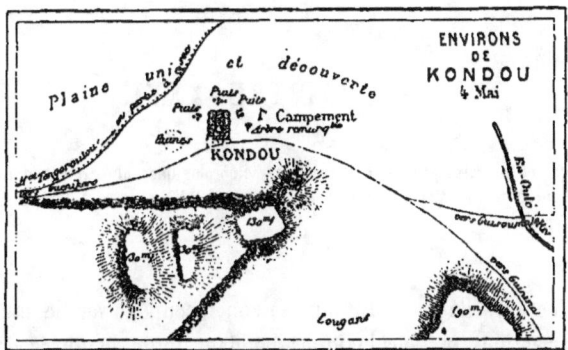

Kita et Bammako, me semblent convenir le mieux pour servir de gîtes d'étapes à la colonne; celle-ci ne pourrait sans danger étendre sa ligne de

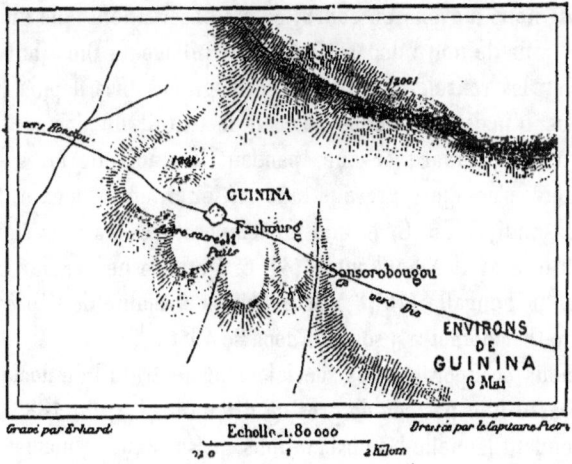

communication jusqu'au Niger, si elle ne disposait en arrière d'elle de points intermédiaires d'une utilité absolue dans ces contrées désertes et sans grandes ressources.

1. C'est en effet l'itinéraire qu'a suivi la colonne chargée d'occuper effectivement Bammako et d'y construire un poste. Les croquis rapportés par notre mission ont permis au chef de la colonne de se diriger aisément dans cette région, que nul voyageur européen n'avait parcourue depuis Mungo-Park.

CHAPITRE XXVII

Climatologie et météorologie. — Observations météorologiques et barométriques. — Les saisons sur le Haut-Niger. — Maladies des Européens et des indigènes. — Salubrité relative de la vallée du Haut-Niger.

Les docteurs Bayol et Tautain se sont occupés avec le plus grand soin des observations météorologiques pendant toute la durée de la mission. De Médine au Niger, c'est-à-dire du 22 mars au 15 mai 1880, le docteur Bayol n'a cessé de tenir son carnet d'observations, malgré les fatigues de la marche et les inconvénients résultant de nos déplacements continuels. Toutefois, nous n'avons pu consulter ces observations que du 22 mars au 24 avril, jour de notre départ de Kita, le pillage de Dio ayant empêché de rassembler les renseignements météorologiques pris depuis Kita jusqu'à Dio. Nous n'insisterons donc pas sur le travail du docteur Bayol, nous bornant à faire remarquer que, pendant les mois de mars et d'avril, le thermomètre s'est élevé presque tous les jours, entre deux et trois heures de l'après-midi, à 39° C. et que les températures les plus élevées ont été observées le 8 avril à Soukoutaly (41° C. à quatre heures de l'après-midi), le 10 avril à Fangalla (48°,8 à deux heures et demie de l'après-midi) et à Kita, où le thermomètre a souvent dépassé 40° C.

Nous nous occuperons plus spécialement du travail du docteur Tautain, qui embrasse une période de près de dix mois (1er juin 1880 au 21 mars 1881), pendant laquelle les observations, prises dans le même lieu et dans les mêmes conditions, permettront peut-être d'apprécier le climat des pays riverains du Niger, c'est-à-dire d'une région qui sera avant peu ouverte à nos soldats et à nos commerçants.

Nous extrayons donc presque textuellement du travail du docteur Tautain les renseignements qu'on va lire.

Nos instruments, par suite de la perte de notre convoi, se réduisaient à un thermomètre et à un baromètre.

Le thermomètre était un thermomètre centigrade, gradué sur verre en demi-degrés depuis —10° jusqu'à + 42°. Le liquide était l'alcool non coloré. Il avait été comparé avant le départ avec le thermomètre de l'observatoire de l'école des Frères à Saint-Louis ; à notre retour, nous avons pu faire de nouvelles comparaisons et nous assurer ainsi du bon état de conservation de l'instrument.

Quant au baromètre, c'était un baromètre holostérique de Ducray-Chevalier, petit instrument très portatif, sensible et cependant construit assez solidement pour avoir pu, dans la route, subir d'assez nombreux chocs sans cesser de donner d'excellentes indications.

Les instruments étaient suspendus librement à 1^m,80 du sol, sous un hangar, que nous avions fait construire dans la cour d'un groupe de cases en terre ; la cour était légèrement ouverte au sud, au sud-ouest, voire même à l'ouest et au nord-ouest ; du côté de l'est et du nord, le peu d'élévation des murs et la présence de baies permettaient une suffisante circulation des courants d'air.

Les observations étaient prises quatre fois par jour : six heures du matin, dix heures du matin, deux heures et six heures du soir.

Le village de Nango, où nous avons séjourné pendant toute cette période, est situé par environ 13° de latitude nord et 9° de longitude ouest du méridien de Paris, sur la rive droite du Niger, à environ 35 kilomètres de ce fleuve. Le pays qui entoure Nango est une vaste plaine, avec quelques rares accidents peu élevés. Autour du village, jusqu'à une distance de 1 à 4 kilomètres, selon les directions, le terrain a été défriché, et l'on ne voit que des champs cultivés, parsemés d'arbres assez nombreux : l'Acacia albicans, auquel sont accrochées les ruches ; le Tamarindus indica, souvent sacré ; le Parkia, dont les gousses sont remplies d'une farine jaune d'or, enveloppant la graine et fort agréable à manger ; le Bassia Parkii, dont les fruits servent, après que la pulpe en a été mangée, à faire le beurre végétal ; le Koya senegalensis et deux espèces de figuier. Au delà des cultures, des broussailles plus ou moins épaisses avec des arbres nombreux forment une forêt assez claire, dont les essences dominantes sont celles que nous avons citées plus haut, et les Adansonia, les Bombax, un grand arbre malvacé voisin du Bombax, un Acacia à gomme friable, des Balanites ægyptiaca assez rabougris et des Zizyphus.

Le sol est formé par une épaisse couche d'argile rougeâtre, humifiée à la surface et seulement jusqu'à une faible épaisseur ; en certains points percent des blocs ou des tables de grès et des bancs plus ou moins étendus de roches, qui paraissent être des argiles imprégnées de sels de fer et ayant subi un métamorphisme.

Comme la Sénégambie, le pays de Ségou présente deux saisons bien tranchées, la saison sèche et la saison humide.

Le tableau suivant donne les températures moyennes mensuelles.

Noms des mois.	Moyennes des températures, de 6 h. m. et 2 h. s.
Juin 1880............................	28°,84
Juillet...............................	26°,10
Août.................................	24°,75
Septembre..........................	26°,02
Octobre.............................	26°,90
Novembre...........................	24°,00
Décembre...........................	22°,53
Janvier 1881.......................	22°,44
Février..............................	26°,55
Mars.................................	28°,80

On voit donc qu'en juin l'hivernage ou la saison humide est commencé, mais les pluies sont encore rares; la température moyenne du mois est de 28°,8.

En juillet et en août, les pluies sont de plus en plus fréquentes et de plus en plus abondantes; la température moyenne descend à 26°,1, puis à 24°,7. Au mois de septembre, les pluies sont encore fréquentes, mais leur intensité et leur abondance ont diminué; la température remonte à 26°. Le mouvement d'ascension continue en octobre, mais très faiblement, car la fraîcheur des nuits commence à se faire sentir.

La saison sèche approche. Elle commence en novembre, et nous voyons une deuxième descente de la température, qui continuera à s'abaisser en décembre et arrivera à sa plus faible moyenne en janvier : 27°,4.

En janvier, la température de l'après-midi est élevée; en février, cette ascension du thermomètre continue en même temps que les nuits deviennent moins froides; et la température moyenne remonte, 26°,5 en février, 28°,8 en mars. Il est évident que ce mouvement ascensionnel continue pendant la fin de mars, le mois d'avril et peut-être le commencement de mai, pour s'arrêter ensuite, et que, comme en Sénégambie, il y a, dans une année, deux maxima et deux minima de la température : le premier minimum en janvier, le premier maximum en avril ou au commencement de mai, le second minimum en août et le second maximum en octobre.

Le deuxième tableau que nous donnons indique de quelles quantités a varié la température d'un mois à l'autre. Le signe + indique l'augmentation, le signe — l'abaissement :

Noms des mois.	Variations.
De juin à juillet 1880.................	— 2°,7
De juillet à août.......................	— 1°,3
D'août à septembre...................	+ 1°,2
De septembre à octobre..............	+ 0°,8
D'octobre à novembre................	— 2°,9

Noms des mois.	Variations.
De novembre à décembre 1880............	— 2°,5
De décembre à janvier 1881...............	+ 0°,9
De janvier à février	+ 4°,1
De février à mars	+ 2°,2

Si nous considérons maintenant la marche de la température pendant la journée, nous verrons que cette température est à son minimum vers six heures du matin; elle monte progressivement vers une heure ou deux heures de l'après-midi, reste sensiblement stationnaire pendant environ une heure ou une heure et demie, et descend assez lentement jusqu'à six heures du soir; à partir de cette heure, la rapidité de la descente augmente et la température revient au minimum vers six heures du matin.

Telle est la marche générale de la température. Mais, si nous examinons cette marche mois par mois, nous verrons certaines différences dans la rapidité avec laquelle s'élève ou s'abaisse la température. Ce sont ces différences que résume le tableau suivant :

MOIS.	VARIATIONS DE LA TEMPÉRATURE.			
	6 h. m. à 10 h. m.	10 h. m. à 2 h. s.	2 h. s. à 6 h. s.	6 h. s. à 6 h. m.
Juin 1880...	+ 5°,6	+ 3°,8	— 3°,0	— 6°,4
Juillet.......................	+ 4°,2	+ 2°,2	— 2°,1	— 4°,3
Août.........................	+ 3°,6	+ 1°,9	— 2°,6	— 3°,9
Septembre	+ 5°,0	+ 2°,0	— 3°,4	— 4°,5
Octobre......................	+ 6°,8	+ 4°,0	— 3°,2	— 6°,0
Novembre....................	+ 10°,5	+ 5°,7	— 5°,7	— 10°,4
Décembre....................	+ 12°,3	+ 3°,9	— 4°,5	— 10°,0
Janvier 1881.................	+ 20°,0	+ 2°,8	— 5°,4	— 17°,3
Février.......................	+ 13°,8	+ 3°,2	— 5°,0	— 12°,0
Mars.........................	+ 14°,4	+ 3°,4	— 4°,0	— 12°,0

Ce tableau montre que, pendant les mois d'hivernage, la température ne varie que dans une petite étendue, à quelque moment de la journée que ce soit, et que le mouvement est assez uniforme.

A mesure que la saison sèche et froide s'accentue, l'étendue des variations de six heures du matin à dix heures du matin et de six heures du soir à six heures du matin augmente notablement, puis elle recommence à diminuer lorsque la saison commence à redevenir plus chaude.

Quant aux variations de dix heures du matin à deux heures du soir, elles ont bien moins d'étendue et ne diffèrent que de peu, si l'on compare deux mois entre eux. Il en est de même de celles de deux heures à six heures du soir.

La température la plus basse qu'il nous ait été donné d'observer est une température de 8°, le 28 janvier 1881, à six heures du matin.

VOYAGE AU SOUDAN FRANÇAIS.

Le tableau ci-dessous donne la liste des températures inférieures à 16°.

TEMPÉRATURES	NOMBRE DE FOIS.	DATES OÙ ELLES ONT ÉTÉ OBSERVÉES.
8°	1	28 janvier 1881.
de 8° à 9°	2	19 décembre 1880; 4 janvier 1881.
9°	4	20 décembre 1880; 9, 14, 17 janvier 1881.
9° à 10°	3	21 décembre 1880; 7, 25 janvier 1881.
10°	7	18, 22 décembre 1880; 6, 10, 11, 13, 31 janvier 1881.
10° à 11°	3	22, 29 janvier; 1er février 1881.
11°	5	17 et 31 décembre 1880; 26, 27, 30 janvier 1881.
11° à 12°	5	2, 5, 16, 24 janvier; 2 février 1881.
12°	7	1, 3, 8, 15, 18, 19, 21 janvier 1881.
12° à 13°	2	15, 16 novembre 1880.
13°	8	19, 20 novembre; 11, 12, 13, 27, 28 décembre 1880; 8 février 1881.
13° à 14°	5	18, 25, 27 novembre; 26 décembre 1880; 23 janvier 1881.
14°	8	13, 14, 17, 20, 24, 26 novembre; 14, 25 décembre 1880.
14° à 15°	2	14, 15 février 1881.
15°	9	22, 23, 30 novembre; 23, 24, 30 décembre 1880; 20 janvier, 9 février 1881, 13 mars.
15° à 16°	4	7, 16 décembre 1880; 10 et 16 février 1881.
	75	16 en novembre. — 20 en décembre. — 30 en janvier. — 8 en février. — 1 en mars.

On voit que la majeure partie des basses températures a été observée au mois de janvier, dont les jours, sauf un, ont vu le thermomètre descendre au-dessous de 16°. Viennent ensuite décembre, puis novembre.

Quant aux maxima, nous n'étions pas à Nango à l'époque de l'année où l'on peut observer ces hautes températures, que tout le monde connaît et exagère même au Sénégal[1].

Le tableau suivant donne les températures supérieures à 35°.

TEMPÉRATURES	NOMBRE DE FOIS.	DATES OÙ ELLES ONT ÉTÉ OBSERVÉES.
35°	8	12 juin; 7 octobre; 25 janvier; 2, 14, 23 février; 8, 11 mars.
35° à 36°	10	13 juin; 23, 24, 30 janvier; 11, 12, 27 février; 10, 13, 16 mars.
36°	8	14 juin; 4, 13, 15, 22 février; 2, 15, 20 mars.
36° à 37°	9	18 juin; 3, 17, 19 février; 1, 3, 8, 12, 14 mars.
37°	2	25 juin; 7 mars.
37° à 38°	4	11 juin; 4, 5, 6 mars.
38°	2	10, 19 mars.
38° à 39°	7	10 juin; 9, 11, 12, 14, 15, 17 mars.
39°	3	27 juin; 13, 16 mars.
	53	8 en juin. — 1 en octobre. — 4 en janvier. — 13 en février. — 26 en mars.

---

1. On a vu qu'en 1880 la plus haute température observée a été de 42° en avril à Kita.

La majorité des hautes températures a donc eu lieu dans la période observée en mars, et nous avons pu constater, pendant notre voyage à l'aller, que c'est en avril que le thermomètre atteint les plus grandes hauteurs.

La plus haute température notée ayant été 39°, la plus basse 8°, la comparaison donne une oscillation de 31°, qui s'élèverait certainement à 35° ou 36°, si nous avions pu observer à Nango la période des plus forts maxima.

Le tableau qui suit nous indiquera les maxima et minima de chaque mois avec les oscillations mensuelles.

TABLEAU DES OSCILLATIONS MENSUELLES.

MOIS.	MAXIMA.	MINIMA.	OSCILLATIONS.
Juin 1880............	39°	22°,2	16°,8
Juillet...............	31°	21°,5	9°,5
Août.................	30°,5	20°,0	10°,5
Septembre...........	33°,3	20°,2	13°,1
Octobre..............	34°	17°	17°
Novembre............	34°,5	12°,5	22°
Décembre............	33°	8°,7	24°,3
Janvier 1881........	35°,4	8°	27°,4
Février..............	37°	10°,5	26°,5
Mars.................	39°	15°	24°

On voit, à la simple inspection de ce tableau, que, de même que pour les variations horaires, l'amplitude des variations est beaucoup moins considérable pendant les mois d'hivernage, juin, juillet, août, septembre, que pendant les mois de saison sèche.

TABLEAU DES OSCILLATIONS NYCHTHÉMÉRALES.

MOIS.	MAXIMA MOYENS.	MINIMA MOYENS.	OSCILLATIONS.
Juin 1880............	33°,5	24°,1	9°,4
Juillet...............	29°,3	22°,8	6°
Août.................	27°,5	21°,9	5°,6
Septembre...........	30°,1	22°	7°,0
Octobre..............	31°,5	20°,6	10°,8
Novembre............	32°,1	15°,9	16°,2
Décembre............	30°,6	14°,4	16°,2
Janvier 1881........	33°,8	11°,0	22°,8
Février..............	35°	17°,9	17°,1
Mars.................	37°,7	19°,8	17°,9

Là encore, c'est pendant les mois de saison sèche que l'amplitude des oscillations est la plus grande.

Passons maintenant à l'étude des pressions atmosphériques. Celles-ci ont généralement, sous les tropiques, deux maxima et deux minima dans le nychthémère, mais nous n'avons naturellement que les observations du jour. Le maximum et le minimum du jour nous ont paru se rapprocher beaucoup de nos observations de dix heures du matin et de six heures du soir. Nous prendrons donc les chiffres obtenus à ces heures pour déterminer nos moyennes, de même que nous nous sommes servis des observations de six heures du matin et deux heures du soir, pour calculer les températures moyennes.

Le tableau suivant donne les moyennes de dix heures du matin à six heures du soir.

Mois.	Moyenne de 10 h. m. à 6 h. s.
Juin 1880	733,9
Juillet	734,41
Août	733,86
Septembre	736,38
Octobre	736,28
Novembre	734,94
Décembre	736,04
Janvier 1881	735,49
Février	733,32
Mars	733,86

Le premier minimum de l'année paraîtrait, d'après ce tableau, être en février, le deuxième en août, c'est-à-dire un mois plus tôt qu'à Saint-Louis: mais les deux maxima paraissent avoir lieu, l'un en septembre-octobre, l'autre en décembre, au lieu de janvier et juin.

La pression s'accroît de six heures du matin jusque vers dix heures, pour diminuer jusqu'à six heures du soir; dans la nuit, il y a, comme dans tous les pays intertropicaux, un nouveau maximum et un nouveau minimum.

Les oscillations nychthémérales ont, comme toujours sous les tropiques, une faible étendue.

Mois.	Oscillations.
Juin 1880	2,9
Juillet	1,68
Août	2,11
Septembre	2,30
Octobre	2,12
Novembre	2,12
Décembre	3,11
Janvier 1881	2,17
Février	2,76
Mars	2,88

Elles ont plus d'amplitude pendant la saison sèche que pendant l'hivernage.

Le tableau suivant donne les pressions extrêmes et les oscillations mensuelles.

MOIS.	MAXIMA.	MINIMA.	OSCILLATIONS MENSUELLES.
	mm.	mm.	mm.
Juin 1880............	737.0	731.0	6.0
Juillet...............	737.0	732.0	5.0
Août.................	738.0	731.0	7.0
Septembre...........	740.0	732.5	7.5
Octobre..............	739.0	734.0	5.0
Novembre............	737.0	732.5	4.5
Décembre............	739.0	734.0	5.0
Janvier 1881.........	738.0	733.0	5.0
Février..............	737.0	730.5	6.5
Mars.................	736.5	730.0	6.5

Les oscillations mensuelles paraissent avoir plus d'amplitude pendant les mois de saison humide que pendant ceux de saison sèche.

Les vents ont présenté, pendant la période que nous envisageons, les mêmes caractères qu'en Sénégambie, c'est-à-dire vents variables; ouest, nord-ouest, sud, sud-ouest, du mois de juin au mois de novembre; puis, vents du nord-est en novembre et décembre; et enfin, vents fixes de l'est et du nord-est.

Les pluies, comme en Sénégambie, n'ont lieu que pendant l'hivernage. Cependant, au moment où nous quittions Nango, le ciel était menaçant, et, quelques jours après, le 27 mars, nous avions à subir une pluie très abondante et qui dura cinq à six heures. Le 30 du même mois, au village de Naréna (Manding), nouvelle pluie mélangée de grêle.

Les orages sans *tornades* ont été fort rares, puisque, pendant tout notre séjour sur les bords du Niger, nous n'avons pu en constater que huit, et encore quelques-uns se réduisaient-ils à la présence d'éclairs plus ou moins nombreux et à quelques coups de tonnerre. Deux de ces orages ont été suivis de tornades.

Les tornades sèches ont été aussi très rares. Quant aux tornades suivies d'orage, leur nombre total a été de quarante-trois, et un certain nombre a pu nous échapper, particulièrement en juillet.

	J.	J.	A.	S.	O.	N.	D.	J.	F.	M.
Orages.............	0	1	1	2	1	1	0	0	0	2
Tornades sèches......	1	0	1	0	1	0	0	0	0	0
Tornades ordinaires....	6	0	12	13	2	1	0	0	0	0

Nous signalerons en outre la fréquence des halos lunaires, en ajoutant que nous n'avons pu constater ces phénomènes, sauf exceptions, que lorsque la lune se levait de bonne heure.

Nous avons vu un fort beau halo solaire le 1ᵉʳ avril 1881, dans le Manding.

Enfin nous noterons deux bolides : l'un, le 24 novembre vers minuit, courant ouest-est ; l'autre, le 14 janvier, vers huit heures du soir.

En résumé, nous trouvons dans la région que nous avons habitée pendant dix mois, sur la rive droite du Niger, deux saisons bien tranchées : la saison sèche et la saison des pluies.

La saison sèche est sensiblement la même que celle que l'on peut observer dans les postes du Sénégal. Ce sont les mêmes vents desséchants venant du nord-est et du sud-est et que l'on connaît sous le nom de vents d'est ; ils deviennent d'autant plus brûlants qu'ils ont déjà plus asséché les terrains sur lesquels ils passent et, par conséquent, que la saison est plus avancée ; ce sont les mêmes hautes températures de la journée, auxquelles succèdent les températures relativement basses de la nuit.

Quant à l'hivernage, on peut dire qu'il commence dans la deuxième quinzaine du mois de mai : mais les pluies sont rares tout d'abord. Elles se multiplient en juillet ; leur durée, leur intensité et par suite leur abondance deviennent plus grandes ; aussi, dès la première période, remarque-t-on une chute très sensible de la température, et ce mouvement continue en s'accentuant à mesure que le mois s'avance. Un phénomène apparaît aussi, qui est lié tant à l'état hygrométrique de l'atmosphère qu'à l'abaissement de la température, c'est la rosée abondante qui se dépose le soir sur tous les objets capables de rayonner vers l'espace.

En août les pluies continuent, aussi fréquentes et aussi abondantes qu'en juillet ; en outre, la terre est déjà refroidie, de sorte que l'abaissement de la température s'accentue encore, et c'est le dernier tiers de ce mois qui offre la moyenne thermométrique minimum.

Le mois de septembre amène de grands changements ; les pluies sont fréquentes, il est vrai, mais leur intensité et leur durée sont moins grandes. Aussi, dès le début, peut-on constater une sérieuse ascension du thermomètre, qui s'accentue encore dans la deuxième période. Quant à l'atmosphère, qui était de plus en plus couverte jusqu'à la fin du mois d'août, on la voit se découvrir au fur et à mesure que l'on s'éloigne de ce mois.

Si nous examinons maintenant l'influence du climat sur l'état sanitaire, on reconnaît que le moment de la grande mortalité existe à la fin de la saison des pluies et qu'elle a pour cause, chez les indigènes du pays, les affections aiguës du système pulmonaire et la dysenterie, dues au refroidissement considérable de l'atmosphère pendant les nuits. Il se produit en outre, pendant la fin de l'hivernage, un certain nombre de décès, dus sans doute aux fièvres de la saison. Dans cette même période finale de l'hivernage, il meurt aussi un certain nombre de chevaux indigènes, et ce sont généralement ceux auxquels on a demandé un travail trop actif pendant la saison sèche.

Même en l'absence de renseignements, le docteur Tautain a pu s'apercevoir de la fréquence d'un certain nombre d'affections chroniques : la scrofulose, avec diverses de ses conséquences, spécialement le mal de Pott, les ostéites des membres inférieurs, les blépharites et les conjonctivites. La scrofulose vient en première ligne, puis on trouve de nombreux cas d'éléphantiasis des extrémités inférieures et du scrotum ; l'aïnhum se montre surtout. Le goitre est également assez commun ; enfin, un grand nombre d'individus sont héméralopes.

Les indigènes attachés à la mission, outre quelques cas de diarrhée, ont eu surtout à souffrir de la filaire de Médine. Quant aux quatre Européens, ils ont été fortement éprouvés par la fièvre paludéenne. Mais, à part des diarrhées pendant le début du séjour à Nango, diarrhées dues à la fatigue, au changement brusque d'alimentation, à la privation subite de toniques et à l'usage d'une eau indigeste, il n'y a pas eu de cas d'autres maladies ; c'est fort heureux d'ailleurs, car, vu le manque de médicaments, nous nous serions trouvés dans l'impossibilité absolue de les soigner.

Le pays que la mission a parcouru et habité sur la rive droite du Niger est évidemment, par sa topographie, par sa situation sur le globe et ses conditions météorologiques, un foyer de fièvres intermittentes ; nous estimons cependant que la plupart des villages visités par nous ne sont pas placés dans d'aussi mauvaises conditions que la plupart de nos établissements du Sénégal.

Si l'eau de plusieurs points est de très mauvaise qualité, tant pour l'alimentation que pour les usages domestiques, il est certain que les établissements que l'on pourrait fonder dans cette région, devant nécessairement se trouver sur les rives du fleuve, auraient, pendant toute l'année, une boisson excellente, surtout si l'on prenait la précaution de la filtrer au moins pendant la période de la crue, où les eaux sont troubles.

Pour l'alimentation, les employés noirs trouveraient dans le pays, et sans qu'il soit besoin de faire venir d'autres approvisionnements, une nourriture abondante et d'aussi bonne qualité que celle qu'ils ont l'habitude de recevoir dans ceux de nos postes sénégalais où ils sont appelés à résider. On se procurerait aisément viande et grains à l'aide d'objets d'échange. Seulement, la rareté du sel à certains moments et à la suite des troubles politiques qui agitent souvent le pays exigerait que l'on fit un sérieux approvisionnement de ce condiment indispensable.

Quant aux Européens, une installation à demeure leur permettrait de se créer une alimentation meilleure que celle que nous avons eue, et d'avoir d'ailleurs des provisions variées venues d'Europe; enfin, précaution essentielle dans ce climat débilitant, ils pourraient avoir ces deux toniques si utiles : le vin et le café.

Les habitations de terre des indigènes de la rive droite du Niger sont loin d'être parfaites; si perfectionnées qu'elles soient, il est rare qu'elles résistent longtemps aux averses de l'hivernage, et pendant la saison sèche elles sont excessivement chaudes. Nous avons pu nous convaincre par nous-mêmes des graves inconvénients de ce genre d'habitations pendant notre pénible et long séjour à Nango : à chaque orage et à chaque pluie, la pièce était inondée, et il s'y formait des mares d'eau, sources d'une humidité que les vents d'est seuls parviennent à chasser; pendant la saison sèche, les vents brûlants y développaient une chaleur intolérable. Mais il est clair que des Européens tireraient un bien meilleur parti que les Bambaras des ressources du pays; ainsi, pour ne citer qu'une amélioration facile à réaliser, il serait aisé de faire un plafond en bois surmonté d'un toit de même nature.

Au point de vue météorologique, il ne nous a pas été donné d'observer un phénomène excessif ou plus incommode, plus pénible que ceux que l'on subit dans le Haut-Sénégal. La saison sèche est d'ailleurs aussi réparatrice qu'en Sénégambie, et en outre le sol est peut-être plus vite asséché que dans les régions riveraines du Sénégal.

Si l'on considère attentivement les maladies fort nombreuses et l'état sanitaire passablement mauvais des indigènes, on remarque facilement que toutes les affections dont ils sont atteints rentrent dans la classe des maladies appelées à juste titre maladies alimentaires, ou bien qu'elles sont causées en grande partie par les déplorables conditions hygiéniques auxquelles ils sont soumis.

Ainsi, pour l'alimentation, nous constatons d'abord dans la nourriture des gens du pays l'absence presque complète du sel marin, remplacé souvent par la potasse grossière que l'on extrait des cendres pour la fabrication du savon et du tabac à priser. On peut se figurer l'influence plutôt mauvaise que favorable de ces sels potassiques dans l'économie. Nous voyons en outre l'absence presque absolue de viande et la façon grossière et primitive dont est confectionné le plat national, le *to;* rien n'est indigeste comme cette pâte gluante et fade, dont les indigènes font leur nourriture deux fois par jour. Enfin, nous avons parlé plus haut de l'inconvénient des cases, surtout en hivernage.

L'influence des causes alimentaires est tellement certaine, que les Toucouleurs et les Peuls, qui ont d'autres modes de nourriture et qui, s'ils ne mangent pas beaucoup plus souvent de viande fraîche, font, en tout cas, un grand usage de lait, ne présentent pas la même morbidité que les Bambaras; nous voyons au contraire chez eux une population saine et vigoureuse, bien qu'elle soit immigrée. Il en est de même pour les Sarracolets.

Pour nos hommes, nous n'avons eu à constater, en fait de maladies endémiques, que des cas de filaire de Médine. Lorsqu'on ne boit pas l'eau des mares stagnantes, — et nous avons été forcés d'en boire dans notre retraite de Dio vers le Niger, — on évite facilement ce parasite.

Enfin, pour ce qui regarde plus particulièrement les Européens, nous ferons remarquer, d'un côté, que nous n'avons pas fourni un nombre d'accès de fièvre bien différent de celui que donnent certains postes du Sénégal, tels que Saldé et Bakel, par exemple; d'autre part, nous sommes restés pendant dix mois à Nango, abrités par une mauvaise case de terre, nous nourrissant d'une façon à peu près exclusive de poulet et de riz, manquant de vin et de café, couchés sur des nattes étendues simplement sur la terre nue, sans médicaments et à peu près dépourvus de linge et de vêtements. Il n'y a donc en tout cela rien qui doive épouvanter pour l'avenir. Nous avons d'ailleurs l'exemple de Mage et de Quintin qui, dans des conditions un peu meilleures, ont pu séjourner pendant deux ans à Ségou; qui prirent part à des expéditions fatigantes, dont l'une eut lieu en hivernage (août 1865), et qui, restés trois ans en dehors des conditions de vie habituelle des Européens, fournirent un nombre de cas de maladies inférieur à celui de la garnison des postes du Haut-Sénégal.

En résumé, nous croyons devoir conclure que le pays de la rive droite du Niger, depuis Tourella jusqu'à Ségou, est une région qui peut être habitée, pendant un temps assez long, par des Européens et en tout temps par des indigènes de la Sénégambie; tous y trouveront une nourriture valant celle que l'on peut se procurer sur les rives du Sénégal, et leur santé comme leur existence n'y courra pas de plus grands dangers que ceux qu'ils affrontent journellement dans les autres établissements français des régions intertropicales africaines; cette assertion sera surtout fondée s'ils sont installés dans des conditions analogues à celles que l'on trouve dans tous ces établissements.

CHAPITRE XXVIII

Les Malinkés. — Contrées occupées par cette race. — Notions sur les différents États malinkés. — Le Fouladougou. — Le pays de Kita. — Le Birgo et le Manding. — Les pays malinkés du Haut-Niger.

Les Malinkés parurent très probablement dans le Soudan occidental après les Soninkés. Ils représentent une des grandes races de l'Afrique occidentale. Par l'étendue du pays qu'ils habitent, par leur nombre et par le rôle qu'ils ont joué, ils sont les rivaux des Peuls. D'après le général Faidherbe, les Malinkés ou gens de Mali conquirent les pays occupés par les Soninkés, refoulèrent ceux-ci et formèrent un immense empire, qui existait encore à l'arrivée des Portugais en Afrique. Le domaine peuplé par cette race est encore aujourd'hui très important. Comme les Peuls, les Malinkés se sont répandus en colonies nombreuses dans les pays compris entre le Niger supérieur et l'Océan; mais, à la différence de leurs rivaux, ils n'ont plus d'empire puissant aujourd'hui. Le centre de leur domaine semble être dans les montagnes qui entourent le bassin supérieur du Niger et dans les pays arrosés par ce fleuve jusqu'à Ségou. C'est de là qu'ils sont descendus vers l'Océan, vers la Gambie et les rivières situées dans la partie sud de nos possessions de la côte occidentale d'Afrique.

La région qui sera traversée par la voie de communication à établir vers le Niger se trouve justement placée à la limite des pays malinkés, et les reconnaissances que nous avons faites dans ces contrées nous ont permis de fixer la ligne qui les sépare vers le nord des territoires bambaras ou toucouleurs. A partir de Médine, où l'on rencontre dans le Logo et le Natiaga les premières agglomérations malinkées, cette race ne dépasse pas le Bakhoy. Le Fouladougou et le pays de Kita sont aussi occupés par elle, et le Ba-Oulé la sépare des Bambaras, du Bélédougou et du Kaarta.

Vers l'ouest, les Malinkés se tiennent tout d'abord sur la rive droite de la Falémé, où se trouve la célèbre confédération du Bambouk, mais ils ne tardent pas à déborder de l'autre côté de ce cours d'eau pour couvrir les pays avoisinant la Gambie et tout le littoral de l'Atlantique jusque vers Sierra-Leone.

Au sud et à l'est, on les rencontre sur les deux rives du Niger, à partir de Tourella. Dans cette région, on les trouve souvent mélangés aux Sarracolets et même aux Bambaras.

En somme, le grand empire malinké, dont l'existence a été signalée par M. le général Faidherbe, n'existe plus aujourd'hui. Cette race a dû reculer devant les invasions peules, et, bien qu'elle soit encore représentée par un très grand nombre d'individus, on ne trouve plus chez elle d'États vastes et homogènes, capables de lutter contre les envahissements des musulmans. Ils forment un grand nombre de petits pays, indépendants les uns des autres, divisés entre eux, souvent même en guerre ouverte les uns contre les autres et peu propres à constituer un centre de résistance contre l'ennemi commun, l'islamisme.

Je vais examiner successivement ces petits États, en me bornant, bien entendu, à citer ceux compris dans les contrées explorées par la mission que je dirigeais et sur lesquels notre influence devra s'étendre, au fur et à mesure de nos progrès dans l'intérieur du Soudan.

Je citerai pour mémoire le Logo et le Natiaga, qui bordent la rive gauche du Sénégal, entre Médine et Bafoulabé. Qu'il me suffise de dire que ces deux pays comprennent à peu près une population de 5 à 6000 habitants, répandue surtout entre Médine et les chutes de Gouina, le reste du pays étant presque désert et ne présentant plus que des ruines, indices encore vivants des dévastations du prophète El-Hadj, lors de son séjour prolongé dans la région.

De Bafoulabé au confluent du Bakhoy et du Ba-Oulé s'étendent successivement le Makadougou, le Bétéadougou et le Farimboula. Ces territoires, fertiles mais peu peuplés, confinent au sud au Gangaran; la rivière les sépare au nord du Tomora, du Kontella et du Nouroukrou, dépendances plus ou moins nominales du chef toucouleur de Diala.

Le Makadougou ne compte que quatre villages. Le plus important, Kale, où fut signé le traité du 5 avril par lequel les habitants du pays se plaçaient sous le protectorat français, est situé à l'entrée du défilé formé par le mont Besso et le Bakhoy. Le Bétéadougou n'est pas plus peuplé, car il ne comprend que cinq villages. En face de Soukoutaly, son centre le plus important, se trouve sur la rive droite le Nouroukrou, massif de hauteurs surmonté d'un plateau étendu, riche, fertile et bien arrosé où se sont formés sept villages malinkés, vivant à peu près indépendants du frère d'Ahmadou, qui réside à Diala. L'existence de ces centres de population au sommet d'un plateau élevé de 200 à 250 mètres au-dessus du niveau de la plaine et par suite dans des conditions de salubrité qui doivent être relativement excellentes, semble prouver qu'il sera très possible dans l'avenir, et alors que notre installation sera définitive dans cette région, de trouver des points favorables pour abriter des fièvres si pernicieuses de l'hivernage les Européens que leurs fonctions ou leurs affaires appelleront dans le pays. Cette recherche était l'une des préoccupations les plus vives du gouverneur Brière de l'Isle, qui, à mon départ du chef-lieu de la colonie, m'avait fait les plus minutieuses recommandations à ce sujet.

Le Farimboula est aujourd'hui à peu près désert. Il ne comprend plus que les deux villages de Badumbé et de Fatafin, celui-ci assez reculé vers l'intérieur. Ses habitants, qui couvraient autrefois de leurs villages les bords du Bakhoy et les îles de Fangalla, ont fui devant l'invasion toucouleure. Leurs débris, joints à quelques Bambaras du Kaarta, se sont reformés dans les deux villages que je viens de citer ou ont émigré dans les montagnes du Bambouk. Il serait à désirer que l'occupation effective de Fangalla par un poste français vînt le plus tôt possible former un centre qui permettrait de reconstituer l'ancienne province du Farimboula. C'est du reste un fait à constater dans toute la contrée que nous avons explorée jusqu'au Niger et qui, se trouvant encore à la limite de la race malinké et des races bambara et toucouleur, a été par suite exposée plus qu'aucune autre aux dévastations et aux ruines résultant d'une guerre longue et acharnée : presque partout les habitants ont abandonné les plaines fertiles et bien arrosées qui bordent les cours d'eau, pour se réfugier sur les hauteurs, dans les dépressions que forment entre elles les collines rocheuses que l'on rencontre dans cette partie du Soudan et où ils trouvent un abri contre les incursions des cavaliers toucouleurs. Tous nos efforts doivent donc tendre à repeupler le fond des vallées et à encourager les émigrés à venir reconstituer leurs villages sur les rives mêmes du Bakhoy, sous la protection des établissements que nous allons y élever et que desservira la voie de communication projetée. L'empressement que toutes ces populations ont mis à se placer sous notre protectorat n'est-il pas déjà un indice certain de leur désir de revenir dans la vallée, pour s'y reformer en États indépendants des Toucouleurs et s'y livrer à leur occupation favorite, la culture.

Je n'évalue pas à plus de 5 à 6000 habitants la population du Makadougou, du Bétéadougou et du Farimboula ; mais, ainsi que je l'ai déjà dit, la majeure partie s'est réfugiée dans le Bambouk, et je pense qu'avec le temps et la certitude de pouvoir vivre désormais paisible et à l'abri de l'ennemi, elle reviendra peupler les anciens territoires qu'elle occupait vers les bords de la rivière.

Entre le Bakhoy et le Ba-Oulé s'étend, au nord du pays de Kita et du Manding, une vaste région, aujourd'hui à peu près déserte, parcourue par des fauves de toute espèce, et présentant souvent de belles forêts d'arbres à beurre ou de palmiers. C'est le Fouladougou. Le nom (pays des Foulahs) donné à ce pays est impropre, car, bien que les indigènes qui l'habitent comprennent quelques Peuls, ils n'en sont pas moins en grande partie Malinkés. La population y est d'ailleurs presque nulle, et plusieurs de nos marches se sont effectuées sans rencontrer âme qui vive. Ainsi, entre Fangalla et le groupe de villages qui constituent le Fouladougou occidental avec Goniokori pour point principal, se trouve un désert d'une quinzaine de lieues d'étendue où les solitudes n'étaient troublées que par les rugissements des lions et les cris des antilopes, dont les troupeaux se pressaient aux bords des marigots ou des mares qui leur servaient d'abreuvoirs et où les chasseurs du pays avaient dressé des sortes d'abris leur servant d'embuscades. De même, le lieutenant Piétri, dans sa reconnaissance du Ba-Oulé, a dû cheminer plusieurs jours à travers la forêt sans rencontrer un seul indigène et en s'aidant de la boussole pour diriger sa marche. La proximité de cette région des territoires soumis aux frères d'Ahmadou explique suffisamment sa dépopulation. Les ruines que l'on y rencontre sont d'ailleurs une preuve des luttes qui s'y sont livrées et à la suite desquelles le désert s'est fait dans un pays qui ne manque d'aucun des éléments nécessaires à sa prospérité.

Le Fouladougou occidental forme un groupe de cinq villages avec une population de 2 à 3000 habitants. Goniokori, le Maniokorro de Mungo-Park, a été visité en 1805 par le célèbre voyageur anglais. Nous avons eu la satisfaction de pouvoir prendre notre campement du 16 avril sous le groupe de fromagers où il s'était lui-même reposé soixante-quinze ans auparavant, après avoir franchi le Bakhoy à un gué voisin. Arrêté comme nous par le massif rocheux qui, en ce point, barre complètement la vallée, il avait dû abandonner les bords de la rivière et s'était dirigé sur le Niger par Bangassi et le Bélédougou, itinéraire que nous sommes venus nous-mêmes rejoindre à Naréna, après avoir touché à Kita.

Au nord de Goniokori, sur les bords du Ba-Oulé, M. Piétri a rencontré quelques villages, petits et misérables, vivant dans la crainte continuelle des razzias des cavaliers de Nioro et dont les chefs lui ont demandé « si eux aussi ne pourraient pas se mettre sous notre protection ».

Le Fouladougou oriental, que nous avons parcouru dans toute sa largeur, occupe l'intérieur de l'immense arc de cercle formé par le Ba-Oulé. Il ne comprend guère que quatre ou cinq villages, espacés les uns des autres et sans cesse exposés aux attaques de leurs ennemis du Kaarta ou du Bélédougou. Rien de plus pittoresque et en même temps de plus misérable que ces amas de cases en terre, entourées d'un tata en pisé et cachées au fond d'un cirque formé par des hauteurs rocheuses, qui servent d'abri aux habitants en cas d'alerte. Pendant notre voyage à travers cette contrée, la méfiance et la crainte se lisaient toujours sur les visages grossiers de ces nègres abrutis par cette existence sauvage et pourchassés par un ennemi pillard et entreprenant. Koundou, le village le plus important, se trouve à quatre kilomètres environ du Ba-Oulé. Il a de fréquentes et amicales relations avec les Bambaras du Bélédougou et nous offrirait une bonne base d'opérations entre Kita et le Niger, en cas d'expédition contre les habitants du village de Dio, coupables de l'attaque du 11 mai.

Comme pour le Fouladougou occidental, les Malinkés de la partie orientale se sont réfugiés plus au sud, dans le Manding et le Ouassoulou. Mais ils ne demanderaient pas mieux de venir reconstituer leurs villages dans leur pays. A mon retour de Ségou, je rencontrai à Niagassola 200 ou 300 indigènes, qui vinrent me demander s'ils ne pourraient pas reconstruire leur village de Bangassi, où Mungo-Park s'arrêta naguère (1805), et où nous n'avons plus trouvé qu'un amas de ruines. Cette question du repeuplement des parties actuellement désertes des régions riveraines du Bakhoy et du Ba-Oulé est très importante, et il serait désirable que des instructions fussent données au commandant de Kita et aux officiers en mission dans cette partie de la Sénégambie pour le favoriser de tout leur pouvoir.

Entre le Fouladougou et le Manding, au centre même du plateau qui sépare Bafoulabé du Niger, on trouve le pays de Kita. Mage avait déjà appelé l'attention du gouverneur de la colonie sur ce point important, situé à la rencontre des routes menant du Sénégal et du désert vers le Niger et les pays aurifères et à esclaves du bassin supérieur de ce fleuve. Aussi les instructions du gouverneur Brière de l'Isle me prescrivaient-elles de m'arrêter quelque temps à Kita, pour y étudier le pays et les conditions dans lesquelles pourrait y être fondé un établissement militaire et commercial, destiné à étendre notre influence dans cette partie du Soudan et à servir de base aux travaux que la métropole allait y entreprendre.

Le pays de Kita est une confédération malinkée de dix-sept villages, comprenant environ 4000 à 5000 habitants. Il est à espérer que le fort français qui vient d'être établi à Makadiambougou formera bientôt le centre d'une agglomération importante, semblable à celles qui se sont constituées naguère sous les murs de nos postes de Bakel ou Médine. La situation topographique de Kita est admirablement choisie pour faire plus tard de ce point le grand marché de cette partie du Soudan; mais il ne faut pas s'y tromper, les transactions seront à peu près nulles, tant qu'une voie de communication ne reliera pas notre nouvel établissement à la partie du fleuve Sénégal où peuvent arriver nos chalands du commerce, c'est-à-dire à Kayes ou Médine. On sait qu'au delà de ces deux points les barrages du Félou, de Gouina, de Bély dans le Bakhoy, empêchent toute navigation régulière, et que c'est tout au plus si l'on pourra retirer quelque fruit d'un batelage de pirogues, effectué entre les différents villages situés sur les bords du Bakhoy. En décembre 1879, le commandant du génie chargé de la construction du poste de Bafoulabé avait voulu, malgré mes avis, y faire transporter par pirogues une partie des matériaux destinés aux travaux. Ces pirogues mirent 18 jours pour effectuer leur voyage (150 kilomètres environ), et les objets transportés furent tous ou perdus ou mis hors d'état de servir. Il ne faut donc pas songer à une amélioration, même partielle, du cours du Sénégal en amont de Gouina ou même du Félou, et du Bakhoy ou du Ba-Oulé. Il y aurait d'ailleurs danger à toucher au régime actuel de ces rivières, calculé par la nature de manière à ne pas entraîner, pendant les six mois de saison privée de pluies, le desséchement de leurs lits. Ainsi qu'on l'a déjà vu, les barrages et biefs qui se succèdent dans les cours d'eau de cette région ont une utilité incontestable, et la disparition des bancs de rochers qui retiennent les eaux pourrait amener des désordres irrémédiables. Je ne parle pas d'ailleurs des gigantesques travaux qu'il faudrait entreprendre pour mener à bien une canalisation quelconque du Bakhoy ou du Ba-Oulé.

La voie de terre est donc seule possible pour mettre en communication la partie navigable du Sénégal avec Kita et le Niger; et il est à désirer que la construction de cette voie ne se fasse pas attendre, car, tant qu'elle fera défaut, notre situation sera des plus précaires dans la contrée que nous venons d'occuper par notre fort de Makadiambougou.

Il serait bon, sans plus tarder, de pousser quelques-uns de nos traitants du haut fleuve à venir s'établir à Kita avec une pacotille, qu'ils échangeraient contre les produits agricoles ou autres des habitants du pays. Le trait caractéristique des Malinkés est la cupidité. Mungo-Park, Pascal et tous les voyageurs qui ont parcouru les régions peuplées par cette race et qui ont eu même souvent à souffrir des instincts cupides de leurs hôtes, nous ont éclairés à ce sujet, et notre propre expérience ne fait que corroborer leur juste appréciation. Cette cupidité peut cependant avoir de bons résultats, car elle pourrait avoir pour objet de pousser les Malinkés à acquérir et, dans ce but, à augmenter leurs cultures et leurs récoltes de riz, de coton, de beurre végétal, pour se procurer les produits de notre industrie et surtout un aliment qui leur manque totalement et qu'ils recherchent avec empressement, le sel. Les traitants seraient au besoin subventionnés à l'origine, pour vaincre les répugnances qu'ils auraient à venir s'établir en un point éloigné et privé de communications régulières avec leurs dépôts de marchandises de Bakel ou Médine. Mais il y a là, je crois, une idée à creuser ; car il est essentiel d'habituer le plus rapidement possible les indigènes de la région à nos méthodes de commerce. Il nous semble, d'ailleurs, que c'est là la vraie manière de coloniser les territoires que nous voulons désormais placer sous l'influence française et d'intéresser au succès de notre œuvre les habitants encore ignorants et barbares de ces pays reculés.

Si nous continuons maintenant notre route vers le Niger, nous rencontrons le Birgo.

Le Birgo s'étend sur la rive droite du Bakhoy depuis le pays de Kita jusqu'à la rivière de Kagneko et va rejoindre à l'est la frontière assez vague du Bélédougou. Cette contrée, arrosée par de nombreux petits cours d'eau, présente, il est vrai, quelques hauts plateaux assez arides, mais en réalité le fond des vallées y est très fertile. On y voit de belles forêts, des arbres fruitiers en abondance et de riches cultures aux abords des villages. Les habitants ont une taille élevée et d'assez beaux traits ; ils sont issus d'un mélange de Peuls et de Malinkés, où le type des premiers est resté prédominant.

Le Birgo est un des rares États de cette partie du Soudan occidental ayant une politique unique et dont la soumission au gouvernement de Ségou soit entière : il faut en voir la cause dans ce seul fait que sa capitale est Mourgoula. En effet, cette place, sentinelle avancée des Toucouleurs, maintient le pays sous la domination des fils d'El-Hadj ; et depuis qu'il est roi, Ahmadou a toujours su y envoyer un almamy énergique et absolument dévoué à sa personne et à ses intérêts. Un seul village s'est créé, depuis quelques années, une existence indépendante : c'est Goubanko.

Cette malheureuse contrée a été entièrement dévastée lors de la conquête musulmane ; les habitants, après une brillante résistance qui ne fit qu'exciter les fureurs d'un vainqueur implacable, durent s'incliner enfin devant la persistance de leurs malheurs. Si le voyageur les interroge sur les causes de leur détresse actuelle, ils racontent avec une tristesse haineuse les sanglants exploits des auteurs de leur ruine : Alpha Ousman et Mountaga. Avant le passage de ces lieutenants d'El-Hadj, il existait dans le Birgo cinquante villages peuplés et prospères, dont les murailles écroulées montrent encore l'ancienne importance. Aujourd'hui ce nombre est réduit à seize, et leur population est bien faible. Ces villages sont :

Mourgoula	800	
Kalado	500	
Balandougou	350	3500
Siracoro	250	
Kroubougou	200	
et onze villages d'une population de	1400	

L'almamy Abdallah, le commandant actuel de Mourgoula, continue sur ces 3500 habitants les exactions de son prédécesseur Alpha Ousman, et son gouvernement détesté empêche tout repeuplement. Loin de favoriser le mouvement d'immigration qui se produisit au bout de quelques années de tranquillité qui suivirent la conquête, il n'a cessé d'inquiéter les anciens Birgos, et le désert s'est fait dans la contrée abandonnée [1].

La vallée du Bakhoy, représentant la partie la plus fertile du pays, a surtout souffert de cette politique aveugle; elle reste inhabitée jusqu'au Manding. Cette dépopulation de la rive droite du principal cours d'eau de la région est d'autant plus regrettable qu'il faut voir dans cette rive la voie naturelle donnant accès dans le bassin du Niger. La route destinée à desservir les contrées aurifères et commerciales situées vers les sources des principaux affluents du Sénégal et du Niger, ne peut pas trouver un itinéraire plus direct et plus accessible. Malheureusement il sera toujours un peu difficile d'attirer les habitants de ce côté. Ils ont remarqué, durant les guerres de l'invasion toucouleure, que les villages adossés aux montagnes étaient seuls parvenus à sauver une partie de leur population et de leurs biens : de là leur éloignement pour la plaine et leur prédilection pour les hauts plateaux où ils s'étaient peureusement réfugiés.

L'impression de tristesse causée par l'abandon de ce pays que la nature a cependant favorisé, ne fait qu'accroître aux approches de Mourgoula. Bien que le site y soit plus beau et le sol plus fertile encore que sur les autres points, la dépopulation est la même ; on peut dire que la forteresse a fait le vide autour d'elle. On ne voit de tous côtés que des ruines de villages détruits ou des traces d'anciennes cultures maintenant recouvertes de broussailles. En vue même de l'immense tata, l'importance apparente des fortifications fixe d'abord l'attention, mais un rapide examen montre aussitôt le délabrement dans lequel on les a laissés tomber et fait pressentir la décadence intérieure de cette capitale encore si redoutée.

---

1. Ils ont fui vers les villages des bords du Niger.

Je ne reviendrai pas sur cette place, déjà décrite en détail à propos des principaux tatas de la région qui nous occupe.

En franchissant la petite rivière de Kagneko, on quitte le Birgo pour entrer dans le Manding. Ce vaste pays couvre les deux versants de la ligne de partage des eaux du Sénégal et du Niger et s'étend sur la rive droite de ce fleuve à une distance difficile encore à déterminer. Au sud le Bouré et le Kéniéra lui servent de limites. Cette dernière contrée est cependant considérée par certains comme faisant partie du Manding; au nord il rejoint le Bélédougou. Le Manding, plus peuplé que le Birgo, est comme lui bien arrosé, giboyeux, riche en belles forêts et en arbres fruitiers. Le sol y est fertile; d'abondantes mines de fer et d'importants gisements aurifères couvrent les collines, et, sans la paresse et l'ignorance des habitants, on y verrait régner une certaine prospérité. Mais il est difficile de prévoir l'époque où les sauvages sordides de ce pays se mettront sérieusement au travail; il faudra que l'impulsion leur vienne d'une race supérieure; réduits à eux seuls, ils semblent destinés à rester plongés dans une éternelle barbarie et une éternelle misère. La nation mandingue actuelle s'est, dit-on, formée de la réunion de plusieurs tribus malinkées dont les plus connues sont les Keita et les Kaméra. La désunion a dû se mettre promptement parmi elles, car elles sont aujourd'hui sans autre lien qu'un patriotisme vague qui ne va pas jusqu'à l'unité des intérêts. On les a vues, après des succès remportés en commun, chercher ensuite à se ruiner et à s'opprimer entre elles. En résumé, les Mandings, fiers de leur nom hors de leur pays, restent chez eux très divisés. Le pays est couvert, comme le Birgo, de ruines entassées par les armées toucouleures; les lieutenants du prophète, Alpha Ousman et Mountaga, ont laissé après eux le même souvenir de haine et de terreur. Chaque groupe de villages ou même chaque village règle sa conduite selon ses intérêts particuliers. Il existe parfois de profondes divisions entre localités très rapprochées, et c'est là un des obstacles les plus sérieux à la marche des voyageurs et des commerçants. Cet état d'hostilité permanente entre gens d'une même nation explique qu'elle ait été réduite autrefois avec tant de facilité, et qu'elle soit encore si aisée à intimider par les Toucouleurs. Ahmadou n'a guère besoin d'envoyer des armées dans cette région pour y conserver une certaine influence : il n'a qu'à suivre les haines locales et à en tirer profit. Jusqu'à ce moment sa politique consistait à entretenir les divisions régnantes, en ayant dans chaque village un peu important un noyau de partisans qui se tiennent en relations avec Ségou et l'informent de ce qui se dit et se fait. Ces sortes d'agents étaient le plus souvent de vieux Mandings timorés qui, ayant vu les désastres d'autrefois, restaient persuadés que les Toucouleurs sont toujours les maîtres de faire la prospérité ou la ruine de leur pays. Il était facile néanmoins de constater une lutte dans l'esprit de certains Mandings, entre le sentiment national et la crainte qu'inspire encore la puissance d'Ahmadou. On voyait à chaque instant percer leur haine contre les gens de Ségou; les événements du Haut-Sénégal les réjouissaient; ils approuvaient l'insurrection du Bélédougou, mais l'apparition de quelques Talibés les ramenait vite à leurs terreurs. Aujourd'hui, il faut reconnaître que le gouvernement du successeur d'El-Hadj a perdu toute influence; la prise de Goubanko et l'occupation de Kita annoncent la rupture définitive du Manding avec ses anciens oppresseurs. J'ai pu constater moi-même, à mon passage dans le pays, la vivacité de la haine des habitants contre les Toucouleurs. Tous les chefs et notables des divers villages, y compris celui de Dialiba, situé sur les bords mêmes du Niger, ont accueilli avec le plus grand empressement nos offres de protectorat, et je puis affirmer que nous serons les bienvenus dans le pays. Tout le Manding, depuis le Kagnéko jusqu'au Niger, y compris l'important village de Kangaba, comprend une quinzaine de villages, avec environ 10 000 habitants. La partie du Manding comprise entre les rivières le Kokoro et le Ouandan, jusqu'au territoire de Bouré, constitue le Bidiga. Cette contrée comprend une dizaine d'assez gros villages ayant chacun leur autonomie. L'esprit général de la population est la résistance aux Toucouleurs.

Elle ne paye point tribut, mais il paraît que les hommes de Dinguiray viennent parfois la mettre à contribution en razziant captifs et troupeaux.

Le Bouré, dont la réputation de richesse est depuis si longtemps connue des Européens, n'est qu'une très petite contrée sur la rive gauche du Tinkisso. La ligne de partage des eaux du Sénégal et du Niger étant très rapprochée de cet affluent du dernier fleuve, il en résulte qu'une partie du territoire du Bouré est comprise dans la vallée du Bakhoy. Les renseignements recueillis sur la topographie de ce pays s'accordent à dire que la constitution et les formes du sol sont analogues à ce que nous avons pu voir aux environs de Koumakhana. Cette analogie est d'autant plus explicable que les deux terrains contiennent des gisements aurifères. En conséquence, le Bouré doit être assez accidenté, présenter des collines où la roche est un grès roussâtre mêlé de quartz, et des vallées fertiles coupées de mares et de ruisseaux.

Les 6000 habitants de cette contrée sont répartis dans dix villages, dont cinq seulement ont de l'importance; ce sont : Didi, 1500 habitants, et Sétiguia, 1000; Kintinian, 800; Balato, 1000, et Fatoia 300. Les autres localités ne sont guère peuplées que de captifs employés aux travaux d'agriculture.

Diallonkadougou, Goro, Nabou, Baniakadougou, Gadougou. — Les diverses peuplades situées entre le Bafing et le Bakhoy sont contenues par le voisinage des places de Dinguiray, Tamba et Mourgoula, et payent tribut à Ahmadou [1].

Les Malinkés de ces contrées ont craint jusqu'à ce jour de prendre part au mouvement antitoucouleur qui s'accentue chaque jour davantage dans les deux vallées. Cependant, comme le pays est très accidenté et même montagneux, les villages situés près des hauteurs ont souvent une attitude qui oblige les représentants de Ségou à employer la menace pour obtenir le payement des redevances.

Les villages diallonkés sont tenus en respect par les Talibés de Tamba, place importante (2000 habitants environ), située sur la rive droite du Bafing. Le Baniakadougou obéit à son chef Niama, dont la résidence est à Kollou, dans les montagnes; enfin le Gadougou a pour chef Bassi, qui demeure généralement à Galé. Ces deux dernières peuplades prennent le mot d'ordre auprès de l'almamy de Mourgoula.

La forteresse de Koundian, si redoutable au moment du passage de notre compatriote Mage, n'est plus aujourd'hui qu'un village agricole sans influence extérieure ; tout son prestige militaire est tombé. Les murailles de son tata sont encore debout, mais elles ne renferment plus les guerriers nécessaires à sa défense ; cette place importante semble perdue sans retour pour les Toucouleurs. Son chef actuel, Diango, est parti depuis quelque temps à Ségou, pour expliquer à son maître l'état précaire où l'ont placé les derniers événements du Haut-Sénégal et du Bafing. Son fils, qui a voyagé avec la mission, a déserté à son tour l'ancienne place forte. En ce moment Koundian reste seule, entourée d'ennemis et sans lien territorial avec les États d'Ahmadou.

Nous ne citons le Barinta que pour mémoire. Son chef, Tiekoro, après la ruine de Oualiha, s'est réfugié dans le Natiaga. Il ne reste plus dans cette contrée que le village de Makhina, situé dans le voisinage du poste de Bafoulabé.

Le petit État du Bambougou est situé au sud de Koundian. Son chef, Gara, dont l'existence nous a été révélée lors de la reconnaissance de Bafoulabé, est le principal promoteur du mouvement antitoucouleur dans ces contrées. Koundian doit plus particulièrement sa perte aux gens du Bambougou qui, durant la toute-puissance des hommes de Ségou, ont eu déjà des velléités de résistance, et ont même poussé l'audace jusqu'à attaquer, sans

---

1. Ce tribut est loin d'être régulier et volontaire.

succès d'ailleurs, le formidable tata qui inspirait à tous une si grande terreur. Aussi Gara est-il un chef des plus considérés et des plus influents du Bafing. Son pays n'est pourtant pas très étendu et ne contient guère que 3000 sujets, répartis dans six villages, dont voici les noms : Kama, 1500 habitants; Gagué, 1200; Diaka, 250; Kéniémali, 100; Camarani, 60, et Médina Gueye, 20. C'est à Gagué, la capitale, que s'est formée la coalition malinkée qui a achevé l'isolement de Koundian en allant détruire Oualiha.

Le Diabédougou est un petit pays situé au sud-ouest de Koundian, ancien tributaire de cette place. Le principal village est Kassama, non loin de Gagué; le chef du pays n'est qu'un satellite de Gara.

Le chef du Konkadougou se nomme Famoussa (peut-être Famensa); il demeure à Tombé, situé à deux jours de marche au sud de Koundian, et s'est affranchi de tout tribut.

Le Soullon commence près de Koundian, longe la rive gauche du Bafing et finit presque vis-à-vis de Tamba. Son chef, nommé Siragueta Moussa, demeure à Diogorokomé, à quatre lieues de marche de Koundian. Les gens de ce pays sont des alliés de Gara.

Le Gomou et le Gangaran sont situés dans la région la plus montagneuse du bassin du Sénégal; toutefois, au fond de leurs vallées et sur leurs fertiles plateaux, on rencontre quelques villages assez peuplés. Le chef de Gomou habite le village de ce nom; quant à celui de Gangaran, nommé Fa-Diongo, il réside à Médina-Kouta, village composé des habitants Firia que notre compatriote Mage a autrefois visités. Dans cette région est situé Fatafi, centre important de résistance et d'hostilité envers les Toucouleurs. Depuis quelques années déjà le Gomou et le Gangaran refusent tout tribut aux percepteurs d'Ahmadou.

Le Koullou, situé sur la rive droite du Bafing, figure sur la carte de Mage sous le nom de Kabeleya; mais ce nom n'est en réalité que celui de son village principal. Le Koullou contient plus de 4000 habitants, répartis dans Kabeleya, Gondamea, Matira et Irguia. La population se compose de Diallonkés et de Malinkés. L'an dernier encore, elle consentait à payer quelques redevances aux percepteurs venus de Dinguiray; mais on disait que cette année elle avait refusé tout impôt.

On rencontre encore des populations malinkées au sud du Manding, dans les régions avoisinant le cours du Niger, à partir de ses sources, mais elles y sont souvent tellement mélangées avec les races bambara, sarracolet ou peule, qui dominent dans ces contrées, qu'il est souvent très difficile de les distinguer en groupes séparés. J'en reparlerai plus loin, lorsque nous citerons les territoires du sud habités par les Bambaras.

CHAPITRE XXIX

Les Bambaras. — Origines de cette race. — Contrées qu'elle occupe. — Importance des Bambaras au point de vue de l'influence française dans le bassin du Haut-Niger. — Examen des différents États bambaras. — Le Kaarta et le Bélédougou. — Le pays de Bammako. — Pays bambaras du Haut-Niger. — Anarchie de ces contrées. — Notions sur l'esclavage dans le Haut-Niger.

Selon toute probabilité, la race bambara eut son berceau dans la région située vers les sources du Niger, au centre des contrées montagneuses du Kong et du Torong. De là ils descendirent dans la partie supérieure du bassin du Niger et s'établirent en premier lieu sur la rive droite de ce fleuve. Ils débordèrent ensuite sur la rive gauche et occupèrent tout le plateau du Kaarta jusqu'aux rives mêmes du Sénégal. Cette invasion amena la guerre entre les Bambaras et les Malinkés, et il y eut, pendant le dix-septième siècle, une grande lutte dans les pays situés entre le Niger et le Sénégal. C'était le temps de la traite des nègres, et ces guerres longues et acharnées fournissaient aux Européens des provisions toujours renouvelées de captifs.

La race bambara est encore nombreuse dans la partie du Soudan occidental que nous étudions, mais son influence politique est bien tombée, et les divisions qui armèrent souvent les unes contre les autres les différentes fractions de ce peuple, ont singulièrement facilité sa conquête par les Peuls musulmans. Sous le prophète El-Hadj Oumar, leur sujétion fut un moment complète depuis le Diafounou et le Diombokho jusqu'au pays de Ségou et au Guéniékalari ; mais cette race fait aujourd'hui des efforts, souvent couronnés de succès, pour secouer le joug des musulmans et recouvrer son indépendance. L'autorité d'Ahmadou ne s'exerce donc plus que d'une manière très imparfaite sur les pays bambaras. Plusieurs parmi ceux-ci, comme le Bélédougou, le Mourdia, le Fadougou, se sont affranchis complètement des Toucouleurs, dont les possessions se trouvent ainsi morcelées et le plus souvent sans communications entre elles.

Quoi qu'il en soit, les Bambaras ne constituent plus aujourd'hui d'États homogènes sous un chef unique et puissant. Presque partout ils sont mélangés, soit aux Toucouleurs, qui les dominent encore, soit aux Malinkés ou aux Sarracolets, dont les a rapprochés la haine commune de l'islamisme. Sur quelques points même, comme dans le Ouassoulou, il est résulté du mélange des Bambaras et des Peuls une race mixte tenant des deux populations qui l'ont formée.

De nos jours, la race bambara occupe la partie du Soudan occidental située au nord des contrées que nous avons vues peuplées par les Malinkés. Sur la rive gauche du Niger, elle tient la région limitée au sud par le Sénégal, depuis les environs de Médine jusqu'à Bafoulabé; par le Bakhoy, depuis Bafoulabé jusqu'à son confluent avec le Ba-Oulé; par le Ba-Oulé, depuis ce confluent jusque vers Bammako. Au nord, une ligne passant à quelque distance au-dessus de Tambacara, Nioro, Khassambara et Kolodougou la sépare des tribus maures nomades du Sahara.

Sur la rive droite du Niger, les Bambaras couvrent les territoires qui s'étendent depuis les sources de ce fleuve jusque vers Sansandig. Le plus souvent, on les y rencontre mélangés aux Malinkés, aux Peuls, quelquefois même aux Sarracolets. La race bambara ne dépasse guère vers l'intérieur du Soudan le 6ᵉ degré de longitude ouest.

Les Bambaras représentent à nos yeux, dans les régions sénégambiennes, l'élément antimusulman. C'est sur lui que nous devons surtout nous appuyer pour faire contrepoids à l'influence toucouleure, que personnifient dans le haut pays les fils du prophète El-Hadj. On comprendra donc facilement l'importance qu'il y a pour nous à accroître nos connaissances sur les pays bambaras, à entrer en relations avec les principaux États et à y substituer notre influence à celle des Toucouleurs. Examinons donc tous ces territoires, que notre mission a pu étudier de près ou de loin et au milieu desquels il nous faudra bientôt pénétrer, si nous continuons nos progrès vers le grand fleuve du Soudan.

Le Kaarta est le territoire le plus voisin de nos établissements du Haut-Sénégal. Compris entre la branche la plus occidentale du marigot de Koulou, le Bakhoy, le Ba-Oulé, le Bakhounou et le désert, il est constitué par le vaste plateau qui relie cette partie du Soudan au Sahara. Plusieurs voyageurs européens, et spécialement Raffenel et Mage, nous ont déjà donné sur le Kaarta d'intéressants renseignements. Mage notamment, dans son *Voyage au Soudan occidental*, nous a appris comment ce vaste pays, d'abord conquis par les rois bambaras, fut ensuite subjugué par les Toucouleurs et livré aux horreurs de la guerre d'extermination entreprise par le prophète El-Hadj pour fonder son Empire musulman. Bien que la révolte ait fait de grands progrès dans tous les pays bambaras, autrefois soumis par le père d'Ahmadou, on peut dire cependant que le Kaarta se trouve encore dans un état de sujétion relatif et que les populations qui l'habitent reçoivent leur mot d'ordre de Nioro et de Konniakary. Il ne résulte nullement de ce fait, d'ailleurs, qu'elles professent pour leurs dominateurs une sympathie quelconque. Ceux-ci ne songent qu'à régner par la force et la terreur, et, si les Talibés de Mountaga et de Bassirou n'étaient pas toujours prêts à razzier les révoltés, il y a gros à parier que les Bambaras s'empresseraient de refuser les tributs vexatoires auxquels ils sont soumis.

Le Kaarta comprend plusieurs petits États secondaires, parmi lesquels on rencontre quelques agglomérations soninkées. En premier lieu viennent sur la rive droite du Sénégal, en face de Médine, le Diafounou et le Diombokho. Le premier a Tambacara pour capitale. Son chef, Moriba, a longtemps lutté contre la domination toucouleure. A sa mort, plusieurs de ses sujets ont même préféré se retirer sur la rive gauche du fleuve, plutôt que de se rendre à Bassirou, chef de Konniakary. Il est fâcheux qu'à ce moment nous n'ayons pas encouragé de tous nos efforts les tentatives des Bambaras du Diafounou pour se soustraire à l'autorité du père d'Ahmadou; nous aurions ainsi mis obstacle aux progrès que ce chef toucouleur faisait vers la rive gauche du Sénégal, dans les contrées dépendant de notre poste de Médine. On se rappelle en effet que, il y a quatre ans à peine, il a fallu enlever le village de Sabouciré, dont le chef, soumis à l'influence musulmane, prétendait nous couper la route de Bafoulabé et du Niger.

Le Diombokho est un petit État renommé pour sa richesse en chevaux et en bestiaux. Konniakary, où domine Bassirou, est un grand village, entouré d'un fort tata, habité par une population nombreuse de Toucouleurs, émigrés du Fouta et ayant conservé d'étroites relations avec leurs congénères de la rive gauche du Sénégal. Le pays lui-même est peuplé de Bambaras, qui détestent cordialement leurs conquérants et dans lesquels nous trouverions sûrement des alliés empressés, dans le cas où nous aurions besoin de prendre l'offensive contre Konniakary.

Le Guidioume s'étend entre le Diafounou et Nioro. Niogoméra est son principal village. Ce territoire, peuplé de Bambaras, confine au nord au Keniarémé, peuplé de Soninkés.

Plus au sud, le Tomora, habité par une population originaire du Khasso, dépend de Diala, place toucouleure de peu d'importance, où domine un autre frère d'Ahmadou. Les gens du Tomora, dont le chef était venu me déclarer, à mon passage au village de Soukoutaly (Bakhoy), qu'il voulait désormais se placer sous l'autorité française, n'attendent qu'une occasion favorable pour secouer le joug des Toucouleurs.

A l'est du Tomora et au nord du Fouladougou, nous trouvons successivement le territoire soninké du Dialafara et les territoires bambaras du Bague et du Kaarta-Bine. Ces deux derniers, avec les villages fortifiés de Guémonkoura et de Guettala, sont ceux qui ont été réduits les derniers par Ahmadou et ses frères. Guémonkoura ne tomba qu'en 1874. Ses habitants se sont retirés, en partie dans le Farimboula, en partie aux environs de notre poste de Bakel, où leur chef a formé un important village. Ce sont des ennemis irréconciliables des Toucouleurs, qui se sont déjà unis à nous, une première fois lorsqu'il s'est agi de détruire l'influence des El-Hadjistes, implantée dans le Logo, et dernièrement encore, lors de l'occupation de Kita et de la destruction du tata de Goubanko.

Enfin, à l'extrémité nord du Kaarta, confinant au désert et aux pays maures, nous trouvons Nioro et au sud de cette place le Kingui, territoire riche et peuplé de Diowaras, Sarracolets guerriers, que nous voyons jouer un grand rôle dans les guerres entre les Bambaras du Kaarta et leurs envahisseurs musulmans.

Nioro, sur lequel nous aurons à revenir quand nous parlerons de l'empire d'Ahmadou, forme sur la rive gauche du Niger le foyer le plus important de l'influence toucouleure. Il exerce une attraction caractéristique sur les populations musulmanes du bassin du Sénégal. En 1878, le gouverneur de la colonie dut prendre des mesures pour empêcher toutes les tribus peules de la banlieue de Saint-Louis et des cercles de Dagana et de Podor, trompées par les fallacieuses promesses des marabouts, d'émigrer vers le Kaarta, où elles n'auraient trouvé que la misère et la ruine. Nioro est habité en grande partie par des Toucouleurs.

Le Dianghounté, actuellement indépendant de Ségou, est un petit territoire bambara. Le village de Dianghirté, qui en est le point le plus important, comprenait 1000 à 1500 habitants au moment du passage de Mage, qui y signale la présence de nombreux Talibés. Aujourd'hui, ceux-ci ont disparu en grande partie.

Le Bélédougou (pays de pierres) présente de nos jours l'agglomération bambara la plus importante de la région que nous étudions. Il est franchement hostile à Ahmadou, et celui-ci, malgré ses efforts incessants, n'a pu encore parvenir à réprimer son insoumission.

Le Bélédougou diffère sensiblement des contrées voisines. Il est peuplé, plus riche, plus accidenté et coupé de nombreux ruisseaux, qui alimentent le Ba-Oulé. La population est surtout répandue dans la partie méridionale, que la mission a traversée. Elle est plus rare vers le nord, à cause des guerres qui y règnent d'une manière permanente. Le Bélédougou ne possède pas encore une population considérable par rapport à sa superficie; mais dans cette partie du Soudan, désolée par les luttes continuelles qui arment les peuplades nègres les unes contre les autres, les habitants sont si clairsemés que l'on est forcé d'appeler peuplée une région qui, comme celle dont nous parlons, présente un village tous les 8 ou 10 kilomètres de route. Bien que les renseignements fournis par les indigènes soient très vagues, nous estimons cependant, d'après ce que nous avons vu, que le nombre des villages du Bélédougou s'élève à environ deux cents avec une population approximative de 40 à 50 000 individus. Si l'on considère que le nombre des femmes est plus grand que celui des hommes et que, parmi ceux-ci, il y a des esclaves qui ne portent pas les armes, on peut assurer que, dans toute la contrée, il n'existe pas plus de 6 à 7000 guerriers, et encore tous ne sont-ils pas armés de fusils!

Ces armes sont à pierre et de provenance anglaise. Les indigènes vont les acheter aux Dioulas du Fouta-Djallon. La poudre doit aussi provenir en grande partie de la même source, mais la plus grande quantité est fabriquée par les habitants eux-mêmes. La poudre de traite sert généralement à amorcer les armes; la poudre indigène, bien inférieure à la première, constitue la charge. Les balles en fer semblent être rares dans le pays, bien que ce métal s'y trouve en assez grande abondance. La plus grande partie des projectiles que nous avons vus, particulièrement ceux qui ont été extraits de nos blessés de Dio, n'étaient autre chose que des cailloux ronds, ferrugineux et assez lourds.

Malgré tout, le Bélédougou serait tout-puissant dans le Soudan occidental, et défierait tous les efforts du sultan de Ségou, si ses guerriers étaient unis et combattaient sous un même chef. Mais cette peuplade n'a guère qu'une organisation communale. Chaque village possède un chef, qui est, du reste, rarement maître et obéi de ses indociles sujets. La plus grande anarchie règne habituellement dans le pays, et ce n'est que dans les grandes circonstances et après bien des *palabres* que les villages parviennent à s'entendre pour attaquer les voisins ou piller une caravane, comme ils l'ont fait à Dio. Quand il s'agit de se défendre contre une invasion de Toucouleurs, chacun se renferme dans son tata et, sans espérer aucun secours du voisin, attend que l'orage soit passé ou se soit abattu, de préférence, sur tel ou tel village. Pour un Bambara de Dio, le seul lien qui l'unisse à un Bambara de Guinina par exemple, c'est la crainte des Toucouleurs. A part ce sentiment commun de haine vis-à-vis des musulmans, c'est peut-être son plus grand ennemi. Après le combat de Dio, le premier soin des assaillants fut de se diviser et de recommencer la lutte entre eux pour se disputer nos dépouilles. Ces haines et ces divisions incessantes pourraient bien finir par livrer les Béléris à leur ennemi commun, quand celui-ci voudra faire un effort sérieux et dirigé avec ensemble.

Il y a une vingtaine d'années, le Bélédougou se soumit presque sans résistance à El-Hadj Oumar, quand le prophète conquérant parut dans le pays. Il lui resta soumis pendant trois ans, puis se souleva ; il n'a jamais déposé les armes depuis cette époque. Les insuccès des Toucouleurs sont la condamnation même de leur organisation et de leur manière de combattre. Le sultan, lui-même, a essayé deux ou trois fois de remettre ce pays sous le joug, mais ses efforts sont toujours restés infructueux, et le Bélédougou s'étend encore comme une barrière infranchissable entre Ségou et ses dépendances du Kaarta.

Le Bammako est un pays peu étendu, formé par la chaîne de hauteurs qui bordent le Niger, depuis les roches de Sotuba jusqu'au marigot de Kobaboulinda, à 25 kilomètres en amont de Bammako. Il s'étend aussi sur la rive droite du fleuve, jusqu'à 3 ou 4 lieues, et comprend de ce côté quelques petits villages, dont Siracoro, le plus important, est situé juste en face de Bammako. Sur la rive gauche, c'est ce marché qui constitue la capitale de ce petit État ; il est situé à 800 mètres environ du Niger, au milieu d'une grande plaine unie, que les montagnes du Manding bornent à l'ouest.

Bammako, dont le nom est si connu dans cette partie du Soudan, ne renferme plus actuellement qu'un millier d'habitants et n'a rien qui le distingue des autres villages de la région. Pas de constructions spéciales, pas le moindre mouvement dans les rues ou aux environs. Son enceinte rectangulaire en pisé a dû sans doute autrefois, lorsque Mungo-Park y a passé en 1805, contenir de 5000 à 6000 habitants ; mais, en ce moment, elle renferme beaucoup de ruines et de vastes terrains vagues, qui deviennent marécageux et insalubres au moment de l'hivernage. On y remarque trois tatas particuliers, dont un appartenant à la famille du chef et les deux autres à une famille de commerçants maures, qui possèdent une grande influence locale à Bammako.

Les autres villages de cette contrée sont peu nombreux et sans importance. La plupart sont habités par des esclaves appartenant soit au chef, soit aux commerçants ; ils sont construits dans des vallons étroits, très pittoresques, creusés sur le versant oriental des montagnes du Manding.

La situation politique de Bammako est différente de celle du Bélédougou.

Une famille de Bambaras, les Niaré, possède seule tout le territoire, et une famille de mulâtres maures a en main tout le commerce. C'est un membre de cette famille qui devait nous introduire à Bammako. Ces commerçants sont musulmans et ne ressemblent guère, par leurs mœurs et leurs manières polies, aux Bambaras fétichistes. Les assemblées, où sont prises toutes les décisions concernant le pays, sont composées de tous les chefs de village. Le chef actuel de Bammako est un pauvre homme sans influence; son frère, plus riche de quelque argent qu'il a gagné en faisant le commerce à Sierra-Leone, semble le vrai maître. Mais l'homme le plus influent du pays est assurément Karamako-Oulé, l'un des membres de la famille des commerçants maures. Cet indigène avait très bien compris l'importance de notre mission et était tout disposé à s'entendre avec nous pour notre installation à Bammako, lorsque l'agression de Dio vint nous forcer à quitter au plus vite ce marché, où il nous était dès lors impossible de laisser le docteur Bayol comme résident français.

Bammako est loin d'avoir aujourd'hui l'importance et le commerce qu'on lui attribuait autrefois. Depuis plus de vingt ans, la guerre lui a fermé tous ses débouchés et tari toutes ses ressources d'approvisionnement. Il n'a plus de relations suivies qu'avec le Bélédougou. Son marché est surtout local ; on y trouve des pagnes, du sel et des esclaves. Le commerce de l'or, malgré la proximité du Bouré et du Ouassoulou, y est à peu près nul. Le gros d'or (3 gr. 8) y coûte 6 à 7 francs; le sel vaut un peu plus de 2 francs le kilogramme. L'esclave y a une valeur de 100 à 120 francs en moyenne.

En résumé, l'importance de Bammako a été surfaite sur la foi des indigènes. Mungo-Park l'a-t-il trouvé beaucoup plus considérable il y a 75 ans? Peut-être, — mais le souvenir de l'illustre voyageur est complètement effacé de la mémoire même des vieillards de Bammako, qui auraient pu en entendre parler dans leur enfance. Tous nous ont affirmé qu'avant nous aucun Européen n'avait paru dans la contrée.

Nous nous sommes étendu à dessein sur le Bélédougou et le Bammako, car les habitants de ces deux pays sont appelés à devenir pour nous des auxiliaires d'une grande utilité dans notre marche vers le Niger. Les Bambaras du Bélédougou se sont rendus coupables, en mai 1880, d'un acte d'agression qui a failli compromettre entièrement le succès de l'expédition. Guidés par leurs instincts pillards, mécontents d'autre part de voir une mission française se diriger vers leurs ennemis de Ségou, ils avaient assailli notre petite colonne au village de Dio, et ce n'est qu'après des efforts inouïs que nous pûmes parvenir à Bammako. Les indigènes comprirent vite la faute qu'ils avaient commise en s'attaquant ainsi à leurs alliés naturels.

L'occupation de Kita et la prise du village de Goubanko leur ont d'ailleurs déjà montré notre intention de nous installer d'une manière définitive dans cette partie du Soudan. Nous ne doutons donc pas qu'ils ne s'empressent de faire leur soumission si nous leur donnons le moindre encouragement et si nous leur faisons comprendre que notre seul désir est de les soutenir dans leur lutte contre le sultan de Ségou. Il serait donc bon dès maintenant d'envoyer dans cette contrée des émissaires chargés d'informer les principaux villages bambaras du Bélédougou et des pays environnants que nous nous avançons en amis et que, dès que nous aurons obtenu satisfaction des gens de Dio, nous serons tout disposés à nous lier à eux par des traités d'amitié, analogues à ceux que nous avons déjà conclus avec les Malinkés. Nous avons déjà agi dans ce sens pendant notre séjour à Nango; et, malgré la surveillance étroite dont nous entourait Ahmadou, nous avons pu décider plusieurs marchands sarracolets, originaires de nos escales du haut fleuve, à se rendre auprès des chefs de Damfa, du Fadougou, du Mourdiari, pour les inviter à envoyer, soit à Kita, soit dans tout autre de nos postes, quelques-uns de leurs notables. Notre départ de Ségou nous a empêché de savoir si ces tentatives avaient abouti; mais, si elles avaient été infructueuses, il faudrait les renouveler, car notre politique doit tendre, dans ces régions, à isoler les Toucouleurs et à soutenir de notre appui moral et même matériel les efforts des Bambaras pour se soustraire à la tyrannie de leurs conquérants musulmans. Il faut remarquer d'ailleurs que nous aurons peu à faire pour y réussir. Nous nous rappelons encore avec quelle satisfaction, à peine contenue, les Bambaras de Nango et des autres villages de la rive droite du Niger apprirent la nouvelle de notre installation à Kita et la prise de Goubanko. Ils ne se gênaient nullement pour entretenir nos tirailleurs et nos interprètes de la haine que leur inspiraient les Toucouleurs, qui les maintenaient dans un état intolérable de sujétion et d'oppression. Nous sommes convaincu, pour notre part, que notre apparition seule suffira pour éloigner d'Ahmadou les quelques populations qui lui restent encore fidèles par force. Mais il est indispensable d'agir avec une grande circonspection, car cette race bambara, opprimée et traquée depuis si longtemps, est très méfiante et le plus souvent portée à croire que l'on vient à elle en ennemis et non en alliés désintéressés.

Au nord du Bélédougou se trouve la partie du pays de Ségou située sur la rive gauche du Niger. Cette contrée, que le voyage de Mage en 1864 nous a fait connaître, comprend plusieurs États : le Lambalake, le Fadougou, le Damfari, le Mourdiari. Elle est aujourd'hui en révolte ouverte contre Ahmadou, dont les courriers sont forcés, pour gagner Nioro, de prendre la voie de Kita ou celle du désert par le Bakhounou. Ce dernier pays est peuplé de rares villages soninkés et bambaras, mais il est surtout parcouru par de nombreuses tribus peules, riches en bestiaux et qui évitent avec le plus grand soin de se soumettre aux Toucouleurs, bien qu'un grand nombre de leurs congénères aient été emmenés autrefois par El-Hadj sur la rive gauche du Niger, dans les environs mêmes de Ségou-Sikoro, où nous les avons rencontrés pendant notre séjour dans les États d'Ahmadou.

Les territoires occupés sur la rive droite du Niger par la race bambara sont plus riches et surtout beaucoup plus peuplés que ceux que nous avons visités jusqu'ici. Nous examinerons plus loin en détail ceux qui sont actuellement soumis au sultan de Ségou, et nous nous bornerons pour le moment à donner quelques indications sur ceux qui se trouvent en dehors de l'influence toucouleure.

Nous citons en premier lieu le Ouassoulou, placé à cheval sur plusieurs affluents du Niger, et s'étendant depuis la rivière de Milo jusqu'aux environs de Tengrela. Au sud, il est limité par la région inexplorée du Torong et au nord par le Dioumo, le Kéniéradougou, le Kéleyadougou et le Tiakadougou.

Le pays est assez accidenté; il présente des massifs montagneux peu élevés, semblables à ceux du Manding et du Bélédougou. Le Milo, le Sangaron, la Falémé, le Babilé et leurs nombreux affluents arrosent des vallées qui sont très fertiles.

Le Ouassoulou a formé jadis un vaste État peul, mais peu à peu les conquérants se sont mélangés à leurs captifs bambaras, et il en est résulté une race intermédiaire connue dans le Haut-Niger sous le nom de Ouassoulounkés. Elle prétend toujours être d'origine peule, mais elle n'en a plus que quelques caractères assez vagues. On peut même dire qu'elle est beaucoup plus rapprochée des Bambaras, dont elle parle la langue et conserve les mœurs. C'est pour cette raison que nous avons classé le Ouassoulou parmi les contrées habitées par la race bambara.

La décadence de la race a entraîné celle du pays, qui présente aujourd'hui le plus grand désordre politique. Il s'est morcelé en trois parties principales, ayant elles-mêmes fort peu de cohésion. Ce sont le Diétoulou, le Gouana et le Linsoro. Les trois peuplades qui habitent ces contrées, bien que de même origine et de même nationalité, se font une guerre perpétuelle, qui ne cesse d'entretenir la misère et la barbarie dans cette région. La population est, dit-on, très dense. Les Dioulas et les voyageurs que nous avons interrogés prétendent qu'il existe de très gros villages, atteignant 2 et 300 habitants; ils ajoutent que d'autres campements, plus petits, sont répandus dans tout le pays, très rapprochés les uns des autres. Cette population serait encore bien plus nombreuse sans l'état de guerre permanent qui, en la détournant des paisibles travaux de l'agriculture, occasionne des famines épouvantables, semant partout la mort. Ces luttes intestines ont encore pour résultat de multiplier les razzias de captifs, et l'on peut dire que le Ouassoulou est devenu le principal pourvoyeur des marchés d'esclaves de cette région. La certitude de vendre les prisonniers de guerre a donné au mal existant des proportions énormes. L'unique souci des Ouassoulounkés est de se procurer de la poudre et des fusils pour marcher les uns contre les autres et se traîner ensuite à Kéniéra, Kankaré, ou tout autre point fréquenté par les Dioulas. L'esclavage est devenu dans ce malheureux pays une chose si naturelle qu'il n'effraye personne ; chacun songe qu'il pourra devenir captif un jour et ne s'en préoccupe guère. On voit ainsi les faits les plus monstrueux. Les chefs vendent leurs sujets, les pères de famille, en temps de disette, emmènent leurs enfants au marché, les frères enlèvent leurs propres sœurs pour les vendre, etc., etc. Ce désordre social et politique a pour première conséquence de conduire insensiblement à la dépopulation du pays et de détourner les habitants du travail de leur sol et des autres richesses.

Les productions du Ouassoulou sont celles des meilleures contrées du Soudan. Les terrains propres à la culture pourraient occuper et nourrir une population décuple de celle qui existe ; les chevaux, les bœufs, les moutons et les chèvres trouvent d'excellents pâturages et se montrent encore par nombreux troupeaux. Enfin, de riches mines d'or couvrent la contrée et deviendraient avec la paix et le travail une source de richesse incalculable, si le nombre des mineurs n'était aussi restreint et si les aspirations n'étaient pas tournées plus généralement vers la guerre et les faciles razzias.

La situation politique du Ouassoulou est la suivante : Adama Toumané, guerrier renommé, commande le Diétoulou et, après un certain temps de guerre, a entraîné dans son alliance le chef du Linsoro, Kotié-Sori. Ces deux chefs ont pour ennemi commun le roi du Gouana, Namakoro. Indépendamment des expéditions organisées par ces trois princes africains, les villages se font encore entre eux des guerres particulières, et enfin, pour mettre le comble à la désolation, des bandes armées, dont l'unique moyen d'existence est la chasse aux esclaves, parcourent le pays, vivant en dehors des chefs et luttant même quelquefois contre eux.

Adama Toumané habite Dialikrou, l'un des marchés les plus importants du pays. Il entretient une troupe montée sur d'excellents chevaux et armée de fusils à pierre. On le dit moins barbare que les autres chefs. Son allié,

Kotié-Sori, a également beaucoup de chevaux; mais le plus puissant, comme nombre de guerriers, est Namakoro, qui habite Gouana. Ce dernier est le plus sauvage des trois; ses sujets, moins riches que dans les autres contrées, sont toujours prêts à envahir leurs voisins.

Le Sankaran, sur lequel on ne possède que peu de renseignements, est situé aux sources mêmes du Niger. On dit que c'est un pays assez analogue au Ouassoulou, sauf que la population y est moins dense et la barbarie plus grande encore. Les villages sont plus petits et sans aucun lien entre eux. Depuis deux ans environ, le Sankaran est dévasté par Samory, chef du Morébélédougou, qui cherche à le soumettre et qui se fait payer tribut par les villages les plus rapprochés de ses États. Le Sankaran, comme le Ouassoulou, se voit arracher bon nombre de ses habitants, emmenés en esclavage; le marché de Kankan est le lieu ordinaire de vente de ces malheureux.

Le Morébélédougou, contrée peu étendue et peu connue naguère, est le berceau du fameux Samory, qui remplit le Soudan occidental du bruit de ses exploits et de ses brigandages. Il est situé entre le Tinkisso et le Niger, près des routes qui conduisent des fleuves de l'Atlantique au bassin du Haut-Niger. Ainsi que son nom l'indique[1], le sol est montagneux ou tout au moins accidenté. Sa position, sur les pentes de la chaîne de hauteurs séparant le Niger des bassins des Scarcies et de la Rokelle, explique très bien l'existence de ces caractères topographiques.

Samory[2], qui vient de se faire un si grand renom, n'est pas un chef de naissance illustre. Son père commandait, paraît-il, un seul village, Dougourou, et était un paisible Soninké de religion musulmane, plus adonné au commerce et à l'agriculture qu'à la guerre. Samory, intelligent et ardent, s'est peu à peu constitué chef de bande et a commencé, jeune encore, à exécuter d'audacieuses razzias autour du domaine paternel. Bien que musulman, la religion n'entrait pour rien dans le but ambitieux qu'il poursuivait. Son désir était de s'enrichir et de devenir puissant, et non de faire une propagande quelconque. On dit de lui qu'il s'est fait *Malinké* pour exprimer qu'il a cessé d'être marchand pour devenir guerrier. Son entourage est composé de jeunes gens bien armés, montés sur d'excellents chevaux et habitués au succès. Après chaque hivernage, il se met à la tête de cette troupe, fond sur les contrées voisines et y fait ample moisson de captifs et de bétail. C'est ainsi qu'il a ruiné successivement le Baleya, le

---

1. *Bélé* veut dire « pierres » en bambara.
2. On se rappelle que ce guerrier s'était avancé l'année dernière non loin de notre poste de Kita, qu'il se vantait de pouvoir enlever très aisément.

Dioumo, le Belimena, l'Amana et le pays de Kankan. Il se fait même payer tribut par ce célèbre marché. Son ancien village, Dougourou, autrefois assez pauvre, regorge de butin.

Ces longues excursions dévastatrices n'ont pas été accomplies par Samory seul. Le chef de Dinguiray, Aguibou, n'aurait peut-être pas souffert que d'aussi fructueuses razzias fussent faites à deux ou trois journées de sa forteresse, sans y prendre part. Aussi Toucouleurs et Malinkés ont-ils agi de concert contre les Bambaras. Mais cette alliance ne pouvait être que passagère, et lorsque le moment de partager les dépouilles est venu, les alliés de la veille sont devenus ennemis mortels. Les bandes bien armées et belliqueuses de Samory sont dangereuses pour le frère d'Ahmadou, bien plus faible, malgré sa valeur personnelle, que son rival, et Dinguiray serait dans une situation critique sans l'intervention d'un nouveau chef de pillards, nommé Mori-Birahim, qui est déjà entré en lutte avec Samory.

Mori-Birahim est Malinké. C'est un ancien compagnon du chef du Morébélédougou, qui a su se créer une réputation à part. Pendant que ce dernier opérait avec les Toucouleurs sur le Tinkisso et le Niger, Mori s'enfonçait dans le Sankaran avec d'autres guerriers mécontents et s'y enrichissait. Aujourd'hui il habite Molokoro et attire à lui bon nombre des anciens fidèles de Samory, hostiles à la religion musulmane. On prétend qu'il est aussi fort que son adversaire et balance son influence.

Les dévastations commises par ces deux célèbres chefs de bande sont navrantes, et il est heureux pour la vallée du Niger qu'ils en soient réduits à se dévorer entre eux, car on ne peut prévoir où ils se seraient arrêtés dans leur œuvre de barbare destruction.

Le Morébélédougou est traversé sans trop de crainte par les Dioulas, qui ont pu y faire, ces temps derniers, des achats nombreux et fort rémunérateurs de captifs, que la guerre leur livrait à vil prix.

Le Batédougou occupe les rives du Milo et a pour village principal le célèbre marché de Kankan, déjà visité et décrit par René Caillié. La population est composée de Bambaras et de Soninkés; mais ces derniers, sans être les plus nombreux, sont les plus riches, les plus influents et commandent le pays. On compte sur ce territoire huit grands villages, d'une population totale d'environ 6000 habitants, dans lesquels Kankan entre pour plus de 2000. Ce marché, situé sur la rive gauche du Milo, gros affluent du Niger, ayant plus de 100 mètres de largeur, est l'un des plus connus de ces régions. Les captifs affluent du Ouassoulou, du Sankaran et des contrées ravagées par Samory. Ce chef a respecté ce village, peuplé de marchands de sa race, et se borne à lui demander un tribut.

Kankan, situé derrière la colonie anglaise de Sierra-Leone, est, dit-on, visité fréquemment par les traitants des négociants anglais, et bon nombre de ses habitants vont voyager dans les escales des rivières britanniques.

Le Belimona fait suite au Batédougou et ne présente rien de particulier, sinon qu'il est un peu à la discrétion de ses puissants voisins du Ouassoulou et du Morébélédougou, qui ne manquent pas d'aller de temps en temps y exécuter leurs déprédations. La population est Bambara, mais les Soninkés y ont néanmoins beaucoup d'influence.

L'Amana et le Baleya sont voisins et ont subi à peu près les mêmes destinées. Les habitants sont Bambaras et Malinkés avec quelques villages Soninkés comme Sanankoro. Il y a quelques années encore, ces contrées étaient peuplées et enrichies par le commerce et l'agriculture. Les routes reliant Sierra-Leone, la Mellacorée, Timbo et le Haut-Niger passaient par leurs villages, et les Dioulas y faisaient de nombreux échanges. Samory a semé la ruine partout et dispersé les habitants. Le Baleya a particulièrement souffert; on dit qu'il n'y reste plus rien. L'Amana a conservé sa capitale, Amana et quelques autres villages, parmi lesquels Sanankoro. Les Dioulas continuent à traverser ce pays désolé, mais ils ont de la peine à trouver des lieux d'étape.

Le Djoliba et le Dioumo sont situés près des confluents du Milo et du Tinkisso avec le Niger. Ils renferment une grande proportion de Soninkés. Les grands villages de Tiguibiri, Djoliba et Damoussa sont exclusivement Soninkés. Le reste de la population est mélangé de Malinkés et de Bambaras, ces derniers en minorité. Samory est encore venu porter la ruine dans ces deux pays, mais il a respecté les points principaux, tels que Tiguibiri et Damoussa, situés dans de bonnes positions commerciales et peuplés des gens de sa nation. La région est, paraît-il, très fertile, et la présence de grands cours d'eau comme le Tinkisso, le Niger et le Milo lui promet pour l'avenir une meilleure destinée. Les Soninkés, sans commander ces territoires, qui ne sont que des fédérations de villages, dépourvus de chefs uniques, reconnus de tous, ont presque toute l'influence. Leurs villages sont grands; on donne à Tiguibiri 1000 habitants, à Damoussa plus de 2000.

Les routes qui vont de Dinguiray et du Bouré vers Ségou, le Ouassoulou et Tengréla passent par le Dioumo.

Le Kéniéradougou fait suite au Dioumo sur la rive droite du Niger. Son territoire n'est pas très étendu et comprend à peine quatre ou cinq villages principaux. La capitale est Kéniéra, l'un des marchés d'esclaves les plus importants de tout le Haut-Niger. La population comprend surtout des Malinkés, provenant du Manding. Sa principale occupation est la guerre.

A chaque saison sèche, les jeunes guerriers vont dans le Ouassoulou et les autres pays voisins se livrer à des razzias de captifs, qui sont ensuite entassés dans les tatas de Kéniéra.

Ce marché est, avons-nous dit, l'un des plus importants au point de vue du trafic des esclaves; il est aussi connu pour ce commerce que l'est Dialikrou pour les transactions de l'or. Les Dioulas que nous interrogions nous affirmaient qu'il y avait en permanence à Kéniéra un très gros approvisionnement d'esclaves à vendre. Dans les moments de guerre, le nombre en augmente encore. Aussi la chair humaine y est-elle à un prix plus bas que partout ailleurs, et l'on peut avoir dans les périodes d'abondance jusqu'à deux captifs pour une barre de sel (environ 15 kilogrammes). Samory, après avoir détruit le Baleya, l'Amana et le Dioumo, est venu porter ses coups dans le Kéniéradougou, où, malgré la résistance des habitants, il est parvenu à prendre pied et à se faire payer de grosses rançons. Aux dernières nouvelles du Haut-Niger (décembre 1882), c'était dans cette contrée qu'il s'était établi, après l'incursion faite dans la vallée du Bakhoy jusqu'à Niagassola.

Le Kéleyadougou, situé au nord-est du précédent, appartient à des Malinkés batailleurs et cultivateurs. Les récoltes terminées, on s'arme pour aller chercher « à gagner quelque chose », nous disait un jeune homme de ce pays. Kankaré, marché très connu de cette contrée, a une nombreuse population, qui s'est constitué une existence à part. Elle s'occupe surtout de vendre des captifs et de l'or.

Le Tiakadougou comprend de nombreux et populeux villages bambaras; sur sa limite occidentale il existe quelques rares Malinkés. Le chef-lieu est Tenetou, marché important, visité par les caravanes qui vont de Ségou au Bouré et à Kéniéra. Il existe bien un chef du Tiakadougou, mais il n'est pas obéi de tout le pays, qui forme plutôt une sorte de confédération. La chute de ce petit État est prochaine. Déjà les colonnes d'Ahmadou ont commencé à l'attaquer par le nord, emmenant en esclavage la population de plusieurs villages. Ces incursions se renouvellent et se renouvelleront tous les ans, et peu à peu le Tiakadougou sera englobé dans les États du sultan toucouleur, qui semble désirer atteindre le Ouassoulou, la terre classique des captifs.

Le Banandougou, grand territoire situé au nord du précédent, est déjà soumis en partie aux Toucouleurs, qui, pendant la saison sèche, vont s'y approvisionner de captifs. On sait que les razzias forment l'unique moyen d'existence des Talibés d'Ahmadou. La forteresse de Tadiana tient en respect les villages conquis, qui, sans la présence de la garnison toucouleure de cette place, se soulèveraient à chaque hivernage, comme le font les habitants du Bélédougou. Les Bambaras du Banandougou commencent à comprendre le sort qui les attend, et leur résistance s'en affaiblit. Pendant que nous étions à Nango, une première colonne de Talibés a parcouru le pays dans tous les sens, a brûlé trois villages et a échoué devant un quatrième, qui a eu assez d'énergie pour résister à ses agresseurs. Mais à peine la colonne était-elle rendue à Ségou qu'une nouvelle troupe, composée de Sofas, prenait à son tour la route du Banandougou ; le village effrayé s'enfuyait, abandonnant une centaine de captifs.

Rien n'égale l'horreur des scènes de carnage et de désolation auxquelles donne lieu cette guerre incessante dans ces régions renommées par leur fertilité peu commune et leur richesse en produits métallurgiques. Les villages sont incendiés, les vieillards des deux sexes mis à mort, tandis que les jeunes gens sont traînés en captivité et partagés ensuite entre les vainqueurs.

Il ne nous a été guère possible, pendant notre séjour sur les bords du Niger, de prendre des renseignements sur les territoires bambaras, tels que le Baninko, le Miniankala, le Bendougou, le Ganadougou, etc., situés sur la rive droite du Mahel Balével. Ahmadou a sévèrement interdit toute communication avec ces contrées, qui se refusent à reconnaître son autorité. Elles sont, au dire des indigènes de Ségou que nous avons interrogés à ce sujet, habitées par des populations barbares, dont quelques-unes étaient même accusées d'anthropophagie en temps de guerre. Cependant on nous a affirmé également qu'elles laissaient passer tranquillement les caravanes de Sarracolets se rendant des marchés du Macina vers Tangrela et les rivières de l'Atlantique. Il serait utile d'envoyer une mission française pour étudier ces contrées, sur lesquelles plane l'ignorance la plus complète. Cette mission, partant de Kita, suivrait à très peu près l'itinéraire de René Caillié et essayerait de se mettre en relations avec le Macina, que les méfiances de l'ombrageux sultan toucouleur mettent en dehors de la sphère de nos informations. Elle effectuerait son retour par les territoires bambaras du Bakhounou et du Kaarta.

On voit en résumé que la race bambara a joué et joue même encore un rôle très important dans la partie du Soudan occidental, que nous voulons faire traverser par la grande voie commerciale projetée. Ce peuple est industrieux, très sobre et très économe. Le général Faidherbe les appelle les Auvergnats de la Sénégambie. De plus, leur répugnance à se soumettre aux lois de l'Islam et leur haine contre les successeurs d'El-Hadj Oumar doivent nous les faire considérer comme nos alliés naturels dans notre entreprise vers le Niger et le Soudan central. C'est à eux que nous devons laisser le soin d'achever la ruine de la puissance toucouleure, à laquelle nous substituerons peu à peu notre propre influence. Il faut que les Bambaras du Bélédougou, de Bammako et de tous les autres pays habités par la même race nous voient venir sans crainte et en protecteurs. Dans ce but, nous ne devons cesser de profiter de toutes les occasions pour les assurer de notre amitié et les encourager en sous-main dans leur révolte contre les Toucouleurs. Nous pouvons espérer ainsi, lorsque nous arriverons au Niger, trouver des populations qui nous accueilleront comme des alliés et des protecteurs.

CHAPITRE XXX

Notions sur l'empire d'Ahmadou. — Décadence de cet empire. — Examen des différentes parties de l'empire. — Le pays de Ségou et le Guéniékalari. — Les Talibés et les Sofas. — Nioko et Konniakary. — Divisions intestines d'Ahmadou et de ses frères. — Aguibou et Diuguiray. — Mourgoula et la vallée du Bakhoy. — Intelligences d'Ahmadou avec les Toucouleurs du Fouta. — Progrès de l'islamisme. — Ses dangers.

L'empire d'Ahmadou n'est plus formé aujourd'hui que des débris des vastes conquêtes du prophète El-Hadj Oumar, et l'on y chercherait vainement cette unité politique et territoriale que ce nègre de génie avait su un moment réaliser par son prestige religieux et son habileté à entraîner à sa suite les nombreuses populations électrisées par sa parole prophétique et attirées autour de lui par l'appât d'un butin considérable. On peut dire qu'il fut un temps, assez court il est vrai, où l'empire d'El-Hadj dépassait de beaucoup les limites qu'on lui assignait généralement, c'est-à-dire le désert, la Falémé et le Niger. Un système de places fortes, construites dans des emplacements bien choisis et occupées par une forte garnison toucouleure, maintenait sous le joug cette immense étendue de pays, dont les habitants, heureusement divisés entre eux, tremblaient toujours au souvenir du passage du prophète, signalé par une destruction à peu près complète des lieux qu'il traversait. A sa mort, la terreur qu'il avait partout inspirée, ainsi que le nombre relativement considérable de soldats qu'il avait laissés bien organisés et bien fortifiés au centre des contrées conquises, avaient suffi quelque temps pour maintenir dans son intégrité l'empire qu'il avait fondé. Mais peu à peu la révolte s'était mise parmi ces anciens sujets bambaras et malinkés. Elle avait pris naissance tout d'abord aux points les plus éloignés des centres fortifiés, puis s'était étendue insensiblement, de manière à isoler de plus en plus, au fur et à mesure qu'elle faisait des progrès, les places créées par le prophète conquérant et qui se virent ainsi séparées les unes des autres par des espaces dangereux, dont l'étendue augmentait de jour en jour. En même temps, les défenseurs eux-mêmes de ces forteresses, chargés primitivement de battre sans cesse la contrée et communiquant journellement avec leurs coreligionnaires toucouleurs des places voisines, se renfermèrent à leur tour dans l'enceinte de leurs tatas, s'y créèrent de nouvelles familles en choisissant des femmes parmi leurs sujets et rompirent peu à peu les liens qui les unissaient entre eux et qui en avaient fait ces farouches Talibés, toujours en lutte contre les Kéfirs et combattant avec ensemble et fanatisme pour la sainte cause de l'Islam. Aujourd'hui, l'armée d'El-Hadj n'existe plus, et ses membres, dispersés dans toutes les parties de l'empire, où ils se constituent de petits noyaux indépendants les uns des autres et ayant rompu toutes relations entre eux, se soucient fort peu d'assurer la garde des territoires qui leur avaient été confiés. Ils reculent devant le flot des révoltés qui les envahit chaque jour, et, loin de songer à faire de nouvelles conquêtes, ils ne pensent le plus souvent qu'à se sauver eux-mêmes, se bornant à défendre les murailles de leurs tatas et les terrains immédiatement environnants. C'est ainsi que le chef de Koundian[1], ce Diango qui a reçu Mage avec tant de hauteur en 1863, vient d'abandonner avec toute sa famille la place dont El-Hadj lui avait confié la garde. Il s'est retiré à Ségou, et nul doute que son exemple ne soit suivi prochainement par un grand nombre de ses congénères, surtout si nous continuons à nous avancer vers le Niger, substituant peu à peu notre influence civilisatrice à la domination oppressive et inintelligente d'Ahmadou et de ses frères.

En somme, l'empire d'Ahmadou n'est plus aujourd'hui que le squelette des anciennes et vastes conquêtes d'El-Hadj. Il ne comprend plus que quelques territoires isolés les uns des autres et réunis autour des places fortes, que nos armes ou la révolte des tributaires d'autrefois ont encore laissées debout. L'examen successif de ces divers tronçons, au nombre de quatre principaux, nous permettra d'apprécier la situation actuelle de cet immense édifice, qui chancelle de tous côtés et dont la main débile des fils du prophète ne pourra empêcher la ruine prochaine.

En première ligne viennent les possessions toucouleures de la rive droite du Niger. Elles s'étendent sans discontinuité, entre ce fleuve et son affluent le Mahel Balével et même un peu au delà de ce cours d'eau, depuis Sansandig, important marché sarracolet indépendant, jusqu'à hauteur de Kangaba, centre de population malinkée, qui, depuis longtemps, refuse tout tribut à Ségou ou à Dinguiray. Ces territoires, formés par la vallée du Niger, comprennent le Guéniékalari qui s'arrête devant Boghé et le pays de Ségou proprement dit.

1. Au sud de Bafoulabé.

Le Guéniékalari formait, avant l'arrivée des Toucouleurs, un État bambara dépendant depuis longtemps des rois de Ségou. Le chef du pays habitait à Koumaréla, village de la rive droite du Mahel Balével. Cette contrée est peuplée d'une triple ligne de villages bambaras, que la place de Tadiana maintient dans un état d'obéissance assez précaire. C'est par cette province que se dirigent les nombreuses colonnes toucouleures qui, chaque année, vont effectuer des razzias dans le sud vers le Banandougou et le Ouassoulou. Comme nous l'avons déjà fait remarquer, ce dernier pays, renommé pour sa richesse en or, grains, chevaux et surtout captifs, semble être devenu depuis quelque temps un objectif que voudrait bien atteindre Ahmadou. Il le rapprocherait de ses dépendances de Dinguiray et lui permettrait de prendre pied au milieu de ces régions, où presque toutes les caravanes de Sarracolets vont s'approvisionner de captifs, qu'ils vendent ensuite avec un bénéfice énorme dans les différentes parties du Soudan occidental. Mais là il se heurtera sans doute au fameux Samory, toujours en guerre, ainsi que nous l'avons dit plus haut, avec les faibles et malheureuses peuplades des régions environnantes, et dont la mission semble être d'approvisionner les marchés voisins de chair humaine. Le prix moyen d'une de ces misérables créatures est d'un fusil à pierre, d'une valeur assurément inférieure à 15 francs en Europe. Il est à souhaiter que notre établissement dans ces contrées, au débouché de la vallée du Bakhoy, fasse cesser au plus vite ce honteux trafic, que remplacera avantageusement une intelligente mise en œuvre des richesses métallurgiques, et notamment de l'or et du fer, qu'elles renferment en abondance.

Ahmadou a laissé partout dans le Guéniékalari les anciens chefs bambaras; seulement, dans un certain nombre de villages, il a placé à côté d'eux des percepteurs, dépendant d'un chef particulier, résidant à Ségou. Les impôts payés par les habitants comprennent : 1° le *diakha* ou dixième des récoltes; 2° une sorte de cote personnelle d'un *moule*[1] de mil par tête; 3° un certain nombre de cauris[2], variant suivant le nombre d'habitants, en général 100 par tête; 4° les frais de logement et de nourriture des guerriers ou gens d'Ahmadou s'arrêtant dans le village. Les hommes ont droit à deux repas par jour, les chevaux à un moule de mil par tête et par jour. Ce dernier impôt est le plus vexatoire de tous et celui qui est le plus à charge aux Bambaras; aussi font-ils tout ce qu'ils peuvent pour s'y soustraire. Ainsi, lorsque Seïdou Diéylia, le ministre du sultan, vint me voir à Nango avec plusieurs des principaux chefs de Ségou, les habitants, craignant les exactions

---

1. Le moule vaut environ 2 litres.
2. Monnaie du pays (voir plus loin).

de la nombreuse suite qu'ils amenaient avec eux, s'étaient empressés de cacher toutes leurs ressources, grains, poulets, chèvres, etc. Un campement de Peuls, qui se trouvait installé aux environs du village, se hâta de déguerpir avec ses troupeaux. Preuve irrécusable de la haine existant entre les conquérants toucouleurs et leurs sujets! Indice certain de la fragilité de l'édifice élevé par El Hadj!

Les chefs de village reçoivent l'impôt et le remettent au percepteur, qui l'adresse à son chef de Ségou; celui-ci le remet directement au sultan. En dehors de ces fonctions, ces chefs bambaras n'ont aucune autorité.

Le pays de Ségou comprend la capitale de l'empire, Ségou-Sikoro, et la contrée avoisinante, peuplée de villages bambaras, toucouleurs ou sarracolets et parcourue par un grand nombre de tribus peules nomades, maîtresses d'importants troupeaux de bœufs. La population, surtout si on la compare à celle des contrées situées entre Bafoulabé et le Haut-Niger, y est très dense. Certains villages, comme Boghé, Dougassou, Koghé et Ségou-Sikoro lui-même, sont le siège de grands marchés hebdomadaires.

Les Toucouleurs et les Sarracolets, établis à demeure fixe dans le pays de Ségou, forment la population privilégiée. Ce sont les Talibés, les anciens conquérants. Ils sont exempts de tout impôt, et leur seule fonction consiste à aller en expédition.

Tous ces Talibés sont armés d'un fusil à deux coups, généralement de provenance française. Leurs chevaux, sans être d'aussi haute taille que nos chevaux algériens, sont cependant supérieurs à ceux que l'on rencontre dans le bassin du Sénégal et notamment dans le Cayor. Ces Talibés présentent donc une supériorité d'armement et d'équipement incontestable sur leurs ennemis bambaras. Ils ont l'air brave et orgueilleux et affectent une liberté d'allures qui contraste avec l'attitude servile des Sofas, qu'ils couvrent de tout leur mépris. Ce fait s'explique aisément par l'origine de ces Toucouleurs, anciens soldats d'El-Hadj ou fils de ces derniers, ayant fait longtemps la guerre et ayant obtenu le plus souvent la victoire. Aujourd'hui ils sont à peu près délaissés par Ahmadou, qui, voyant sans doute leur nombre diminuer de plus en plus, sent le besoin de s'appuyer sur les Bambaras, formant la population conquise; actuellement, ses principaux conseillers appartiennent à cette race et sont d'anciens captifs de son père. Les Talibés sont écartés de presque toutes les fonctions publiques. Le sultan les laisse dans la misère. Aussi ces anciens guerriers du prophète, ayant fait toutes les guerres de religion et contribué au rassemblement des immenses richesses contenues, paraît-il, dans les magasins d'Ahmadou, se plaignent-ils d'être ainsi traités, d'autant plus qu'ils trouvent que leur chef actuel est loin de se conformer aux règles strictes du Coran.

Ahmadou n'a guère autour de lui plus de 5000 à 6000 Talibés. Ceux-ci proviennent du Fouta Sénégalais, compris, sur la rive gauche du Sénégal, entre Bakel et Dagana. Ils se fondent d'ailleurs de plus en plus et ne se renouvellent pas, en raison de l'aversion qu'inspire partout l'autorité du sultan. Bien plus, beaucoup d'entre eux regagneraient leur pays d'origine, s'ils étaient libres de franchir le Niger et si leur chef n'avait pris des mesures pour les empêcher de quitter Ségou.

Les Talibés combattent généralement comme cavaliers. Ils sont organisés en trois compagnies, non compris le *diomfoutou* ou garde du sultan. Ils constituent le noyau le plus sérieux des armées toucouleures et ont une réputation de bravoure très grande dans le Soudan occidental; les Bambaras et Malinkés ne tiennent jamais contre eux en rase campagne. Ils professent le plus grand fanatisme pour leur religion, au moins en apparence, car, en réalité, ils sont très dissolus dans leurs actes et dans leurs mœurs.

Ahmadou est, à son grand regret, forcé de compter avec eux, et on les a vus souvent se refuser à obéir aux ordres de leur souverain. Ainsi, pendant notre séjour à Nango, ils n'ont pas voulu marcher contre le Bélédougou, dont la révolte cependant ferme depuis plus d'un an la route du Kaarta et de Nioro. Ils voudraient contraindre le sultan à leur abandonner une partie des richesses qu'il tient renfermées dans ses magasins.

Après les Talibés viennent les Sofas. Ce sont les sujets bambaras qui se sont soumis au régime toucouleur et concourent aux expéditions militaires. En général, ils forment les troupes de pied. Ils sont en tout dépendants des Talibés, bien qu'on cite plusieurs exemples de Sofas ayant gagné la confiance de leurs maîtres et obtenu ainsi des commandements importants : tel est aujourd'hui l'almamy de Mourgoula.

En somme, l'autorité d'Ahmadou s'étend, sur la rive droite du Niger, sur un ensemble d'environ 200 villages, avec une population de 100 000 habitants au maximun. L'influence des Toucouleurs diminue d'ailleurs au fur et à mesure que l'on s'éloigne de Ségou, et l'on peut même avouer que le fils d'El-Hadj ne commande bien, à proprement parler, que sa capitale et les territoires immédiatement avoisinants. On trouve au surplus un indice de la faiblesse de ce chef dans ce fait qu'il n'a pu encore soumettre le marché voisin de Sansandig, peuplé de Soninkés et qui lui coupe toute communication avec Tombouctou et le Niger moyen.

Nous ajouterons encore que l'armée de Ségou, inférieure assurément à une douzaine de mille hommes, ne présente aucune organisation sérieuse et que le manque d'unité et d'action que l'on y rencontre la rend tout à fait incapable de se mesurer avec une colonne française ordinaire, bien dirigée, munie d'artillerie et armée de fusils à tir rapide.

Le deuxième groupe de l'empire toucouleur est formé des dépendances de l'ouest, groupées autour des places fortes de Nioro, Konniakary et Diala, celle-ci bien moins importante que les deux autres. Dans ces trois contrées dominent trois frères d'Ahmadou, représentants de son autorité. Mais Mountaga et Bassirou, chefs de Nioro et Konniakary, tendent sans cesse à s'isoler de leur maître de Ségou, avec lequel ils ne conservent presque plus de relations de sujétion et d'obéissance. C'est ainsi qu'ils ne répondent jamais à l'appel d'Ahmadou, craignant quelque trahison semblable à celle qui a déjà livré l'un de leurs frères, Moctar, à l'astucieux et cruel despote toucouleur. Le sultan de Ségou n'aime pas les moyens francs; sa politique consiste à tergiverser sans cesse, à patienter, à *bouder*, jusqu'à ce qu'il se présente une occasion favorable pour se débarrasser de ceux qui le gênent. Il a déjà agi de cette manière avec deux de ses frères, dont l'un a été décapité et dont l'autre est retenu aux fers dans le tata d'Ahmadou. Bassirou, Mountaga et Aguibou, le chef de Dinguiray, savent trop bien le sort qui les attend, s'ils se rendaient seuls et sans défense auprès de leur parent. Leurs tendances séparatistes sont du reste favorisées par l'état de révolte continuelle dans lequel se trouve la région du Bélédougou et du Fadougou, contre lesquels ils se gardent bien d'agir de concert avec l'armée d'Ahmadou, car ils voient dans cet obstacle, jeté ainsi entre eux et Ségou, une condition de sécurité pour eux-mêmes. Pendant ce temps, la révolte s'étend de plus en plus, et le moment n'est pas loin, si les Toucouleurs ne font pas enfin acte de vigueur, où ces territoires seront définitivement perdus pour les musulmans.

Nioro et Konniakary sont d'ailleurs très importants par le grand nombre des Talibés qui y habitent. Nioro particulièrement est peuplé de plusieurs milliers de ces émigrés du Fouta qui semblent, contrairement à ce qui se passe pour Ségou, préférer le séjour de cette ville aux bords du Sénégal et surtout aux bords du Niger. C'est le foyer des troubles que fomentent ces fanatiques musulmans dans les États nègres de notre colonie sénégambienne, et notamment dans la partie du Fouta qui s'étend entre nos postes de Matam et de Saldé. Il est essentiel, d'après nous, d'enrayer au plus vite les dispositions hostiles de ces petits États, car aucune sécurité ne pourra exister pour notre commerce tant que l'on n'aura pas réduit les chefs toucouleurs, tels que le fameux Abdoul Boubakar dominant dans le Bosséa, qui reçoivent leur mot d'ordre de Nioro et même de Ségou. Que l'on se rappelle que, dans le courant de l'année 1881, la colonne destinée à opérer vers Kita s'est trouvée coupée pendant plusieurs mois de Podor et de Saint-Louis. Le convoi de chalands qui devait la ravitailler a été arrêté à Saldé pendant deux mois, alors que nos soldats se trouvaient dans le haut fleuve à court de vivres et de ressources de toute espèce.

Les Toucouleurs de Ségou, de Nioro et de Konniakary sont, comme on le sait, issus du Fouta. Ils ont conservé d'étroites relations d'amitié et de parenté avec leurs congénères du Bosséa, de l'Irlabé, du Toro et du Damga. Abdoul Boubakar ne cesse d'envoyer ses émissaires à Ségou. Ce sont eux qui nous avaient précédés dans la capitale d'Ahmadou et qui avaient conseillé à ce chef de nous interdire l'accès de ses États, à tel point que, si nous n'avions pas pris la route du Bélédougou, nous n'aurions jamais pu pénétrer jusqu'au Niger, où nous aurait devancés sans doute une mission étrangère. En février 1881, alors que nous nous disposions à quitter Nango, arrivèrent à Ségou plusieurs chefs toucouleurs, envoyés par les gens du Fouta et chargés d'informer le sultan qu'ils allaient faire la guerre aux Français pour nous empêcher de construire une ligne télégraphique dans leur pays. On se rappelle d'ailleurs qu'une colonne française dut opérer dans le Fouta pendant les mois de mars et d'avril 1881 et qu'aujourd'hui encore le télégraphe qui a été poussé de Saint-Louis jusqu'à Kita, avec facilité et rapidité, est interrompu par une coupure d'une centaine de kilomètres au plus entre Saldé et Matam. Il est donc bien démontré que nous rencontrerons toujours des sentiments d'une vive hostilité chez les Toucouleurs du Sénégal, tant que nous ne leur aurons pas infligé une leçon exemplaire.

Les luttes que nous avons soutenues jusqu'ici contre Abdoul Boubakar et ses partisans révèlent chez ces populations musulmanes un sentiment d'indépendance politique et de fanatisme religieux avec lequel il nous faut sérieusement compter. On a vu comment ces tribus aux noms, aux intérêts si divers, ont pu, sous la main d'un prophète leur parlant au nom du ciel, comme El-Hadj Oumar, devenir, par leur union momentanée, le pouvoir prépondérant de cette partie de l'Afrique. Les traditions qui se rattachent au nom du prophète Oumar et des autres hommes de sa race qui ont fondé les empires musulmans du Soudan occidental, aussi bien que l'histoire des trente dernières années de notre colonie, montrent que ce fanatisme religieux peut causer les révolutions les plus subites et les plus fatales aux progrès de la civilisation européenne. Les événements tout récents encore de l'Algérie et de la Tunisie doivent nous ouvrir les yeux sur les troubles politiques qui pourraient survenir dans les immenses territoires qui s'étendent du Sénégal au Niger et que nous voulons, avec raison, placer sous notre influence.

Ce qu'il importe d'éviter, c'est de voir se créer, entre le sultan de Ségou et ceux qu'il considère comme ses sujets du Fouta, une entente éminemment préjudiciable au succès de nos entreprises. Les deux parties ne négligent rien pour arriver à cet accord, dirigé surtout contre notre domination en Sénégambie. Ahmadou ne nous a pas caché qu'en cas de guerre avec nous il comptait absolument sur ses coreligionnaires du Fouta, et, à l'appui de son dire, il nous montrait les lettres que lui avaient adressées les notables de ce pays.

Nous pensons donc que le nœud de la question musulmane au Sénégal se trouve dans le Fouta, et nous estimons que la seule politique possible avec les Toucouleurs de cette région est la politique de division et de démembrement conseillée par le gouverneur Bouet-Willaumez et mise en pratique par ses successeurs, MM. Faidherbe, Jauréguiberry et Brière de l'Isle. Jamais nous ne pourrons compter sur l'alliance de cette race fanatisée par l'islamisme, divisée en plusieurs tribus hostiles l'une à l'autre, sans respect pour le lien fédératif qui les place sous l'autorité religieuse et politique de l'almamy, mais qui n'accepterait jamais franchement notre domination.

Les pays malinkés et bambaras se rangeront aisément sous notre influence, mais il n'en sera pas de même des territoires toucouleurs. Les événements de chaque jour justifient la vérité de cette assertion aux yeux de tous. Un fait significatif l'établit d'ailleurs d'une manière incontestable : c'est l'abandon, par les populations du Fouta, du grand bras du Sénégal qui entoure l'île à Morfil. La plupart des habitants se sont transportés sur les bords du marigot de Doué, bien moins accessible à nos avisos à vapeur. Ils se sont établis sur la ligne de hautes collines qui s'étend à cinq ou six lieues en moyenne du marigot, que l'inondation n'atteint jamais et qui constitue la route que suivra, dans un avenir plus ou moins lointain, notre grande voie commerciale française, qui unira le centre du Soudan à la côte de l'Atlantique. C'est là que se trouvent les grands centres toucouleurs; c'est là qu'il nous faudrait établir une ligne de postes analogues à ceux de Saldé et Matam. Ils s'y trouveraient d'ailleurs, au point de vue de la salubrité, dans de bien meilleures conditions que les précédents.

Déjà le gouverneur Faidherbe avait détaché de la confédération du Fouta le Dimar, le Toro et le Damga. Il y a peu de temps encore, le traité d'octobre 1877, conclu par M. Brière de l'Isle, continuait ce morcellement, indispensable à notre sécurité en Sénégambie; le Lao et l'Irlabé se plaçaient sous notre protectorat et séparaient leur cause de celle d'Abdoul Boubakar. En avril 1881, ce dernier était fugitif; le combat de N'Dirboyon, si meurtrier pour nos spahis, avait convaincu les Toucouleurs de la supériorité de notre armement et de nos soldats. Les défections devenaient nombreuses autour du chef du Bosséa, et nul doute que ce dernier n'eût été forcé de capituler ou d'émigrer, si nos démarches n'étaient venues lui prouver que la lutte nous était à charge et que nous avions hâte d'en finir. Dans les relations avec les indigènes de la Sénégambie, il faut se garder tout aussi bien d'une sévérité outrée que d'une faiblesse exagérée. Il y a entre les deux un juste milieu à observer, ainsi qu'il résulte clairement de la ligne politique inaugurée par le général Faidherbe et suivie par ses successeurs, les gouverneurs Pinet-Laprade et Brière de l'Isle.

Abdoul Boubakar est redevenu aujourd'hui plus puissant que jamais. Ses anciens ennemis, voyant qu'ils ne pouvaient compter sur notre appui, se sont rapprochés de lui, heureux d'obtenir ainsi leur pardon pour l'avoir un moment abandonné. Nous pensons donc que si l'on ne met promptement un frein aux fantaisies ambitieuses de ce perturbateur, nous serons ramenés à trente années en arrière, alors que nos chalands du commerce ne pouvaient remonter le Sénégal qu'à l'époque des hautes eaux et sous l'escorte des avisos de l'État.

Nous nous sommes étendu sur cette question musulmane en Sénégambie parce qu'elle y joue un rôle important. Ahmadou, s'il veut nous laisser commercer sur le Niger, ne désire nullement nous voir arriver en armes sur le grand fleuve, et pour s'opposer à nos projets d'extension vers le Soudan central, il compte sur ses coreligionnaires du Fouta. De même, ceux-ci persistent dans leur hostilité à notre égard, parce qu'ils se sentent appuyés par le sultan de Ségou, qu'ils considèrent comme leur chef naturel et comme leur protecteur vis-à-vis de nous. En frappant Abdoul Boubakar, on frappera Ahmadou et, suivant nous, il y a nécessité absolue, si nous voulons continuer avec succès l'œuvre du Niger, à reprendre la politique suivie depuis si longtemps avec le Fouta et qui consiste à isoler de plus en plus le Bosséa, foyer de troubles et d'agitation antifrançaise, en encourageant les divisions des nombreux chefs de la confédération et en morcelant de plus en plus cet empire musulman, dont la grandeur sera toujours le plus sérieux obstacle au développement de notre influence en Sénégambie.

Le troisième groupe de l'empire d'Ahmadou comprend la place de Mourgoula avec quelques dépendances : le Birgo, le Bagmakadougou et le Gadougou. On peut dès aujourd'hui considérer toutes ces contrées comme perdues pour le sultan toucouleur. Le tata de Mourgoula est isolé de Ségou, et son almamy ne tardera pas à nous laisser la place libre. Notre installation à Kita a suffi pour décider toutes les populations tributaires de la place musulmane à refuser tout impôt, et cette ancienne forteresse tombera comme est tombé Koundian et comme tomberont successivement toutes les dépendances de l'empire assises en territoire malinké ou bambara.

Le quatrième groupe comprend la place de Dinguiray avec quelques dépendances situées aux environs. Bien que moins important que les deux premiers par son étendue et sa population, ce centre de domination toucouleure pourrait bien être appelé à jouer dans l'avenir un rôle qui fera peut-être de Dinguiray, comme il le fut jadis sous El-Hadj, le point le plus considérable de tout l'empire. Sa position centrale entre le Fouta-Djallon et les régions aurifères avoisinant les sources du Niger, sa proximité des établissements européens des rivières du sud, ainsi que la popularité de son chef parmi les Talibés, de plus en plus mécontents d'Ahmadou, feront peut-être de Dinguiray la future capitale des anciennes possessions d'El-Hadj Oumar. Aguibou est, parmi les fils du prophète, celui qui semble le mieux aimé des Toucouleurs ; son caractère généreux et ouvert, son ardeur dans les combats et son commandement facile le désignent tout naturellement pour prendre la succession d'Ahmadou, si celui-ci vient à disparaître. Toutes ces considérations méritent que nous nous occupions sérieusement de Dinguiray et de son souverain. Cette place n'est pas éloignée des établissements anglais de la Gambie et de Sierra-Leone, et il est certain que nos voisins britanniques ont déjà noué d'étroites relations avec Aguibou. Il est bien regrettable que les missions françaises qui, dans ces derniers temps, ont exploré le Fouta-Djallon et poussé jusqu'à Timbo, n'aient pas continué leur route jusqu'à Dinguiray et aux sources du Niger, d'où elles auraient rejoint Kita par notre itinéraire de la vallée du Bakhoy. Elles auraient pu s'aboucher ainsi avec ce chef toucouleur et nous renseigner sur une région qui depuis bien longtemps n'a vu aucun voyageur européen.

Nous terminerons ces considérations sur l'empire de Ségou par quelques mots sur le Macina et la région qui s'étend entre Ségou et Tombouctou, région qui, depuis René Caillié, est restée en dehors des investigations de nos explorateurs. Ce fait est facile à expliquer et résulte de l'état politique de cette partie du Soudan, gardée par les deux cités indigènes de Tombouctou et de Ségou, dont les chefs, ennemis entre eux, s'opposent à ce que les étrangers communiquent d'un pays à l'autre. Ainsi, la capitale d'Ahmadou forme, sur le Niger, une barrière que les pirogues des Somonos Bambaras ou des Dioulas Sarracolets ne peuvent franchir. La peine de mort attend ceux qui enfreindraient les ordres du sultan. La conséquence la plus grave de cette situation est que le Djoliba, cette artère naturelle du Soudan occidental, est fermé au commerce et ne peut servir de voie de communication aux marchands indigènes se rendant des contrées aurifères du Bouré et du Ouassoulou vers les marchés du riche Macina et Tombouctou lui-même.

On comprend dès lors combien il nous a été difficile, pendant notre séjour à Nango, de prendre des renseignements sur les contrées situées au nord de Ségou. Nous savons que le Macina est très fertile en riz, mil, arachides et coton, et que ses habitants élèvent de fort beaux chevaux. Il est peuplé de Foulbés, de même origine que les Peuls, qui ont fondé tous les empires musulmans de la Sénégambie. Il renferme plusieurs marchés très importants, Djenné, Kaka, Ténenkou, rendez-vous des Maures venus du désert avec des chargements de sel, qui leur sert à acheter les esclaves et l'or que les Dioulas apportent des pays bambaras et malinkés. On nous parlait constamment à Nango de la grandeur des embarcations qui naviguaient sur le Niger entre Sansandig et Kabara, le port de Tombouctou. Beaucoup d'entre elles avaient, au dire des indigènes, jusqu'à 30 mètres de longueur et 6 mètres de largeur.

Ce qu'il est important de constater pour nous, c'est cet état d'hostilité existant entre Ahmadou et ses voisins du Macina, situation qui nous permettra, dès que nous aurons dépassé Ségou, de trouver chez les Maciniens un accueil sympathique. Pour nous, nous pensons qu'une mission française qui aboutirait à Sansandig par les pays bambaras du Kaarta, pourrait rapporter sur cette région des renseignements qui nous seraient bien précieux et faciliteraient singulièrement nos projets d'extension dans le bassin du Niger, en permettant notamment d'examiner si les conditions politiques et géographiques dans lesquelles se trouve le marché de Sansandig n'autoriseraient pas à prendre ce point comme base de nos opérations sur le Djoliba. Quoi qu'il en soit, il n'est pas bon dans ces contrées nigritiennes, et des exemples récents le prouvent surabondamment, de marcher à l'aventure et de s'enfermer chez ces peuplades méfiantes et ignorantes avant de les avoir prévenues de nos projets et du but essentiellement pacifique que nous poursuivons.

En résumé, l'empire fondé par El-Hadj Oumar est actuellement dans une décadence complète. Ses divers tronçons tendent à s'isoler; ses tributaires diminuent de jour en jour; les places elles-mêmes construites par le prophète se vident de leurs défenseurs et laissent se resserrer, de plus en plus étroit autour d'elles, le cercle des révoltés qui leur coupe toute communication avec la capitale de l'empire. D'un autre côté il est facile de constater, chez les divers frères du sultan de Ségou, des tendances séparatistes, qui suppriment toute unité d'action et de commandement et empêchent que nous n'ayons jamais plus à craindre une coalition semblable à celle qui a amené El-Hadj sous les murs de Médine en 1857. Nous estimons donc que notre colonie du Sénégal, si nous suivons la ligne politique des Bouët-Willaumez et des Faidherbe, peut se considérer dès maintenant comme étant à l'abri de toute tentative de guerre provenant des fils du conquérant musulman. Ceux-ci essayeront bien de s'immiscer dans nos affaires de la rive gauche du Sénégal, particulièrement en indisposant contre nous les remuantes peuplades du Fouta, mais ils ne tenteront rien par eux-mêmes, car il faudrait alors leur supposer une unité qui leur manque assurément et qui les laisse désarmés vis-à-vis des anciennes provinces révoltées de l'empire toucouleur.

Cependant, j'insiste encore sur la question religieuse. Les Peuls et les Toucouleurs sont de fervents adeptes de l'islamisme, et ils exercent vis-à-vis des autres peuples le rôle de convertisseurs à main armée. Rigides observateurs du Coran, ils sont fanatiques de leur religion, et l'on peut dire que les missionnaires chrétiens n'obtiennent que des résultats négatifs dans leur propagande antimusulmane.

L'islamisme pratiqué par les peuplades que nous avons visitées est personnifié, tant sur les bords du Sénégal que sur les rives du Niger, par le sultan Ahmadou, qui s'intitule le *Commandeur des croyants* (*Lam Dioulbé*). Mais c'est un islamisme fortement mitigé de grossières superstitions qui, soigneusement cultivées et assidûment exploitées par les marabouts, se montrent partout. Ainsi tout indigène, quels que soient son âge, son sexe et sa condition, porte des talismans ou gris-gris, qui consistent le plus souvent en quelques mots arabes, écrits sur un petit morceau de papier et renfermés dans un sachet en cuir. Quant aux principes essentiels de cette religion, ils sont toujours les mêmes et peuvent se résumer dans ce commandement du Coran : « O croyants! combattez les infidèles qui vous avoisinent ; faites-leur la guerre jusqu'à ce qu'ils soient soumis. »

Nous n'apprenons rien à ceux de nos lecteurs qui s'occupent de la question africaine, en leur disant que la religion de Mahomet fait chaque jour de grands progrès dans la partie du Soudan que nous voulons ouvrir à notre commerce et à notre civilisation. C'est un mouvement irrésistible avec lequel il nous faut compter sérieusement et que nous devons essayer, sinon d'enrayer, — ce serait impossible, — du moins de combattre dans tout ce qu'il a d'hostile à l'extension de la race blanche. Cette propagande incessante, bien que due en grande partie aux guerres religieuses, a cependant commencé avec les voyages de quelques misérables pèlerins qui, venus de la Mecque, parcouraient, en prêchant, les régions idolâtres de l'intérieur et des bords de l'Atlantique. Ces pèlerins sont célèbres pour la plupart. Peuls de race, ils ont, depuis le commencement du dix-huitième siècle, fondé de vastes empires, tels que ceux du Fouta-Djallon, du Bondou, de Sokoto (1805), entre le Niger et le lac Tchad, du Kaarta et de Ségou (1857-1861). Il y a un siècle à peine, ces Peuls formaient une population misérable, s'occupant surtout de ses troupeaux, voyageant de contrée en contrée, souvent maltraités par les chefs des pays nègres qu'ils traversaient. C'est ainsi qu'on peut les voir encore dans certaines régions des bords du Niger où l'on peut les comparer à nos bohémiens d'Europe.

Puis, enflammés par les paroles prophétiques de leurs missionnaires, ils se serrèrent autour des chefs qui déployaient l'étendard de l'islamisme, formèrent des armées compactes et marchèrent à la conquête des États nègres qui les environnaient. Les empires ainsi fondés sont certainement en décadence, mais le mahométisme n'en continue pas moins sa marche envahissante dans les bassins du Niger et du Sénégal jusqu'aux rivages de l'Océan.

Nous avons parlé maintes fois d'El-Hadj Oumar, qui, à un moment donné, conquit tous les pays compris entre le Sénégal et Tombouctou; il aurait mis notre colonie dans le plus grand danger, si le gouverneur Faidherbe ne l'avait arrêté en battant son armée à Médine en 1857.

Il est donc incontestable que l'islamisme a pris, dans nos possessions de la côte occidentale de l'Afrique, de telles racines qu'il serait maintenant impolitique de le combattre ouvertement. Saint-Louis, Dakar, Gorée, possèdent des mosquées, et le gouvernement nomme même, dans le chef-lieu de notre colonie, un *tamsir* ou chef de la religion musulmane. Il y a là un fait accompli, contre lequel nous ne pouvons rien, et il ne viendrait à l'idée d'aucun gouverneur de supprimer les mosquées et écoles arabes de nos villes ou escales et d'entraver les indigènes de notre colonie sénégambienne dans la libre pratique de la religion musulmane.

Cependant, nous ne pouvons oublier que les ennemis les plus acharnés de notre domination en Sénégambie ont toujours marché contre nous en invoquant le nom du prophète. El-Hadj Oumar en 1857, Maba en 1868, Ahmadou Cheickou en 1875, ont sérieusement menacé l'existence de notre colonie, et, aujourd'hui encore, nos adversaires les plus irréconciliables, soit dans le Fouta sénégalais, soit sur les bords du Niger, luttent contre nous en nous montrant aux populations ignorantes de ces régions comme les ennemis de l'Islam. S'il est donc impolitique de combattre ouvertement le mahométisme à Saint-Louis et dans toutes nos possessions immédiates de la Sénégambie, ce serait une faute énorme d'encourager la propagande musulmane faite par certains chefs ambitieux, qui n'y voient qu'un instrument pour révolutionner à leur profit les riches contrées où nous voulons faire pénétrer notre civilisation et les produits de notre industrie. L'œuvre grandiose que la France a entreprise dans ces régions lointaines et qui nous ouvrira le cœur du continent africain n'a pas de plus mortel ennemi que l'islamisme. Il est essentiel de surveiller constamment ses progrès; si nous ne pouvons les enrayer, il faut empêcher avec le plus grand soin qu'il ne se forme, sur le passage de notre grande voie civilisatrice, l'une de ces coalitions mahométanes, qui, avec le nom du prophète pour mot d'ordre, jetterait aussitôt ses bandes dévastatrices dans tout ce bassin du Niger où nous allons enfin prendre pied d'une manière solide et durable. Notre devoir le plus élémentaire est donc de continuer le démembrement de tous ces empires musulmans fondés dans le courant de ce siècle et d'encourager de tout notre pouvoir les efforts des peuples nègres restés encore réfractaires aux idées du mahométisme. Rappelons-nous que les disciples de l'Islam ne concluent jamais avec les chrétiens que de simples trêves qu'ils pensent avoir le droit de rompre à leur convenance. Disons-nous que le despotisme musulman ne contient le germe d'aucun progrès social, et que le sang et les sacrifices que coûtent journellement ses révolutions et ses conquêtes n'ont jamais été rachetés, comme chez les peuples chrétiens, par une amélioration générale de l'état de la société. Nous pensons cependant que la religion mahométane, telle qu'elle est pratiquée dans les possessions placées directement sous notre autorité ou notre influence, n'offre aucun danger, et si nous poussons le cri d'alarme, c'est en prévision des périls que ferait courir à l'œuvre africaine une levée de boucliers faite au loin, sous l'égide de l'étendard du prophète, qui servira toujours de ralliement aux ennemis de notre race dans les régions soudaniennes.

RÉSUMÉ ET CONCLUSIONS

En arrivant au terme de la relation de notre voyage dans la partie du Soudan devenue désormais française, nous éprouvons le besoin de résumer notre opinion sur cette grande œuvre de pénétration vers le Niger. Aussi bien l'ouvrier s'intéresse à l'achèvement d'un édifice aux fondations duquel il lui a été donné de travailler.

Bien peu de personnes mettent aujourd'hui en doute la nécessité où se trouve la France de reprendre sa vocation civilisatrice et d'utiliser ses facultés de colonisation. Il faut qu'elle puisse satisfaire, en dehors de l'Europe, ses légitimes besoins d'expansion, et qu'elle joue son rôle dans ce grand mouvement d'extension coloniale qui se prépare, et qui finira par uniformiser la civilisation à la surface du globe. Il y a là pour notre pays une question de vie ou de mort, et les événements des dernières années semblent prouver que le gouvernement ne faillira pas à la tâche qui lui incombe sous ce rapport.

Le théâtre de nos entreprises lointaines se trouve aujourd'hui tout indiqué, et un éminent économiste, M. P. Leroy-Beaulieu, a dit : « Nous devons travailler à la fondation d'un grand empire africain et d'un moindre asiatique. » Puisqu'un concours de circonstances favorables nous a fait prendre pied sur le continent africain en plusieurs points éloignés, d'où la convergence est difficile mais non pas impossible ; puisqu'il est en notre pouvoir de drainer, pour ainsi dire, au profit de nos stations du littoral méditerranéen et du littoral atlantique d'immenses territoires, dont les richesses naturelles ne sont pas contestées, notre devoir est d'aborder cette œuvre avec courage sans nous laisser devancer par des concurrents européens.

Chargé, pour ce qui nous concerne plus spécialement, de pénétrer dans le Soudan par les vallées du Sénégal et du Niger, tandis que le colonel Flatters essayait d'aborder Tombouctou par l'Algérie et le Sahara et que M. de Brazza s'efforçait d'ouvrir pacifiquement la voie de la vallée du Congo et de l'Ogôwé, nous espérons que notre exploration n'aura pas été inutile et que les pages qui précèdent auront contribué à jeter quelque lumière sur des contrées qui vont désormais entrer dans la sphère de notre action politique et commerciale. Ouvrir une route vers le grand fleuve des nègres et au delà, à travers le « Soudan français », tel était le projet de l'éminent gouverneur Faidherbe, projet repris par son successeur, le gouverneur Brière de l'Isle, et entré aujourd'hui dans la voie d'exécution. Bafoulabé et Kita ont été occupés, Bammako vient de l'être. La voie commerciale est créée et, ce qui importe maintenant, avant toute autre chose, c'est de transporter sur le Niger des chaloupes canonnières, construites en vue de cette navigation et pouvant être facilement amenées sur les rives de ce fleuve par les moyens encore imparfaits à notre disposition.

Nous laissons de côté la question de la voie ferrée, sur laquelle notre ignorance de la science de l'ingénieur et de l'économiste nous empêche de nous prononcer autrement que nous ne l'avons fait par les développements donnés dans les chapitres relatifs à la topographie et au commerce de ces régions. Nous aurions désiré peut-être que tous les efforts eussent été dirigés, à l'origine, vers la construction de la ligne des postes fortifiés, à l'abri desquels se seraient fondés des comptoirs commerciaux et se serait ouverte d'elle-même la voie projetée, qui, améliorée peu à peu, se serait transformée successivement en route pour les caravanes, route pour des voitures légères, attelées d'ânes ou de mulets, et enfin, si la nécessité s'en était fait sentir, en une voie ferrée. Mais nous nous bornerons, pour le moment, à constater l'importance des résultats déjà obtenus dans cette partie du Soudan et à indiquer les points principaux du programme qui nous est imposé pour l'achèvement de cette œuvre grandiose.

1° Avant tout, s'efforcer de conserver l'avance que nous avons déjà dans le bassin du Haut-Niger; surveiller les routes qui mènent dans la vallée du Haut-Niger et penser que, du jour où cette vallée aura été livrée à une influence étrangère, toute voie nous sera fermée vers l'intérieur du Soudan et l'Algérie.

2° Combattre l'influence musulmane, aussi bien sur les rives du Sénégal que sur celles du Niger; poursuivre l'abaissement de l'empire d'Ahmadou en nous appuyant sur la haine des Bambaras et des Malinkés contre les Toucouleurs et sur les divisions qui séparent entre eux les fils d'El-Hadj Oumar.

3° Ne pas rompre avec Ahmadou, mais exiger que ce sultan reste fidèle aux promesses qu'il nous a faites pendant notre séjour dans ses États et au traité qu'il a signé le 5 novembre 1880 à Nango.

4° Diriger une mission pacifique et scientifique dans l'extrême Haut-Niger, vers Kamgaba, le Bouré, le Ouassoulou, etc. Entrer en relations avec les chefs de ces États, situés sur la route de la Gambie et de Sierra-Leone, vers Ségou et Tombouctou.

5° Se mettre aussitôt que possible en relations avec Sansandig et les marchés situés en aval de Ségou. S'efforcer, par l'intermédiaire des marchands sarracolets des environs de Bakel, de faire venir à Saint-Louis des notables de Sansandig, et, à l'aide de ceux-ci, envoyer une mission pacifique à Sansandig et dans les autres villes de cette région : Djenné, Kaka, Ténenkou, Tombouctou. Après Bammako, le premier point à occuper serait Diafarabé ou Mopti[1], au confluent du Niger et de son important affluent, le Mahel Balével, puis le lac Deboe et Tombouctou. Cette mission serait munie d'une embarcation démontable, semblable à celle que Stanley a transportée avec lui dans son voyage à travers l'Afrique.

6° A partir de Kita, diriger la prochaine expédition par le Bélédougou. User d'indulgence, sans faiblesse, vis-à-vis des Bambaras de Dio, puis s'installer à Bammako, sur les bords du Niger.

7° Envoyer en même temps des agents dans tout le Kaarta, entre Nioro et Ségou. Assurer les populations de notre amitié, les encourager dans leurs luttes contre les Toucouleurs et ouvrir ainsi les routes du Bélédougou et du Bakhounou jusqu'au Macina.

8° S'aboucher avec les frères d'Ahmadou, à Konniakary et à Nioro ; les éclairer sur les mauvaises dispositions du sultan de Ségou à leur égard et leur offrir notre alliance en les détachant de Ségou.

9° Une fois que nous serons installés à Bammako, choisir la vallée du Bakhoy comme route du Niger. Donner notre protection effective aux Mandingues, rendre Mourgoula indépendant des Toucouleurs et rejeter Samory de l'autre côté du Niger.

10° Élever à Niagassola l'établissement intermédiaire entre Kita et Bammako.

11° S'efforcer, par des moyens rapides et simples, d'améliorer la route entre Bafoulabé, Kita, Niagassola et Bammako ; la rendre carrossable, et faciliter ainsi le service de ravitaillement de nos postes, qui est aujourd'hui extrêmement difficile et met notre position dans le Soudan à la merci des moindres complications politiques de cette région.

1. Voir la carte publiée par le ministère de la marine (mission Gallieni, 1880-1881, Erhard), qui donne en détail la région explorée.

12° Enfin, transporter une canonnière à dos de mulet jusqu'au Niger, la lancer sur le fleuve, au moment de l'hivernage et s'efforcer d'atteindre Kabara, le port de Tombouctou.

Nous nous associons pleinement, pour notre part, aux lignes suivantes d'un de nos officiers généraux les plus distingués de la Marine, qui a longtemps séjourné au Sénégal : « En étudiant le passé de notre colonie, on reconnaît que la cause la plus fatale de l'inertie, de la torpeur où elle est restée ensevelie pendant si longtemps, réside surtout dans les changements de système dont le Sénégal a été le théâtre, dans la succession rapide des chefs qui présidaient à ses destinées et qui, tous, avaient des vues différentes et souvent opposées. Il faut se rappeler qu'avec les populations indigènes de la Sénégambie, tout pas en arrière, l'abandon d'un seul des principes que, dans ces derniers temps, nous avons cherché à faire prévaloir, entraîneront aux yeux de ces populations l'abandon de notre système politique tout entier. *Je maintiendrai*, cette devise d'un peuple dont les colonies peuvent servir de modèle à toutes les nations maritimes, doit donc être en Sénégambie la devise de la France. »

Ce qui a manqué jusqu'ici à la France dans sa politique coloniale, c'est l'esprit de suite. Prudence et persévérance, tel doit être désormais notre mot d'ordre.

En terminant, qu'il me soit permis de rendre un éclatant hommage au dévouement, plein d'abnégation, que mes compagnons de voyage, MM. Piétri, Vallière et Tautain, ont apporté à l'œuvre dont j'avais la direction. Je n'hésite pas à déclarer bien hautement que, sans le concours de ces intelligents auxiliaires auxquels m'unissent désormais les liens de la plus étroite amitié, sans l'union qui n'a cessé, au milieu des dangers, des maladies, des privations et des souffrances de notre longue captivité à Nango, de régner parmi nous, je n'aurais pu venir à bout de la mission qui m'avait été confiée. Je n'aurais pu rapporter que des renseignements incomplets, tant au point de vue géographique que politique, ni remplir le programme qui m'avait été fixé. C'est ainsi que nous avons relevé près de 1400 kilomètres de terrain, nous appliquant toujours, malgré notre petit nombre, à embrasser dans notre marche plusieurs directions différentes, de manière à explorer la plus grande étendue possible de pays. Les itinéraires que nous avons rapportés et ceux que nous avons pu faire parvenir en arrière au fur et à mesure que nous avancions vers le Niger, nous ont permis d'indiquer d'une manière suffisamment exacte les cours du Bakhoy et du Ba-Oulé, et ont servi à guider la marche des missions qui nous ont suivis dans cette région. De Kita, la double reconnaissance faite dans le Manding et le Bélédougou a assuré à nos opérations futures dans ces contrées une base sérieuse et permettant à nos chefs de colonne d'éviter cet inconnu qui paralyse si souvent les meilleures combinaisons. Au point de vue politique, nous avons pu aussi remplir la tâche qui nous avait été tracée. Les traités passés avec les populations du Bakhoy, du Fouladougou, de Kita et du Manding ont ouvert la voie du Haut-Niger. Celles-ci se sont placées sous le protectorat exclusif de la France et se sont empressées de nous autoriser à construire les établissements militaires et commerciaux qui nous permettront de pénétrer peu à peu au centre du Soudan; ainsi, ces traités, parvenus en France en juin 1880, nous ont permis de nous établir aussitôt à Kita, la dernière étape avant le Djoliba.

Quant à Ahmadou, le sultan de Ségou, on peut considérer comme un résultat d'une très grande valeur d'avoir pu le décider à nous accorder le protectorat du cours supérieur du Djoliba. Le sultan nègre de Ségou n'est assurément pas un souverain sur la simple parole duquel on puisse absolument faire fonds, et les stipulations du traité risqueront de rester lettre morte si nous n'en assurons nous-mêmes l'exécution. Leur valeur consiste en ce que le traité de Nango nous confère un titre diplomatique et fait du Haut-Niger une dépendance française, où nul désormais ne peut s'établir contre le gré de la France. Toutefois, il ne faut pas se dissimuler que le droit pour ainsi dire théorique que le traité nous donne sur le Haut-Niger ne deviendra effectif que le jour où nous aurons pris possession des postes-comptoirs que nous sommes autorisés à construire sur les bords du fleuve. S'installer sur les rives du Djoliba et y lancer nos canonnières, tel est le but immédiat à poursuivre si l'on veut travailler au développement de l'influence et du commerce français dans les immenses régions que le Niger arrose dans l'intérieur de l'Afrique équatoriale.

FIN

TABLE DES GRAVURES

	Pages
Les membres de la mission du Haut-Niger (frontispice)	1
Le colonel Brière de l'Isle (aujourd'hui général), gouverneur du Sénégal de 1876 à 1881	3
Le commandant Galliéni, de l'infanterie de marine	7
Le capitaine Piétri, de l'artillerie de marine	8
Le capitaine Vallière, de l'infanterie de marine	9
Le docteur Tautain	10
Spahis sénégalais	11
Hôtel du gouverneur à Saint-Louis	13
Guerriers du Oualo	17
La mission entre Matam et Bakel	23
Fort de Bakel	29
Le cuisinier Yoro	33
Danse du sabre chez Dama	41
Médine	47
Le roi du Khasso et ses conseillers	51
Abdoulaye Ba et sa fille	56
Ousman Fall	57
Tortillard et les enfants d'Ousman Fall	59
Tata de Sabouciré	61
Le Sakamérakrou	63
Mont Makha Dener	64
Mont Duley	65
Entrée de la vallée de Tinké	65
Mont Tékoubala	67
Mont Makha Gnan	67
Cataracte de Gouina	69
Passage du Bafing	75
Incendie près de Demba-Dioubé	81
Le jeune Malinké qui a indiqué la brèche de la montagne	89
Brèche dans le rempart rocheux près de Niakalé-Ciréa	91
Village de Solinta	95
Le vieux chef de Badumbé et sa dernière femme	101
Fangalla	105
Chutes de Bily	109
La forêt au delà des chutes de Bily	111
Campement à Toudora	115
Passage du Bakhoy au gué de Toukoto	119
Renvoi des âniers indociles	121
Cases d'Ouoro dans le Fouladougou	126

TABLE DES GRAVURES.

	Pages
Campement de Mungo-Park à Goniokori.	129
Village de Manambougou.	135
Pont improvisé sur le Kégnéko.	137
Village de Kita.	145
Signature du traité de Kita.	151
Fête militaire à Kita.	155
Alassane.	159
Tirailleurs sénégalais.	161
Le village de Sambabougou.	167
Types malinkés de Kita.	171
Types. — Un ânier.	175
Passage du Bandinghô et chasseurs peuls.	179
Montagnes de Bangassi.	184
Cynocéphales du Sénégal.	185
N'Gor Faye s'acharnant à la poursuite de l'animal qui mettait tout le camp en mouvement.	189
Le village de Koundou.	197
Rencontre d'un boa.	205
Le docteur Tautain à Ouoloni.	207
Éclairage des abords du village par des feux Coston de différentes couleurs.	211
Village de Dio.	217
Défense des ruines de Dio.	223
Le docteur Tautain sauvé par Alassane.	227
La retraite.	231
Le campement de minuit.	233
Palabre avec les gens de Guiningoumé.	237
Vue de Bammako sur le Niger.	245
Le docteur Bayol.	253
Alassane et Thiama.	255
Moro Dialo, type ouassoulouké.	257
Retour de Khoumo.	265
Tornade dans le Birgo.	269
Carte de la vallée de Mourgoula.	272
Col de Sitakoto.	273
Arrivée au tata de Mourgoula.	277
Palabre chez l'almamy à Mourgoula.	281
Plan du tata de Mourgoula.	287
Jeune fille de Koukouroni.	292
Bain dans le Kanékouo.	295
Vue de Niagassola.	299
Jeune fille de Niagassola.	301
Le vieux Mambi accompagnant le lieutenant Vallière.	307
Négresses employées au lavage de l'or.	313
Les roches de Nienkéma.	322
Village de Tabou.	325
Le Mana-Oulé et caravane d'esclaves.	325
Le Koumou.	331
Le lieutenant Vallière à Sibi.	335
Passage du Niger.	345
Le pont de Tadiana.	347
Case bambara à Kobilé.	351
Village de Koni.	353
Peuls de Koni.	355
Vue de Nango.	361

TABLE DES GRAVURES.

	Pages
Samba N'Diaye	363
Boubakar Saada	365
Installation de la mission à Nango	371
Femmes peules	381
Type peul de Ségou	383
Type bambara	385
Talibé de Ségou	393
Talibé faisant son salam	394
Arrivée de Seïdou Diéylia à Nango	395
Alpha Séga	411
Constructions et types bambaras	415
Le capitaine Piétri arrêté par Marico	419
Tisserand bambara	427
Jeune femme peule et captive bambara	429
Les circoncis bambaras	433
Femmes bambaras	438
Feuilles et fruit du karité (*Bassia Parkii*)	441
Femme pilant du mil et jeune fille filant à Nango	443
Forgerons bambaras	447
Le puits de Nango	452
Cachet d'Ahmadou	461
Type de laptot	467
La mission quitte Nango	469
Caravane massacrée par ordre d'Ahmadou à Sougoulani	473
Passage de la Faya	475
Nagoba et son frère	477
Le lieutenant Vallière attaqué par les Malinkés	479
Campement sous un baobab	489
Types de jeunes femmes malinkées du Gadougou	493
Type du Gadougou	495
Brèche de Goubanko	500
Femmes d'Alpha Séga	501
Les membres de la mission à Bakel	503
Les Toucouleurs du Fouta tentent d'arrêter la mission	507
Plan du mont Besso	519
Coupe du mur de soutènement du Bakhoy	519
Coupe de la brèche en avant du Balou	519
Profil du gué de Toukoto	521
Coupe de la rivière Migna	540
Profil du gué de Tourella, 14 mai	545
Profil, en travers, de la vallée du Niger, 8 mai	545
Fortifications avec tours	553
Intérieur des tours de flanquement	555
Abri couvert	557
Plan d'une habitation	559
Plaine de Niagassola, 2 mai	561
Plan de Tadiana, 16 mai	563
Environs de Kondou, 4 mai	564
Environs de Guinina, 4 mai	564

FIN DE LA TABLE DES GRAVURES.

TABLE DES MATIÈRES

CHAPITRE I.

La mission du Haut-Niger : son but et sa préparation. — Anarchie des contrées situées au delà de Médine. — Le gouverneur Brière de l'Isle. — Expédition préliminaire de Bafoulabé. — Voyage de la mission à bord du *Dakar* et du *Cygne* jusqu'à Podor. — Navigation en chalands sur le Sénégal. — Arrivée à Bakel. 5

CHAPITRE II.

Bakel. — Organisation du convoi. — Départ pour Médine. — Le cuisinier Yoro. — Nos chefs de convoi. — Passage de la Falémé — L'interprète Alpha Séga. — Tam-tam bambara chez Dama. — Les Maures pillards. — Arrivée à Médine. 27

CHAPITRE III.

Le siège de Médine. — Organisation définitive de la mission. — Les chutes du Félou. — Le combat de Sabouciré. — Route à travers le Logo et le Natiaga. — Les cataractes de Gouina. — Sites remarquables. — Échelonnement des vivres. 46

CHAPITRE IV.

Bafoulabé. — Passage du Bafing et entrée en pays inconnu. — L'interprète Alassane et le vieux Sambo. — Route le long du Bakhoy. — Incendie de Demba-Dioubé. — Palabre au village de Kalé avec Diouka-Moussa. — Défilé du Fesso. — Séjour à Niakalé-Ciréa. — Brèche dans la montagne. — Attaque de lions et d'hippopotames. — Solinta et Badumbé. — Préparation du fer. — Les ânes commencent à succomber aux fatigues et aux blessures. 72

CHAPITRE V.

Séjour à Fangalla. — Histoire de ce village. — Marche vers Kita en pays inconnu et désert. — Les chutes de Bily. — Bivouac de Toudora. — Installation du camp. — Franchissement du Bakhoy au gué de Toukoto. — Attaque d'un lion. — Exercice de rassemblement. — Renvoi des ânes indociles. — Bivouac à Kobaboulinda. 103

CHAPITRE VI.

Goniokori et le Fouladougou. — Souvenirs de Mungo-Park. — Barbarie des habitants du Fouladougou. — Bivouac à Manambougou. — Passage de Kégnéko. — Le caméléon. — Incendie de Sérinafara. — Le guide Abdoulaye. — Arrivée à Kita. 127

CHAPITRE VII.

Séjour à Kita — Importance politique et géographique de ce point. — Tokonta, chef de Makadiambougou. — Négociation avec Tokonta. — Le village de Gouhanko. — Travaux de la mission. — Chaleur excessive. — Traité de Kita (25 avril 1880). — Fête militaire pour célébrer l'annexion du pays à la colonie. — La population de Kita. 143

CHAPITRE VIII.

Exploration du Ba-Oulé par le lieutenant Piétri. — Résultats de l'invasion musulmane. — Confluent du Bakhoy et du Ba-Oulé. — Les hippopotames. — Cours du Ba-Oulé. — Confluent du Bandingkô. — La caravane. — Séjour à Sambabougou. — Le désert. — Dogofili. — Retour à Kita. 158

CHAPITRE IX.

Départ de Kita. — Choix de la route pour gagner le Niger. — Mauvaise volonté des âniers. — Le jeune Abdaramane. — Passage du Bandinghô. — Arrivée à Maréna. — Les guides de Goubanko. 172

CHAPITRE X.

Route à travers le Fouladougou oriental. — Les mines de Bangassi. — Le campement des éléphants. — Chasse à la loutre. — Méfiance des habitants de Guénikoro. — Solitudes sans eau. — Le village de Koundou. — Accueil plein de réserve qui nous est fait. — Passage du Ba-Oulé. 185

CHAPITRE XI.

Entrée dans le Bélédougou. — Situation géographique et politique de ce pays. — Méfiance des habitants. — Séjour à Guisoumalé et Ouoloni. — Bivouac au marigot de Tarangué. — Tentative d'attaque contre le docteur Tautain. — Réception hostile à Guinina. — Disposition de défense. — Absence de guide. — Embuscade sur la route de Dio. 199

CHAPITRE XII.

Arrivée à Dio. — Inquiétudes sur le sort de Piétri. — Attaque du convoi. — Combat acharné autour des ruines et du ruisseau de Dio. — Défense héroïque du docteur Tautain. — En retraite vers le Niger ! — Poursuite des Bambaras. — Courageuse conduite des tirailleurs et des spahis. — Une halte dans la nuit. — Arrivée au village de Guiningoumé. — Nous nous retrouvons tous à Bammako. 216

CHAPITRE XIII.

Route de Piétri à travers le Bélédougou. — Réception qui lui est faite à Ouoloni, Guinina et Dio. — Ses négociations à Bammako. — Karamakho Oulé et Titi. — Séjour de la mission à Bammako. — Dangers qui la menacent. — Route vers Nafadié, le long du Niger. — État misérable de la mission. — Résolution de franchir le Niger malgré les dangers signalés sur la rive droite. — Dispositions prises avant l'entrée en pays toucouleur. — Arrêt au village de Djoliba. . . . 239

CHAPITRE XIV.

EXPLORATION DU LIEUTENANT VALLIÈRE DANS LE BIRGO ET LE MANDING.

Personnel indigène emmené par Vallière. — Séjour à Goubanko. — Aventures de Khouno. — Bivouac au bord du Bammako. — Défilé de Sitakoto. — Mourgoula et l'almamy Abdallah. — Fortifications de cette place toucouleure. 256

CHAPITRE XV.

EXPLORATION DU LIEUTENANT VALLIÈRE (SUITE).

Les villages de Koukouroni et de Niagakoura. — Sauvagerie des habitants. — Bain dans le Kanékouo. — Le Birgo ; sa situation politique et géographique. — Arrivée à Niagassola. — Le vieux Mambi. — Renseignements sur le Bouré et les productions aurifères de ce pays. — Séjour à Koumakhana. — Les mines d'or. 290

CHAPITRE XVI.

EXPLORATION DU LIEUTENANT VALLIÈRE (SUITE).

Bivouac au village de Naréna. — Le commerce de captifs dans le Haut-Niger. — Le Mana-Oulé et les roches de Tabou. — Incidents au village de Sibi. — Le Komou. — Arrivée à Nafadié et à Bammako. — Renseignements sur le Manding. — Importance sur la vallée du Bakhoy comme voie de communication entre le Sénégal et le Niger. 515

TABLE DES MATIÈRES.   631

CHAPITRE XVII.

Passage du Niger. — Aspect de ce grand fleuve. — La mission pénètre dans les États d'Ahmadou. — Accueil sympathique fait au village de Tourella. — Séjour à Tadiana. — Route le long de la rive droite du Niger. — Enterrement bambara. — Effets de la domination toucouleure. — Les vivres manquent. — Les Peuls de Ségou. — Inquiétudes sur la réception que nous fera Ahmadou. — Séjour à Niansonnah. — Arrivée à Nango.   341

CHAPITRE XVIII.

Installation à Nango. — Vivres fournis par Ahmadou. — Confection du *dolo*. — Privation de livres et de papier. — Renseignements politiques et géographiques près des voyageurs et des marchands sarracolets. — Courage et dévouement de nos hommes. — La fièvre intermittente dans le Soudan. — Renseignements rétrospectifs sur les événements du Bélédougou. — Inquiétudes sur notre futur départ. — Les Peuls de Ségou. — Occupations et méthodes d'agriculture des Bambaras.   370

CHAPITRE XIX.

Dénuement de la mission à Nango. — Inquiétudes et découragement. — Retards continuels. — Envoi d'un courrier au Sénégal. — Arrivée de Seïdou Diéylia à Nango. — Négociations pour le traité d'alliance et de commerce. — Le traité du 3 novembre 1880.   389

CHAPITRE XX.

Journal de la mission. — Fièvres et maladies. — Ahmadou forme une armée pour entrer dans le Bélédougou. — Arrivée d'un courrier de Bakel. — Yoro et les serpents trigonocéphales. — Les Talibés refusent de se battre. — Querelles intestines à Ségou. — Piétri est arrêté au moment où il voulait se rendre au camp toucouleur. — Respect des nègres pour leurs vieilles mères. — Mariages bambaras. — Confection de la poudre indigène. — Le petit Kili. — Le nama   408

CHAPITRE XXI.

La circoncision chez les Bambaras. — Le docteur Tautain tombe gravement malade. — Le commerce dans le Haut-Niger. — Mœurs et caractère des indigènes du Haut-Niger. — Récolte du beurre de karité. — Arbres et produits végétaux du Haut-Niger. — Produits métallurgiques. — Animaux domestiques et faune du pays. — Arrivée à Ségou d'envoyés du Fouta pour nuire à la mission. — Nourriture des Bambaras. — Nouvelles du Bélédougou. — Chasse aux perdrix. — Impopularité d'Ahmadou sur le Haut-Niger.   432

CHAPITRE XXII.

Nouvelles de Kita. — Impression causée à Ségou par la prise de Goubanko. — Dangers que court la mission. — Dévouement de nos interprètes. — Le traité est signé par Ahmadou. — Renseignements sur les Sarracolets. — Nouveaux retards et menace de quitter Nango malgré Marico et ses Sofas. — Départ de Nango. — Route le long du Niger. — Cruauté d'Ahmadou. — Vallière est attaqué par les Malinkés. — Les chefs du Manding se placent sous le protectorat français. — Arrivée à Kita.   455

CHAPITRE XXIII.

Excursion du lieutenant Vallière dans le Gadougou. — Caractère montagneux de cette contrée. — Le Kanékouo et la vallée de Bakhoy. — Grande quantité de fauves. — Le massif de Tibikrou. — Le village de Badougou. — Accueil sympathique des habitants de Galé. — Extension de l'influence française. — Rencontre d'un Maure marchand. — Gué de Mokaia Fara. — Arrivée à Kita.   486

CHAPITRE XXIV.

Séjour à Kita. — Événements qui ont amené la prise de Goubanko. — Arrivée à Kita de Boubakar Saada. — Lettre d'Ahmadou au gouverneur. — Marche forcée de Kita à Bakel. — Dangers courus par la mission dans le Fouta. — Accueil sympathique qui est fait à la mission à Saint-Louis.   499

CHAPITRE XXV.

Notions sur les contrées explorées par la mission. — Limites géographiques. — Aspect général. — Orographie. — Examen topographique des différents itinéraires suivis par la mission. — Étude de la voie commerciale à établir entre le Sénégal et le Haut-Niger. — Considérations générales sur l'œuvre entreprise dans cette région par la France. 511

CHAPITRE XXVI.

Hydrographie du Sénégal et du Niger. — Système hydrologique de ces deux fleuves. — Leur navigabilité. — Notions sur la géologie de la région. — Villages, habitations et fortifications. — Études sur les tatas malinkés et bambaras. — Examen des principaux villages fortifiés du Haut-Sénégal et du Haut-Niger. 539

CHAPITRE XXVII.

Climatologie et météorologie. — Observations météorologiques et barométriques. — Les saisons sur le Haut-Niger. — Maladies des Européens et des indigènes. — Salubrité relative de la vallée du Haut-Niger. 565

CHAPITRE XXVIII.

Les Malinkés. — Contrées occupées par cette race. — Notions sur les différents États malinkés. — Le Fouladougou. — Le pays de Kita. — Le Birgo et le Manding. — Les pays malinkés du Haut-Niger. 577

CHAPITRE XXIX.

Les Bambaras. — Origine de cette race. — Contrées qu'elle occupe. — Importance des Bambaras au point de vue de l'influence française dans le bassin du Haut-Niger. — Examen des différents États bambaras. — Le Kaarta et le Bélédougou. — Le pays de Bammako. — Pays bambaras du Haut-Niger. — Anarchie de ces contrées. — Notions sur l'esclavage dans le Haut-Niger. . . 589

CHAPITRE XXX.

Notions sur l'empire d'Ahmadou. — Décadence de cet empire. — Examen des différentes parties de l'empire. — Le pays de Ségou et le Guéniékalari. — Les Talibés et les Sofas. — Nioko et Konniakary. — Divisions intestines d'Ahmadou et de ses frères. — Aguibou et Dinguiray. — Mourgoula et la vallée de Bakhoy. — Intelligences d'Ahmadou avec les Toucouleurs du Fouta. — Progrès de l'islamisme. — Ses dangers. 605

Résumé et conclusions. 619
Table des gravures. 625

FIN DE LA TABLE DES MATIÈRES.

10516. — Imprimerie A. Lahure, rue de Fleurus, 9, à Paris.

www.ingramcontent.com/pod-product-compliance
Lightning Source LLC
Chambersburg PA
CBHW071202230426
43668CB00009B/1042